Günter Figal

Martin Heidegger
Phänomenologie der Freiheit

Günter Figal

Martin Heidegger
Phänomenologie der
Freiheit

Die Deutsche Bibliothek – CIP-Einheitsaufnahme

Figal, Günter:
Martin Heidegger – Phänomenologie der Freiheit / Günter
Figal. – Sonderausg. – Frankfurt am Main : Hain, 1991
    ISBN 3-445-04772-3

Verlag Anton Hain, Frankfurt am Main 1991
© 1988 Athenäum Verlag GmbH, Frankfurt am Main
Druck und Bindung: Poeschel & Schulz-Schomburgk, Eschwege
Printed in Germany
ISBN 3-445-04772-3

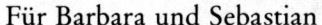

Für Barbara und Sebastian

Wenn es Wirklichkeitssinn gibt,
muß es auch Möglichkeitssinn
geben.

Robert Musil

Inhaltsverzeichnis

Vorwort

Die vorliegende Untersuchung wurde 1987 von der Philosophisch-Historischen Fakultät der Universität Heidelberg als Habilitationsschrift angenommen. Allen, die mich angeregt, mir Ratschläge erteilt und mir geholfen haben, möchte ich an dieser Stelle herzlich danken. Mein Dank gilt zunächst den Herren Professoren Hans-Georg Gadamer, Hans Friedrich Fulda sowie besonders Reiner Wiehl und Wolfgang Wieland; ebenso Herrn Prof. Dr. Hermann Braun, der für die endgültige Fassung des Textes manchen wertvollen Hinweis gegeben hat. Mein Dank gilt außerdem Herrn cand. phil Dominic Kaegi für seine Hilfe beim Korrekturlesen und bei der Anfertigung der Register und allen Freunden und Studenten in Heidelberg und Bielefeld, die mich durch ihr Interesse und ihre Fragen genötigt haben, meine Gedanken so klar wie möglich zu formulieren.

Günter Figal

Einleitung

Obwohl Heidegger unbestreitbar zu den wichtigsten Philosophen dieses Jahrhunderts gehört, wird man doch nicht sagen können, daß seine Arbeiten in den gegenwärtigen philosophischen Debatten auf selbstverständliche Weise präsent sind. Heidegger wird zwar gelesen und diskutiert, aber er gilt nicht unbestritten als Klassiker der Philosophie. Selbst wo er als solcher bezeichnet wird, geschieht das nicht ohne Bedenken[1], und auf Anhieb scheint man auch genötigt zu sein, diese Bedenken zu teilen. Man argumentiert schließlich nicht mit Heidegger, wie man mit Aristoteles und Kant, mit Frege und Wittgenstein, ja auch mit Husserl argumentiert, und man befragt seine Texte nicht, wie man die Texte der genannten und anderer Autoren befragt, wenn man bei der Aufklärung und Lösung philosophischer Probleme mit anderen begrifflichen Mitteln nicht weiterkommt. Heidegger gibt auch nicht in der Weise Probleme vor, wie Kant etwa sie noch immer vorgibt; Arbeiten zu Heidegger, die ihn als Diskussionspartner ernst nehmen, gibt es kaum[2], und ebenso vermißt man Kommentare, die das Verständnis seiner gewiß erläuterungsbedürftigen Texte erleichtern, wie es die großen Kommentare zu Kant und Aristoteles tun.[3] Dies alles liegt sicher

---

1 Vgl. Haeffner (1981).
2 Eine Ausnahme bilden Tugendhat (1970/1) und Tugendhat (1979).
3 V. Herrmann vertritt sogar die Überzeugung: »Nach fast fünfzig Jahren ist *Sein und Zeit* ... noch kaum in einer dem Anspruch des Werkes voll entsprechenden Weise angeeignet worden.« Vgl. v. Herrmann (1985), 12. Inzwischen hat v. Herrman den ersten Band eines umfangreichen Werkes zu *SZ* vorgelegt; v. Herrmann (1987). Dieses Werk wird vom Verfasser jedoch ausdrücklich nicht als »Kommentar«, sondern als »Erläuterung« bezeichnet, weil ihm ein Kommentar eher als ein »wissenschaftliches Gespräch *über* den Text« erscheint, während die »Erläuterung sich als ein auslegendes Gespräch *mit* dem Text versteht«; v. Herrmann (1987), XIII. Dementsprechend hält sich v. Herrmann auch streng an den Aufbau des Textes und seine Terminologie, so daß die Auslegung den Charakter eines zwar subtilen, aber letztlich doch paraphrasierenden Nachvollzugs hat. Ein solches Verfahren ist natürlich legitim. Der Verzicht auf Distanz gegenüber dem Text von *SZ* hat freilich den Preis, daß die Gedanken Heideggers nicht in einem sie

auch daran, daß Heidegger ein Autor dieses Jahrhunderts ist, aber allein daran liegt es ebenso sicher nicht. Über Frege oder Wittgenstein gibt es eine Reihe von Arbeiten, die in ihrer analytischen Schärfe und Distanz einschlägigen Untersuchungen zu Kant oder Aristoteles vergleichbar sind. Zu Heidegger scheint demgegenüber die Distanz schwerzufallen, ohne welche ein Autor nicht als exemplarisch in seinen Fragestellungen und Problemlösungen, als klassisch also, zu verstehen ist. Dies hat nicht zuletzt seinen Grund im Stil des Heideggerschen Philosophierens selbst. Distanziert im Sinne analytischer Sachlichkeit ist dieses Philosophieren am wenigsten, wo es sich mit seiner zentralen Frage präsentiert: der Frage nach dem Sein. Heidegger ist nicht müde geworden, auf die Vergessenheit dieser Frage und erst recht des »Seins selbst« hinzuweisen und in seinen späteren Texten diese Vergessenheit mit der Philosophie von Platon bis Nietzsche zu identifizieren. Heideggers Denken erscheint so als Kritik der Philosophie, deren Ende dann auch ausdrücklich konstatiert wird; das Programm dieses Denkens ist »Überwindung« oder »Verwindung« der »Metaphysik« genannten philosophischen Tradition, die sich seiner Einschätzung nach in der gegenwärtigen technischen Einrichtung der Welt vollendet. Liest man Heidegger unter diesem Aspekt, so scheint es unmöglich, seinen Schriften gegenüber keine Position zu beziehen. Entweder man akzeptiert seine These, und dann ist es geboten, auch ihre Konsequenzen zu akzeptieren und auf die Entwicklung philosophischer Fragen in den akademisch anerkannten und durch die »Metaphysik« eröffneten Bahnen zu verzichten; an die Stelle philosophischen Fragens und Argumentierens tritt ein der Poesie angenähertes Verfahren, dessen Ergebnisse oft auf die »Utopie eines halbpoetischen Verstandes« (*GA* 13,84)[4] zu verweisen scheinen. Oder aber man akzeptiert Heideggers philosophiekritische These nicht, und dann scheint es zumindest schwierig zu werden, mit Heideggers späteren Texten noch etwas anzufangen.

Diese Schwierigkeit betrifft aber genau besehen auch bereits das Buch über »Sein und Zeit«. Schließlich läßt sich nicht leugnen, daß es in diesem Buch um eine erste und deshalb noch unvollständige Entwicklung der Frage nach dem Sein geht, so daß man gezwungen zu sein scheint, diese Frage sinnvoll zu finden, wenn man einen Zugang

---

übergreifenden systematischen Zusammenhang diskutiert werden können und der Sachbezug auf einen Appell an das eigene »phänomenologische Sehen« des Lesers beschränkt bleibt; v. Herrmann (1987), XIII.

4 Zur Zitierweise der Heideggerschen Schriften vgl. das Literaturverzeichnis.

zum Denken Heideggers gewinnen will. Nur so läßt sich auch, wie es scheint, eine dem Selbstverständnis Heideggers widersprechende existenz-philosophische oder anthropologische Deutung der Analysen von SZ vermeiden. Hat man sich einmal dazu entschlossen, die Frage nach dem Sein sinnvoll zu finden, oder tut dies einfach, ohne ihren Sinn je angezweifelt zu haben, so liegt es nahe, die Ausarbeitung dieser Frage in den einzelnen Phasen von Heideggers Entwicklung zu verfolgen. Eine Vielzahl von Interpreten ist so verfahren und dabei zu durchaus unterschiedlichen Ergebnissen gekommen. Weitgehend einig ist man sich jedoch darüber, daß die philosophische Entwicklung Heideggers nur angemessen beschrieben werden kann, wenn es gelingt, das Verhältnis von SZ zu den späteren Schriften zu klären. Weil SZ ein Fragment ist, liegt es schließlich nahe zu fragen, ob die späteren Schriften Heideggers der Sache nach als eine Fortsetzung dieses Fragmentes zu lesen sind oder nicht. Fragt man so, fragt man bekanntlich danach, wie die »Kehre« im Denken Heideggers zu interpretieren sei. Was die Antwort auf diese Frage angeht, so ist wohl die These Richardsons, nach SZ erfolge ein Bruch, so daß man zwischen »Heidegger I« und »Heidegger II« unterscheiden könne, am wenigsten plausibel, und zwar nicht nur wegen der Bedenken, die Heidegger selbst geäußert hat.[5] Man kann vielmehr kaum bestreiten, daß eine Reihe von zentralen Motiven aus SZ sich in den späteren Schriften durchhalten. Weil die Schriften nach SZ keine auf Anhieb ersichtliche Homogenität aufweisen, ist es außerdem nicht zwingend, nur zwei Phasen des Heideggerschen Denkens zu unterscheiden.[6] Die Einigkeit darüber, daß es sich bei Heidegger um einen wenigstens grundsätzlich einheitlichen »Denkweg« handelt, schließt freilich keineswegs eine Vorentscheidung darüber ein, wie dieser »Denkweg« zu interpretieren sei. Die beiden extremen Alternativen sind hier wohl die Auffassungen dieses Denkwegs als eines zumindest grundsätzlichen Gelingens oder als eines Verfalls von Heideggers ursprünglichen Intentionen. Sagt man, daß in Heideggers späteren Schriften »die Intention seines frühen Ansatzes erst in ihr eigentliches Ziel«[7] gelangt, so erscheint es schwierig, Heidegger primär von SZ aus verstehen zu wollen. Man muß dann viel-

---

5 Vgl. Richardson (1963) und Heideggers Vorwort zu diesem Buch.
6 So hat O. Pöggeler dafür plädiert, drei Entwicklungsphasen des Heideggerschen Denkens zu unterscheiden. Vgl. Pöggeler (1963) und Pöggeler (1983).
7 V. Herrmann (1964), 41; vgl. auch v. Herrmann (1981).

mehr versuchen, den Schritt über die Position von *SZ* hinaus einsichtig zu machen, und kann anschließend in der Orientierung an den späteren Schriften die in *SZ* erst intendierten und nicht oder bloß unvollständig ausgearbeiteten Gedanken wiederfinden.[8] Orientiert man sich demgegenüber in erster Linie an *SZ* und wertet die späteren Schriften als einen Verfall, so opponiert man damit bereits auch gegen den Gedanken, es sei notwendig, die Analysen und Erörterungen des frühen Buches ganz der »Seinsfrage« zu unterstellen, wie sie dann später von Heidegger ausgearbeitet worden ist. Einer solchen Opposition liegt der Verdacht zugrunde, »daß die Kehre insofern keine echte ist, als sie nicht denselben Phänomenbereich neu interpretiert, sondern die neue Interpretation zum Entschwinden dieses Phänomenbereichs führt«.[9] Zunächst einmal ist es nicht so wichtig, ob dieser Verdacht berechtigt ist oder nicht. Wichtig ist vielmehr, daß mit der Frage nach dem »Phänomenbereich« von *SZ* dafür plädiert wird, sich auch im Hinblick auf dieses Buch nicht in erster Linie an der »Seinsfrage« zu orientieren. Dafür, gegenüber der Frage nach »dem Sein« skeptisch zu sein, gibt es sicherlich einen guten Grund. In einer Analyse des Verbums »sein« läßt sich nämlich zeigen, daß »sein« eine Reihe von Bedeutungen hat, die weder aufeinander reduzierbar noch ausschließlich die Bedeutungen dieses Verbs sind. Akzeptiert man die Unreduzierbarkeit von »sein« auf eine Grundbedeutung, so hat man allerdings immer noch die Möglichkeit, eine Bedeutung als fundamental zu verstehen und ihr die anderen systematisch zuzuordnen.[10] Im Anschluß an die Beobachtung, daß andere sprachliche Ausdrücke dieselbe Bedeutung wie »sein« haben können, läßt sich demgegenüber bestreiten, daß das Verb »sein« in der Alltagssprache wie dann auch in der Philosophie eine prominente Stellung hat, und wenn das so ist, können »die Akten über ›der Seinsfrage‹«[11] in der Tat geschlossen werden. Zu den Akten gelegt ist damit allerdings auch der Versuch, das Denken Heideggers in seiner Einheitlichkeit zu verstehen; was dann bleibt, ist die Möglichkeit, verschiedene Fragen und Analysen Heideggers im Kontext anderer philosophischer Fragen und anderer Konzeptionen aufzunehmen

8 So verfahren etwa Bretschneider (1965), v. Herrmann (1964), Müller (1964), Pugliese (1965), Sinn (1967) und Schürmann (1982).
9 Tugendhat (1970/1), 399.
10 In der neueren ontologischen Diskussion hat Ch. Kahn für diese ursprünglich aristotelische Lösung plädiert. Vgl. Kahn (1973), bes. 371 ff.
11 Tugendhat (1977), 176.

und sie so fruchtbar zu machen.[12] Entschließt man sich zu diesem Schritt nicht und beherzigt trotzdem, was über die verschiedenen Bedeutungen von »sein« herausgefunden worden ist, so hat man nur noch die Alternative, in Heideggers Frage nach dem Sein als solchem bereits die Verweigerung eines traditionellen philosophischen Diskurses zu sehen. Die Frage nach dem Sein wäre dann ohne weiteres durch die Frage nach der Sprache als solcher oder dem Denken als solchem ersetzbar; es käme nur darauf an, eine Frage von der Art zu stellen, »daß wir nicht die geringste Vorstellung haben, wie man über verschiedene Antworten und Argumente entscheiden könnte«[13], um die problematische Auffassung der Philosophie als eines sachhaltigen und auf Argumente verpflichteten Diskurses hinter sich zu lassen.

Wie auch immer man diese beiden Interpretationsperspektiven verteidigen mag, sie bleiben letztlich doch unbefriedigend. Beide Perspektiven sind zwar einer vorbehaltlosen und manchmal auch naiven Orientierung an der »Seinsfrage« überlegen, aber sie kollidieren doch in einer problematischen Weise mit dem Selbstverständnis Heideggers. Hält man nämlich den Versuch, Heideggers Denken in seiner Einheitlichkeit zu verstehen, für undurchführbar, so kann man den philosophischen Anspruch Heideggers nur noch als eine Selbsttäuschung betrachten. Und ordnet man Heidegger einer der »systematischen« entgegengesetzten »bildenden« und »peripheren« Philosophie zu[14], so vernachlässigt man nicht nur, daß Heidegger selbst eine solche Unterscheidung niemals gemacht hat; was wichtiger ist: man vernachlässigt auch, daß es Heidegger nicht einfach darum ging, die philosophische Tradition zu verabschieden, sondern in einem höchst spannungsreichen Dialog mit dieser Tradition zu der sie motivierenden und in Gang haltenden Frage erst hinzuführen. Diese Frage ist wiederum die Frage nach dem Sein, und so scheint man sich denn auf das Selbstverständnis Heideggers nur einlassen zu können, indem man diese Frage als sinnvoll unterstellt.

Das Selbstverständnis eines Autors ernst zu nehmen, bedeutet nun allerdings nicht, sich von ihm auch die leitenden Begriffe oder Intuitionen einfach vorgeben zu lassen. Tut man dies, so interpretiert man nicht, wenn denn eine Interpretation von Mißtrauen gegenüber den

---

12 Dieser Ansatz hat bei Tugendhat selbst zu außerordentlich interessanten Analysen geführt. Vgl. Tugendhat (1979).
13 Rorty (1984), 15.
14 Vgl. Rorty (1979).

Texten motiviert ist, wie sie sich unmittelbar darbieten. Gerade bei einem Autor wie Heidegger wird man darauf zu achten haben, daß bei dem Versuch, ihn zu interpretieren, sein eigenes Interpretationsniveau nicht unterboten wird: Wie Heidegger selbst die Texte der philosophischen Tradition auf das in ihnen »Ungesagte« hin untersucht hat, um die Vormeinungen aufzudecken, die das Verständnis der Grundbegriffe tragen und die Gedankenführung leiten, so wird man auch ihm selbst nur gerecht werden können, wenn man sich nicht mit einer immanenten Auslegung zufriedengibt, sondern versucht, die für ihn leitenden Vormeinungen zu klären. Nur so scheint es möglich, sich in seinen immer wieder wechselnden Terminologien zurechtzufinden und das, worum es in seinem Denken geht, nicht einfach mit seinen eigenen oft nur evokativen Ausarbeitungen zu identifizieren, die entsprechend dem Motto der Gesamtausgabe schließlich auch als »Wege« und nicht als »Werke« verstanden sein wollen. Und nur so scheint es erst recht möglich, den Sinn der Frage nach dem Sein wenigstens ein Stück weit aufzuklären. Der vielleicht wichtigste Versuch einer solchen nichtimmanenten Deutung des Heideggerschen Denkens im Hinblick auf seine Einheitlichkeit ist von W. Schulz gemacht worden.[15] Die Interpretationsstrategie von Schulz besteht kurz gesagt darin, Heideggers Distanz gegenüber der philosophischen Tradition ernst zu nehmen und ihn zugleich auf diese Tradition zu beziehen. Heideggers Philosophie, wie Schulz sie versteht, markiert das Ende dieser Tradition, so daß sie einerseits zwar von ihr her verstanden werden kann, andererseits aber nicht einfach eine neue theoretische Variante derselben sein soll. Weil die Tradition der abendländischen Philosophie Schulz zufolge als ein »sinnhafter Geschehensvollzug« zu begreifen ist, der »den Wandel von einer naiven Welthingegebenheit zum sich auf sich selbst stellenden Subjekt« bezogen, erscheint dann die Philosophie Heideggers genauer als das Ende der Philosophie der Subjektivität[16]; dieses Ende ist außerdem nicht willkürlich gesetzt, sondern in der Tradition insofern schon angelegt, als sie selbst auf ein Ende hin drängt. Unübersehbar verdankt sich dieser Interpretationsansatz den philosophischen Anstrengungen Hegels ebenso wie den verschiedenen Artikulationen einer Krise des Hegelschen Programms; er ist deshalb durch eine Reihe von Vorentscheidungen bedingt, die Schulz im Rahmen seiner Heidegger-Deutung weder einholen kann noch einholen will. Man müßte freilich genau

15 Schulz (1969).
16 Schulz (1969), 98.

16

diese Vorentscheidungen diskutieren, um sich eine klare Meinung über die Plausibilität der Schulzschen Interpretation bilden zu können. Die Attraktivität dieser Interpretation liegt allerdings auch ohne eine solche Diskussion auf der Hand. Mit seiner These, »das Sein im Sinne Heideggers« sei »ein erst durch die Philosophie der Subjektivität vermittelter Begriff«[17], gelingt es Schulz immerhin, eine Antwort auf die Frage zu geben, wofür der Ausdruck »Sein« in den Schriften Heideggers stehen soll. »Sein« meint, wenn Schulz recht hat, die als Vollzug zu denkende Subjektivität, sofern diese nicht zu einer Selbstbegründung fähig ist, oder anders gesagt: »Sein« meint den Vollzug der im Denken uneinholbaren eigenen Wirklichkeit. Trifft diese These zu, so wird, wie es scheint, auch verständlich, wieso man im Zusammenhang einer Bedeutungsanalyse von »sein« nicht zu fassen bekommt, worum es Heidegger geht; der Ausdruck »Sein« ist eben nicht nur der substantivierte Infinitiv eines Verbs, dessen Bedeutung sich analysieren läßt, sondern steht für ein philosophisches Problem, das sich dem Instrumentarium semantischer Analysen entzieht. Weil Schulz seine Interpretation auf die Philosophie Heideggers im Ganzen und nicht nur auf die Phase von *SZ* bezieht, wird außerdem die sich in der »Kehre« verändernde Einstellung Heideggers zur philosophischen Tradition verständlich: Während Heidegger im Zusammenhang des fundamentalontologischen Programms von *SZ* die neuzeitliche Subjektivitätsphilosophie radikalisiert und zu Ende denkt, indem er das Scheitern eines Selbstbegründungsversuches der Subjektivität vorführt, praktizieren die Schriften nach *SZ* ein Denken, das von der Einsicht in die Unmöglichkeit einer solchen Selbstbegründung getragen ist. Obwohl der Gedankengang von *SZ* keine bloße Variante der Subjektivitätsphilosophie ist, hält er sich doch noch in deren Perspektive; in seinen späteren Schriften gibt Heidegger diese perspektivische Bindung auf und spricht, wenn Philosophie in Subjektivitätsphilosophie kulminiert, nun auch zurecht nicht mehr von seiner »Philosophie«, sondern von seinem »Denken«.

Es ist ein Verdienst von Schulz, seine subjektivitätsphilosophische Heidegger-Deutung klar als Deutung vorgetragen und ihre Voraussetzungen zumindest grundsätzlich reflektiert zu haben. Darin ist er vielen Heidegger-Interpreten, auch solchen prominenten wie Lévinas und Sartre, überlegen, die ohne Zögern unterstellen, es handle sich bei Heidegger zumindest in *SZ* um ein subjektivitätsphilosophisches Konzept.

17 Schulz (1969), 136.

Gerade weil sich die Deutung von Schulz offen als Deutung zu erkennen gibt, provoziert sie allerdings auch eine Reihe von Bedenken gegenüber dem Versuch eines subjektivitätsphilosophischen Heidegger-Verständnisses überhaupt. Um zu bezweifeln, daß die neuzeitliche Subjektivitätsphilosophie den angemessenen Rahmen für eine Deutung des Heideggerschen Denkens in seiner Einheitlichkeit bietet, muß man sich nicht unbedingt auf eine Diskussion der Frage einlassen, ob es wirklich eine so homogene Entwicklung dieser Philosophie gibt, wie Schulz sie unterstellt. Es reicht vielmehr zunächst, auf den schlichten Umstand hinzuweisen, daß Heidegger das Konzept von *SZ* zumindest nicht allein und wohl auch nicht in erster Linie aus einer Beschäftigung mit Autoren entwickelt hat, die als klassische Vertreter der Subjektivitätsphilosophie gelten können. Von diesen Autoren spielen in der Entwicklungsphase von *SZ* weder Hegel noch Fichte noch Schelling für Heidegger eine entscheidende Rolle. Präsent ist demgegenüber zwar Kierkegaard, von dem Heidegger eine Reihe von Themen und Begriffen übernimmt; bei allem aber, was Heidegger von Kierkegaard gelernt hat, ist es doch fraglich, ob er in seiner Philosophie auch die Grundgedanken Kierkegaards teilt. Dasselbe gilt für die Philosophie Husserls, als dessen pseudonymer Stellvertreter häufig Descartes fungiert.[18] Und was Kant betrifft, so versucht Heidegger, sich seine Sache so zu eigen zu machen, daß das Ergebnis gerade nicht mehr »subjektivitätsphilosophisch« genannt werden kann. Demgegenüber hat Heidegger sich intensiv mit Aristoteles und Platon auseinandergesetzt und dabei die wichtigsten, für sein ganzes Philosophieren folgenreichen Gedankenfiguren wenigstens im Ansatz entwickelt. Heideggers Versuche, über die Konzeption seines Lehrers Husserl hinauszukommen, bauen auf diesen Auseinandersetzungen auf. Bekanntlich haben diese in den Vorlesungen vorgetragenen Antiken-Interpretationen den Ruhm Heideggers bereits Jahre vor dem Erscheinen von *SZ* begründet, und wie man seit der Veröffentlichung der *Phänomenologischen Interpretatio-*

---

18 Wenn diese These richtig ist, so besteht auch wenig Aussicht, ein Verständnis der Grundgedanken Heideggers vor allem oder gar ausschließlich im Anschluß an Husserl zu gewinnen. Erst recht dürfte es unmöglich sein, die Konzeption von *SZ* in den systematischen Rahmen der Husserlschen Phänomenologie zu integrieren, wie O. Becker es versucht hat. Vgl. Becker (1929) und als andere auf Husserl rekurrierende Heidegger-Interpretationen Theunissen (1963), Theunissen (1965), Tugendhat (1970/1) und Waelhens (1965).

nen zu Aristoteles (GA 61) nachlesen kann, gehören zentrale Themen aus *SZ* ursprünglich in den Zusammenhang einer von Heidegger geplanten größeren Publikation zu Aristoteles.[19] Berücksichtigt man dies, so ist evident, wie wenig sich Heidegger primär aus dem Zusammenhang der neuzeitlichen Subjektivitätsphilosophie verstehen läßt. Vielmehr wird man mit Heidegger verfahren müssen, wie er selbst mit Hegel verfahren ist: Man muß versuchen, seine Texte »gleichsam gegen eine helle Lichtquelle zu halten«, um so hinter ihnen die Texte von Aristoteles und Platon sichtbar zu machen.[20] Lassen sich die Texte Heideggers nur auf diese Weise verständlich machen, so ist klar, daß er nicht einfach als Überwinder der philosophischen Tradition gelten kann, wie sie mit Platon und Aristoteles beginnt, sondern selbst gerade im Rekurs auf diesen Beginn produktiv ist.[21]

Betont man, daß die klassischen Autoren der griechischen Philosophie für das Verständnis Heideggers Schlüsselcharakter haben, so wird damit die Bedeutung der neuzeitlichen Subjektivitätsphilosophie für Heidegger keineswegs bestritten. Bestritten wird genauer gesagt nicht, daß zentrale Themen der Subjektivitätsphilosophie auch für Heidegger wichtig sind, wohl aber, daß Heidegger sich bei der Entwicklung seiner eigenen Konzeption in der Perspektive der Subjektivitätsphilosophie hält. Will man trotz der damit getroffenen Vereinfachung den Versuch machen, die Perspektive der Subjektivitätsphilosophie zu charakterisieren, so kann man sagen: Subjektivitätsphilosophisch sind alle Konzepte, die sich an Vollzügen orientieren und, sei es ausdrücklich oder nicht, von dieser Orientierung die Chance zu einer konsistenten Theorie des Bewußtseins und der ihm korrelierenden Gegenstände erwarten. Eine transzendentalphilosophische Theorie der Subjektivität wäre dementsprechend dadurch gekennzeichnet, daß sie einen nicht mehr als einzelnen Gedanken oder einzelne Handlung identifizierbaren Vollzug annimmt, der die Korrelation des Bewußtseins und seiner Ge-

19 Vgl. dazu Gadamer (1983), 31 und 131.
20 Fulda/Henrich (1973), 28.
21 Die produktive Bezugnahme Heideggers auf die klassischen Autoren der griechischen Philosophie ist bisher eigentlich nur von H.-G. Gadamer berücksichtigt worden; vgl. Gadamer (1983). So geht es auch W. Marx (1961) nur darum, die Distanz Heideggers gegenüber der klassischen Tradition, insbesondere gegenüber Aristoteles aufzuzeigen. Dabei bleiben dann die vielfältigen thematischen und systematischen Gemeinsamkeiten außer Betracht.

genstände erst verständlich macht; sofern sie diesen Anspruch erhebt, muß eine transzendentalphilosophische Theorie auch den Versuch machen, ihre Annahme eines wie auch immer zu fassenden prinzipiellen Vollzugs als notwendig zu erweisen. Natürlich sind nicht alle Theorien, in denen die Beschreibung von mentalen Vollzügen und solchen des Handelns eine Rolle spielt, subjektivitätsphilosophisch oder gar transzendentalphilosophisch. Wollte man das behaupten, so müßte man etwa auch die Seelenlehren von Platon und Aristoteles als Subjektivitätsphilosophien bezeichnen, und damit verlöre der Begriff jegliche Trennschärfe. Deshalb ist es erforderlich, die gegebene Charakterisierung zu präzisieren, indem man von Subjektivitätsphilosophie nur dann spricht, wenn eine Theorie die Korrelation von Vollzügen und ihren − im weitesten Sinne zu denkenden − Gegenständen in der vorrangigen Orientierung an den Vollzügen zu fassen versucht. Man kann allerdings sagen, daß ein Charakteristikum aller an der Beschreibung von Vollzügen interessierten Theorien in der Subjektivitätsphilosophie dominant wird; auf diese Weise läßt sich zumindest skizzenhaft das Verhältnis der Subjektivitätsphilosophie zu anderen philosophischen Theorien verständlich machen, ohne daß man wie Schulz eine in sich sinnhafte geschichtliche Entwicklung der Philosophie annehmen muß. Nur der Gedanke einer solchen Entwicklung aber ermöglicht es Schulz, Heideggers Philosophieren als das Ende der Subjektivitätsphilosophie zu deuten.

Fragt man demgegenüber nicht nach dem »philosophiegeschichtlichen Ort Martin Heideggers« und behält trotzdem den Bezug Heideggers zur Perspektive der Subjektivitätsphilosophie im Blick, so ist damit der Ansatz zu einer Heidegger-Interpretation gegeben, deren Interesse primär systematischer und deskriptiver Natur ist. In der vorliegenden Untersuchung soll die These vertreten und einsichtig gemacht werden, daß es für die Philosophie Heideggers eigentümlich ist, die subjektivitätsphilosophische Orientierung an den Vollzügen aufgegeben zu haben. Weil Heidegger sich nicht mehr an den Vollzügen orientiert, kann er dann auch nach dem Zusammenhang fragen, in dem sie stehen, ohne daß damit im Sinne der Transzendentalphilosophie die Frage nach der Bedingung der Möglichkeit von Vollzügen gestellt wäre. Sagt man dies, so versteht man natürlich die Transzendentalphilosophie als eine Variante der Subjektivitätsphilosophie, indem man unterstellt, transzendentalphilosophisch könne nach der Bedingung der Möglichkeit von Vollzügen nur gefragt werden, indem man einen absoluten, schlechthin konstituierenden Vollzug auszeichnet und von allen anderen Vollzügen unterscheidet. Es ist allerdings auch nicht zu

sehen, welchen Sinn die Deutung Heideggers als eines Transzendentalphilosophen haben sollte, wenn sie diese Charakterisierung der Transzendentalphilosophie nicht teilen würde. Die differenzierte Abhandlung C. F. Gethmanns über *Verstehen und Auslegung* etwa, die eine
transzendentalphilosophische Heidegger-Interpretation entwickelt,
verfolgt im Grunde die gleiche Intention wie die philosophiegeschicht-
lich orientierte Deutung von Schulz. Gethmann will zeigen, daß man
Heidegger, indem man ihn als Transzendentalphilosophen versteht,
zugleich als Vollender und Überwinder der Philosophie der Subjektivität verstehen kann[22], und das wiederum ist nur möglich, wenn man
unterstellt, Heidegger teile die für diese Philosophie charakteristische
Perspektive. Daß Gethmann dieser Meinung ist, wird etwa dadurch
belegt, daß er im Hinblick auf die Konzeption des »Daseins« in *SZ*
von einer »transzendentalen Urhandlung des Subjekts«[23] sprechen
kann. Sollte sich demgegenüber zeigen lassen, daß im Zusammenhang
der Heideggerschen Konzeption von einer solchen »Urhandlung« nicht
die Rede sein kann, so empfiehlt es sich auch, auf Begriffe wie den der
Transzendentalphilosophie zur Charakterisierung dieser Konzeption
zu verzichten. Zwar hat Heidegger selbst bekanntlich den Ausdruck
»transzendental« für die Darstellung seines Denkens versucht fruchtbar zu machen, und auch in einer nicht distanzierenden Weise von
»Transzendentalphilosophie« gesprochen. Beides läßt sich jedoch mit
dem Hinweis auf zwei Eigentümlichkeiten der Heideggerschen Texte
erklären. Das Verständnis dieser Texte ist durch die bekannten Neolo-
gismen Heideggers sehr viel weniger erschwert als dadurch, daß Heidegger oft traditionelle Termini aufnimmt und in einer neuen, meist
schwer kontrollierbaren Weise verwendet. Hinzu kommt die Schwierigkeit, daß Heidegger seine eigenen Gedanken häufig entfaltet, indem
er sie bei der Interpretation klassischer Autoren in diese hineinliest.
Dadurch entsteht dann der Eindruck, als identifiziere Heidegger sich
mit der Konzeption der interpretierten Autoren, was freilich oft nicht
der Fall oder doch sachlich unangemessen ist. Ein gutes Beispiel für
das letztere ist das Buch über *Kant und das Problem der Metaphysik*.
Was dieses Buch betrifft, so hat Heidegger freilich selbst die Überzeugung gewonnen, er habe durch die Abbildung seiner eigenen Konzeption auf Kant den eigenen Weg »versperrt u(nd) mißdeutbar gemacht«

22 Gethmann (1974), 145.
23 Gethmann (1974), 141.

(KPM, XIII).[24] Man respektiert also auch Heideggers Selbstinterpretation, wenn man ihn nicht als einen Transzendentalphilosophen deutet und die Frage nach dem Zusammenhang der Vollzüge anders zu exponieren versucht.

Für einen solchen Versuch ist es wohl am aussichtsreichsten, wenn man sich in erster Linie an das Buch über »Sein und Zeit« hält. Selbst wenn einige umfangreiche Manuskripte aus dem Nachlaß Heideggers bisher noch nicht veröffentlicht sind, kann man dieses Buch wohl mit Recht als seinen Grundtext bezeichnen; das Verständnis seiner späteren Schriften dürfte unmöglich sein, wenn es nicht zuvor gelungen ist, sich den Gedankengang und die zentralen Thesen von SZ klarzumachen. Sich im Rahmen einer nicht subjektivitätsphilosophischen Heidegger-Interpretation an SZ zu halten, ist außerdem unproblematisch, wenn man nicht nur die Philosophie des späteren Heidegger, sondern auch die hier ausgearbeitete Konzeption nicht mehr für subjektivitätsphilosophisch oder gar für transzendentalphilosophisch halten muß. Für das Vorhaben einer nicht transzendentalphilosophischen Heidegger-Interpretation entfällt dann nämlich die sachlich wenig ergiebige Nötigung, die »eigentliche« Philosophie Heideggers aus den Texten der dreißiger und vierziger Jahre rekonstruieren und SZ nur als eine Vorstufe betrachten zu müssen. Man kann im Gegenteil auf den deskriptiven Reichtum von SZ rekurrieren und den zentralen Gedanken des Heideggerschen Philosophierens entwickeln, indem man die Beschreibungen von SZ untersucht und zum Teil auch weiterführt. Welchen systematischen Stellenwert dieser Gedanke hat, kann man bereits jetzt sagen: Indem Heidegger nach dem Zusammenhang der Vollzüge fragt, entwickelt er der Sache nach ein gegenüber der philosophischen Tradition neues Konzept von Freiheit. Neu ist Heideggers Konzept eben darin, daß es nicht mehr durch eine Orientierung an den Vollzügen selbst charakterisiert ist. Das systematische Interesse der vorliegenden Untersuchung besteht darin, dieses Konzept von Freiheit im Anschluß an Heidegger zu entwickeln und einsichtig zu machen.[25]

24 Vgl. dazu auch Gadamer (1983), 111.
25 Die systematisch zentrale Bedeutung des Freiheitsproblems bei Heidegger ist in der bisherigen Literatur nur bei Guiléad (1965) gesehen und untersucht worden. Guiléad gelangt jedoch über eine Einordnung Heideggers in traditionelle Gedankenzusammenhänge nicht hinaus und vernachlässigt, was bei Heidegger diesen gegenüber neu und anders ist.

22

Nun ist klar, daß sich ein systematischer Gedanke nicht im Anschluß an einen Autor entwickeln läßt, ohne daß man zugleich eine Interpretationsthese über diesen formuliert. Diese wiederum kann im Verhältnis zu den systematischen Intentionen, die man verfolgt, peripher sein, und sie ist es dann, wenn man den Gedanken eines Autors aufnimmt, um ihn selbst weiter zu verfolgen, ohne nach der Kohärenz der eigenen Argumentation mit dem Gedankenzusammenhang des interpretierten Autors zu fragen. Oder aber man behauptet, in der Entfaltung einer systematischen Argumentation zugleich die Intentionen des interpretierten Autors deutlicher zu machen, als dies ihm selbst gelungen ist. Bezogen auf das Konzept von Freiheit, um das es in dieser Untersuchung geht, heißt das: entweder man meint, bei Heidegger lediglich Anhaltspunkte für eine Philosophie der Freiheit finden zu können, die es dann eigenständig zu entwickeln gilt; oder man behauptet, die Philosophie Heideggers sei im Ganzen als eine Philosophie der Freiheit zu lesen. Für die zweite der genannten Alternativen versucht die vorliegende Untersuchung, sich stark zu machen. Das leitende systematische Interesse ist demnach zugleich ein Interesse daran, einen systematischen Zugang zu Heidegger vorzuschlagen, damit seine Philosophie nicht nur im Vergleich mit anderen Theorien kritisch diskutierbar, sondern auch in ihrer originären Stärke plausibel wird. Wenn es etwas gibt, was sich von dieser Philosophie wie von keiner anderen lernen läßt, so kann man Heidegger auch zu Recht einen philosophischen Klassiker nennen.

Will man die Philosophie Heideggers im Ganzen als eine Philosophie der Freiheit interpretieren, so betrifft das natürlich vor allem die von Heidegger selbst als zentral verstandene Frage nach dem Sein. Man könnte deshalb den Eindruck gewinnen, es solle versucht werden, diese Frage nun nicht mehr als eine Chiffre für den Gedanken einer in sich nicht begründungsfähigen Subjektivität, sondern für einen wie auch immer genauer zu fassenden Gedanken von Freiheit aufzulösen. Es hätte dann ebenso wie im Zusammenhang der Interpretation von Schulz wenig Sinn, sich auf die Bedeutung des Ausdrucks »sein« einzulassen, um so besser zu verstehen, worum es Heidegger geht. Dieser Eindruck wäre jedoch verfehlt. Vielmehr soll gezeigt werden, daß Heidegger auf das für seine Philosophie eigentümliche Konzept von Freiheit gerade stößt, indem er sich im Anschluß an Platon und Aristoteles an die Ausarbeitung der Seinsfrage macht. Daran wird auch der Schlüsselcharakter des Heideggerschen Rekurses auf die antike Philosophie noch einmal deutlich: daß Heidegger die Frage nach dem Sein immer als das Zentrum seines Philosophierens verstanden hat, kann man nicht einfach auf sich beruhen lassen, um dann nach der gelungenen Beschreibung und Analyse einzelner Phänomene in seinen Texten zu fragen. Die Frage nach dem Sein ist vielmehr die Voraussetzung dafür, daß Heidegger überhaupt außerhalb der subjektivitätsphilosophischen Perspektive denken konnte. Wie wichtig das gerade im Zusammenhang der Freiheitsproblematik ist, läßt sich leicht sehen: diese Problematik ist zwar weder spezifisch neuzeitlich noch spezifisch subjektivitätsphilosophisch, aber sie hat doch erst in den verschiedenen Theorien der Subjektivität eine zentrale Bedeutung erlangt und ist in diesen Theorien in immer noch folgenreicher Weise artikuliert worden. Wenn Heidegger nun im Zusammenhang der Frage nach dem Sein eine neue Konzeption von Freiheit entwickelt, so nimmt er ein zentrales Problem der Subjektivitätsphilosophie auf und bietet eine Alternative zu ihr an.

Um den Stellenwert dieser Alternative deutlich zu machen, ist es sicher erforderlich, auch die Position zu präsentieren, zu der sie eine Alternative ist. Dabei wird sich dann zeigen, daß Heidegger sogar einer Eigentümlichkeit der Freiheitsproblematik gerecht wird, indem er sie ontologisch entwickelt; jeder Begriff von Freiheit hat nämlich ontologische Implikationen, durch die vorbestimmt ist, in welcher Weise die Fragen beantwortet werden, welche jede Konzeption von Freiheit zu beantworten hat. Nur durch eine Veränderung der ontologischen Grundannahmen läßt sich deshalb auch ein neues Konzept von Freiheit erreichen. Daß dies so ist, wird ein Stück weit deutlich, wenn man sich zunächst die Art der Fragen klarmacht, die von einer Konzeption der Freiheit zu beantworten sind. Allgemein läßt sich sagen, daß diese Fragen die Bedeutung des Ausdrucks »frei« betreffen. Dieser Ausdruck kann adjektivisch und adverbial gebraucht werden und dient in der Alltagssprache meist zur Charakterisierung von Personen und Verhaltensweisen. Eine Konzeption von Freiheit hat nun nicht nur zu klären, was man eigentlich meint, wenn man eine Person oder eine Verhaltensweise als »frei« bezeichnet, sondern außerdem, wie sich diese beiden Charakterisierungsmöglichkeiten zueinander verhalten. So kann man der Meinung sein, eine Person ließe sich nur »frei« nennen, sofern sie sich in einer Weise verhält, die durch das Prädikat »frei« charakterisiert werden kann, oder doch zumindest imstande ist, dies zu tun. Oder aber man behauptet, Verhaltensweisen könnten nur »frei« genannt werden, wenn sie die Verhaltensweisen von Personen sind, die als solche durch das Prädikat »frei« zu charakterisieren sind. Vertritt man die zweite der genannten Thesen, so hat man zu klären, was es heißt, daß Personen als solche durch das Prädikat »frei« charakterisiert werden müssen. Der Ausdruck »frei« ist außerdem ein Kontrastwort, d. h., man kann den Ausdruck »frei« nur sinnvoll verwenden, wenn man auch ein zumindest vages Verständnis des Ausdrucks »unfrei« hat. Jede Konzeption der Freiheit ist deshalb ebenso eine Konzeption der Unfreiheit. Die Erläuterung der Bedeutung von »unfrei« unterscheidet sich dabei in den beiden genannten Möglichkeiten einer Konzeption der Freiheit wesentlich. Versteht man das Prädikat »frei« in erster Linie als ein Verhaltensprädikat, so genügt es, ein Kriterium dafür anzugeben, unter welchen Umständen von einem freien und unter welchen von einem unfreien Verhalten die Rede sein soll. Versteht man hingegen Personen wesentlich als frei, so muß man außerdem dem Umstand Rechnung tragen, daß Personen sich nicht immer frei verhalten, ohne daß der Grund hierfür in den Umständen ihres Verhaltens liegt. Personen sind demnach in ihrer wesentlichen Freiheit zumindest möglicherweise auch unfrei, so daß eine Antwort auf die Frage erforderlich ist, wie sich Freiheit und Unfreiheit hier zueinander und wie Personen sich in ihrer Freiheit und Unfreiheit verhalten.[26]

Die ontologischen Implikationen der genannten Probleme werden sofort deutlich, wenn man sich klarmacht, daß es im Rahmen einer philosophischen Theorie nicht gut möglich ist, ohne weiteres von »Personen« und »Verhaltensweisen« zu sprechen. Man muß vielmehr sagen können, wie man Personen von anderen Lebewesen und Verhaltensweisen von anderen Vorgängen unterscheiden will, d. h.: man muß sagen können, in welcher Weise Personen und Verhaltensweisen *sind*. Soweit diese Frage in ausgearbeiteten Konzeptionen der Freiheit nicht klar beantwortet ist, wird man sicherlich imstande sein, eine solche Antwort zu rekonstruieren. Im Falle Heideggers verhält sich das jedoch in einem entscheidenden Punkt anders. Wenn die These richtig ist, daß man Heideggers Frage nach dem Sein als Frage nach der Freiheit zu verstehen hat, so hat seine Konzeption von Freiheit nicht nur ontologische Implikationen, sondern ist selbst nichts anderes als Ontologie. Dies wiederum hat eine wichtige Konsequenz für die Interpretation der Daseinsanalyse, wie sie in *SZ* ausgearbeitet ist. Man wird dann nämlich den Ausdruck »Dasein« auf keinen Fall analog zu »Person« oder ähnlichen Ausdrücken auffassen dürfen, wenn man die

26 Die beiden skizzierten Positionen decken sich nicht mit in der philosophischen Tradition ausgearbeiteten Konzeptionen von Freiheit. Im Ansatz entspricht jedoch der ersten Position die Freiheitstheorie von Aristoteles, der zweiten diejenige Kants.

Pointe der Heideggerschen Philosophie nicht verfehlen will. Die Analyse von »Dasein« ist nicht etwa die Aufdeckung der ontologischen Implikationen einer Bestimmung wie »Person«, sondern darin eine Ausarbeitung der Frage nach dem »Sein überhaupt«[27], daß sie nicht durch irgendwelche Regionalontologien zu ergänzen ist. Ebensowenig wie Heideggers Konzeption der Freiheit nur ontologische Implikationen hat, gibt es bei ihm eine Ontologie, die nicht Philosophie der Freiheit ist. Die Philosophie der Freiheit umfaßt demnach auch die Frage nach dem »Sein des Seienden«, das nicht von der Art des Daseins ist.

Behauptet man dies, so erhebt man auch den Anspruch, den Stellenwert der »Kehre« bei Heidegger in der Interpretation seines Konzeptes von Freiheit klären zu können. Heidegger hat zwar nie hinreichend deutlich gesagt, wie er diesen Ausdruck verstanden wissen will; in einer Interpretation der entsprechenden Zusammenhänge läßt sich jedoch zeigen, daß es sich bei der »Kehre« um eine systematische Frage handelt, im Hinblick auf welche die späteren Texte Heideggers keine Alternative zur Daseinsanalyse von SZ bieten. Durch das, was Heidegger in den nach SZ entstandenen Texten zur Frage nach dem Sein zu sagen hat, wird die Daseinsanalyse des frühen Hauptwerks in ihren zentralen Passagen der Sache nach nicht in Zweifel gezogen. Heidegger ändert lediglich seine Meinung darüber, welche Probleme mit den daseinsanalytisch erarbeiteten Begriffen von SZ darzustellen sind und welche nicht. Genauer gesagt glaubt Heidegger in den Jahren nach SZ nicht mehr, das Philosophieren selbst in der Weise einsichtig machen zu können, wie er es zuvor für möglich gehalten hatte. Zu dieser Einsicht ist er wohl gelangt, indem er an der Ausarbeitung des Abschnittes über »Zeit und Sein« scheiterte. Die »Kehre« besteht allerdings weniger in den Konsequenzen, die Heidegger aus diesem Scheitern zog, als vielmehr in der »Umkehrung« der Fragestellung von »Sein und Zeit« zu der von »Zeit und Sein«. Sollte diese These richtig sein, so unterschiede sich SZ von den späteren Schriften nicht primär dadurch, daß Heidegger eine philosophische Entwicklung vollzogen hätte. Zwar läßt sich eine solche Entwicklung gewiß nicht bestreiten, aber sie bleibt doch den sachlichen und systematischen Problemen gegenüber peripher. Der Unterschied zwischen der Daseinsanalyse von SZ und den späteren Schriften besteht dann vielmehr darin, daß Heidegger in SZ das nichtphilosophische, oder mit seinem eigenen Ausdruck gesagt:

---

27 Diese These hat auch F.-W. v. Herrmann mit Nachdruck vertreten. Vgl. v. Herrmann (1985), 21.

das »vorontologische« Dasein untersucht, während er sich in seinen späteren Schriften ganz auf eine Erörterung des Philosophierens selbst konzentriert. Dafür, daß dies so ist, spricht ja allein schon die zentrale Rolle des Gedankens einer »Seinsgeschichte« beim späteren Heidegger. Behauptet man also, daß sich die Philosophie Heideggers im Ganzen als eine Philosophie der Freiheit verstehen läßt, so muß man das Problem der »Kehre« diskutieren, indem man klärt, welche unterschiedlichen Rollen Heideggers Konzept von Freiheit bei der Erörterung des nichtphilosophischen und des philosophischen Daseins spielt. Es wird sich zeigen, daß Heidegger sich auch hier in einem Zusammenhang bewegt, den er sich durch die antike Philosophie, und zwar speziell durch Platon vorgeben läßt.

Was nun den Aufbau der vorliegenden Untersuchung betrifft, so dient das Kapitel I einer Exposition der Heideggerschen Philosophie als einer Philosophie der Freiheit. Hier geht es zunächst darum zu zeigen, wie Heideggers philosophisches Programm bereits im Ansatz durch den Freiheitsgedanken geprägt ist (§ 1). Das betrifft auch die Weise, in der Heidegger dieses Programm selbst charakterisiert. Wenn seine Philosophie »Phänomenologie« ist, so kann man sie als eine Phänomenologie der Freiheit bezeichnen, und dann muß es auch möglich sein, den Begriff der Phänomenologie selbst im Zusammenhang der Freiheitsproblematik zu interpretieren.[28] Im Anschluß daran wird die ontologische Diskussion entwickelt, in der Heidegger sein Konzept von Freiheit gewinnt (§ 2). Ein genaueres Verständnis dieses Konzepts ergibt sich aus Heideggers Analyse der »Welt« und des »In-der-Welt-seins«, denen Kapitel II gewidmet ist. Nachdem sich gezeigt hat, wie Heidegger den Ausdruck »frei« verstanden wissen will und in welchem Zusammenhang dieser Ausdruck ihm zufolge zu verwenden ist (§ 3), läßt sich seinem Konzept von Freiheit auch eine schärfere Kontur geben, indem im Kontrast zu ihm als die wohl einflußreichsten Freiheitstheorien der philosophischen Tradition die Theorien von Aristoteles und Kant vorgestellt werden; in der Diskussion von Problemen, die sich vor allem aus dem Ansatz Kants für neuere Theorien zur Freiheit

---

28 Charakterisiert man die Philosophie Heideggers im Ganzen als Phänomenologie, so scheint man dabei die »Kehre« zu vernachlässigen: Phänomenologie ist, wie sich einwenden ließe, nur die Konzeption von *SZ*. Allein, es ist zu beachten, daß Heidegger diesen Titel noch in seiner spätesten Publikation positiv aufnimmt und genauso versteht wie in den zwanziger Jahren. Vgl. *SD*, 90.

ergeben, geht es darum, einsichtig zu machen, wieso das Heideggersche Konzept auch diesen Theorien gegenüber das stärkere ist (§ 4).
Eine philosophische Theorie der Freiheit ist wie gesagt nur möglich,
wenn sie zugleich auch eine Theorie der Unfreiheit ist; um zu verstehen, wie sich im Anschluß an Heidegger Unfreiheit denken läßt, ist
man auf seine Analyse des »Man« verwiesen, die wiederum nur verständlich ist, wenn man sich zuvor klargemacht hat, was »Mitsein«
und »Mitdasein« in *SZ* heißt (§ 5). Im Zusammenhang dieser Frage
wird ein zentrales Thema der Subjektivitätsphilosophie, nämlich die
Frage nach dem »Ich« aufzunehmen sein, um zu verdeutlichen, welchen Stellenwert es in der Konzeption Heideggers erhält. Damit sind
alle wesentlichen Voraussetzungen gewonnen, um sich der für Heidegger zentralen Frage nach dem Verhältnis von Freiheit und Unfreiheit
zuzuwenden. Im Kapitel III wird als erstes untersucht, wie Heidegger
dieses Verhältnis selbst denken will (§ 6); danach läßt sich dann zeigen, wie Unfreiheit (§ 7) und Freiheit (§ 8) genauer beschrieben werden müssen. Interpretiert man die Frage nach dem Sein bei Heidegger
als Frage nach der Freiheit und berücksichtigt, daß es Heidegger darum geht, die Zeit als den »Horizont« des Seins aufzuweisen, so ist
klar, daß eine Untersuchung zur Heideggerschen Konzeption von Freiheit auf die Frage nach dem Zusammenhang von Zeit und Freiheit
zusteuern muß. Dieser Frage geht das Kapitel IV nach. Dabei wird
zunächst erörtert, wie Heidegger das Zeitproblem in *SZ* entfaltet (§ 9).
Mit einer Diskussion der Kehre von »Sein und Zeit« zu »Zeit und
Sein« und der Frage, wie Heidegger das Philosophieren selbst als eine
Weise der Freiheit entfaltet (§ 10), schließt die Untersuchung ab.

28

ERSTES KAPITEL

Heideggers Ansatz zu einer Philosophie der Freiheit

§ 1 Der Begriff der Phänomenologie

Behauptet man, das Freiheitsproblem sei das Zentrum des Heideggerschen Denkens, so muß man zunächst darauf reagieren, wieso dieses Problem bei Heidegger nicht von vornherein als solches thematisch ist. Immerhin hat Heidegger von seiner Philosophie im Umkreis von *SZ* nicht als von einer Philosophie der menschlichen Freiheit gesprochen; selbst wenn über die wichtige Rolle der Freiheitsproblematik in *SZ* kein Zweifel bestehen kann, ist »Freiheit« doch erst seit der Schrift *Vom Wesen des Grundes* ein operativer Begriff und tritt in seiner für das Denken Heideggers eigentümlichen Bedeutung erst in *Vom Wesen der Wahrheit* hervor. Wirksam ist der Freiheitsgedanke allerdings schon in der Vorbereitungsphase von *SZ*, in der Phase also, die für Heidegger auch im Zeichen der Auseinandersetzung mit der Philosophie seines Lehrers Husserl steht. Studiert man als Dokumente dieser Auseinandersetzung die Vorlesungen, die Heidegger in den zwanziger Jahren in Marburg gehalten hat, so kann man zwar zunächst den Eindruck gewinnen, Heidegger sei hier noch ganz auf das philosophische Programm Husserls verpflichtet: Heidegger versteht seine eigene philosophische Arbeit als einen Beitrag zur Phänomenologie. Bei näherem Hinsehen aber wird deutlich, daß er diesen Begriff in einer so bei Husserl nicht üblichen Weise verwendet. Was Heidegger selbst unter »Phänomenologie« versteht, kann man sich am besten klarmachen, wenn man zunächst einmal seiner Darstellung der Husserlschen Konzeption folgt.

Phänomenologie als Wiederholung

Heidegger zufolge besteht das Verdienst Husserls vor allem darin, unter dem Titel der Intentionalität die Struktur von mentalen Vorgängen aufgeklärt zu haben. Mentale Vorgänge wie Wahrnehmen oder Denken werden nämlich nur dann angemessen verstanden, wenn man das, worauf sie gerichtet sind, nicht als äußerlich Vorgegebenes, sondern als integrales Moment der Vorgänge selbst begreift. Umgekehrt sind dann Gegenstände im weitesten Sinne auch nur noch im »Wie des Intendiertseins« (*GA* 20, 60) zu fassen, d. h. sie können nur noch unterschieden und beschrieben werden, indem man auf die Weise ihres

Gegebenseins im jeweiligen mentalen Vorgang rekurriert. Indem Heidegger sich diesen Gedanken zu eigen macht, akzeptiert er jedoch nicht die dualistischen Konsequenzen, die Husserl aus ihm zieht. Daß mentale Vorgänge, die den Charakter der Intentionalität haben, selbst zum Thema des Denkens gemacht werden können, nimmt Husserl nämlich zum Anlaß, das Bewußtsein als »immanentes Sein«[1] zu fassen und es von dem, was nicht Bewußtsein ist, zu trennen. Durch die Reflexion auf mentale Vorgänge in ihrer Intentionalität werden diese zwar nicht gegenstandslos — dann wären sie nicht mehr intentional —, aber das Bewußtsein erweist sich doch als ein Bereich, der keiner äußeren Gegenstände bedarf, um zu existieren[2]; die Reflexion zeigt, daß das Bewußtsein auch dann Gegenstände hat, wenn es außer ihm nichts gibt, und daß außerdem das, was selbst nicht Bewußtsein ist, überhaupt nur intentional gegeben sein kann. In Heideggers Formulierung: »Das reale Sein kann anders sein oder überhaupt nicht sein, trotzdem vermag das Bewußtsein in sich selbst einen geschlossenen Seinszusammenhang darzustellen. Diese Überlegung will besagen: Das Bewußtsein ist absolut in dem Sinne, daß es die Seinsvoraussetzung ist, aufgrund deren überhaupt Realität sich bekunden kann. Transzendentes Sein ist immer in Darstellung gegeben, und es stellt sich als Gegenstand gerade der Intentionalität dar.« (GA 20, 144) Bewußtsein ist gemäß dem Ansatz Husserls der absolute Grund von Realität, und berücksichtigt man, daß Heidegger bereits in den Phänomenologischen Interpretationen zu Aristoteles den Versuch einer erkenntnistheoretischen Begründung von Realität kritisiert[3], so ist klar, daß er Husserl hier nicht zu folgen vermag. Seine Alternative ist nun freilich keine Spielart des Realismus, sondern scheinbar eine Radikalisierung der bewußtseinstheoretischen Fragestellung Husserls. Heidegger macht nämlich gegen die Bestimmung des Bewußtseins, wie Husserl sie gibt, geltend, sie sei keine Bestimmung des Bewußtseins »in seinem Sein« (GA 20, 145), und diesen Einwand kann man durchaus noch im Zusammenhang des Husserlschen Forschungsprogramms verstehen. Ohne daß zunächst klar wäre, was der Ausdruck »Sein« in der Rede vom »Bewußtsein in seinem Sein« besagt, könnte man doch vermuten, es ginge

---

1 Husserl, *Ideen I*, 115; vgl. *GA 20*, 142.
2 Nulla »re« indiget ad existendum; vgl. *Ideen I,* 115 und *GA* 20, 143.
3 Hier heißt es: »Kant und Aristoteles haben dies gemeinsam, daß für beide die Außenwelt da ist. Für Aristoteles ist die Erkenntnis derselben kein Problem.« (*GA 61*, 4 f.)

Heidegger zwar darum, die Begründungsleistung zu bestreiten, wie Husserl sie dem Bewußtsein zumutet, nicht aber die Orientierung am Bewußtsein selbst aufzugeben. Schließlich sagt Heidegger, in der Konzeption Husserls bliebe die »Konkretion von Erlebnissen« (*GA 20*, 146) unberücksichtigt, und damit scheint er doch zu meinen, bei Husserl bliebe unberücksichtigt, was es überhaupt heißt, Erlebnisse zu *haben*. Dafür, daß dies so ist, lassen sich sogar zwei durchaus plausible Argumente anführen: Versteht man nämlich das Bewußtsein als absoluten Grund, so ist es unmöglich, es noch »in seiner konkreten Vereinzelung und Anknüpfung an Lebewesen« (*GA 20*, 145 f.) zu betrachten; in den Blick kommen bestenfalls Strukturmomente, deren »Realität und Realisierung« (*GA 20*, 146) abgeblendet ist. Faßt man zum anderen das Bewußtsein selbst als Gegenstand der Reflexion, so ist es prinzipiell in der gleichen Weise Gegenstand wie das im Bewußtsein auch sonst Gegebene, und darin ist sein Charakteristikum, nämlich die Intentionalität, verfehlt. Heidegger, so könnte man denken, will demgegenüber an der Entdeckung der Intentionalität festhalten und ihren Vollzug zum Thema der phänomenologischen Forschung machen.[4] Sofern für Husserl Phänomenologie die »deskriptive Wesenslehre der reinen Erlebnisse«[5] ist, hätte sich Heideggers Begriff von Phänomenologie Husserl gegenüber damit bereits verändert. Sein Ansatz bliebe freilich genauso subjektivitätsphilosophisch wie der Ansatz von Husserl selbst.

Würde man sich mit dieser Auskunft begnügen, so hätte man jedoch den entscheidenden Schritt Heideggers außer acht gelassen. Heidegger ist sich nämlich durchaus darüber im klaren, daß man ein philosophisches Programm nicht einfach modifizieren kann, indem man den Gegenstand philosophischer Forschung anders bestimmt und die Weise, in der dieser Gegenstand zum Thema gemacht wird, unverändert läßt. Die »Konkretion von Erlebnissen«, welche bei Husserl seiner Meinung nach unberücksichtigt geblieben ist, läßt sich ja, wie er denkt, im Rahmen einer Untersuchung von Erlebnisstrukturen überhaupt nicht in den Blick bringen. In einer solchen Untersuchung ist »lediglich der *Wasgehalt* herausgehoben«, ohne daß »nach dem Sein der Akte im Sinne ihrer Existenz« (*GA 20*, 151) gefragt wird. Fragt man jedoch nach der »Existenz« als dem Sein der Erlebnisse, so kann man auch

---

4 Wäre dies so, würde Heidegger bereits ein ähnliches Programm verfolgen, wie es in der gegenwärtigen Philosophie T. Nagel verfolgt; vgl. Nagel (1979), 165–180, sowie Nagel (1986).
5 Husserl, *Ideen I*, 171.

diesen Ausdruck nicht in einer fraglosen Weise verwenden, und unterstellt man einmal, daß »Existenz« entweder mit »Sein« gleichbedeutend ist oder ein Aspekt dessen, was man mit »Sein« meint, so ist klar, daß die Frage nach der »Konkretion von Erlebnissen« nicht ohne die Frage nach der Bedeutung von »Sein« zu beantworten ist. In Heideggers eigenen Worten: »Das phänomenologische Fragen führt seinem innersten Zuge nach selbst zur Frage nach dem Sinn des Seins überhaupt.« Und Heidegger fährt fort: »So ist die Phänomenologie in ihrer eigensten Möglichkeit radikalisiert nichts anderes als das wieder lebendig gewordene Fragen von Plato und Aristoteles: *die Wiederholung, das Wiederergreifen des Anfangs unserer wissenschaftlichen Philosophie.*« (GA 20, 184)[6] Zunächst einmal sieht es hier so aus, als würde Heidegger die phänomenologische Forschung lediglich in den übergreifenden Rahmen der Ontologie einordnen, nachdem er zuvor die »konkreten Erlebnisse« zu ihrem eigentlichen Thema erklärt hatte. Wäre dies der Fall, so ließe sich sein eigenes Programm als eine »Ontologie der Subjektivität« charakterisieren, als die Frage danach also, wie die Vollzüge des Bewußtseins »in ihrem Sein« genauer zu fassen sind. Der Rekurs auf Platon und Aristoteles hätte dann lediglich die Funktion, die historischen Anknüpfungspunkte für die Ausarbeitung dieser Frage zu benennen. Um zu verstehen, wie sich die Bedeutung von »Phänomenologie« bei Heidegger gegenüber Husserl ändert, muß man jedoch beachten, daß er den Rekurs auf Platon und Aristoteles als »Wiederholung des Anfangs unserer wissenschaftlichen Philosophie« kennzeichnet. Was »Wiederholung« hier genau heißt, wird aus dem Text der Vorlesung zwar nicht deutlich; aber wenn es gelingt, diesen Begriff wenigstens im Umriß zu klären, hat man zugleich ein erstes Verständnis davon gewonnen, was »Phänomenologie« für Heidegger ist.

Allein aus dem, was bisher über das Verhältnis Heideggers zu Husserl gesagt wurde, ist klar, daß »Wiederholung« nicht einfach bedeutet, ein überliefertes philosophisches Fragen wieder aufzunehmen, um es in den Diskurs einer gegenwärtigen Philosophie zu integrieren, und auch nicht, gegenwärtiges Philosophieren bewußt in eine Tradition zu stellen. Dem ersten liegt der Gedanke zugrunde, daß alte Texte mit ihren Fragen und Problemlösungen zu gegenwärtigen Diskussionen etwas beizutragen haben. Denkt man so, behandelt man etwa Platon

---

6 Der Wissenschaftsbegriff von Heidegger ist Gegenstand der Untersuchung von Bast (1986).

und Aristoteles als Zeitgenossen, von denen man lernen kann, eine Frage, sei es, besser zu stellen, sei es, ein Stück weit oder zumindest für den Augenblick vollständig befriedigend zu beantworten; außerdem lassen sich so die Problemlösungen alter Autoren am Maßstab gegenwärtiger Diskurse kritisieren.[7] Für die zweite Variante des Verhältnisses gegenwärtiger Philosophie zu alten Texten sind diese der Zusammenhang, in dem gegenwärtiges Philosophieren immer schon steht, weil es gar nicht anders kann, als sich von den alten Texten seine Fragen vorgeben zu lassen. Philosophie ist so gesehen die Leistung eines wirkungsgeschichtlichen Bewußtseins, das durch Tradition und als Tradition bestimmt ist: es ist, was es ist, durch die Eingebundenheit in den Zusammenhang des Überlieferten, und indem es sich im Verstehen und in der Auslegung dieses Zusammenhangs aktualisiert, wird es selbst zur Überlieferung.[8] Wäre die Heideggersche »Wiederholung« nach dem ersten Modell zu denken, so wäre sie gleichbedeutend mit der Integration der Fragestellungen von Platon und Aristoteles in den selbst unbefragten Diskurs der Phänomenologie, und das wiederum ist unvereinbar mit der offensichtlichen Kritik, wie Heidegger sie an Husserl übt. Ebenso versteht Heidegger die tradierten griechischen Texte nicht als den Zusammenhang, in dem sein eigenes Fragen immer schon steht. Es geht Heidegger weder darum, innerhalb eines vorgegebenen Programms von Phänomenologie zu forschen, noch eine tradierte Frage wiederaufzunehmen. Sein Interesse an Platon und Aristoteles ist vielmehr darin begründet, daß er ihre Arbeit als den Anfang der »wissenschaftlichen Philosophie« ansieht, und »Anfang« ist diese Arbeit nicht primär, weil in ihr die Frage nach dem Sein thematisch war, sondern weil sie von dieser Frage in Gang gesetzt und geleitet wurde: »Wenn die phänomenologisch gewonnene *Fundamentalfrage* nach dem Sein sich als die herausstellt, die die klassische wissenschaftliche Philosophie der Griechen gerade lebendig werden ließ, so darf dieses geschichtliche Faktum nicht etwa als Autoritätsbeweis für die Richtigkeit der Frage genommen werden. Vielmehr kann das nur ein Hinweis darauf sein, daß diese Frage im Zuge des forschenden Fragens über-

---

7 Dieser Ansatz ist charakteristisch für die Weise, wie manche Autoren aus dem Umkreis der analytischen Philosophie alte Texte interpretieren. So stellt G. Hartman Aristoteles in den Zusammenhang der modernen »Philosophy of Mind«, um deren Probleme und Aristoteles im Zusammenhang dieser Probleme zu diskutieren. Vgl. Hartman (1977).
8 Vgl. Gadamer, *Wahrheit und Methode* (Ges. Werke I).

haupt offenbar selbst liegt.« (*GA* 20, 186 f.) »Fundamentalfrage« ist die Frage nach dem Sein nur, wenn sie aus keinem anderen Problemzusammenhang ableitbar und auch keine nur historisch verbindliche Frage ist. Wenn Heidegger nun meint, diese »Fundamentalfrage« sei leitend für die Phänomenologie und also phänomenologisch auszuarbeiten, so gibt er damit einen Hinweis auf sein Verständnis von »Phänomenologie«: Phänomenologie ist selbst nichts anderes als »Wiederholung«, und wenn dies so ist, dann muß sich an Heideggers Erörterung der Phänomenologie auch eine nähere Bestimmung dessen gewinnen lassen, was er unter »Wiederholung« versteht.

Zur Phänomenologie sagt Heidegger: »Das Große der Entdeckung der Phänomenologie liegt nicht in den faktisch gewonnenen, abschätzbaren und kritisierbaren Resultaten, die heute allerdings eine wesentliche Umbildung des Fragens und Arbeitens gezeitigt haben, sondern darin, daß sie die *Entdeckung der Möglichkeit des Forschens in der Philosophie ist.* Eine Möglichkeit aber ist nur in ihrem eigensten Sinne recht verstanden, wenn sie als Möglichkeit genommen und als Möglichkeit erhalten bleibt. Sie als Möglichkeit erhalten, besagt aber, nicht einen zufälligen Stand der Fragestellung als endgültig wirklichen zu fixieren und verhärten zu lassen, sondern die Tendenz zu den Sachen selbst offen zu halten und von den ständig andrängenden und versteckt wirkenden unechten Bindungen zu befreien. Das eben besagt das Motto: zu den Sachen selbst, sie auf sich selbst zurückschlagen zu lassen.« (*GA* 20, 184) Was Heidegger hier »die Tendenz zu den Sachen selbst« nennt und als Erhaltung der Möglichkeit versteht, läßt sich zunächst negativ bestimmen: diese Tendenz wird gewonnen in der Befreiung von andrängenden und versteckt wirkenden unechten Bindungen. Worin diese Bindungen bestehen, wird aus dem Zitat nicht klar. Man kann hier jedoch auf eine andere Stelle der Vorlesung rekurrieren, an der Heidegger von der Seinsfrage bei Platon und Aristoteles spricht. Die Seinsfrage, so sagt er, sei seit Aristoteles verstummt, »und zwar so verstummt, daß man nicht mehr darum weiß, daß sie verstummt ist, weil man hinfort ständig über das Sein in den von den Griechen überkommenen Bestimmungen und Perspektiven handelt. So verstummt ist diese Frage, daß man meint, sie zu stellen, ohne faktisch überhaupt in ihre Reichweite zu kommen, ohne zu sehen, daß man mit der bloßen Verwendung der alten Begriffe, der ausdrücklich bewußten, traditionellsten oder der noch häufigeren unbewußten, selbstverständlichen noch nicht und gerade nicht die Frage nach dem Sein hat, d. h. sich untersuchend in diesem Bezirk verhält« (*GA* 20, 179). Die Bindungen, von denen es sich Heidegger zufolge zu befreien gilt, sind

36

demnach die Einbindungen in die Sprache, genauer in die jeweiligen Perspektiven und Denkweisen, die sprachlich vorgegeben sind. Um die Frage nach dem Sein als diejenige Frage stellen zu können, die das Denken von Platon und Aristoteles in Gang gesetzt hat, ist es deshalb notwendig, »daß *vor* die Fragen, die in der Geschichte gestellt wurden, zurückgegangen wird« (GA 20, 188), also vor die Formulierungen, in denen die Seinsfrage jeweils Gestalt gewonnen hat. Dadurch können dann auch »die Fragen, die die Vergangenheit gestellt hat, erst wieder ursprünglich zugeeignet werden« (GA 20, 188). Mit dem Gedanken einer Befreiung von der Bindung an sprachliche Perspektiven, deren bindende Kraft vor allem in ihrer Selbstverständlichkeit besteht, und einer »ursprünglichen Aneignung« des durch diese Perspektiven Verstellten ist der Zusammenhang von Freiheit und Seinsfrage zum ersten Mal angedeutet.

Um nun zu einer genaueren Bestimmung dessen zu gelangen, wie diese »ursprüngliche Aneignung« zu denken ist, könnte man versuchen, diese als eine Modifikation der Husserlschen ἐποχή zu verstehen. Was bei Husserl die Enthaltung gegenüber den natürlichen intentionalen Einstellungen ist, wäre dann bei Heidegger zu einer Enthaltung gegenüber den Selbstverständlichkeiten des Sprechens und Denkens in den überkommenen Terminologien und Mustern geworden. Bei Husserl war die ἐποχή ja auch schon durch das Moment einer ursprünglichen Aneignung der natürlichen Einstellungen charakterisiert, indem diese durch die ἐποχή nicht nur nicht vernichtet werden – ἐποχή ist keine Privation[9] –, sondern gerade als intentionale Einstellungen des Bewußtseins hervortreten: Während man in der natürlichen Einstellung auf einen Gegenstand gerichtet ist, wird in der ἐποχή die intentionale Einstellung als eine Leistung des Bewußtseins erst deutlich, und damit zugleich, daß der Gegenstand überhaupt nur in der intentionalen Einstellung gegeben ist. Ebenso können die in ihrer Selbstverständlichkeit wirksamen sprachlichen Perspektiven und Denkmuster als solche erst ausdrücklich werden, wenn es einem gelingt, nicht in ihnen zu sprechen und zu denken. Und außerdem betont ja auch Husserl, die ἐποχή sei »Sache unserer vollkommenen Freiheit«.[10] Wie überzeugend die Analogie zwischen Husserl und Heidegger hier auch erscheinen mag, so wenig läßt sich mit ihr der Heidegger-

---

9 Vgl. *Ideen I*, 65.
10 *Ideen I*, 65. Zur Vorgeschichte dieses Freiheitsbegriffs bei Descartes und Kant vgl. Simon (1977) und Simon (1978).

sche Gedanke einer ursprünglichen Aneignung der Seinsfrage jedoch treffen. Weist man darauf hin, daß für Heidegger der ausdrückliche Rekurs Husserls auf Descartes gerade Beispiel einer Bindung ist, von der es sich zu befreien gilt, so macht man damit bereits deutlich, wie problematisch es wäre, Heidegger noch im Rahmen des Husserlschen Programms verstehen zu wollen. Wenn Husserl nämlich mit Descartes im Hintergrund der Frage nachgeht, wie das Bewußtsein Region einer absoluten Wissenschaft sein kann, dann ist damit das Verhältnis des philosophischen Denkens zum Intentionalen bereits in einer Weise geprägt, gegen die Heidegger sich gerade wendet. Für das betrachtende Denken, das sich in der ἐποχή hält, sind die intentionalen Einstellungen, wie Husserl selbst immer wieder sagt, Objekte, und d. h.: sie müssen, wie dies auch immer im einzelnen zu verstehen sein soll, *vorliegen*.[11] Versteht man nun »vorliegen« als einen Ausdruck, mit dem die Seinsweise der Bewußtseinsakte bezeichnet wird, so ist klar, daß Husserls ἐποχή noch durch ein Denkmuster geprägt ist, das seine Wirksamkeit überhaupt nur entfalten kann, weil es selbstverständlich und unbefragt bleibt. Ja mehr noch: dieses Denkmuster schließt es von vornherein aus, Phänomenologie im Sinne einer Erhaltung der Möglichkeit zu betreiben, wie Heidegger es fordert. Gemäß dem Gedanken einer Erhaltung der Möglichkeit kommt es nämlich darauf an, die Orientierung an einem solchen Vorliegen und ebenso an anderen und ähnlichen Auffassungen aufzugeben, um die Seinsfrage als solche stellen zu können. Es ist, wie sich noch deutlicher zeigen wird, allgemein die Orientierung des philosophischen Denkens am Wirklichen, durch die Phänomenologie im Sinne Heideggers verhindert wird. Phänomenologie, wie Heidegger sie versteht, kann nicht darin bestehen, das als Wirkliches Gegebene zu beschreiben, wenn sie »Erhaltung der Möglichkeit« sein soll.

Was dies heißt, ist sicher auf Anhieb nicht deutlich. Man kann Heideggers Konzept von Phänomenologie als einer Erhaltung der Möglichkeit jedoch bereits ein Stück weit besser verstehen, wenn man sich den Zusammenhang klarmacht, auf den er sich hier bezieht. Es ist die Bestimmung des Verhältnisses von Möglichkeit und Wirklichkeit, wie Kierkegaard sie entwickelt hat. In seiner Schrift über den *Begriff Angst* verwendet Kierkegaard den Ausdruck »Möglichkeit« für eine Bestimmung der Freiheit. Freiheit ist »Möglichkeit für die Möglichkeit«[12],

11 Vgl. Tugendhat (1970/1), vor allem 208 ff.
12 *BA*, 40.

38

und das soll heißen: Freiheit ist das Vermögen, die Möglichkeit als solche zu erfahren, und erfahren wird Freiheit in diesem Sinne als »Wiederholung«.[13] Ausgehend davon, daß der Begriff der Möglichkeit in Relation zu dem der Wirklichkeit bestimmt ist, faßt Kierkegaard dabei die Erfahrung der Möglichkeit als die der Gewordenheit eines Wirklichen: Was ist, kann nur als Mögliches erfahren werden, indem man, wie Kierkegaard sagt, »glaubt«, daß es geworden ist. Nicht die Annahme, daß es etwas anderes oder anders werden kann, gewährleistet die Rede von einem »Möglichen«, denn hier ist es das andere und nicht das wirklich Vorliegende, was möglich ist, sondern die Annahme, daß es möglich war und dann wirklich geworden ist: »Die Möglichkeit, aus der das Mögliche, welches das Wirkliche ward, hervorgegangen ist, begleitet fort und fort das Gewordene, und bleibt bei dem Vergangenen und lägen selbst Jahrtausende dazwischen: sobald der Spätere wiederholt, daß es geworden sei (und das tut er, indem er es glaubt), wiederholt er dessen Möglichkeit, gleichgültig, ob hier nun die Rede sein kann von genaueren Vorstellungen oder nicht.«[14] Wenn Kierkegaard hier vom Glauben spricht, so verwendet er diesen Ausdruck zwar im Hinblick auf seine religiöse Bedeutung, nicht aber in dieser Bedeutung. Daß der Möglichkeitscharakter des wirklich Vorliegenden »geglaubt« werden muß, soll lediglich besagen, daß dem wirklich Vorliegenden seine Gewordenheit nicht anzusehen ist und auch auf keine andere Weise unmittelbar erkannt werden kann. Die Möglichkeit muß glaubend wiederholt, d. h. »wieder geholt« werden.

Was bei Kierkegaard »das Wirkliche« heißt, deutet Heidegger nun zunächst als die sprachlichen Bindungen und Perspektiven. Wirklich sind diese in ihrer Selbstverständlichkeit, also nicht als etwas Vorliegendes, sondern dadurch, daß man in ihnen befangen ist. Damit wird nun auch deutlich, wie wenig sich Heideggers Konzeption von Phänomenologie bereits in ihrem Ansatz auf Husserl abbilden läßt. Wenn statt von intentionalen Einstellungen von sprachlichen Bindungen die Rede ist, so kann die Befreiung von ihnen nicht mehr in die Freiheit eines bloßen Betrachtens führen. Die als »Erhaltung der Möglichkeit« gedachte Befreiung aus sprachlichen Bindungen muß vielmehr in einer Weise des Denkens und Sprechens vollzogen werden, die dem Möglichkeitscharakter des Denkens und Sprechens, dem also, daß es geworden ist, Rechnung trägt. Eine solche Weise des Denkens und Spre-

---

13 Zum Begriff der Wiederholung bei Kierkegaard vgl. Reimer (1968).
14 *Philosophische Brocken,* 101 f.

chens glaubt Heidegger mit der Frage nach dem Sein gefunden zu haben, und zwar, weil diese Frage seiner Überzeugung nach den Anfang der Philosophie bildet. Die Wiederholung der Seinsfrage ist dann gleichbedeutend mit dem Versuch, selbst wieder zu einem neuen und nicht durch eingewöhnte Bindungen und Perspektiven beeinträchtigten Philosophieren zu gelangen. Das wiederum ist, wie Heidegger denkt, nur in einer Auseinandersetzung mit den Manifestationen des Anfangs der Philosophie in den Platonischen und Aristotelischen Texten möglich. Diese Texte dokumentieren für Heidegger allerdings nicht nur den Anfang des Philosophierens, sondern legen bereits auch die Perspektiven für dasjenige Philosophieren fest, dessen Anfang sie sind. Der Versuch einer Wiederholung des Anfangs schließt deshalb auch den Versuch ein, die Bindungen und Perspektiven, die in den Texten von Platon und Aristoteles selbst liegen, als solche deutlich zu machen und darin in ihrer Wirksamkeit aufzulösen. Das heißt nun nicht, man könne für die das Philosophieren von Platon und Aristoteles leitende Frage einfach eine neue Sprache erfinden, denn diese wäre ja ihrerseits eine perspektivische Bindung. Der Gedanke einer perspektivenlosen Sprache ist illusionär und wird von Heidegger auch gar nicht erwogen. Vielmehr kommt es einerseits darauf an, den perspektivischen und bindenden Charakter der Sprache selbst aufzuklären und darin einen Zugang zu dem zu finden, was innerhalb sprachlicher Bindungen und Perspektiven vergessen bleibt. Vergessen bleibt für Heidegger, wie man bereits weiß, das Sein, sofern nach ihm innerhalb der sprachlichen Bindungen und Perspektiven nicht mehr gefragt wird. Die Frage nach dem Sein ist jedoch nicht etwa unabhängig von der Aufklärung des perspektivischen und bindenden Charakters der Sprache zu denken, so daß diese nur eine äußerliche Vorbereitung der Seinsfrage wäre. Die Untersuchung der Sprache gehört für Heidegger so eng mit der Seinsfrage zusammen, daß man sich mit dieser Untersuchung bereits im Bereich der Seinsfrage hält. Sie führt auf jenes Verständnis von Freiheit, aus dem sich die Möglichkeit einer Befreiung aus den sprachlichen Perspektiven und Bindungen erst verständlich machen läßt.

Aussagen und Entdecken

Um in der Klärung von Heideggers Ansatz voranzukommen, empfiehlt es sich demnach, zunächst seine Auffassung der Sprache zu analysieren. Daß eine solche Analyse zum Verständnis des Heideggerschen Konzeptes notwendig ist, wird allein daran deutlich, daß Heidegger

40

sich genötigt sieht, in der Einleitung von *SZ* die Sprache zum Thema zu machen, um die Bedeutung des Titels »Phänomenologie« zu klären. Indem er der Frage nachgeht, was der Ausdruck λόγος bedeutet, glaubt Heidegger also, den Status seines eigenen philosophischen Programms einsichtig machen zu können: Sofern *SZ* »Phänomenologie« ist, müssen sich die in diesem Buch entwickelten Untersuchungen in ihrem Status selbst aus der Bedeutung von λόγος verständlich machen lassen. Daß dann im Rahmen der Daseinsanalyse von *SZ* die Sprache noch einmal zum Thema gemacht wird, steht dazu in keinem Widerspruch; es verweist vielmehr nur auf den eigentümlichen Charakter der Sprache selbst, genauer gesagt darauf, daß jedes Sprechen in nichtsprachlichen Zusammenhängen vollzogen wird und die Aufklärung dieser Zusammenhänge dennoch sprachlich geschieht. Weil die Untersuchungen von *SZ* selbst immer schon sprachlich sind, bedarf es einer Erörterung der Sprache, um überhaupt erst den relativen Charakter jedes Sprechens verständlich zu machen und in den Blick zu bringen, was nicht primär durch die Sprache offenbar wird.

In der Einleitung von *SZ* exponiert Heidegger die Frage nach dem λόγος, indem er sagt: »Der Begriff des λόγος ist bei Plato und Aristoteles vieldeutig, und zwar in einer Weise, daß die Bedeutungen auseinanderstreben, ohne positiv durch eine Grundbedeutung geführt zu sein. Das ist in der Tat nur Schein, der sich so lange erhält, als die Interpretation die Grundbedeutung nicht angemessen zu fassen vermag. Wenn wir sagen, die Grundbedeutung von λόγος ist Rede, dann wird diese wörtliche Übersetzung erst vollgültig aus der Bestimmung dessen, was Rede besagt.« (*SZ*, 32) Eine spezifische Bedeutung von λόγος ist damit gerade nicht genannt, ja, wenn Heidegger seine, wie er sagt »wörtliche« Übersetzung gegen die Auffassung des λόγος als »Vernunft, Urteil, Begriff, Definition, Grund, Verhältnis« (*SZ*, 32) absetzt, dann bekundet sich in seiner Übersetzung gerade die Absicht, λόγος möglichst weit zu fassen, also jede Identifikation von λόγος mit einer bestimmten Weise des Redens und erst recht mit einem philosophischen Terminus abzuweisen. In der »Logik«-Vorlesung aus dem Wintersemester 1925/26 kommt das noch deutlicher heraus. Hier betont Heidegger, daß es darauf ankomme, »das mit λόγος — Reden — Gemeinte ... natürlich und unvoreingenommen zu fassen« (*GA* 21, 2), d. h. »Reden« soll zunächst nur verstanden werden »als Miteinanderreden — im und für das Miteinanderhandeln und -wirken; dieses Mit-einander-be-reden von Umständen, Gelegenheiten, Mitteln, Plänen, Aufgaben, Vorkommnissen, Schicksalen« (*GA* 21, 2). λόγος ist demgemäß der griechische Ausdruck für alltägliches Reden, und

dieses wird so weit gefaßt, daß es auch das »Mit-sich-selbst-reden«
(*GA* 21, 2), also das Denken, einbegreift. Was das alltägliche Reden,
wie Heidegger es hier versteht, durchgängig charakterisieren soll, ist,
daß es »offenbar macht«. »Offenbar machen« ist eine Übersetzung des
griechischen δηλοῦν. Aber auch damit ist noch wenig gewonnen, denn
δηλοῦν hat zumindest bei Aristoteles eine so weite Bedeutung, daß es
gerade kein Spezifikum der Rede bezeichnet. So kann Aristoteles sagen, daß die Laute der Tiere, die nicht über Begriffe verfügen, etwas
offenbar machen (*de interpr.* 16a, 28–30): die Laute der Tiere drük-
ken etwas aus. Weil Heidegger offenbar an diese unspezifische Bedeutung von δηλοῦν denkt, sagt er auch, Aristoteles habe »diese Funktion
der Rede schärfer expliziert als ἀποφαίνεσθαι«, und erläuternd heißt
es weiter: »Der λόγος läßt etwas sehen (φαίνεσθαι), nämlich das,
worüber die Rede ist, und zwar *für* den Redenden bzw. für die miteinander Redenden. Die Rede »läßt sehen ἀπό … von dem selbst her,
wovon die Rede ist.« (*SZ*, 32) Dieses Sehenlassen der Rede läßt sich
zunächst durch den Hinweis erläutern, daß jedes Reden Reden von
etwas ist. Wer über etwas oder von etwas redet, macht dieses »präsent«, indem er es ausdrücklich oder nicht von anderem unterscheidet;
es ist unmöglich zu sprechen, ohne daß das, wovon gesprochen wird,
ein wie auch immer Spezifiziertes ist. Aber Heidegger will nicht etwa
klären, was es im einzelnen heißt, daß das, wovon die Rede ist, spezifiziert wird; er liest die Aristotelische Bestimmung des λόγος ἀποφαντικός unter einem anderen Aspekt. Bei Aristoteles heißt es: ἀποφαντι-
κὸς δὲ οὐ πᾶς <λόγος/G. F.>, ἀλλ' ἐν ᾧ τὸ ἀληθεύειν ἢ ψεύδεσθαι
ὑπάρχει οὐκ ἐν ἅπασι δὲ ὑπάρχει, οἷον ἡ εὐχὴ λόγος μὲν, ἀλλ' οὔτ'
ἀληθὴς οὔτε ψευδής (*de interpr.* 17a,2-4) Dieser Satz läßt sich interpretieren, indem man sagt, nur solche λόγοι ließen etwas sehen, die
wahr oder falsch sein können. Das sind dann Aussagen, und Sätze wie
die von Aristoteles erwähnten Bitten oder Befehle hätten keinen apo-
phantischen Charakter. Auf eine solche Unterscheidung von Aussagen
und anderen Sätzen aber kommt es Heidegger zunächst nicht an. Für
ihn ist entscheidend, daß Aristoteles nicht von »wahr« und »falsch«
spricht, sondern die Verben ἀληθεύειν und ψεύδεσθαι verwendet.
Nur wenn man das berücksichtigt, wird seiner Meinung nach auch die
Bedeutung des Ausdrucks ὑπάρχειν in den zitierten Sätzen wirklich
klar. In der »Logik«-Vorlesung führt Heidegger aus, ὑπάρχειν habe
hier »den prägnanten Sinn eines philosophischen Begriffs« und besage
»das im vorhinein Vorhandensein, das zum Grunde liegen für etwas,
so daß durch dieses im vorhinein Vorhandene alles andere getragen
wird« (*GA* 21, 132). Alles andere – das sind die Aussagen, von denen

man dann sagen kann, sie seien »wahr« oder »falsch«. Ihnen »zum Grunde« liegen das ἀληθεύειν und das ψεύδεσθαι als *Verhaltensweisen*, und solche sind streng genommen nichts »Vorhandenes«. Der eigentliche Sinn des ὑπάρχειν ist für Heidegger deshalb auch »in-esse, darin-sein, zum Wesen der Rede selbst gehörig« (*GA 21, 132*). Um den Verhaltenscharakter von ἀληθεύειν und ψεύδεσθαι hervorzuheben, wählt Heidegger die Ausdrücke »Entdecken« und »Verdecken«. Der Aristotelische Satz lautet dann in seiner Übersetzung: »aufweisend sehen lassend (Aussage) ist nur das Reden, darin das Entdecken und Verdecken die eigentliche Redeabsicht trägt und bestimmt« (*GA 21, 133*). Der von Heidegger hier in der Klammer eingefügte Ausdruck »Aussage« bedeutet nicht etwa »Aussagesatz«, sondern, wie aus dem Kontext klar hervorgeht, »das Aussagen«. In diesem Sinne ist also zu unterscheiden zwischen dem Aussagen als einem Verhalten und der Aussage als dem ausgesprochenen oder aufgeschriebenen Satz.

Selbst wenn damit geklärt ist, daß Heidegger unter dem Titel »Aussage« primär an ein Verhalten denkt und man im Hinblick auf einen Satz nur von »wahr« oder »falsch« soll sprechen können, weil dieses Verhalten entdeckend oder verdeckend ist, bleibt doch noch unklar, wie Heidegger das Entdecken und Verdecken selbst faßt. Es bleibt anders gesagt unklar, worin die »eigentliche Redeabsicht« des Aussagens für ihn besteht, und außerdem ist es auch nicht zwingend zu sagen, daß das Entdecken allein in der Form des Aussagens vollzogen werden kann. »Entdecken«, so sagt Heidegger, heißt: »die Verborgenheit von etwas wegnehmen ... und zwar nicht in dem betonten Sinn, etwas zum ersten Mal ans Licht zu bringen, sondern überhaupt etwas, das noch verhüllt ist oder wieder verhüllt wurde, enthüllen« (*GA 21, 131*). Dieser Formulierung zufolge muß das, was entdeckt wird, zuvor bereits entdeckbar und als Entdeckbares zugänglich sein. Allein daraus läßt sich ableiten, daß man das Entdecken im Sinne Heideggers nicht mit dem Aussagen identifizieren darf, wie es im Anschluß an Aristoteles zu denken ist. »Aussagen« ist nämlich Aristoteles zufolge weniger das Entdecken eines vormals Verhüllten und in dieser Verhülltheit doch wie auch immer Zugänglichen als vielmehr das Aufweisen eines in seiner selbständigen Bestimmtheit Vorliegenden, einer οὐσία.[15] Dieses Aufweisen ist dann »wahr«, wenn es das in seiner selbständigen Bestimmtheit Vorliegende gleichsam bestätigt. Und entsprechend hat der aufweisende λόγος seine Falschheit darin, λόγος von etwas ande-

---

15 Dieser Gedanke wird in § 2 dieses Kapitels ausführlicher entwickelt.

rem zu sein als von dem, wovon er wahr ist (ἑτέρου ἢ οὗ ἐστὶν ἀληϑής/*Met.* 1024b27f.). Der λόγος trifft also immer auf etwas zu und ist genau dann falsch, wenn er nicht auf das Vorliegende zutrifft. Die falsche Aussage ist sozusagen eine falsche Bestätigung.[16]

Ebensowenig wie man das Entdecken im Sinne Heideggers als Aufweisen eines in seiner selbständigen Bestimmtheit Vorliegenden fassen kann, kann man auch das Verdecken als eine solche falsche Bestätigung verstehen. Verdecken, so sagt Heidegger, ist »täuschen, z. B. einen anderen täuschen, ihm vor das, was er meint zu sehen zu bekommen, etwas anderes stellen, was so aussieht wie ...« (*GA* 21, 132). Zwar könnte man zunächst denken, »was so aussieht wie...« sei »eine andere Sache«; darauf scheint auch Heideggers Formulierung hinzudeuten, der Getäuschte meine, »etwas« zu sehen zu bekommen. Aber woher weiß der Getäuschte, daß es sich um »eine andere Sache« handelt? Getäuscht werden kann doch nur, wer das, was ihm gesagt wird, für »wahr« nimmt, ohne sich selbst entdeckend zu verhalten. Er nimmt die Aussage — sei es das von einem anderen Mitgeteilte, sei es die eigene ausgesprochene oder unausgesprochene Meinung — für den Ausdruck eines Entdeckens, ohne selbst zu entdecken. Was er mitgeteilt bekommt oder was er meint, ist kein Entdecken, sondern eine Aussage, an die er sich hält, und diese »sieht so aus wie ...« ein Entdecken. Diesem Gedanken zufolge täuscht man sich oder Andere nicht erst dann, wenn man eine falsche Meinung hat oder jemandem eine falsche Aussage mitteilt. Die Täuschung besteht vielmehr bereits darin, sich überhaupt an Aussagen zu halten. Das ist wohl auf Anhieb befremdlich genug. Man könnte schließlich einwenden, das, was man meint oder mitgeteilt bekommt, könne auch wahr sein, so daß Heideggers Bestimmung zwar eine notwendige, nicht aber eine hinreichende Bestimmung der Täuschung wäre: Täuschen kann sich nur, wer sich an eine Aussage hält, aber nicht jeder, der dies tut, täuscht sich auch. Dieser Einwand wird eher bestärkt als widerlegt, wenn Heidegger sagt: »Wir sehen nicht so sehr primär und ursprünglich die Gegenstände und Dinge, sondern zunächst sprechen wir darüber, genauer sprechen wir nicht das aus, was wir sehen, sondern umgekehrt, wir sehen, was man über die Sache spricht.« (*GA* 20, 75) Allein, auch hier zeigt sich doch wieder, daß Heidegger das Sprechen nicht einfach als eine Bestätigung des »Sehens« denken will. Und unterstellt man einmal, »Sehen« bedeute hier dasselbe wie »Entdecken«, so ist klar, daß Hei-

16 Vgl. dazu Tugendhat (1958), 56.

degger auch hier wieder auf die These hinaus will, die Orientierung an Aussagen sei als solche eine Verdeckung des Entdeckens. Sagt man dies, so schließt das die weitergehende These ein, Wahrheit im Sinne der Wahrheit des Entdeckens, das ἀληθεύειν also, sei letztlich allein als Wahrheit zu begreifen. Die Aussagewahrheit ist dann nur Wahrheit in einem abgeleiteten Sinne und streng genommen »Unwahrheit«, wenn man sich nur an sie hält: »Der Satz ist nicht das, darin Wahrheit erst möglich wird, sondern umgekehrt, der Satz ist erst in der Wahrheit möglich ... Dabei ist immer festzuhalten, daß der Satz ein eigentümliches Verhältnis zur Wahrheit hat, zu ihr, sofern sie als Satzwahrheit notwendig in der Alternative steht: der Satz ist die Rede — nicht: die wahr ist, als solche — nicht: die falsch ist als solche, sondern die wahr *oder* falsch sein kann.« (*GA* 21, 135) Darauf, ob ein Satz im einzelnen Fall wahr ist, kommt es demzufolge überhaupt nicht an, sondern einzig darauf, daß jeder Satz als solcher auch falsch sein kann. Deshalb täuscht man sich, wenn man sich an Sätze hält, darüber, was eigentlich Wahrheit ist: »Wahrheit auf der einen Seite und Wahrsein oder Falschsein auf der anderen — sind ganz verschiedene Phänomene.« (*GA* 21, 129)

Phänomen

Was aber heißt es, daß die Wahrheit im Sinne des ἀληθεύειν sowie das Wahrsein oder Falschsein von Sätzen »Phänomene« sind? Nur wenn es gelingt, diese Frage zu beantworten, wird man auch den Verdacht entkräften können, Heidegger vernachlässige den »spezifischen Wahrheitsbegriff« der Aussagewahrheit und habe so auch keine Möglichkeit mehr, »den besonderen Sinn des Falschen und damit auch den des Wahren zu bestimmen«.[17] Um diesen Verdacht zu entkräften, muß man anders gesagt zeigen, daß auch dann ein spezifischer Sinn von Wahrheit erhalten bleibt, wenn man sich nicht mehr an der Form der Aussage orientiert, und dafür ist der Phänomenbegriff Heideggers ein Schlüssel. Um der Eigentümlichkeit von Heideggers Ansatz gerecht zu werden, wird man freilich nicht mehr an die Bedeutung denken dürfen, die der Ausdruck »Phänomen« bei Husserl hatte. Weil »Phänomen« bei Husserl primär das »Erlebnis« im Sinne eines intentionalen

17 Tugendhat (1970/1), 334.

Aktes ist und deshalb auch die intentionalen Gegenstände in eine Beschreibung von Phänomenen eingehen, sind Phänomene dann schließlich die Gegenstände im Wie ihres Gegebenseins.[18] Der Gedanke einer Beschreibung von Phänomenen schließt ein, daß die Gegebenheitsweisen selbst wieder für die Reflexion gegeben sind, und an diesem Gedanken nimmt Heidegger, wie bereits gesagt, Anstoß. Weil Heidegger nicht mehr von intentionalen Erlebnissen ausgeht, die für die Reflexion gegeben sind, sondern von sprachlichen Bindungen und Perspektiven, muß sich auch das, was er »Phänomene« nennt, im Anschluß an den Gedanken einer Befreiung aus diesen Bindungen und Perspektiven verständlich machen lassen. Heideggers Verwendung des Ausdrucks »Phänomen« hat ihre Pointe darin, daß gerade die Wahrheit im Sinne des ἀληθεύειν und das Wahrsein und Falschsein von Sätzen als Phänomene angesprochen werden.

Dafür, daß Heidegger »Phänomen« vom ἀληθεύειν her versteht, spricht allein schon, daß er sich bei der Erläuterung dieses Ausdrucks auch wieder an seinem verbalen Sinn orientiert: »Φαινόμενον ist das Partizip von φαίνεσθαι; diese mediale Bedeutung besagt: sich zeigen; φαινόμενον ist also das, was sich zeigt. Das Medium φαίνεσθαι ist eine Bildung von φαίνω: etwas an den Tag bringen, sichtbar machen an ihm selbst, in die Helle stellen. . . . Als Bedeutung von Phänomen ist festzuhalten: φαινόμενον, das was sich selbst zeigt.« (GA 20, 111) Gemäß dieser Erläuterung ist φαίνω geradezu gleichbedeutend mit ἀληθεύω, ἀληθεύειν. Ein Phänomen wäre dann dasjenige, was entdeckt wird und sich, indem es entdeckt wird, für den Entdeckenden und gegebenenfalls auch für die Anderen zeigt. In diesem Sinne sagt Heidegger: »Die φαινόμενα bilden die Gesamtheit dessen, was sich selbst zeigt, was die Griechen auch einfach mit τὰ ὄντα, mit dem Seienden identifizierten.« (GA 20, 111) Mit dieser Auskunft bewegt sich Heidegger noch vollständig in den Denkbahnen Husserls: Phänomene sind Gegenstände im Wie ihrer Gegebenheit, und sagt man dies, so ist unverständlich, wie das Entdecken selbst ein Phänomen sein soll. Es bleibt offen, wie sich das Entdecken selbst zeigen kann, wenn es nicht analog zum Gegenstand eines intentionalen Aktes gedacht werden soll. Eine Lösung dieses Problems wird vorbereitet, indem Heidegger ausgehend von der Identifikation der Phänomene mit dem Seienden den Begriff des *Scheines* einführt: »Seiendes kann sich nun in verschiedener Weise an ihm selbst, von ihm selbst her zeigen, je nach der Zugangsart

18 Tugendhat (1970/1), 172.

46

zu ihm. Es besteht die merkwürdige Möglichkeit, daß Seiendes sich zeigt als etwas, das es doch nicht ist. Ein solches Seiendes bezeichnen wir nicht als Phänomen, als Sich-Zeigendes im eigentlichen Sinne, sondern als Schein. Der Ausdruck φαινόμενον nimmt damit eine Bedeutungsmodifikation an; gegegenüber dem ἀγαθόν spricht man deshalb von einem φαινόμενον ἀγαθόν, von einem Guten, das nur so aussieht, aber faktisch es nicht ist, nur gut ›erscheint‹.« (GA 20, 111) Hier wird bereits die Identifikation der Phänomene mit dem Seienden aufgebrochen; allein das Beispiel, das er wählt, führt Heidegger über eine gegenständliche Auffassung der Phänomene hinaus, denn wie auch immer man das Gute oder das nur scheinbar Gute bestimmen mag, gewiß ist doch, daß man es hier nicht mit einem Seienden im Sinne eines Gegenstandes zu tun hat. Zwar ist es möglich zu sagen, daß dasjenige, was jemand will, der intentionale Gegenstand seines Wollens ist. Aber wie bereits Aristoteles, von dem Heidegger sein Beispiel übernimmt, gesehen hat, kommt man in Schwierigkeiten, wenn man das Gute mit dem jeweiligen intentionalen Korrelat des Wollens identifiziert. Versteht man nämlich das Gute als das jeweilige Korrelat des Wollens (βουλητόν), dann muß man mit Aristoteles, wenn jemand falsch gewählt hat, sagen, er habe nichts gewollt (συμβαίνει δὲ τοῖς μὲν τὸ βουλητὸν τἀγαθὸν λέγουσι μὴ εἶναι βουλητὸν ὃ βούλεται ὁ μὴ ὀρθῶς αἱρούμενος/EN, 1113a17f.) Die Aristotelische Lösung des Problems besteht darin, ἀγαθόν und φαινόμενον ἀγαθόν nicht als zwei verschiedene Korrelate des Wollens zu begreifen, sondern den Unterschied beider im Wollen selbst zu sehen: jemand will dann das wahrhaft Gute, wenn er im Zusammenhang seiner verschiedenen Handlungsmöglichkeiten aufrichtig und sicher unterscheidet (κρίνει ὀρθῶς/EN, 1113a30), d. h. sich nicht von Zufälligkeiten zu seinen Handlungen motivieren läßt. Das Gute ist demnach nicht gegeben, sondern es wird *vollzogen*, und von einem φαινόμενον ἀγαθόν kann die Rede sein, wenn jemand sein Handeln »gut« nennt, ohne doch aufrichtig und sicher entschieden zu haben. Aristoteles scheint die Unterscheidung zwischen dem Guten und dem nur scheinbar Guten freilich wieder zu verwischen, wenn er sagt, daß demjenigen, der sicher entscheidet, in allem das Wahre erscheint (ἐν ἑκάστοις τἀληθὲς αὐτῷ φαίνεται/EN, 1113a30f.), wobei das Wahre offensichtlich identisch mit dem Guten ist. Man hat es hier jedoch nicht mit einer unbedachten Redeweise zu tun, sondern mit einer Schlüsselstelle für die Bestimmung des Verhältnisses von Wahrheit und Schein, die dann auch für Heidegger von Bedeutung ist.

Gleich zu Beginn der Nikomachischen Ethik charakterisiert Aristoteles das Gute als dasjenige, worauf alles abzielt (οὗ πάντ᾽ ἐφίεται/ *EN,* 1094a3). Damit ist gesagt, daß auch das schlechte Handeln unter der Voraussetzung des Guten geschieht. Man kann, wie Aristoteles im Anschluß an Platon denkt, nicht das Schlechte wollen. Das heißt freilich nur, daß es unmöglich ist, etwas zu wollen und es dennoch für schlecht zu halten, nicht aber, daß man in jedem Fall auch in der rechten Weise seine Entscheidung fällt und dann nach ihr handelt. Bei den meisten Menschen ist es Aristoteles zufolge vielmehr so, daß sie zu den Zielen ihres Handelns kommen, indem sie sich an dem orientieren, was allgemein als erstrebenswert gilt, wie Vergnügen, Reichtum und Ehre (ἡδονή, πλοῦτος, τιμή/*EN,* 1095a23). Was allgemein als erstrebenswert gilt, nennt Aristoteles auch τὰ ἐναργὰ καὶ φανερά/ *EN,* 1095a22), das zu Tage Liegende im Sinne des Offensichtlichen. Damit bekommt die Rede vom φαινόμενον ἀγαθόν einen neuen Akzent. Das φαινόμενον ἀγαθόν ist nun nicht mehr nur negativ faßbar als etwas, das »nur so aussieht wie« das Gute, sondern es wird plausibel, inwiefern das, was »nur so aussieht wie ...« selbst als Erscheinendes gefaßt werden kann: sein Erscheinen ist das Erscheinen des Offensichtlichen. Auf diese Unterscheidung zwischen dem Sichzeigenden im eigentlichen Sinne und dem Offensichtlichen will auch Heidegger hinaus. Es liegt, wie er sagt, »alles daran, den Zusammenhang zwischen der Grundbedeutung φαινόμενον, das Offenbare, und der zweiten Bedeutung, Schein, zu sehen«. (*GA* 29, 111) Er bestimmt diesen Zusammenhang, indem er den Schein als eine Modifikation des »Offenbaren« deutet: »φαινόμενον kann nur deshalb soviel wie Schein besagen, weil Schein eine Modifikation von φαινόμενον im ersten Sinne ist; schärfer formuliert: nur weil φαίνεσθαι sich zeigen besagt, kann es auch besagen: sich nur so zeigen wie, nur aussehen wie.« (*GA* 20, 111) Nach der Interpretation des Verhältnisses von ἀγαθόν und φαινόμενον ἀγαθόν bei Aristoteles bieten diese Sätze keine grundsätzlichen Schwierigkeiten mehr. Das Offensichtliche, das also, »was man über die Sache spricht«, ist eine Erscheinungsweise dieser Sache selbst, denn sie ist ja als Sache präsent. Zugleich aber bleibt die Sache durch das, was über sie gesagt wird, auch verdeckt, weil sie grundsätzlich anders erfahren werden muß als im Bereden. Der verdeckende Charakter der Aussage besteht also nicht darin, daß in Aussagen Falsches mitgeteilt wird. Das Mitgeteilte kann durchaus »wahr« sein, wobei es dann eine Frage von sekundärer Bedeutung ist, nach welchen Kriterien man diese Wahrheit beurteilt. Das Gute, wie Aristoteles es denkt, läßt sich als ein Phänomen im Heideggerschen Sinne interpretieren: Es kann »entdeckt« werden, weil man allein durch die Struktur des Handelns immer schon auf etwas »abzielt« und doch in seinem Handeln hinter dem, was »Handeln« eigentlich heißt, zurückbleibt. Das Entdecken des Guten aber vollzieht sich nicht im Aussagen, sondern im Tun, so daß man sich auch verständlich machen kann, wieso das Reden dem Phänomen des Guten letztlich unangemessen ist. Im Anschluß an Aristoteles wird außerdem plausibel, weshalb Heidegger seine Bestimmung des Verhältnisses von Phänomen und Schein nicht auf Aussagen beschränken muß, sondern λόγος als Ausdruck für die alltägliche Rede allgemein einführen kann. Auch Sätze, in denen man eine Absicht zum Ausdruck bringt, oder präskriptive Sätze können in dem Sinne scheinhaft sein, daß sie in einer Orientierung am Offensichtlichen formuliert werden.

Sagt man, den Phänomenen, um die es Heidegger geht, sei es letztlich unangemessen, zum Gegenstand von Aussagen gemacht zu werden, so fragt sich natürlich, wie dann eine phänomenologische Untersuchung und Darstellung dieser Phänomene überhaupt möglich ist. »Phänomenologie«, wie Heidegger sie versteht, ist schließlich »λέγειν τὰ φαινόμενα = ἀποφαίνεσθαι τὰ φαινόμενα − das an ihm selbst Offenbare von ihm selbst her sehen lassen.« (GA 20, 117) Man muß diese Bestimmung jedoch nicht so lesen, als wolle Heidegger seine Unterscheidung zwischen dem Entdecken und dem Aussagen widerrufen. Entscheidend ist nämlich, daß das Offenbare von ihm selbst her in den Blick gebracht werden soll, und das heißt doch wohl: so wie es sich zeigt, wenn es erfahren wird. Die phänomenologische Aufweisung setzt insofern zwar eine Erfahrung des Phänomens selbst voraus, aber damit ist nicht gesagt, diese Erfahrung könne in einer Aussage auch bruchlos mitgeteilt werden. Zum einen steht jeder phänomenologische Begriff und Satz immer »als mitgeteilte Aussage in der Möglichkeit der Entartung«: »Er wird einem leeren Verständnis weitergegeben, verliert seine Bodenständigkeit und wird zur freischwebenden These.« (SZ, 36) Und zum anderen lassen sich die Phänomene überhaupt nur darstellen, indem man bei ihrer Verdeckung ansetzt, denn sonst verlöre der Heideggersche Begriff der Entdeckung seinen prägnanten Sinn. Daß Heidegger so denkt, wird auch deutlich, wenn er das − »ausgezeichnete« − Phänomen[19] der Phänomenologie in seinem Sinne bestimmt: »Was ist das, was die Phänomenologie ›sehen lassen‹ soll? Was ist es, was in einem ausgezeichneten Sinn ›Phänomen‹ genannt

19 Wenn Heidegger den Ausdruck »Phänomen« im Plural gebraucht, so sind durchweg Aspekte dieses Phänomens gemeint.

werden muß? Was ist seinem Wesen nach notwendig Thema einer ausdrücklichen Aufweisung? Offenbar solches, was sich zunächst und zumeist gerade *nicht* zeigt, was gegenüber dem, was sich zunächst und zumeist zeigt, verborgen ist, aber zugleich etwas ist, was wesenhaft zu dem, was sich zunächst und zumeist zeigt, gehört, so zwar, daß es seinen Sinn und Grund ausmacht. Was aber in einem ausnehmenden Sinne verborgen bleibt oder wieder in die Verdeckung zurückfällt oder nur ›verstellt‹ sich zeigt, ist nicht dieses oder jenes Seiende, sondern ... das Sein des Seienden.« (*SZ*, 35) Das Sein ist notwendig Thema einer Aufweisung, weil es sich zunächst und zumeist nicht oder doch nur »verstellt« zeigt, und weil das wiederum so ist, hat die Aufweisung auch an den Verstellungen anzusetzen. Dadurch erst, daß diese als Verstellungen erwiesen werden, läßt sich dann auch das Sein in den Blick bringen. Versteht man diese Verstellungen als das Offensichtliche, so ist Phänomenologie im Sinne Heideggers der *Abbau des Offensichtlichen,* und in einem solchen Abbau gilt es zu zeigen, daß das Offensichtliche in Wahrheit eine Modifikation des Phänomens »Sein« ist. Selbst wenn noch nicht klar ist, was der Ausdruck »Sein« genau bedeutet, kann man nun doch den Stellenwert der Frage nach dem Sein genauer bestimmen. Ohne diese Frage zu stellen, ist es, wie man mit Heidegger sagen müßte, unmöglich, sich so etwas wie eine Täuschung im Sinne einer Orientierung am Offensichtlichen überhaupt zu erklären, und nur wenn das gelingt, wäre auch erwiesen, daß es Philosophie geben kann. Heideggers Frage nach dem Sein hat demnach dasselbe Motiv wie die ontologische Debatte des Platonischen *Sophistes.* Wenn klar wäre, wie die Sophisten es fertigbringen, ihren Schülern gegenüber als Wissende zu erscheinen, oder wenn man keinen Grund hätte zu fragen, ob sie wirklich Wissende sind, bräuchte man das Sichzeigen und Scheinen, nicht aber Sein (τὸ γὰρ φαίνεσθαι τοῦτο καὶ τὸ δοκεῖν, εἶναι δὲ μή/*Soph.* 236e) nicht zum Thema zu machen.

Freilich ist bisher noch nicht erwiesen, daß die Orientierung am Offensichtlichen ein Schein ist, der als solcher nur aufgeklärt werden kann, wenn man die Frage nach dem Sein so stellt wie Heidegger. Gezeigt ist lediglich, daß eine Orientierung am Offensichtlichen kein Entdecken ist, sodaß die Frage nach dem Sein zunächst nur als Frage nach dem Entdecken gestellt werden kann. Berücksichtigt man dabei, daß jedes Entdecken die Entdeckbarkeit des dann Entdeckten voraussetzt, so ist klar, daß das Entdecken nur im Zusammenhang des Entdeckbaren vollständig in den Blick gebracht werden kann. Nur in diesem Zusammenhang ist das Entdecken, wie sich zeigen wird, Phänomen, so daß es der phänomenologischen Untersuchung sogar primär

50

um diesen Zusammenhang zu tun sein muß. Wenn nun das Entdecken der Phänomenologie darin besteht, diesen Zusammenhang zur Sprache zu bringen, so ist wohl auch noch besser verstehbar, weshalb dies nur in einer letztlich unangemessenen Vergegenständlichung geschehen kann. Über den Zusammenhang des Entdeckbaren lassen sich streng genommen keine Aussagen machen, weil Aussagen immer nur etwas Bestimmtes und das heißt Entdecktes aufweisen. Auf den Zusammenhang des Entdeckbaren trifft deshalb auch zu, was Heidegger zu Anfang von *SZ* über das Sein sagt: »›Sein‹ kann nicht so zur Bestimmtheit kommen, daß ihm Seiendes zugesprochen wird« (*SZ*, 4), oder weniger mißverständlich formuliert: es ist unmöglich, die Bedeutung des Ausdrucks »Sein« zu bestimmen, indem man auf Ausdrücke zurückgreift, mit denen Seiendes spezifiziert oder charakterisiert wird. Das gilt jedoch nicht nur für singuläre oder generelle Termini, sondern auch für Ausdrücke, die die Form, d. h. den strukturellen Stellenwert solcher Ausdrücke im Zusammenhang der Sprache bezeichnen. Ein solcher Ausdruck, auf den Heidegger auch selbst zu sprechen kommt, ist »Gattung«: »... die Allgemeinheit von ›Sein‹ ist nicht die der Gattung. ›Sein‹ umgrenzt nicht die oberste Region des Seienden, sofern dieses nach Gattung und Art begrifflich artikuliert wird: οὔτε τὸ ὄν γένος.« (*SZ*, 3) Für Aristoteles, den Heidegger hier zitiert[20], kann das ὄν allein schon deshalb nicht γένος sein, weil das, von dem man sagt, es sei, zwar zu — mindestens — einer Gattung gehört, aber von anderem, das zur selben Gattung gehört, verschieden ist. Könnte »seiend« als Gattung verstanden werden, wäre es unmöglich, von Verschiedenem zu sagen, es sei, und dann gäbe es auch keine Unterschiede (οὐδεμία διαφορὰ ... ὄν ... ἔσται/*Met*. 998b26). Will man jedoch die Frage nach dem Sein als Frage nach dem Zusammenhang des Entdeckens ausarbeiten, bedarf es des Aristotelischen Arguments gar nicht erst, um plausibel zu machen, daß »Sein« nicht Gattung ist. Der Gedanke, »Sein« könne als Gattung verstanden werden, kommt ja nur zustande, wenn man »Sein« als die allgemeinste Bestimmung dessen auffaßt, was ist, und eine solche Bestimmung könnte innerhalb der Heideggerschen Terminologie höchstens »das Entdeckte« sein. Demgegenüber passen die Ausdrücke »Zusammenhang des Entdeckens« und »Gattung« sowenig zueinander, daß hier überhaupt kein Kategorienfehler naheliegt. Wenn sich zeigt, daß die Rede vom Zusammenhang des Entdeckens zumindest eine mögliche Erläuterung von »Sein« ist, so muß sich von

---

20 Vgl. *Met*. 998b22.

diesem Zusammenhang auch sagen lassen, daß er »alle gattungsmäßige Allgemeinheit« »übersteigt« und in diesem Sinne ein »transcendens« ist (*SZ*, 3). Damit ist bei Heidegger, bezogen auf das Sein, gemeint, daß es in Begriffen, die ihren Sinn bei einer Rede über Seiendes haben, nicht bestimmbar ist. Aber selbst mit dem Ausdruck »seiend« ist nicht erfaßt, was Heidegger als »Sein« denken will. Zwar hat, wie er sagt, Aristoteles die »Einheit dieses transzendental ›Allgemeinen‹ gegenüber der Mannigfaltigkeit der sachhaltigen obersten Gattungsbegriffe ... als die Einheit der Analogie erkannt« und damit »bei aller Abhängigkeit von der ontologischen Fragestellung Platons das Problem des Seins auf eine grundsätzlich neue Basis gestellt. Gelichtet hat das Dunkel dieser kategorialen Zusammenhänge freilich auch er nicht« (*SZ*, 3). Aristoteles hat zwar, wie man erläuternd hinzufügen kann, herausgearbeitet, daß das Verb »sein« immer zusammen mit Gattungsbegriffen gebraucht wird und deshalb mit diesen bestimmte Weisen des »seiend« aufgewiesen werden, das »seiend« selbst aber nicht als Gattungsbegriff fungiert. Das »ist« einer jeden prädikativen Bestimmung gibt ebenso wie der Infinitiv »sein« das Vorliegen des Bestimmten zu verstehen, aber nur Prädikate, mit denen gesagt wird, was etwas ist, weisen das Vorliegende in seiner Selbständigkeit (καϑ' αὐτό) auf.[21] In dieser Interpretation des »seiend« liegt zwar eine Korrektur Platons, der im *Sophistes* das »seiend« noch als ein γένος bezeichnet. Wie Platon bleibt Aristoteles jedoch mit der Frage nach dem »seiend« am Aufgewiesenen (λεγόμενον) oder, allgemeiner gesagt, am Entdeckten orientiert. Deshalb kann Aristoteles zwar verständlich machen, wie die verschiedenen Verwendungen des Verbums »sein« miteinander zusammenhängen; alle Prädikate werden auf das in seiner selbständigen Bestimmtheit Vorliegende hin ausgesagt, und genau das ist mit der Einheit der Analogie gemeint. Unberücksichtigt bleibt dabei jedoch, was Heidegger »das Dunkel dieser kategorialen Zusammenhänge« und dann auch »das Problem der Einheit des Seins« (*SZ*, 3) nennt. Das soll doch wohl heißen: Die obersten Gattungen der Prädikate, die Aristoteles »Kategorien« nennt, bleiben in ihrer Mehrzahl unproblematisch, und Heidegger macht diese Mehrzahl zum Problem, wenn er fragt: »Welches ist die alle mannigfachen Bedeutungen durchherrschende einfache, einheitliche Bestimmung von Sein?«[22] Eine solche Frage läßt sich überhaupt nur stellen, wenn man die Aristotelische

---

21 Vgl. *Met.* Δ7.
22 Vorwort zu Richardson (1963), XI.

These, die einheitliche Verwendung von »sein« bestehe in der Verwendung auf eines hin, nämlich auf das in seiner selbständigen Bestimmtheit Vorliegende, nicht mehr akzeptiert. Und berücksichtigt man, daß die Frage nach dem Sein bei Heidegger mit der Frage nach dem Entdecken in seinem Zusammenhang zumindest in einer engen Beziehung steht, so ist es naheliegend, das Problem des Seins als Problem der Einheit des Entdeckens in seinem Zusammenhang zu verstehen. Vom Entdecken in seinem Zusammenhang könnte man dann auch sagen, daß es in jeder Verwendung des Verbums »sein« erscheint. Das wiederum heißt: jede Bezugnahme auf etwas, die sich dann in Aussagesätzen artikulieren kann, ist erst in der Herausarbeitung des Entdeckens in seinem Zusammenhang verständlich zu machen. Das Entdecken in seinem Zusammenhang ist keine Bezugnahme auf etwas und doch auch nicht einfach von dieser verschieden. Dieses eigentümliche Verhältnis des Phänomens zu seiner Erscheinung läßt sich als *Differenz* bestimmen, wenn man im Anschluß an Aristoteles »Differenz« als die Verschiedenheit dessen faßt, was doch dasselbe ist (διάφορα λέγεται ὅσ᾽ ἕτερά ἐστι τὸ αὐτό τι ὄντα/*Met.* 1018a12).[23] Bedenkt man außerdem, daß das Phänomen in seiner Erscheinung verdeckt ist und erst durch die phänomenologische Arbeit freigelegt werden muß, die ihrerseits eine Befreiung von der Orientierung am Erscheinenden im Sinne des Offensichtlichen ist, so kann man die Differenz von Erscheinung und Phänomen als Differenz der Freiheit verstehen. Bevor deutlich werden kann, was das im einzelnen heißt, ist jedoch das Phänomen, um das es Heidegger geht, erst einmal zu entwickeln.

§ 2 Sein als Dasein. Von der Selbigkeit zur Selbstverständlichkeit

Phänomenologie im Sinne Heideggers ist, wie sich gezeigt hat, Abbau des Offensichtlichen, und dieser Abbau ist nur möglich, indem das Offensichtliche als eine Modifikation des ihm »zum Grunde liegen-

23 In den publizierten Schriften Heideggers aus der Phase von *SZ* und in *SZ* selbst taucht der Begriff der Differenz zwar noch nicht auf. Einer mündlichen Mitteilung H.-G. Gadamers zufolge hat Heidegger jedoch auch bereits in den zwanziger Jahren von »ontologischer Differenz« gesprochen.

den« Phänomens erwiesen wird. Die These, der zufolge unter dem Phänomen hier zunächst das Entdecken in seinem Zusammenhang zu verstehen ist, muß sich deshalb auch einsichtig machen lassen, indem man zeigt, daß das Offensichtliche eine Erscheinung des Entdeckens in seinem Zusammenhang ist und das Entdecken in seinem Zusammenhang zugleich auch verdeckt. Das Offensichtliche aber ist das Ausgesprochene, und dies wiederum ist von Heidegger vor allem in der Form der Aussage zum Thema gemacht worden. Allein schon deshalb liegt es nahe, auch hier wieder Heideggers Interpretation der Aussage zu folgen. Dabei wird sich dann auch zeigen, wie der für die Analysen von SZ zentrale Begriff »Dasein« zumindest im Ansatz aus einer phänomenologischen Untersuchung der Aussagestruktur entwickelt werden kann; zumindest einige Aspekte dessen, was Heidegger »Dasein« nennt, erscheinen in dieser Struktur. Sie lassen sich aufdecken, wenn man danach fragt, wieso Aussagen eigentlich falsch sein können. Mit der Antwort auf diese Frage will Heidegger »zugleich Aufschluß über die Bedingungen der Möglichkeit der aussagemäßigen Wahrheit, des λόγος-mäßigen Entdeckens« (GA 21, 136) geben.

Aussage und hermeneutisches »Als«

Die Falschheit von Aussagen ist Aristoteles zufolge nur möglich, weil die Aussage eine Zusammensetzung ist: τὸ γὰρ ψεῦδος ἐν συνθέσει ἀεί (de an. 430b1f.). Wenn Aristoteles hier von »Zusammensetzung« spricht, so hat er dabei Aussagen der Form »a ist F« im Blick, Aussagen also, in denen ein spezifizierter Gegenstand durch mindestens ein Prädikat charakterisiert wird. Das Aussagen läßt sich jedoch nicht nur als ein Zusammensetzen, sondern auch als ein Trennen bezeichnen: ἐνδέχεται δὲ καὶ διαίρεσιν φάναι πάντα (de an. 430b3): sagt man nämlich von etwas, es sei F, so impliziert dies, daß es nicht auch G ist, wenn G im Widerspruch zu F steht. Weil jedes Zusammensetzen so gesehen ein Trennen einschließt, kann auch das Trennen wahr oder falsch sein. Eine Zuordnung der Wahrheit zum Zusammensetzen ist also genauso unmöglich wie eine Zuordnung der Falschheit zum Trennen. Heidegger zufolge gerät man überdies in Schwierigkeiten, wenn man das Zusammensetzen als Zusprechen oder Bejahen (κατάφασις) und das Trennen als Absprechen oder Verneinen (ἀπόφασις) begreift. Das Zusprechen ist, wie Heidegger sagt »als Verbinden auch ein Trennen und das Absprechen als Trennen auch ein Verbinden« (GA 21, 139). Jedes Zusprechen impliziert als Zusammensetzen ein Trennen, weil man das einfach Bestimmte von seinem ihm prädikativ zugesprochenen Charakteristikum auch unterscheidet, und jedes Absprechen verbindet etwas einfach Bestimmtes mit dem, was dieses nicht ist, aber als solches doch mit dem einfach Bestimmten zusammen aufgewiesen werden kann. Aus dieser Unterscheidung zwischen dem Zusprechen und Absprechen einerseits und dem Zusammensetzen und Trennen andererseits gewinnt Heidegger nun einen für das Folgende wichtigen Gedanken. Er will zeigen, daß *nur* die Bestimmungen »Zusprechen« und »Absprechen« die Struktur des Aussagesatzes betreffen, während mit »Verbinden« und »Trennen« die *Bedingung* des Zu- und Absprechens genannt ist. Als diese Bedingung werden Verbinden und Trennen nicht begriffen, wenn man sich nur an ausgesprochene Sätze hält: »So naheliegend und verführerisch die Orientierung am ausgesprochenen Satz und der sprachlichen Satzgestalt« ist, will Heidegger diese Orientierung deshalb aufgeben, um ein Phänomen »zu fassen, das an ihm selbst Verbinden und Trennen ist und vor sprachlichen Ausdrucksbeziehungen und deren Zusprechen oder Absprechen liegt, und andererseits das ist, was möglich macht, daß der λόγος wahr oder falsch, entdeckend oder verdeckend sein kann« (*GA* 21, 141). Dieses »Strukturphänomen« (*GA* 21, 141) nennt Heidegger das »hermeneutische ›Als‹« (*GA* 21, 143). Erst eine Analyse des hermeneutischen »Als« kann Heidegger zufolge auch den bedingenden Charakter des Verbindens und Trennens einsichtig machen. Erst im Zusammenhang dieser Analyse läßt sich außerdem zeigen, weshalb dieses »Als« von Heidegger »hermeneutisch« genannt wird.

Mit der Analyse des hermeneutischen »Als« knüpft Heidegger ausdrücklich an die Platonisch-Aristotelische Bestimmung des λόγος als λόγος τινός an. Darin, daß jede Rede »Rede über etwas und von etwas« (*GA* 21, 142) ist[1], besteht auch ihre Einheit: »Die Einheit der Rede konstituiert sich aus dem Beredeten selbst her und wird von da verständlich.« (*GA* 21, 142) Um plausibel zu machen, was mit »Einheit der Rede« gemeint ist, muß man deshalb auch klären, wie »das Beredete« bestimmt werden kann. Für Platon und Aristoteles nun ist das »Beredete« das Seiende, das in seiner Bestimmtheit durch *Selbigkeit* charakterisiert ist. Nur weil jedes Seiende »es selbst« ist, läßt es sich überhaupt aufweisen[2], und als Selbiges ist es zugleich verschieden von dem, was Platon im Hinblick auf das selbige Seiende »das nicht

---

1 Vgl. etwa *Soph.* 263a.
2 Vgl. *Soph.* 249b-c.

Seiende« (μὴ ὄν/*Soph.* 257d—258c) nennt. Das »nicht Seiende« ist nicht nichts, sondern vielmehr das, was das jeweilige Seiende, welches man aufweist, nicht ist. Die Anwesenheit des Selbigen denken Platon und Aristoteles zwar so, daß von ihr das, was das Selbige nicht ist, ausgeschlossen bleibt. Aber damit ist nicht gesagt, das Selbige sei auf das, was es nicht ist, nicht bezogen. Für Platon besteht diese Bezogenheit in der »Teilhabe« des Seienden am γένος der Verschiedenheit (τὸ ἕτερον/*Soph.* 259a—b). Diese Teilhabe wiederum ist nur unter der Voraussetzung zu denken, daß das Seiende die Möglichkeit zu ihr überhaupt hat. So gesehen ist das Seiende δύναμις, und zwar im Sinne einer δύναμις κοινωνίας. Die Bestimmung des Seienden als δύναμις nimmt Aristoteles auf. Dabei will er das Verhältnis des selbigen Seienden zu dem ihm gegenüber anderen verständlich machen, ohne die Verschiedenheit selbst noch als γένος zu deuten. Voraussetzung dafür ist der Gedanke, daß das Seiende als Selbiges vorliegt.[3] Der Möglichkeit nach (δυνάμει) ist für ihn die Gattung des jeweiligen Seienden[4], die auf verschiedene Weise anwesend sein kann, d. h. verschiedene weitere Bestimmungen in sich aufnehmen kann und nur mit solchen zusammen vorliegt.[5] Diese weiteren Bestimmungen müssen aber ebenso als δυνάμει gedacht werden; nur sofern sie δυνάμει sind, können sie einem vorliegenden selbigen Seienden auch entzogen sein. In jedem Fall aber kann das dem selbigen Seienden entzogene Andere wie auch der δύναμις-Charakter der Gattung nur vom Selbigen aus gedacht werden, das durch seine Gattung und die Bestimmungen, durch die es von anderem seiner Gattung verschieden ist, bestimmt ist und als so bestimmtes vorliegt. Es ist gleichwohl nicht aus seiner Gattungsbestimmung und den jeweiligen Verschiedenheitsbestimmungen zusammengesetzt, sondern Eines.

Die Zugänglichkeit dieses Einen denkt Aristoteles wie vor ihm bereits Platon als Vernehmen (νοεῖν).[6] Nur weil das Selbige als Eines vernommen wird, kann es auch mit einem sprachlichen Ausdruck bezeichnet werden.[7] Was das vernommene Eine in seiner Selbigkeit ist, sagt ein sprachlicher Ausdruck freilich nicht ohne weiteres: das Eine kann durchaus mit verschiedenen »Namen« bezeichnet werden; in der

---

3 Vgl. Tugendhat (1958), 117.
4 Vgl. *Met.* 1058a23.
5 Vgl. *Met.* 1045a33f.
6 Vgl. etwa *Met.* 1052a1 sowie *Resp.* 508c.
7 Vgl. *Met.* 1006a28-b13.

Orientierung an den Namen allein ist deshalb nicht zu entscheiden, ob es sich wirklich jeweils um dasselbe handelt.[8] Darum ist es notwendig, das Eine in seiner Selbigkeit zu umgrenzen; nur mit dieser im λόγος gegebenen Umgrenzung (ὁρισμός) wird seine Selbigkeit einsichtig. Im gegenwärtigen Zusammenhang ist nun besonders von Interesse, wie Aristoteles eine solche Umgrenzung denkt. Ihm zufolge gibt der ὁρισμός an, was das sich durch den Wechsel seiner ihm zukommenden oder abgehenden Bestimmungen Durchhaltende ist, was es *war*, bevor seine jeweiligen Bestimmungen ihm zukamen oder entzogen wurden. Das meint die Aristotelische Fassung der Selbigkeit als τὸ τί ἦν εἶναι; diese Formel bezeichnet eine »funktional bestimmte Leerstelle«[9], die jeweils in der Rede einer Konkretisierung bedarf. Das bedeutet jedoch nicht, die Selbigkeit des Seienden *bestehe* in seiner Umgrenzung im ὁρισμός. Das Präterium ἦν steht nicht nur im Verhältnis zu dem präsentisch zu lesenden εἶναι, sofern dieses das Seiende in der jeweils vorliegenden Vielfalt seiner Bestimmungen bezeichnet, sondern mit ihm ist auch gesagt, daß das Seiende in seiner Selbigkeit »war«, bevor diese durch die Umgrenzung einsichtig wurde. Anders wäre auch nicht zu erklären, wieso das Seiende ohne eine durchgeführte Umgrenzung überhaupt gewußt werden kann; ein solches Wissen ist die Voraussetzung für die aufweisende Umgrenzung. Aristoteles charakterisiert dieses dem ὁρισμός vorausgesetzte Wissen als »Wissen dem Vermögen nach« (ἐπιστήμη ... δυνάμει/*Met.* 1087a15f.); es ist näher bestimmt als Wissen des Allgemeinen und Unumgrenzten (τοῦ καθόλου καὶ ἀορίστου/*Met.* 1087a17). Der Terminus καθόλου bezeichnet dabei nicht die Gattung des Seienden, sondern ist als nicht gattungsmäßige Allgemeinheit zu verstehen.[10] Es handelt sich, vom ὁρισμός aus gedacht, um die unbestimmte Allgemeinheit, wie sie mit jedem »Namen« aufgewiesen wird. Selbst wenn diese »Namen« wie gewöhnlich nicht isoliert vorkommen, sondern durch prädikative Bestimmungen ergänzt sind, wird demnach die Selbigkeit des Seienden durch die Aufweisung nicht erst zugänglich. Aber Aristoteles würde trotzdem den Primat der δυνάμει ἐπιστήμη gegenüber dem umgrenzenden Wissen bestreiten. Die δυνάμει ἐπιστήμη ist kein wirkliches Wissen, weil sie nicht das Wissen eines in seiner Bestimmtheit Umgrenzten und darin Wirklichen ist.[11]

8 Vgl. *Soph.* 217a.
9 Wieland (1970), 175.
10 Vgl. Wieland (1970), 88.
11 Vgl. *Met.* 1087a18.

Um die Aufwertung der δυνάμει ἐπιστήμη ist es Heidegger demgegenüber gerade zu tun. »Im Vollzug des bestimmenden Sehenlassens wird«, wie er sagt, »das Worüber der Rede festgehalten, genauer: es ist schon anwesend und aus ihm als Anwesendem wird die Aussage selbst ... gleichsam gehoben, aber nicht etwa als neuer Gegenstand, sondern einzig zunächst in der Tendenz, daß die Hebung das Worüber in dem was es ist, zugänglicher macht. Damit aber so etwas wie eine prädikative Hebung und Bestimmung möglich sei, muß das Worüber selbst schon zugänglich geworden sein.« (GA 21, 143) Zunächst sieht es hier zwar so aus, als würde Heidegger gar nichts anderes behaupten als Aristoteles. Schließlich heißt es bei ihm auch, das »Worüber« der Aussage würde in dieser »zugänglicher« gemacht. Aber zugänglicher wird es nur in dem, was es ist, und damit ist nicht gesagt, es sei zunächst nur auf unbestimmt allgemeine Weise zugänglich gewesen. Zunächst ist das, worüber man dann Aussagen macht, nämlich »entdeckt ... aus dem Wozu seiner Dienlichkeit her« (GA 21, 144), und d. h.: es ist entdeckt »als was es gebraucht« wird (GA 21, 144)[12]: »was zuerst ... ›gegeben‹ ist, ist das zum Schreiben –, zum Aus- und Eingehen – zum Beleuchten – zum Sitzen; d. h. Schreiben, Aus- und Eingehen, Sitzen und dgl. sind etwas, worin wir uns von vornherein bewegen: was wir kennen, wenn wir uns auskennen und was wir lernen, sind diese Wozu.« (GA 21, 144) Was das Seiende immer schon »war«, wenn man es in Aussagen bestimmt, ist die Weise des Umgangs mit ihm. In diesem Zusammenhang ist es »etwas als etwas«, also »etwas als so und so Verwendbares«.

Es ist freilich nicht auf Anhieb zu verstehen, weshalb Heidegger das »als« in der Formel »etwas als so und so Verwendbares« das »hermeneutische Als« nennt. Zu diesem Ausdruck kommt er wohl, indem er ἑρμενεύειν mit »auslegen« übersetzt und »auslegen« wiederum im Sinne von explicare begreift, was sowohl »deuten«, »erklären« wie auch »auseinanderlegen«, »entwickeln« und »bewerkstelligen« heißen kann. Die Gebrauchsdinge werden so gesehen im Umgang mit ihnen erst »entwickelt« als was sie sind, und nur in einer Demonstration dieses Umgangs könnte man sie eigentlich erst wirklich »erklären«. Sieht man jedoch von dieser eigentümlichen Terminologie einmal ab, scheint die Sache, um die es Heidegger hier geht, nicht besonders originell zu sein. Selbst wenn man nicht glaubt, Heideggers Analysen des Umgangs mit Gebrauchsdingen übergehen zu können, »da sie über das im Prag-

---

12 Hervorhebung G. F.

matismus von Peirce bis Mead und Dewey Erarbeitete nicht hinaus-
führen«[13], kann man doch mit guten Gründen die Meinung vertreten,
bei anderen Autoren[14] ließe sich über die Struktur dieses Umgangs ge-
nausoviel lernen wie bei Heidegger, wenn nicht gar mehr. Allein, es
kommt gar nicht primär darauf an, was Heidegger beschreibt und analysiert, sondern auf den Stellenwert dieser Beschreibung und Analyse
innerhalb seines Gedankengangs. Was dies angeht, so spielt es für Heidegger sicher eine Rolle, daß das »Entdecken« eines Gebrauchsdings
im Umgang mit ihm nicht durch die den Aussagen eigentümliche Biva-
lenz charakterisiert ist: wer weiß, mit etwas umzugehen, kann weder
sich noch Andere darüber täuschen,[15] und so gesehen ist Gebrauchswissen ein Entdecken im prägnanten Sinne. Außerdem glaubt Heidegger, im Rekurs auf den Umgang mit Gebrauchsdingen auch die Struktur der Prädikation selbst verständlich machen zu können. Die Weise,
in der er diesen Gedanken artikuliert, kann dabei durchaus Anlaß für
Mißverständnisse sein. So spricht er etwa vom »vorprädikativen Charakter« der hermeneutischen Als-Struktur und sagt, »daß dieses ›Als‹
nicht der Prädikation qua Prädikation primär eigentlich ist, sondern
vor ihr liegt, so, daß es die Prädikationsstruktur erst ermöglicht«
(*GA* 21, 145). Sollte das heißen, die grammatische und semantische
Struktur von Aussagen ließe sich aus der Struktur des Umgangs mit
Gebrauchsdingen ableiten, wäre Heideggers These wohl nicht zu halten. Man könnte mit Recht einwenden, daß die Struktur des Umgangs
mit Gebrauchsdingen selbst immer nur im Rekurs auf die Struktur der
Prädikation verständlich zu machen ist, und dann macht es auch wenig Sinn, vom »vorprädikativen« Charakter dieser Struktur zu sprechen.[16] Zunächst einmal muß man jedoch beachten, daß Heideggers
Formulierung, das hermeneutische »Als« liege »vor« der Prädikation,
genausowenig wie das ἦν in der Aristotelischen Formel τὸ τί ἦν εἶναι
naiv zeitlich zu verstehen ist.[17] Heidegger will gewiß nicht sagen, man
beherrsche zunächst den Umgang mit Gebrauchsdingen und entwickle
dann aus ihm die Fähigkeit, Aussagen zu machen. Es kommt ihm vielmehr darauf an, daß jede Prädikation das hermeneutische »Als« insofern einschließt, als sie »Prädikation in einem Erfahren« (*GA* 21, 145)

13 Habermas (1985), 176.
14 Ryle (1949), Polanyi (1973).
15 Vgl. dazu auch Wieland (1982), bes. 224 ff.
16 Prauss (1977), 27 ff.
17 Zu Aristoteles vgl. Tugendhat (1958), 18.

ist: Dasjenige, worüber man Aussagen macht, gehört in der Regel in einen Zusammenhang, der einem als solcher bereits vertraut ist, und diese Vertrautheit kommt in Aussagen nicht nur nicht zum Ausdruck, sondern Aussagen kann man erst machen, wenn die Vertrautheit des Erfahrungszusammenhangs wenigstens minimal gestört ist. Das versucht Heidegger am Beispiel eines Stücks Kreide zu verdeutlichen: »Diese Aussage ›Die Kreide ist zu sandig‹ ist nicht nur ein Bestimmen der Kreide, sondern zugleich ein Auslegen meines Verhaltens und Nichtverhaltenkönnens – nicht ›recht‹ schreiben zu können. In dieser Aussage will ich nicht dieses Ding, das ich in der Hand habe, bestimmen als etwas, das die Eigenschaft des Harten oder des Sandigen hat, sondern ich will damit sagen: Sie hemmt mich beim Schreiben; die Aussage ist also interpretierend bezogen auf das schreibende Verhalten, d. h. auf den primären Umgang des Schreibens selbst.« (*GA 21*, 157). Die Charakterisierungshandlung der Prädikation wird demnach dadurch motiviert, daß der schlichte Umgang auf ein Hindernis stößt, so daß die zuvor unproblematische Situation einer neuen »Auslegung« bedarf, d. h.: man meint nun, sich in dieser Situation nur noch angemessen verhalten zu können, indem man seine Schwierigkeiten beim Schreiben an der Tafel den Anderen verständlich macht. In der Terminologie der Sprechakttheorie gesagt, ist Heideggers These also zunächst eine These über den illokutionären Aspekt von Aussagen.[18] Die These betrifft den propositionalen Aspekt insofern freilich auch, als Heidegger zeigen will, unter welchen Umständen man überhaupt motiviert ist, Propositionen zu machen, und wie sich dadurch, daß man Propositionen macht, das Verhältnis zu etwas ändert. Erst das, worüber man Aussagen macht, ist in einem prägnanten Sinne »Gegenstand«.

Die eigentliche Pointe von Heideggers Interpretation der Aussage ist damit allerdings noch nicht genannt. Der Hinweis auf den vertrauten Zusammenhang des Umgangs mit Gebrauchsdingen ist nämlich nicht für sich von Bedeutung, sondern für die ontologischen Konsequenzen, die sich aus ihm ziehen lassen. Nimmt man die Gedanken ernst, daß dieser Umgang gegenüber dem Aussagen ein ursprüngliches Entdecken ist, so ist es unmöglich, die Aristotelische These über das Verhältnis der δυνάμει ἐπιστήμη zu dem Wissen zu teilen, das sich in einer Umgrenzung von etwas artikuliert. Daraus wiederum folgt, daß nun auch die Aristotelische Konzeption von Selbigkeit problematisch wird. Auch

18 Zu dieser Terminologie vgl. Searle (1969).

Aristoteles selbst kann den ὁρισμός von etwas häufig gar nicht angeben, ohne auf den Umgang mit ihm zu rekurrieren. So besteht etwa die Umgrenzung eines Hauses nicht darin zu sagen, es sei Steine, Backsteine und Hölzer; diejenigen, die ein Haus derart charakterisieren, weisen es nur der Möglichkeit nach auf (τὴν δυνάμει οἰκίαν λέγουσιν/ *Met.* 1043a15f.). Wer es hingegen ein Behältnis nennt, das Gebrauchsgegenstände und Leiber schützt, weist es erst in seiner Wirklichkeit (ἐνέργεια) auf[19], und d. h. auch: in seiner Selbigkeit. Indem Aristoteles zeigt, daß in den ὁρισμός eines Seienden Funktionsbestimmungen eingehen können und häufig sogar eingehen müssen, eröffnet er grundsätzlich die Möglichkeit, das dem ausdrücklich umgrenzenden Wissen vorausgehende Wissen des nicht generischen Allgemeinen auch als Kenntnis von solchen Funktionszusammenhängen zu fassen. Sagt man dies, so muß man freilich hinzufügen, daß ein Gebrauchsding wie ein Haus seine Bestimmtheit immer nur im Kontext mit anderen Gebrauchsdingen hat, und dann kann man es auch in seiner Selbigkeit von diesen anderen Dingen nicht mehr ohne weiteres abgrenzen.

Wie eine solche Abgrenzung zu denken ist, läßt sich verständlich machen, indem man nun die Ausdrücke σύνθεσις und διαίρεσις genauer untersucht. Diese Begriffe bezeichnen Heidegger zufolge die Struktur der Aussage, und man hat, wie er sagt, »Aussage − Aufweisung − Bestimmen-als u. s. f. nicht ergriffen . . ., wenn man sie mit Synthesis charakterisiert und es dabei als erstem und letztem Charakteristikum bewenden läßt«, denn dabei tastet »man gleichsam blind an den nächst greifbaren Außenstrukturen« (*GA* 21, 161). Es mag verblüffen, daß Heidegger die σύνθεσις eine »Außenstruktur« nennt, nachdem er doch zuvor das hermeneutische »Als« in einer Interpretation der σύνθεσις gewonnen hatte. Gemeint ist allerdings nur, daß σύνθεσις so lange eine »Außenstruktur« ist, wie man sie nicht als hermeneutisches »Als« versteht, denn dann kann man σύνθεσις für ein Charakteristikum der Aussage selbst halten. Heidegger wäre jedoch im Irrtum, wenn er diesen Gedanken als eine Kritik an Aristoteles auffassen würde. Zwar hat Aristoteles die σύνθεσις nicht im Sinne des hermeneutischen »Als« verstanden, aber nur für eine Bestimmung der Aussage hat er sie doch auch nicht gehalten. σύνθεσις und διαίρεσις sind für Aristoteles nämlich auch Bestimmungen des Seienden selbst; sie sind dies notwendigerweise, weil jeder λόγος ein λόγος τινός ist. Auch für Aristoteles ist deshalb die prädikative Struktur der Aussage

19 Vgl. *Met.* 1043a 16−18.

im — wie Heidegger sagen würde — »Beredeten« begründet: Jede ἀπό-φασις ist Aufweisung eines so und so Vorliegenden, und das »ist« der Aussage hat deshalb auch nicht den Sinn einer Copula, sondern gibt das Vorliegen des so und so Bestimmten zu verstehen. Dieses Vorliegen, das Aristoteles wie gesagt dann auch mit dem Infinitiv »sein« bezeichnet, wird aufgewiesen in den verschiedenen Weisen seiner Bestimmtheit (καθ'αὑτὰ δὲ εἶναι λέγεται ὅσαπερ σημαίνει τὰ σχήματα τῆς κατηγορίας/Met. 1017a22f.). Die Kategorien sind dabei keine vom Seienden abgelösten Redeweisen, sondern, weil das Seiende in seinem Vorliegen aufgewiesen wird, Weisen des Seienden zu sein. Das Vorliegende in seiner Selbigkeit, das in der ersten Kategorie auf die Frage, was es ist, aufgewiesen wird, hält dabei gleichsam alle anderen Bestimmungen zusammen, die immer nur auf dieses vorliegende Was hin ausgesagt werden können. So besteht das Haus etwa nicht aus Backsteinen und ihrer Zusammensetzung, sondern ist als ein Selbiges der Zusammenhalt, das Einigende dessen, was an ihm in jeweiligen Aussagen abgehoben werden kann. Nicht nur die Verbindung eines grammatischen Subjekts mit einem Prädikat, sondern dieser Zusammenhalt heißt bei Aristoteles σύνθεσις.[20] Nur durch diesen Zusammenhalt *ist* überhaupt etwas, und deshalb kann Aristoteles die in der ersten Kategorie aufgewiesene Selbigkeit auch das nennen, was für das Sein verantwortlich ist (αἴτιον τοῦ εἶναι/Met. 1043b13) oder den Grund, der das Seiende durchherrscht (ἀρχή/Met.1041b31). διαίρε-σις bedeutet dementsprechend, daß ein Selbiges in einer Bestimmung nicht vorliegt und also auch im Hinblick auf diese *nicht* ist. »Sein« bedeutet so gesehen »zusammen vorliegen« und »Eines sein«; »nicht sein« heißt «nicht zusammen vorliegen« und »vieles sein« (τὸ μὲν εἶναί ἐστι τὸ συγκεῖσθαι καὶ ἕν εἶναι, τὸ δὲ μὴ εἶναι τὸ μὴ συγκεῖσθαι ἀλλὰ πλείω εἶναι/Met. 1051b11-13). Auch hier zeigt sich wieder, wie Aristoteles »sein« und »als Selbiges vorliegen« identifiziert; ebenso wird noch einmal deutlich, daß das μὴ εἶναι keine pure Nichtigkeit bezeichnet, sondern — wie bereits im »Sophistes« — als Weggehalten-sein vom Vorliegenden zu verstehen ist: Bestimmungen sind jeweils »nicht«, sofern sie nicht als Bestimmungen eines Selbigen vorliegen, und weil ihnen deshalb der Zusammenhalt fehlt, sind sie lediglich »Mehreres«.

Diesen Gedanken gilt es zu verfolgen, wenn man zeigen will, daß Heidegger letztlich nicht an der Formalität der Bestimmungen σύνθε-

---

20 Vgl. *Met.* 1043b 4—8.

σις und διαίρεσις, sondern an ihrem ontologischen Stellenwert Anstoß nimmt. Es ist zwar unbestreitbar, daß in einer Isolierung der formalen Struktur von Aussagen diese nicht mehr als Charakterisierungshandlungen in einem Erfahrungszusammenhang in den Blick kommen, aber um dies zu zeigen, hätte Heidegger sich nicht mit Aristoteles auseinandersetzen müssen. Diese Auseinandersetzung erhält ihre Spannung dadurch, daß Heidegger zwar einerseits seinen Grundbegriff des Entdeckens aus der Aristotelischen Konzeption des λόγος ἀποφαντικός gewinnen kann, aber damit zugleich an eine Grenze der Aristotelischen Ontologie gelangt, in der Absicht, sie zu überschreiten. Diese Grenze besteht darin, daß Aristoteles σύνθεσις und διαίρεσις als »zusammen vorliegen« bzw. »nicht zusammen vorliegen« deutet. Weil das »nicht zusammen« kein Vorliegen ist, *bleibt es nämlich in seinem Sein unbestimmt.* »Sein« wird durch das prohibitive μὴ gleichsam nur vom »nicht zusammen« weggehalten.

Das zeigt sich besonders deutlich in der Aristotelischen Bestimmung des ὂν ἀληθές in *Met.* Θ 10. Wenn Aristoteles zufolge nicht nur der λόγος ἀποφαντικός, sondern auch das Seiende selbst ἀληθές ist, so ist damit die Zugänglichkeit des Seienden für den λόγος gemeint. Das ἀληθές der Dinge ist dann genauer gesagt die Zugänglichkeit ihres »zusammen« oder »getrennt«, und man kann sagen, daß derjenige entdeckt, der das Getrennte als getrennt und das zusammen Vorliegende als zusammen vorliegend annimmt (ἀληθεύει μὲν ὁ τὸ διῃρημένον οἰόμενος διῃρῆσθαι καὶ τὸ συγκείμενον συγκεῖσθαι/*Met.* 1051b3-4). Wer sich täuscht, verhält sich demgegenüber gegenteilig zum Seienden (ἔψευσται δὲ ὁ ἐναντίως ἔχων ἢ τὰ πράγματα / *Met.* 1051b4-5). Eine Täuschung ist daher im Hinblick auf solches Seiende möglich, das entweder einmal in seinen jeweiligen Bestimmungen zusammen und dann getrennt vorliegt, oder das immer in seinen Bestimmungen zusammen oder getrennt ist. Im ersten Fall ist die Täuschung darin begründet, daß das Seiende nicht notwendigerweise so vorliegen muß, wie es vorliegt, im zweiten Fall darin, daß es nicht in seiner spezifischen Bestimmtheit aufgewiesen wird. Der Täuschungscharakter der Meinung (δόξα/*Met.* 1051b14), die das Seiende aufweist, das auch anders sein kann als es jeweils ist, entspringt also im Seienden selbst, während das Verfehlen des Seienden in seiner spezifischen Bestimmtheit nur durch die mangelnde Sorgfalt des Aufweisens zustande kommt. Hier hat man es mit der δυνάμει ἐπιστήμη im Aristotelischen Sinne zu tun, die das Seiende nur als unbestimmt Allgemeines im Blick hat. Es ist nun nicht zu übersehen, daß die Konzeption des ὂν ἀληθές, wie sie skizziert wurde, durch einen Vorrang der σύνθεσις charakterisiert ist. Dieser Vorrang der σύνθεσις erwächst aus der Bestimmung von »sein« als »vorliegen«. Seiendes liegt nie als Getrenntes vor, sondern Bestimmungen sind von ihm getrennt nur für den λόγος, d. h.: falsche Meinungen oder Aussagen kann es nur geben, wenn das Seiende nicht nur in seinem Vorliegen, sondern auch in seinen nicht vorliegenden, nur möglichen Bestimmungen zugänglich ist. Gemäß der Aristotelischen Wahrheitsdefinition wäre die Angabe einer solchen nicht vorliegenden Bestimmung aber nur so zu denken, daß sie auf etwas anderes zutrifft, denn *jedes* Aufweisen ist das Aufweisen von etwas. Daß man es mit einer möglichen Bestimmung des vorliegenden Seienden zu tun hat, läßt sich außerdem auch wieder nur in der Orientierung am vorliegenden Seienden sagen: möglich ist dasjenige, an dem, wenn es wirklich ist, nichts von dem fehlt, was man als möglich bezeichnet hatte (ἔστι δὲ δυνατὸν τοῦτο, ᾧ ἐὰν ὑπάρξῃ ἡ ἐνέργεια οὗ λέγεται ἔχειν τὴν δύναμιν, οὐδὲν ἔσται ἀδύνατον / *Met.* 1047a24-26).

Für Heideggers Deutung von σύνθεσις und διαίρεσις ist es nun charakteristisch, daß in ihr beide Bestimmungen zwei Aspekte eines einheitlichen Zusammenhangs bezeichnen. Das hatte sich bereits angekündigt, wo vom hermeneutischen »Als« gesagt wurde, es sei ein Phänomen, »das an ihm selbst Verbinden und Trennen ist« (*GA 21,* 141). Was das heißen soll, wird verständlich, wenn man wieder auf Heideggers Interpretation des Umgangs mit Gebrauchsdingen zurückgeht. Heidegger will zeigen, »daß ein sogenanntes schlichtes Da-haben und Erfassen wie: die Kreide hier, die Tafel, die Tür, strukturgemäß gesehen gar nicht ein direktes Erfassen von etwas ist, daß ich, strukturgemäß genommen, nicht direkt auf das schlicht Genommene zugehe, sondern ich erfasse es so, daß ich es gleichsam im vorhinein schon umgangen habe, ich verstehe es von dem her, wozu es dient. Also in diesem schlichten Erfassen der allernächsten Umweltdinge bin ich immer schon *weiter* im Erfassen und Verstehen gegenüber dem, was in einem extremen Sinne gerade gegeben ist, ich bin immer schon weiter im Verstehen dessen, wozu und als was jeweilig das Gegebene genommen wird. Und erst von diesem her Als-Was und Wozu das Betreffende dienlich ist, erst von diesem Wozu her, bei dem ich immer schon bin, komme ich auf das Begegnende zurück.« (*GA 21,* 146f.) Diesen Sätzen zufolge entdeckt man ein Gebrauchsding im Umgang mit ihm gerade nicht als etwas, das als so und so Bestimmtes vorliegt; daß ein Füllhalter »etwas zum Schreiben« ist, kann man ihn nicht ansehen, sondern versteht es nur, wenn man weiß, was Schreiben ist. Angemessen im Sinne des als Entdecken gedachten Umgangs versteht man den

Füllhalter sogar erst dann, wenn man ihn zum Schreiben benutzt; nur dann entdeckt man ihn eigentlich, weil es nun auch keine Täuschung darüber, »wozu« er ist, mehr geben kann. Den eigentümlichen Charakter dieses Entdeckens selbst versucht Heidegger auch zu fassen, indem er von einem »Zurückkommen« (*GA 21*, 147) auf das Gebrauchsding spricht, und was das heißen soll, wird klar, wenn man berücksichtigt, daß die ganze Interpretation aus der Perspektive des Gebrauchs gedacht ist: man muß sich eine bestimmte Tätigkeit zunächst vorgenommen haben, um überhaupt Anlaß zu haben, nach einem Gebrauchsding zu greifen. Das Gebrauchsding wird dann, wie Heidegger auch sagt, von dieser Tätigkeit her »gedeutet«. Die Struktur dieses Deutens wiederum läßt sich nur angemessen darstellen, wenn man auf die Ausdrücke σύνθεσις und διαίρεσις gleichermaßen zurückgreift: »Das, von wo aus gedeutet wird, muß mit dem Was der Deutung zusammengebracht, zusammengesetzt werden – σύνθεσις, in welcher Zusammenbringung und Zusammensetzung zugleich liegt, daß beide, das Woher des Deutens und das zu Deutende selbst, auseinandergenommen sind und im Vollzug der Deutung auseinandergehalten werden müssen. Nur im Auseinanderhalten ist diese Zusammensetzung, dieses Zusammenbringen möglich, und umgekehrt Auseinanderhalten selbst wiederum nur als dieses bestimmte Auseinanderhalten in einem umgreifenden Zusammenhalten. So zeigt sich also, daß in der Tat das Bedeuten vermöge seiner Als-Struktur mit Hilfe dieser formalen Bestimmungen der σύνθεσις und διαίρεσις gefaßt werden kann.« (*GA 21*, 148f.) Zunächst ist es nicht so wichtig zu verstehen, wieso Heidegger hier nicht auf den bereits zuvor eingeführten Terminus der Auslegung zurückgreift, sondern von »Deuten« und »Bedeuten« spricht. Es reicht nämlich, dieses »Deuten« hier im Sinne von »Auslegen« zu fassen. Wichtiger ist es, sich den Gedanken einer σύνθεσις, die in sich διαίρεσις sein soll, selbst plausibel zu machen. Dazu kann man noch einmal an die Verwendung dieser Ausdrücke bei Aristoteles anknüpfen. Mit διαίρεσις war ja bei Aristoteles gemeint, daß Bestimmungen, in denen Seiendes spezifiziert und charakterisiert wird, nicht zusammen vorliegen, und wie Heidegger denkt, läßt sich der Umgang mit Gebrauchsdingen ohne ein solches »nicht zusammen vorliegen« überhaupt nicht verstehen. Jedes Gebrauchsding wird nämlich von mindestens einer Tätigkeit her »ausgelegt«, und diese Tätigkeit ist das Ding selbst nicht. Eine solche Formulierung hat freilich nur Sinn, wenn man umgekehrt auch sagen könnte, daß eine Tätigkeit ein Ding »ist«, und das klingt zumindest befremdlich. Dieses Befremden läßt sich jedoch auflösen, wenn man nicht von einer Identität der Dinge mit den

Tätigkeiten spricht, sondern sagt, eine Tätigkeit könne dadurch bestimmt sein, daß ein Ding in ihr ausdrücklich gegeben ist. Jedes Aussagen hat es so gesehen mit den Dingen zu tun; es läßt sich als dieses bestimmte Aussagen nur beschreiben, wenn man berücksichtigt, was jeweils ausgesagt wird. Demgegenüber ist es unmöglich, den Umgang mit Gebrauchsdingen als ausdrückliche Bezogenheit auf diese Dinge zu begreifen: jemand, der schreibt, ist dabei nicht auf seinen Füllhalter aufmerksam, zumindest dann nicht, wenn er sich auf sein Thema und seine Formulierungen wirklich konzentriert. Insofern sind sein Tun und das Ding, mit dem er umgeht, »auseinandergehalten«; nur so kann das Ding zu einer Tätigkeit gebraucht werden. Die »Zusammensetzung« besteht demgegenüber darin, das Ding aus der Tätigkeit »auszulegen«, und will man Heideggers Pointe gegen die Aristotelische Ontologie sowie seine These vom abgeleiteten Charakter der Prädikationsstruktur verstehen, so kommt alles darauf an, sich klarzumachen, welche gegenüber Aristoteles andere Konzeption des Dinges aus einer solchen primären Orientierung an den Gebrauchsdingen folgt. Daß etwas zu etwas gebraucht werden kann, liegt, wie bereits gesagt, an ihm nicht vor. Einen Terminus von G. Ryle aufnehmend kann man auch sagen, daß es sich bei der Verwendbarkeit um eine dispositionale Eigenschaft handelt, die als solche erst im Umgang oder zumindest doch im Rekurs auf den Umgang entdeckt wird. Diese dispositionale Eigenschaft ist nun von besonderer Art, weil sie nicht durch ein zufälliges Ereignis manifest werden kann, wie etwa die Zerbrechlichkeit eines Glases, sondern nur durch eine Tätigkeit. Außerdem ist die dispositionale Eigenschaft der Verwendbarkeit bei einem Gebrauchsding nicht akzidenziell; es ist vielmehr wesentlich das, was an ihm nicht vorliegt, oder anders gesagt: man weiß überhaupt nur, was es ist, wenn man sich nicht am Vorliegenden orientiert. Dem könnte man zwar entgegenhalten, ein Gebrauchsding müsse doch schließlich auch vorliegen, damit es überhaupt als dieses bestimmbar sei. Daß man, wie Aristoteles selbst dokumentiert, ein Haus nur bestimmen kann, wenn man seine Funktion berücksichtigt, und nur weil man die Funktion kennt, weiß, was ein Haus ist, scheint dann noch nicht gegen den Gedanken zu sprechen, das Bestimmte sei doch immer nur als ein Vorliegendes zu fassen. Aber im Anschluß an Heidegger müßte man hier einwenden, daß ein Gebrauchsding im Umgang mit ihm nicht als Vorliegendes erfahren wird. Es ist schließlich unmöglich, etwas als Vorliegendes zu erfahren, sofern es — wie die Gebrauchsdinge — nicht ausdrücklich in den Blick kommt. Nur das, was ausdrücklich in den Blick kommt, läßt sich aber auch als etwas bestimmen, das trotz des Wechsels akzidenzieller Eigenschaften dasselbe bleibt, und damit ist klar, daß man von der Selbigkeit eines Gebrauchsdinges im Aristotelischen Sinne nicht mehr sprechen kann. Weil ein Gebrauchsding nur im Umgang mit ihm ist, was es ist, liegt seine Selbigkeit *in der Selbigkeit des Umgangs.* Der Umgang wiederum wird nur als derselbe erfahren, wenn er durch eine gewisse Routine charakterisiert ist, und so kann man sagen: Die Selbigkeit eines Gebrauchsdinges liegt in seiner *Selbstverständlichkeit.*

Hermeneutisches »Als« und Daseinsanalyse

Im Anschluß an die Umdeutung der Selbigkeit zur Selbstverständlichkeit kann man nun auch verstehen, wie sich die anderen ontologischen Grundannahmen gegenüber Aristoteles ändern. Während sich bei Aristoteles selbst ein Vorrang der σύνθεσις gegenüber der διαίρεσις gezeigt hatte, wird man nun als erstes bei Heidegger von einem Vorrang der διαίρεσις vor der σύνθεσις sprechen müssen. Es kommt nicht mehr darauf an, daß etwas als Eines im Zusammenhang seiner Bestimmungen vorliegt, sondern etwas ist das, was es ist, gerade im Hinblick auf das, was nicht an ihm vorliegt. Der Zusammenhalt von etwas mit seiner wesentlichen Disposition besteht nicht mehr »an ihm selbst«, sondern nur noch darin, daß es in dieser Disposition entdeckt wird. Erst in diesem Entdecken ist es das, was es »an ihm selbst« ist. Anders als bei Aristoteles ist nun auch das Verhältnis von Möglichkeit und Wirklichkeit zu denken. Man wird nämlich nicht sagen können, daß sich die Disposition eines Gebrauchsdinges »zu etwas« in der gleichen Weise erfüllt, wie es mit anderen Möglichkeiten der Fall ist. Orientiert man sich an der Analyse der Möglichkeit, wie Aristoteles sie in *Met.* Θ gibt, so wäre die Disposition »zu etwas« noch am ehesten als eine δύναμις τοῦ παθεῖν zu begreifen, als dies also, daß dem entsprechenden Ding aufgrund seiner Beschaffenheit etwas widerfahren kann. Eine δύναμις τοῦ παθεῖν ist etwa die Zerbrechlichkeit des Glases, und von Glas kann man berechtigterweise nur behaupten, es sei zerbrechlich, wenn man die Erfahrung gemacht hat, daß tatsächlich Glas zerbrochen ist; die Zerbrechlichkeit wird so gesehen immer erst durch die Zerbrochenheit zugänglich. Ähnlich, so könnte man denken, verhält es sich mit den Gebrauchsdingen. Daß etwas »zum Schreiben« ist, läßt sich streng genommen immer nur sagen, wenn man tatsächlich mit ihm schreibt. Eine solche Beschreibung aber wird dem Sachverhalt letztlich nicht gerecht. Zum einen ist der dispositionale Charakter von Gebrauchsdingen nicht erst aufgrund des faktischen Gebrauchs zugänglich; wollte man das behaupten, ließe sich nicht mehr verständlich machen, wie es zu einem Gebrauch überhaupt kommen kann. Zwar kann man sich durchaus darüber täuschen, wozu etwas jeweils zu gebrauchen ist, d. h. man kann die Erfahrung seiner Unbrauchbarkeit machen. Als »etwas zu ...« muß es jedoch in jedem Fall verstanden sein, wenn man es zur Hand nimmt. Zum anderen wird ein Gebrauchsding dadurch, daß man es benutzt, zumindest in der Regel nicht oder nicht wesentlich verändert. Sonst wäre der Gebrauch ebenfalls unmöglich. Anders als etwa bei einem Stück Holz, das man zuschneidet, bleibt der dispositionale Charakter bei einem Füllhalter im Gebrauch gerade erhalten. Wirklich wird zwar die zuvor nur geplante Tätigkeit des Schreibens; aber diese Tätigkeit beruht doch auf dem dispositionalen Charakter des Gebrauchsdings und ist so gesehen eher eine Bestätigung desselben als seine Modifikation zur Wirklichkeit. Wenn die Gebrauchsdinge wesentlich sind, als was sie nicht vorliegen, so ändert sich schließlich das Verhältnis von Vorliegendem und nicht vorliegendem. Das nicht Vorliegende ist nun nicht mehr nur die vom vorliegenden Seienden ausgeschlossene Bestimmung, sondern das, was es wesentlich ist. Sagt man dies, so sagt man im Grunde zweierlei. Zunächst nämlich ist das nicht Vorliegende die Tätigkeit, zu welcher etwas brauchbar ist, zum anderen ist diese Tätigkeit selbst nicht nur im Gebrauch dieses *einen* Dings möglich, so daß etwas das, was es wesentlich ist, nur im Zusammenhang mit anderem ist. Vom hermeneutischen »Als« aus gedacht ist also das nicht als Eines Vorliegende diesem gegenüber nicht nur Mehreres, sondern gehört zu dem, was es ist, dazu.

Trotz alledem könnte man bisher noch den Eindruck haben, als seien die Heideggerschen Analysen des Gebrauchsdinges zwar im besten Fall einleuchtend, aber doch nicht derart folgenreich, daß man zu einer Modifikation der ontologischen Grundannahmen gegenüber Aristoteles genötigt wäre. Man könnte immer noch denken, die an den Analysen des Gebrauchsdinges gewonnenen Bestimmungen verhielten sich zu den Bestimmungen, wie sie sich bei einer Orientierung am Modell der Aussage ergeben, komplementär. Daß dies nicht der Fall ist, kann man nur behaupten, wenn sich der »abgeleitete Charakter« der Aussagestruktur gegenüber dem Umgang mit Gebrauchsdingen nachweisen läßt. Heidegger versucht diesen Nachweis zu führen, indem er die Frage diskutiert, wieso Aussagen überhaupt falsch sein können. Man kann dies, wie er denkt, nur erklären, wenn man die These vom dispositionalen Charakter der Gebrauchtdinge generalisiert und zeigt, daß alles, was ist, zunächst in der Struktur des hermeneutischen »Als« aus-

gelegt ist. Was das heißen soll, läßt sich vielleicht am besten im Anschluß an ein von Heidegger selbst gegebenes Beispiel klären: »Ich
gehe im dunklen Wald und sehe zwischen den Tannen etwas auf mich
zukommen – ein Reh sage ich. Die Aussage braucht nicht explizit zu
sein. Bei der Annäherung zeigt sich – es ist ein Strauch, auf den ich
zugehe; im verstehenden, besprechenden Umgehen, habe ich mich verdeckend verhalten, die unausdrückliche Aussage ließ das Seiende als
etwas anderes sehen als es ist.« (GA 21, 187) Das hier als Reh und
dann als Strauch Begegnende ist sicherlich kein Gebrauchsding in dem
Sinne, daß es in der gleichen Weise in die Tätigkeit des Waldspazier-
gangs gehören würde wie ein Füllhalter in die Tätigkeit des Schreibens.
Wenn Heidegger hier dennoch von einem »Umgehen« spricht, dann ist
dieser Ausdruck so weit gefaßt, daß er jedes Verhalten zu etwas bezeichnet. »Etwas« begegnet, wie Heidegger denkt, immer in einem
Verhalten, und das wiederum heißt: Jedes Begegnen von etwas ist im
Grunde nichts anderes als eine Möglichkeit, sich zu verhalten. In der
von Heidegger als Beispiel gewählten Situation kommt es nur zu einer
ausgesprochenen oder unausgesprochenen Bestimmung des Begegnenden, weil das Begegnende zwar auffällt, aber doch nicht bekannt ist. Es
vermag nicht in einer bestimmten Disposition ausgelegt werden, ohne
das man deshalb imstande wäre, auf eine Auslegung zu verzichten.
Man kann mit ihm nur umgehen, indem man unmittelbar eine Vermutung darüber anstellt, was es ist, und daß man dies tun kann, setzt
voraus, daß man es überhaupt auf eine Möglichkeit hin erfährt. Auch
diese Möglichkeit ist eine Möglichkeit »zu etwas«, selbst wenn man
nicht daran denkt, wie man das Begegnende gebrauchen könnte; es ist
eine Möglichkeit zum Verhalten überhaupt, und d. h.: eine Möglichkeit, selbst in einer bestimmten Weise zu sein. So bildet man sich in der
Situation, die Heidegger skizziert, eine Meinung über das Begegnende,
um auch weiterhin zu wissen, woran man in dieser Situation ist. Zu
dieser Meinung gelangt man, indem man sich an die einem bekannten
Auslegungen hält. Dabei macht es grundsätzlich keinen Unterschied,
ob es sich um die Auslegung von etwas noch unbestimmtem Begegnendem »als etwas« handelt oder um die Auslegung von etwas, das man
in seiner Bestimmtheit beschreiben könnte, »zu etwas«. In beiden Fällen ist die Auslegung eine Auslegung »zum Verhalten«. Das wird freilich nur deutlich, wenn man die Aussage vom Aussagen her versteht
und nicht nur als ausgesprochenen Satz. Berücksichtigt man, daß jede
nicht zu einem Satz stilisierte Aussage ein Verhalten ist, so kann man
auch die Prädikationsstruktur auf die Struktur des hermeneutischen
»Als« abbilden. Die Prädikation ist dann eine Erfüllung der Struktur

des hermeneutischen »Als«: etwas muß auf eine Möglichkeit hin erfahren werden, damit es eine Deutung dieser Möglichkeit überhaupt geben kann. Und diese Deutung wiederum kann so sein, daß sie mit einem weiteren Verhalten zu dem Begegnenden unvereinbar ist. In diesem Fall hat sie das Begegnende verdeckt. Demnach ist die falsche Aussage für Heidegger wie auch für Aristoteles darin begründet, daß das Seiende anders sein kann. Über Aristoteles hinaus will Heidegger allerdings zeigen, wie der Möglichkeitscharakter des Seienden erfahren wird. Nur wenn man auf diese Erfahrung rekurriert, kann man, wie er denkt, auch plausibel machen, wieso vom Möglichkeitscharakter des Seienden überhaupt die Rede sein kann, denn nur in einer solchen Erfahrung kann das, was nicht vorliegt, sein. Sobald die Erfahrung der Möglichkeit diese Dominanz erhält und in einer anderen Weise als bei Aristoteles von der δυνάμει ἐπιστήμη gesprochen werden muß, ist der Sache nach der Schritt von »Sein« zu »Dasein« gemacht.

Wenn diese Interpretation einleuchtend ist, hätte Heideggers Wechsel von »Sein als Vorliegen« zu »Dasein« dasselbe Motiv wie die ontologischen Erörterungen des Platonischen »Sophistes«. Wie Platon ginge es auch Heidegger darum, verständlich zu machen, wie das nicht Seiende sein kann. Damit soll freilich nicht behauptet werden, Heideggers Antwort auf diese Frage sei deckungsgleich mit der Antwort Platons. Während Platon das nicht Seiende als das vom Bestimmten Verschiedene denkt und es als seiend bestimmt, sofern es ein seiendes Abbild (εἰκὼν ὄντως Soph. 240b) des Seienden im prägnanten Sinne (ὄντως ὄν Soph. 240b), also ein λόγος, ist, will Heidegger das nicht Seiende als *die Erfahrung des Unbestimmten und Entdeckbaren selbst* entwickeln. Dadurch bekommt dann sowohl die Frage nach der Wahrheit als auch der Ausdruck »Sein« einen neuen Stellenwert. Was die Frage nach der Wahrheit angeht, so dient die Interpretation der Aussagewahrheit bei Heidegger letztlich nur dazu, das Phänomen des Entdeckens im Zusammenhang des Entdeckbaren zu exponieren und dann zu zeigen, daß der Zusammenhang des Entdeckbaren eigentlich selbst die »Wahrheit« ist. Das Verhältnis von Wahrheit und Unwahrheit ist deshalb auch nicht mehr in der Orientierung an Aussagen zu denken, sondern betrifft die Möglichkeit, sich dem Zusammenhang des Entdeckbaren zu »verschließen« oder sich ihm zu »öffnen«. Die Frage nach der Wahrheit ist, wie sich noch deutlicher zeigen wird, im Grunde nichts anderes als die Frage nach der Freiheit. Demgegenüber läßt sich die Aussagewahrheit in der angedeuteten Weise »pragmatisch« bestimmen: eine Aussage ist dann »wahr«, wenn sie mit weiterem auslegenden Verhalten vereinbar ist. Um die Verwirrung zwischen der Wahrheit im prägnanten Sinne und der Aussagewahrheit zu vermeiden, hat Heidegger dann später in *Vom Wesen der Wahrheit* zwischen »Wahrheit« und »Richtigkeit« unterschieden, ohne daß der Ausdruck »Richtigkeit« freilich nur die Aussagewahrheit bezeichnet. Aussagewahrheit ist vielmehr nur ein Spezialfall von »Richtigkeit«. Zwar kann man die Konzeption der Wahrheit bei Platon nicht auf eine Konzeption von Aussagewahrheit reduzieren, denn auch in den Erörterungen des *Sophistes* geht es darum, die Fragwürdigkeit einer ungebrochenen Orientierung an der Sprache aufzudecken. Trotz aller Unterschiede ist »Wahrheit« bei Platon allerdings wie auch bei Aristoteles als die Präsenz des Bestimmten für das Erkennen gedacht, während Heidegger, wie sich zeigen wird, »Wahrheit« mit dem identifiziert, was über das Bestimmte hinaus ist. Was die Bedeutung des Ausdrucks »Sein« betrifft, verhält es sich ähnlich. »Sein« steht auch bei Platon für die Präsenz des Bestimmten, wenngleich diese Präsenz nicht im Sinne des Vorliegens für eine Aussage verstanden wird. »Bestimmtes« im eminenten Sinne sind bei Platon nämlich die Ideen, und von diesen läßt sich nicht sagen, daß sie primär Korrelate von Aussagen sind.[21] »Sein« ist bei Heidegger demgegenüber das Unbestimmte, das, sofern es zusammen mit dem Bestimmten erfahren wird, »Dasein« heißt. »Daseinsanalyse« ist die Analyse dieser Erfahrung und ihrer Voraussetzungen unter verschiedenen Aspekten.

Wie eine solche Erfahrung des Unbestimmten beschrieben werden kann, ist mit der Interpretation von Heideggers Begriff der Phänomenologie bereits im Ansatz gezeigt: Wenn die Erfahrung des Unbestimmten »Phänomen« ist und Phänomene als das verstanden werden, was sich zunächst und zumeist nicht zeigt, so ist die Erfahrung des Unbestimmten durch einen Abbau des Bestimmten erst freizulegen. Nur so kann dann auch deutlich werden, daß das Bestimmte eine Erscheinung des Unbestimmten ist. Bestimmtes und Unbestimmtes sind demnach in ihrer Differenz zu entwickeln, und das wiederum heißt: es ist zu zeigen, wie das Unbestimmte in seiner Differenz zum Bestimmten erfahren wird. Daß es Heidegger mit der Analyse von »Dasein« um eine solche Differenz geht, wird bereits deutlich, wenn er den Terminus einführt. In *SZ* heißt es, »Dasein« sei »dadurch ontologisch ausgezeichnet, daß es diesem Seienden in seinem Sein um dieses selbst« gehe: »Zu dieser Seinsverfassung des Daseins gehört aber dann, daß es in seinem Sein zu diesem sein ein Seinsverhältnis hat. Und dies wieder-

21 Vgl. Wieland (1982) bes. 95 ff.

um besagt: Dasein versteht sich in irgendeiner Weise und Ausdrücklichkeit in seinem Sein. Diesem Seienden eignet, daß mit und durch sein Sein dieses ihm selbst erschlossen ist. Seinsverständnis ist selbst eine Seinsbestimmtheit des Daseins.« (SZ, 12) Auffällig an diesen Sätzen ist zunächst, daß Heidegger »Dasein« ein »Seiendes« nennt. Damit erweckt er den Eindruck, sein Terminus bezeichne nur auf eine etwas gekünstelte Weise »uns selbst« und man wüßte, wenn man sich das klargemacht hat, bereits, wovon die Rede ist. Dieser Eindruck wird noch verstärkt, wenn Heidegger sagt, »Dasein« habe zu seinem Sein »ein Seinsverhältnis«. Es läßt sich nur schwer vermeiden, dieses Verhältnis analog zu einem Gegenstandsbezug zu denken, und damit ist dann alles verfehlt, worauf es ankommt. Sicherlich bezeichnet der Ausdruck »Dasein« bei Heidegger »unsere Weise zu sein«, und sicherlich sind wir auch Seiende, die sich in der einen oder anderen Hinsicht bestimmen lassen und selbst bestimmen. Man darf jedoch, wie einleitend bereits gesagt, »Dasein« nicht mit bestimmten handelnden Personen verwechseln und die Heideggersche Analyse des Daseins als eine verallgemeinernde Beschreibung solcher Personen lesen. Anstatt von einem »Seinsverhältnis« zu sprechen, wäre es darum auch angemessener, den Ausdruck »Dasein« als Bezeichnung für diejenige Weise zu sein zu verstehen, die durch den Austrag der Differenz von Bestimmtheit und Unbestimmtheit charakterisiert ist. »Dasein« ist dann eine Struktur, bei der immer das Verhalten in dieser Struktur mitzudenken ist. Weil dies so ist, kann Heidegger die Seinsbestimmungen von »Dasein« auch »Existenzialien« nennen und von den »Kategorien« genannten »Seinsbestimmungen des nicht daseinsmäßigen Seienden« (SZ, 44) unterscheiden. Mit dieser Unterscheidung ist aber nur dann eine ontologische Kluft aufgerissen[22], wenn man »Person« und »Dasein« verwechselt. Es ist unbestreitbar, daß Personen in Aussagen spezifiziert und charakterisiert werden können; »Dasein« hingegen läßt sich nur in ontologischen Bestimmungen fassen, die ein Verhalten, das natürlich auch als Verhalten von Personen beschrieben werden kann, als Verhalten in einer Struktur deutlich machen. Dieses Verhalten nun ist darin durch die Struktur bestimmt, daß es als Verhalten in dieser Struktur problematisch ist, denn die Struktur ist *nicht nur* Struktur des Verhaltens. Das »Seinsverhältnis«, von dem Heidegger spricht, ist dementsprechend nicht als »Bezogenheit auf etwas« zu interpretieren, sondern meint letztlich nichts anderes als die Erfahrung des Verhaltens

22 Tugendhat (1979), 185.

in seiner Begrenztheit. Sicherlich werden erst die folgenden Interpretationen deutlicher machen können, was das heißt. Es ist jedoch bereits jetzt zu sehen, wieso es unmöglich ist, »Dasein« im Sinne eines Vollzugs zu begreifen, vorausgesetzt, die genannte These trifft zu. Vollzüge sind immer Verhaltensweisen, und von einer Begrenztheit des Verhaltens läßt sich demnach nicht sprechen, wenn alles Verhalten im Rekurs auf ein »Urverhalten« gedeutet wird. »Dasein« meint etwas anderes als die transzendentale Urhandlung eines Subjekts. Gegen diese Behauptung könnte man nun gerade versuchen, die entwickelte Interpretation der ontologischen Grundannahmen Heideggers geltend zu machen. Indem alle ontologischen Grundbegriffe in der Orientierung am Entdecken gewonnen werden, wird auch alles Seiende, wie man einwenden könnte, auf die Konstitutionsleistung eines »Dasein« genannten Subjekts zurückgeführt. Dagegen spricht allerdings, daß das Verhalten im Dasein ohne Berücksichtigung der Dinge gar nicht einsichtig zu machen ist. Gegen eine subjektivitätsphilosophische Interpretation der Daseinsanalyse spricht, anders gesagt, allein schon Heideggers These, derzufolge »Dasein« als »In-der-Welt-sein« charakterisiert werden muß.

ZWEITES KAPITEL

Dasein als In-der-Welt-sein. Grundbestimmungen von Freiheit und Unfreiheit

§ 3 Selbstverständlichkeit und Freiheit

Für das philosophische Programm von *SZ* haben die Analysen des In-der-Welt-seins lediglich vorbereitenden Charakter. In diesen Analysen wird nämlich »Dasein« noch nicht unter dem Gesichtspunkt des Verhältnisses von Freiheit und Unfreiheit betrachtet. Abgesehen wird, in der Terminologie Heideggers gesagt, von der Differenz von »Uneigentlichkeit« und »Eigentlichkeit«, um »Dasein ... in seinem indifferenten Zunächst und Zumeist«, in seiner »Alltäglichkeit« (*SZ*, 43) aufzudekken. Aber auch die Analysen, in denen es um »Dasein« in der Differenz von Uneigentlichkeit und Eigentlichkeit geht, erreichen noch nicht, was Heidegger letztendlich erreichen will, denn sie geben noch keinen Aufschluß darüber, welchen Stellenwert das Philosophieren selbst hat und wie es möglich ist. Die Erörterung von Uneigentlichkeit und Eigentlichkeit ist nämlich im Grunde nur eine weniger abstrakte Erörterung des In-der-Welt-seins. Nur als In-der-Welt-sein aber läßt sich das Philosophieren nicht aufklären, und Heidegger ist mit *SZ* gescheitert, sofern er dies versucht hat. Das heißt freilich nicht, was Philosophieren ist, ließe sich zeigen, indem man von dem, was Heidegger das »vorontologische« Dasein nennt (*SZ*, 12), einfach absieht. Die Bestimmungen, in denen eine Konzeption des Philosophierens entwickelt werden kann, lassen sich vielmehr nur gewinnen und begreifen, indem man sich zunächst auf die Analyse des »vorontologischen Daseins« einläßt. Das Gleiche gilt für die Analyse des »vorontologischen Daseins« in seiner Indifferenz und in seiner Differenz. Selbst wenn die Untersuchung der Indifferenz von wichtigen Bestimmungen absieht, hat man doch mit ihr anzusetzen, wenn man überhaupt die Chance haben will, die späteren Bestimmungen zu verstehen und nicht nur als die vertrauten Termini zu nehmen, welche sie inzwischen sind. Nur im Anschluß an Heideggers Untersuchung der »Indifferenz« läßt sich die Grundbestimmung von Freiheit entwickeln, auf der die Interpretation der Freiheit in ihrer Differenz aufbaut.

Will man verstehen, was Heidegger mit »In-der-Welt-sein« meint, so ist man zunächst an seine Erläuterung des »in« in dieser Formel verwiesen. »In«, so will Heidegger im Anschluß an eine etymologische Ableitung J. Grimms zeigen, hat ursprünglich keine räumliche Bedeutung, sondern »stammt von innan-, wohnen, habitare, sich aufhalten; ›an‹ bedeutet: ich bin gewohnt, vertraut mit, ich pflege etwas; es hat die Bedeutung von colo im Sinne von habito und diligo« (*SZ*, 54). Der Gedanke, auf den es Heidegger hier ankommt, ist, wie immer bei seinem Rückgriff auf die Etymologie, nicht von der Richtigkeit der Ableitung abhängig. Man sollte Heidegger hier nicht anders lesen als Aristoteles oder Heraklit, bei denen Etymologien und Pseudoetymologien eine vergleichbare Funktion haben.[1] Aus Heideggers Abteilung des »in« ergibt sich also eine erste Bestimmung des in der Formel genannten »Seins«; »In-Sein« besagt: bebauen, betreiben (colo), und zwar derart, daß diese Verhaltensweisen als wohnen, verweilen (habito) vollzogen werden und durch ein Auswählen des jeweils Geschätzten (diligo) bestimmt sind. Am wichtigsten ist dabei zunächst die Deutung des In-Seins als »wohnen«, denn diese wird noch ergänzt durch einen Hinweis auf den Zusammenhang von »in« mit »bin«: »Der Ausdruck ›bin‹ hängt zusammen mit ›bei‹; ›ich bin‹ besagt wiederum: ich wohne, halte mich auf bei . . . der Welt, als dem so und so Vertrauten. Sein als Infinitiv des ›ich bin‹ . . . verstanden, bedeutet wohnen bei . . ., vertraut sein mit . . .« (*SZ*, 54) Versucht man das, was Heidegger hier sagt, auf eine Formulierung zu bringen, so kommt man zu dem Ergebnis, daß das In-Sein in der Welt als ein Sein bei der Welt verstanden werden soll. Das ist zunächst alles andere als klar, zumal ja nach Heideggers Deutung »in« und »bin« dasselbe, nämlich »wohnen« bedeuten. Einen Anhaltspunkt für die Unterscheidung beider Charakterisierungen bietet Heidegger freilich, indem er nur im zweiten Fall das »wohnen« als ein »vertraut sein mit . . .« erläutert. Außerdem nennt er das In-Sein einen »formalen« Ausdruck, während das »›Sein bei‹ der Welt, in dem noch näher auszulegenden Sinne des Aufgehens in der Welt« im In-Sein »fundiert« sein soll (*SZ*, 54). Demnach ist zwar jedes »Sein bei der Welt« auch ein »Sein in der Welt«, nicht aber umgekehrt, und es wird zu zeigen sein, wie dieser Fundierungszusammenhang zu denken ist. Sofern nun leicht zu sehen ist, daß die Vertrautheit des »Seins bei der Welt« der »Alltäglichkeit« entspricht, ist mit ihr anzusetzen.

Zeug und Werk

»Welt«, so gibt bereits die Formel vom »In-der-Welt-sein« zu verstehen, ist eine Bestimmung von Dasein, oder, wie Heidegger sagt, »ein Charakter des Daseins selbst« (*SZ*, 64). Umso erstaunlicher kann man es finden, wenn Heidegger seine Erörterung der »Welt« nun doch mit

1 Bei Aristoteles vgl. *EN*, 1140b11f.; bei Heraklit vgl. Diels/Kranz B 2; 48.

der Analyse von Seiendem beginnt, das nicht von der Seinsart des Daseins ist und als solches »innerweltlich« genannt wird. Daß »Welt« ein Existenzial ist, schließt, wie er sagt, »nicht aus, daß der Weg der Untersuchung des Phänomens ›Welt‹ über das innerweltlich Seiende und sein Sein genommen werden *muß*« (*SZ*, 64. Hervorhebung G. F.). Die Erklärung für dieses Vorgehen liegt in der Bestimmung des »Seins bei der Welt« als Vertrautheit. Was Vertrautheit ist, läßt sich nur aufklären, wenn man zeigt, womit man überhaupt vertraut sein kann. Vertraut und selbstverständlich aber ist, wie man bereits weiß, dasjenige, womit man umgeht. Trotzdem wäre es verfehlt zu denken, man bekäme es nun noch einmal mit denselben Problemen zu tun wie bei der Heideggerschen Interpretation des λόγος ἀποφαντικός. Während es nämlich dort darum ging, im Zusammenhang der Bestimmung des Entdeckens eine andere Konzeption des Seienden zu entwickeln, handelt es sich hier um die Frage nach dem Zusammenhang des Entdeckens, das nicht in Aussagen artikuliert wird. Dieses nichtpropositionale Entdecken ist nämlich, wie Heidegger zeigen will, nur angemessen zu begreifen, wenn man sich nicht primär an dem orientiert, was in ihm ausdrücklich gewußt wird. Um es im Beispiel zu sagen: Der Füllhalter wird zwar im Schreiben ausgelegt, aber es ist doch der Füllhalter, der das Schreiben erst ermöglicht, und nicht er allein. Heidegger versteht die Herausarbeitung seines »Welt«-Begriffs so gesehen als eine Korrektur am Konzept von τέχνη, wie es bei Platon und Aristoteles entwickelt ist. Um sich zu verdeutlichen, in welchem Sinne auch die τέχνη von einer aufgewerteten δυνάμει ἐπιστήμη aus gedacht werden muß, ist es hilfreich, zunächst einmal auf die wesentlichen Bestimmungen von τέχνη einzugehen. τέχνη ist ein Herstellungswissen im weitesten Sinne. Auch die Wiederherstllung von etwas, z. B. der Gesundheit durch den Arzt oder die Darbietung und Vorführung etwa von Musik können nach dem Modell der τέχνη begriffen werden. Das Tun des Arztes, des Musikers und des Tischlers ist darin vergleichbar, daß in jedem Fall eine Fertigkeit, ein dispositionales Wissen in einem Werk (ἔργον) zum Erscheinen kommt. Das Werk ist dabei kein Resultat, das auch wegbleiben könnte, sondern in ihm und nur in ihm ist die Fertigkeit desjenigen, der eine τέχνη beherrscht, wirklich. So heißt es bei Aristoteles, die Baukunst sei im Gebauten und werde und sei also zugleich mit dem Haus (ἡ γὰρ οἰκοδόμησις ἐν τῷ οἰκοδομουμένῳ, καὶ ἅμα γίγνεται καὶ ἔστι τῇ οἰκίᾳ/*Met.*1050a28f.). Ferner ist das Werk auch das Wirkliche, von dem aus die Werkzeuge, die zu seiner Herstellung erforderlich sind, in ihrer Tauglichkeit, und die Teile, aus denen es werden soll, als Teile zu diesem Ganzen bestimmbar werden.

Wenn Heidegger sich nun in seinen eigenen Analysen auf dieses Konzept von τέχνη bezieht, so steht das Werk nicht in gleicher Weise im Zentrum. Heidegger kommt es nicht darauf an, das Werk wie Aristoteles als Ziel und Vollendung (τέλος/*Met.*1050a21) zu denken, sondern er interessiert sich für das »in Arbeit befindliche«, denn es ist das »im besorgenden Umgang vornehmlich begegnende Werk« (*SZ*, 70). Welche Konsequenzen diese Akzentverschiebung hat, wird klarer, wenn man sich noch einmal vergegenwärtigt, daß τέχνη eine Form des Wissens ist. Wissen aber ist τέχνη als Wissen des εἶδος eines herzustellenden Werks, und deshalb kann Aristoteles die τέχνη mit dem εἶδος geradezu identifizieren (ἡ γὰρ τέχνη τὸ εἶδος/*Met.*1034a24). Was bei der Herstellung von etwas im Blick sein muß ist allerdings schwerlich nur das »Aussehen« eines herzustellenden Werks. Wenn Platon im zehnten Buch der *Politeia* am Beispiel des Zaumzeugs erörtert, was unter dem εἶδος eines herzustellenden Werks zu verstehen ist, so macht er deutlich, daß der Hersteller die Funktion dessen, was er machen will, kennen muß. Nicht der Sattler, sondern der Reiter weiß darum auch am besten, wie ein Zaumzeug beschaffen sein soll, und der Sattler muß darauf vertrauen, was der Reiter ihm über die richtige Beschaffenheit des Zaumzeugs sagt (*Resp.*601cff.). Aber selbst wenn das Wissen des εἶδος für den Herstellenden kein Intendieren eines Gegenstandes ist, sondern das nichtpropositionale Wissen eines »Urbildes«, das die jeweilige Arbeit leitet[2], so muß der Herstellende sich doch den Gebrauch des Werkes, das er macht, vorstellen. An diesem Vorstellen ist die Konzeption der τέχνη bei Platon und Aristoteles orientiert. Nun läßt sich auch der Sinn von Heideggers Akzentverschiebung plausibel machen. Wenn das herzustellende Werk im Konzept der τέχνη einen Vorrang hat, so wird damit die eigentümliche Selbstverständlichkeit des Herstellungswissens nicht getroffen; es bleibt unberücksichtigt, womit der Hersteller eigentlich vertraut ist. Vertraut ist er nämlich nicht mit dem Werk, das er sich ja vorstellen muß, sondern mit den Dingen, die er selbst gebraucht. Heidegger spricht in *SZ* allerdings nicht von »Dingen« oder »Gebrauchsdingen«, sondern von »Zeug«, um den Ausdruck »Ding« für solches zu reservieren, was nicht im Gebrauch, sondern in der Betrachtung erfahren wird und dann auch Gegenstand von Aussagen sein kann. Wenn nun der Hersteller von etwas primär mit Zeug vertraut ist, so muß sich

---

2 Vgl. *Gorg.* 503d6 ff.

auch die Bezogenheit auf das herzustellende Werk aus dem Umgang mit Zeug verständlich machen lassen.

Das herzustellende Werk aus dem Umgang mit Zeug verständlich zu machen, heißt nun nicht, die Vorstellung des Werks aus dem Umgang mit Zeug einfach abzuleiten. Da Heidegger dieses Problem gar nicht zum Thema macht, läßt sich vermuten, daß er, was die Vorstellung des Werks angeht, der platonischen Auskunft zustimmen würde, derzufolge der Hersteller hier auf den Benutzer angewiesen ist. Heideggers Interesse gilt vielmehr der »Seinsart« des Zeugs, weil er aus dieser verständlich machen will, wieso der Hersteller seine Aufmerksamkeit dem Werk überhaupt widmen kann. Was er hierzu sagt, scheint auf den ersten Blick bereits aus seinen Interpretationen in der »Logik«-Vorlesung bekannt zu sein. »Zeug« wird bestimmt als »etwas, um zu ...«, und von der »Struktur ›Um-zu‹« heißt es, in ihr liege »eine *Verweisung* von etwas auf etwas« (*SZ*, 68). Dies, so könnte man denken, ist nur eine andere Formulierung für das, was in der früheren Vorlesung »Auslegung« genannt wurde. Oberflächlich betrachtet hat man es sicher mit derselben Sache zu tun, und dennoch ist diese Sache jetzt anders akzentuiert. Das wird deutlich, wenn Heidegger die eigentümliche Unausdrücklichkeit des Umgangs mit Zeug herausarbeitet: »Der je auf das Zeug zugeschnittene Umgang, darin es sich einzig genuin in seinem Sein zeigen kann, z. B. das Hämmern mit dem Hammer, *erfaßt* weder dieses Seiende thematisch als vorkommendes Ding, noch weiß etwa gar das Gebrauchen um die Zeugstruktur als solche. Das Hämmern hat nicht lediglich noch ein Wissen um den Zeugcharakter des Hammers, sondern es hat sich dieses Zeug so zugeeignet, wie es angemessener nicht möglich ist. In solchem gebrauchenden Umgang unterstellt sich das Besorgen dem für das jeweilige Zeug konstitutiven Umzu« (*SZ*, 69). »Besorgen« ist hier ein Terminus und meint eine »Seinsart« des »In-der-Welt-seins«, nämlich alle Verhaltensweisen, die Umgang mit Seiendem sind, das nicht als »Dasein« ist. Heidegger faßt diesen Terminus so weit, daß er auch die »defizienten Modi des Unterlassens, Versäumens, Verzichtens, Ausruhens« (*SZ*, 57) mit umfaßt. Auch in diesen Modi geht man schließlich in der einen und anderen Weise mit Zeug um, etwa beim Ausruhen in einem Sessel. Gerade an solchen Modi läßt sich die Unausdrücklichkeit des Zeugs, auf die es Heidegger hier ankommt, besonders gut veranschaulichen. Heidegger will zwar nicht ausschließen, daß man über die Geeignetheit von Zeug für bestimmte Verhaltensweisen, also etwa über die Qualität von Hämmern oder die Bequemlichkeit von Sesseln, auch nachdenken kann. Aber nicht in solchem Nachdenken, sondern im völlig unproblematischen Umgang kommt die »Seinsart« des Zeugs, die »*Zuhanden-heit*« (*SZ*, 69) zum Tragen. Indem das Zeug in seiner Zuhandenheit die Eigentümlichkeit hat, »sich gleichsam zurückzuziehen« (*SZ*, 69), »verweist« es denjenigen, der mit ihm umgeht, auf etwas anderes, also bei der Herstellung von etwas auf das Werk. Es verweist von sich weg, ohne dadurch gleichgültig zu werden. Im Anschluß an diesen Gedanken läßt sich auch verständlich machen, weshalb Heidegger zwischen »Verweisung« und »Beziehung« unterscheidet. Während Beziehungen in Aussagesätzen konstatiert werden und jemandem, der eine Beziehung konstatiert, beide Beziehungsmomente in gleicher Weise ausdrücklich sind, ist »Verweisung« aus der Erfahrungsperspektive gedacht und bezeichnet ein ausdrückliches Verhalten, ein Verhalten zu Ausdrücklichem, dem die Unausdrücklichkeit von anderem vorausgesetzt ist. Deshalb müßte »sogar gezeigt werden, daß ›Beziehung‹ selbst wegen ihres formal-allgemeinen Charakters den ontologischen Ursprung in einer Verweisung hat« (*SZ*, 77). Ein Verhalten, das sich von Unausdrücklichem auf Ausdrückliches verweisen läßt, nennt Heidegger »Umsicht«: »Umsicht« ist die Sicht auf das Werk, sofern sie dem Verweisen folgt.

Unausdrücklich im Sinne der Zuhandenheit ist nun nicht nur das Zeug, sondern auch das Werk. Dieser Gedanke ist nicht weiter erstaunlich, wenn man berücksichtigt, daß Heidegger sich immer am in Arbeit befindlichen Werk orientiert. Deshalb kann er auch das Werk selbst in eine Reihe von Verweisungen auseinanderlegen. Das Werk verweist den Hersteller auf das »Wozu seiner Verwendbarkeit«, denn »es ist seinerseits nur auf dem Grunde seines Gebrauchs« (*SZ*, 70). In der Herstellung von etwas ist man demnach auf das Herzustellende nicht wie auf einen Gegenstand bezogen, sondern man bringt nur etwas zustande, wenn man sich von dem, was man unter den Händen hat, auf die Vorstellung seines Gebrauchs verweisen läßt. Das in Arbeit Befindliche muß selbst unausdrücklich sein, damit man sich seinen möglichen Gebrauch überhaupt vorstellen kann. Außerdem liegt im Werk die »Verweisung auf ›Materialien‹« (*SZ*, 70), und schließlich wird das Werk »dem Träger und Benutzer ... auf den Leib zugeschnitten, er ›ist‹ im Entstehen des Werkes mit dabei« (*SZ*, 70f.) In dieser Dreiheit von vorgestellter Form, Material und dem Benutzer lassen sich unschwer die von Aristoteles herausgearbeiteten »Ursachen« (αἴτια), nämlich εἶδος, ὕλη und τέλος wiedererkennen (*Met.* 1013a24ff.). Es geht Heidegger jedoch nicht darum, Form, Material und Ziel als dasjenige aufzuzeigen, von dem her dann etwas wirklich Vorliegendes entsteht. Er will vielmehr darauf aufmerksam machen, daß das in Arbeit Befindliche nur in einem es übergreifenden Zusammenhang möglich ist, der für den Hersteller jeweils in verschiedener Hinsicht ausdrücklich sein kann, weil das in Arbeit Befindliche ihn auf diesen Zusammenhang verweist. Heidegger nennt den das Werk übergreifenden Zusammenhang »Verweisungsganzheit« und sagt von ihr, sie werde vom Werk »getragen« (SZ, 70).

Was das heißen soll, ist nicht ohne weiteres klar. Weder sagt Heidegger hier − wie überhaupt in SZ − was er genau unter einem Ganzen oder einer Ganzheit verstehen will, noch ist, wenn das Werk in eine Mannigfaltigkeit von Verweisungen auseinandergelegt wird, einsichtig, in welchem Sinne es diese Mannigfaltigkeit, die noch dazu eine Ganzheit ist, »tragen« soll. Was das erste angeht, so läßt sich verstehen, was eine »Verweisungsganzheit« ist, wenn man das »Ganze« im Anschluß an Aristoteles als das Zusammenhaltende begreift, durch welches die Zusammengehaltenen Eines sind (Ὅλον λέγεται ... τὸ περιέχον τὰ περιεχόμενα ὥστε ἕν τι εἶναι ἐκεῖνα/Met.1023b26-28). Das Zusammenhaltende wäre dann die Verweisung selbst und das Zusammengehaltene die Mannigfaltigkeit des Ausdrücklichen und Unausdrücklichen, in der sich der besorgende Umgang hält. »Eines« ist die Mannigfaltigkeit, weil alles in ihr − sei es Ausdrückliches, sei es Unausdrückliches − durch Verweisung bestimmt ist, und zwar so, daß die mannigfachen Momente aufeinander verweisen und alles Verweisendes oder solches, auf das verwiesen wird, sein kann. Auf die zweite Frage, wie das Werk eine solche Verweisungsganzheit trägt, gibt der Text von SZ keine Antwort. Man wird als Grund hierfür wohl eine Verlegenheit Heideggers annehmen können, weder auf den Werk-Begriff verzichten noch ihn im Sinne von Aristoteles verwenden zu wollen. Unverzichtbar ist der Werk-Begriff, weil ohne ihn die Unausdrücklichkeit von Zeug wie auch die Koordination bestimmter Verweisungen nicht einsichtig zu machen ist. Weil Heidegger das Werk jedoch einerseits als unfertiges und andererseits von seinem zukünftigen Gebrauch her denkt, kommt es als die Wirklichkeit des Herstellens nie in den Blick. Sobald es wirklich ist, zieht es sich in den besorgenden Umgang eines Benutzers zurück und hat nun »seinerseits die Seinsart des Zeugs« (SZ, 70). Daß das Werk die Verweisungsganzheit »trägt«, kann dann nur heißen, es sei als mögliches Zeug dasjenige, was den Vollzug des umsichtigen Besorgens jeweils in Bewegung bringt. Weil das Werk aber nur »auf dem Grunde seines Gebrauchs« (SZ, 70) das ist, was es ist, geht es bei der Herstellung von Werken um nichts anderes als den besorgenden Umgang selbst, nur daß dieser nicht der besorgende Umgang des Herstellers ist. Deshalb ist das umsichtige Besorgen, wie Heidegger es denkt, auch keine »entfremdete Arbeit« im Sinne von Marx. Von einer solchen kann nur die Rede sein, wenn die Herstellung gemäß der Aristotelischen Konzeption im Werk ihr Ziel und ihre Wirklichkeit hat, das Werk aber der Verfügung des Herstellenden entzogen ist. Demgegenüber geht es gemäß der Heideggerschen Konzeption gerade darum, die Wirklichkeit des Werks wieder in die Möglichkeit des Zeugs aufzulösen.

Auf den Möglichkeitscharakter des Zeugs weist auch bereits der Ausdruck »Zeug« selbst hin. Dieser Ausdruck ist ein singulare tantum, und wenn Heidegger sagt, ein Zeug sei »strenggenommen nie« (SZ, 68), so meint er nicht, Zeug sei eine Mannigfaltigkeit von Seienden, die zuhanden und in ihrer Zuhandenheit isoliert zugänglich wären, so daß Zeug in seiner Mannigfaltigkeit als eine Summe aufgefaßt werden könnte. Wenn man, wie Heidegger das in seiner Analyse auch tut, einzelnes Zeug aufzählt, so zeigt man damit im Grunde nur, daß die notwendigerweise in Aussagesätzen artikulierte Analyse dem Zeug in seiner Zuhandenheit letztlich nicht gerecht werden kann. Indem man über etwas redet, macht man es zum Gegenstand, und nur indem man beschreibt, wie etwas ungegenständlich erfahren wird, kann man deshalb zugleich auch deutlich machen, daß es an ihm selbst kein Gegenstand ist.

Für die Beschreibung von einzelnem Zeug gibt es jedoch eine notwendige Bedingung, die bisher nicht berücksichtigt wurde. Zeug muß nämlich in seiner Ungegenständlichkeit ausdrücklich werden können, wenn es möglich sein soll, sich seine Ungegenständlichkeit klarzumachen. Ausdrücklich wird es, wenn es unverwendbar oder ungeeignet ist, wenn es fehlt oder den besorgenden Umgang behindert. Dann ist die »konstitutive Verweisung des Um-zu auf ein Dazu ... gestört« (SZ, 74), so daß Zeug nicht länger von sich weg verweist. Dadurch wird es zu einem »Vorhandenen«, aber das wiederum heißt nicht, es liege jetzt nur vor. »Vorhandenheit« meint hier die Privation von Zuhandenheit; die Zuhandenheit »verschwindet nicht einfach, sondern in der Auffälligkeit des Unverwendbaren verabschiedet sie sich gleichsam« (SZ, 74). Das vordem Unausdrückliche zeigt seine verlorene Unausdrücklichkeit.

Bewandtnis und Freigabe

Die Unausdrücklichkeit und Ungegenständlichkeit von Zeug will Heidegger nun noch genauer fassen, indem er den Terminus »Bewandtnis« einführt: »Seiendes ist daraufhin entdeckt, daß es als dieses Seiende, das es ist, auf etwas verwiesen ist. Es hat *mit* ihm *bei* etwas sein Bewenden. Der Seinscharakter des Zuhandenen ist die *Bewandtnis*. In Bewandtnis liegt: bewenden lassen mit etwas bei etwas. Der Bezug des ›mit ... bei ...‹ soll durch den Terminus Verweisung angezeigt werden.« (*SZ*, 84) Sofern »Bewandtnis« hier im Rekurs auf die Verweisung bestimmt wird, bieten diese Sätze nichts Neues. Daß »Bewandtnis« dann doch nicht einfach bedeutungsgleich mit »Verweisung« ist, hat seinen Grund darin, daß in »Bewandtnis« ein »bewenden lassen« liegt, und was das wiederum heißt, will Heidegger zunächst »ontisch« deutlich machen, also an einzelnen Vollzügen des besorgenden Umgangs: »Bewendenlassen bedeutet ontisch: innerhalb eines faktischen Besorgens ein Zuhandenes so und so *sein* lassen, *wie* es nunmehr ist und *damit* es so ist.« (*SZ*, 84) Demnach läßt man es dann mit etwas bewenden, wenn man es auf sich beruhen läßt, sich nicht an ihm zu schaffen macht und es darum auch »zu etwas« benutzen kann. Man kann etwas, anders gesagt, nicht dispositional auslegen, indem man sich auf seine vorliegende Beschaffenheit konzentriert oder es gar in seiner Beschaffenheit verändert. Im Anschluß an diese Beobachtung läßt sich auch verstehen, wie Heidegger auf den Ausdruck »Bewandtnis« überhaupt kommt. »Bewandtnis« ist einmal gleichbedeutend mit »Eigenschaft« und hat zum anderen den Aspekt des Bewendenlassens. Der Ausdruck »Eigenschaft« wird von Heidegger für Dinge vorbehalten und bedeutet deshalb nur das, was man feststellen kann, wenn man sich auf etwas bezieht (*SZ*, 73). Demgegenüber ist die Bewandtnis nicht das, *was* etwas ist, sondern *als was* es ist. »Entdeckt« wird etwas in seiner Bewandtnis also gerade nicht, indem man sich auf es bezieht, sondern indem man von ihm absieht. »Als etwas« läßt es sich nur auslegen, wenn man es »sein läßt«, sodaß der Vollzug der Auslegung immer nur zusammen mit einem Lassen gedacht werden kann.

Dieser Gedanke bekommt noch eine neue Wendung, wenn Heidegger das Bewendenlassen »ontologisch« interpretiert: »Vorgängig ›sein‹ lassen besagt nicht, etwas zuvor erst in sein Sein bringen und herstellen, sondern je schon ›Seiendes‹ in seiner Zuhandenheit entdecken und so als das Seiende dieses Seins begegnen lassen. Dieses ›apriorische‹ Bewendenlassen ist die Bedingung der Möglichkeit dafür, daß Zuhandenes begegnet, so daß das Dasein, im ontischen Umgang mit so begegnendem Seienden, es im ontischen Sinne dabei bewenden lassen kann. Das ontologisch verstandene Bewendenlassen dagegen betrifft die Freigabe *jedes* Zuhandenen als Zuhandenes, mag es dabei, ontisch genommen, sein Bewenden haben, oder mag es vielmehr Seiendes sein, dabei es ontisch gerade *nicht* sein Bewenden hat, das zunächst und zumeist das Besorgte ist, das wir als entdecktes Seiendes nicht ›sein‹ lassen, wie es ist, sondern bearbeiten, verbessern, zerschlagen. Das auf Bewandtnis hin freigebende Je-schon-haben-bewenden-lassen ist ein *apriorisches Perfekt*, das die Seinsart des Daseins selbst charakterisiert. Das ontologisch verstandene Bewendenlassen ist vorgängige Freigabe des Seienden auf seine innerumweltliche Zuhandenheit.« (*SZ*, 85) Diese Passage ist von zentraler Bedeutung für die ganze folgende Argumentation. Aus ihr läßt sich nämlich die Grundbestimmung von Freiheit gewinnen, die dann auch für die Entfaltung der Freiheit in ihrer Differenz bedeutsam ist. Zunächst einmal kann man leicht klären, weshalb Heidegger seine Interpretation des Bewendenlassens »ontologisch« nennt. Es geht nun nicht mehr nur um die Auslegung in ihren einzelnen Vollzügen, sondern um die Zuhandenheit als solche. Mit der Rede vom ontologisch verstandenen Bewendenlassen soll begreiflich gemacht werden, wie Zuhandenheit überhaupt möglich ist. »Zuhandenheit überhaupt« ist nicht mehr nach dem Modell der Bewandtnis zu denken, und das heißt auch, daß man es bei der ontologischen Interpretation des Bewendenlassens nicht einfach mit einer abstrakten Fassung derselben Struktur zu tun hat. Während nämlich die Zuhandenheit des Zeugs im Umgang mit ihm die Struktur des Bewendenlassens »mit etwas bei etwas« hat, so daß der Vollzug des Auslegens und das Seinlassen immer zusammengehören, ist ontologisch verstandenes Bewendenlassen darin »apriorisch«, daß es selbst nicht mehr als »Entdecken« begriffen werden kann. »Entdecken« wird schließlich von Heidegger als ein Vollzug gefaßt, in dem die Verborgenheit von etwas weggenommen wird (*GA* 21, 131); entdeckt werden in diesem Sinne kann zwar etwas Zuhandenes, indem man es auslegt, nicht aber die Zuhandenheit als solche. Heidegger hat die unangemessene Formulierung, derzufolge im vorgängigen Seinlassen Seiendes in seiner Zuhandenheit »entdeckt« sei, später auch durch eine Glosse korrigiert und so zu verstehen gegeben, daß das Seinlassen nicht als Vollzug, sondern als reines Lassen begriffen werden soll. Nun ist es freilich alles andere als klar, wie ein solches reines Lassen zu denken ist. In seiner Glosse sagt Heidegger, es bestehe darin, das Seiende »in seiner Wahrheit wesen <zu/G. F.> lassen« (*GA* 2, 113). Was das wiederum heißen soll, kann man sich deutlicher machen, wenn man Heideggers Vortrag *Vom Wesen der Wahrheit* heranzieht. Hier wird das Seinlassen ausdrücklich als »Sicheinlassen auf das Seiende« (*GA* 9, 188) erläutert. Dieses Sicheinlassen ist keine »bloße Betreibung, Behütung, Pflege und Planung des jeweils begegnenden oder aufgesuchten Seienden«, sondern anderes, und zwar »sich einlassen auf das Offene und dessen Offenheit, in die jegliches Seiende hereinsteht, das jene gleichsam mit sich bringt«: »Dieses Offene hat das abendländische Denken in seinem Anfang begriffen als τὰ ἀληθέα, das Unverborgene.« (GA 9, 188) Man kann die oft diskutierte Frage, ob Heidegger ἀλήθεια zurecht mit »Unverborgenheit« übersetzt oder nicht[3], hier abblenden, und ebenso muß man sich jetzt noch nicht auf die Frage einlassen, ob das »Offene«, von dem Heidegger spricht, in der Tat vom abendländischen Denken in seinem Anfang begriffen wurde.[4] Wichtiger als dies ist es, sich plausibel zu machen, wie Heidegger selbst dieses »Offene« denkt, um dann die Bedeutung des ontologisch verstandenen Bewendenlassens zu klären. Was das erste angeht, so darf man das »Offene« und die »Offenheit« hier noch nicht wie später im Zusammenhang der Frage nach »Zeit und Sein« ohne Rücksicht auf das Seiende denken. Das Offene, von dem Heidegger hier spricht, ist zwar keine Eigenschaft des Seienden, aber das Seiende bringt es doch »gleichsam mit sich«, so daß »offen« und »seiend« zumindest in einer Hinsicht identisch sind, in der Hinsicht nämlich, »daß es ist«. Als dieses »steht« es in die Offenheit »hinein«, sofern es überhaupt entdeckbar ist. Trifft diese Interpretation zu, so ist das Sicheinlassen auf das Seiende ein Sicheinlassen auf seine Entdeckbarkeit. Deutet man diese Entdeckbarkeit als »Verhülltheit« im Sinne der »Logik«-Vorlesung[5], so kann man nicht mehr begreiflich machen, wie das Verhüllte überhaupt entdeckt werden kann, denn dazu muß es doch auch in seiner Verhülltheit als solches zugänglich sein. Verhüllt ist das Seiende nur in dem, *was es ist,* sei es dadurch, daß es in einer bestimmten Hinsicht noch nicht entdeckt wurde, sei es dadurch, daß es durch Meinungen und Aussagen über es zunächst verdeckt bleibt. Seiendes in dem, was es ist, oder in einer bestimmten Eigenschaft zu entdecken oder es im Umgang auszulegen, aber auch, es zu verdecken, ist nur möglich, weil man sich vor jeder Entdeckung auf die Offenheit des Seienden »eingelassen« hat. Damit ist auch die Bedeutung des ontologisch verstandenen Bewendenlassens wenigstens im Ansatz geklärt. Das ontologisch verstandene Bewendenlassen ist nichts anderes als ein »Sicheinlassen auf das Seiende«, sofern das Sicheinlassen unter dem Gesichtspunkt des besorgenden Umgangs mit Seiendem begriffen wird. Seine Offenheit besteht nicht einfach darin, »daß es

---

3 Vgl. etwa Kamlah/Lorenzen (1967), 128, Friedländer (1954), Schadewaldt (1978), Snell (1978), 91 ff. und indirekt auch Hölscher (1976).
4 Vgl. dazu § 10 dieser Untersuchung.
5 Rosales (1970), 47.

ist«, sondern darin, »daß es in einer bestimmten Weise ist«, was man von dem, »als was es ist«, noch einmal zu unterscheiden hat. Diese Interpretation hat einen zusätzlichen Beleg in der Bemerkung Heideggers, in *Vom Wesen der Wahrheit* werde das Seinlassen — im Unterschied zu *SZ* — »grundsätzlich und ganz weit für jegliches Seiende« (*GA* 2, 113) gedacht. Man kann nun auch plausibel machen, wieso das ontologisch verstandene Bewendenlassen jedes Zuhandene als Zuhandenes betrifft: gleichgültig, ob man etwas »als etwas« auslegt oder ob man es bearbeitet, verbessert, zerschlägt, man muß sich zuvor auf es eingelassen haben.

Heideggers Formulierung vom »Sicheinlassen auf das Seiende« ist freilich nicht unproblematisch, und genauso verhält es sich mit seiner Rede von einer »Freigabe«. Beides scheint doch der These, es ginge hier um ein reines Lassen, zu widersprechen und könnte stattdessen zu der Meinung führen, das Seinlassen sei doch so etwas wie eine »Urhandlung«, also ein das Verhältnis zu Seiendem erst konstituierender Vollzug.[6] Ob diese Meinung berechtigt ist, kann man am besten entscheiden, indem man zunächst auf die Bedeutung von »frei« in Heideggers Terminus »Freigabe« eingeht. »Frei« ist hier nicht auf Handlungen oder Personen bezogen, sondern »frei« ist das Seiende, sofern es »freigegeben« ist. Eine solche Verwendung von »frei« ist in der Alltagssprache durchaus geläufig. Man spricht etwa von »freien« Plätzen, wenn diese nicht mit Häusern bebaut oder von Bäumen bestanden sind, und von »freien« Straßen, sofern ihre Benutzung nicht durch Verkehrs- oder Witterungsverhältnisse behindert oder unmöglich geworden ist. In gleicher Weise kann auch eine Maschine oder eine Werkstatt »frei« sein, wenn es im Augenblick keinen Benutzer gibt. »Frei« bedeutet in all diesen Redeweisen soviel wie »zugänglich« oder »offen«. Bezogen auf die genannten Beispiele ist es auch unproblematisch zu verstehen, was »Freigabe« heißt. Man gibt eine Straße frei, etwa indem man sein Auto beiseite fährt oder ein Hindernis wegräumt, und eine Werkstatt, indem man aufhört, sie zu benutzen. Solche »Freigaben« sind klarerweise Handlungen, aber solange man über Beispiele spricht, bewegt man sich schließlich auch auf der »ontischen« Ebene. Denkt man die Freigegebenheit des Seienden demgegen-

---

6 So Rosales (1970), 47. Im Hinblick auf die Konzeption des Mitseins und Mitdaseins, in der, wie sich zeigen wird, die »Freigabe« auch eine zentrale Rolle spielt, haben Löwith (1981), 96 ff. und Theunissen (1977), 168 dieselbe These vertreten.

über ontologisch, so muß man zunächst berücksichtigen, daß ja auch das Seiende, mit dem man gerade zu tun hat, »frei« genannt werden muß; seine »Freiheit« erweist sich darin, daß es gebraucht wird; man läßt es beim Gebrauch in der spezifischen Weise der Offenheit, in der es ist. Wenn es für Handlungen wesentlich ist, daß es zu ihnen Alternativen gibt, so ist also die Freigabe keine Handlung. Aber das ist schließlich auch nicht gemeint, wenn man hier von einer Handlung sprechen will. Gemeint ist ja vielmehr, das Freigeben sei ein das Verhältnis von Dasein und Seiendem erst konstituierender Vollzug. Mit dieser These kommt man jedoch in eine Schwierigkeit, die bereits angesprochen wurde. Man muß nämlich sagen können, wie man sich die Verschlossenheit denken will, aus der das Seiende erst zu seiner Offenheit gebracht wird. Diese Verschlossenheit müßte einer solchen »Urhandlung« schließlich auch wieder zugänglich sein, und damit wiederholt sich das Problem, das es zu lösen galt. Heideggers Rede von der Freigabe ist metaphorisch, und man sollte bei einer Interpretation versuchen, die Metapher aufzulösen und sich nicht von ihr gefangennehmen lassen. Was er sagen will, ist doch, daß die Offenheit des Seienden wesentlich zu Dasein gehört, und an diesem Gedanken zeigt sich wieder einmal, wie wenig »Dasein« als »Vollzug« zu denken ist. Erklärungsbedürftig bleibt freilich noch die Heideggersche Rede vom »Sicheinlassen auf das Seiende«. Mit diesem Ausdruck will Heidegger das »Seinlassen« nur von »Unterlassung und Gleichgültigkeit« (*GA* 9, 188) abheben. Gleichgültig kann das Seiende als der Zusammenhang des eigenen Umgangs mit ihm nicht sein. So gesehen bedeutet das »Sicheinlassen« nicht, man nähme nun auf etwas Bezug, zu dem man vorher in keinem Verhältnis stand, sondern ist auch wieder im Sinne des »apriorischen Perfekts« zu interpretieren.

Im Anschluß an den Gedanken der Freigabe und der Offenheit des Seienden läßt sich nun auch Heideggers Verständnis von »Welt« entwickeln. Die Offenheit des Seienden, so wurde gesagt, kommt in den Analysen von *SZ* nur unter dem Gesichtspunkt des besorgenden Umgangs in den Blick. In diesem Sinne heißt es auch, das Seiende sei »auf Bewandtnisganzheit hin« (*SZ*, 85) freigegeben, und Heidegger fährt fort: »Dieses, woraufhin umweltlich Zuhandenes freigegeben ist, so zwar, daß dieses allererst *als* innerweltliches Seiendes zugänglich wird, kann selbst nicht als Seiendes dieser entdeckten Seinsart begriffen werden. Es ist wesenhaft nicht entdeckbar, wenn wir fortan Entdecktheit als Terminus für eine Seinsmöglichkeit alles nicht daseinsmäßigen Seienden festhalten. Was aber besagt nun: das, worauf innerweltlich Seiendes zunächst freigegeben ist, muß vorgängig erschlossen sein? Zum

Sein des Daseins gehört Seinsverständnis. Verständnis hat sein Sein in einem Verstehen. Wenn dem Dasein wesenhaft die Seinsart des In-der-Welt-seins zukommt, dann gehört zum wesenhaften Bestand seines Seinsverständnisses das Verstehen von In-der-Welt-sein. Das vorgängige Erschließen dessen, woraufhin die Freigabe des innerweltlichen Begegnenden erfolgt, ist nichts anderes als das Verstehen von Welt, zu der sich das Dasein als Seiendes immer schon verhält.« (SZ, 85f.) Die beiden hier von Heidegger eingeführten Termini »Erschließen« und »Verstehen« werden noch eingehend zu interpretieren sein. Diese Interpretation gehört jedoch bereits in den Zusammenhang der Frage nach der Freiheit in ihrer Differenz. Es reicht zunächst festzuhalten, daß »Verstehen« für Heidegger eine Weise des »Erschließens« ist. Was »Verstehen« heißt, kann man sich im Anschluß an eine alltagssprachliche Verwendung dieses Ausdrucks klarmachen, ohne daß damit seine terminologische Bedeutung bei Heidegger wirklich getroffen wäre. »Verstehen« meint häufig dasselbe wie »können« im Sinne von to know how, etwa dann, wenn man von jemandem sagt, er »verstehe« sich auf etwas. Verallgemeinert man dies im Hinblick auf den Gedankenzusammenhang bei Heidegger, so läßt sich »Verstehen« fassen als »sich in der Verweisungsganzheit verhalten können«. Charakterisiert man nun das Verstehen als eine Weise des »Erschließens«, so liegt es nahe, hier ebenso wie beim »Freigeben« zunächst an eine Aktivität zu denken. Dies ist jedoch unvereinbar damit, daß Heidegger später »Dasein« und »Erschlossenheit« identifiziert (SZ, 133). Der Terminus »Erschlossenheit« hat hier eindeutig einen perfektischen Sinn, indem er die Weise bezeichnet, in der wir immer schon sind. Überhaupt verwendet Heidegger das Verb »erschließen« sehr viel häufiger in perfektischen Wendungen[7], und deshalb ist es sinnvoll, sich auch an diesen zu orientieren. Berücksichtigt man außerdem, daß Heidegger »Erschlossenheit« als »Aufgeschlossenheit« erläutert (SZ, 75), so wird noch klarer, daß es sich hier nicht um eine Aktivität handelt: »aufgeschlossen« ist man, und nur wenn man es ist, kann man in bestimmter Weise handeln. Die »Aufgeschlossenheit«, um die es in den zitierten Sätzen geht, ist nun keine Aufgeschlossenheit für bestimmte Unternehmungen, sondern Aufgeschlossenheit für das Seiende, sofern es im Umgang mit ihm ausgelegt werden kann, für das Seiende also, sofern es durch »Bewandtnis« charakterisiert ist. In diesem Sinne kann Heidegger ja auch nicht nur von »Verweisungsganzheit«, sondern auch von »Bewandt-

7 Vgl. Bast/Delfosse I (1979).

nisganzheit« sprechen. Wenn es nun von der Bewandtnisganzheit heißt, sie müsse »erschlossen« sein, so ist damit gemeint, das Seiende sei derart »offen«, daß man sich im Umgang mit ihm immer schon verhalten könne. Man ist, anders gesagt, »aufgeschlossen« für die Offenheit des Seienden. »Offenheit« und »Aufgeschlossenheit« sind nur zwei Aspekte desselben Phänomens, wobei »Offenheit« das Entdeckbare und »Aufgeschlossenheit« die Möglichkeit des Entdeckens bezeichnet. Die Möglichkeit des Entdeckens kann selbst nicht entdeckt werden; sie ist nichts anderes als das In-der-Welt-sein selbst, von dem Heidegger ja auch sagt, es werde »verstanden«. »Welt« ist dann die Offenheit des Seienden in der Weise der Bewandtnis, sofern man in ihr sein kann. Und das »Verstehen« von Welt ist dieses »sein können« selbst. Macht man sich noch einmal klar, daß mit der Offenheit des Seienden gemeint ist, »daß es ist«, und liest das zusammen mit Heideggers Bestimmung von »Dasein« als »Erschlossenheit« und »Aufgeschlossenheit«, so läßt sich auch einsehen, daß der Ausdruck »Sein« bei Heidegger gleichbedeutend mit »Möglichkeit« ist und Ontologie dann die begriffliche Aufweisung von Möglichkeit in ihren verschiedenen Aspekten. Heideggers Ontologie ist so gesehen eine Variation und Ausarbeitung der These des eleatischen Gastes im *Sophistes*, derzufolge alles, was ist, in seinem Sein nichts anderes ist als Möglichkeit (ὡς ἔστιν οὐκ ἄλλο τι πλὴν δύναμις/*Soph.*247e). Das wird bestätigt durch den Satz: »Die Möglichkeit als Existenzial ... ist die ursprünglichste und letzte positive ontologische Bestimmtheit des Daseins« (*SZ*, 143f.).

Wie »Möglichkeit« dabei im einzelnen begriffen werden muß, gilt es freilich noch weiter zu entfalten. Bisher hat sich schließlich nur ergeben, daß »Möglichkeit« im Sinne der Offenheit des Seienden die Entdeckbarkeit des Seienden meint, ebenso allerdings den dispositionalen Charakter des Zeugs, mit dem es in der Auslegung »sein Bewenden« hat. »Möglichkeit« als Bestimmung von »Dasein« steht demgegenüber für die »Aufgeschlossenheit« des »sein könnens«. Bereits im Anschluß an die Untersuchung des dispositionalen Charakters von Zeug hatte sich gezeigt, daß man die Möglichkeit, wie sie bei Heidegger in den Blick kommt, in ihrem Verhältnis zur Wirklichkeit nicht mehr so verstehen kann wie Aristoteles. Zu demselben Ergebnis kommt man, wenn man sich klarmacht, was mit »sein können« im Zusammenhang der Bestimmung von »Welt« genauer gemeint ist. Heidegger bestimmt nämlich das »sein können«, auf das hin das Seiende in der Weise der Bewandtnisganzheit freigegeben ist, im Anschluß an Aristoteles auch als »Worum-willen«: »Die Bewandtnisganzheit ... geht letztlich auf ein Wozu zurück, bei dem es *keine* Bewandtnis mehr hat, was selbst nicht Seiendes ist in der Seinsart des Zuhandenen innerhalb einer Welt, sondern Seiendes, dessen Sein als In-der-Welt-sein bestimmt ist, zu dessen Seinsverfassung Weltlichkeit selbst gehört. Dieses primäre Wozu ist kein Dazu als mögliches Wobei einer Bewandtnis. Das primäre ist ein Worum-willen. Das ›Umwillen‹ betrifft aber immer das Sein des Daseins, dem es in seinem Sein wesenhaft um dieses Sein selbst geht.« (*SZ*, 84) Zum Gedanken eines solchen primären »Wozu« kommt Heidegger aufgrund der Beobachtung, daß dasjenige, wobei es mit etwas sein Bewenden hat, wiederum das Womit einer Bewandtnis sein kann: »zum Beispiel mit diesem Zuhandenen, das wir deshalb Hammer nennen, hat es die Bewandtnis beim Hämmern, mit diesem hat es seine Bewandtnis bei Befestigung, mit dieser bei Schutz gegen Unwetter« (*SZ*, 84). Es ist nicht sehr einleuchtend, daß der Terminus »Bewandtnis« hier auch auf Tätigkeiten bezogen wird, während Heidegger ihn sonst für das Zuhandene reserviert. »Bewandtnis« wird schließlich sogar als der »Seinscharakter des Zuhandenen« (*SZ*, 84) definiert. Von Tätigkeiten läßt sich zwar sagen, daß man von ihnen verwiesen wird; wäre das anders, könnte man nur schwer begreiflich machen, wie es einem gelingt, an der Schreibmaschine einen Text zu verfassen. Aber auf das für die Verweisung charakteristische Zusammenspiel von Unausdrücklichkeit und Ausdrücklichkeit kommt es Heidegger hier gar nicht an. Er denkt vielmehr an den von Aristoteles beschriebenen Sachverhalt, daß Tätigkeiten einander untergeordnet sein können, so daß erst dasjenige, um dessentwillen sie vollzogen werden, ihr Ziel und ihre Vollendung ist.[8] Dasein aber soll, selbst wenn alles, was man tut, »umwillen« des Daseins getan wird, nicht als Ziel im Aristotelischen Sinne[9] gedacht werden. Wenn Möglichkeit die letzte positive Bestimmung von Dasein ist, kann es eine solche wirkliche Vollendung nicht geben. Um diesem Gedanken Rechnung zu tragen, wäre Heidegger jedoch nicht gezwungen gewesen, auf den Begriff des Ziels völlig zu verzichten und den Aristotelischen Gedanken mit dem unangemessenen Terminus der Bewandtnis zu entwickeln. Er hätte einfach sagen können, daß Dasein in keiner Tätigkeit und auch in keiner Weise des Tuns letztlich erfüllbar ist, denn auch eine solche Weise des Tuns ist ein Vollzug, und Dasein läßt sich als Vollzug nicht bestimmen. Was aber

8 Vgl. *EN*, 1094a9–22.
9 Zur Gleichsetzung von »Ziel« (τέλος) und »Worum-willen« (οὗ ἕνεκα) bei Aristoteles vgl. besonders die prägnante Stelle *Phys.* 194a27–30.

heißt es dann im gegenwärtigen Zusammenhang, daß alles, was man tut, umwillen des Daseins getan wird? Begreift man Dasein als »Aufgeschlossenheit«, so kann man sagen, daß jedes Verhalten den Sinn hat, in seiner »Aufgeschlossenheit« zu eigener Wirklichkeit und Bestimmtheit zu gelangen. Weil »Dasein« dasselbe heißt wie »Möglichsein«, ist diese Wirklichkeit und Bestimmtheit immer als ein Können zu denken. Dieses Können ist freilich nicht dasselbe wie das »sein können« qua »Aufgeschlossenheit«. Während nämlich das »sein können« die Möglichkeit des Verhaltens überhaupt bezeichnet, ist das Können, das im Dasein Wirklichkeit und Bestimmtheit ausmacht, der jeweils mögliche Vollzug des Umgangs mit Seiendem. Es bestätigt sich in einer Weise, die mit dem Ausdruck »Verstehen« in der genannten alltagssprachlichen Bedeutung angemessen beschrieben ist. Bezeichnet man das Möglichsein als »Phänomen«, so kann man auch sagen, daß das Können, das für den Umgang mit Seiendem charakteristisch ist, sich als die Erscheinung dieses Phänomens begreifen läßt. Heidegger selbst hat diese verschiedenen Bedeutungen von »können« nie genau auseinandergehalten und damit das Verständnis seiner Konzeption erheblich erschwert. Bei der Interpretation der Freiheit in ihrer Differenz wird außerdem das »sein können« noch weiter zu differenzieren sein. Zunächst aber reicht es, sich das Verhältnis von »sein können« und »Können«, soweit sie bisher bestimmt worden sind, klarzumachen, um den Begriff der Welt noch genauer zu entwickeln.

Bedeutsamkeit

Das Verhältnis von »sein können« und dem im Umgang mit Seiendem liegenden Können versucht Heidegger mit den Begriffen der Bedeutsamkeit und des Bedeutens zu bestimmen. Im Text von *SZ* sind die Bedeutsamkeit und das Bedeuten nur äußerst knapp erläutert, und die Vorlesung *Prolegomena zur Geschichte des Zeitbegriffs* gibt außerdem darüber Aufschluß, daß Heidegger mit diesen Begriffen nicht sehr glücklich war. Hier grenzt er »Bedeutsamkeit« zunächst gegen »Rang« und »Wert« ab, um die Meinung auszuschließen, in der Bedeutsamkeit würden »Naturdinge« mit Wertprädikaten versehen. Es geht ihm dabei jedoch eher darum, sich gegen die für ihn fragwürdigen ontologischen Implikationen dieser Auffassung abzusetzen. Daß in der Bedeutsamkeit so etwas wie »Wert« mitgemeint ist, weist er nicht zurück. Ebensowenig wie mit »Wert« deckt sich »Bedeutsamkeit« mit der semantisch gefaßten »Bedeutung«, wenngleich auch diese »in gewisser

Weise« mit der Bedeutsamkeit »zusammenhängt« (*GA 20*, 275). Diese Bestimmungsversuche bricht Heidegger jedoch ab und räumt ein: »Schon daß solche Abgrenzungen, wie wir sie hier ganz formal an den bloßen Worten vollziehen, notwendig werden, deutet auf eine gewisse Verlegenheit in der Wahl des rechten Ausdrucks für das komplexe Phänomen, das wir eben mit Bedeutsamkeit benennen wollen; ich gestehe offen, dieser Ausdruck ist nicht der beste, aber ich habe seither, seit Jahren, keinen anderen gefunden, vor allem keinen solchen, der einen wesentlichen Zusammenhang des Phänomens mit dem, was wir als Bedeutung im Sinne der Wortbedeutung bezeichnen, Ausdruck gibt, sofern gerade das Phänomen in innerem Zusammenhang mit Wortbedeutung, Rede steht.« (*GA 20*, 275) Obwohl Heidegger den Begriff der Bedeutsamkeit wahrscheinlich von Dilthey[10] übernommen hat, ist seine Zurückhaltung wohl eher darin begründet, daß »Bedeutung« ein durch die *Logischen Untersuchungen* Husserls besetzter Begriff war und Heidegger gerade hier eine Nähe zu Husserl vermeiden wollte. Husserl verwendet den Begriff zur Charakterisierung von Ausdrucksakten; »Bedeutung« ist das, was in einem Ausdruck »gemeint« ist und durch einen Anschauungsakt »erfüllt« werden oder »leer« bleiben kann.[11] »Bedeutung« ist demnach von der Intentionalität her gedacht, und allein schon deshalb ist der Begriff für Heidegger problematisch. Mit dem Gedanken der Verweisung und der Bewandtnis ist bei ihm schließlich das Paradigma einer auf Gegenstände bezogenen Intentionalität bereits verlassen. Symptomatisch für Heideggers Abwendung von Husserl ist die genannte Vorlesung auch darin, daß das Bedeuten hier nicht am Intendieren eines Gegenstandes, sondern an den sogenannten An- und Merkzeichen erläutert wird. Diesen hatte Husserl »Bedeutung« gerade abgesprochen.[12] An- und Merkzeichen wie Verkehrsschilder oder Knoten in Taschentüchern sind den entsprechenden Analysen von *SZ* zufolge lediglich ein Sonderfall von Zuhandenem, und anders als in der »Prolegomena«-Vorlesung werden sie bei der Erörterung der Bedeutsamkeit in *SZ* nicht mehr erwähnt. Heidegger, so kann man vermuten, will damit dem auch bereits von Husserl herausgearbeiteten Umstand Rechnung tragen, daß Bedeutung selbst »nie Zeichen« (*GA 20*, 279) ist, und vermeiden, daß dieser Eindruck entsteht. An Heideggers Charakterisierung des Zeichens, wie sie ohne

10 Vgl. W. Dilthey, *Ges. Schr.* 7, vor allem 238 ff.
11 Vgl. *Log. Unters.* II/1, 37 f.
12 Vgl. *Log. Unters.* II/1, 23 ff.

einen Bezug auf »Bedeuten« oder »Bedeutsamkeit« in *SZ* übernommen wird, läßt sich dennoch ein Stück weit klären, wie er hier von »Bedeuten« und »Bedeutsamkeit« sprechen will.

Zeichen sind zunächst Zeug wie anderes auch, sofern sie »dienlich« zu etwas und darin durch Verweisung bestimmt sind. Aber ein Zeichen verweist nicht nur in diesem Sinn, sondern auch das »Zeigen« des Zeichens kann als ein Verweisen aufgefaßt werden: »dieses ›Verweisen‹ als Zeigen ist nicht die ontologische Struktur des Zeichens als Zeug«, sondern lediglich »die ontische Konkretion des Wozu einer Dienlichkeit« (*SZ*, 78); Zeichen sind Zeug, deren Dienlichkeit im Zeigen besteht. Diese Bestimmung gilt freilich nur, sofern ein Zeichen im besorgenden Umgang begegnet. Daß es auch andere Zeichen gibt, will Heidegger gar nicht bestreiten; »Spur, Überrest, Denkmal, Dokument, Zeugnis, Symbol, Ausdruck, Erscheinung, Bedeutung« sind, wie er sagt, von den An- und Merkzeichen »zu scheiden« (*SZ*, 78). Aber selbst wenn die Analyse auf die im besorgenden Umgang begegnenden Zeichen beschränkt sein soll, erscheint doch Heideggers Bestimmung der Zeichen als Zeug auf den ersten Blick unplausibel. Schließlich sind Zeichen nicht, wie Zeug sonst, durch Unauffälligkeit charakterisiert, sondern erfüllen ihre Funktion um so besser, je auffälliger sie sind. Genau betrachtet widerspricht diese Auffälligkeit ihrem Zeugcharakter jedoch nicht. Sie macht vielmehr die »vorzügliche Verwendung« (*SZ*, 79) der Zeichen aus; daß Zeichen auffällig sind, heißt nicht, sie würden als Gegenstände intendiert: »Eigentlich ›erfaßt‹ wird das Zeichen gerade dann *nicht*, wenn wir es anstarren, als vorkommendes Zeigding feststellen.« (*SZ*, 79) Allerdings verweist das Zeichen auch nicht auf eine bestimmte Weise des Umgangs mit ihm: »Es wendet sich an die Umsicht des besorgenden Umgangs, so zwar, daß die seiner Weisung folgende Umsicht in solchem Mitgehen das jeweilige Umhafte der Umwelt in eine ausdrückliche ›Übersicht‹ bringt. Das umsichtige Übersehen *erfaßt* nicht das Zuhandene; es gewinnt vielmehr eine Orientierung innerhalb der Umwelt.« (*SZ*, 79) Zeichen verweisen also auf den besorgenden Umgang direkt, indem sie zu verstehen geben, wie dieser Umgang vollzogen werden soll; sie sind etwas, um sich zu orientieren. Damit sie eine solche Orientierungsfunktion erfüllen können, müssen sie auf den Umgang hin ausgelegt sein, aber nicht nur so, daß sich im Umgang mit ihnen nur zeigt, als was sie sind, sondern wesentlich so, daß das Verhalten selbst in dem bestimmt wird, was es ist. Jeder Umgang mit Zeug, das kein Zeichen ist, ist Auslegung des Zeugs; der Umgang mit Zeichen ist eine Bestimmung des Verhaltens.

Was Heidegger »Bedeutsamkeit« nennt, ist nun im Grunde nichts anderes als die ontologisch interpretierte Orientierung an Zeichen. »Bedeutsam« ist so gesehen alles Zuhandene, sofern man im Umgang mit ihm in je bestimmter Weise sein kann. Man ist, anders gesagt, für die verschiedenen Auslegungen des Zuhandenen »aufgeschlossen« und gelangt aufgrund dieser Aufgeschlossenheit im besorgenden Umgang zur Bestimmtheit: »Das Worumwillen bedeutet ein Um-zu, dieses ein Dazu, dieses ein Wobei des Bewendenlassens, dieses ein Womit der Bewandtnis.« (SZ, 87). Daß man im besorgenden Umgang zu seiner Bestimmtheit gelangt, heißt allerdings nicht, diese Bestimmtheit läge nur im jeweiligen aktualen Vollzug des Umgangs. Zu ihr gehört vielmehr auch, was man tun kann ohne es im Augenblick zu tun, wobei »können« hier im Sinne des alltagssprachlich gemeinten Verstehens zu lesen ist. Aber mehr noch: daß es überhaupt möglich ist, in der Auslegung des Zuhandenen als Bestimmter zu sein, macht die Bedeutsamkeit mit aus. Bedeutsam ist alles, was als Ausgelegtes Bestimmtheit im Dasein ausmachen kann. Man »versteht« sich in der Ganzheit des auslegbaren Zuhandenen, sofern diese eigene Bestimmtheit und Wirklichkeit sein kann; *auf* diese Bestimmtheit und Wirklichkeit *hin* ist das Auslegbare bedeutsam. Beide Aspekte zusammen machen »das Phänomen der Welt« in seiner Struktur, der »Weltlichkeit«, aus: »Das Worin des sichverweisenden Verstehens als Woraufhin des Begegnenlassens von Seiendem in der Seinsart der Bewandtnis ist das Phänomen der Welt.« (SZ, 86). »Welt« ist so im doppelten Sinne durch Selbstverständlichkeit charakterisiert: selbstverständlich ist das innerweltliche Seiende, sofern es in der Seinsart der Bewandtnis begegnet; diese Selbstverständlichkeit ist die Voraussetzung dafür, daß etwas überhaupt eigens auffallen kann. Selbstverständlich ist außerdem die Weise, in der man sich in der Welt im Umgang mit Seiendem versteht, weil die Möglichkeiten dieses Umgangs vertraut sind. »Vertrautheit« ist ein Charakteristikum der Bedeutsamkeit (SZ, 87). Wenn Heidegger hier von einem »sichverweisenden Verstehen« spricht, so ist damit die Verlagerung von der »Aufgeschlossenheit« zum im besorgenden Umgang sich bestätigenden Können gemeint. Aufgrund dieser Verlagerung erscheint das »sein können« als das Können des besorgenden Umgangs und die Offenheit des Seienden als seine Auslegbarkeit. So gesehen dürfte man die Welt eigentlich nicht als Phänomen, sondern müßte sie als Erscheinung bezeichnen. Allein, »Phänomen« und »Erscheinung« sind ja keine ein für allemal inhaltlich gefüllten, sondern operative Begriffe, mit denen nur das Verhältnis eines »Offenbaren« und seiner je beschreibbaren Offenbarkeit bezeichnet wird, wobei die letztere dann verdeckend ist, wenn man sich ausschließlich an ihr orientiert. Von der

Orientierung an einzelnen Vollzügen und einzelnem Gegebenen aus gedacht ist die Welt in der Tat ein Phänomen, während sie unter dem Gesichtspunkt der Struktur von »Dasein« eine Erscheinung ist. Das wiederum heißt nicht, »Dasein« sei ohne die Berücksichtigung von Welt hinreichend zu bestimmen, und erst recht nicht, es könne so etwas wie »weltloses Dasein« geben, denn dann wäre man im Dasein grundsätzlich unbestimmt. Die Pointe der Unterscheidung von Phänomen und Erscheinung besteht ja gerade darin, daß man es nicht mit Begriffen zu tun hat, die unterschiedliche »Seinsbereiche« oder wie immer man das nennen will, bezeichnen, sondern daß es den Phänomenen eigentümlich ist, auch zu erscheinen. Man kann sich zunächst immer nur an die Erscheinungen halten und muß dann versuchen, in ihrem Abbau die Phänomene selbst sichtbar zu machen. Im Zusammenhang einer Analyse von Dasein betrifft dieses Verhältnis von Phänomen und Erscheinung nicht nur die Analyse, sondern auch das Analysierte, d. h.: es gibt in der Struktur von Dasein Momente, denen es eigentümlich ist, »zunächst und zumeist«, wie Heidegger sagen würde, zu erscheinen, und die als Erscheinungen zwar nicht eliminierbar, wohl aber durchschaubar sind. Daß sie durchschaubar sind, ist wiederum in ihrem Erscheinungscharakter selbst begründet: schließlich ist die Erscheinung nichts anderes als die Erscheinung des Phänomens. Im Hinblick auf den gegenwärtigen Problemzusammenhang heißt das: Im In-der-Welt-sein, das durch Bedeutsamkeit charakterisiert ist, erscheint Dasein, genauer, in der Auslegbarkeit des Zuhandenen erscheint die Offenheit des Seienden und im Vermögen der vertrauten Auslegungsmöglichkeiten die Aufgeschlossenheit von Dasein. So gesehen ist die Selbstverständlichkeit, in der man im Dasein seine Bestimmtheit hat, eine Erscheinung von Freiheit.

§ 4 Zwischenbetrachtung. Freies Verhalten, Freiheit als Kausalität und die Offenheit des Seienden

Die Konzeption von Freiheit, wie sie sich bisher mit Heidegger denken läßt, ist die Konzeption einer Aufgeschlossenheit für die Offenheit des Seienden. Das Prädikat »frei« steht dabei für diese Offenheit selbst, und daß dies eine mögliche und gebräuchliche Verwendung ist, ließ sich im Rekurs auf die Alltagssprache verständlich machen. Dennoch könnte man diese Verwendung für eher peripher halten und einwenden, sie trage für die Lösung der Probleme, die man normalerweise mit dem Begriff der Freiheit verbindet, nicht viel aus. Diese Probleme betreffen nämlich die Frage, ob man Handlungen »frei« nennen kann, und wenn ja, was man unter der »Freiheit« von Handlungen versteht. Ein naheliegendes Argument für die Freiheit von Handlungen ist der Hinweis darauf, daß es zu Handlungen immer Alternativen gibt; Vorgänge und Verhaltensweisen, bei denen das nicht der Fall ist, nennt man nicht »frei« und bezeichnet sie noch nicht einmal als »Handlungen«. Allein, dies ist bestenfalls ein notwendiges Kriterium, denn es bleibt offen, was man hier unter »Alternativen« genauer versteht. Schließlich lassen sich eine Reihe von Vorgängen und Verhaltensweisen denken, die nicht notwendigerweise geschehen oder zumindest nicht notwendigerweise so, wie sie geschehen, ohne daß man bei ihnen von »Handlungen« sprechen und sie als »frei« charakterisieren würde. Es ist demnach erforderlich, die Frage, was freie Handlungen sind, anders zu beantworten, und wie bereits einleitend bemerkt, läßt sich das grundsätzlich auf zweierlei Weise versuchen: man kann entweder den Ausdruck »frei« als ein Handlungsprädikat auffassen, d. h. als ein Prädikat, mit dem jede Handlung unabhängig von ihren Alternativen in ihrer Beschaffenheit charakterisiert wird; oder man kann Handlungen als Verhaltensweisen von Lebewesen auffassen, die als solche zumindest auch »frei« zu nennen sind, weil sie wenigstens einige ihrer Verhaltensweisen selbst verursachen. Im folgenden soll gezeigt werden, daß beide Ansätze nicht leisten, was sie leisten sollen. Mit dem ersten Ansatz ist es zwar möglich, eine konsistente Theorie über die Bedeutung von »frei« zu entwickeln, aber diese Bedeutung muß dann so weit gefaßt werden, daß sie für Handlungen nicht spezifisch ist. Demgegenüber führt der zweite Ansatz entweder in eine Aporie, weil der Gedanke einer freien Verursachung von Handlungen in sich widersprüchlich ist, oder er führt zu dem Ergebnis, daß man von einer freien Verursachung von Handlungen zwar reden kann, ohne sich in einen Widerspruch zu verwickeln, diese Rede aber keinerlei Erklärungswert für den Status von Handlungen selbst hat. Beide Ansätze sind in einer Vielzahl von philosophischen Theorien vertreten worden. Diese Theorien variieren jedoch im Grunde nur klassische Konzeptionen, und deshalb ist es auch empfehlenswert, sich an diesen klassischen Konzeptionen zu orientieren. Klassisch für den ersten Ansatz ist die Konzeption von Aristoteles, für den zweiten ist es die Konzeption Kants. Im Anschluß an Kant läßt sich außerdem erst deutlich machen, mit welchen Problemen es Theorien zu tun haben, die seinen Ansatz in modifizierter Weise durchzuführen versuchen, um nicht in die selbe Aporie zu geraten wie er selbst. Wenn es gelingt zu zeigen, daß man die Frage nach der Freiheit weder Aristotelisch noch Kantianisch in befriedigender Weise beantworten kann, so spricht einiges mehr dafür, sich systematisch an Heidegger zu orientieren.

Aristoteles

Für Aristoteles gilt die Abwesenheit von Gewalt (βία) als Minimalbedingung für Freiheit im Sinne des ἑκούσιον, der »Freiwilligkeit«, wie man meistens übersetzt. Kein Verhalten kann »freiwillig« genannt werden, wenn es einen Anfang außerhalb seiner hat (βίαιον δὲ οὗ ἡ ἀρχὴ ἔξωθεν /EN, 1110a1). Diese Minimalbedingung kann in eine positive Bestimmung umformuliert werden, und dann sind Verhaltensweisen freiwillig, die ihren Anfang in sich selbst haben (ὧν δ᾽ἐν αὐτῷ ἡ ἀρχή /EN, 1110a17). Der Anfang eines Verhaltens ist sein Ziel, das, worumwillen es vollzogen wird (τὸ οὗ ἕνεκα ἀρχή /EN, 1151a16), und deshalb ist kein Verhalten freiwillig, das ein anderes Ziel erreicht als das es zu Anfang bestimmende: man kann etwa jemanden niederschlagen, nur um sich zu verteidigen, und ihn dann doch unfreiwillig töten (EN, 1111a13f.). Mit dieser Bestimmung des freiwilligen Verhaltens ist keineswegs gesagt, das ein Verhalten bestimmende Ziel sei auch bewußt gewählt. Wenn Aristoteles sagt, der Anfang eines Verhaltens läge in ihm selbst, so trifft er damit keine Entscheidung darüber, ob das Verhalten vernünftig oder triebhaft ist, sondern es geht ihm grundsätzlich darum, daß man von einem Verhalten als einer Bewegung nicht sprechen kann, ohne zugleich immer auch ein Ziel des Verhaltens zu denken; jedes Verhalten ist eine Bewegung, und jede Bewegung ist nur durch ihr Ziel bestimmbar. Als ἑκούσιον gilt jedes Verhalten, das sein Ziel erreicht, und in diesem Sinne kann auch das Verhalten von noch sehr unvernünftigen Kindern und Tieren ἑκούσιον sein (τοῦ μὲν γὰρ ἑκουσίου καὶ παῖδες καὶ τἆλλα ζῷα κοινωνεῖ / EN, 1111b8f.) und natürlich auch das Gegenteil: wenn ein Hund beim Apportieren eines Balles diesen zerbeißt, ist das »unfreiwillig«. Diese Rede von der Unfreiwilligkeit wird von Aristoteles jedoch noch präzisiert, indem er ein unfreiwilliges (ἄκων /EN, 1110b21) von einem nicht freiwilligen (οὐχ ἑκών /EN, 1110b23) Verhalten unterscheidet. Unfreiwillig im präzisierten Sinne ist ein Verhalten, wenn jemand hinterher sein Bedauern über den Ausgang des Verhaltens zum Ausdruck bringt; »Unfreiwilligkeit« ist dann dadurch definiert, daß die mögliche Freiwilligkeit im Sinne der Zielbestimmtheit eines Verhaltens zugestanden und als faktische dementiert wird. Beim nicht freiwilligen Verhalten bleibt demgegenüber der Unterschied zwischen dem faktischen Ausgang und dem das Verhalten bestimmenden Ziel unthematisch. Berücksichtigt man diese Präzisierung, so kann man das Verhalten der Tiere nur »nicht freiwillig«, niemals aber »unfreiwillig« nennen. Ob ein Verhalten jedoch unfreiwillig oder nicht freiwillig ist, bleibt sich in dem Punkt gleich, daß es von beidem nur möglich ist zu reden, wenn das Verhalten grundsätzlich auch freiwillig sein kann. Freiwilligkeit im Aristotelischen Sinne ist ein Charakteristikum von Verhalten selbst, nicht eines Lebewesens oder einer Person als dem Urheber des Verhaltens. Man trifft den Sinn des ἑκούσιον deshalb auch am besten, wenn man nicht an ein willentliches Moment des Verhaltens denkt, wie dies der Ausdruck »Freiwilligkeit« nahelegt, sondern sich nur am ungehinderten Vollzug der Bewegung zu ihrem Ziel orientiert.

Daß der Vollzug des Verhaltens bei Aristoteles als eine zielgerichtete Bewegung gedacht wird, heißt jedoch nicht, alle ungehinderten oder ungestörten Bewegungen könnten »frei«, wie man jetzt besser statt »freiwillig« sagt, genannt werden. Das ἑκούσιον ist ein ausschließliches Charakteristikum für Verhalten; der Fall eines Steines etwa darf nicht »frei« genannt werden, weil sich der Stein nicht derart auf ein Ziel hin bewegt, daß dieses Ziel eine Erfüllung seiner Weise zu sein wäre. Eine Bewegung muß, damit sie frei sein kann, ein Streben (ὄρεξις) sein. Alles, was sich strebend verhält, ist in seinem Sein auf ein Ziel ausgerichtet und hat insofern den Anfang seines Strebens in sich. Als diesen Anfang bestimmt Aristoteles die Seele. Die Seele ist das In-sich-haben des Ziels eines Körpers, der aufgrund seiner organischen Konstitution vermögend ist, Bewegung auf solche Ziele hin zu sein, durch die er in seiner Lebendigkeit ist, was er ist (ἐντελέχεια ἡ πρώτη σώματος φυσικοῦ δυνάμει ζωὴν ἔχοντος /*de an.* 412a27f.). »Seele« ist der Inbegriff für bestimmte Verhaltensweisen, die die Lebendigkeit eines Wesens ausmachen, ohne immer vollzogen werden zu müssen. Indem sie die Lebendigkeit eines Lebewesens ausmachen, sind diese Verhaltensweisen das, was ein Lebewesen an ihm selbst ist: die Seele ist οὐσία und als solche das τὸ τί ἦν εἶναι. Von hier aus läßt sich auch der Sinn des ἑκούσιον erst vollständig aufklären. »Frei« kann eine als Verhalten gedachte Bewegung nur heißen, wenn in ihr das sich Bewegende insofern bleibt, was es ist, als es zu dem Ziel kommt, das es selbst schon »war«. Was der Anfang der Bewegung ist, erhält sich durch die Bewegung hindurch.[1] Der Begriff des ἑκούσιον wird also letztlich nur unter der Voraussetzung des ontologischen Prinzips der ἐντελέχεια verständlich. Diese ontologische Voraussetzung läßt sich auch dann, wenn man die Aristotelische Ontologie nicht übernehmen will, immer nur abschwächen und niemals beseitigen. Verzichtet man darauf, das Ziel eines Verhaltens als seine Erfüllung zu denken, so bleibt doch, solange man Freiheit als die Abwesenheit von Zwang versteht, die Voraussetzung in der Form erhalten, daß das Verhalten sein Ziel jeweils erreichen kann. Die Ziele kommen so allerdings nur noch als partielle Ziele in den Blick und sind auf das, was der Strebende an ihm selbst ist, nicht mehr bezogen. Aber auch von mehreren partiellen Möglichkeiten, sich zu verhalten, kann man nur sprechen, wenn jede dieser Möglichkeiten grundsätzlich realisierbar ist: wenn jemand A oder B tun kann, so gibt es grundsätzlich nichts, was ihn daran hindern könnte, A oder B zu tun, selbst wenn er aufgrund seiner physischen und psychischen Verfassung eher zu B tendieren müßte. Eine solche Verfassung kann zwar von einem Beobachter konstatiert werden, ist aber im Augenblick der Entscheidung irrelevant.[2] Der heute in der Philosophie gebräuchliche und wohl auch weitgehend als unproblematisch angesehene Begriff der »Freiheit des Wählenkönnens« lebt also letztlich vom Aristotelischen Gedanken der Entelechie und der mit diesem Gedanken verbundenen Bestimmung des Verhältnisses von Möglichkeit und Wirklichkeit.

Damit, daß Verhaltensweisen Bewegungen sind, die ihren Anfang in sich haben, ist nicht gesagt, sie seien nicht durch solches bedingt, was außerhalb ihrer ist. Das Verhalten eines Lebewesens ist niemals reine Selbstbewegung, sondern indem lebendige Wesen sich bewegen, wer-

1 Vgl. dazu Picht (1980), 299.
2 Vgl. dazu Pothast (1980), 391.

den sie zugleich auch immer bewegt.[3] Weil durch die äußeren Bedingungen jedoch die Weise, in der die Bewegungen die Lebendigkeit von etwas ausmachen, nie wesentlich bestimmt werden kann, tut die äußere Bedingtheit des Verhaltens seiner Freiheit im Sinne des ἑκούσιον keinen Abbruch, im Gegenteil: wenn Verhaltensweisen, obwohl sie äußere Bedingungen haben, »frei« genannt werden können, ist diese Freiheit eine Freiheit inmitten des Seienden, welches das Verhalten selbst nicht ist. Dieser Gedanke läßt sich an der Erörterung des ἑκούσιον in der *Nikomachischen Ethik* noch weiter verdeutlichen: Würde man, so sagt Aristoteles, die angenehmen und schönen Dinge gewaltsam nennen, weil sie von außen jemanden nötigen, sie zu erstreben, so wäre alles gewaltsam (*EN*, 1110b9–11), und damit würde die Rede von der Freiheit des Verhaltens jeden Sinn verlieren. Ebenso käme man in Schwierigkeiten, wenn man dem Verhalten aus starkem Antrieb (θυμός) oder aus Begierde (ἐπιθυμία) die Freiheit absprechen würde. Dann könnte man weder von Kindern noch von Tieren sagen, sie seien frei, noch könnte man verhindern, daß einiges von dem, was Menschen wesentlich ausmacht, als ihnen äußerlich angesehen würde. Aristoteles kommt es hier weniger darauf an, die Zurechenbarkeit von Verhaltensweisen und damit ihren Status als Handlungen zu sichern. Darum geht es, wie der Einleitungsabschnitt des dritten Buchs der *Nikomachischen Ethik* bezeugt, ihm zwar auch, aber in erster Linie will Aristoteles die Rede von der Gewaltsamkeit einer Bewegung beschränken. Wäre alles gewaltsam oder müßte das, was das Verhalten wesentlich ausmacht, als ihm äußerlich angesehen werden, so könnte das Verhalten nicht mehr generell als Bewegung bestimmt werden, die ihr Ziel in sich hat und sich in diesem erfüllt. Der Aristotelische Begriff des ἑκούσιον sichert also den Gedanken der Entelechie.

Was »Handeln« heißt, läßt sich außerdem aus dem ἑκούσιον allein gar nicht verständlich machen. Dazu muß man mit Aristoteles als weitere Bestimmung die des »vorziehenden Auswählens« (προαίρεσις) einführen.[4] Die προαίρεσις ist nicht bloß ein Wollen im Sinne eines Wünschens; wollen in diesem Sinne kann man auch, was nicht durch

---

3 Vgl. dazu Wieland (1970), 231–254.
4 Zu diesem Begriff und dem Verhältnis von Prohairesis und Freiheit vgl. auch Kuhn (1960). Die Probleme, die Kuhn im Aristotelischen Konzept der Prohairesis sieht, haben u. a. ihren Grund darin, daß Kuhn versucht, Prohairesis als Bedingung für Freiheit zu verstehen. Nur dann aber gibt es die Schwierigkeit, auch affektives Verhalten mit Aristoteles als »frei« zu begreifen.

einen selbst zu erreichen ist (*EN*, 1111b23f.), während nur zwischen solchem gewählt werden kann, was jeweils in unserer Macht ist (τὰ ἐφ' ἡμῖν/*EN*, 1111b30). Was in unserer Macht steht, bringen wir zustande, indem wir etwas erstreben und das, was auf das erstrebte Ziel hin ist (τὰ πρὸς τὰ τέλη /*EN*, 1112b12), überlegen. Dieses Überlegen (βουλεύεσθαι) ist nun nicht so zu verstehen, als ob es gleichsam neben dem Streben her vollzogen würde; deshalb ist es auch irreführend, bei dem, was Aristoteles τὰ πρὸς τὰ τέλη nennt, an »Mittel« zu denken, die zur Erreichung eines Ziels wie Handwerkszeuge benutzt würden. τὰ πρὸς τὰ τέλη sind vielmehr die Weisen des Strebens selbst, in denen dann freilich das eine oder andere benötigt werden kann. Die προαίρεσις ist dann das Streben, sofern es durch Nachdenken bestimmt ist; darauf zielt auch ihre Charakterisierung als die Gemeinsamkeit von verständigem Denken und Streben (κοινὸν διανοίας καὶ ὀρέξεως)[5]. Diese Einheit von Streben und Nachdenken wird für Aristoteles auch daran deutlich, daß im Zusammenhang alltäglichen Verhaltens niemand nur das Streben oder das Nachdenken für sich lobt oder verurteilt, sondern das Nachdenken, sofern es Streben ist. Nur wenn das Nachdenken Streben ist, sind wir durch das Nachdenken selbst gut oder schlecht beschaffen (τῷ γὰρ προαιρεῖσθαι τἀγαθὰ ἢ τὰ κακὰ ποιοί τινές ἐσμεν /*EN*, 1112a1f.), durch das bloße Nachdenken jedoch nicht (τῷ δὲ δοξάζειν οὔ /*EN*, 1112a2f.): Nachdenken kann man, ohne daß das für die Beurteilung des Verhaltens oder für das Verhalten selbst ausschlaggebend ist. Ferner ist es nicht so, daß man Ziele zunächst einfach nur hätte und dann Mittel überlegte, sie zu erreichen; vielmehr wählt man ein bestimmtes Ziel, weil man so und so beschaffen ist (τῷ ποιοί τινες εἶναι τὸ τέλος τοιόνδε τιθέμεθα / *EN*, 1114b23f.). Hier macht Aristoteles einen modifizierten Gebrauch von der Bestimmung des Strebens als Entelechie. Einerseits ist zwar das Streben dadurch definiert, sich in einem Ziel zu vollenden, aber deshalb ist andererseits das Ziel jeweils derart, daß es nur durch eine jeweilige Weise des Strebens überhaupt in den Blick kommen kann. Das Streben in der Weise des Nachdenkens eröffnet seine konkreten Ziele erst; für den Vollzug des Strebens ist das Ziel ja nur im Nachdenken, welches das Streben bestimmt.

Indem Aristoteles die προαίρεσις als κοινὸν διανοίας καὶ ὀρέξεως faßt, kann er auch die Freiheit des nachdenkenden Strebens im Rahmen der zuvor dargestellten Konzeption des ἑκούσιον begreifen. Zwi-

---

5 *De motu animalium*, 700b22.

schen dem nichtdianoetischen Streben und dem dianoetischen gibt es keine ontologische Kluft[6]; die προαίρεσις ist ἑκούσιον, wenn sie auch nicht dasselbe ist, denn der Ausdruck ἑκούσιον hat eine größere Extension (ἡ προαίρεσις δὴ ἑκούσιον μὲν φαίνεται, οὐ ταὐτὸν δέ, ἀλλ'ἐπὶ πλέον τὸ ἑκούσιον /EN, 1111b6−8). Vom bloßen Streben unterscheidet sich die προαίρεσις darin, daß im Nachdenken nie nur eine Möglichkeit des Strebens eröffnet ist. Wie Aristoteles in *Met.* Θ zeigt, gehen die Vermögen − und das Streben ist ein Vermögen −, sofern sie μετὰ λόγου sind, immer auch auf das Gegenteil, während die »verstandlosen« Vermögen immer nur Vermögen zu einem sind (αἱ μὲν μετὰ λόγου πᾶσαι τῶν ἐναντίων αἱ αὐταί, αἱ δ' ἄλογοι μία ἑνός /Met. 1046b4−6). Die προαίρεσις ist jedoch nicht deswegen frei, weil es in ihr Alternativen gibt, sondern nur dann, wenn sich das nachdenkende Streben ungehindert erfüllt, indem das Entschiedene zustandegebracht wird. Aristoteles kann damit die Freiheit eines bewußten Verhaltens verständlich machen, ohne auf den Begriff eines freien Willens rekurrieren zu müssen. Weil Freiheit für ihn eine Bestimmung des Verhaltens ist und nicht des von diesem gesondert betrachteten Urhebers, kann von Freiheit ebenso gut die Rede sein, wenn die Ziele des Verhaltens nicht durch es selbst eröffnet sind, sondern jedem sich Verhaltenden von Natur aus ein Ziel zukommt (*EN*, 1114a31−1114b16). Freiheit im Sinne des ἑκούσιον hängt nicht davon ab, daß der Anfang des Verhaltens und damit das Ziel, das das Verhalten in sich hat, verfügbar ist; entscheidend ist nur, ob ein als Lebensäußerung gedachtes Verhalten sich ungehindert in seinem Ziel erfüllt oder nicht. Jemand, der ohne nachzudenken einfach nur seinem Begehren nachgeht, verhält sich nicht unfrei, sondern eben nur, ohne nachzudenken; auch dies gehört zu seiner Lebendigkeit, und es wäre deshalb ungereimt, die gedankenlosen Widerfahrnisse (τὰ ἄλογα πάθη /EN, 1111b1) unfreiwillig zu nennen. Wenn ein Lebewesen sich frei verhält, so handelt es nicht notwendigerweise auch. Die Frage nach einer spezifischen Freiheit des Handelns bleibt demnach bei Aristoteles unbeantwortet. Von ihm läßt sich außerdem keinen Aufschluß darüber gewinnen, wie es ist, frei *zu sein*. Die Frage danach ist jedoch zumindest mitgemeint, wenn man die Freiheit des Handelns überhaupt als ein Problem ansieht. Wäre diese Frage für die Weise, in der man sich selbst verstehen kann, folgenlos, bräuchte man sie nicht zu stellen.

6 So Warnach (1972), Sp. 1068.

Kant

Aus der Perspektive Kants kann der Begriff des ἑκούσιον nur als ein »komparativer« Begriff von Freiheit erscheinen, und dieser ist eine »Ausflucht«, »ein elender Behelf« und eine »kleine Wortklauberei« (*KpV*, A171f.). Nach einem solchen komparativen Begriff heißt dasjenige »freie Wirkung ..., davon der bestimmte Naturgrund *innerlich* im wirkenden Wesen liegt« (*KpV*, A171). In diesem Sinne nennt man, wie Kant sagt, die Bewegung eines Körpers frei, »weil er, während daß er im Fluge ist, nicht von außen wodurch getrieben wird«, oder die Bewegung einer Uhr, »weil sie ihren Zeiger selbst treibt, der also nicht äußerlich geschoben sein darf« (*KpV*, A171f.); ebenso spricht man von Handlungen eines Menschen, wenn man sie frei nennt, »weil es doch innere durch unsere eigene Kräfte hervorgebrachte Vorstellungen, dadurch nach veranlassenden Umständen erzeugte Begierden und mithin nach unserem eigenen Belieben bewirkte Handlungen sind« (*KpV*, A172). Daß die Bestimmung zu einer Handlung »innerlich« erfolgt, ist jedoch kein Kriterium für ihre Freiheit. Es kommt für Kant bei der Frage nach der Freiheit »darauf gar nicht an, ob die nach einem Naturgesetze bestimmte Kausalität durch Bestimmungsgründe, die im Subjekte, oder *außer* ihm liegen, und im ersteren Fall, ob sie durch Instinkt oder mit Vernunft gedachte Bestimmungsgründe notwendig sei; wenn diese bestimmende Vorstellungen ... den Grund ihrer Existenz doch in der Zeit und zwar dem *vorigen Zustande* haben, dieser aber wieder in einem vorhergehenden etc., so mögen sie, diese Bestimmungen, immer innerlich sein, sie mögen psychologische und nicht mechanische Kausalität haben, d. i. durch Vorstellungen, und nicht durch körperliche Bewegung, Handlung hervorbringen, so sind es immer *Bestimmungsgründe* der Kausalität eines Wesens, sofern sein Dasein in der Zeit bestimmbar ist, mithin unter notwendig machenden Bedingungen der vergangenen Zeit, die also, wenn das Subjekt handeln soll, *nicht mehr in seiner Gewalt sind*«(*KpV*, A172f.). Man wird diese Einwände jedoch schwerlich als eine ernst zu nehmende Kritik am Aristotelischen Konzept des ἑκούσιον verstehen können, weil Kant von ganz anderen Voraussetzungen ausgeht als Aristoteles.[7] Damit die

---

7 Kants Kritik richtet sich wohl gegen Hume, der den Willen bestimmt als »the internal impression we feel, and are conscious of, when we knowingly give rise to any new motion of our body, or new perception of our mind« (*Treatise II*, 113).

Kantische Konzeption von Freiheit verständlich werden kann, gilt es deshalb, sich diese Voraussetzungen zunächst einmal klarzumachen.

Während Aristoteles Bewegungen denkt, die insofern ihr Ziel in sich haben, als sie diese bestimmten Bewegungen nur in der denkenden Ausrichtung auf das Ziel sind, in dem sie sich dann erfüllen, sind für Kant Handlungen primär Veränderungen von etwas dem Handelnden gegenüber anderem; dasjenige, was etwas verändert, darf, damit es selbst als Anfang einer Veränderung identifiziert werden kann, gerade selbst kein in Veränderung Befindliches sein: Handlungen sind »immer der erste Grund von allem Wechsel der Erscheinungen, und können also nicht in einem Subjekt liegen, was selbst wechselt, weil sonst andere Handlungen und ein anderes Subjekt, welches diesen Wechsel bestimme, erforderlich wären« (*KrV*, B250/A205). Aber nicht nur der Anfang einer Veränderung, sondern auch die Veränderung selbst kann nicht ohne Rekurs auf ein Beharrliches gedacht werden: »Veränderung ist eine Art zu existieren, welche auf eine andere Art zu existieren eben desselben Gegenstandes erfolget. Daher ist alles, was sich verändert, bleibend, und nur sein Zustand wechselt.« (*KrV*, B230/A187). Was man erfährt, wenn man eine Veränderung erfährt, ist demnach der Wechsel zweier Akzidenzen an einer Substanz. Die Weise, in der eine Substanz sinnlich vorgestellt wird, ist »Beharrlichkeit«; die »Beharrlichkeit ist der Grund, warum wir auf die Erscheinungen die Kategorie der Substanz anwenden« (*KrV*, B227/A184). Die Erfahrung eines Wechsels allein gestattet es jedoch noch nicht, von einer Veränderung zu sprechen. Da nämlich alles, was wir erfahren oder, anders gesagt, empirisch erkennen, für Kant immer Erscheinungen, also in Begriffen synthetisierte Wahrnehmungen sind, ist der Wechsel der Akzidenzen zunächst nur faßbar als Wechsel der »Apprehensionen«, also des jeweiligen Erfassens der Erscheinungen. Diese Apprehensionen folgen aufeinander, d. h. sie sind in der als Zeitreihe gedachten Zeit nach den Relationen »früher« und »später« geordnet, ohne daß diese Ordnung notwendigerweise auch die Ordnung der Akzidenzen wäre. Kant macht das an einem Beispiel deutlich: wenn man ein Haus betrachtet, so ist diese Betrachtung zwar immer als eine Folge von Apprehensionen zu denken; man kann zuerst das Dach erfassen, dann die Fassade, am Ende den Boden, auf dem das Haus steht; aber diese Folge und der Wechsel der Apprehensionen ist keine Folge und kein Wechsel verschiedener Arten des Hauses zu existieren und damit keine Veränderung. Diese war ja als Wechsel der Akzidenzen, mithin also verschiedener Arten des Gegenstandes zu existieren, definiert. Um »Veränderung« denken zu können, muß man also fragen, »was dem Mannigfaltigen an den Erscheinungen selbst für eine Verbindung in der Zeit zukomme« (*KrV*, B235/A190). Diese Rede von den »Erscheinungen selbst«, d. h. die Unterscheidung von Erscheinungen und Apprehensionen, klingt auf Anhieb paradox. Wie, so könnte man fragen, sind Erscheinungen anders denn als »apprehendierte«? Allein, wenn Erscheinungen nur apprehendierte, also mit Apprehensionen identisch wären, gäbe es kein Kriterium dafür, sie von Trugbildern zu unterscheiden. »Erscheinungen«, wie Kant sie denkt, haben immer zwei Aspekte: sie sind Erscheinungen für uns und damit Apprehensionen ebenso wie sie Erscheinungen der Dinge an sich sind. Wegen der Unzugänglichkeit der Dinge an sich für die Erkenntnis läßt sich dem, daß die Erscheinungen Erscheinungen von etwas sind, immer nur »formal« Rechnung tragen, d. h.: von einer Veränderung läßt sich dann sprechen, wenn die Folge der Apprehensionen »unter einer Regel steht, welche ... eine Art der Verbindung des Mannigfaltigen notwendig macht« (*KrV*, B236/A191). Die Regel, die die Objektivität von der Zeit nach aufeinander folgenden Erscheinungen gewährleistet, ist ausgedrückt im »Grundsatz des Kausalverhältnisses« (*KrV*, B247/A202). Dieser Grundsatz besagt, daß bei jeder Erfahrung einer Veränderung »im vorhergehenden Zustande etwas vorausgesetzt wird, worauf es jederzeit ... folgt« (*KrV*, B243/A198), oder anders gesagt, daß »die Erscheinungen der vergangenen Zeit jedes Dasein in der folgenden bestimmen« (*KrV*, B244/A199). Eine »Kausalverknüpfung« (*KrV*, B247/A202) liegt dann noch nicht vor, wenn man zwei Akzidenzen als zwei Arten eines Gegenstandes zu existieren miteinander verbindet. Insofern ist Kants Beispiel eines Schiffes, das man zuerst an einer oberen, dann an einer unteren Stelle des Flusses sieht, auch unzureichend, um die notwendige Folge zweier Zustände zu illustrieren. Notwendig und darum unumkehrbar sind die zwei Zustände des Schiffes nur, weil das Schiff durch eine Kraft, z. B. den Wind in den Segeln, in eine Richtung getrieben wird. Die Bewegung des Schiffes ist selbst eine Veränderung, die, um als Veränderung erfahren werden zu können, mit der Kraft des Windes »verknüpft« werden muß. Diese Verknüpfung ist notwendig, weil das Schiff ohne den Wind oder eine vergleichbare Kraft seine Art zu existieren nicht wechseln würde; sie ist unumkehrbar, weil der Wind zwar etwas am Schiff, nicht aber das Schiff am Wind etwas bewirkt. Allein aufgrund dieser Unumkehrbarkeit kann auch von einer zeitlichen Folge der Erscheinungen selbst, nicht nur der Apprehensionen, die Rede sein, und zwar selbst dann, wenn der »größte Teil der wirkenden Ursachen in der Natur ... mit ihren Wirkungen zugleich« (*KrV*, B248/A203) ist. Ohne eine solche Gleichzeitigkeit, so argumen-

tiert Kant, würde die Ursache ihre Wirkung gar nicht hervorbringen
können; jede Veränderung hat »eine Ursache, welche in der ganzen
Zeit, in welcher jene <die Veränderung/G. F.> vorgeht, ihre Kausalität beweiset« (*KrV*, B253/A208), und demnach ist alle Veränderung
»nur durch eine kontinuierliche Handlung der Kausalität möglich«
(*KrV*, B254/A208). Wenn der Grundsatz des Kausalverhältnisses eine
zeitliche Folge der Erscheinungen selbst gewährleistet, so deshalb, weil
es nur »auf die *Ordnung* der Zeit, nicht auf den *Ablauf* derselben«
(*KrV*, B248/A203) ankommt: »Die Zeit zwischen der Kausalität der
Ursache, und deren unmittelbaren Wirkung, kann verschwindend (sie
also zugleich) sein, aber das Verhältnis der einen zur andern bleibt
doch immer, der Zeit nach, bestimmbar.« (*KrV*, B248/A203). Wenn
Kant hier von der Ordnung der Zeit im Unterschied zu ihrer Abfolge
spricht, so meint er die für die Zeitreihe konstitutiven Relationen »früher« und »später«, und daß das Kausalverhältnis immer der Zeit nach
bestimmbar bleibt, meint dann: Kausalität läßt sich jeweils nur erkennen, sofern das Verhältnis eines »Handelnden« und eines Erwirkten
als Verhältnis eines Früheren zu einem Späteren aufgefaßt wird. Die
Zeitfolge ist, wie Kant sagt, »das einzige empirische Kriterium der
Wirkung, in Beziehung auf die Kausalität der Ursache, die vorhergeht«
(*KrV*, B249/A203). Die Unumkehrbarkeit des Kausalverhältnisses ist
unabhängig von der Zeitfolge unerkennbar, weil das Kausalverhältnis
selbst nichts anderes als ein bestimmter Modus der Zeitfolge, eben als
Folge von Erscheinungen selbst, ist. Daß etwas früher als ein anderes
war, widerspricht dem nicht, daß es gleichzeitig mit ihm noch immer
ist. Wenn eines mit einem anderen jedoch gleichzeitig sein kann, so ist
nicht zu sehen, inwiefern das Kausalverhältnis nur in einer Richtung
aufgefaßt werden soll. Wieso soll bei zwei Erscheinungen E_1 und E_2
immer nur E_1 Ursache von E_2 sein und nicht auch umgekehrt? Allein,
das will Kant gar nicht behaupten. Der Grundsatz des Kausalverhältnisses schließt die Wechselwirkung der erscheinenden Substanzen
nicht aus und darf sie nicht ausschließen, denn ohne eine solche Wechselwirkung wäre Gleichzeitigkeit unmöglich; die Apprehensionen der
Erscheinungen könnten dann immer nur in einer Richtung aufeinander
erfolgen, und sie wären außerdem jeweils nur Apprehensionen *einer*
Erscheinung. Damit wäre es auch unmöglich, Kausalverhältnisse überhaupt zu erkennen. Wenn die Erkenntnis von Kausalverhältnissen die
Gleichzeitigkeit von Erscheinungen impliziert und Gleichzeitigkeit
ohne Wechselwirkung nicht gedacht werden kann, dann »muß jede
Substanz ... die Kausalität gewisser Bestimmungen in der andern, und
zugleich die Wirkungen von der Kausalität der andern in sich enthal-

ten, d. i. sie müssen in dynamischer Gemeinschaft ... stehen« (*KrV*, B259/A212f.). Mit dem Gedanken der Gleichzeitigkeit abstrahiert Kant also nicht etwa vom Gedanken der Zeitreihe; Gleichzeitigkeit besteht vielmehr darin, daß die erscheinenden Substanzen sich wechselseitig ihre »Stelle in der Zeit« (*KrV*, B259/A212) zuweisen, indem sie jeweils Ursachen ebenso wie Wirkungen sind. Wirkung können sie freilich nicht als Substanzen sein, denn Wirkung ist Veränderung und nicht Beharrlichkeit. Aber jede Erscheinung ist ja Erscheinung einer Substanz in einer bestimmten Art zu existieren, d. h. jede Substanz existiert akzidenziell, und würde man dies nicht denken, so wäre auch bereits die Veränderung von Akzidenziellem nicht einsichtig zu machen, denn »nur das Beharrliche (die Substanz) wird verändert« (*KrV*, B230f./A187), allerdings nicht als Beharrliches, sondern in seinen Akzidenzen. Demnach besteht die Wechselwirkung der Substanzen auch nicht einfach darin, daß Substanzen auf Substanzen wirken; vielmehr erleidet jede Substanz Veränderungen an ihren Akzidenzen und verändert die Akzidenzen der anderen Substanzen.

Dieser Gedanke ist nun folgenreich für die Kantische Konzeption der – zunächst ebenso wie »Subjekt« ganz allgemein gefaßten – Handlung und ihrer Freiheit. Zwar kann eine Handlung nicht in einem Subjekt liegen, das selbst wechselt, aber jedes Handeln ist doch nicht nur die Veränderung von etwas dem handelnden Subjekt gegenüber anderem, sondern immer auch eine Veränderung des handelnden Subjekts: im Subjekt wechselt der Zustand des Nichthandelns zum Zustand des Handelns. Gerade weil das Handeln als Ursache einer Wirkung verstanden, also in seiner Wirklichkeit ausschließlich nach dem Grundsatz des Kausalverhältnisses gedacht wird, der seinerseits den Gedanken der Wechselwirkung einschließt, muß die Bewegung des Handelnden auch als Veränderung seiner Art zu existieren gedacht werden. Dann ist aber jedes Handeln akzidenziell und unterliegt Bedingungen, die selbst nicht in der Gewalt des Handelnden sind. Dies wiederum heißt: das Handeln ist unfrei. Gemäß der Kantischen Konzeption ist, wie man mit Aristoteles sagen könnte, jede vollzogene, als Veränderung des Handelnden erscheinende Handlung »gewaltsam«, weil ihr Anfang nicht in ihr selbst liegt. Es ist nun klar, daß dieser Gedanke den Begriff der Handlung ad absurdum führt: die erscheinende Handlung ist eigentlich gar keine Handlung, wenn Handlungen »immer der erste Grund von allem Wechsel der Erscheinungen« (*KrV*, B250/A205) sind, d. h. wenn der Begriff der Handlung fordert, daß Handlungen immer als Anfang von Veränderungen, nicht aber selbst als Veränderung gedacht werden müssen. Da das selbst keiner

Veränderung Unterliegende die Substanz ist, können Handlungen als solche nur substanziell sein, und in diesem Sinne sagt Kant, die Handlung beweise »als ein hinreichendes empirisches Kriterium, die Substantialität, ohne daß ich die Beharrlichheit desselben <derselben? / G. F.> durch verglichene Wahrnehmungen allererst zu suchen nötig hätte«: »Denn daß das erste Subjekt der Kausalität alles Entstehens und Vergehens selbst nicht (im Felde der Erscheinungen) entstehen und vergehen könne, ist ein sicherer Schluß, der auf empirische Notwendigkeit und Beharrlichkeit im Dasein, mithin auf den Begriff einer Substanz als Erscheinung, ausläuft« (*KrV*, B250f./A205f.). Es ist bemerkenswert, daß die Beweiskraft der Handlung für die Substantialität, wie Kant sie hier in Anspruch nimmt, nicht in der − sinnlich erfahrbaren − Beharrlichkeit der Handlung liegen soll, sondern darin, daß Handlung grundsätzlich als das »erste Subjekt der Kausalität« gedacht werden muß: weil jede Rede von einer Handlung den Gedanken der Substantialität einschließt, muß man die Beharrlichkeit nicht erst durch »verglichene Wahrnehmungen« suchen, also dadurch, daß man ein Beharrliches in Relation zu einem Sichverändernden erfährt. Außerdem ist entscheidend, daß die Handlung nicht zum Beweis der Substanz, sondern der Substantialität in Anspruch genommen wird. Was dies betrifft, so ist die Formulierung, derzufolge der »sichere Schluß«, das erste Subjekt der Kausalität könne nicht entstehen und vergehen, auf den »Begriff einer Substanz in der Erscheinung ausläuft«, irreführend; die Substanz in der Erscheinung ist immer nur im Schema der Beharrlichkeit und demnach relativ erfahrbar. Um eine solche relative Beharrlichkeit geht es jedoch gerade nicht mehr, wo die Handlung als erstes Subjekt ins Spiel kommt. Erstes Subjekt kann die Handlung nur sein, wenn das Handelnde als schlechterdings Beständiges gedacht werden kann. Bevor dies diskutiert werden kann, bleibt jedoch festzuhalten: die Substantialität der Handlung ist nicht mehr empirisch zu erkennen, denn empirische Erkenntnis von Substanzen ist immer nur die Erkenntnis relativer Beharrlichkeit. Daß die Handlung ein empirisches Kriterium für Substantialität sein soll, kann dann auch nicht heißen, die Handlung sei Erscheinung dieser Substantialität; gemeint sein muß vielmehr, daß etwas, was wir empirisch erkennen, nur dann »Handlung« genannt werden kann, wenn seine selbst nicht mehr empirisch erkennbare Substantialität vorausgesetzt wird. Kants Rede von einem empirischen Kriterium wäre dann entsprechend zu interpretieren als Hinweis auf ein Kriterium für die empirische Erkenntnis, und dies wiederum würde bedeuten, der Begriff der Handlung unterstehe einer nichtempirischen Bedingung und könne auch nur deshalb empirisch verwendet werden. Die nichtempirische Bedingung des Begriffs der Handlung aber ist die transzendentale Idee der Freiheit.

Die Idee der Freiheit wird in der »Kritik der reinen Vernunft« eingeführt, um den Grundsatz der Kausalität zu vervollständigen. Sie verhält sich zu diesem allein schon deshalb »antinomisch«, weil der Grundsatz der Kausalität eine allgemeine Regel ausdrückt, die zumindest auf den ersten Blick einer solchen Vervollständigung gar nicht bedürfen kann. Die Auflösung der Antinomie besteht dann darin, daß plausibel gemacht wird, inwiefern die Notwendigkeit einer Vervollständigung der Allgemeinheit des Kausalgesetzes nicht widerstreitet. Kant begründet die Notwendigkeit einer Vervollständigung des Kausalgesetzes, indem er zeigt, daß gerade ohne eine solche die Behauptung einer allgemeinen Kausalität sich selbst in ihrer »unbeschränkten Allgemeinheit« (*KrV*, B474/A446) widerspricht. Der Grundsatz der Kausalität behauptet ja eine eine allgemeine Kausalität »nach Gesetzen der Natur« (*KrV*, B473/A445), und »Natur« ist »der Inbegriff der Gegenstände der Erfahrung« (*KrV*, B XIX), d. h. der Inbegriff »aller Erscheinungen« (*KrV*, B163/A114). Demzufolge könnte nach den Gesetzen der Natur Kausalität immer nur als Wirkung einer Erscheinung auf eine andere gedacht werden; alles aber, was erscheint, erscheint in der Zeit, oder, wenn es beharrlich ist, als »Substratum aller Zeitbestimmungen« (*KrV*, B227/A183), als dasjenige also, was »zu aller Zeit« (*KrV*, B228/A185) als existent vorausgesetzt wird. Eine Ursache kann dieses Substrat jedoch nicht sein, denn wenn es zu aller Zeit als existierend gedacht werden muß, kann es nicht derart früher als ein anderes sein, daß es diesem seine Zeitstelle anweist. Das Substrat der Zeitbestimmung unterliegt selbst keiner Zeitbestimmung und kann deshalb auch für die Zeitordnung nicht konstitutiv sein. Als dem Erwirkten gegenüber früher ist die Ursache also nur als ein »voriger Zustand« zu denken, und d. h. als die Art einer Substanz zu existieren – als Akzidenz: Alles, was geschieht, setzt einen »vorigen Zustand« (*KrV*, B473/A445) voraus, und dieser vorige Zustand muß etwas sein, »was geschehen ist (in der Zeit geworden, da es vorher nicht war)« (*KrV*, B473/A445). Wäre dieser vorige Zustand nicht – als Veränderung eines Subjekts vom Nichthandeln zum Handeln – geworden, so könnte auch »seine Folge ... nicht allererst entstanden« sein, sondern wäre »immer gewesen« (*KrV*, B473/A445). Als »etwas *Geschehenes*« (*KrV*, B473/A445) setzt aber der vorige Zustand »nach dem Gesetze der Natur wiederum einen vorigen Zustand« voraus, »dieser aber eben so einen noch älteren ... u. s. w.« (*KrV*, B473/A445). Kausalität nach dem Naturgesetz ist immer nur eine Kette von Akzidenzen, und deshalb gibt es dem Naturgesetz zufolge »jederzeit nur einen subalternen, niemals aber einen ersten Anfang, und also überhaupt keine Vollständigkeit der Reihe auf der Seite der voneinander abstammenden Ursachen« (*KrV*, B473f./A445f.). Deshalb bedarf der Gedanke der Kausalität als eines Naturgesetzes der Vervollständigung durch den Gedanken der Freiheit: Es »muß eine Kausalität angenommen werden, durch welche etwas geschieht, ohne daß die Ursache davon noch weiter, durch eine andere vorhergehende Ursache, nach notwendigen Gesetzen bestimmt sei, d. i. eine *absolute Spontaneität* der Ursachen, eine Reihe von Erscheinungen, die nach Naturgesetzen läuft, *von selbst* anzufangen, mithin transzendentale Freiheit, ohne welche selbst im Laufe der Natur die Reihenfolge der Erscheinungen auf der Seite der Ursachen niemals vollständig ist« (*KrV*, B474/A446). So wie Kant das Problem hier darstellt, kann der Eindruck entstehen, als ob die genannte Vervollständigung darin bestünde, als den Anfang einer Kette von Ursachen eine Ursache anzusetzen, die darin letzte Ursache ist, daß sie nicht wieder als geworden gedacht und auf eine frühere zurückgeführt werden kann. Allein, dies ist nicht gemeint und kann auch gar nicht gemeint sein, wenn der Gedanke konsistent bleiben soll. Eine solche Ursache, die einer Kette von erscheinenden Ursachen vorausgesetzt ist, kann nicht früher als diese im Sinne einer Zeitreihe sein, denn sobald sie durch den relationalen Ausdruck »früher« den ihr folgenden Ursachen zugeordnet wird, hindert auch nichts daran, ihr ebenfalls durch den Ausdruck »später« eine Stelle in der Zeitreihe zuzuweisen: sie bliebe in die Zeitreihe eingeordnet und wäre selbst nur Akzidenz, weil ihre Stelle in der Zeitreihe nach dem Grundsatz der Wechselwirkung von anderem bestimmt wäre. Dieses mögliche Mißverständnis wird denn auch in der »Anmerkung zur dritten Antinomie« ausdrücklich behoben. Es ist, wie Kant hier sagt, überhaupt nicht von einem »absolut ersten Anfange der Zeit nach, sondern der Kausalität nach« (*KrV*, B478/A450) die Rede, d. h. es geht nicht darum, eine bestimmte Stelle als den Anfang der Zeitreihe hervorzuheben, was wegen der Unendlichkeit der Zeitreihe unmöglich wäre, sondern darum, eine Ursache zu denken, *die nichts als Ursache, mithin etwas schlechterdings Beständiges ist*. Selbst wenn dieses schlechterdings Beständige unerkennbar ist, muß es doch gedacht werden, wenn von einem Anfang überhaupt die Rede sein soll. Deshalb kann man sagen, daß, sobald wir etwas als Erscheinung Erkanntes einen Anfang, oder was dasselbe ist, das Subjekt einer Handlung und damit eine Ursache nennen, wir es als schlechterdings Beständiges denken, wenngleich es nur akzidenziell erkannt werden kann. Kants Formulierung vom »subalternen Anfang«

112

ist hier durchaus mißverständlich: Es kann im strikten Sinn gar keine subalternen Anfänge geben, sondern nur Erscheinungen, die wir als Anfänge denken, ohne sie jedoch positiv als solche bestimmen zu können. Jede Behauptung eines Kausalverhältnisses in der Natur setzt ein schlechterdings Beständiges voraus, weil ohne dieses von keinem Anfang und also auch von keiner Handlung die Rede sein könnte. *In diesem schlechterdings beständigen Anfang besteht Freiheit.* Da es jedoch nichts gibt, was als ein solcher Anfang erkannt werden könnte, ist Freiheit eine »reine transzendentale Idee« (*KrV*, B561/A533), ein »notwendiger Vernunftbegriff«, »dem kein kongruierender Gegenstand in den Sinnen gegeben werden kann« (*KrV*, B383/A327). Nichts, was »in den Sinnen« gegeben ist, kann jemals im strikten Sinne Anfang einer Veränderung sein, und deshalb muß dem, der auf die Idee der Freiheit verzichten will, »selbst die Möglichkeit einer Veränderung überhaupt ... anstößig werden« (*KrV*, B479/A451). An diesem Satz wird der Stellenwert der Freiheitsidee im Gedankenzusammenhang Kants besonders deutlich: Die Idee der Freiheit ermöglicht es, von »Veränderung«, »Anfang«, »Handlung« und damit von Kausalität überhaupt sinnvoll zu reden. Freiheit ist kein Begriff, »dadurch überhaupt ein Gegenstand gedacht wird« (*KrV*, B146), mithin keine Kategorie im Kantischen Sinne einer »Gedankenform« (*KrV*, B150), in der das Mannigfache der Anschauung auf je bestimmte und unhintergehbare Weise synthetisiert wird, sodaß alle Urteile über partikulare Gegenstände unter mindestens eine dieser Gedankenformen subsumiert werden können. Als transzendentale Idee ist Freiheit vielmehr eine »bis zum Unbedingten erweiterte« (*KrV*, B436/A409) Kategorie, und zwar die bis zum Unbedingten erweiterte Kategorie der Kausalität; in der Idee der Freiheit ist die letzte, also selbst unbedingte, Bedingung für die Gedankenform der Kausalität gedacht, und das wiederum läßt sich interpretieren, indem man sagt: Wir müssen auf den Ausdruck »Freiheit« oder einen ihm gleichbedeutenden wie »Spontaneität« rekurrieren, wenn wir sagen wollen, was wir meinen, wenn wir etwas den Anfang einer Veränderung nennen. Diese Interpretation wird aber dem, was Kant als die transzendentale Idee der Freiheit denkt, nicht wirklich gerecht, weil sie eine viel schwächere These behautet als Kant sie vertritt. In ihr ist der Gedanke, Freiheit sei schlechterdings beständiger Anfang, nicht berücksichtigt, und dieser Gedanke bildet erst den Kern des Kantischen Verständnisses von Freiheit. Darin, daß Kant Freiheit und Substantialität zusammendenkt, geht er über die schwache Interpretation von Freiheit hinaus. Dieser zufolge ist »Freiheit« zwar auch ein Ausdruck mit transzendentaler Bedeutung, wenn solche

Ausdrücke dadurch charakterisiert sind, daß man mit ihnen nicht auf Gegenstände referiert, sondern Ausdrücke erläutert, die man bei der Rede über Gegenstände verwendet. Weil dies jedoch den Zusammenhang von Freiheit und Substantialität außer acht läßt, deckt es sich nicht mit Kants Konzeption von Freiheit als transzendentaler Idee.

Daß Kant Freiheit und Substantialität zusammendenkt, heißt nicht, daß er Freiheit und Substantialität einfach identifiziert. Kant erwägt vielmehr ausdrücklich, ob das Substantiale »eine Idee der transzendentalen Vernunft« sein könne, und kommt zu dem Ergebnis: »Allein, da dieses <das Substantiale/G. F.> nichts anderes bedeutet, als den Begriff vom Gegenstande überhaupt, welcher subsistiert, sofern man an ihm bloß das transzendentale Subjekt ohne alle Prädikate denkt, hier aber <wo es um die transzendentale Idee geht/G. F.> nur die Rede vom Unbedingten in der Reihe der Erscheinungen ist, so ist klar, daß das Substantiale kein Glied in derselben ausmachen könne.« (*KrV*, B441/A414). Was Kant hier meint, läßt sich verdeutlichen, wenn man sich noch einmal vergegenwärtigt, in welcher Weise die Naturkausalität durch die Idee der Freiheit vervollständigt wird. Die erscheinenden Ursachen, oder genauer: die Erscheinungen, sofern sie als Ursachen gedacht werden, machen insofern eine Reihe aus, als jede von ihnen durch die vorhergehende bedingt ist; diese Bedingtheit, wie sie bereits in der für Kausalverhältnisse charakteristischen Unumkehrbarkeit der Apprehensionen erfahren wird, führt auf die Frage nach einer letzten Bedingung, die, indem sie das jeweils Vorausgehende überhaupt als Ursache zu denken erlaubt, die Reihe vervollständigt. Das Verhältnis der Erscheinungen zueinander muß also bereits als ein Bedingungsverhältnis erfahren werden, damit sich die Frage nach einer letzten Bedingung überhaupt stellen kann. Dies ist aber nicht der Fall, sofern Erscheinungen als Erscheinungen von etwas durch dieses »etwas« als dem Substantialen bedingt sind; hier ist von keinem Bedingungsverhältnis zwischen Erscheinungen die Rede, und entsprechend resümiert Kant: »Es bleibt also nur die Kategorie der Kausalität übrig, welche eine Reihe von Ursachen zu einer gegebenen Wirkung darbietet, in welcher man von der letzteren, als dem Bedingten, zu jenen, als Bedingungen, aufsteigen und der Vernunftfrage antworten kann.« (*KrV*, B441f./A414) Das Substantiale allein ist zwar keine transzendentale Idee, aber die transzendentale Idee der Freiheit ist nichts anderes als der Gedanke des Substantialen als einer Ursache; auf diesen Gedanken führt der Grundsatz des Kausalverhältnisses hin, weil das Wirkende letztlich nicht akzidentiell sein kann, denn sofern es akzidentiell ist, kommt es immer nur als ein Erwirktes in den Blick.

114

Das Substantiale, das in der transzendentalen Idee der Freiheit als Ursache gedacht wird, ist »Gegenstand überhaupt« und also das Ding an sich. In der Konzeption der Freiheit als einer transzendentalen Idee wird die Ursächlichkeit, die das Ding an sich im Hinblick auf die Erscheinungen allein schon dadurch hat, daß es der Grund der Erscheinungen ist, mit dem Gedanken einer Kausalreihe von Erscheinungen kombiniert. Diese Kombination ist nichts weniger als äußerlich und beliebig: von einer Kausalreihe von Erscheinungen kann schließlich immer nur die Rede sein, sofern diese Erscheinungen bereits als Erscheinungen von etwas aufgefaßt sind, und so gesehen ist der Gegenstandsbezug von Kausalaussagen letztlich dadurch garantiert, daß das Ding an sich Ursache ist.

Wenn der Ursachecharakter eines Dinges an sich, also Freiheit, die letzte Bedingung für die Gegenstandsbezogenheit von Kausalaussagen ist, so ist auch klar, inwiefern weder die Wirklichkeit noch die Möglichkeit von Freiheit bewiesen werden kann. »Wirklichkeit« und »Möglichkeit« setzen als Modalkategorien eben jene Gegenstandsbezogenheit bereits voraus. Das wird besonders deutlich, wo Kant den höchsten Begriff, »von dem man eine Transzendentalphilosophie anzufangen pflegt«, behandelt und als diesen Begriff »die Einteilung in das Mögliche und Unmögliche« (KrV, B346/A290) bezeichnet. Diese Einteilung kann jedoch ohne den Gedanken eines Dings an sich nicht vollzogen werden: »Da ... alle Einteilung einen eingeteilten Begriff voraussetzt, so muß noch ein höherer angegeben werden, und dieser ist der Begriff von einem Gegenstande überhaupt (problematisch genommen, und unausgemacht, ob er etwas oder nichts sei)« (KrV, B346/A290). Daß dieser Begriff nur »problematisch« genommen werden kann, heißt, daß er »für uns leer« bleibt und zu nichts dient, »als die Grenzen unserer sinnlichen Erkenntnis zu bezeichnen, und einen Raum übrig zu lassen, den wir weder durch mögliche Erfahrung, noch durch den reinen Verstand ausfüllen können« (KrV, B345/A288f.). Diese Grenzen der sinnlichen Erkenntnis dürfen entsprechend der Unterscheidung zwischen »Grenze« und »Schranke«, wie Kant sie in den »Prolegomena« vornimmt, nicht nur negativ gefaßt werden; während alle Schranken »bloße Negationen« enthalten, ist »in allen Grenzen ... auch etwas Positives«, und dieses positive Moment der Grenze besteht darin, daß sie »eine wirkliche Verknüpfung des Bekannten mit einem völlig Unbekannten«[8] ist. Indem in der transzen-

8 *Prolegomena* A170.

dentalen Idee der Freiheit das Ding an sich als Ursache mit einer erscheinenden Wirkung verbunden wird, markiert diese Idee eine solche Grenze. Indem diese Grenze gedacht wird, werden die Bedingungen, die Bedingungen der sinnlichen Erkenntnis nur in ihrer Sinnlichkeit sind, überschritten, und hier erreicht die kantische Konzeption der Freiheit ebenso ihren Gipfelpunkt wie sie in eine Aporie gerät. Weil nach Kants Lehre das Ding an sich »dasjenige an einem Gegenstand der Sinne« ist, »was selbst nicht Erscheinung« und darin »intelligibel« ist (*KrV*, B566/A538), kann es auch unter keinen Zeitbedingungen stehen, »denn die Zeit ist nur die Bedingung der Erscheinungen, nicht aber der Dinge an sich selbst« (*KrV*, B567/A539). Würde man die zeitliche Bestimmtheit des Dings an sich im Sinne der Zeitreihe unterstellen, so könnte man es nicht mehr als den schlechterdings beständigen Anfang denken. Andererseits aber liegt in der Zeitlosigkeit des Dings an sich, daß er gar nicht mehr als Anfang einer Handlung begriffen werden kann: In ihm als dem »handelnden Subjekt«, so sagt Kant, »würde keine Handlung entstehen, oder vergehen« (*KrV*, B567/A539). Damit ist sicher auch gemeint, daß das Ding an sich nicht seinerseits durch ein anderes verändert werden kann. Aber der Gedanke von der Zeitlosigkeit des handelnden Subjekts hat noch weitere Konsequenzen. Wenn nämlich Handlungen dadurch bestimmt sind, in der Zeit zu sein, dann ist eine *ursprüngliche Handlung* (*KrV*, B572/A544) gar nicht möglich; das Subjekt kann in seiner Intelligibilität gar nicht handeln, sondern lediglich »Ursache jener Handlungen als Erscheinungen« (*KrV*, B567/A539) sein, und so gesehen sind die Handlungen selbst wiederum nur Erwirktes. Weil Kant »Anfang« als schlechterdings beständigen und diese Beständigkeit als Zeitlosigkeit denkt, verfehlt er, worum es letztlich geht, nämlich die Bedingung dafür anzugeben, daß wir von Handlungen überhaupt sinnvoll reden können.

Diese Aporie ist letztlich zurückführbar auf die Unterscheidung von Ding an sich und Erscheinung und den Gedanken, daß beide in einem Verhältnis zueinander stehen. Wenn es vertretbar ist zu sagen, daß wir die Dinge, wie sie »an sich« sind, nicht erkennen können, weil unsere Erkenntnis immer durch unsere Erkenntnisvermögen präformiert ist, ist es doch unplausibel, das Ding an sich und seine Erscheinungen entsprechend einem Kausalverhältnis einander zuzuordnen. Während Kant den Gedanken von der Präformiertheit der Erkenntnisse und ihrer daraus folgenden Relativität mit anderen Positionen, etwa dem Empirismus Lockes oder Russells, teilt[9], ist der Gedanke, das Ding an

9 Vgl. dazu Strawson (1966), 38 ff.

sich sei Ursache der Erscheinungen, spezifisch für seine eigene Konzeption. Indem Kant das behauptet, verläßt er zugleich den Boden der Einsicht, Erscheinungen seien Erscheinungen von etwas. Dieser Einsicht folgend muß man das Erscheinende eben als jenes »etwas« denken, und dann könnte man die Relativität von Erkenntnissen zugestehen und ebenso mit Recht behaupten, daß das, was wir erkennen, die Dinge sind. Wird demgegenüber das Ding an sich zur Ursache der Erscheinungen, so sind beide auseinandergerissen, ohne daß, weil ja nur Erscheinungen in der Zeit sind, noch deutlich werden könnte, wie das Verursachen von Dingen an sich zu denken ist. Damit ist zugleich unverständlich, was es heißen soll, wenn Kant die Dinge an sich als »handelnde Subjekte« bezeichnet.

Auf der Prämisse, Dinge an sich seien Ursachen und damit als solche handelnde Subjekte, baut auch Kants Theorie des freien, spezifisch menschlichen Handelns auf. »Es ist überaus merkwürdig«, so schreibt Kant, »daß auf diese transzendentale Idee der Freiheit sich der praktische Begriff derselben gründe, und jene in dieser das eigentliche Moment der Schwierigkeiten ausmache, welche die Frage über ihre Möglichkeit von jeher umgeben haben« (*KrV*, B561/A533), und merkwürdig ist dies in der Tat, wenn man sich vergegenwärtigt, auf welche Probleme Kant bei der Erörterung des praktischen Begriffes der Freiheit stößt. Auf diesen Begriff hin führt der Gedanke, daß der Mensch »die ganze Natur sonst lediglich nur durch Sinne kennt«, von sich selbst aber ein Wissen »durch bloße Apperzeption« hat, »und zwar in Handlungen und inneren Bestimmungen, die er gar nicht zum Eindrucke der Sinne zählen kann«; so ist er »sich selbst freilich eines Teils Phänomen, anderen Teils aber, nämlich in Ansehung gewisser Vermögen, ein bloß intelligibeler Gegenstand, weil die Handlung desselben gar nicht zur Rezeptivität der Sinnlichkeit gezählt werden kann« (*KrV*, B574f./A546f.). Die Vermögen, im Hinblick auf welche der Mensch ein intelligibler Gegenstand ist, sind Verstand und Vernunft, und »vornehmlich wird die letztere ganz eigentlich und vorzüglicher Weise von allen empirischbedingten Kräften unterschieden, da sie ihre Gegenstände bloß nach Ideen erwägt und den Verstand darnach bestimmt, der denn von seinen (zwar auch reinen) Begriffen einen empirischen Gebrauch macht« (*KrV*, B575/A547). Die Frage, ob das Wissen von unbedingten und demnach zeitlosen Ideen auch selbst unbedingt und zeitlos sein muß, braucht hier ebensowenig diskutiert zu werden wie das Problem, ob Kants Gedanke der »bloßen Apperzeption« eine plausible Theorie des Selbstbewußtseins ermöglicht oder nicht. Wichtig ist nur festzuhalten, daß die Vernunft ein intelligibler Gegenstand ist, weil sie ohne

»Rezeptivität«, und d. h.: ohne durch eine andere Ursache verändert werden zu können, handelt. Der Mensch ist also unter der Voraussetzung, daß Freiheit als Kausalität des Dinges an sich begriffen werden kann, frei, sofern Vernunft Kausalität hat. Diese Kausalität der Vernunft erläutert Kant, indem er sagt: »Daß die Vernunft nun Kausalität habe, wenigstens wir uns eine dergleichen an ihr vorstellen, ist aus den *Imperativen* klar, welche wir in allem Praktischen den ausübenden Kräften als Regeln aufgeben. Das *Sollen* drückt eine Art von Notwendigkeit und Verknüpfung mit Gründen aus, die in der ganzen Natur sonst nicht vorkommt. Der Verstand kann von dieser nur erkennen, was da ist, oder gewesen ist, oder sein wird. Es ist unmöglich, daß etwas darin anders sein soll, als es in allen diesen Zeitverhältnissen in der Tat ist, ja das Sollen, wenn man bloß den Lauf der Natur vor Augen hat, hat ganz und gar keine Bedeutung.« (*KrV*, B575/A547)

Am Sollen läßt sich, wie Kant denkt, eine Kausalität der Vernunft im Bereich der Erscheinungen plausibel machen, weil mit Sätzen von der Art »Du sollst A tun« die Verbindlichkeit einer Handlung A zu verstehen gegeben wird. Diese Verbindlichkeit kann nun so sein, daß sie nicht nur zu einer bestimmten Zeit, sondern »immer« besteht; es kann, anders gesagt, sein, daß eine Handlung wegen einer notwendigen und allgemein einsehbaren Begründung anderen Handlungen vorzuziehen ist, und wenn Kant von einer Kausalität der Vernunft spricht, meint er genau dies: die Vernunft ist dann und nur dann Ursache einer erscheinenden Handlung als ihrer Wirkung, wenn die Handlung durch nichts anderes als eine notwendige und d. h.: zeitunabhängige Begründung motiviert ist. Weil sich das keiner Handlung ansehen läßt, kann man allerdings von keiner Handlung eigentlich sagen, sie sei »frei«, und auch Kant selbst würde das nicht behaupten. Die Handlung ist für ihn nämlich durch den »inneren Sinn« bedingt, und dieser ist das Vermögen des Gemütes, »sich selbst, oder seinen inneren Zustand« (*KrV*, B37/A22) anzuschauen. Was den inneren Sinn affiziert, sind jedoch nicht die Erscheinungen, sondern die Operationen des Denkens. Demnach ist die jeweilige »Sinnesart«, oder wie Kant auch sagt, der »empirische Charakter«, durch die »Denkungsart«, den »intelligiblen Charakter«, bestimmt. Die Denkungsart aber »kennen wir ... nicht, sondern bezeichnen sie durch Erscheinungen, welche eigentlich nur die Sinnesart (empirischen Charakter) unmittelbar zu erkennen geben« (*KrV*, B579/A551). Als die Erscheinungen, welche in der Sinnesart zu erkennen gegeben werden, wird man den Habitus eines Menschen im weitesten Sinne zu verstehen haben und nicht etwa seine Handlungen. Handlungen sind kein unmittelbarer Ausdruck der Sinnesart, sondern

Wirkungen, deren Ursachen im inneren Sinn vorhergehen. Nur durch diesen Gedanken kann Kant auch vermeiden, daß das Denken zu einer Ursache in der Zeit wird. »Die Handlung«, so schreibt er, »so fern sie der Denkungsart, als ihrer Ursache, beizumessen ist, erfolgt dennoch daraus gar nicht nach empirischen Gesetzen, d. i. so, daß die Bedingungen der reinen Vernunft, sondern nur so, daß deren Wirkungen in der Erscheinung des inneren Sinnes vorhergehen. Die reine Vernunft, als ein bloß intelligibles Vermögen, ist der Zeitform, und mithin auch den Bedingungen der Zeitfolge, nicht unterworfen« (KrV, B579/ A551). Mit diesem Satz wird auch klar, wie das Erscheinende, sofern es durch Vernunft erwirkt wird, zu verstehen ist: es besteht nicht in den Handlungen, sondern im inneren Sinn, im empirischen Charakter selbst. In ihm erscheint eine Handlung als gesollte, aber ob eine Handlung dann auch wegen ihrer Verbindlichkeit ausgeführt wird oder ob der Handelnde auch noch durch andere Faktoren zum Handeln bestimmt wird, läßt sich niemals sagen: »Unsere Zurechnungen können nur auf den empirischen Charakter bezogen werden. Wie viel aber davon reine Wirkung der Freiheit, wie viel der bloßen Natur und dem unverschuldeten Fehler des Temperaments, oder dessen glücklicher Beschaffenheit (merito fortunae) zuzuschreiben sei, kann niemand ergründen, und daher auch nicht nach völliger Gerechtigkeit richten.« (KrV, B579/A551; Anm.) Daraus könnte man nun schließen, daß aufgrund der Zurechnung einer Handlung zum empirischen Charakter niemand für das, was er tut, verantwortlich zu machen ist; es bleibt ja im Hinblick auf den empirischen Charakter völlig unausgemacht, was ihn letztlich zum Handeln bestimmt hat. Wenn Kant dennoch an der Verantwortlichkeit des Handelnden festhält, so hat das seinen Grund darin, daß der empirische Charakter niemals als völlig unfrei gedacht werden kann. Das will Kant an einem Beispiel deutlich machen. Wenn jemand lügt, so wird man ihn nicht für diese Handlung verantwortlich machen können, indem man die Handlung »ihren Bewegursachen nach, woraus sie entstanden, untersucht« (KrV, B582/554), denn diese sind Bedingungen, die zum größten Teil im Augenblick des Handelns nicht in der Gewalt des Handelnden liegen; seine schlechte Erziehung etwa kann er im Moment des Handelns selbst nicht ändern. Aber ob »man nun gleich die Handlung dadurch <durch solche Bewegursachen /G. F.> bestimmt zu sein glaubt: so tadelt man nichts destoweniger den Täter« (KrV, B582f./554f.): »Dieser Tadel gründet sich auf ein Gesetz der Vernunft, wobei man diese als eine Ursache ansieht, welche das Verhalten des Menschen, unangesehen aller genannten empirischen Bedingungen, anders habe bestimmen können und sollen. Und zwar siehet man die Kausalität der Vernunft nicht etwa bloß wie Konkurrenz, sondern an sich selbst als vollständig an, wenn gleich die sinnlichen Triebfedern gar nicht dafür, sondern wohl gar dawider wären; die Handlung wird seinem intelligibelen Charakter beigemessen, er hat jetzt, in dem Augenblicke, da er lügt, gänzlich Schuld; mithin war die Vernunft, unerachtet aller empirischen Bedingungen der Tat, völlig frei, und ihrer Unterlassung ist diese gänzlich beizumessen.« (*KrV*, B583/A555) Es ist zunächst verwunderlich, daß Kant hier sagt, die Handlung sei dem intelligiblen Charakter zuzurechnen, während er doch kurz vorher behauptet, alle Zurechnungen gingen immer nur auf dem empirischen Charakter. Das ist jedoch dann kein Widerspruch, wenn der empirische Charakter zwar nicht ausschließlich, aber doch notwendigerweise auch Erscheinung des intelligiblen ist, und daß er dies ist, behauptet Kant, wenn er den Tadel an der Lüge auf ein »Gesetz der Vernunft« zurückführt. Dieses Gesetz ist natürlich das Sittengesetz, das im empirischen Charakter in der Form des kategorischen Imperativs erscheint. Jeder empirische Charakter untersteht dem kategorischen Imperativ, und nur im Hinblick auf diesen kann, wie Kant denkt, auch gesagt werden, jemand habe anders handeln sollen als er tatsächlich gehandelt hat. Dann aber liegt das Kriterium für die Freiheit des Handelnden nicht bereits in der Abwesenheit von Zwang, ja, noch nicht einmal darin, daß er imstande sein muß, irgendwelche Gründe für sein Handeln zu artikulieren und entsprechend auch die an ihn herangetragenen Begründungen für den Vorzug einer Handlung gegenüber anderen Handlungen nachzuvollziehen. Solche Begründungen, wie sie in Klugheitsregeln formuliert sind, sind immer relativ, weil sie von Bedingungen abhängen, über die der Handelnde in der jeweiligen Handlungssituation nicht verfügen kann. Daß Kant die Zurechenbarkeit von Handlungen und mit ihr auch die Freiheit des Handelnden ausschließlich vom im empirischen Charakter erscheinenden Sittengesetz abhängig macht, wird auch an einer Reflexion aus dem Nachlaß deutlich; hier heißt es: »Ob wir eine Erfahrung haben, daß wir frei sind? Nein! Denn sonst müßten wir von allen Menschen erfahren, daß sie dem größten stimulo widerstehen können. Dagegen sagt das moralische Gesetz: sie sollen widerstehen, folglich müssen sie es können.« (*Refl.* 5434) Diesen Sätzen zufolge läßt sich der Anspruch des kategorischen Imperativs, dem man untersteht, zwar niemals in dem Sinne einlösen, daß man eine Handlung definitiv als »moralisch« qualifizieren könnte; andererseits aber wäre es sinnlos, so etwas wie ein Sittengesetz überhaupt zu denken, wenn es unmöglich wäre, ihm zu entsprechen. Die hier alles entscheidende Frage ist allerdings, wie man ein solches »entsprechen« zu begreifen hat. Ohne auf die einzelnen Formeln des kategorischen Imperativs einzugehen, kann man doch sagen, daß der kategorische Imperativ die Forderung artikuliert, nur solches zu wollen, was von allen gewollt werden kann, und nichts zu wollen, was, wenn alle es wollten, nicht mehr realisierbar ist. Was das heißt, läßt sich an der Lüge besonders gut deutlich machen, und deswegen greift auch Kant selbst immer wieder auf dieses Beispiel zurück: Wer lügt, muß nicht nur voraussetzen, daß die Anderen im allgemeinen die Wahrheit sagen, sondern auch, daß sie das, was er sagt, für wahr halten. Der Lügner kann also im Interesse an seiner Lüge gar nicht wollen, daß alle lügen, und das weist darauf hin, daß er sich nicht im Sinne einer Erhaltung von wünschbaren und für Alle möglichen Handlungen verhält.[10] Sofern die Erhaltung von Handlungsmöglichkeiten eine notwendige und von jedem Handelnden einsehbare Forderung ist, kann man auch unterstellen, daß sich niemand dieser Forderung entziehen kann. In diesem Sinne läßt sich dann auch mit Kant sagen, die Vernunft sei »die beharrliche Bedingung aller willkürlichen Handlungen, unter denen der Mensch erscheint« (*KrV*, B581/A553). Indem Kant von einer »beharrlichen« Bedingung spricht, berücksichtigt er den Umstand, daß die Zurechnung von Handlungen immer nur im Hinblick auf den empirischen Charakter erfolgt. Die Beharrlichkeit ist hier die Weise, in der erfahren wird, daß die Vernunft »allen Handlungen des Menschen in allen Zeitumständen gegenwärtig und einerlei« (*KrV*, B584/A556) ist. Ist aber die Vernunft in der Form des kategorischen Imperativs *allen* Handlungen gegenwärtig, so würde die Frage nach einer Kausalität der Vernunft obsolet, wenn Kant nicht versuchen würde, die Befolgung des kategorischen Imperativs selbst wieder als ein Handeln zu deuten. Diese Deutung aber ist für den Gedanken einer Freiheit des Handelnden nicht notwendig und außerdem unplausibel. Was das erste betrifft, so besteht die Freiheit des Handelnden, wie Kants Interpretation der Lüge zeigt, ja allein bereits darin, daß er dem kategorischen Imperativ untersteht. Und wenn der kategorische Imperativ den Sinn hat, die Erhaltung von Handlungsmöglichkeiten zu gewährleisten, so könnte man sich seine Befolgung schließlich auch als eine bestimmte Weise zu handeln denken und müßte nicht sagen, das moralische Handeln sei ein in besonderer Weise verursachtes. Das Problem der Kantischen Konzeption liegt, anders gesagt, darin, daß eine bestimmte Weise des Handelns *als*

10 Vgl. dazu Figal (1982).

mögliches Motiv für alle denkbaren Handlungen gedacht wird, und nur deshalb kann die Moralität auch in Konkurrenz zu anderen Handlungsmotiven treten. Es ist jedoch nicht einzusehen, weshalb jemand, der seine Handlung nicht nur vollzieht, weil sie moralisch ist, deshalb schon nicht mehr im strikten Sinne moralisch handelt. Warum sollte es nicht möglich sein, im eigenen Interesse und zugleich aus moralischer Einsicht die Wahrheit zu sagen? Kant zufolge müßte man das Interesse an einer Handlung, aufgrund dessen man doch zu dieser Handlung erst gekommen ist, aufgeben, um dann aus einer neuen Motivation moralisch zu handeln. Wenn handelnde Menschen vernünftige Wesen auch darin sind, daß sie die Erhaltung von Handlungsmöglichkeiten zu verantworten haben und sowohl sich selbst als auch sich gegenseitig als frei ansehen, weil diese Verantwortlichkeit nicht auf andere Bedingungen zurückführbar ist — das widerspräche dem Begriff der Verantwortlichkeit —, dann ist es in der Tat »merkwürdig«, daß der Begriff der praktischen Freiheit im Gedanken der Freiheit als der Kausalität eines Dinges an sich gründen soll. Indem er praktische Freiheit als Verantwortlichkeit denkt, geht Kant ein Stück weit über seinen Gedanken hinaus, Freiheit sei als Kausalität zu begreifen, ohne freilich in der Durchführung seiner praktischen Philosophie diesen Gedanken jemals aufzugeben. Eben durch die These, das Handeln sei durch den kategorischen Imperativ selbst motivierbar, bleibt der Gedanke der Verantwortlichkeit an das Kausalitätsmodell gebunden.

Gleichwohl läßt sich verständlich machen, weshalb Kant im Rahmen seiner Konzeption den Gedanken einer spezifischen Kausalität menschlicher Handlungen nicht aufgeben kann. Wenn der Anspruch des Sittengesetzes unabweisbar und zugleich doch niemals mit Gewißheit einzulösen ist, so liegt in ihm eine wesentliche Bestimmung des Handelnden, derer er sich in einzelnen Handlungen niemals versichern kann. Das moralische Gesetz befolgen zu »können« heißt deshalb auch nicht, auf eine Wirklichkeit hin bestimmt zu sein und nur im Erreichen dieser Wirklichkeit das Vermögen zu ihr zu erfüllen. Kants Theorie der praktischen Freiheit ist nicht im Aristotelischen Sinne teleologisch, denn bereits im Anspruch des Sittengesetzes, nicht erst in seiner Erfüllung besteht die Eigengesetzlichkeit menschlichen Handelns.[11] Diese Eigengesetzlichkeit bleibt allerdings für die Handlungen, sofern sie dem Naturgesetz der Kausalität unterliegen, folgenlos, und unterlägen sie diesem Gesetz nicht, so ließe sich im Gedankenzusam-

11 Vgl. dazu Beck (1960), 196 f.

menhang Kants überhaupt nicht verständlich machen, warum durch Handlungen im Bereich der Natur etwas verändert werden kann. Um menschliches Handeln denken zu können, ist Kant demnach in der Tat auf den Gedanken einer Kausalität der Vernunft angewiesen. Soll es nicht unmöglich sein, dem kategorischen Imperativ überhaupt zu entsprechen, muß die Kausalität der Vernunft auch für faktisch vollzogene Handlungen gelten können, und so gesehen ist es wieder einsehbar, daß Kant die praktische Freiheit in der theoretischen, also im Gedanken einer schlechterdings beständigen und darin zeitunabhängigen Ursache begründet. Ohne dies kann nicht gesagt werden, irgendetwas sei Ursache und werde nicht nur aus pragmatischen Gründen dafür angesehen. Weil die transzendentale Idee der Freiheit im Zusammenhang der Kausalitätsproblematik eingeführt wird, bleibt auch die praktische Freiheit an das Modell der Kausalität gebunden.

Reformulierungen der Freiheitskonzeption Kants

Trotz ihrer offensichtlichen Schwierigkeiten hat Kants Theorie der Freiheit auch in den neueren philosophischen Diskussionen des Freiheitsproblems ihre Attraktivität behalten.[12] Im gegenwärtigen Zusammenhang ist dabei weniger von Interesse, welche Bedeutung Kants Begriff der praktischen Freiheit bei der Erörterung ethischer Probleme hat. Von Interesse ist vielmehr der Umstand, daß der Kantische Gedanke, Freiheit sei im Rahmen des Kausalitätsmodells zu begreifen, weitgehend akzeptiert wird, ohne daß die These, Freiheit sei selbst eine Form der Kausalität, noch für plausibel gilt. Behält man das Modell der Kausalität selbst bei und bestreitet diese These, so bleibt nur noch die Möglichkeit zu behaupten, daß Freiheit selbst nicht angemessen in Kausalbegriffen beschrieben werden kann. Diese Behauptung wiederum kann man in einer schwächeren und einer stärkeren Form vertreten, wobei die schwächere Form unter dem Titel des »epistemischen Indeterminismus« bekannt ist, während die stärkere häufig als Debatte über »Gründe versus Ursachen« charakterisiert wird.

Die These des epistemischen Indeterminismus findet sich wohl am prägnantesten ausgedrückt in Wittgensteins Satz: »Die Willensfreiheit besteht darin, daß zukünftige Handlungen jetzt nicht gewußt werden können.«[13] Ohne die subtilen und zum Teil verschlungenen Versuche,

12 Vgl. dazu auch Pothast (1980), 16.
13 *Tractatus logico-philosophicus* 5.1362.

die Plausibilität dieser These zu erweisen,[14] berücksichtigen zu müssen, kann man zu ihrer Erläuterung sagen: Selbst wenn es für einen Handelnden nicht undenkbar ist, daß seine zukünftigen Handlungen durch identifizierbare Faktoren bedingt sind, ist es ihm doch unmöglich, aus dem, was er über seine Lebensumstände, Dispositionen und ähnliches weiß, darauf zu schließen, was er tun wird. Es ist jedoch klar, daß dieser Argumentationen entsprechend nur für den jeweiligen Augenblick der Entscheidung und nur aus der Perspektive des Handelnden das Kausalitätsmodell außer Kraft gesetzt wird. Die Willensfreiheit, wie Wittgenstein sie denkt, beruht auf der für Entscheidungssituationen − und nur für sie − spezifischen Unzugänglichkeit von kausalen Erklärungen für das eigene Handeln, und das macht eine wesentliche Schwierigkeit dieses Gedankens aus: Die kausale Erklärung wäre, nachdem man gehandelt hat, die naheliegende, denn entsprechend der Position des epistemischen Indeterminismus ist das Kausalitätsmodell als solches nicht problematisch. Indem die jeweilige Entscheidungssituation als Ausnahmesituation hinsichtlich der Anwendung kausaler Erklärungen bestimmt ist, wird die Gültigkeit kausaler Erklärungen für alle faktisch vollzogenen Handlungen implizit bestätigt. Mit der These des epistemischen Indeterminismus ist nichts darüber gesagt, ob es auch andere Erklärungen für Handlungen geben kann. Das Selbstverständnis eines Handelnden wäre demzufolge dadurch charakterisiert, daß er eine einmal vollzogene Handlung nie mit überzeugenden Argumenten als eine wirklich gewollte einsichtig machen könnte; er könnte immer nur sagen: »Damals, als ich mich so entschied, wußte ich nicht, welche Faktoren mein Handeln bestimmten, und daß ich dies nicht wußte, ließ mich annehmen, ich hätte eine Wahl. Nun aber sehe ich ein, daß die und die Faktoren mich bestimmten oder daß, wenn man meine Lebensumstände und Dispositionen eingehender untersuchte, man auf die und die Faktoren käme.« Es bleibt mithin unklar, wie ein Handelnder sich seinen vollzogenen Handlungen gegenüber verhalten kann, ohne sich ex post auf den Standpunkt eines unbeteiligten Beobachters zu stellen. Die vollzogene Handlung ist, wie Kant sagen würde, nicht mehr in seiner Gewalt, weil er sich zu ihr immer nur als zu dem Moment eines ihm unverfügbaren Kausalzusammenhangs verhalten kann; er muß mit dem Wechsel der Perspektive die Freiheit des Handelns im nachhinein zugunsten der besseren Einsicht in kausale Faktoren aufgeben.

14 Vgl. etwa Hampshire/Hart (1958), MacKay (1967) und Popper (1966).

Die These des epistemischen Indeterminismus erscheint demnach nicht als geeignet, ein durchgängiges, d. h. auch faktisch vollzogene Handlungen einbegreifendes Selbstverständnis des Handelnden einsichtig zu machen. Um dieser Schwäche zu begegnen, kann man nun ein Kriterium einführen, dementsprechend auch faktisch vollzogene Handlungen nicht nur als Momente eines aus der Beobachterperspektive identifizierbaren Kausalzusammenhangs aufgefaßt werden können. Als ein solches Kriterium erscheint die Begründbarkeit von Handlungen: Erklärt jemand, er habe damals so und so gehandelt, weil er diese Handlung aus welchen Gründen auch immer besser gefunden habe als irgendeine andere, so hat er immer noch die Möglichkeit, sich zu seiner Handlung als einer Handlung zu verhalten. Eine Handlung mit dem Rekurs auf Gründe im nachhinein zu erklären, schließt keinen Perspektivenwechsel ein, wenn dem Handelnden eben diese Gründe in der Entscheidungssituation selbst schon präsent waren. Der Hinweis auf die von den Psychoanalytikern so genannte »Rationalisierung« ist dabei kein grundsätzlicher Einwand. Wenn man zugesteht, daß jemand später andere Gründe für sein Handeln nennen kann als die in der Entscheidungssituation maßgebenden, zwingt das nicht dazu, generell eine Unklarheit von Handelnden in Entscheidungssituationen zu postulieren. Im Zusammenhang alltäglichen Handelns ist es mühsam und vielleicht sogar unmöglich, die Gründe, die jemand für sein Handeln nennt, durchgängig nicht für die wahren zu halten. Der Behauptung, alle Gründe, die zur Erklärung von Handlungen geltend gemacht werden, seien Rationalisierungen im psychoanalytischen Sinne, läßt sich außerdem entgegenhalten, daß mit ihr der therapeutische Anspruch der Psychoanalyse seinen Sinn verliert: eine therapeutische Aufarbeitung verdrängter Handlungsmotive soll ja schließlich dazu führen, daß man über dieselben Klarheit gewinnt, so daß es der in der Therapie erstrebte Normalfall ist, daß jemand wenigstens in der Regel weiß, was er tut.

Die These, daß wir aus Gründen handeln, ist nicht problematisch, weil es unbewußte oder verdrängte Handlungsmotive gibt; sie ist überhaupt nicht problematisch, solange nicht behauptet wird, das Handeln aus Gründen entziehe sich einer Beschreibung in Kausalbegriffen und könne als ein nicht verursachtes und in diesem Sinne freies Handeln begreiflich gemacht werden. Mit dieser Behauptung, wie sie wohl in ihrer differenziertesten Form von A. Kenny vertreten worden ist, wird ein Anspruch erhoben, dessen Fragwürdigkeit man sich an zwei Punkten klarmachen kann. Zum einen nämlich ist die Behauptung, Gründe seien keine Ursachen, selbst dann nicht aufrechtzuerhalten, wenn man zeigen kann, daß es Handlungen gibt, bei denen die Überzeugungen, Wünsche etc., in denen sie ihren Grund haben, nicht in der Weise vorhergehen, daß sie als isolierbare Zustände eines Handelnden vor der Handlung existieren würden; und zum anderen erscheint es schwierig, sich klarzumachen, was es heißt, daß ein Handelnder etwas zustandebringt, ohne auf das kausale Vokabular zurückzugreifen. Was das erste angeht, so ist der Vorbehalt gegen eine Beschreibung von Gründen als Ursachen an einem Typ von Handlungen orientiert, bei denen es unmöglich scheint, die Gründe jeweils separat zu spezifizieren. Wer etwa im Dunkeln eine Treppe hinaufgeht, kann der Überzeugung sein, es gäbe noch eine Stufe, gerade indem er ins Leere tritt. Es muß, anders gesagt, nicht so sein, daß er zuerst die Überzeugung hat und dann, als deren Wirkung, den Schritt tut.[15] Das ist zwar unbestreitbar, schließt aber eine kausale Beschreibung des Zusammenhangs von Überzeugung und Handlung gerade nicht aus, wenn man auf die Kantische Bestimmung des Kausalverhältnisses zurückgreift. Kant behauptet schließlich nicht, die Ursache müsse der Wirkung der *Zeitfolge* nach vorausgehen, sondern nur der *Zeitordnung* nach. Damit ist, wie gezeigt wurde, gemeint, daß von Ursache und Wirkung nur bei der Unumkehrbarkeit zweier Zustände die Rede sein kann. Selbst wenn die Überzeugung, es gäbe noch eine Stufe, dem Schritt ins Leere nicht zeitlich vorhergeht, müssen doch die Überzeugung und die Handlung als unumkehrbar behauptet werden, wenn die Überzeugung als Grund der Handlung gelten soll. Das bringt der Handelnde auch selbst zum Ausdruck, wenn er sein Handeln im nachhinein erklärt, indem er etwa sagt: »Ich dachte, es sei da noch eine Stufe, und deshalb tat ich den Schritt, der dann ins Leere ging.« Damit ist deutlich, daß das Beispiel die Funktion, die es erfüllen soll, gerade nicht erfüllt: daß das Verhältnis von Überzeugungen als Gründen und Handlungen durch die für Kausalverhältnisse charakteristische Unumkehrbarkeit bestimmt ist, deutet eher darauf hin, daß Gründe als Ursachen verstanden werden können. Dafür spricht auch, daß Kenny selbst gezwungen ist, auf kausales Vokabular zurückzugreifen, um zu beschreiben, wie ein Handelnder etwas zustande bringt; dazu heißt es: »Zu sagen, daß ein Handelnder ein gewisses Resultat hervorbrachte, weil er es wünschte, ist gewiß soviel wie etwas über die Verursachung des Resultats zu sagen: Aber nicht, daß die Handlung durch einen bestimmten psychischen Zustand verursacht wurde, sondern daß der Handelnde von bestimmten Typen kausalen

15 Vgl. Kenny (1975), 119.

Einflusses (wie Zwang) frei war. Dafür, daß ein Handelnder φte, weil er es wünschte, genügt es, daß er (a) wissentlich φte, (b) φen wollte, (c) es in seiner Macht stand, zu φen oder nicht zu φen. Man braucht nicht nach einer geheimnisvollen Verbindung zwischen dem Wollen und der Handlung zu suchen.«[16] Sicherlich braucht man nach einer solchen geheimnisvollen Verbindung nicht zu suchen. Aber zu sagen, daß ein Handelnder etwas verursachte, heißt eben nicht nur, daß er von bestimmten Typen kausalen Einflusses frei war; es heißt, zur Beschreibung des Verhältnisses von Grund und Handlung kausales Vokabular zu verwenden, ohne seine Berechtigung weiter aufzuklären. Dies zu tun, würde entweder bedeuten, auf Kants Gedanken einer Kausalität aus Freiheit zurückzugreifen, oder doch wenigstens zu zeigen, daß die Verwendung kausalen Vokabulars keine naturalistische Reduktion von Gründen und Handlungen einschließt.

Letzteres wäre der Fall, wenn Handlungen und Gründe nach Naturgesetzen hinreichend erklärbar wären, indem man etwa zeigt, daß Überzeugungen als psychische Zustände mit physikalisch beschreibbaren Ereignissen identifiziert werden können. Aber es ist keineswegs notwendig und wohl noch nicht einmal plausibel, alle Kausalaussagen als Gesetzesaussagen in dem Sinne zu interpretieren, daß die in ihnen verwendeten Ausdrücke auch in der Formulierung eines entsprechenden Gesetzes auftreten könnten. Dieses Problem ist ausführlich von D. Davidson diskutiert worden. Davidson hat geltend gemacht, daß es singuläre Kausalaussagen gibt, die nur insofern ein Gesetz enthalten, als die in ihnen beschriebenen Ereignisse auch in anderen Beschreibungen erfaßt werden können, die in die Formulierung eines Gesetzes integrierbar sind. Die Erklärungskraft von Kausalaussagen ist jedoch nicht von der Verwendung gesetzeskonformer Beschreibungen abhängig. So kann man durchaus sagen, ein Hurricane habe eine Katastrophe verursacht, ohne ein spezifisches Gesetz suchen zu müssen, das Hurricanes und Katastrophen miteinander verbindet. Ebenso verhält es sich bei Handlungen und ihren Ursachen. Die Beschreibungen, in denen sie uns interessieren, sind nicht derart, daß sie strikte Verallgemeinerungen zulassen, und deshalb erhalten wir durch Kausalaussagen über Handlungen auch keinen Aufschluß darüber, wie Handlungen durch Gründe verursacht sind. Es ist, wie Davidson ausführt, denkbar, daß eine Überzeugung eine Handlung bewirkt, ohne daß der Handelnde aufgrund der Überzeugung etwas absichtlich tut. So kann ein Bergsteiger,

16 Kenny (1975), 120; Übersetzung nach Pothast (1978), 407 f.

der einen anderen am Seil hält, die Überzeugung haben, daß er seine eigene Sicherheit erhöhen könnte, wenn er seinen Griff lockerte, und diese Überzeugung kann ihn so sehr aus der Fassung bringen, daß er seinen Griff tatsächlich lockert, ohne dies doch absichtlich zu tun.[17] Wenn die Verwendung kausalen Vokabulars bei der Beschreibung von Handlungen kein genaues Wissen über die Weise der Verursachung einschließt, so ist mit ihr auch nicht die Behauptung verbunden, Handlungen seien als Ereignisse im Zusammenhang einer Kausalgesetzen unterliegenden Natur wirklich zu begreifen, im Gegenteil: wenn wir Gründe als Ursachen für Handlungen bezeichnen, so deshalb, weil wir keine detaillierten und exakten Gesetze haben, nach denen die Verursachung von Handlungen zu verstehen wäre. Die Verwendung kausalen Vokabulars bei der Beschreibung von Handlungen ist zwar überhaupt unvermeidbar, weil wir solche Gesetze nicht haben, aber doch ein »Deckmantel für Unwissenheit«.[18] Wenn das so ist, braucht man, um von Gründen als Ursachen sprechen zu können, auch keine geheimnisvolle Verbindung zwischen dem Wollen und dem Handeln zu suchen; man kann das, was jemand sagt, um sein Handeln zu erklären, als Ursache seines Handelns akzeptieren oder zumindest davon ausgehen, daß die Ursache grundsätzlich in der Weise, in der jemand sein Handeln begründet, genannt werden kann.

Die Stärke dieser Argumentation ist leicht zu sehen. Wenn man die Verwendung kausalen Vokabulars bei der Beschreibung von Handlungen so rechtfertigt wie Davidson, vermeidet man sowohl eine »Naturalisierung« von Handlungen als auch eine ontologische Kluft zwischen dem menschlichen Handeln und der Natur; man kann bei der Beschreibung menschlicher Handlungen dieselbe Kategorie verwenden wie bei der Beschreibung von physikalischen Ereignissen und hat es deshalb nur mit einer »Welt« zu tun, ohne doch Handlungen nach den Gesetzen dieser »Welt« explizieren zu müssen. Andererseits muß man freilich sehen, daß das Problem, um dessen Lösung es Davidson geht, sich nur aus der Perspektive des unbeteiligten Beobachters stellt, der Handlungen im Zusammenhang der Natur beschreiben will, und das hat Konsequenzen für die Weise, in der hier von Freiheit die Rede sein kann. Begreift man Gründe als Ursachen, so besteht Freiheit darin, ungehindert den jeweiligen Überzeugungen und Wünschen im Handeln Geltung zu verschaffen. Ein Handelnder ist frei, etwas zu tun,

17 Davidson (1980), 79.
18 »A cloak for ignorance«, Davidson (1980), 80.

wenn er wählt es zu tun,[19] und dafür, daß er gewählt hat, ist es ein hinreichendes Kriterium, daß er sagen kann, was er tun wollte. Freiheit besteht darin, was man will oder wünscht, tun zu *können*. Es ist leicht zu sehen, wie Davidson bei seiner Bestimung der »Freiheit zu handeln« auf das Aristotelische ἑκούσιον zurückgreift, und damit ist außerdem klar, daß in seiner Charakterisierung der Freiheit nichts darüber gesagt wird, *wie es ist, frei zu sein.* Wollte ein Handelnder beschreiben, wie er sich selbst als frei versteht, so könnte er darüber hinaus noch nicht einmal auf das kausale Vokabular zurückgreifen. Schließlich weiß man ja nicht, wie Handlungen durch Gründe erwirkt werden. Wenn jemand sagt, er habe aufgrund einer bestimmten Überzeugung so und so gehandelt, so kann er dabei zwar ohne Probleme kausales Vokabular verwenden; im Grunde aber spricht er dabei mehr oder weniger deutlich ein *Wissen* aus oder weist wenigstens auf ein Wissen hin und gebraucht nicht nur eine Beschreibungsform, um kundzutun, die Verbindung seiner Überzeugung mit seiner Handlung sei ihm eigentlich unklar, weil er nicht über die entsprechenden detaillierten und exakten Gesetze verfüge. Die Beschaffenheit des Wissens, das der Handelnde hat, läßt sich offenbar selbst nicht als ein durch die Kategorie der Kausalität bestimmtes fassen. Es besteht nicht darin, daß jemand das, was er tut, mit dem »Haben« eines Wunsches oder einer Überzeugung »verknüpft«, sondern ist vielmehr ein *Wissen, das für den Vollzug des Handelns selbst leitend ist.* Es mag sein, daß Kenny bei seinem Versuch zu zeigen, daß Gründe keine Ursachen sind, ein solches Wissen im Blick hat; was ihn jedoch hindert, die Verschiedenheit dieses Wissens von Zusammenhängen wirklich deutlich zu machen, die unter der Kategorie der Kausalität beschrieben werden können, ist die Annahme, daß ein Handeln aus Gründen kein verursachtes sein kann. Mit dieser These ist jedoch die Tatsache, daß Gründe beim Handeln eine Rolle spielen, bereits wieder in einer Weise formuliert, die einen Rückgriff auf das Kausalmodell nahelegt, weil nicht klar zwischen der Innen- und Außenperspektive des Handelns unterschieden wird. Man muß jedoch gar nicht bestreiten, daß Gründe als Ursachen genommen werden können, wenn man zeigen kann, daß die Kategorie der Kausalität für das spezifische Handlungswissen keinen Erklärungswert hat, und dafür liefert ausgerechnet der »Kausalist« Davidson ein entscheidendes Argument, indem er zeigt, daß kausale Beschreibungen keinen Aufschluß über den Zusammenhang von Überzeugungen und Handlungen geben.

19 Davidson (1980), 71.

Aristoteles, Kant und Heidegger

Das Wissen, das für den Handelnden charakteristisch ist und den Vollzug des Handelns leitet, ist in der Erörterung des Freiheitsproblems, wie sie bisher durchgeführt wurde, nichts Neues. Es ist, aristotelisch gedacht, das in der προαίρεσις ein Streben bestimmende Denken, in der Konzeption Heideggers ist es die in der Bedeutsamkeit gegründete »Umsicht«. Wenn Heidegger nun zeigt, daß der besorgende Umgang mit Zeug immer nur vollzogen werden kann, weil das Zeug für diesen Umgang offen ist, und darin, daß man es mit ihm bei etwas bewenden läßt, die Aufmerksamkeit auf etwas freigesetzt wird, so orientiert er sich zunächst ebenso wie Aristoteles am Verhalten selbst; »frei« ist zwar kein Verhaltensprädikat mehr, aber doch noch ein Prädikat, dessen Bedeutung in einer Analyse des Verhaltens geklärt werden kann. Darin liegt auch der grundsätzliche Unterschied zwischen der Konzeption Heideggers und derjenigen Kants: im Feld dessen, was unmittelbar zu beschreiben ist, läßt sich, wie Kant denkt, so etwas wie Freiheit nicht finden; was sich einer unmittelbaren Beschreibung darbietet, sind für ihn lediglich die Erscheinungen, und diese können, wenn sie im Rahmen des Grundsatzes der Kausalität interpretiert werden, immer nur Erwirktes sein. Weil Heidegger andererseits das Prädikat »frei« nicht mehr als Verhaltensprädikat versteht, bewegt er sich auch in der Nähe Kants. Das Verständnis von »frei« als einem Verhaltensprädikat setzt, wie gezeigt wurde, den Gedanken der Entelechie voraus, und dieser wiederum ist für Heidegger als ontologisches Prinzip nicht mehr akzeptabel, weil Dasein sich in keiner Wirklichkeit als solches erfüllt. Zwar würde Heidegger wohl nicht bestreiten, daß man den Ausdruck »frei« unter pragmatischen Gesichtspunkten auch so verwenden kann, wie Aristoteles den Audruck ἑκούσιον verwendet. Für das Programm der Daseinsanalyse gibt diese Verwendung jedoch zu wenig her und ist streng genommen sogar unangemessen, weil bei ihr die Vollzugsperspektive des Entdeckens und erst recht der Zusammenhang dieses Vollzugs ausgeblendet bleibt. Ebenso wie Kant geht es Heidegger um die Freiheit nicht nur von Verhaltensweisen, sondern um die Freiheit des sich Verhaltenden selbst.

Die Antworten Heideggers und Kants auf die Frage, wie es ist, frei zu sein, unterscheiden sich dabei einerseits erheblich und sind andererseits doch nicht derart, daß man sie nicht aufeinander beziehen könnte. Heideggers Konzeption von Freiheit läßt sich durchaus als eine Umdeutung der Kantischen verstehen, und diese Umdeutung wiederum hat ihre Stärke darin, daß sie ohne die bei Kant problematische Orientierung an der Kausalität auskommt. In einer Vorlesung aus dem Sommersemester 1930 hat Heidegger sich ausführlich mit Kants Konzeption der Freiheit auseinandergesetzt und dabei vor allem diese Orientierung an der Kausalität kritisiert. Heideggers Kritik baut dabei auf der zutreffenden Beobachtung auf, daß Kausalität für Kant ohne Freiheit nicht denkbar ist. Kant hat allerdings, wie Heidegger zu zeigen versucht, den Zusammenhang von Kausalität und Freiheit unter der Voraussetzung der Kausalität als einem Naturgesetz dargestellt und deshalb auch Freiheit als »absolut gedachte Naturkausalität« (*GA* 31,215) mißverstanden. Diese These Heideggers läßt sich durch die hier vorgetragene Interpretation nur bestätigen. Allein dadurch freilich, daß Heidegger nun seinerseits die Freiheit nicht »als eine Art von Kausalität«, sondern die Kausalität als »ein Problem der Freiheit« (*GA* 31,300) begreifen will, scheint er doch die Problemstellung Kants auch wieder zu verfehlen. Nun sieht es so aus, als sollten mit der Kausalität alle Kategorien auf das »Seinsverständnis« im Dasein reduziert werden, und damit wäre dann die Frage Kants, wie es überhaupt möglich ist, in einer durch das Kausalgesetz bestimmten Natur zu handeln, aus dem Blick geraten; Heidegger hätte das Problem, um das es gerade auch in den gegenwärtigen Diskussionen über Freiheit geht, das Problem von »Freiheit und Determinismus« nämlich, schlicht nicht gesehen. »Kausalität«, so sagt er, »ist die Grundkategorie des Seins als Vorhandensein« (*GA* 31,300) und damit »ein Charakter der Gegenständlichkeit der Gegenstände. Gegenstände sind das Seiende, sofern es in der theoretischen Erfahrung als einer solchen des endlichen Menschenwesens zugänglich wird... Seiendes aber kann sich von ihm selbst nur zeigen und gar als Gegenstand nur entgegenstehen, wenn das Erscheinen von Seiendem und somit in erster Linie das, was dergleichen Erscheinung im Grunde ermöglicht, das Seinsverständnis, wenn dieses in sich den Charakter hat des Gegenstehenlassens von etwas.« (*GA* 31,302) »Gegenstehenlassen« ist nun unschwer als ein Ausdruck zu erkennen, der zumindest etwas ähnliches bezeichnet wie »Freigabe« in *SZ*. Und ebenso wie bei der Interpretation der entsprechenden Passagen von *SZ* scheint es auch hier wieder nahezuliegen, an so etwas wie eine Konstitution der Gegenstände aus dem Dasein zu denken. Heidegger hätte dann seine positive Meinung darüber, daß für Kant »die Außenwelt da ist« (*GA* 61,4f.), aufgegeben und sich, was seine eigene Philosophie angeht, doch anders entschieden. Wie das Bewußtsein bei Husserl wäre auch Dasein dadurch charakterisiert, daß es nichts braucht, um zu existieren. So verhält es sich jedoch nicht. Interpretiert man nämlich das »Gegenstehenlassen« analog zum »Bewen-

131

denlassen« als die in bestimmter Weise gedachte Freigabe, und zwar genauer als Freigabe, sofern sie vom theoretischen Erkennen aus gedacht wird, so ist klar, daß es Heidegger auch hier um die Offenheit des Seienden gehen muß. Daß das Seiende »an ihm selbst« offen ist, macht es als Seiendes überhaupt aus, oder im Anschluß an Aristoteles gesagt: offen ist das Seiende, *sofern es Seiendes ist*. Bildet man diesen Gedanken auf die Konzeption Kants ab, so tritt das Seiende in seiner Offenheit an die Stelle des Dings an sich, und darin wiederum verliert der Gedanke des Dings an sich seine Unstimmigkeit. Dieser Gedanke ist ja, wie gezeigt wurde, notwendig, wenn Erscheinungen Erscheinungen von etwas sein sollen; würden wir dieselben Gegenstände, die erscheinen, nicht auch als Dinge an sich denken, so »würde der ungereimte Satz daraus folgen, daß Erscheinung ohne etwas wäre, was da erscheint« (*KrV*, B XXVIf.). Trotz seiner Unerkennbarkeit ist das Ding an sich so freilich als ein bestimmter Gegenstand gedacht, d. h. der Gedanke des Dinges an sich ist in der Orientierung an den erscheinenden und erkennbaren Gegenständen gewonnen, und darin liegt offensichtlich eine Analogisierung, die dem, worum es Kant geht, streng genommen nicht entspricht. Wenn Heidegger demgegenüber das Seiende an ihm selbst als das Offene und darin Entdeckbare denkt, hat er diese Analogie überwunden. Mit ihr fällt nun auch die Nötigung weg, Freiheit überhaupt noch als Kausalität zu interpretieren: Das Seiende in seiner Offenheit, für das man im Dasein aufgeschlossen ist, läßt sich nicht als die Ursache einer Wirkung denken, denn Ursache könnte es nur als Wirkliches sein; es ist aber das Mögliche im Sinne des Entdeckbaren. Das Seiende in seiner Offenheit ist nicht die Ursache für Entdeckungen, und dennoch sind Entdeckungen nicht ohne es. Entdeckungen sind freilich auch nicht ohne die Aufgeschlossenheit für das Seiende in seiner Offenheit, und auch diese kann man nicht als Ursache von Entdeckungen bezeichnen. Sie ist ja nichts anderes als das Möglichsein, das in der Bedeutsamkeit zu einer jeweiligen Bestimmtheit gelangt. Nur wenn man abblendet, daß diese Bestimmtheit eine Erscheinung des Möglichseins in der Offenheit des Seienden ist, kann man auf sie die Kategorie der Kausalität anwenden. Heidegger müßte überhaupt nicht bestreiten, daß die Verwendung von kausalem Vokabular auch im Hinblick auf Menschen unproblematisch ist; er müßte nur sagen, daß man dann die spezifische Weise von Menschen zu sein nicht in den Blick bekommt und könnte außerdem alles übernehmen, was Davidson über die Verwendung dieses Vokabulars herausgefunden hat. Kausales Vokabular, so könnte er Davidson interpretieren, hat seinen Stellenwert in bestimmten Formen der Auslegung, aber es macht, wie er hinzufügen müßte, keinen Sinn, dieses Vokabular im Zusammenhang einer Bestimmung von Freiheit zu gebrauchen.

Die Frage nach dem Verhältnis von »Freiheit und Determinismus« ist damit auch ansatzweise bereits beantwortet. Im Anschluß an Heidegger wäre man nicht gezwungen zu bestreiten, daß das Verhalten durch soziale und andere Faktoren oder durch Gewaltsamkeit im aristotelischen Sinne in seinen Möglichkeiten eingeschränkt sein kann und meistens auch eingeschränkt ist. Solche Einschränkungen betreffen jedoch immer nur das bestimmte Verhalten und nicht die »Dasein« genannte Struktur selbst. Sagt man dies, so scheint man freilich die praktische Folgenlosigkeit des Freiheitsproblems in Kauf zu nehmen; die Frage nach der Verantwortlichkeit etwa läßt sich, wie es scheint, im Rahmen einer rein daseinsontologisch gefaßten Konzeption von Freiheit noch nicht einmal diskutieren. Folgenlos für den Alltag ist diese Konzeption allerdings nur, wenn die Freiheit des Daseins, wie sie bisher entwickelt wurde, im Dasein selbst unproblematisch ist. Es wird sich jedoch zeigen, daß Heideggers Begriff von Freiheit ähnlich wie derjenige Kants einen Aspekt hat, den man nun freilich nicht mehr »praktisch« nennen darf. Weil das Möglichsein in der Offenheit des Seienden niemals vollständig zu einer bestimmten Wirklichkeit modifiziert werden kann, ist es − wenn auch wieder ganz anders als im Anschluß an Kant − als ein Anspruch zu interpretieren, dem man entsprechen und nicht entsprechen kann. Die Erscheinung von Dasein kann anders gesagt zu einer Verdeckung seiner Freiheit werden. Die Voraussetzungen für »Unfreiheit« in diesem Sinne gilt es nun zu entwickeln.

§ 5 Mitsein und Mitdasein. Das »Man« als Grundbestimmung von Unfreiheit

In der Rezeption Heideggers haben die Erörterungen über das »Mitsein«, das »Mitdasein« und das »Man« eine ambivalente Stellung. Diese Erörterungen sind einerseits von Interpreten, denen es um eine ontologische oder subjektivitätsphilosophische Deutung der Struktur von »Dasein« geht, unterbewertet oder sogar unberücksichtigt gelassen worden.[1] Andererseits haben sie die zum Teil vehemente Kritik von Autoren auf sich gezogen, die in distanzierender Auseinandersetzung mit Heidegger um die Ausarbeitung einer eigenen philsophischen Konzeption bemüht waren. Für beide Haltungen lassen sich am Text von *SZ* durchaus gute Gründe aufweisen. Was die erste betrifft, so erscheint die Erörterung des Miteinanderseins dem zentralen Kapitel über die »Weltlichkeit der Welt« seltsam angestückt und für die Klärung des Weltbegriffs nichts Entscheidendes mehr beizutragen; wo es um eine Charakterisierung von »Dasein« geht, scheint man sich deshalb mit ein paar knappen Hinweisen begnügen zu können. Versteht man »Dasein« als »Subjektivität«, sind diese Erörterungen sowieso marginal. Demgegenüber ist das, was Heidegger sagt, unbefriedigend für Autoren, die an der »Fremdexistenz«, am »Sein des Anderen« oder des »Mitmenschen« und an »sozialen Zusammenhängen« interessiert sind; es ist unbefriedigend, weil Heidegger entweder zu wenig sagt oder das, was er sagt, im jeweiligen Denkzusammenhang der betreffenden Autoren für unbefriedigend gehalten wird. Sicher ist es kein Zufall, daß einige Autoren, wie Löwith, Lévinas und Theunissen[2] aus der Tradition der sogenannten Dialogphilosophie argumentieren. Aber auch Sartre, der dieser Tradition nicht entstammt, macht geltend, in der Heideggerschen Konzeption des Mitsein sei der Andere in seiner Konkretion nicht gedacht, und deshalb sei diese Konzeption auch ungeeignet, das psychologische und konkrete Problem der Erkenntnis anderer zu lösen.[3] Demgegenüber moniert Tugendhat, daß bei Heidegger »institutionelle gesellschaftliche Zusammenhänge«[4] nicht berücksichtigt sind. Allein, so einleuchtend die Auflistung von Versäumnissen, die man Heidegger vorhalten kann, auf den ersten Blick auch sein mag, ist es doch notwendig, sich über die Voraussetzungen der Kritik an Heideggers Analyse des Mitseins und Mitdaseins klar zu werden. Eine dieser Voraussetzungen besteht darin, daß die Ausarbeitung philospohischer Konzeptionen häufig mit der Stilisierung oder einseitigen

---

1 Vgl. etwa Bartels (1976), Gethman (1974), v. Herrmann (1985), Schulz (1969) und Tugendhat (1970).
2 Vgl. Löwith, *Sämtl. Schr. I*, Lévinas (1979), Theunissen (1977).
3 »Ainsi la relation du »Mitsein« ne saurait nous servir aucunement à resoudre le problème psychologique et concret de la réconnaissance d'autrui«. (*L'Etre et le Néant*, 293)
4 Tugendhat (1979), 229.

134

Interpretation anderer Konzeptionen einhergeht; das ist bereits charakteristisch für die Aristotelische Kritik an Platon. Außerdem führt das Interesse an sachlichen Problemen ebenso häufig dazu, daß Diskussionspartner eines Philosophen, wenn sie als Interpreten seiner Texte auftreten, Antworten auf Fragen erwarten, die der Autor sich gar nicht stellt und in seinem Gedankenzusammenhang auch gar nicht stellen muß. Aus dem gleichen Grund können Antworten auf Fragen, die gestellt werden und in denen der Interpret seine eigenen Fragen wiederfindet, so ausfallen, daß sie dann vom Interpreten nicht akzeptiert werden. Wie hoch man den produktiven Charakter solcher einseitigen Interpretationen auch immer einschätzen mag, man wird sie doch kaum als beispielhaft für die Auseinandersetzung mit philosophischen Texten empfehlen können. Im Gegenteil, einseitige Interpretationen machen in der Regel neue Interpretationen und Deutungen des Verhältnisses von Interpret und interpretiertem Autor erforderlich. Ein wesentliches Charakteristikum solcher Deutungen ist es, daß sie, um selbst Einseitigkeiten zu vermeiden, sich darum bemühen, den Stellenwert aufzuzeigen, den bestimmte Probleme und ihre Erörterung im Gedankenzusammenhang eines Autors haben. Für die Erörterung des Mitseins und Mitdaseins bei Heidegger heißt das zunächst: in ihr weder eine psychologische Erklärung der »Erkenntnis von Fremdexistenz« noch eine Philosophie des »Mitmenschen« oder eine Theorie sozialer Institutionen zu suchen und dann nicht zu finden. Es heißt, sich zunächst zu fragen, was die Analyse des Mitseins und Mitdaseins zur Entwicklung des Heideggerschen Gedankengangs, wie er bisher herausgearbeitet wurde, beiträgt. Dieser Beitrag besteht in einer nicht mehr subjektivitätsphilosophischen Deutung des »Ich« und einer Grundbestimmung von Unfreiheit.

Die Exposition der Frage nach Mitsein und Mitdasein

Der Sache nach gehört die Analyse des Mitseins und Mitdaseins wie gesagt noch in den Zusammenhang der Analyse von »Welt«. Das zeigt sich unter anderem daran, daß Heidegger auch hier noch mit den zentralen Termini des »Welt«-Kapitels, nämlich »Bewandtnis«, »Bedeutsamkeit« und »Worum-willen« arbeitet. In der Analyse von Mitsein und Mitdasein geht es um einen bisher noch nicht erörterten Aspekt des In-der-Welt-seins. Dennoch ist es nicht beliebig, daß Heidegger der Analyse des Mitseins und Mitdaseins ein eigenes Kapitel vorbehält. Nun geht es nämlich nicht mehr um Seiendes, das in der Welt entdeckt wird, sondern um das »sein mit« Dasein, das jeweils »nicht meines« ist. Die Rede vom Anderen als einem Seienden ist deshalb, wie Heidegger selbst gesehen hat, auch mißverständlich, und es sind die Anderen, im Hinblick auf die sich ein solches Mißverständnis am leichtesten ergibt. Wir dürfen, so sagt Heidegger in der »Prolegomena«-Vorlesung, »wenn wir sagen und eigentlich zu Unrecht sagen ›das Seiende, das die Seinsart des Daseins hat‹, nicht meinen, dieses Seiende sei so etwas wie ein vorhandenes Weltding, das in seinem Was zunächst für sich angebbar wäre und das aufgrund seines Wasgehaltes so wie ein Ding, Stuhl, Tisch oder dergleichen nun auch eine bestimmte Seinsart hätte. Weil der Ausdruck ›das Seiende vom Charakter des Daseins‹ immer so etwas nahelegt, ist der Ausdruck im Grunde verfehlt« (GA 20,325). Daß Heidegger trotz dieser Bedenken – und in SZ ohne jede Problematisierung – vom Seienden spricht, das die Seinsart des Daseins hat, mag in einer sprachlichen Schwierigkeit begründet sein: der Ausdruck »Dasein« hat keinen Plural, so daß es fast unmöglich ist, über die Anderen zu sprechen und dem gerecht zu werden, daß sie »da« und nicht nur »vorhanden« sind. Aber das Problem, um das es Heidegger hier geht, ist nicht nur terminologischer Art. Dieses Problem besteht vielmehr darin, daß Aussagen, die man über Andere macht, ihrer Struktur nach nicht verschieden von Aussagen über dasjenige sind, was als »Gegenstand« begegnet. Das wiederum könnte die Meinung nahelegen, die Anderen seien zumindest auch als Gegenstände, oder neutraler gesagt, als Entitäten zu denken. Will man diese Meinung abweisen, so muß man zeigen, daß die Bestimmtheit der Anderen anders zu begreifen ist als die Bestimmtheit von begegnenden Gegenständen.

Das Problem, wie die Bestimmtheit im Dasein zu denken sei, betrifft jedoch genau besehen nicht nur die Anderen, sondern auch »einen selbst«. Zwar ist es schwierig, wenn nicht gar unmöglich, von der eigenen Erfahrungsperspektive völlig zu abstrahieren, aber immerhin kann man auch über sich selbst Aussagen machen. Es liegt deshalb nahe, auch die Bedeutung des Ausdrucks »ich« von solchen Aussagen her zu verstehen. Was der Ausdruck »ich« indiziert, denkt man dann »als das in einer geschlossenen Region und für diese je schon und ständig Vorhandene, das in einem vorzüglichen Sinne zum Grunde liegende, als das Subjectum. Dieses hat als Selbiges in der vielfältigen Andersheit den Charakter des Selbst.« (SZ, 114) »Ich« meint demzufolge nicht nur eine bestimmte Menge von Eigenschaften, sondern auch die spezifische Weise, in der man von diesen« Eigenschaften redet, dies also, daß man von den in »ich«-Sätzen genannten Eigenschaften als von den eigenen spricht. Die These, daß »ich« eine solche »geschlossene Region« bezeichnet, will Heidegger bestreiten: »Die ontische Selbstverständlichkeit der Aussage, daß ich es bin, der je das Dasein ist, darf nicht zu der Meinung verleiten, es sei damit der Weg einer ontologischen Interpretation des so ›Gegebenen‹ unmißverständlich vorgezeichnet. Fraglich bleibt sogar, ob auch nur der ontische Gehalt der obigen Aussage den phänomenalen Bestand des alltäglichen Daseins angemessen wiedergibt. Es könnte sein, daß das Wer des alltäglichen Daseins gerade *nicht* je ich selbst bin.« (*SZ*, 115) Um den Sinn dieser auf Anhieb paradox klingenden These zu verstehen, ist es jedoch zunächst einmal erforderlich, sich die Bedeutung der beiden Ausdrücke »ich« und »selbst« eingehender klarzumachen. Dabei wird sich dann auch noch ein weiterer Bedeutungsaspekt des Ausdrucks »Selbstverständlichkeit« zeigen.

»Ich«

Was den Ausdruck »ich« angeht, so ist eine Eigentümlichkeit seiner Verwendung seit Descartes immer wieder hervorgehoben worden: wer diesen Ausdruck sinnvoll verwendet, ist sich dabei seiner eigenen Existenz unmittelbar gewiß. Diese Gewißheit ist von Descartes bekanntlich als die Gewißheit des ego cogito genauer bestimmt worden. Descartes zufolge ist zwar nicht gewiß, was ich denke, sondern nur, daß ich es denke. Das Denken allein ist von mir nicht abzutrennen[5] und kann nicht bezweifelt werden, weil ich es sogar im Falle eines sehr weitgehenden Zweifelsexperimentes selbst bin, der zweifelt.[6] Problematisch ist freilich, wie die Gewißheit des »ich bin« hier genauer zu verstehen ist. Man kann, um dies zu klären, darauf aufmerksam machen, daß jemand, der behauptet, er denke nicht, eine sich durch ihren Vollzug widerstreitende Aussage macht; darin unterscheidet sich der Satz »ich denke« etwa von dem Satz »ich schreibe«.[7] Die Gewißheit der eigenen Existenz liegt darin, daß der Satz »Ich denke«, wenn er gesagt wird, notwendigerweise einen Gedanken zum Ausdruck bringt. Diese Auskunft ist freilich noch unbefriedigend. Die Gewißheit, wie sie bisher erläutert wurde, bezieht sich ja nur darauf, »daß ein Gedanke

---

5 »sola a me divelli nequit« / *Med.* II,6 (Adam/Tannery VII, 27).
6 »ego ipse sum, qui iam dubito fere de omnibus« / *Med.* II,9 (Adam/Tannery VII, 28).
7 Vgl. Williams (1978), 74.

ist«, und nicht auch auf den Ort dieses Gedankens. Was es heißen soll«, daß »ich« der Ort des Gedankens bin, scheint sich nun aufklären zu lassen, wenn man »ich« als ein Indexwort oder einen deiktischen Ausdruck begreift. Faßt man »ich« ebenso wie etwa »hier« als ein Indexwort, wird man allerdings ausschließen müssen, daß das »ich bin« ohne weiteres die Existenz einer bestimmten Person zu verstehen gibt: »ich« identifiziert keine Person; wenn sich jemand am Telephon nur mit »ich« meldet, weiß man nicht, wer er ist, es sei denn, man identifiziert ihn am Klang seiner Stimme. Da jedoch jeder, der »ich« sagt, grundsätzlich identifizierbar ist, liegt die Vermutung nahe, mit dem »ich bin« sei die Existenz eines *Identifizierbaren* gemeint, und im Anschluß daran läßt sich dann auch eine These darüber entwickeln, in welcher Hinsicht die Äußerung »ich bin« die unmittelbare Gewißheit der eigenen Existenz einschließt: wer den Ausdruck »ich« sinnvoll verwendet, verweist damit auf eine »in Raum und Zeit existierende Entität«[8], die er selbst aus der Beobachterperspektive, also in gleicher Weise wie jeder Andere auch, identifizieren und charakterisieren kann; diese Entität ist dann der Ort des Gedankens.

Bei einer solchen Deutung ist jedoch vernachlässigt, daß Descartes die Gewißheit der eigenen Existenz gerade am *Vollzug* des Denkens einsichtig machen wollte. In diesem Sinne hat Husserl bei seinem Rekurs auf Descartes die unmittelbare Existenzgewißheit des ego cogito als »lebendige Selbstgegenwart«[9] verstanden und die Auffasung, mit dem ego sum sei »ein kleines Endchen der Welt«[10] vor dem Zweifel gerettet, energisch bestritten. Selbst wenn Husserl Bewußtseinsakte, sofern man sich reflektierend auf sie bezieht, dann doch wieder als ein Gegebenes denkt, liegt die Gewißheit des ego cogito für ihn nicht im unbezweifelbaren Vorliegen einer Entität, sondern darin, daß vom Denken immer nur gesprochen werden kann, sofern es vollzogen wird: die phänomenologische ἐποχή ist nichts anderes als die Konzentration auf diesen Vollzug des »eigenen reinen Bewußtseinslebens«[11] in Absehung von den »natürlichen Einstellungen«, in denen der Vollzug als solcher nicht ausdrücklich ist. Knüpft man an diese Interpretation des ego cogito an, so kann man zu einer Klärung der Bedeutung von »ich« gelangen, die sich von der Auffassung dieses Ausdrucks als einem In-

8 Tugendhat (1979), 79.
9 *Cartesianische Meditationen*, 62.
10 *Cartesianische Meditationen*, 63.
11 *Cartesianische Meditationen*, 60.

dexwort unterscheidet. Wenn die unmittelbare Existenzgewißheit in der Unbezweifelbarkeit des Denkvollzuges besteht, und nicht nur darin, »daß es einen Gedanken gibt«, so läßt sich das »ich« bei Descartes dahingehend interpretieren, daß es diesen Vollzugscharakter des Denkens zu verstehen gibt: weil das Denken einzig von mir nicht abtrennbar ist, ist mein Sein nichts als der Vollzug des Denkens; selbst wenn man sich vorstellt, daß alles, was man über seine Person und die Gegenstände denkt, Einflüsterung eines bösen Dämons und Phantasmagorie ist, kann man sich nicht verständlich machen, was es heißen könnte, Wahnvorstellungen zu haben oder Täuschungen zu unterliegen, sei kein Denken. Wenn dies, daß man denkt, damit, daß man ist, identisch ist[12], kann man außerdem nicht mehr fragen, wie die jeweiligen Denkvollzüge als die eigenen identifiziert werden können; eine solche Identifikation wäre wiederum ein Denkvollzug, und die Frage nach einer Identifikation von Denkvollzügen als den eigenen erweist sich als regressiv. Warum sich diese Frage dennoch mit eigentümlicher Beharrlichkeit immer wieder einstellt, ist leicht aufklärbar: Wer die Frage stellt, geht von der Voraussetzung aus, mit »ich« werde auf etwas Bezug genommen, von dem dann allein aufgrund dieser Bezugnahme auch gesagt werden müsse, daß es denke. Faßt man »ich« als ein Indexwort auf, so kann man »ich« zwar von »hier« und »dies« unterscheiden, indem man darauf hinweist, im Falle von »ich« sei es ausgeschlossen, daß die Bezugnahme für den, der sie vornimmt, mehrdeutig ist; während man mit »hier« z. B. »hier auf diesem Stuhl«, »hier in diesem Zimmer« etc. meinen kann, und mit »dies« »dieses Buch«, »dieser Tisch, auf dem das Buch liegt«, ist die Verwendung von »ich« in dieser Hinsicht nicht variabel. Zwar kann jeder Sprecher »ich« sagen, aber wer »ich« sagt, meint damit doch immer »sich selbst«.[13] Was aber kann es heißen, »sich selbst zu meinen«? Gesteht man zu, daß der Satz »Ich denke« keine weiteren Bestimmungen erfordert, um verständlich zu sein, so könnte das »sich selbst meinen« nur bedeuten, daß ich, indem ich den Satz denke, zugleich auf mein eigenes Denken Bezug nehme. Daß dieser Satz keine weiteren Bestimmungen der denkenden Person voraussetzt, wird daran deutlich, daß er auch von jemandem, der unter Gedächtnisverlust leidet und nicht mehr weiß, wer er ist, sinnvoll gesagt werden kann.[14] Wer »ich denke« sagt,

12 So hat auch Hegel Descartes interpretiert. Vgl. *Werke* 20, 131.
13 Vgl. Shoemaker (1968).
14 Anscombe (1975).

denkt zwar immer etwas Bestimmtes, aber er meint nicht sein Denken sondern das, was er denkt, und der Umstand, daß dies ein Zustand oder eine Eigenschaft der eigenen Person sein kann, ist für die Bedeutung von »ich« völlig unerheblich.

Wenn »ich« kein referenzieller Ausdruck ist, scheint er allerdings nur noch den reinen Vollzug des Denkens zu verstehen zu geben, und damit werden die Theorien, in denen es um einen solchen reinen Vollzug unter den Titeln der »Subjektivität« oder, wie bei Fichte, des »Ich« geht, aufs Neue attraktiv. Allein, es ist zweierlei, »ich« als einen Ausdruck zu begreifen, der den Vollzug des Denkens zu verstehen gibt, und sich ausschließlich auf diesen Vollzug zu konzentrieren oder ihn transzendentalphilosophisch als eine Urhandlung zu deuten. Tut man das leztere, so sieht man vom Zusammenhang des Denkvollzugs ab und kommt außerdem in die Gefahr, »Denken« in einer Weise zu fassen, die spezifische Angaben darüber, was Denken jeweils ist, unmöglich machen. Bereits bei Descartes gehört zu den cogitationes auch das Wollen, Vorstellen und Empfinden dazu.[15] Berücksichtigt man außerdem, daß die prominente Stellung des ego cogito sich dem Kontext des Zweifelsexperimentes verdankt, so liegt der Verdacht nahe, längst nicht alle mentalen Vollzüge und nicht alle Verhaltensweisen seien derart, daß sie durch ein »ich«-Sagen eigens zu verstehen gegeben würden. Der Gedanke, das »Ich« sei ein Prinzip, ist vielleicht nur möglich geworden, weil man vom literarischen Kontext der *Meditationes* abgesehen hat, und die sprachanalytischen Klärungsversuche haben dann allein schon darin ihr Recht, daß sie »ich« schlicht als einen sprachlichen Ausdruck behandeln.[16] Versucht man nun, die Verwendung dieses Ausdrucks anders als referenziell zu verstehen, ohne zu einer subjektivitätsphilosophischen Überschätzung des ego cogito zu gelangen, so kann man zunächst einmal sagen, daß wohl niemand imstande ist, einen Satz mit »ich« zu bilden, ohne auf den durch den Satz spezifizierten und charakterisierten Sachverhalt *aufmerksam zu sein und diese Aufmerksamkeit auch zum Ausdruck zu bringen.* Letzteres bezeichnet den Unterschied zwischen Sätzen in der dritten Person und solchen in der ersten Person. Wer Sätze vom Typ »a ist F« bildet, sagt nicht dasselbe wie jemand, der sagt: »ich sehe, daß a F ist«. Selbstverständlich sind nicht alle »ich«-Sätze Aussagen, und selbstverständlich haben

15 Vgl. *Med.* II,8 (Adam/Tannery VII, 28): »Sed quid igitur sum? res cogitans; quid est hoc? nempe dubitans, intelligens, affirmans, negans, volens, nolens, imaginans quoque et sentiens.«

16 Tugendhat nennt das den »Abstieg vom Ich zu ›ich‹«; vgl. Tugendhat (1979), 68 ff.

diese Sätze auch nicht nur den Sinn, die Aufmerksamkeit auf etwas zum Ausdruck zu bringen; zumindest aber tun sie dies auch, und zwar meistens im Kontext von Gesprächen mit Anderen. Sprechen aber ist eine Verhaltensweise, bei der man einander mehr oder minder ausdrücklich ist, und dies wiederum setzt voraus, daß man einander überhaupt ausdrücklich werden kann, so daß die Weise, in der man miteinander ist, auch durch Unausdrücklichkeit charakterisiert sein muß. Dieses unausdrückliche Miteinandersein ist das Phänomen, das im »ich«-Sagen erscheint. Es ist das Phänomen, um das es Heidegger geht, wenn er »Mitsein« und »Mitdasein« untersucht.

Mitsein und Mitdasein

Weil es Heidegger zunächst um das unausdrückliche Miteinandersein geht, ist es auch nicht weiter verwunderlich, daß er seine Analyse mit der Frage beginnt, wie die Anderen im alltäglichen Umgang mit Zeug »mitbegegnen«: »Die ›Beschreibung‹ der nächsten Umwelt, zum Beispiel der Werkwelt des Handwerkers, ergab, daß mit dem in Arbeit befindlichen Zeug die anderen ›mitbegegnen‹, für die das ›Werk‹ bestimmt ist. In der Seinsart dieses Zuhandenen, das heißt in seiner Bewandtnis liegt eine wesenhafte Verweisung auf mögliche Träger, denen es auf den ›Leib zugeschnitten‹ sein soll. Imgleichen begegnet im verwendeten Material der Hersteller oder ›Lieferant‹ desselben als der, der gut oder schlecht ›bedient‹. Das Feld zum Beispiel, an dem wir ›draußen‹ entlang gehen, zeigt sich als dem und dem gehörig, von ihm ordentlich instand gehalten, das benutzte Buch ist gekauft bei ..., geschenkt von ... und dergleichen.« (SZ, 117f.) Hier sieht es zunächst so aus, als seien die Anderen durch das primär entdeckte Zeug lediglich »appräsentiert«, und damit wäre der grundsätzliche Unterschied zwischen dem Seienden, das nicht von der Seinsart des Daseins ist, und dem Mitdasein wieder verwischt.[17] Heidegger hat diese Schwierigkeit selbst gesehen und festgestellt: »Die Charakteristik des Begegnens der Anderen orientiert sich so aber doch wieder am je eigenen Dasein. Geht nicht auch sie von einer Auszeichnung und Isolierung des ›Ich‹ aus, so daß dann von diesem isolierten Subjekt ein Übergang zu den Anderen gesucht werden muß?« (SZ, 118) Allein, diese Vermutung ist

17 In diesem Sinne heißt es bei Theunissen: »›Begegnung‹ meint in ›Sein und Zeit‹ kaum je: wir begegnen uns, sondern fast durchweg: das innerweltliche Seiende begegnet einem Dasein, das begegnen läßt.« Theunissen (1977), 170.

141

für Heidegger ein Mißverständnis, und »zur Vermeidung dieses Miß-
verständnisses ist zu beachten, in welchem Sinne hier von ›den Anderen‹ die Rede ist. ›Die Anderen‹ besagt nicht soviel wie: der ganze Rest
der Übrigen außer mir, aus dem sich das Ich heraushebt, die Anderen
sind vielmehr die, von denen man selbst sich zumeist *nicht* unterscheidet, unter denen man auch ist. Dieses Auch-da-sein mit ihnen hat nicht
den ontologischen Charakter eines ›Mit‹-Vorhandenseins innerhalb einer Welt. Das ›Mit‹ ist ein Daseinsmäßiges, das ›Auch‹ meint die
Gleichheit des Seins als umsichtig-besorgendes In-der-Welt-sein.«
(*SZ*, 118) Was Heidegger hier meint, kann man sich leicht verständlich
machen, wenn man den Terminus »Bewandtnis« vermeidet und im
Anschluß an die von ihm genannten Beispiele einfach sagt, daß jede
Herstellung von etwas auf seinen möglichen Gebrauch hin erfolgt.
Dieser Gebrauch ist in der Regel ein Gebrauch durch Andere. Zwar ist
jedes Verhalten in dem Sinne »umwillen« des eigenen Daseins, daß
man seine Aufgeschlossenheit für die Offenheit des Seienden in bestimmter Weise sein will; aber eine Reihe von Tätigkeiten können
doch nur vollzogen werden, weil es Andere gibt, für deren Tun diese
Tätigkeiten von Bedeutung sind. In ihren Tätigkeiten haben die Anderen wiederum ihre Bestimmtheit, so daß Dasein als Mitsein »wesenhaft umwillen Anderer« (*SZ*, 123) ist. Man ist selbst ein Anderer, sofern man durch sein Tun auch anderes Tun mit ermöglicht. Die Rede
von den »Anderen«hat immer nur Sinn aus der Perspektive der ersten
Person, und diese Perspektive ist für jeden charakteristisch, mit dem
man ist.

»Mitsein« heißt demnach zum einen, daß jeder im alltäglichen Besorgen von Anderen und ihrem Besorgen auf den Zeugzusammenhang,
in dem er sich bewegt, verwiesen wird, und wenn man hier den Terminus »Verweisung« verwendet, so ist damit auch gesagt, daß die Anderen »zunächst und zumeist« unausdrücklich bleiben. Der Lieferant von
Material etwa zieht als solcher im allgemeinen keine Aufmerksamkeit
auf sich. Das heißt natürlich nicht, man würde die Anderen überhaupt
nicht beachten: unausdrücklich bleiben sie vielmehr unter dem Gesichtspunkt des Besorgens, solange dieses unproblematisch ist. »Mitsein« heißt jedoch nicht nur, von denen, die Material für die eigene
Arbeit liefern oder diese in Auftrag geben, auf die eigene Arbeit verwiesen zu werden. Es heißt auch, dasjenige, was nicht zur eigenen
»Werkwelt« gehört, als Zeug begreifen zu können. Darauf deutet Heidegger mit einem anderen Beispiel für das »Mitbegegnen« Anderer
hin: »Das verankerte Boot am Strand verweist in seinem An-sich-sein
auf einen Bekannten, der damit seine Fahrten unternimmt, aber auch

142

als ›fremdes Boot‹ zeigt es Andere.« (*SZ*, 118) Die Verweisung besteht hier nicht etwa darin, daß man sich nun ausdrücklich mit dem Besitzer oder Benutzer des Bootes beschäftigt, sondern darin, daß der mögliche Umgang eines Anderen mit diesem seine Zuhandenheit verständlich macht; man muß nicht selbst mit etwas umgehen können, um zu wissen, daß es Zeug ist, weil es immer schon Andere gibt, die zu solchem Umgang imstande sind.

Sagt man, daß die Anderen zunächst und zumeist unausdrücklich sind, so muß man von ihnen auch sagen, sie seien freigegeben: »Die Welt des Daseins gibt ... Seiendes frei, das nicht nur von Zeug und Dingen überhaupt verschieden ist, sondern gemäß seiner Seinsart als Dasein selbst in der Weise des In-der-Welt-seins ›in‹ der Welt ist, in der es zugleich innerweltlich begegnet. Dieses Seiende ist weder vorhanden noch zuhanden, sondern ist so wie das freigebende Dasein selbst – es ist auch und mit da. Wollte man denn schon Welt überhaupt mit dem innerweltlich Seienden identifizieren, dann müßte man sagen, ›Welt‹ ist auch Dasein.« (*SZ*, 118) Die Freigabe der Anderen läßt sich zunächst analog zu der Freigabe von Zeug verstehen, und wenn das so ist, muß sie ebenso wie diese »ontisch« und »ontologisch« interpretierbar sein. Reserviert man den Terminus »Bewandtnis« für Seiendes von der Art des Zeugs, wird man von den Anderen zwar nicht sagen können, daß es mit ihnen »sein Bewenden« hat, und zwar allein schon, weil die Freigabe hier ja wechselseitig zu denken ist. Aber die Sache, um die es geht, ist doch vergleichbar. Nur aufgrund der Unausdrücklichkeit der Anderen ist man imstande, sich selbst auf eine Tätigkeit zu konzentrieren, und da diese Unausdrücklichkeit nicht durch die eine Disposition entdeckende Auslegung zustandekommt, sagt man vielleicht am besten, daß die Anderen wesentlich »zurückhaltend« sind und man sie in dieser Zurückhaltung beläßt. In ihrer Zurückhaltung sind die Anderen »Mitdasein«, das entgegen der Heideggerschen Formulierung streng genommen niemals »innerweltlich«, sondern nur selbst »in der Welt« ist, und miteinander in der Welt zu sein heißt dann primär, sich wechselseitig zum Verhalten kommen zu lassen.

Was es heißt, einander zum Verhalten kommen zu lassen, kann man sich an einem Beispiel noch einmal verdeutlichen. Handlungszusammenhänge sind häufig mit Spielen verglichen oder an Spielen illustriert worden.[18] Schachspieler etwa handeln nicht in dem Sinne zusammen, daß sie sich ausdrücklich miteinander beschäftigen, indem sie etwa

---

18 Vgl. als einen klassischen Text hierfür die »Philosophischen Untersuchungen« Wittgensteins.

ihre Spielzüge zum Thema machen und kritisch oder zustimmend kommentieren. Das können sie natürlich auch, aber wenn sie das tun, spielen sie nicht. Im Spiel selbst, in der Konzentration auf die jeweiligen Züge, verhalten sie sich gleichwohl zueinander, und zwar primär dadurch, daß sie einander zum Zuge kommen lassen. Damit ist nicht nur der Umstand gemeint, daß Schachspieler einander gewöhnlich nicht daran hindern, ihre Figuren auf dem Brett zu bewegen; man läßt einander vor allem dadurch zum Zuge kommen, daß man einander die Chance gibt, auf eigene Strategien einzugehen, indem man durch die eigenen Züge weitere Züge eröffnet. Schachspieler verweisen sich wechselseitig auf die Konstellation der Figuren, indem sie durch eigene Züge die Aufmerksamkeit des Partners auf eine jeweils neue Konstellation lenken und in der Zurückhaltung der eigenen Person dazu einladen, mit der neuen Konstellation umzugehen. Was so gesehen das Spiel erst ermöglicht, ist das Eröffnen und Offenhalten von Handlungsmöglichkeiten. Zu einem solchen Offenhalten gehört auch, daß man sich im Spiel darauf beschränkt, Spieler zu sein: man handelt nur im Rahmen des jeweiligen Spiels, und nur aufgrund dieser Zurückhaltung läßt sich überhaupt handeln. Nun ist ein Spiel zwar mit alltäglichen Handlungszusammenhängen allein schon deshalb nur begrenzt vergleichbar, weil ein Spiel, anders als diese, standardisierte Randbedingungen hat; es ist, anders gesagt, eindeutig festgelegt, welcher Typ von Handlungen zum Spiel gehört und welcher nicht. Aber auch alltägliche Handlungszusammenhänge sind nur unproblematisch, wenn es in ihnen ähnliche Beschränkungen gibt. Diese Beschränkungen sind freilich derart, daß sie nicht in allen Fällen, vielleicht sogar nur in den wenigsten durch eindeutig formulierbare Regeln angegeben werden können. Für alle alltäglichen Handlungszusammenhänge aber gilt, daß man sich in ihnen immer nur in je bestimmter Weise verhalten kann und indem man dies tut, sich immer auch zurückhält. Alltägliches Handeln läßt sich so gesehen niemals nur als ausdrückliche Koordination verschiedener Handlungen auf gemeinsame Ziele hin fassen, sondern schließt immer eine Offenheit füreinander ein, die darin besteht, daß man sich in mannigfacher Weise nicht aufeinander bezieht.

Wenn Heidegger nun das Verhalten zueinander terminologisch als »Fürsorge« faßt, so kann damit, wenn die vorgetragene Interpretation zutreffend ist, nicht nur ein »Handeln füreinander« gemeint sein. »Fürsorge« umgreift, ebenso wie »Besorgen«, auch die »defizienten Modi«[19], und solche sind das »Ohne-einandersein, das Aneinander-

19 Zu diesem Terminus vgl. Hartmann (1974).

vorbeigehen, das Einander-nichts-angehen« (SZ, 121). Allerdings haben die defizienten Modi der Fürsorge einen anderen Stellenwert als die des Besorgens. Sie machen die Alltäglichkeit des Daseins wesentlich mit aus, denn: »Diese Seinsmodi zeigen ... den Charakter der Unauffälligkeit und Selbstverständlichkeit« (SZ, 121). Wenn »das Dasein sich zunächst und zumeist in den defizienten Modi der Fürsorge« (SZ, 121) hält, ist es freilich verfehlt, diese im Sinne einer vollständigen Gleichgültigkeit zu interpretieren und dann ausdrücklichen Formen des Umgangs miteinander, in denen man voneinander »betroffen« oder aneinander »interessiert« ist, entgegenzusetzen. Heideggers Pointe liegt gerade darin, daß er auch das, was oberflächlich betrachtet als Gleichgültigkeit erscheint, als eine Weise der Fürsorge deutet: füreinander zu »sorgen«, heißt meistens nicht, sich auch ausdrücklich miteinander zu beschäftigen.

Daß dies so ist, läßt sich gerade an den beiden »extremen Möglichkeiten« (SZ, 122) der Fürsorge sehen. Die erste dieser Möglichkeiten besteht darin, im Besorgen jemandes Stelle einzunehmen und so für ihn »einzuspringen«; der dabei »aus seiner Stelle« Geworfene »tritt zurück, um nachträglich das Besorgte als fertig Verfügbares zu übernehmen, bzw. sich ganz davon zu entlasten« (SZ, 122). Diese »einspringende Fürsorge« ist jedoch selbst dann, wenn derjenige, an dessen Stelle man tritt, dadurch »zum Abhängigen und Beherrschten« (SZ, 122) wird, kein ausdrücklicher Bezug auf einen Anderen, sofern sie ja gerade im Umgang mit dem zu Besorgenden vollzogen wird. Man kann, anders gesagt, für jemanden nur etwas tun, indem man sich von seiner Zurückhaltung auf die jeweilige Tätigkeit verweisen läßt. Natürlich kann derjenige, an dessen Stelle man tritt, darauf, daß man dies tut, mit Mißtrauen und Widerstand reagieren. Aber eine solche Reaktion ist immer auch die Artikulation der eigenen Unausdrücklichkeit für denjenigen, der an die eigene Stelle getreten ist. Wer sich selbst ausdrücklich ins Spiel bringt, gibt damit zu verstehen, daß er zuvor nicht ausdrücklich im Spiel war. Auch die der »einspringenden« entgegengesetzte Möglichkeit der »vorausspringenden« Fürsorge ist keine ausdrückliche Beschäftigung mit dem Anderen. Diese Weise der Fürsorge betrifft zwar »die Existenz des Anderen« (SZ, 122), aber doch so, daß derjenige, dem man »vorausspringt« für diese Existenz »frei ... werden« (SZ, 122) kann. Wie das im einzelnen zu verstehen ist, läßt sich erst bei der Interpretation des »eigentlichen Existierens« deutlich machen. Ohne diese vorwegzunehmen, kann man an einem Satz aus der »Logik«-Vorlesung jedoch illustrieren, woran Heidegger hier denkt. Die Hörer einer Vorlesung etwa sind nie ein »Be-sorgtes«:

»Mitteilung und Leitung zum Sehen der Sachen ist nie ein Besorgen, sofern das Sehen der Sachen ... durch die Vorlesung nicht eigentlich hergestellt, sondern nur geweckt, gelöst werden kann« (*GA* 21,222). Im Grunde gibt Heidegger hier nur einen knappen Hinweis auf die sokratische Gesprächskunst. Selbst wenn diese Gesprächskunst auf den ersten Blick darin besteht, sich auf den Anderen einzustellen und seinen Verständnismöglichkeiten Rechnung zu tragen, ist sie doch keine ausdrückliche Beschäftigung mit ihm. Man führt niemanden zu einer Einsicht, wenn man von ihm selbst nicht immer auch absieht und ihm in der Konzentration auf die Sache die Möglichkeit eröffnet, ein eigenes Verhältnis zu ihr zu gewinnen. Auch diese Art der »Fürsorge« ist wesentlich »Rücksicht« und »Nachsicht« (*SZ*, 123), d. h. sie besteht darin, den Anderen zum Verhalten kommen zu lassen.

Die bisherige Interpretation der Freigabe des Mitdaseins ist gleichwohl immer noch »ontisch«. Wenn man diese Freigabe analog zur Freigabe von Zeug verstehen kann, so ist sie nicht davon abhängig, daß man jemanden faktisch in seiner Zurückhaltung beläßt. Vielmehr müssen die Anderen auch gerade dann freigegeben sein, wenn man sich ausdrücklich mit ihnen beschäftigt; damit eine solche Beschäftigung möglich ist, muß man sich auf sie als mögliche Handlungspartner bereits eingelassen haben, oder besser gesagt: man muß auf sie immer schon eingelassen sein. Man ist »mit ihnen«, sofern man für sie aufgeschlossen ist, und sie sind »mit da«, sofern sie überhaupt mögliche Handlungspartner für einen selbst sind. Die Offenheit füreinander ist die Voraussetzung dafür, miteinander handeln zu können oder sich von Anderen auf sein Handeln verweisen zu lassen, und erst recht dafür, sich ausdrücklich auf sie zu beziehen.

»Selbst« und »man«

Was es heißt, sich auf Andere ausdrücklich zu beziehen, ist freilich bisher noch nicht klar geworden. Weil der besorgende Umgang immer durch die Unausdrücklichkeit der Anderen charakterisiert ist und auch jedes Handeln miteinander ohne diese Unausdrücklichkeit nicht möglich ist, liegt es nahe zu vermuten, daß man füreinander nur ausdrücklich wird, indem man miteinander und übereinander spricht. Nur im Reden nämlich hat man die Möglichkeit, das Verhalten der Anderen zu bestimmen und mit dem eigenen Verhalten zu vergleichen, so daß sich auch die Frage, wie der Zusammenhang von »ich«-Sätzen zu denken ist, erst unter der Berücksichtigung des, sei es ausgesprochenen, sei es unausgesprochenen Redens übereinander befriedigend beantworten läßt. Interpretiert man »ich«-Sätze als Artikulationen der Aufmerksamkeit auf etwas, so stehen diese Sätze zwar einerseits im Zusammenhang des zunächst nicht sprachlich artikulierten Umgangs, und sofern dieser Umgang durch die Anderen mit ermöglicht ist, auch im Zusammenhang der Anderen. Weil die Anderen jedoch auch imstande sind, »ich«-Sätze zu bilden, stehen diese Sätze immer auch im Kontext anderer »ich«-Sätze, und nur wenn man diesen Kontext berücksichtigt, kann man auch verstehen, wieso Heidegger sagt, das »Wer« des alltäglichen Daseins sei nicht »ich selbst«.»Selbst« ist nämlich ein Ausdruck, der keine Bezugnahme auf sich, sondern den Kontext von »ich«-Sätzen zu verstehen gibt. Es gehört zur Selbstverständlichkeit, in diesem Kontext zu sein.

Diese auf Anhieb wohl verwunderlich erscheinende These läßt sich zunächst durch eine kurze Betrachtung der alltäglichen Verwendung von »selbst« einsichtig machen. »Selbst« wird in der Terminologie der Grammatik als »Demonstrativpronomen« bezeichnet.[20] Das ist jedoch irreführend, weil der Ausdruck gar nicht deiktisch, sondern kontrastiv verwendet wird. Mit dem Satz »Peter selbst hat die Vase zerbrochen« etwa will man zu verstehen geben, daß es *niemand anderes* war, beispielsweise der Hund, wie Peter behauptet hatte. Auch zusammen mit »ich« hat »selbst« diese Funktion, so daß man mit »Ich selbst bin der Überzeugung, daß p« etwas anderes sagt als mit »Ich bin der Überzeugung, daß p«. Wer »ich selbst« sagt, drückt nicht nur seine Aufmerksamkeit auf etwas aus, sondern setzt sich gegen Andere und ihr Verhalten ab. Er macht dabei manchmal auch deutlich, daß er bestimmte Eigenschaften oder Verhaltensweisen ausdrücklich als die seinen in Anspruch nimmt, und von daher ist es erklärbar, daß man sowohl die Fähigkeit zur Herausbildung solcher Eigenschaften und Verhaltensweisen als auch die Weise, in der sie dann eine Person ausmachen, als »das Selbst« bezeichnet.[21] In jedem Fall bleibt festzuhalten, daß erst im Zusammenhang des »ich selbst«-Sagens auch die Rede von »den Anderen« ihren prägnanten Sinn bekommt. Damit jedoch, daß das »ich selbst«-Sagen immer ein Sichabsetzen von den Anderen ist, ist freilich nicht gesagt, zwischen »mir selbst« und den Anderen bestünde ein unmißverständlicher Unterschied. Bestünde dieser, wäre das »ich selbst«-Sagen gar nicht notwendig. Die Äußerung des Satzes »Ich

20 Vgl. *Duden-Grammatik*
21 Zu dieser Verwendung des Ausdrucks vgl. vor allem Mead (1934).

selbst habe die Vase zerbrochen« ist nur sinnvoll, wenn Unklarheit darüber besteht, wer es denn gewesen ist. Ebenso verhält es sich, wenn jemand sagt, »er selbst« sei der Überzeugung, daß p; er wendet sich nicht nur gegen jemanden, der behauptet hatte, daß q, sondern gibt zu verstehen, er rede die Behauptung, daß p, nicht einfach nach.

Die Voraussetzung von »ich selbst«-Sätzen besteht demnach darin, daß es grundsätzlich keine Verhaltensweisen gibt, die nur von *einem* vollzogen werden können. Verhaltensweisen werden als solche außerdem nicht ausdrücklich, solange man sie ungestört vollzieht, und bei einer Störung wird man auch zunächst nicht auf sein Verhalten, sondern auf das Störende, also etwa auf das fehlende oder fehlerhafte Zeug aufmerksam. Verhaltensweisen begegnen vielmehr zunächst als die Verhaltensweisen Anderer, denn diese »sind das, was sie betreiben« (*SZ*, 126), und d. h.: mit ihren bestimmten Verhaltensweisen kommen auch die Anderen als »diese Bestimmten« in den Blick. »Diese Bestimmten« sind sie immer, sofern das, was sie tun, mit dem eigenen Tun vergleichbar ist, und aufgrund der Vergleichbarkeit wiederum liegt es überhaupt nahe, sich voneinander abzusetzen; das gemeinsame Betreiben von Gleichem oder Ähnlichem ist, wie Heidegger sagt, durch »Abständigkeit« charakterisiert: »Im Besorgen dessen, was man mit, für und gegen die Anderen ergriffen hat, ruht ständig die Sorge um einen Unterschied gegen die Anderen, sei es auch nur, um den Unterschied gegen sie auszugleichen, sei es, daß das eigene Dasein — gegen die Anderen zurückbleibenden im Verhältnis zu ihnen aufholen will, sei es, daß das Dasein im Vorrang über die Anderen darauf aus ist, sie niederzuhalten. Das Miteinandersein ist — ihm selbst verborgen — von der Sorge um diesen Abstand beunruhigt. Existenzial ausgedrückt, es hat den Charakter der Abständigkeit. Je unauffälliger diese Seinsart dem alltäglichen Dasein selbst ist, umso hartnäckiger und ursprünglicher wirkt sie sich aus.« (*SZ*, 126) Die Verhältnisse zu Anderen, die Heidegger hier im Blick hat, sind alltäglich als »Konkurrenz«, »Ehrgeiz«, »Unterdrückung« und dergleichen bekannt. Deshalb wirkt es auch befremdlich, wenn er sagt, die Beunruhigung um den Abstand von Anderen sei im Dasein »verborgen«. Damit kann nicht gemeint sein, man wüßte alltäglich nichts von Konkurrenz, Ehrgeiz und Unterdrückung. Heidegger erwähnt außerdem an anderer Stelle, daß man etwas auch »überhaupt nur aus Ehrgeiz« (*GA* 20,337) tun oder wollen kann. Gemeint sein muß deshalb, daß man im Miteinandersein auch dann durch »Abständigkeit«charakterisiert ist, wenn es einem vorgeblich um die Einigkeit mit Anderen geht. Dann nämlich ist man darauf bedacht, die Unterschiede zu ihnen auszugleichen, so daß auch hier im

Miteinander ein »Gegeneinander«(*SZ*, 175) spielt. Sofern jedes Verhalten, das man ausdrücklich »selbst« vollzieht, durch die Anderen bestimmt ist, kann Heidegger von der »Herrschaft der Anderen« (*SZ*, 126) sprechen. Diese Herrschaft besteht nicht darin, jeweils dem Einfluß oder der Entscheidungsgewalt Anderer unterworfen zu sein; sie kann sich schließlich auch im Beherrschen der Anderen zeigen. Der entscheidende Punkt ist vielmehr, daß jedes Verhalten, das man ausdrücklich »selbst« vollzieht, ein Verhalten in der *Andersheit* ist. »Andersheit« in diesem Sinne ist nicht »Veranderung«.[22] Der Gedanke der Veranderung schließt nämlich ein, daß man sich nicht primär und nicht primär sich im Miteinandersein erfährt, sondern auch »reines Ich meiner reinen Cogitationen«[23] sein kann und erst in der Gemeinschaft mit Anderen zu einem empirischen »Ich« wird. Davon abgesehen, daß es schwierig ist, ein solches »Werden« überhaupt zu denken, besteht die Andersheit, wie sie im »ich selbst«-Sagen zum Ausdruck kommt, überhaupt nur unter der Voraussetzung des Mitseins und Mitdaseins. »Andersheit« bezeichnet lediglich die Weise, in der das je eigene Verhalten als dieses bestimmte ausdrücklich ist.

Diese Ausdrücklichkeit ist, wie bereits der umgangssprachliche Gebrauch des »ich selbst« belegt, nicht an bestimmte Andere gebunden. Wer sagt, »er selbst« habe das und das getan, setzt sich nicht notwendig von bestimmten Anderen ab; möglicherweise weiß er gar nicht, wer sonst noch für die betreffende Handlung verantwortlich sein könnte. Ebenso verhält es sich, wenn jemand besser als Andere sein will; er muß dabei nicht an bestimmte Personen denken, und selbst wenn er dies tut, geht es ihm in erster Linie darum, was sie betreiben und wie sie dies tun. Darin, daß die Anderen hier nur im Hinblick darauf, was sie betreiben, in den Blick kommen, behalten sie eine gewisse Unausdrücklichkeit. Weil jedes »ich selbst«-Sagen niemals nur durch bestimmte Andere, sondern durch eine in ihren einzelnen Möglichkeiten letztlich unkontrollierbare Andersheit bestimmt ist, erscheint im ausdrücklichen Miteinandersein die Offenheit des Mitdaseins. Das Miteinandersein nun, sofern man in ihm seine eigene ausdrückliche Bestimmtheit gewinnt, heißt bei Heidegger das »Man«. Das »Man« ist durch »Unauffälligkeit« und »Nichtfeststellbarkeit« charakterisiert (*SZ*, 126), und darin entfaltet es »seine eigentliche Diktatur« (*SZ*, 126). Diese besteht darin, daß »man« vorsagt — dictat, wel-

---

22 Zu diesem Begriff vgl. Theunissen (1977).
23 Husserl, *Ideen III*, 114 B.

che Tätigkeiten jeweils schätzenswert und wie die Vollzugsweise dieser Tätigkeiten zu bewerten ist. »Man« artikuliert so gesehen die Bedeutsamkeit, von der Heidegger ja auch ausdrücklich gesagt hatte, daß sie mit der Rede zusammenhängt (*GA* 20,275). Das »Man« ist, so gesehen, die immer schon irgendwie ausgesprochene Selbstverständlichkeit und als solche die »Verständlichkeit meiner selbst«.

Wer »selbst« besser sein will als Andere, ist deshalb bereits an dem orientiert, was »man« in einer bestimmten Hinsicht tut und sagt. Was »man« tut und sagt, ist »durchschnittlich«: man hält »sich faktisch in der Durchschnittlichkeit dessen, was sich gehört, was man gelten läßt und was nicht, dem man Erfolg zubilligt, dem man ihn versagt« (*SZ*, 127). Die »Sorge der Durschschnittlichkeit« (*SZ*, 127) läßt sich wiederum daraus verständlich machen, daß das je eigene Verhalten am Verhalten der Anderen ausdrücklich wird; sie ist letztlich die Sorge um diese Ausdrücklichkeit, denn niemand kann sich selbst von Anderen absetzen und darin ausdrücklich »er selbst« sein, wenn das Verhalten der Anderen nicht dem eigenen *vergleichbar* bleibt. Wer besser sein will als Andere oder mindestens ebenso gut wie sie, muß das, was sie betreiben grundsätzlich auch für erreichbar halten. Unter der Voraussetzung, daß das alltägliche Sein der Anderen nur als Betreiben in den Blick kommt, kann Heidegger bezüglich der Durchschnittlickeit auch von einer »Einebnung aller Seinsmöglichkeiten« (*SZ*, 127) sprechen: die verschiedenen Möglichkeiten, sich zu verhalten, müssen nach dem Maß der Vergleichbarkeit nivelliert sein.

Angesichts der Mißverständnisse, die es der Heideggerschen Konzeption des »Man« gegenüber immer wieder gegeben hat, muß zunächst betont werden, daß dies alles nicht »kulturkritisch« gemeint ist. Heidegger geht es nicht um eine Kritik an der anonymen Massengesellschaft; die Hinweise auf öffentliche Verkehrsmittel und das Nachrichtenwesen sind lediglich Illustrationen der für das »Man« charakteristischen Vergleichbarkeit des Verhaltens: als Benutzer von Eisenbahnen, Autos und Flugzeugen, als Fernseher und Zeitungsleser »ist jeder Andere wie der Andere« (*SZ*, 126). Aber es bedarf nicht der modernen Verkehrsmittel und der modernen Informationstechniken, damit das so ist. Die Vergleichbarkeit des Verhaltens ist auch Bedingung für öffentliches Ansehen, und insofern ließe sich das, was Aristoteles als den πολιτικὸς βίος beschreibt, in dem es nur um die Ehre (τιμή) geht, wenigstens zum Teil in den Begriffen, mit denen Heidegger das »Man« bestimmt, reformulieren. Auch in Hegels Konzeption des vom Anderen abhängigen Selbstbewußtseins könnte man den Versuch sehen, die Struktur in den Blick zu bringen, um die es auch Heidegger geht. Mit diesen Hinweisen soll wohlgemerkt nicht behauptet werden, Hegels Konzeption des Selbstbewußtseins und die Aristotelische Analyse der Ehre seien dasselbe wie Heideggers Konzeption des »Man«. Die Herausarbeitung einer Struktur in philosophischen Theorien ist in einem solchen Maß an die Grundbegriffe der jeweiligen Theorien gebunden, daß ein Versuch, etwa Heidegger und Hegel ins Gespräch zu bringen, zunächst einmal genötigt wäre, Hegels Grundbegriffe zu entwickeln. Das ist hier nicht beabsichtigt. Es macht allerdings, um nur das zu sagen, bereits einen großen Unterschied, ob, wie bei Hegel, von »Selbstbewußtsein« die Rede ist, oder ob es, wie bei Heidegger, darum geht, wie das eigene Verhalten am Verhalten Anderer ausdrücklich wird. In gleicher Weise wie Hegels Konzeption des Selbstbewußtseins ist Heideggers Konzeption des »alltäglichen Selbstseins« freilich eine philosophische Konzeption und als solche von jeder kultur- oder gesellschaftskritischen Diagnose darin unterschieden, daß sie für sich in Anspruch nimmt, nicht nur im Hinblick auf bestimmte historische Verhältnisse plausibel zu sein.

Aber auch da, wo der philosophische, genauer: daseinsanalytische Anspruch der Erörterung des »Man« ernst genommen wird, ist diese Erörterung häufig mißverstanden worden. Ein solches Mißverständnis besteht darin, das »Man« als den Modus der Fremdbestimmtheit zu interpretieren und ihm den Modus der Selbstbestimmung entgegenzusetzen. Daß das »Wer« des alltäglichen Daseins das »man« ist, heißt dann: »ich lasse, was ich jeweils tue und beabsichtige und wie ich mich verstehe, von dem bestimmen, was man für gut hält, ich bestimme es nicht selbst.«[24] Diese Deutung greift zwar eine für den weiteren Gedankengang von *SZ* grundlegende Unterscheidung auf, nämlich die Unterscheidung zwischen dem »Selbst des alltäglichen Daseins«, dem »Man-selbst«, und dem »eigentlichen, das heißt eigens ergriffenen Selbst« (*SZ*, 129), aber sie läßt die Pointe dieser Unterscheidung unberücksichtigt. Diese besteht darin, daß überhaupt von einem »Selbst« des alltäglichen Daseins die Rede ist. Wenn, wie gezeigt wurde, dieses »Selbst« nichts anderes ist als das, was im »ich selbst«-Sagen zum Ausdruck kommt, so ist das Sein im »Man« gerade kein »sich bestimmen lassen«, sondern die alltägliche Weise der Selbstbestimmung. Daraus folgt freilich, daß nun auch das »eigentliche Selbst« nicht mehr darin bestehen kann, »überlegt, und d. h. aus einer begründeten Wahl«[25] zu

24 Tugendhat (1979), 231.
25 Tugendhat (1979), 290.

handeln. Zwar heißt es bei Heidegger, das »Man« gebe »alles Urteilen und Entscheiden« vor und nehme darin »dem jeweiligen Dasein die Verantwortlichkeit ab« (*SZ*, 127); darin, daß man sich in dieser Weise »entlasten« läßt (*SZ*, 127), ist man durch »Unselbständigkeit« charakterisiert (*SZ*, 128). Das heißt jedoch, daß jeweilige Entscheidungen und Urteile alltäglich in der Weise des »ich selbst«-Sagens gefällt werden und darin von der als »Man« bezeichneten Struktur bestimmt sind; sofern das »ich selbst«-Sagen ein Sichvergleichen mit den Anderen und darin ein Sichabsetzen von ihnen ist, kommt in ihm eine Abhängigkeit zum Ausdruck, die man dann »Unselbständigkeit« nennen kann. Diese Unselbständigkeit ist entlastend, sofern es im Alltäglichen für Urteile und Entscheidungen immer Vergleichsmöglichkeiten gibt. Der Hinweis auf die Überlegtheit des Handelns leistet außerdem nicht, was er leisten soll, denn Überlegtheit ist allein noch kein Kriterium für die »Selbständigkeit« gegenüber dem »Man«. Auch Handlungen aus Neid oder Ehrgeiz können in hohem Maße überlegt sein. Dazu kommt, daß jede das Handeln leitende Überlegung in der einen oder anderen Weise auf die Anderen bezogen ist. Sofern Handlungen in Begründungen gerechtfertigt werden, müssen diese Begründungen, um überhaupt akzeptiert zu werden, dem Rechnung tragen, was »man« sagt, d. h. sie müssen sich an die Vergleichbarkeit von Handlungen halten. Wenn man die Selbständigkeit des Handelnden durch die Überlegtheit von Handlungen bestimmt, gelangt man bestenfalls zu einem pragmatisch gefaßten Begriff von Selbständigkeit und muß von der strukturalen Unselbständigkeit in der Gebundenheit an Andere beim »ich selbst«-Sagen absehen. »Selbständigkeit« kann dann nur noch heißen, daß jemand nicht primär aus der Orientierung an Anderen tut, was er tut, und in diesem Sinne würde man jemanden, selbst wenn er aus Ehrgeiz handelt, »selbständig« nennen, wenn er von seinem Ehrgeiz nicht geradezu besessen ist. Die Fremdbestimmtheit besteht dann in einer solchen Besessenheit, darin, daß sich »etwas in mir vollzieht«[26], und so gesehen ist sie dasselbe wie das Platonisch-Aristotelische κατὰ τὸ πάθος ζῆν. Allein, es wird sich zeigen, daß die πάθη bei Heidegger einen ganz anderen Stellenwert haben als bei Aristoteles und außerdem sein Begriff von Selbständigkeit nicht pragmatisch gemeint ist.

Bisher blieb freilich noch ungeklärt, wieso Heideggers Konzeption des »Man« als die Grundbestimmung von Unfreiheit zu begreifen ist.

26 Tugendhat (1979), 277.

Um zu einer Antwort auf diese Frage zu kommen, ist es vielleicht naheliegend, doch wieder auf die Interpretation des »Man« als Fremdbestimmtheit zurückzugreifen. Im Rahmen dieser Interpretation könnte man jedoch noch nicht einmal zu einer Bestimmung von »Unfreiheit« im Aristotelischen Sinne kommen, denn Aristoteles hat ja überhaupt keine Bedenken, auch ein stark affektbestimmtes Verhalten noch »frei« zu nennen. Wenn man die Konzeption des »Man« als Grundbestimmung von Unfreiheit bezeichnet, sagt man außerdem nicht, das »Man« sei als solches mit »Unfreiheit« identisch. Unterstellt man, daß das »eigentliche Selbstsein« ein »Freisein« ist, so wären, wenn man das »Man« mit »Unfreiheit« identifiziert, »eigentliches Selbstsein« und »Man« strikte Alternativen. Daß Heidegger dies nicht behauptet, wird deutlich, wenn er sagt: »Das eigentliche Selbstsein beruht nicht auf einem vom Man abgelösten Ausnahmezustand des Subjekts, sondern ist eine existenzielle Modifikation des Man als eines wesenhaften Existenzials.« (SZ, 130) Auch im eigentlichen Selbstsein ist man demnach durch die Struktur des »Man« bestimmt, und wäre das nicht so, müßte man als »eigentliches Selbst« aufgehört haben, dieser Bestimmte unter Anderen zu sein. Unter der Voraussetzung, das »Man« sei identisch mit »Unfreiheit«, wäre man außerdem als dieser Bestimmte unter Anderen immer unfrei. Unfrei ist man jedoch nur, wenn man sich ausschließlich in der Struktur des »Man« orientiert und nichts als ein Bestimmter unter Anderen sein will. Dabei wird verschlossen, wie man »eigentlich« ist, und »eigentlich« ist man durch Erschlossenheit charakterisiert. Das Verschließen der Erschlossenheit setzt diese voraus; es ist, wie sich zeigen wird, die Dominanz der Erscheinung von Erschlossenheit gegenüber dieser selbst. Erscheinung von Erschlossenheit aber ist das Verhalten, und will man begreifen, wie es zur Dominanz der Erscheinung überhaupt kommen kann, muß man zunächst das Verhältnis von Erschlossenheit und Verhalten untersuchen. Dieses Verhältnis ist die Differenz der Freiheit. Das »Man« ist eine Erscheinung dieser Freiheit, sofern die Verhaltensweisen in ihm bekannt sind. Ohne das »Man« gibt es kein Verhalten.

Drittes Kapitel

Die Differenz der Freiheit

§ 6 Erschlossenheit und Verhalten

Der Ausdruck »Differenz« bezeichnet das Verhältnis von Phänomen und Erscheinung als die Verschiedenheit dessen, was doch dasselbe ist. Sofern »Sein« bei Heidegger »Möglichsein« und »Dasein« die »Aufgeschlossenheit für die Offenheit des Seienden« bedeutet, »Sein« aber im ausgezeichneten Sinne Phänomen ist, ist »Erscheinung« die Weise, in der das Mögliche seine Wirklichkeit hat. Wirklichkeit und Möglichkeit sind insofern »dasselbe«, als die Wirklichkeit immer die Wirklichkeit des Möglichen ist; sie sind »verschieden«, weil im Wirklichen die Möglichkeit nur erscheint. Die Erscheinung der Möglichkeit im Wirklichen ist im Dasein das Verhalten: Verhalten kann man sich nur, weil man aufgeschlossen für die Offenheit des Seienden ist, und diese Aufgeschlossenheit wiederum ist eine Aufgeschlossenheit »zum Verhalten«. Daß die Aufgeschlossenheit für die Offenheit des Seienden so gesehen im Verhalten erscheinen muß, heißt nun nicht, dieses Erscheinen sei notwendigerweise auch ein Verschließen der Aufgeschlossenheit; es heißt allerdings, ein solches Verschließen sei in der Aufgeschlossenheit gleichsam angelegt. Nur weil das Verschließen nicht notwendig ist, läßt sich die Differenz von Möglichsein und Wirklichkeit als Differenz der Freiheit interpretieren; wenn das Verschließen in der Aufgeschlossenheit angelegt ist und »Aufgeschlossenheit« die Freiheit des Daseins bezeichnet, so hat diese Freiheit in sich eine Tendenz zur Unfreiheit. Freiheit und Unfreiheit sind nicht einfach nur Alternativen, sondern was Unfreiheit ist, läßt sich nur unter der Voraussetzung der Freiheit verständlich machen: Unfreiheit gibt es nur in der Freiheit und gegen diese. Eine genauere Bestimmung von Unfreiheit läßt sich demnach nur entwickeln, wenn man zunächst die Freiheit des Daseins genauer bestimmt. Die Rede von der »Aufgeschlossenheit« ist ja nur metaphorisch, und es kommt darauf an, zu zeigen, was mit dieser Metapher eigentlich gemeint ist. Nur so läßt sich auch deutlich machen, wovon die Welt und das Miteinandersein in der Struktur des »Man« Erscheinungen sind, und zwar Erscheinungen, die als solche akzeptiert werden können oder nicht.

Erschlossenheit

Was die Ausdrücke »Aufgeschlossenheit« und »Erschlossenheit« eigentlich bedeuten, erörtert Heidegger im fünften Kapitel von SZ, das das »In-Sein als solches« zum Thema hat. Es geht also nicht mehr um das »In-Sein« im Sinne der Vertrautheit und Selbstverständlichkeit von Welt und ebensowenig um die Verständlichkeit »meiner selbst«, wie sie durch das »Man« gewährleistet wird; vielmehr geht es um »Befindlichkeit«, »Verstehen« und »Rede« als die »gleichursprünglichen konstitutiven Weisen, das Da zu sein« (SZ, 133). Dieses »Da« meint nun dasselbe wie »Erschlossenheit«, so daß Heidegger auch sagen kann, daß »Dasein . . . seine Erschlossenheit« ist (SZ, 133). Mit dieser Identifikation von »Dasein« und »Erschlossenheit« ist wenig gewonnen; wenn man sich deshalb direkt einer Interpretation der von Heidegger genannten drei »gleichursprünglichen konstitutiven Weisen« des »Da« zuwenden würde, hätte man darauf verzichtet zu klären, *als was* Heidegger die Befindlichkeit, das Verstehen und die Rede denken will. Eine Antwort auf diese Frage ist jedoch erforderlich, wenn der Status seiner einzelnen Analysen einsichtig werden soll.

Um zu begreifen, was Heidegger mit »Erschlossenheit« genau meint, kann man den Versuch machen, diesen Terminus auf einen traditionellen Begriff abzubilden und als ein Substitut für »Bewußtsein« deuten.[1] Sicherlich meint »Erschlossenheit« nicht dasselbe wie »Bewußtsein«, wenn man Bewußtsein als Bewußtsein von etwas, also gemäß der Struktur der Intentionalität, versteht; genausowenig aber tritt »Erschlossenheit« an die Stelle, die traditionell mit dem Terminus »Bewußtsein« besetzt war. Bereits in der »Prolegomena«-Vorlesung wird die Erschlossenheit gegen ein »besonderes thematisches Wissen« abgegrenzt und als dasjenige bezeichnet, »was solches Wissen allererst fundiert und ermöglicht«(GA 20,349). An welchen traditionellen Terminus Heidegger im Zusammenhang der »Erschlossenheit« denkt, wird indirekt deutlich, wenn er sagt: »Die ontisch bildliche Rede vom lumen naturale im Menschen meint nichts anderes als die existenzial-ontologische Struktur dieses Seienden, daß es ist in der Weise, sein Da zu sein. Es ist ›erleuchtet‹, besagt: an ihm selbst, als In-der-Welt-sein gelichtet, nicht durch ein anderes Seiendes, sondern so, daß es selbst die Lichtung ist. Nur einem existenzial so gelichteten Seienden wird Vorhandenes im Licht zugänglich, im Dunkel verborgen.« (SZ, 133)

---

1 Tugendhat (1972), Sp. 726; Tugendhat (1979), 171 f.

Die Rede vom lumen naturale geht zurück auf die Aristotelische Konzeption des νοῦς, wie sie in der Schrift *de anima* entwickelt ist, und zwar genauer auf den dort angestellten Vergleich zwischen dem νοῦς ποιητικός und dem Licht[2]: wie das Licht die Farben dem Vermögen nach erst zu wirklichen Farben macht, so ist der νοῦς ποιητικός das Hervorbringen von allem (ἔστιν ... τῷ πάντα ποιεῖν /de an. 430a14f.). Das ποιεῖν meint hier nicht das Hervorbringen von etwas dem νοῦς gegenüber anderem, sondern die Wirklichkeit der νοητά in der Tätigkeit des νοεῖν. Daß der νοῦς andererseits dadurch charakterisiert ist, vermögend zu sein (*de an.* 429a22), heißt, daß alle νοητά, also nicht nur die jeweils gedachten, in ihm entstehen (γίγνεσθαι /de an. 430a15) können. Die Aristotelische Deutung des νοῦς im Schema von δύναμις und ἐνέργεια entfaltet nicht zwei verschiedene Weisen des νοεῖν, sondern lediglich zwei verschiedene Aspekte desselben Phänomens: Der νοῦς ist einerseits reine ἐνέργεια, weil er nicht in anderem etwas bewirkt oder durch sein Wirken sich verändert; er ist also keine δύναμις τοῦ ποιεῖν, aber ebensowenig eine δύναμις τοῦ πάσχειν, die erst von anderem in Wirklichkeit versetzt wird, wobei dieses andere auch dasselbe Seiende in anderer Hinsicht sein kann. Andererseits ist der νοῦς unter dem Aspekt der νοητά auch ein Vermögen (δυνάμει), denn daß das νοεῖν reine Wirklichkeit ist, heißt nicht, alle νοητά seien in ihm aktual. Wenn Heidegger diesen Zusammenhang im Blick hat, und anders wäre nicht verständlich, wieso er die Rede vom lumen naturale überhaupt aufnimmt, so ist klar, daß die Erschlossenheit zwar als ein νοεῖν, als ein Vernehmen, aber nicht als reine Wirklichkeit zu begreifen ist, in der alles wirklich sein kann. Erschlossenheit ist vielmehr reine Möglichkeit, und zwar Möglichkeit, die auch auf bestimmte Möglichkeiten hin angelegt ist. Trifft diese Interpretation zu, so ist Erschlossenheit ein Vernehmen, das im Anschluß an Aristoteles, aber doch in einer Umkehrung des Verhältnisses von Möglichkeit und Wirklichkeit gedacht ist.

Aus dieser Umkehrung des Verhältnisses von Möglichkeit und Wirklichkeit könnte man nun folgern, Dasein sei in seiner Erschlossenheit im Gegensatz zum Aristotelischen νοῦς als reine Passivität zu verstehen. Die »Lichtung«, von der Heidegger spricht, wäre dann eine Transparenz (διαφανής), die durch anderes erst »gelichtet« würde. Eine solche Auffassung ist jedoch abwegig, weil sie auf eine aktivische Interpretation des Vernehmens verwiesen bleibt. Verstünde man Da-

---

2 Vgl. Beierwaltes (1980), Sp. 547–549.

sein als reine Passivität, müßte man auch eine dieser Passivität korrelierende Aktivität annehmen; selbst wenn man sagen würde, diese Aktivität sei lediglich ein anderer Aspekt desselben Phänomens, wäre das mit der Konzeption Heideggers unvereinbar, denn man hätte Dasein dann als Vollzug gedacht. Wenn Dasein kein Vollzug ist, kann man die Erschlossenheit auch nicht »medial«[3] verstehen; Verben im Modus des Mediums bringen genau wie solche im Aktiv Vollzüge zum Ausdruck. Dadurch, daß man die Erschlossenheit weder aktivisch noch passivisch interpretieren kann, wird das, was Heidegger meint, außerdem überhaupt nicht rätselhaft. Bereits die umgangssprachlich verstandene »Aufgeschlossenheit« ist ja weder eine Aktivität noch ein Erleiden, sondern einfach eine Weise zu sein. Weil die ontologisch gefaßte Aufgeschlossenheit keine bestimmte Weise zu sein ist, sondern Dasein selbst, muß man sie als »apriorisches Perfekt« denken, so daß ihre »gleichursprünglichen konstitutiven Weisen« verschiedene Aspekte der Freiheit sind.

Befindlichkeit

Was nun die Erörterung des »Erschlossenheit« genannten Vernehmens im einzelnen angeht, so ist es keine Willkür, daß Heidegger mit der »Befindlichkeit« beginnt. In der »Prolegomena«-Vorlesung wird die Erschlossenheit als solche sogar nur an der Befindlichkeit entwickelt, die hier das »Apriori« der Erschlossenheit heißt (GA 20, 354). Diese Deutung wird jedoch, wie Heidegger wenig später gesehen hat, den Aspekten des Verstehens und der Rede nicht gerecht, denn auch diese sind »apriorisch«. Der Vorrang der Befindlichkeit ist nicht darin begründet, daß sie »apriorischer« als die anderen Weisen der Erschlossenheit ist; an ihr läßt sich jedoch am leichtesten deutlich machen, daß Erschlossenheit ein Vernehmen ist.

Mit »Befindlicheit« ist vor allem »die Stimmung, das Gestimmtsein« (SZ, 134) gemeint, und eine Stimmung ist nicht dasselbe wie ein Gefühl oder ein Affekt. Heidegger will zwar auch Gefühle und Affekte als »Modi« der Befindlichkeit einsichtig machen und nicht etwa als Zeichen von Erregung interpretieren; aber selbst wenn Gefühle und Affekte nicht mehr Anzeichen eines durch irgendetwas hervorgebrachten Erleidens oder als dieses Erleiden selbst gedeutet werden, sind sie

---

3 Tugendhat (1970/1), 304.

immer noch dadurch charakterisiert, daß man in ihnen in bestimmter Hinsicht und durch Bestimmtes betroffen ist; deshalb legen sie auch das Verhalten in zwar variierender, aber bestimmter Weise fest. Genau das ist bei Stimmungen nicht der Fall. Was an der Langeweile besonders deutlich wird, gilt für Stimmungen überhaupt: sie lassen die Frage, wie man sich verhalten soll, in einer eigentümlichen Weise offen. Heidegger kann deshalb auch sagen, in der Stimmung zeige sich das »pure ›daß es ist‹« (SZ, 134) des »Da«. Dieses »daß es ist« nennt Heidegger auch »die Geworfenheit dieses Seienden in sein Da, so zwar, daß es als In-der-Welt-sein das Da ist«, und der Ausdruck »Geworfenheit« soll dabei »die Faktizität der Überantwortung andeuten« (SZ, 135). »Geworfenheit« heißt demnach, daß man in der Welt ist, und »Faktizität«, daß man nicht nicht in der Welt sein kann, sondern wesentlich durch die Offenheit des Seienden, in der man sein kann, charakterisiert ist. Die »Überantwortung«, wie sie in der Stimmung offenbar wird, besteht darin, daß man sich im Rahmen der bekannten Verhaltensmöglichkeiten zu verhalten hat, und offenbar wird dies eben dadurch, daß die Stimmung selbst keine bestimmten Verhaltensweisen vorzeichnet. Heidegger nennt das, was sich so zeigt, auch den »Lastcharakter« des Daseins; in der Stimmung wird das »Sein als Last« (SZ, 134) erfahren, und das heißt nicht, es sei in jedem Fall unangenehm, »da« zu sein, sondern wiederum nur, es sei unmöglich, sich nicht zu verhalten.

Indem Stimmungen die Unumgänglichkeit des Verhaltens offenbar machen, zeigen sie »die Weltoffenheit des Daseins« (SZ, 137) »Weltoffenheit« kann dabei nicht heißen, »Dasein« sei für eine Welt oder im Hinblick auf eine Welt offen. Würde man dies sagen, hätte man »Dasein« und »Welt« nach dem Modell von »Subjekt« und »Objekt« interpretiert. »Weltoffenheit« meint vielmehr, daß es möglich ist, sich im Umgang mit Seiendem zu verhalten, und damit die Offenheit des Seienden selbst, sofern sie unter dem Gesichtspunkt möglichen Verhaltens gefaßt wird. Demzufolge sind Stimmungen nichts anderes als verschiedene Weisen der Eingelassenheit in die Offenheit des Seienden; sie sind Erfahrungen der als »Seinlassen« zu denkenden Freiheit. Interpretiert man die Stimmungen als Vernehmen des Seienden in seiner Offenheit so wird auch verständlich, wieso die sogenannten negativen Stimmungen in den Analysen Heideggers eine größere Rolle spielen. In ihnen zeigt sich diese Offenheit um so deutlicher, gerade weil man etwa in der Langeweile zu keinen Verhalten kommt, das als je eigene Bestimmtheit befriedigen würde. Aber auch die Hochstimmung oder der kaum spürbare Gleichmut lassen sich als das Vernehmen von Offenheit begreifen. Wenn man gleichmütig oder hochgestimmt ist, fällt es zwar sicherlich leichter, sich in bekannten Weisen zu verhalten; aber zum einen wäre auch das nicht möglich, wenn das Seiende nicht als »frei« für ein solches Verhalten vernommen würde, und zum anderen zeichnen auch diese Stimmungen das Verhalten selbst nicht vor: gleichmütig zu sein heißt ja gerade, sich zu keinem bestimmten Verhalten genötigt zu finden, und auch eine Euphorie ist dadurch charakterisiert, daß man nicht einfach selbstverständlicherweise etwas tut. Auch diese Stimmungen haben demnach die Eigentümlichkeit, auf die Heidegger mit dem Ausdruck »Last« hinweisen will.

Daß die Stimmungen den »Lastcharakter« nicht alle in der gleichen Deutlichkeit hervortreten lassen, faßt Heidegger als »Abkehr« im Gegensatz zur »Ankehr«. Diese Ausdrücke sind jedoch mißverständlich, weil sie suggerieren, Stimmungen seien Einstellungen zum Lastcharakter des Daseins und würden als solche vollzogen; eine Formulierung wie »ausweichende Abkehr« verstärkt diesen Eindruck noch. Nun ist zwar das Niederhalten einer Stimmung sicherlich ein Vollzug, und daß bestimmte Stimmungen niedergehalten werden und man anderen den Vorzug gibt, könnte man versuchen dadurch zu erklären, daß die Stimmungen in sich bereits »ankehrend« oder »abkehrend« sind. So sagt Heidegger etwa, daß die gehobene Stimmung sich an den Lastcharakter des Daseins nicht »kehrt« (*SZ*, 135). Aber das ist schließlich nur eine Metapher, und wenn es mehr sein soll, eine unangemessene Beschreibung. Der Vollzugssinn der Ausdrücke »Ankehr« und »Abkehr« läßt sich im Grunde nur auf die Weise, in der man mit einer Stimmung umgeht, beziehen.

Versteht man Stimmungen als das Vernehmen des Seienden in seiner Offenheit, in der man sich zu verhalten hat, oder in der Terminologie Heideggers gesagt: als das Vernehmen der Faktizität in der Weise der Geworfenheit in die Welt, so ist es zwar ausgeschlossen, Stimmungen als Vollzüge zu interpretieren. Um so naheliegender könnte es nun aber sein, ihnen passivischen Charakter zuzusprechen und sie aristotelisch als πάθη aufzufassen. Dabei könnte man sich außerdem noch darauf berufen, daß Heidegger sich bei seiner Analyse der Stimmungen ausdrücklich auf Aristoteles bezieht. Allein, die Auffassung von Stimmungen als erlittenen Zuständen ist genauso problematisch wie Heideggers Anknüpfung an Aristoteles. Was das erste angeht, so spricht man zwar davon, daß Depressionen »erlitten« werden oder daß man unter der Langeweile »leidet«; von Hochstimmungen oder auch vom »ungestörten Gleichmut« (*SZ*, 134) würde man das so ohne weiteres nicht sagen. Das kann man mit dem Hinweis darauf erklären wollen, daß man in der Regel kein Interesse daran hat, den Gleichmut und erst recht nicht die Hochstimmung »niederzuhalten« oder ihnen »auszuweichen«, so daß hier nur verdeckt bleibt, daß sie erlitten werden. Aber diese Erklärung greift zu kurz, weil sie sich an der Weise, mit Stimmungen umzugehen, und nicht an diesen selbst orientiert. Wenn nämlich von einem »Erleiden« im prägnanten Sinne nur gesprochen werden kann, wenn es ein dem Erleiden korrespondierendes Tun gibt, so kann man die Stimmungen, sofern sie das Vernehmen der Faktizität sind, kein Erleiden nennen. Aber wer vom Erleiden etwa einer Depression spricht, denkt ja auch nicht an ein Erleiden im Sinne des Aristotelischen πάσχειν als einer ontologischen Bestimmung; er denkt vielmehr daran, daß Depressionen als unangenehm empfunden werden, und weil das bei Hochstimmungen nicht der Fall ist, zögert man hier auch, zu sagen, daß sie erlitten werden. Nur auf die Frage, wie Stimmungen ontologisch zu fassen sind, kommt es hier jedoch an, und was die ontologische Problematik angeht, so übernimmt Heidegger bei seiner Interpretation der Stimmungen das Aristotelische Schema von ποιεῖν und πάσχειν nicht. Indem Heidegger auf die Termini »Affekt« und »Gefühl« zurückgreift, um zu zeigen, wie »die Phänomene« (*SZ*, 138), die er aufdecken will, in der Tradition behandelt worden sind, läßt er den Unterschied zwischen seiner eigenen Konzeption und der traditionellen freilich im unklaren. Daß es trotzdem berechtigt ist, auch die sogenannten Affekte von den Stimmungen her zu interpretieren, läßt sich in einem Vergleich der Heideggerschen und der Aristotelischen Analyse der Furcht deutlich machen.

An der Furcht will Heidegger »das Phänomen der Befindlichkeit … noch konkreter« (*SZ*, 140) demonstrieren, und zwar an der Furcht, weil diese dann später gegen die Angst als einer »existenzial-ontologisch bedeutsamen Grundbefindlichkeit des Daseins« (*SZ*, 140) abgesetzt werden soll. Insofern steht bei der Analyse der Furcht die Analyse der Angst durchweg im Hintergrund. Dennoch hat es einen guten Sinn, daß Heidegger die Angst nicht sofort in Abhebung von der Furcht erörtert; damit würde er nämlich dem systematischen Stellenwert, den die Angstanalyse in der Entwicklung seines Gedankengangs hat, nicht mehr gerecht werden können.

Aristoteles bestimmt die Furcht (φόβος) als eine im Einzelfall genauer zu beschreibende Bekümmerung oder Verwirrung, die aus der Erscheinung eines bevorstehenden Übels entsteht, das verderblich oder beeinträchtigend ist (λύπη τις ἤ ταραχὴ ἐκ φαντασίας μέλλοντος κακοῦ φθαρτικοῦ ἢ λυπηροῦ/*Rhet.* 1382a21f.). Diese Definition hält sich in dem zuvor von Aristoteles festgelegten Schema, demzufolge jedes πάθος in dreierlei Hinsicht bestimmt werden muß, nämlich daraufhin, wie das πάθος selbst beschaffen ist, d. h. in welchem Zustand sich jemand jeweils befindet, sowie wovor und wem gegenüber es besteht. Der Zustand der Furcht ist die Bekümmerung oder Verwirrung, und das »Wovor« ist das bevorstehende Übel; nur vor wem man sich fürchtet, ist in der genannten Bestimmung noch nicht berücksichtigt. Die Auslösung der Furcht nun ist ein Umschlag (μεταβολή), der mit dem Erscheinen des Übels in der Vorstellung geschieht. Damit ist klar, wieso die Furcht überhaupt ein πάθος sein kann: sie wird nicht vom Sichfürchtenden bewirkt, sondern ist ein Bewegtwerden, gleichgültig, ob das Bewegende aus der Beobachterperspektive gesehen wirklich ein Übel ist oder nicht. Die Bewegung der Furcht ist wirksam in der φαντασία, und zwar dadurch, daß diese durch ein in der Wahrnehmung Erscheinendes oder zuvor Wahrgenommenes und jetzt nur Imaginiertes bewegt wird. Dieses Bewegtwerden ist selbst nur durch seine Wirklichkeit, eben Bekümmerung und Verwirrung bestimmbar. Weil das in der φαντασία Erscheinende selbst die Furcht auslöst, sind gemäß der Aristotelischen Konzeption die Vorstellung und der Affekt nicht zu trennen.

Ebensowenig wie Aristoteles denkt nun auch Heidegger die Furcht als Zusammensetzung einer affektfreien Vorstellung und eines auf diese folgenden Affekts: »Das Fürchten ... ist das sich-angehen-lassende Freigeben des ... Bedrohlichen. Nicht wird etwa zunächst ein zukünftiges Übel (malum futurum) festgestellt und dann gefürchtet. Aber auch das Fürchten konstatiert nicht erst das Herannahende, sondern entdeckt es zuvor in seiner Furchtbarkeit. Und fürchtend kann dann die Furcht sich, ausdrücklich hinsehend, das Furchtbare ›klar machen‹. Die Umsicht sieht das Furchtbare, weil sie in der Befindlichkeit der Furcht ist.« (SZ, 141) Die Pointe dieser Sätze besteht darin, daß das Fürchten nun nicht mehr als Bewegung gedacht wird, sondern als Möglichkeit, d. h.: es ist kein − wirkliches − Erleiden, sondern das Entdecken eines jeweils Bestimmten in seinem Möglichkeitscharakter, und dieses Entdecken ist nur möglich, weil im Dasein das Seiende schon immer auch in der für die Furcht charakteristischen Hinsicht »vernommen« oder »freigegeben« ist: »Das Fürchten als schlummernde Möglichkeit des befindlichen In-der-Welt-seins, die ›Furchtsamkeit‹, hat die Welt schon daraufhin erschlossen, daß aus ihr so etwas wie Furchtbares nahen kann.« (SZ, 141) Obwohl die Furcht auch für Heidegger Furcht vor etwas Bestimmtem ist, kann sie doch in der ausschließlichen Orientierung an diesem Bestimmten nicht gefaßt werden. Das Fürchten ist zwar immer ein ontisch zu fassendes Bewendenlassen, weil in ihm etwas auf die Disposition der Bedrohlichkeit hin entdeckt wird; dieses Bewendenlassen setzt jedoch voraus, daß das Seiende überhaupt in der Weise der Bedrohlichkeit offen ist. Anders als bei dem als Besorgen zu verstehenden Bewendenlassen ist die Bewandtnis von etwas im Fürchten allerdings nicht im selbstverständlichen Umgang mit ihm entdeckt; das Bedrohliche ist »noch nicht in beherrschbarer Nähe« (SZ, 140), und deshalb geht man mit ihm um, indem man etwa vor ihm flieht oder sich anders in Sicherheit zu bringen trachtet.

Die eigentümliche Weise des Umgangs mit dem Bedrohlichen gibt auch Aufschluß darüber, worum man sich fürchtet: »Das Worum die Furcht fürchtet, ist das sich fürchtende Seiende selbst, das Dasein. Nur Seiendes, dem es in seinem Sein um dieses selbst geht, kann sich fürchten. Das Fürchten erschließt dieses Seiende in seiner Gefährdung, in der Überlassenheit an es selbst.« (SZ, 141) Bedroht ist man in der Furcht allerdings nur unter dem Aspekt des selbstverständlichen In-der-Welt-seins. Das meint Heidegger auch mit der etwas ungelenken Formulierung »das fürchtende Seiende, das Dasein«. Man erfährt etwas als Bedrohliches immer nur im Hinblick darauf, was man ist, so daß auch der Möglichkeitscharakter von Dasein nur unter dem Aspekt des je durch die Auslegung bestätigbaren Könnens in den Blick kommt: »Wenn wir um Haus und Hof fürchten, dann liegt hierin keine Gegeninstanz für die obige Bestimmung des Worum der Furcht. Denn das Dasein ist als In-der-Welt-sein je besorgendes Sein bei. Zumeist und zunächst ist das Daein aus dem her, was es besorgt« (SZ, 141), und, wie zu ergänzen wäre: besorgen kann, denn auch dieses kann man als bedroht erfahren. Weil die sogenannten Affekte anders als die Stimmungen nicht das »pure Daß«, also die Offenheit des Seienden, in der man sich zu verhalten hat, erschließen, sondern diese Offenheit in einer bestimmten Hinsicht, zeichnen sie, wie man an der Furcht leicht sehen kann, auch bestimmte Verhaltensweisen vor. Und weil das Bedrohliche jeweils etwas Bestimmtes ist, ist es auch möglich, sich »für Andere« zu fürchten. Natürlich nimmt dieses Fürchten »dem Anderen nicht die Furcht ab« (SZ, 141); es besteht lediglich darin, sich aufgrund der Vergleichbarkeit des Verhaltens und bestimmter Umstände des Verhaltens an seine Stelle zu versetzen. An der Furcht läßt sich schließlich noch ein Aspekt der Befindlichkeit veranschaulichen, der dann im Zusammenhang von Heideggers Angstanalyse zentrale Bedeutung für seine Konzeption der Freiheit gewinnen wird. Weil man in der Furcht seine alltägliche Selbstverständlichkeit als bedroht erfährt, muß man sich nämlich, »wenn die Furcht gewichen« ist, »erst wieder zurechtfinden« (*SZ*, 141). Das Verhalten findet demnach in der Befindlichkeit jeweils einen *Anfang*; die Befindlichkeit tritt bei Heidegger an jene Stelle, die für Kant mit dem Gedanken der Vernunft in ihrer Spontaneität und für Aristoteles mit dem Gedanken der Entelechie besetzt war.

Verstehen

Das Verstehen war ja bereits bei der Interpretation der Welt ansatzweise diskutiert und dabei als »sein können« bestimmt worden. Nachdem deutlich geworden ist, wie Heidegger »Erschlossenheit« denkt, läßt sich nun dieses »sein können« genauer bestimmen, indem man der Frage nachgeht, in welcher Hinsicht das Verstehen ein Vernehmen ist. Dabei ist es wiederum sinnvoll, zunächst zu klären, wie das im Verstehen »Gekonnte« genauer zu fassen ist. Dieses Gekonnte, so sagt Heidegger, »ist kein Was, sondern das Sein als Existieren. Im Verstehen liegt existenzial die Seinsart des Daseins als Sein-können. Dasein ist nicht ein Vorhandenes, das als Zugabe noch besitzt, etwas zu können, sondern es ist primär Möglichsein. Dasein ist je das, was es sein kann und wie es seine Möglichkeit ist.« (*SZ*, 143) Es ist nicht ganz korrekt, wenn Heidegger bestreitet, das im Verstehen »Gekonnte« sei ein »Was«. Die verschiedenen Weisen des Besorgens und der Fürsorge, die er selbst zur näheren Bestimmung des »Gekonnten« nennt, sind natürlich »was« im Sinne von etwas Bestimmten. Und die auch hier wieder ins Spiel gebrachte These, Dasein könne nicht als »Vorhandenes« begriffen werden, besagt dann, man sei im Dasein nicht durch einfach konstatierbare Eigenschaften bestimmt, sondern durch Dispositionen: was man ist, liegt nicht als das eigene »Aussehen« zutage, sondern ist für Andere nur zugänglich, indem sie das Verhalten beobachten.[4] Aber auch einer solchen Beobachtung des Verhaltens wird nie vollständig zugänglich, was man ist, denn man »kann« immer mehr, als man tatsächlich tut. Heideggers These, das im Verstehen »Gekonnte« sei kein »was«, hat andererseits einen guten Sinn. Allein daraus, daß man etwas tun kann, folgt schließlich nicht, daß man es auch tun wird, und das wiederum heißt: man ist in dem, was man sein wird, unbestimmt. Dieses unbestimmte, bevorstehende Sein nennt Heidegger »Existenz«.

---

4 Diese — Aristotelische —These hat G. Ryle wieder aufgenommen. Vgl. Ryle (1949), bes. 101–103.

Es ist nun leicht zu sehen, daß dieser Gedanke des Existierens mit der Kernthese des epistemischen Indeterminismus verwandt ist. Vom epistemischen Indeterminismus unterscheidet Heidegger sich jedoch nicht nur darin, daß er den Zusammenhang des Verhaltens nicht als einen Kausalzusammenhang, sondern als Welt begreift; außerdem deutet er das Nichtwissen des bevorstehenden Seins als ein Wissen, und zwar genauer als ein Vernehmen. Wäre einem das bevorstehende Sein nicht immer schon als unbestimmtes erschlossen, hätte man überhaupt keinen Anlaß, sich zu fragen, wie man sein kann und sein will. »Verstehen« besteht jedoch nicht darin, sich dies zu fragen und in der einen oder anderen Weise zu beantworten, sondern solche Fragen und Antworten setzen ihrerseits das Verstehen voraus. »Verstehen« ist das Vernehmen des bevorstehenden und unbestimmten Seins und bestimmter Verhaltensweisen, durch welche dieses Sein bestimmbar ist. Alle bestimmten Verhaltensmöglichkeiten, in denen einem das Seiende »bedeutsam« ist, sind so gesehen »umwillen« des unbestimmten, bevorstehenden Seins, und weil beides im Verstehen vernommen wird, kann Heidegger auch sagen: »Die Erschlossenheit des Verstehens betrifft als die von Worumwillen und Bedeutsamkeit gleichursprünglich das volle In-der-Welt-sein.« (SZ, 143)

Selbst wenn es einsichtig sein mag, daß das unbestimmte und bevorstehende Sein unmittelbar vernommen wird, könnte man, was die bestimmten Verhaltensmöglichkeiten angeht, doch darauf hinweisen, diese würden einerseits durch Erziehung und Übung erworben und seien andererseits häufig das Ergebnis von Überlegungen. Im Anschluß daran könnte man einwenden, es sei deshalb auch nicht sinnvoll, hier von einem »Vernehmen« zu sprechen. Allein, wie man bestimmte Verhaltensmöglichkeiten kennenlernt, ist für die Frage, ob die Möglichkeiten, die man kennt, vernommen werden, überhaupt nicht von Belang. Entscheidend ist vielmehr, daß vor jeder Entscheidung und auch vor jeder Frage, ob man etwas »wirklich kann«, bestimmte Möglichkeiten als solche gegeben sein müssen, und »gegeben« sind sie, indem sie vernommen werden. »Vernehmen« besagt hier die pure Präsenz von Möglichkeiten, und Möglichkeiten wiederum sind das, was man sein kann oder aber nicht sein kann. Wenn irgendwo, so hätte Heidegger sich hier auf das von ihm mehrmals interpretierte zehnte Kapitel von Met. Θ beziehen können. Aristoteles unterscheidet dort das Entdecken und Verdecken des zusammengesetzten Seienden von dem des Unzusammengesetzten (τὰ ἀσύνθετα/Met. 1051b17). Das Unzusammengesetzte ist dabei das Seiende selbst (τὸ ὄν αὐτὸ/Met. 1051b29), und im Hinblick auf das Seiende selbst gibt es kein Entdecken oder Verdekken, sondern es wird lediglich »berührt« und in seiner Entdecktheit gesagt oder nicht vernommen und damit auch nicht berührt (τὸ μὲν θιγεῖν καὶ φάναι ἀληθές (οὐ γὰρ ταὐτὸ κατάφασις καὶ φάσις), τὸ δ᾽ἀγνοεῖν μὴ θιγγάνειν/*Met.* 1051b24f.). Das »Berühren«, von dem Aristoteles spricht, meint die schlichte Kenntnis einer einfachen Bestimmung des Seienden, und deshalb gleichen auch die »Namen« dem ohne Synthesis und Dihairesis Vernommenen (*de interpr.* 16a,13–15): wer einfach nur »Haus« sagt, weist nichts auf, aber dokumentiert doch eine Kenntnis. Ebenso verhält es sich mit den bestimmten Möglichkeiten des Verhaltens; auch sie müssen als solche zunächst einfach »berührt« sein, damit man sich überhaupt fragen kann, wie man sich im einzelnen verhalten will und ob man es kann. Der Vollzug dieses »Könnens« ist dann »Auslegung«.

Heidegger charakterisiert nun das spezifische Vernehmen des Verstehens noch eingehender, indem er den Terminus »Entwurf« einführt. »Entwurf« bezeichnet »die existenziale Struktur« (*SZ*, 145) des Verstehens. Es mag sein, daß Heidegger diesen Terminus aus der Vorrede zur *Kritik der reinen Vernunft* übernommen hat, wo Kant sagt, »daß die Vernunft nur das einsieht, was sie selbst nach ihrem Entwurfe hervorbringt« (*KrV*, B XIII). Für Kant liegt der Entwurfcharakter der Vernunft darin, »daß sie mit Prinzipien ihrer Urteile nach beständigen Gesetzen vorangehen und die Natur nötigen müsse, auf ihre Fragen zu antworten, nicht aber sich von ihr allein gleichsam am Leitbande gängeln lassen müsse; denn sonst hängen zufällige, nach keinem vorher entworfenen Plane gemachte Beobachtungen gar nicht in einem notwendigen Gesetze zusammen, welches doch die Vernunft sucht und bedarf« (*KrV*, B XIII). Kant spricht hier vom Vorgehen der experimentellen Naturwissenschaft, die, um überhaupt Experimente anstellen zu können, zuvor allgemeine Bestimmungen entwickeln muß, auf die hin dann das, was Gegenstand des Experimentes ist, untersucht werden kann. Eine solche Bestimmung ist etwa das Postulat von der Gleichförmigkeit der Bewegung. Heidegger hat zwar später in seiner Vorlesung über *Die Frage nach dem Ding* von »Entwurf« auch in diesem Sinne gesprochen, und darauf wird zurückzukommen sein.[5] Daß er hier etwas anderes meint, geht jedoch allein schon aus dem folgenden Satz hervor: »Das Entwerfen hat nichts zu tun mit einem Sichverhalten zu einem ausgedachten Plan, gemäß dem das Dasein sein Sein einrichtet, sondern als Dasein hat es sich je schon entworfen und ist, solange es

---

5 Vgl. § 10 dieser Untersuchung.

ist, entwerfend. Dasein versteht sich immer schon und immer noch, solange es ist, aus Möglichkeiten.« (*SZ*, 145) Heidegger bestreitet ausdrücklich, daß »Entwurf« im Sinne eines Plans zu begreifen sei, und was Kant meint, ist ja ein solcher Plan, der festlegt, wie ein Gegenstand jeweils untersucht und bestimmt werden kann. Das Entworfene im Sinne Heideggers sind demgegenüber Möglichkeiten, und es ist wesentlich, daß das Verstehen »das, woraufhin es entwirft, selbst nicht thematisch erfaßt« (*SZ*, 145). »Entwurf« bezeichnet deshalb auch nur das Vernehmen der zwar bestimmten, aber doch noch nicht auf ihre Realisierung hin bedachten Möglichkeiten; die »entworfenen« Möglichkeiten sind deshalb von »Projekten«, die man ausdrücklich macht, zu unterscheiden. Indem man diese Unterscheidung trifft, kann man den Gedankengang Heideggers schärfer fassen als er dies im Text von *SZ* selbst tut. Projekte sind zwar auch Möglichkeiten, aber doch solche, die das je aktuale Verhalten bestimmen, sofern es in ihm um eine Realisierung des Projektierten geht. Projektierte Möglichkeiten sind immer in der einen oder anderen Weise »thematisch erfaßt«; dieses »Erfassen« aber »benimmt dem Entworfenen gerade seinen Möglichkeitscharakter, zieht es herab zu einem gegebenen, gemeinten Bestand, während der Entwurf im Werfen die Möglichkeit als Möglichkeit sich vorwirft und als solche *sein* läßt. Das Verstehen ist, als Entwerfen, die Seinsart des Daseins, in der es seine Möglichkeiten als Möglichkeiten *ist*.« (*SZ*, 145) Zum »gegebenen, gemeinten Bestand« werden die Möglichkeiten dadurch, daß man über sie, sei es schweigend mit sich selbst, sei es zu Anderen, redet. Keine Möglichkeit ist ein Projekt, wenn sie nicht in irgendeiner Weise artikuliert ist. Projekte aber kann man sich nur machen, wenn zuvor überhaupt Möglichkeiten erschlossen sind; »als Möglichkeiten«, müssen diese »sein gelassen« sein, um Projekte werden zu können. Heidegger denkt demnach nicht nur die Weise, in der die Offenheit des Seienden vernommen wird, sondern auch das Vernehmen der Möglichkeiten des Verhaltens als ein Lassen, und entsprechend muß auch hier die Offenheit des Möglichen in bestimmter Weise noch einmal von der Offenheit des Möglichen überhaupt unterschieden werden können. Offen im Sinne des Möglichen überhaupt ist das bevorstehende und unbestimmte Sein als das durch die Verhaltensmöglichkeiten Bestimmbare. Man weiß, daß man nicht weiß, wie man sein wird und vernimmt das bevorstehende und unbestimmte Sein doch ebenso in den bestimmten Weisen des Könnens. Weil die »Existenz« im Dasein immer durch diese Momente charakterisiert ist, kann man sie und ihr Vernehmen durchaus als »Entwurf« bezeichnen; sie bilden gleichsam die »Umrisse« des Existierens. Andererseits läßt der Ausdruck »Entwurf« auch an eine entwerfende Aktivität denken, und so gesehen bezeichnet er das Phänomen, um das es Heidegger geht, doch nur unvollkommen und mißverständlich.

Rede

Nach allem, was bisher über die philosophische Konzeption Heideggers gesagt wurde, ist es sicher verwunderlich, daß er die »Rede« als eine Weise der Erschlossenheit einsichtig machen will. »Rede« ist das »existenzial-ontologische Fundament der Sprache« (SZ, 160) und als solches »mit Befindlichkeit und Verstehen existenzial gleichursprünglich« (SZ, 161). Um diese Gleichursprünglichkeit begreifen zu können, muß man zunächst den Unterschied von »Rede« und »Sprache« klären. Aus den — übrigens wenig ausgearbeiteten — Erörterungen Heideggers ist ersichtlich, daß er unter »Sprache« die jeweilige phonetische, grammatische und lexikalische Ausprägung von »Rede« versteht. »Sprache« ist demzufolge ein Inbegriff für die verschiedenen Sprachen und meint nicht »Sprache überhaupt«. Was »Rede« bedeutet, ist schwieriger zu sagen. Sicherlich liegt es nahe, »Rede« als den Vollzug des Sprechens zu fassen, und wenn man in Rechnung stellt, daß Heidegger sich in seinen Erörterungen ausdrücklich auf W. v. Humboldt bezieht, so würde das auch verständlich machen, wieso die Rede das »Fundament« der Sprache sein soll. »Denn«, so heißt es bei Humboldt, »wenn wir gleich gewöhnt sind, von den Lauten zu den Wörtern und von diesen zur Rede überzugehen, so ist im Gange der Natur die Rede das Erste und Bestimmende.«[6] Die Rede hat einen Vorrang gegenüber dem phonetischen, grammatischen und semantischen System der Sprache, weil sie »die ewig sich wiederholende Arbeit des Geistes« ist, »den artikulierten Laut zum Ausdruck des Gedankens fähig zu machen«.[7] Die »eigentliche Sprache« liegt »in dem Acte ihres wirklichen Hervorbringens« und ist deshalb auch »kein Werk (Ergon), sondern eine Thätigkeit (Energeia)«.[8] »Rede« ist hier demnach nicht nur das jeweilige Sprechen, sondern die Wesensbestimmung von Sprache; die Bestimmung der »eigentlichen Sprache« als Energeia setzt lediglich beim jeweiligen Sprechen an: »Unmittelbar und streng genommen, ist

6 *Werke III*, 180.
7 *Werke III*, 418.
8 *Werke III*, 418.

dies <die Bestimmmung der Sprache als Energeia/G. F.> die Definition des jedesmaligen Sprechens; aber im wahren und wesentlichen Sinne kann man auch nur gleichsam die Totalität dieses Sprechens als die Sprache ansehen. Denn in dem zerstreuten Chaos von Wörtern und Regeln, welches wir wohl eine Sprache zu nennen pflegen, ist nur das durch jenes Sprechen hervorgebrachte Einzelne vorhanden und dies niemals vollständig, auch erst einer neuen Arbeit bedürftig, um daraus die Art des lebendigen Sprechens zu erkennen, und ein wahres Bild der lebendigen Sprache zu geben.«[9] Wörter und Regeln sind hier als ὕλη interpretiert, in welcher der »Geist« sich um seiner eigenen Beständigkeit willen ausprägt. So gesehen ist die »eigentliche Sprache«, wie Humboldt sie denkt, Wirklichkeit sowohl der Wörter und Regeln als auch des »geistigen Vermögens«[10], und beide Aspekte sind zusammengehalten im Begriff der Artikulation. »Artikulation« ist als das Gliedern des Lautes in einzelne Lautgruppen und Wörter und als Gliederung der »Ideen«[11] des geistigen Vermögens im Reden »das durch die ganze Sprache herrschende Prinzip«.[12] »Artikulation« meint also, wie διαρθώσις bei Aristoteles, sowohl die Herausbildung eines organischen Ganzen[13], einer »Totalität«, wie Humboldt sagt, als auch den Vollzug des Geistes im Reden.[14]

Selbst wenn Heidegger den Begriff der Artikulation aufnimmt, ist doch klar, daß dieser Begriff nicht mehr dasselbe meinen kann wie bei Humboldt.[15] Die Interpretation der Rede als einer Weise der Erschlossenheit ist unvereinbar mit ihrer Auffassung als Energeia. Wenn die Rede eine Weise der Erschlossenheit ist, so muß sie ebenso wie Befindlichkeit und Verstehen als ein Vernehmen von Möglichsein gedacht werden. In welcher Hinsicht das Möglichsein in der Rede vernommen wird, zeigt sich denn auch bereits an der näheren Bestimmung der Artikulation, wie Heidegger sie gibt: »Reden ist das ›bedeutende‹ Gliedern der Verständlichkeit des In-der-Welt-seins, dem das Mitsein zuge-

9 *Werke III*, 418.
10 *Werke III*, 464.
11 *Werke III*, 463.
12 *Werke III*, 13.
13 Vgl. *Historia animalium*, 583b23.
14 Vgl. *Historia animalium*, 535a31.
15 Demgegenüber hat W. Anz die Heideggersche Konzeption von Sprache in *SZ* noch als bruchlose Fortsetzung der Humboldtschen Tradition interpretiert. Vgl. Anz (1969), 309.

hört, und das sich je in einer bestimmten Weise des besorgenden Miteinanderseins hält. Dieses ist redend als zu- und absagen, auffordern, warnen, als Aussprache, Rücksprache, Fürsprache, ferner als ›Aussagen machen‹ und als reden in der Weise des ›Redenhaltens‹.« (SZ, 161) »Artikuliert« ist hier nicht mehr der Sprachlaut und das geistige Vermögen. Eine solche Konzeption der Rede ist für Heidegger allein schon deshalb unmöglich, weil Rede für ihn nicht mehr wie noch für Humboldt ein Hervorbringen von »Welt«, sondern eine Weise des In-der-Welt-seins ist, so daß der Redende sich immer schon in einem phonetischen, grammatischen und semantischen System von Sprache bewegt, das Heidegger etwas unglücklich als »Wortganzheit« (SZ, 161) bezeichnet; diese wird »wie ein Zuhandenes vorfindlich« (SZ, 161), und demnach müßte man das jeweilige, durch das System der Sprache bestimmte Sprechen als ein Sichbewegen in Verweisungen deuten. Artikuliert – und dies im doppelten Sinne des Ausdrucks – ist vielmehr das Miteinandersein durch die verschiedenen Möglichkeiten des Redens, die dann in Sprechakten realisiert werden können. Die Sprechakte können die verschiedenen Möglichkeiten des Miteinanderseins jedoch nur zum Ausdruck bringen, weil das Miteinandersein durch die Redeformen bereits gegliedert und in seiner Gliederung vernommen ist. Die Redeformen geben zu verstehen, woran man mit den Anderen sein kann, und dieses »zu verstehen geben« ist auch mit Heideggers Ausdruck »bedeuten« gemeint: »bedeuten« ist hier transitiv zu lesen und heißt soviel wie »jemandem etwas bedeuten« oder »jemanden auf etwas hindeuten«. Was die Redeformen jeweils zu verstehen geben, sind gemäß der Heideggerschen Terminologie Weisen des Besorgens; sie sind in ihrer Bedeutsamkeit artikuliert.

Vernommen sind jedoch nicht nur die verschiedenen Möglichkeiten der Rede, sondern auch die Anderen als solche, denen man etwas mitteilen kann. »Mitteilung« ist dabei »nie so etwas wie ein Transport von Erlebnissen, zum Beispiel Meinungen und Wünschen aus dem Inneren des einen Subjekts in das Innere des anderen« (SZ, 162), sondern jede Äußerung schließt ein, daß »Mitdasein ... wesenhaft schon offenbar« (SZ, 162) ist: Im jeweiligen Sprechen kann das Miteinandersein aufgrund seiner Vergleichbarkeit in der einen oder anderen Weise nur vollzogen werden, weil man bereits füreinander offen ist. Weil es Heidegger auf diesen Gedanken ankommt, spielen »Hören« und »Schweigen« in seiner Konzeption der Rede auch eine wesentliche Rolle: »An diesen Phänomenen wird die konstitutive Funktion der Rede für die Existenzialität der Existenz erst völlig deutlich.« (SZ, 161) Das Hören ist für die Möglichkeit, mit Anderen sein zu können, konstitutiv, weil nur jemand, der hören kann, dafür offen ist, angesprochen zu werden: »Das Hören auf . . . ist das existenziale Offensein des Daseins als Mitsein für den Anderen.« (*SZ*, 163) Diese Offenheit kann »ontisch« oder»existenziell« durchaus die Verschlossenheit eines Menschen sein, der nun nichts mehr hören will. Auch das Schweigen ist nicht nur eine Privation des Sprechens, sondern ein anderer Aspekt des Hörens; nur wer schweigt, läßt sich ansprechen, und so gesehen setzt alles jeweilige Reden ein Schweigen voraus. Im Schweigen liegt das Vernehmen der Offenheit für das Ansprechen und Angesprochenwerden.

Heideggers Konzeption der Rede ist, wie sich gezeigt hat, nicht in erster Linie am Vollzug des Sprechens orientiert. Dieser Vollzug kommt hier nur in seinen möglichen Formen in den Blick, die Formen sind, sich zueinander zu verhalten. Sofern dieses Verhalten in der Offenheit füreinander vollzogen wird, die als Offenheit überhaupt durch die verschiedenen Redeformen bestimmbar ist, ist es frei. Wenn jedoch gesagt werden konnte, daß in der Struktur des Miteinanderseins zugleich auch die Grundbestimmung von Unfreiheit liegt, so muß diese Grundbestimmung sich aus der spezifischen Erschlossenheit von Mitsein und Mitdasein entwickeln lassen.

§ 7 Uneigentlichkeit oder die Position des Verhaltens

Der Terminus »Uneigentlichkeit« bezeichnet bei Heidegger eine Seinsweise des Daseins, die er selbst in sehr mißverständlicher Weise bestimmt, wenn er von ihr als dem »Aufgehen in der besorgten Welt« (*SZ*, 125) spricht. An einer anderen Stelle heißt es sogar: »Das Verstehen kann sich primär in die Erschlossenheit der Welt legen, das heißt das Dasein kann sich zunächst und zumeist aus seiner Welt her verstehen. Oder aber das Verstehen wirft sich primär in das Worumwillen, das heißt, das Dasein existiert als es selbst.« (*SZ*, 146) Wären das Verstehen »aus der Welt« und das »Sichwerfen in das Worumwillen« die strikten Alternativen, als welche Heidegger sie hier formuliert, so wäre unter der Voraussetzung, daß Dasein grundsätzlich In-der-Welt-sein ist, Eigentlichkeit als Seinsweise nicht möglich, denn als eigentliches müßte Dasein weltlos sein. Die Aporie steckt hier jedoch nur in der Formulierung und nicht in der Sache. Wenn Heidegger von der Uneigentlichkeit als einem »Aufgehen« in der Welt spricht, so meint er nicht die als bedeutsam erschlossene Bewandtnisganzheit, sondern die Welt, sofern sie »Mitwelt« ist. Sofern die Welt »Mitwelt« ist, ist die Bedeutsamkeit artikuliert, so daß verschiedene Verhaltensweisen in Befehlen, Wünschen etc. miteinander koordiniert werden können; in der Mitwelt sind außerdem die Verhaltensweisen selbst vergleichbar. Aber auch dies ist lediglich eine notwendige Bedingung für die Uneigentlichkeit; die artikulierte Bedeutsamkeit ist ebenso wie die Struktur des »Man« eine Erscheinung von Freiheit. Die Freiheit, die Dasein »eigentlich« ist, ist nur verschlossen und überspielt, sofern alles Verhalten von Äußerungen der Bedeutsamkeit und dem Vergleich des Verhaltens *dominiert* wird; nur so ist man nicht, wie man »eigentlich« ist, und also uneigentlich.

Daß die Uneigentlichkeit nur vom Reden her zu begreifen ist, wird allein schon am Aufbau der Heideggerschen Analyse deutlich. In der Analyse der Uneigentlichkeit sind alle drei Weisen der Erschlossenheit und ebenso die Vollzüge des Verhaltens in der Auslegung berücksichtigt; aber anders als in dem Abschnitt über die Erschlossenheit selbst erläutert Heidegger nun die Rede in ihrem uneigentlichen Modus, das »Gerede« an erster Stelle, um sich dann der »Neugier«, die dem Verstehen zugeordnet ist, der »Zweideutigkeit« als dem uneigentlichen Modus der Auslegung und schließlich dem »Verfallen« und der in der Befindlichkeit erschlossenen Geworfenheit zuzuwenden. Die genannten Formen der Uneigentlichkeit werden alle vom »Gerede« her als solche einsichtig gemacht. Weil dem »Verfallen« in anderer Hinsicht als dem »Gerede« eine Sonderstellung zukommt, ist es empfehlenswert, auch nur die drei ersten Aspekte der Uneigentlichkeit zusammen zu erörtern.

Gerede, Neugier und Zweideutigkeit

Daß die Rede die anderen Weisen der Erschlossenheit überspielen kann, ist nach den voraufgegangenen Interpretationen nicht schwer zu sehen. Zwar ist nicht jede Verhaltensmöglichkeit ein Projekt; aber prinzipiell kann doch jede Verhaltensmöglichkeit als Projekt gefaßt werden. Dann aber ist sie ebenso wie die Auslegung, in der das Projekt realisiert wird oder die doch mindestens zu einer Realisierung beiträgt,

174

artikuliert und aussprechbar. Ähnliches gilt von der Befindlichkeit: als ausgesprochene haben Stimmungen und Gefühle zumeist ihre Stelle in einem gegliederten Miteinandersein. Das Aussprechen von Furcht, Hochstimmng, Freude und Langeweile etwa macht das Miteinandersein nicht nur mit aus, sondern solchen Stimmungen und Gefühlen begegnet man unter anderem dadurch, daß man sie in der einen oder anderen Weise ausspricht; man weiß außerdem von ihnen auch aufgrund ihrer Ausgesprochenheit durch Andere. Damit ist indirekt bereits ein Charakteristikum des Geredes genannt. Generell »verwahrt«, wie Heidegger sagt, »die Ausgesprochenheit ... im Ganzen ihrer gegliederten Bedeutungszusammenhänge ein Verstehen der erschlossenen Welt und gleichursprünglich damit ein Verstehen des Mitdaseins Anderer und des je eigenen In-Seins« (SZ, 168). Solches »Verwahren« gibt einerseits sicher eine Möglichkeit, vom Verhalten Anderer in der Welt zu wissen, und nichts anderes ist auch hier mit dem nicht strikt terminologisch verwendeten Ausdruck »Verstehen« gemeint. Andererseits bleibt jedoch im Ausgesprochenen die Erschlossenheit, sofern sie ein Vernehmen ist, ausgeblendet: weder über das bevorstehende und unbestimmte Sein noch über die Offenheit des Seienden zum Verhalten noch über die Offenheit füreinander läßt sich in der Weise sprechen, in der man über Projekte, Stimmungs- und Gefühlserlebnisse und über die Anderen in ihrer Bestimmtheit sprechen kann. Mit dem Vorrang der Ausgesprochenheit wird die Erschlossenheit zur »Erschlossenheit des Man«, zur »Öffentlichkeit« (SZ, 167) modifiziert. »Öffentlich« ist nicht die Befindlichkeit, sofern sie Stimmung zum Verhalten ist, sondern das gestimmte Verhalten, das ausgesprochen und besprochen wird. »Öffentlich« ist ebensowenig das unbestimmte eigene Sein, das durch die verschiedenen Verhaltensmöglichkeiten bestimmbar ist und in dieser Bestimmbarkeit vernommen wird, sondern öffentlich sind die Projekte, und öffentlich ist schließlich nicht die Offenheit füreinander, sondern das jeweils vollzogene Reden. Die Öffentlichkeit ist lediglich die Erscheinung der Erschlossenheit. Das heißt freilich nicht, die Erschlossenheit sei als solche »privat«. Privatheit ist daseinsontologisch gesehen keine Alternative zur Öffentlichkeit. Zwar erörtert Heidegger das Problem des Privaten nicht ausdrücklich, aber gemäß der Analyse des »Man« liegt es doch nahe, Privatheit als einen Modus der Öffentlichkeit zu denken. Immerhin zieht man sich »vom ›großen Haufen‹ zurück, wie *man* sich zurückzieht« (SZ, 127), und man kann bestimmte Verhaltensweisen nur deshalb der Privatsphäre zurechnen, weil »man« das tut. Da im Sinne der Heideggerschen Verwendung dieses Ausdrucks »öffentlich« alles durch Reden und deshalb das für alle

Zugängliche ist, ist die Alternative zu »öffentlich« nicht »privat«, sondern »jemeinig«. »Jemeinig« ist nicht, was man den Anderen »entzieht«, sondern was nur selbst vernommen oder im eigenen Vollzug erfahren werden kann.

Aber auch die »Erschlossenheit des Man« ist als solche noch nicht uneigentlich. Da »man« immer ist, was man betreibt, ist das Miteinandersein im »Man« zwar als durchgängige Orientierung am bestimmten Verhalten und überhaupt an dem, was bestimmt ist, charakterisiert; aber im Verhalten, das »Besorgen« und »Fürsorge« ist, läßt sich eine solche durchgängige Orientierung nicht einlösen, denn jedes Verhalten dieser Art wird im Zusammenhang des Unbestimmten und Möglichen vollzogen. »Uneigentlich« ist vielmehr die durchgängige Orientierung am Bestimmten in einer Weise des Verhaltens, bei der auch das im Besorgen und in der Fürsorge Offene noch bestimmt sein kann, und diese Verhaltensweise ist das Reden. Im Reden findet man auch da noch eine Bestimmtheit, wo das eigene Verhalten sie nicht mehr bietet: »Gemäß der durchschnittlichen Verständlichkeit, die in der beim Sichaussprechen gesprochenen Sprache schon liegt, kann die mitgeteilte Rede weitgehend verstanden werden, ohne daß sich der Hörende in ein ursprünglich verstehendes Sein zum Worüber der Rede bringt. Man versteht nicht so sehr das beredete Seiende, sondern man hört schon nur auf das Geredete als solches. Dieses wird verstanden, das Worüber nur ungefähr, obenhin; man meint dasselbe, weil man das Gesagte gemeinsam in derselben Durchschnittlichkeit versteht.« (SZ, 168) Die durchschnittliche Verständlichkeit ist nurmehr eine Erscheinung des Verstehens, weil das in ihr »Verstandene« als Ausgesprochenes bekannt und in seinem Möglichkeitscharakter dadurch verschlossen ist: Die Möglichkeiten kommen als ausgesprochene nur noch unter dem Gesichtspunkt ihrer Realisierung in den Blick und nicht als das, was man jeweils auch nicht zu sein vermag. Selbst wenn man das in einer Aussage ausgesprochene Entdecken jeweils nicht vollziehen kann, ist man imstande, die Aussage zu verstehen, einfach nur, weil man gelernt hat, sich im Zusammenhang einer Sprache zu bewegen. Aussagen sind ablösbar von Handlungszusammenhängen; alles, was gesagt worden ist, kann man sich zu eigen machen, indem man es nachredet, und in diesem Nachreden bildet sich die durchschnittliche Verständlichkeit« aus. Der Heideggersche Terminus »Gerede« nun bezeichnet nichts anderes als den Rekurs auf das bereits Ausgesprochene und hat darin einen perfektischen Sinn: »Gerede« ist die Rede im Kontext des Geredeten, und zwar so, daß auch das stille Reden mit sich selbst eingeschlossen ist. Demnach ist es auch ernst zu nehmen, wenn

Heidegger sagt, der Terminus »Gerede« solle »nicht in einer herabziehenden Bedeutung gebraucht werden« (*SZ*, 167); »Gerede« muß nicht »Geschwätz« sein. Vielmehr ist etwa auch jede terminologische Rede immer in der Gefahr, zum Gerede zu werden, weil Termini oft abkürzende Bezeichnungen für komplexe Zusammenhänge und Sachverhalte sind und es bei ihrer Verwendung nicht immer möglich ist, die angesprochenen Zusammenhänge und Sachverhalte genau zu durchdenken. Die Gefahr des Geredes, das auch ein »Geschreibe« sein kann, besteht immer dann, wenn man auf zuvor Gesagtes und Geschriebenes als auf etwas einfachhin Verständliches rekurriert, und daran wird ebenso wie an dem Umstand, daß man vieles nur vom Hörensagen oder als Gelesenes kennt, deutlich, wie schwierig und am Ende wohl unmöglich es ist, der Gefahr des Geredes zu entgehen. Sofern man eine Sprache beherrscht und sie spricht, ist man schon im Gerede.

Nach diesen Erläuterungen ist wohl deutlich, daß das Gerede jene Orientierung am »Offensichtlichen« ermöglicht, gegen die sich Heidegger zufolge jede phänomenologische Anstrengung zu wenden hat. Sofern man durch das Gerede beherrscht ist, hält man sich im Modus des Scheins als der Möglichkeit, »alles zu verstehen ohne vorgängige Zueignung der Sache« (*SZ*, 169). »Alles zu verstehen« und über alles reden zu können, ist ein Charakteristikum der Sophisten[1], und so kann man sagen, daß Dasein in der Uneigentlichkeit in sich sophistisch und zugleich Opfer sophistischer Überredung ist. Ebenso wie bei den Sophisten beruht auch die im Gerede liegende Täuschung nicht auf einer klar feststellbaren Absicht, zu der es die Alternative eines echten Entdeckens gäbe[2]: »Die Rede, die zur wesenhaften Seinsverfassung des Daseins gehört und dessen Erschlossenheit mit ausmacht, hat die Möglichkeit, zum Gerede zu werden und als dieses das In-der-Welt-sein nicht so sehr in einem gegliederten Verständnis offenzuhalten, sondern zu verschließen und das innerweltlich Seiende zu verdecken. Hierzu bedarf es nicht einer Absicht auf Täuschung. Das Gerede hat nicht die Seinsart des bewußten Ausgebens von etwas als etwas. Das bodenlose Gesagtsein und Weitergesagtwerden reicht hin, daß sich das Erschließen verkehrt zu einem Verschließen. Denn Gesagtes wird zunächst immer verstanden als ›sagendes‹, das ist entdeckendes. Das Gerede ist sonach von Hause aus, gemäß der ihm eigenen Unterlassung des Rück-

---

1 Vgl. *Soph.* 232b–233c.
2 Der Sophist ist kein Lügner, sondern eine »Hohlfigur der Rede«; vgl. Gadamer (1983), 80.

gangs auf den Boden des Beredeten, ein Verschließen.« (SZ, 169) Heidegger begründet das Verschließen durch das Gerede hier in einer Unterlassung. Damit läßt sich aber nur das Verdecken des innerweltlichen Seienden einsichtig machen; dieses beruht in der Tat darauf, daß man sich nicht entdeckend verhält, weil man meint, es im Gesagten mit einem ausgesprochenen Entdecken zu tun zu haben. Wenn demgegenüber die Offenheit des In-der-Welt-seins, die Erschlossenheit, nicht als als ein Tun zu denken ist, kann man das Verschließen dieser Offenheit auch nicht in einem Unterlassen begründen, sondern nur in einem Tun. Dieses Tun ist eben das Reden selbst. Es »liegt daran, daß geredet wird« (SZ, 168), weil nur so das alltägliche Selbstsein in seiner Bestimmtheit durchgängig realisiert werden kann. Freilich wird bei dem Versuch einer solchen Realisierung das alltägliche Selbstsein gleichsam unterminiert. Das Gesagtsein und Weitergesagtwerden ist »bodenlos«, und sofern man sich an ihm im Dasein orientiert, ist man »entwurzelt«: »Das Gerede ... ist die Seinsart des entwurzelten Daseinsverständnisses ... Das im Gerede sich haltende Dasein ist als In-der-Weltsein von den primären und ursprünglich-echten Seinsbezügen zur Welt, zum Mitdasein, zum In-Sein selbst abgeschnitten. Es hält sich in einer Schwebe und ist in dieser Weise doch immer bei der ›Welt‹, mit den Anderen und zu ihm selbst.« (SZ, 170) Die Seinsbezüge zur Welt, von denen Heidegger hier spricht, sind die Bezüge der Bedeutsamkeit; redend ist man von diesen »abgeschnitten«, denn redend findet man seine Bestimmtheit nicht im entdeckenden, besorgenden Umgang mit Seiendem. Dennoch kann man »ein Bestimmter« sein, eben der, der diese bestimmten Überzeugungen vertritt und diese und jene Informationen zu geben weiß. Die Weltlichkeit im vom Gerede beherrschten Dasein ist freilich scheinhaft, und darauf bezieht sich Heideggers Ausdruck »Schwebe«: im Gerede können Projekte ausgesprochen und propagiert werden, ohne daß sie aus den eigenen Verhaltensmöglichkeiten gewonnen wären. Sofern man sich an das hält, was »man« sagt, hat das Verhalten auch seinen in der Stimmung erschlossenen Lastcharakter verloren, denn das Reden entlastet ja vom Handeln mit seinen Festlegungen und Konsequenzen. Anders als das Bewerkstelligen von etwas in einer »Werkwelt« ist das Reden als Aussprechen von Meinungen außerdem nichts, was jemanden in dem, was er ist, wirklich ausmacht. Meinungen sind austauschbar, und diese Austauschbarkeit wird zugleich verstellt, weil es gerade vertraute Meinungen sind, an die man sich hält. In der Scheinhaftigkeit des Geredes liegt eine Unverbindlichkeit, die mit dem Versuch einer durchgängigen Bestimmung des alltäglichen Selbstseins keineswegs im Widerspruch steht.

Diese Unverbindlichkeit tritt in der »Neugier« noch deutlicher hervor. Mit »Neugier« bezeichnet Heidegger den uneigentlichen Modus des Verstehens und der »Sicht« als der Möglichkeit, sich in einem Zusammenhang des Seienden verweisen zu lassen. Die Modifikation, um die es hier geht, besteht darin, daß das Verstehen als Vernehmen von Möglichkeiten zu einem »Nur-Vernehmen« (*SZ*, 172) wird und die Sicht ihren Charakter, Umsicht in einem Verweisungszusammenhang zu sein, verliert: »Das Besorgen kann zur Ruhe kommen im Sinne der ausruhenden Unterbrechung des Verrichtens oder als Fertigwerden. In der Ruhe verschwindet das Besorgen nicht, wohl aber wird die Umsicht frei, sie ist nicht mehr an die Werkwelt gebunden«, und damit bildet sich die Tendenz heraus, »ausruhend verweilend die ›Welt‹ nur in ihrem Aussehen zu sehen«; »Das Dasein läßt sich einzig vom Aussehen der Welt mitnehmen, eine Seinsart, in der es besorgt, seiner selbst als In-der-Welt-sein ledig zu werden, ledig des Seins beim nächst alltäglichen Zuhandenen.« (*SZ*, 172) Hier könnte man zunächst denken, es ginge in der Neugier darum, sich von den Vollzügen des Besorgens zu entlasten, indem man das innerweltliche Seiende ungebunden durch seine Nützlichkeit oder Abträglichkeit für ein Werk und nur noch in seinem Aussehen erfährt, wobei das »Aussehen«, wie Heidegger im Anschluß an Augustinus vermerkt, für jede wahrnehmbare Beschaffenheit des Seienden steht (*SZ*, 171). So wäre die Neugier Muße und Erholung von der Mühe des Besorgens. Daß Heidegger die Neugier jedoch so nicht denkt, wird deutlich, wenn er sagt, sie suche »das Neue nur, um von ihm erneut zu Neuem abzuspringen« (*SZ*, 172). Die Neugier ist »durch ein spezifisches Unverweilen beim Nächsten charakterisiert« (*SZ*, 172) und deshalb keine »Muße des betrachtenden Verweilens«, sondern »Unruhe und Aufregung durch das immer Neue und den Wechsel des Begegnenden«, also »die ständige Möglichkeit der Zerstreuung« (*SZ*, 172); sie ist »überall und nirgends« und darin »Aufenthaltslosigkeit« (*SZ*, 173). Heißt es schließlich, in der Neugier gehe es »um Möglichkeiten des Sichüberlassens an die Welt« (*SZ*, 172), so kann man das als eine Zusammenfassung aller anderen Charakterisierungen lesen: Man »überläßt« sich der »Welt« gerade nicht, indem man im Verweisungszusammenhang des Seienden etwas besorgt und darin »bei der Sache« ist, sondern indem man auch dort noch seine Ausdrücklichkeit und Bestimmtheit sucht, wo man sich, gemessen an seinen Fähigkeiten und Kenntnissen, eigentlich nicht mehr verhalten kann. »Sich an die Welt überlassen« heißt so gesehen: den Zusammenhang des Seienden in seiner Bedeutsamkeit grenzenlos zu eigen haben zu wollen, und dies ist nur möglich, indem man sich an die im Gerede eröffneten Möglichkeiten der Neugier hält. Das Gerede »sagt, was man gelesen und gesehen haben muß« (SZ, 173), und gibt damit der Neugier trotz ihrer Aufenthaltslosigkeit eine eigentümliche Sicherheit. Auch hier zeigt sich wieder, wie die Modifikation der Erschlossenheit zur Öffentlichkeit zu begreifen ist: Sind die Verhaltensmöglichkeiten im Verstehen zwar bestimmt, aber als solche nicht thematisch und deshalb im Hinblick darauf, ob man sie ergreifen kann, offen, so bietet die Öffentlichkeit eine Fülle von ausgesprochenen Möglichkeiten, die man als Projekte übernimmt, um sie dann sofort wieder zu verwerfen.

Daß die bestimmten Möglichkeiten in der Öffentlichkeit gar nicht wirklich ergriffen werden können, will Heidegger bei der Erläuterung der »Zweideutigkeit« zeigen. »Zweideutigkeit«, so wurde gesagt, ist der uneigentliche Modus der Auslegung als dem Vollzug des Verstandenen. Sie besteht zunächst darin, daß im alltäglichen Miteinandersein, sofern es durch das Gerede geprägt ist, unentscheidbar wird, »was in echtem Verstehen erschlossen ist und was nicht«: »Alles sieht so aus wie echt verstanden, ergriffen und gesprochen und ist es im Grunde doch nicht, oder es sieht nicht so aus und ist es im Grunde doch.« (SZ, 173) Diese Unentscheidbarkeit hat ihren Grund auch wieder im Reden. Einem ausgesprochenen Satz ist nicht ohne weiteres anzumerken, ob er von Anderen übernommen wurde und ein Nachreden ist oder ein echtes, aus dem Verstehen gewonnenes Projekt zum Ausdruck bringt. Das wichtigere Charakteristikum der Zweideutigkeit ist jedoch, daß sie »sich schon im Verstehen als Seinkönnen, in der Art des Entwurfs und der Vorgabe von Möglichkeiten des Daseins festgesetzt« hat: »jeder weiß auch schon darüber zu reden, was erst geschehen soll, was noch nicht vorliegt, aber ›eigentlich‹ gemacht werden müßte« (SZ, 173). Öffentlich wird also darüber entschieden, welche Projekte anderen vorzuziehen sind. Sofern die Möglichkeiten des Verhaltens primär als ausgesprochene zugänglich sind, können sie auch ebenso schnell verworfen werden wie sie zuvor propagiert wurden: »Gesetzt nämlich, das, was man ahnte und spürte, sei eines Tages wirklich in die Tat umgesetzt, dann hat gerade die Zweideutigkeit schon dafür gesorgt, daß allsogleich das Interesse für die realisierte Sache abstirbt. Dieses Interesse besteht ja nur in der Weise der Neugier und des Geredes, solange als die Möglichkeit des unverbindlichen Nur-mit-ahnens gegeben ist.« (SZ, 173f.) Wenn man sich an die ausgesprochenen Projekte hält, dann kann das, was wirklich getan wird, allein schon deshalb nicht mehr interessant sein, weil es sich ja nun nicht mehr als Projekt propagieren läßt. Weil jede Tätigkeit als wirkliche immer auch im Zusammenhang des Möglichen steht und nie eine Realisierung des Möglichen überhaupt ist, ist sie immer auch ein »echtes Scheitern« (*SZ*, 174), und um die Vermeidung dieses Scheiterns geht es in der Zweideutigkeit: durch die Propagierung einer Fülle von Möglichkeiten soll gerade der Möglichkeitscharakter des Tuns, dies, daß es nur eine Möglichkeit ist, die keine vollständige Wirklichkeit des Handelnden garantiert, überspielt werden. Damit das geschehen kann, muß die Auslegung zur bloßen Rede modifiziert sein. Obwohl das Reden auch ein Auslegen ist, unterliegt es doch keiner wesentlichen Begrenzung. Alles Gesagte läßt sich außerdem umdeuten und damit immer dem, was die Anderen sagen, angleichen oder von ihm absetzen. Sofern man sich an das über die Anderen Gesagte hält und selbst primär über sie redet, wird das Miteinandersein selbst zweideutig: »Der Andere ist zunächst ›da‹ aus dem her, was man von ihm gehört hat, was man über ihn redet und weiß. Zwischen das ursprüngliche Miteinandersein schiebt sich zunächst das Gerede. Jeder paßt zuerst und zunächst auf den Anderen auf, wie er sich verhalten, was er dazu sagen wird. Das Miteinandersein im Man ist ganz und gar nicht ein abgeschlossenes, gleichgültiges Nebeneinander, sondern ein gespanntes, zweideutiges Aufeinander-aufpassen, ein heimliches Sich-gegenseitig-abhören. Unter der Maske des Füreinander spielt ein Gegeneinander.« (*SZ*, 174f.) Wenn es hier heißt, der Andere begegne »zunächst« von dem her, was man über ihn gehört hat, so scheint das im Widerspruch zu den früher von Heidegger genannten Bestimmungen zu stehen, denen zufolge die Anderen zunächst im Zusammenhang des Besorgens begegnen und als das ausdrücklich sind, was sie betreiben. Diese Bestimmungen sind jedoch miteinander vereinbar, weil die Zugänglichkeit der Anderen hier unter dem Gesichtspunkt ihres möglichen Verhaltens gedacht ist. Es sind die Absichtserklärungen und Projekte, von denen man nur durch das Hörensagen weiß, und außerdem die Selbstdeutungen, die ja oft nur Darstellungen des Verhaltens als ehemaliger Projekte oder im Rahmen von Projekten sind. Diese ausgesprochenen Verhaltensmöglichkeiten unterliegen einer wechselseitigen Kontrolle und Bewertung, wenn es darum geht, die durchschnittliche Verständlichkeit des Miteinanderseins aufrechtzuerhalten. Was von anderen gesagt wird, muß zu den eigenen, aus der Haltung des alltäglichen »ich selbst«-Sagens ausgesprochenen Absichten, Deutungen und Bewertungen passen, und es paßt auch dann, wenn man einen Dissenz mit jemand feststellt. Aber nicht nur im Dissenz, auch in der festgestellten Gemeinsamkeit »spielt ein Gegeneinander«, sofern man sich dieser Gemeinsamkeit immer wieder aufs Neue im Reden versichern muß. Die

Auslegung des Seienden im Besorgen ist mit anderen Auslegungen nicht nur durch die Angewiesenheit der Auslegungen aufeinander koordiniert, sondern untersteht einem »Aufeinander-aufpassen«. Heidegger bringt hier ein Charakteristikum des alltäglichen Miteinanderseins in den Blick, das bereits von Platon in der *Politeia* dargestellt worden ist, und zwar in der großen Rede des Adeimantos zu Beginn des zweiten Buches. Dort heißt es, daß eine Gemeinschaft, in der es darum geht, gerecht zu scheinen und nicht, es zu sein, durch ein wechselseitiges Bewachen geprägt ist (*Resp.* 367a2). Zwar scheint es bei der Erörterung der Uneigentlichkeit um nichts weniger zu gehen als um die Frage nach Gerechtigkeit und Ungerechtigkeit. Berücksichtigt man jedoch, daß die Gerechtigkeit im vierten Buch der *Politeia* als das »Tun des Seinigen« (τὸ τὰ αὑτοῦ πράττειν/*Resp.* 433a8) bestimmt ist, müßte deutlich sein, daß es hier eine große Nähe der Konzeptionen Platons und Heideggers gibt. Schließlich besteht die Uneigentlichkeit darin, daß die Erschlossenheit zur Öffentlichkeit modifiziert ist, so daß man aufgrund des Geredes mehr Bestimmtheit wollen kann, als es im einfachen Verhalten möglich ist. Uneigentlich will man nicht nur das Seinige tun, sondern wirklicher sein, als man es zu sein vermag.

Verfallen als Bewegung der Uneigentlichkeit

Das »Verfallen«, so wurde bereits gesagt, hat bei der Erörterung der Uneigentlichkeit einen besonderen Stellenwert, und zwar in anderer Hinsicht als das »Gerede«. »Verfallen« bezeichnet nämlich das Verhältnis der Uneigentlichkeit zur Erschlossenheit, die man »eigentlich« ist: »Das Dasein ist von ihm selbst als eigentlichem Seinskönnen zunächst immer schon abgefallen und an die ›Welt‹ verfallen. Die Verfallenheit an die ›Welt‹ meint das Aufgehen im Miteinandersein, sofern dieses durch Gerede, Neugier und Zweideutigkeit geführt wird.« (*SZ*, 175) Indem Heidegger das »Aufgehen« in der Öffentlichkeit als »Abfallen« des Daseins von ihm selbst und als »Verfallen« an die durch das Gerede dominierte Mitwelt bezeichnet, schließt er an die zuvor eingeführten Termini »Geworfenheit« und »Entwurf« an. »Werfen« bzw. »Geworfensein« und »Fallen« sind einander entsprechende Metaphern. Ebenso läßt sich die Rede vom »Fall« des Daseins« als Anspielung des Seelenmythos aus dem *Phaidros* lesen, demzufolge die Seele zwar die Luft durchfliegt und die schöne Ordnung des Seienden im Ganzen (κόσμος) verwaltet, aber doch auch ihr Gefieder, ihre Ungebundenheit, verlieren kann und sich dann in einem irdischen Leib ansiedelt (*Phaidr.* 246c). Allerdings besteht Heideggers Pointe gerade in einer Distanzierung von einer Konzeption der »Seele« als einem wesentlich Ungebundenen, das rein für sich in dieser Ungebundenheit auch zu sein vermag. Das Verfallen, wie er es denken will, ist kein Fall »aus einem reineren und höheren ›Urstand‹«, denn »davon haben wir ontisch nicht nur keine Erfahrung, sondern auch ontologisch keine Möglichkeiten und Leitfäden der Interpretation« (*SZ*, 176). Das gilt dann erst recht von allen theologischen Ausformulierungen dieses Gedankens, und deshalb kann Heidegger auch sagen, es solle nicht darüber entschieden werden, »ob der Mensch ›in der Sünde ersoffen‹, im status corruptionis ist, ob er im status integritatis wandelt oder sich in einem Zwischenstadium, dem status gratiae, befindet« (*SZ*, 180). Gerade wenn die religiöse Rede vom Sündenfall theologisch mit ontologischen Begriffen interpretierbar ist oder sogar, wie Heidegger meint, »auf die … existenzialen Strukturen zurückkommen« muß, »vorausgesetzt, daß ihre Aussagen zugleich auf *begriffliches* Verständnis einen Anspruch erheben« (*SZ*, 180), kann doch die ontologische Interpretation selbst nicht religiös oder theologisch sein.[3] Heideggers Distanzierung vom Platonischen Mythos hat aber ihren Grund allein schon in der Bestimmung des Daseins als Möglichsein. Schließlich ist das Möglichsein des Daseins, wie es entfaltet wurde, einerseits Möglichsein zum Verhalten im Zusammenhang des für dieses Verhalten offenen Seienden; es ist andererseits »sein können«, also bevorstehendes und unbestimmtes, aber durch die Verhaltensmöglichkeiten bestimmbares Sein. In beiden Hinsichten ist das Möglichsein kein »Urstand«, dem man das bestimmte Verhalten als »Abfall« entgegensetzen könnte. Sofern im Dasein die Möglichkeit des wirklichen Verhaltens erschlossen ist, ist die Erschlossenheit auch vom wirklichen Verhalten nicht strikt zu trennen. Aber auch wenn man das Verfallen als das Aufgehen im Miteinandersein unter der Dominanz des Geredes begreift, läßt sich die Erschlossenheit nicht als ein »Urstand« denken; schließlich ist man immer schon im Kontext des Geredes, und so gesehen besteht das Verfallen lediglich darin, sich auch

---

3 Es ist deshalb auch unplausibel, die Philosophie Heideggers vorschnell in einen engen Zusammenhang mit der Theologie zu bringen. Selbst wenn Motive und Redeweisen aus der theologischen Tradition bei Heidegger unübersehbar sind, haben diese doch einen anderen Stellenwert und lassen sich nicht einfach theologisch interpretieren. Was das Verhältnis der Theologie zu Heidegger betrifft, vgl. vor allem Gethmann-Siefert (1974) und Jäger (1978).

weiterhin im Gerede zu halten. Dieses Sichhalten im Gerede ist jedoch nicht einfach ein Zustand, sondern eine Bewegung.

Um zu klären, wie diese Bewegung im einzelnen zu denken ist, muß man versuchen, die metaphorische Rede vom »Verfallen«, so gut es geht, in ontologische Bestimmungen zu übersetzen. Dazu kann man noch einmal an den Platonischen Seelenmythos anknüpfen. Die Ungebundenheit der Seele, oder in der Sprache des Mythos: ihr Gefieder, besteht, sofern die Seele sich selbst und nur sich selbst bewegt; als immer durch sich selbst Bewegtes ist die Seele unsterblich (τὸ γὰρ αὐτοκίνητον ἀθάνατον/*Phaidr.* 245c5). Demgegenüber gibt es beim Bewegen eines anderen und dem Bewegtsein durch anderes mit dem Aufhören der Bewegung ein Aufhören des Lebens (τὸ δ'ἄλλο κινοῦν καὶ ὑπ'ἄλλου κινούμενον, παῦλαν ἔχον κινήσεως, παῦαν ἔχει ζωῆς/ *Phaidr.* 245c5−7). Die Bindung der Seele an einen irdischen Leib ist so ein Abfall von ihrer reinen Selbstbewegung, denn nun ist es der Leib, der sich selbst zu bewegen scheint (αὐτὸ αὑτὸ δοκοῦν κινεῖν/ *Phaidr.* 246c4), und zwar aufgrund des Bewegungsvermögens der Seele (διὰ τὴν ἐκείνης δύναμιν/*Phaidr.* 246c4). Was auf Erden zu sehen ist, ist nur der Schein der Selbstbewegung. Wie für Platon, so ist nun auch für Heidegger »Abfallen« oder »Verfallen« ein »ontologischer Bewegungsbegriff« (*SZ*, 180) und ebenso ein Begriff, der einen bestimmten Modus der Bewegung auf einen anderen bezieht. Wie an die Stelle der sich selbst bewegenden Seele Dasein als Möglichsein getreten ist, besteht der »Abfall« nun auch nicht mehr in der Eingebundenheit der Seele in den irdischen Leib, sondern in der Gebundenheit des Verhaltens in seinem Vollzug an das Gerede, an die im Gerede *scheinbar* eröffneten Möglichkeiten und die in ihm ausgeübte wechselseitige Kontrolle. Das Verhalten unter der Dominanz des Geredes *erscheint* nur noch als Verhalten, das man »selbst« vollzieht; in Wahrheit aber ist das alltägliche Selbst durch Andersheit bestimmt.

Selbst wenn es einleuchtend ist, daß Heidegger auf die Platonische Unterscheidung einer ungebundenen Selbstbewegung und einer gebundenen Bewegung zurückgreift, bleibt doch zunächst die Frage offen, in welchem Sinn er überhaupt von »Bewegung« spricht. Die Bestimmung des Verfallens als eines ontologischen Bewegungsbegriffs wird nicht weiter erläutert, und damit bleibt auch der Status all dessen, was Heidegger in *SZ* über die »Struktur« der »›Bewegtheit‹ des Verfallens« (*SZ*, 177) sagt, ungeklärt. Daß der Ausdruck »Bewegtheit« bei Heidegger in Anführungszeichen steht, weist wohl lediglich darauf hin, daß hier keine Bewegung im Sinne der Veränderung eines Seienden in seiner Beschaffenheit oder im Hinblick auf seinen Ort gemeint ist. Nun hat Heidegger bereits in den frühen zwanziger Jahren »Verhalten« nicht nur als »sich verhalten zu . . .«, sondern auch in seinem »Vollzugssinn« (GA 61,53) interpretiert und diesen Vollzugssinn wiederum als Bewegung gedeutet. »Bewegung« ist dabei das Phänomen, von welchem her das damals noch »Leben« genannte Dasein insgesamt einsichtig gemacht werden soll. Es handelt sich, wie Heidegger im Wintersemester 1921/22 sagt, »darum, interpretativ vorzudringen zu einer Bewegung, die eine eigentliche Bewegtheit des Lebens ausmacht, in der es und durch die es ist, von der aus demnach das Leben in seinem Seinssinn so oder so bestimmbar ist; die verständlich macht, wie ein solches Seiendes genuin in eine seiner verfügbaren und aneignenden Habensweisen zu bringen ist (Problem der Faktizität, χίνησις-Problem).« (GA 61,117) Die Konzeption des Daseins in SZ unterscheidet sich von dem, was Heidegger hier formuliert, allein schon darin, daß der Bewegungsbegriff nun nicht mehr die zentrale Rolle spielt. In seiner Erörterung des Verfallens aber knüpft Heidegger offensichtlich an seine früheren Überlegungen an; deshalb wird man dem Hinweis auf den Begriff der χίνησις, und zwar, wie aus dem Kontext der Vorlesung deutlich ist: den Aristotelischen Begriff der χίνησις, auch bei der Interpretation des Verfallens folgen dürfen.

Aristoteles bestimmt die χίνησις als ἡ τοῦ δυνάμει ὄντος ἐντελέχεια ᾗ τοιοῦτον (Phys. 201a10f.), d. h.: als die Wirklichkeit des Möglichen, sofern es ein Mögliches ist. χίνησις ist so gesehen nicht der Übergang vom Möglichen zum Wirklichen[4], sondern die spezifische Weise des Möglichen, wirklich zu sein. Die Wirklichkeit des Möglichen ist kein beendetes Werk und keine in sich ruhende Tätigkeit, sondern als Wirklichkeit unvollendet (ἐνέργεια . . . ἀτελής/ Phys. 201b31f.). Auf diese Unvollendetheit kommt es Heidegger an, wenn er von der »Bewegtheit« des Verfallens spricht. Um diese deutlicher herauszuarbeiten, ist es zunächst wichtig, zwischen »Bewegtheit« und »Bewegung« zu unterscheiden. Heidegger macht die Unterscheidung zwar erst explizit in seiner späteren Abhandlung über die φύσις bei Aristoteles, aber dennoch läßt sie sich für den gegenwärtigen Zusammenhang fruchtbar machen. »Bewegtheit«, so heißt es, »meint das Wesen, aus dem sich Bewegung und Ruhe bestimmen.« (GA 9,284) Weil die Ruhe das Aufhören der Bewegung ist, muß sie als »Abart der Bewegung« (GA 9,284) begriffen werden: Ruhe und Bewegung stehen in keinem bloßen Gegensatz zueinander, wenn man mit Aristoteles die

---

4 So Ross (1936) in seinem Kommentar ad loc; vgl. dagegen Wieland (1970), 298 f.

Ruhe als das Ziel der Bewegung denkt, also als die Wirklichkeit, im Hinblick auf welche die Bewegung selbst nur Möglichkeit, und nicht die Wirklichkeit des Möglichen ist. Insofern die Ruhe damit auch erst von der Bewegung her begreiflich wird, kann man das einheitliche Phänomen der Zusammengehörigkeit von Ruhe und Bewegung »Bewegtheit« nennen.

Wo es um das Verfallen geht, wird man Heideggers Interpretation der Bewegtheit, wie er sie in der Physis-Abhandlung durchführt, allerdings in einem entscheidenden Punkt nicht folgen können. Hier macht Heidegger den Gedanken der Bewegtheit nämlich für eine Deutung der Aristotelischen ἐνέργεια ἐντελής, der Bewegung also, die in sich immer schon am Ziel und vollendet ist, fruchtbar. So gesehen ist die »reinste Wesenentfaltung« der Bewegtheit »dort zu suchen, wo die Ruhe nicht Aufhören und Abbruch der Bewegung bedeutet, sondern wo die Bewegtheit sich in das Stillhalten sammelt und dieses Innehalten die Bewegtheit nicht aus, sondern ein, ja nicht nur ein, sondern erst aufschließt« (GA 9, 284). An der Bewegung, die auf kein Aufhören hin angelegt ist und der kein Ziel bevorsteht, tritt die Zusammengehörigkeit von Bewegung und Ruhe rein hervor; insofern schließt sie auch die Bewegtheit als solche erst auf. Aber so ist die Bewegtheit des Verfallens nicht zu denken. Diese besteht vielmehr darin, daß jede Ruhe Anlaß zu erneuter Bewegung ist. Von einer Vollendung kann deshalb auch hier nicht die Rede sein. Man muß, um dies zu sagen, nicht bestreiten, daß es Verhaltensweisen gibt, die den Status einer ἐνέργεια ἐντελής haben. Einen solchen Status haben sie freilich nur, sofern sie von sich aus auf kein Ende hin angelegt sind: Spazierengehen und Schwimmen sind natürlich keine von sich aus auf ein Ende hin angelegten Bewegungen. Aber auch solche Bewegungen haben ein Ende, sofern sie bestimmte und von anderen unterschiedene Bewegungen sind, welche dann statt ihrer vollzogen werden können. Weil jedes Verhalten durch ein anderes abgelöst werden kann und muß, ist man mit keinem Verhalten am Ende. Immer gibt es neue Möglichkeiten, die jedoch als Möglichkeiten im Verhalten nicht erschöpft werden können.

Wenn Heidegger nun den Zusammenhang von Befindlichkeit und Verfallen entwickelt, indem er die einzelnen Charakteristika der Bewegtheit herausarbeitet, so betont er zunächst, daß diese nicht durch einen äußerlichen Faktor veranlaßt ist. Weil das Gerede »die Seinsart des Miteinanderseins selbst« (SZ, 177) ist, bereitet Dasein »ihm selbst die ständige Versuchung zum Verfallen. Das In-der-Welt-sein ist an ihm selbst *versucherisch*« (SZ, 177), und zwar genauer darin, daß man immer schon im Zusammenhang des Geredes ist. Immer ist man mit ausgesprochenen Verhaltenweisen und Projekten sowie deren Bewertungen schon bekannt und kann sich zu ihnen selbst äußern. Der Eindruck, man sei auch, was man anderen gegenüber sagt und von ihnen übernimmt, kann nur entstehen, wenn das Gerede bereits den Anschein der Wirklichkeit hat, und diesen hat es, weil es immer schon etabliert ist. Allein dadurch wird suggeriert, die Öffentlichkeit könnte »die Sicherheit, Echtheit und Fülle« aller Möglichkeiten des Verhaltens verbürgen (SZ, 177): »Die Vermeintlichkeit des Man, das volle und echte ›Leben‹ zu nähren und zu führen, bringt eine Beruhigung in das Dasein, für die alles ›in bester Ordnung‹ ist, und der alle Türen offenstehen. Das verfallende In-der-Welt-sein ist sich selbst versuchend zugleich *beruhigend*.« (SZ, 177) Der Ausdruck »Beruhigung« hat hier eine ontologische Bedeutung, und nur wenn man diese klärt, läßt sich auch einsehen, in welcher Weise das Gerede eine Abkehr von der Befindlichkeit sein kann, sofern sie die Last, sich verhalten zu müssen, erschließt. Die Stimmung, um die es hier in erster Linie geht, zeichnet ja selbst keine Verhaltensweisen vor, so daß man bei der Antwort auf die Frage, wie man sich verhalten soll, nun auf bereits akzeptierte und propagierte Verhaltensweisen zurückgreifen kann. Andererseits kann man sich auch nur an das Reden halten, indem man selbst irgendwelche Projekte lediglich propagiert oder versucht, sich seiner Verhaltensmöglichkeiten zu versichern, indem man sie nach den bekannten Wahrscheinlichkeiten ausmalt. In jedem Fall hält man sich an das im Gerede Bestimmte; das Reden erscheint als eine ἐνέργεια ἐντελής, weil man sich des zunächst noch Unbestimmten im Reden versichern kann und damit ein Verhalten, das man bereits vollzogen hat, einfach nur fortsetzt: das Reden ist nicht auf ein Ziel angelegt, sondern einer redet, und redend hat er (eben) zumal auch schon geredet.[5] Nun ist Reden zwar eine Verhaltensweise und als solche eine Weise, wirklich zu sein. Aber die Wirklichkeit im Reden hat ihre Bestimmtheit letztlich nur an dem, was geredet wird. Sie ist der Schein einer jeweils eigenen Wirklichkeit, selbst wenn das Gesagte eigens entdeckt ist, und in diesem Sinne ist es zu verstehen, wenn bei Platon die Rede immer wieder als ein bloßes »Abbild« bezeichnet wird. Nicht das Aussprechen einer Entdeckung, sondern der Vollzug des Entdeckens macht die Wirklichkeit des Entdeckenden aus, aber dieser Vollzug ist immer Vollzug im Zusammenhang des Möglichen und selbst nur die Wirklichkeit einer

5 Vgl. *GA 9*, 284.

Möglichkeit: eine Bewegung, die als solche unvollendet ist. Im Gerede hingegen erscheint die Wirklichkeit als durchgängig, und so wird die Wirklichkeit, wie sie im Zusammenhang des Möglichen ist, verstellt: Dasein treibt im »alles ›verstehenden‹ Sich vergleichen mit allen ... einer Entfremdung zu, in der sich ihm das eigenste Seinkönnen verbirgt. Das verfallende In-der-Welt-sein ist als versuchend-beruhigendes zugleich *entfremdend*« (*SZ*, 178). Im Bereden von Verhaltensweisen und Projekten vermeint man vergleichend zu erfahren, was man selbst sei, und verfehlt damit die eigene Wirklichkeit im Zusammenhang des Möglichen. »Entfremdung« bedeutet bei Heidegger also nicht, »von sich aus zu den Gegenständen ... überzugehen«[6] und sich dabei zu verlieren. Dasein wird ihm selbst nicht »entrissen« (*SZ*, 178), sondern die Entfremdung »treibt das Dasein in eine Seinsart, der an der übertriebensten ›Selbstzergliederung‹ liegt, die sich in allen Deutungsmöglichkeiten versucht, so daß die von ihr gezeigten ›Charakterologien‹ und ›Typologien‹ selbst schon unübersehbar werden« (*SZ*, 178). Diese »Selbstzergliederung« besteht darin, sich im Vergleich mit Anderen in dem, was man ist, zum Gegenstand von Aussagen zu machen, und wenn es nun heißt, die Entfremdung führe »in ihrer eigenen Bewegtheit dazu, daß sich das Dasein in ihm selbst verfängt« (*SZ*, 178), so ist damit gesagt, daß die Vergegenständlichung ihren Grund im Gerede als einer »Seinsart« des Daseins hat. Die Bewegtheit des Verfallens kann so als Vollzug des Redens – und das heißt auch: des stillen Redens mit sich – gedeutet werden, welcher zu immer wieder neuen Vergegenständlichungen führt. An diesen Vergegenständlichungen erfährt man zwar, wie es scheint, was man ist; aber der »Vollzugssinn« des Verhaltens und erst recht der Zusammenhang des Möglichen kommt in den Bildern, die man, sich zergliedernd, von sich gewinnt, nicht vor. Weil man immer mehr ist als man thematisch von sich weiß, ist man genötigt, die Bilder durch immer neue zu ersetzen. Dasselbe gilt vom bloßen Betrachten in der Neugier: auch hier hat man seine Wirklichkeit nur an dem, was man jeweils sieht und aussprechen kann, aber was man sieht, ist nie das, was und wie man »eigentlich« ist.

Selbst wenn Heidegger die von Humboldt und dann auch von Hegel vertretene Konzeption der Entfremdung in ihrer grundlegenden Unterscheidung von »Selbst« und »Welt« nicht teilen kann, ist die Entfremdung für ihn doch ein »Selbstverlust« im Gegenständlichen, in einem

6 Humboldt, *Werke I*, 237.

Gegenständlichen freilich, das durch den Vollzug des Redens erst konstituiert wird. Diese Konzeption von Entfremdung ermöglicht es ihm auch, an der Bestimmung des Daseins als einem Seienden, »in dessen Sein es um das Seinkönnen geht« (*SZ*, 179), festzuhalten. Wäre die »Welt«, in die Dasein verfällt, »ein Objekt« (*SZ*, 179), so wäre die Entfremdung im Verfallen eine Bewegtheit vom Dasein weg und könnte so auch nicht mehr als »Existieren« gefaßt werden. Da Dasein jedoch im Verfallen in die Uneigentlichkeit als »eine mögliche Seinsart seiner selbst« (*SZ*, 178) drängt, kann Heidegger auch sagen: »Im Verfallen geht es um nichts anderes als um das In-der-Welt-sein-können, wenngleich im Modus der Uneigentlichkeit.« (*SZ*, 179) Es geht, anders gesagt, im Verfallen darum, ein Bestimmter im Vergleich mit Anderen zu sein und redend das unbestimmte und bevorstehende Sein und die nie vollständig erschöpfbaren Möglichkeiten zu seiner Bestimmung in Wirklichkeit zu transformieren. Ein Verhalten aber, das den Zusammenhang des Möglichen, in dem es vollzogen wird, verschließt, ist unfrei. *Die Unfreiheit des Daseins besteht in der Vergegenständlichung durch das Reden.* Erst in dieser Vergegenständlichung wird auch so etwas wie die Unterdrückung Andersdenkender erklärbar. Sofern die Vergegenständlichung den Zusammenhang des Möglichen verstellt und ausschließlich das bestimmte Verhalten im Blick hat, kann man sie auch als »Position des Verhaltens« bezeichnen.

In seiner Vorlesung aus dem Wintersemester 1921/22 nennt Heidegger die Position des Verhaltens »hyperbolisch« und »elliptisch«. Diese beiden Ausdrücke sind im Anschluß an Aristoteles geprägt, der in der »Nikomachischen Ethik« von der Schlechtigkeit (κακία) sagt, sie sei durch ὑπερβολή und ἔλλειψις charakterisiert (*EN*, 1106b24f.). Aristoteles denkt hier an ein »Zuviel« oder »Zuwenig« bei den πάθη und den Handlungen. So kann man sich etwa zuviel fürchten und ist feige, aber auch zuwenig, so daß man tollkühn ist; ebenso kann man in einer bestimmten Situation zuviel oder zuwenig tun und verfehlt in beiden Fällen das Richtige. Bei Heidegger ist jedoch etwas anderes gemeint. Das »Hyperbolische« und das »Elliptische« sind für ihn lediglich zwei Aspekte der Uneigentlichkeit. »Hyperbolisch« ist die Steigerung der Sicherheit: »Das Leben sucht sich zu sichern im Wegsehen von ihm selbst.« (*GA* 61, 109) Die Sicherheit, die »Beruhigung«, dies also, daß alles Verhalten im Kontext des Ausgesprochenen vollzogen wird, und man sich primär redend verhält, ist zugleich ein »Wegsehen« und darin »elliptisch«. Diese Charakterisierungen geben einen wichtigen Aufschluß über das Verhältnis von Erschlossenheit und thematischem Verhalten in der Uneigentlichkeit. Das »Wegsehen«, von dem hier die

Rede ist, läßt sich nicht als einmaliger Vorgang begreifen; sonst wäre die Uneigentlichkeit in der Tat der einmal erfolgte Abfall aus einem »Urstand«. Das »Wegsehen« meint jedoch nichts anderes als die Bewegtheit des Verfallens in ihren Vollzug selbst, so daß man mit dem Wegsehen immer auch vernimmt, wovon man wegsieht. Das aber heißt, daß in der Uneigentlichkeit das bevorstehende und unbestimmte Sein in der Offenheit des Seienden, das man in verschiedenen, aber nie erschöpfbaren Weisen und nie endgültig bestimmen kann, nicht einfach verschlossen ist, sondern immer aufs Neue verschlossen wird. Der Schein der Uneigentlichkeit ist immer auch die Erscheinung des durch ihn Verschlossenen. Die Position des Verhaltens läßt sich demnach nur in der Differenz der Freiheit begreifen. Sie ist der Austrag von Möglichkeit und Wirklichkeit unter dem Aspekt der Verschiedenheit, weil in ihr vom Möglichen als solchem »weggesehen« wird.

§ 8 Eigentlichkeit oder die Negation des Verhaltens

Die Eigentlichkeit im Dasein besteht darin, daß die Differenz der Freiheit in ihren beiden Aspekten ausgetragen und durchsichtig wird. Weil die Differenz der Freiheit die Selbigkeit von Erschlossenheit und Verhalten ebenso wie die Verschiedenheit beider ist, heißt das genauer: es ist zu zeigen, wie im Dasein das Verhalten als Wirklichkeit des Möglichseins ebenso wie die Uneinholbarkeit des Möglichseins durch das Verhalten deutlich zu werden vermag. Dabei ist ein Problem zu lösen, das in der Konzeption der Uneigentlichkeit begründet ist. Dieses Problem läßt sich am besten bezeichnen, indem man auf Heideggers Formulierung, Dasein sei »von ihm selbst als eigentlichem Selbstseinkönnen zunächst *immer schon* abgefallen und an die ›Welt‹ verfallen« (*SZ*, 175/Hervorh. G. F.), zurückgreift. Wenn Dasein ontologisch dadurch bestimmt ist, daß das Möglichsein vollzogen werden muß, und wenn das vollzogene Verhalten in seiner »Bewegtheit« die Wirklichkeit des Möglichseins ist, so wird das Möglichsein zunächst immer in seiner Modifikation zur Wirklichkeit und damit als solches überhaupt nicht erfahren. Es gibt wegen der Unumgänglichkeit des Verhaltens, anders gesagt, Dasein nie im »Urstand« reinen Vernehmens, und einer Beschreibung, die sich nur an die Perspektive der Alltäglichkeit hält, bleibt deshalb die Differenz von Erschlossenheit und Verhalten auch unzugänglich: »Das alltägliche umweltliche Erfahren, das ontisch und ontologisch auf das innerweltliche Seiende gerichtet bleibt, vermag Dasein nicht ontisch ursprünglich vorzugeben für die ontologische Analyse. Imgleichen mangelt der immanenten Wahrnehmung von Erlebnissen ein ontologisch zureichender Leitfaden.« (*SZ*, 181f.) Weil die ontologische Interpretation des Daseins, wie sie bisher entwickelt wurde, jedoch nur unter der Voraussetzung der Erschlossenheit durchführbar war, wäre sie eine deskriptiv uneingeholte Konstruktion, wenn es nicht gelänge zu zeigen, wie im Dasein die ontologische Grundstruktur der Differenz erfahren werden kann. Die ontologische Interpretation selbst, die ja schließlich im Dasein entwickelt wird, bliebe unbegründet, und damit stünde das Projekt der Frage nach »Sein und Zeit« selbst auf dem Spiel.

Daß die ontologische Grundstruktur des Daseins im Dasein durchsichtig werden kann, gehört zu dieser Struktur selbst. Anders wäre eine »existenziale Interpretation« unmöglich. Deshalb kann Heidegger auch die Frage nach einer »verstehende<n> Befindlichkeit im Dasein, in der es ihm selbst in ausgezeichneter Weise erschlossen ist« (*SZ*, 182), mit der Frage nach der »Ganzheit« des In-der-Welt-seins exponieren und sagen, auf diese Frage strebe die »Fundamentalanalyse des Daseins überhaupt« (*SZ*, 181) zu. Die »Ganzheit« des In-der-Welt-seins ist nicht nur der Zusammenhang von Erschlossenheit und Verhalten als einer Stimmung zum Verhalten und einem Vernehmen des Verhaltens in seinen Möglichkeiten. Zu ihr gehört ebenso das »Wegsehen« von der Erschlossenheit im Verfallen, in dem die Erschlossenheit gleichwohl erscheint. Wenn es nicht gelingt, das Verfallen aus der Erschlossenheit selbst einsichtig zu machen, ist man gezwungen, die Erschlossenheit einerseits und das Verfallen andererseits als zwei heterogene Strukturmomente von Dasein zu verstehen, und das wiederum führt dazu, daß man von der Uneigentlichkeit sagen muß, sie sei nicht in der Struktur von Dasein selbst fundiert.[1] Dann aber wäre das Konzept Heideggers aporetisch. Versucht man demgegenüber, die Daseinsstruktur in der Homogenität zu interpretieren, die Heidegger selbst für sie in Anspruch nimmt, muß man einsichtig machen, wie Eigentlich-

---

1 So Görland (1981), 95.

keit und Uneigentlichkeit gleichermaßen in diese Struktur gehören. Dabei ergibt sich im Hinblick auf die Eigentlichkeit nicht nur das Problem, wie das Vernehmen, das die Erschlossenheit ausmacht, als solches deskriptiv einholbar ist; man muß außerdem klären, was es heißen soll, daß Dasein sich in einer ausgezeichneten »Weise des Erschließens ... vor sich selbst bringt« (SZ, 182). Selbst wenn es einleuchtet, daß ein solches »sich vor sich selbst Bringen« kein Verhalten im alltäglichen Sinne sein kann, legt Heideggers Formulierung trotzdem nahe, hier an eine ausgezeichnete Aktivität im Dasein zu denken. Das aber wäre mit der bisher entwickelten Interpretation der Erschlossenheit unvereinbar. Man muß deshalb zu zeigen versuchen, daß die Erschlossenheit in Heideggers Konzeption der Eigentlichkeit kein gegenüber dem Verfallen alternatives Verhalten ist, das dann als ein »Verhalten zu sich selbst« zu charakterisieren wäre. Dazu empfiehlt es sich, noch einmal mit dem Verfallen anzusetzen und herauszuarbeiten, an welchem Punkt es zu einem Verschließen der Erschlossenheit erst wird. Nur so läßt sich auch die Heideggersche Konzeption der Eigentlichkeit aus dem bisher Entwickelten verständlich machen, und man kann, anstatt vorschnelle Thesen zu formulieren, dem Gedankengang selbst folgen. Die zentralen Aspekte, unter denen Heidegger die Eigentlichkeit darstellt, sind »Angst«, »Vorlaufen zum Tode«, »Gewissen« und »Entschlossenheit«. Keiner dieser Aspekte, so soll nun gezeigt werden, läßt sich verstehen, wenn man »Eigentlichkeit« als ein »ausgezeichnetes Verhaltens des Daseins zu sich selbst« interpretiert. Zeigen soll sich außerdem, daß der Gedanke des »Vorlaufens zum Tode« unhaltbar und für die Konzeption Heideggers überflüssig ist. Die konstruktive Interpretation der Eigentlichkeit ist deshalb auf die Aspekte der »Angst«, des »Gewissens« und der »Entschlossenheit« allein verwiesen, während die Erörterung des »Vorlaufens zum Tode« die Funktion hat, die Unhaltbarkeit und Überflüssigkeit dieses Gedankens einsichtig zu machen. Im Anschluß an die Erörterung der Angst wird sich auch klären, wie die »Ganzheit« des Daseins, die Heidegger selbst als »Sorge« bezeichnet, genauer zu denken ist.

Angst

Um seinen Begriff der Angst zu exponieren, setzt Heidegger selbst noch einmal bei der Analyse des Verfallens an: »Das Aufgehen im Man ... offenbart so etwas wie eine *Flucht* des Daseins vor ihm selbst als eigentlichem Selbst-sein-können«, und obwohl dies »doch am wenigsten die Eignung zu haben <scheint G. F>, als phänomenaler Boden für die folgende Untersuchung zu dienen«, weil »die Abkehr ... entsprechend dem eigensten Zug des Verfallens weg vom Dasein« führt (*SZ*, 184), soll es nur ein »Zusammenwerfen« von »ontisch-existenzieller Charakteristik« und »ontologisch-existenzialer Interpretation« (*SZ*, 184) sein, wodurch dieser Eindruck zustande kommt. Heideggers Argument dafür, daß sich die Eigentlichkeit dennoch im Ausgang vom Verfallen entwickeln läßt, beruht dementsprechend auf einer Trennung von existenziellem Erfahren und existenzialer Interpretation. »Existenziell«, also aus der alltäglichen Perspektive gesehen, »ist zwar im Verfallen die Eigentlichkeit des Selbstseins verschlossen und abgedrängt, aber die Verschlossenheit ist nur die *Privation* einer Erschlossenheit, die sich phänomenal darin offenbart, daß die Flucht des Daseins Flucht vor ihm selbst ist«: »Nur sofern Dasein ontologisch wesenhaft durch die ihm zugehörende Erschlossenheit überhaupt vor es selbst gebracht ist, kann es vor ihm fliehen.« (*SZ*, 184) Zwar ist, wie Heidegger hinzufügt, »in dieser verfallenden Abkehr ... das Wovor der Flucht nicht erfaßt, ja sogar auch nicht in einer Hinkehr erfahren. Wohl aber ist es in der Abkehr von ihm erschlossen ›da‹«, und »die existenziell-ontische Abkehr gibt aufgrund ihres Erschlossenheitscharakters phänomenal die Möglichkeit, existenzial-ontologisch das Wovor der Flucht als solches zu fassen« (*SZ*, 185). Den Ausdruck »Flucht« verwendet Heidegger hier, abgesehen von einer nur vorausdeutenden Einführung (*SZ*, 44), zum ersten Mal, und zunächst hat es den Anschein, als solle mit ihm die Bewegtheit des ausdrücklichen Verhaltens, wie sie sich in Gerede, Neugier und Zweideutigkeit für die Interpretation gezeigt hatte, zusammengefaßt werden. Aber letztlich geht es hier nicht darum, aus der Perspektive der Interpretation herauszustellen, wovon man in der Perspektive des Alltags nichts weiß, so daß, was existenzial »Flucht« genannt wird, in der Alltagsperspektive nur als das »volle und echte ›Leben‹« (*SZ*, 177) erscheinen kann. Das »Wovor« der Flucht läßt sich dementsprechend auch nicht daraus gewinnen, daß das alltägliche Verhalten miteinander als »Flucht« interpretiert wird. Die Rede von einer »Flucht« schließt vielmehr ein, daß das »Wovor« der Flucht existenziell erschlossen ist, und dann offenbart sich nicht, wie Heidegger zunächst sagt, die Verschlossenheit als eine Privation der Erschlossenheit daran, daß man im Dasein vor sich selbst flieht, sondern umgekehrt offenbart sich der Fluchtcharakter daran, daß die Erschlossenheit dem Dasein auch im Verfallen »wesenhaft« zugehört. So gesehen muß Heidegger in der Entwicklung seines Arguments eine Korrektur vornehmen, durch die auch die Entgegensetzung von ontisch-existenzieller Charakteristik und ontologisch-existenzialer Interpretation fragwürdig wird. Im Sinne einer solchen Korrektur heißt es dann, die Interpretation werde, wo es um das »Wovor« der Flucht geht, »am wenigsten einer künstlichen Selbstauffassung des Daseins«, also einer bloßen Konstruktion »ausgeliefert«: »Sie vollzieht nur die Explikation dessen, was das Dasein selbst ontisch erschließt« (SZ, 185). Daß Dasein »vor es selbst« gebracht ist, läßt sich demnach nicht aus einer Interpretation des Verfallens herleiten; die Interpretation des Verfallens ist vielmehr erst begründet, wenn gezeigt ist, inwiefern die Erschlossenheit zum Verhalten selbst bedrohlich für das Verhalten ist, ohne deshalb notwendigerweise zu einer Flucht zu führen, und in dieser Bedrohlichkeit das Verhalten durchweg prägt.

Die These vom bedrohlichen Charakter der Erschlossenheit hat Heidegger in seiner Interpretation der Angst entfaltet und diese dann, entsprechend der dreifachen Gliederung der Erschlossenheit in Befindlichkeit, Verstehen und Rede, durch Interpretation des »Vorlaufens zum Tode« und des »Gewissens« ergänzt. »Angst«, »Vorlaufen zum Tode« und »Gewissen« werden dann in ihrer Zusammengehörigkeit mit dem Terminus »Entschlossenheit« bezeichnet, so daß die Durchsichtigkeit des Daseins erst als »Entschlossenheit« vollständig bestimmt ist. Der Angst kommt dabei jedoch − und zwar nicht nur in der Abfolge der Darstellung − eine besondere Stellung zu. Die Angst bildet nämlich unter dem Gesichtspunkt der Eigentlichkeit gleichsam die Klammer zwischen Eigentlichkeit und Uneigentlichkeit, weil sie das sich in allem ausdrücklichen Verhalten durchhaltende Vernehmen des Möglichseins ist und deshalb ebenso die Flucht wie ein modifiziertes Ergreifen der Alltäglichkeit erst ermöglicht. Beides impliziert, daß es sich bei der Angst um eine ontische Weise des Erschließens handelt und Angst, wie Heidegger sie interpretiert, auch wirklich erfahren wird. Man kann, wenn man Heideggers Konzeption der Eigentlichkeit plausibel machen will, deshalb auch nicht offenlassen, ob sie je erfahren wurde[2], sondern muß versuchen, das, was Heidegger »Angst« nennt, deskriptiv einsichtig zu machen. Dazu bietet der Text von SZ einen − freilich nicht unproblematischen − Anhaltspunkt. Heidegger interpretiert die Angst, indem er von der Furcht ausgeht und die formalen Bestimmungen, die bei der Analyse der Furcht gewonnen wurden, nun anders füllt. Dazu sieht er sich berechtigt, weil er meint, die Furcht sei in der Angst begründet, so daß man es hier mit dem bereits aus dem Zusammenhang der »Bewandtnis« bekannten Verfahren zu tun hat, daß eine

2 Tugendhat (1970/1), 325.

»ontische« Beschreibung ontologisch interpretiert und das in der ontologischen Beschreibung gewonnene Phänomen als die Bedingung der Möglichkeit des ontisch Beschriebenen verstanden wird. Das ontisch Beschriebene ist, anders gesagt, nur eine Erscheinung des Phänomens. Insofern kann man, um die spezifische Erfahrung der Angst zu beschreiben, an der Furcht ansetzen, wenn die Furcht eine Erscheinung der Angst ist. Aber − und deswegen ist dieser Ansatz problematisch − es ist fraglich, ob die Angst immer nur als Furcht erscheint und so das, was im Dasein wirklich erfahren wird, immer nur Furcht ist.[3] Dann nämlich wäre nicht zu zeigen, daß in der Angst die Differenz der Freiheit in dem Sinne zum Tragen kommt, wie eine überzeugende Konzeption von Eigentlichkeit es erfordert. Um diese Frage zu entscheiden, empfiehlt es sich jedoch, die Bestimmung der Angst, wie Heidegger sie entwickelt, zunächst präsent zu machen und zu interpretieren.

Wie die Furcht, so ist auch die Angst durch ein »Wovor« und ein »Worum« charakterisiert. Während jedoch die Furcht immer Furcht vor einem bestimmten innerweltlichen Seienden ist, ist, wie Heidegger zunächst sagt, das »Wovor« der Angst »das In-der-Welt-sein als solches« (SZ, 186). Diese Bestimmung wird dann genauer gefaßt, wenn es heißt, das »Wovor« der Angst sei »die Welt als solche« (SZ, 187). Diese Fassung wird notwendig, weil das In-der-Welt-sein auch als das »Worum« der Angst bestimmt werden muß, und die Differenzierung in zwei Aspekte, wie sie mit den formalen Bestimmungen »Wovor« und »Worum« gegeben ist, auch die Füllung durch zwei verschiedene Aspekte des In-der-Welt-seins erfordert, so daß der Welt als dem »Wovor« der Angst dann »das Dasein als Möglichsein« (SZ, 188) als ihr »Worum« beigeordnet wird. Die Angst vor der Welt besteht nun näher darin, daß man sich ängstigend nicht mehr in vertrauter und alltäglicher Weise in der Welt sein kann: »Die innerweltlich entdeckte Bewandtnisganzheit des Zuhandenen und Vorhandenen ist als solche überhaupt ohne Belang. Sie sinkt in sich zusammen. Die Welt hat den Charakter völliger Unbedeutsamkeit. In der Angst begegnet nicht dieses oder jenes, mit dem es als Bedrohlichem eine Bewandtnis haben könnte.« (SZ, 186) Einmal davon abgesehen, daß die Bewandtnisganzheit nicht »innerweltlich« genannt werden kann, ist das, was hier gesagt werden soll, doch plausibel zu machen. Der entscheidende und alles andere tragende Gedanke ist, daß die Angst anders als die Furcht nicht Bestimmtes als bedrohlich erschließt: »Nichts von dem, was innerhalb der Welt zuhanden und vorhanden ist, fungiert als das, wovor

---

3 Tugendhat (1970/1), 325.

die Angst sich ängstet.« (SZ, 186). Die ausdrückliche Erwähnung des Vorhandenen ist wichtig, weil Heidegger die Furcht ja vollständig aus dem Zusammenhang des umsichtigen Besorgens entwickelt hatte und nun wohl glaubt, die Vermutung abweisen zu müssen, in der Angst sei, wenn schon nichts Zuhandenes, so doch Vorhandenes als bedrohlich entdeckt. Diese Vermutung könnte man schließlich haben, weil das Zeug sich in der Auffälligkeit seiner Unverwendbarkeit als »Vorhandenes« zeigt. Aber ängstigend ist nicht die Störung der Bewandtnisganzheit und schon gar nicht das »nur noch Vorhandene«, wie es das Aussagen entdeckt. Wenn es heißt, die Bewandtnisganzheit als solche sei in der Angst ohne Belang, so bedeutet dies außerdem nicht, daß das Seiende seinen Bewandtnischarakter in jeder Hinsicht verliert. Es verliert ihn nur im ontischen Sinne, so daß man es nun nicht mehr mit etwas bei etwas sein Bewenden haben lassen kann, nicht aber im ontologischen. Einerseits nämlich unterbricht die Angst das alltägliche Besorgen, und man kann sich in ihr nicht mehr auf etwas zu Bewerkstelligendes verweisen lassen; weil die Angst nichts Bestimmtes als bedrohlich erschließt, gibt es noch nicht einmal mehr, wie in der Furcht, die Verweisung auf ein innerweltlich Bedrohtes, dem man sich, etwa um es in Sicherheit zu bringen, zuwenden könnte. Andererseits aber ist auch in der Angst das Seiende freigegeben, denn anders ließe sich nicht verständlich machen, wie es zu der die Angst ausmachenden Erfahrung »völliger Unbedeutsamkeit« überhaupt kommen soll. »Bedeutsamkeit« meint ja, daß man im Umgang mit Seiendem seine Bestimmtheit hat und auch weiterhin haben kann; dementsprechend besteht die »Unbedeutsamkeit« darin, im Seienden seine Bestimmtheit nicht mehr haben zu können und gerade das zu erfahren. Was in der Angst beengt, ist »die Möglichkeit von Zuhandenem überhaupt« und »das heißt die Welt selbst« (SZ, 187). Die Möglichkeit von Zuhandenem überhaupt ist seine Freigegebenheit und also gleichbedeutend mit seiner Offenheit; die Offenheit beengt, sofern sie in der Angst nicht in einem bestimmten Verhalten wenigstens partiell zur Wirklichkeit modifiziert werden kann: die Bedeutsamkeit, dies also, in der Offenheit des Seienden in bestimmter Weise sein zu können, bleibt unerfüllt, und darin drängt sich »die Welt in ihrer Weltlichkeit« (SZ, 187) gerade auf.[4]

---

4 Wenn diese Interpretation zutreffend ist, wird man auch nicht sagen können, Heidegger habe bei der Erörterung der Angst plötzlich einen anderen Begriff von Welt ins Spiel gebracht. Zu dieser These vgl. Tugendhat (1970/1), 313.

Die Deutung von Heideggers Konzeption der Angst hält sich bisher noch vollständig auf der Ebene der ontologischen Bestimmungen des Daseins und sagt nichts darüber, ob es sich hier um eine erfahrbare und als solche beschreibbare Stimmung handelt. Die Weise nun, in der Heidegger den Gedanken, das »Wovor« der Angst sei die Welt als solche, weiter entwickelt, scheint eher für das Gegenteil zu sprechen: »Wenn die Angst sich gelegt hat, dann pflegt die alltägliche Rede zu sagen: ›es war eigentlich nichts‹. Diese Rede trifft in der Tat ontisch das, *was* es war. Die alltägliche Rede geht auf ein Besorgen und Bereden des Zuhandenen. Allein dieses Nichts von Zuhandenem, das die alltägliche umsichtige Rede einzig versteht, ist kein totales Nichts. Das Nichts von Zuhandenem gründet im ursprünglichsten ›Etwas‹, in der Welt.« (*SZ*, 187) Die alltägliche Rede, wie Heidegger sie hier interpretiert, stößt hinsichtlich der Angst an eine Schranke; allein, dies zu sagen und das Phänomen der Angst nicht preiszugeben, setzt wiederum die Plausibilität der ontologischen Interpretation voraus, und angesichts der Sprachnot, wie sie sich in der Formulierung von der Welt als dem »ursprünglichsten ›Etwas‹« manifestiert, angesichts der Unausgewiesenheit des Wechsels von »nichts« zu »Nichts« kann es durchaus schwerfallen, diese Voraussetzung zu machen. Hier ist jedoch zunächst zu beachten, daß man den Satz »Es war eigentlich nichts« nicht so interpretieren darf, als werde mit ihm das Phänomen der Angst geleugnet; dieser Satz soll ja gerade eine Replik auf die Erfahrung der Angst sein. Heidegger zufolge sieht es freilich so aus, als sei man alltäglich so sehr auf das Bestimmte fixiert, daß man sich damit, durch nichts Bestimmtes bedroht zu sein, auch sogleich beruhigen könnte: in der alltäglichen Rede ist eben das »Nichts von Zuhandenem« ein »totales Nicht«, d. h. etwas Nichtiges, das nicht der Rede wert ist, oder etwas, das man sich nur vorgemacht hat und das es eigentlich nicht gibt; die alltägliche Rede wird so ausschließlich im Sinne ihrer Prägung durch das Gerede interpretiert. Gegen Heideggers Interpretation der alltäglichen Rede läßt sich jedoch einwenden, daß nicht jede umgangssprachlich »Angst« genannte Stimmung, wenn sie ausgesprochen wird, entweder »eigentlich nichtig« ist oder als Furcht interpretiert werden muß. Es gibt ja durchaus die Erfahrung, daß es zwar nichts bestimmtes Bedrohliches gibt und man sich dennoch dabei nicht beruhigen kann. Beispiele hierfür sind das »Lampenfieber« und die Prüfungsangst. Das Publikum, vor dem man einen Vortrag zu halten hat, oder der Prüfer müssen dabei nicht als bedrohlich erfahren werden. Würde man einen Betroffenen fragen, was ihn bedrängt, so könnte er durchaus antworten, es sei »eigentlich nichts«, und damit meinen, es sei »nichts Bestimmtes«; würde man ihn bitten, das näher zu erläutern, würde er vielleicht sagen, das Bedrängende sei eben »die ganze Situation« oder etwas ähnliches. Eine solche Situation ist nun gewiß nichts »innerweltliches Seiendes« im Sinne Heideggers. Was hier bedrängt, ist vielmehr die Ungewißheit im Hinblick auf ein Verhalten in dieser Situation: was man sein wird, läßt sich weder aus dem, was man zuvor war, gewinnen noch im Sinne eines Projekts einfach vornehmen.[5] Das aber heißt auch, daß die Situation insofern als offen erfahren wird, als sie eine Situation »zum Verhalten« ist, in der man sich gerade nicht verhalten kann. Insgesamt sind es wohl die mehr oder minder ausgeprägten Erfahrungen von Unsicherheit, die als Erfahrungen von Angst interpretiert werden können, und zwar selbst dann, wenn die existenziale Bestimmung der Angst, wie Heidegger sie entwickelt, nicht allein auf solche Unsicherheitserfahrungen ohne etwas bestimmtes Bedrohliches zutreffen muß. Es mag durchaus sein, daß jemand eine nicht weiter begründbare Erfahrung von Unsicherheit als Furcht deutet. Aber das ist nicht zwingend und manchmal bereits in der alltäglichen Rede korrigierbar: jemand der Prüfungsangst hat, kann sich davon überzeugen lassen, daß seine Prüfer freundlich und wohlwollend sind, ohne deshalb durch die Prüfungssituation weniger bedrängt zu sein. In der früheren »Prolegomena«-Vorlesung hatte Heidegger sich die Deutung solcher Unsicherheitserfahrungen als Angst noch offengehalten; während er in *SZ* »Schüchternheit, Scheu, Bangigkeit« und »Stutzigwerden« nur als »Modifikationen der Furcht« (*SZ,* 142) bezeichnet, heißt es dort: »Es ist festzuhalten, daß diese Phänomene selbst nur aus der primären Analyse des Sichfürchtens vor verstanden werden können, vielleicht freilich nicht einzig, sondern erst von dem her, worin alles Sichfürchten vor gegründet ist, aus der Angst.« (*GA 20,* 398) Weil Heidegger nicht berücksichtigt, daß man auch in der alltäglichen Rede die Angst als Erfahrung von Unsicherheit aussprechen kann, ohne sich

---

5 Einen ähnlichen Vorschlag macht E. Tugendhat, wenn er dafür plädiert, das »Nichts« als gleichbedeutend mit dem universalen Existenzsatz »es gibt nichts (woran ich mich halten kann)« zu lesen; Tugendhat (1970/2), 157. Damit ist zwar die mißverständliche substantivierte Form »Nichts« vermieden und trotzdem die für die Angst charakteristische Erfahrung berücksichtigt. Insofern ist die Kritik von Taubes (1975) an Tugendhat auch unberechtigt. Erst wenn die Erfahrung von »nichts« selbst »nur als ein potentielles, implizites Sagen des entsprechenden Satzes« (159) gefaßt wird, wird sie von der sprachlichen Artikulation her gedacht, und das ist mit dem Wesen der Stimmung als einem Vernehmen unvereinbar.

damit sogleich zu beruhigen, verstellt er sich die Möglichkeit, die hier angezeigte Perspektive weiter zu verfolgen. So bleibt im Text von *SZ* unklar, inwieweit eine Erfahrung von Unsicherheit bereits »ursprünglich und direkt die Welt als Welt« erschließt, was ja nicht heißen soll, »daß in der Angst die Weltlichkeit der Welt begriffen wird« (*SZ*, 187). Man wird jedoch, ohne Heideggers Intentionen zu verfehlen, sagen dürfen, daß eine solche Erschlossenheit von »Welt als Welt« bereits dann erfahren wird, wenn es einem, und sei es auch nur für einen Moment, nicht mehr bruchlos gelingt, im Umgang mit Seiendem bestimmt zu sein. Mit dem Scheitern dieser Bestimmtheit aber tritt auch das bevorstehende und unbestimmte, sonst durch Projekte bestimmte Sein als das »Worum« der Angst hervor.

Die Bestimmung des »Worum« der Angst wird in *SZ* aus der Bestimmung ihres »Wovor« entwickelt. Weil, so argumentiert Heidegger, die in der Angst erfahrene Bedrohung selbst unbestimmt ist, vermag sie auch »nicht auf dieses oder jenes faktisch konkrete Seinkönnen bedrohend einzudringen«: »Worum die Angst sich ängstet, ist nicht eine bestimmte Seinsart und Möglichkeit des Daseins«, sondern »das In-der-Welt-sein selbst«, und zwar im Sinne des »In-der-Welt-sein-könnens« (*SZ*, 187). Was Heidegger hier sagt, könnte man wieder als Argument gegen die Beschreibbarkeit von Angst wenden und zu bedenken geben, daß, wenn immer man in einer bestimmten Situation bedroht ist und es um ein bestimmtes Verhalten geht, es sich um Furcht handelt und nicht um Angst. Allein, wenn man dieses Argument überzeugend findet, ist man zugleich genötigt, die Unterscheidung von Furcht und Angst fallenzulassen und damit das Phänomen der Angst, wie Heidegger es denken will, überhaupt aufzugeben. Gleichviel, ob es ein bestimmtes Bedrohliches gibt oder nicht, immer fühlt sich jemand bedroht, der sich in einer bestimmten Situation befindet. Zunächst gilt es deshalb, einsichtig zu machen, wie sich genau die Angst von der Furcht im Hinblick auf ihr »Worum« unterscheidet. In der Furcht unterbricht die Bedrohung eine zuvor unproblematische Weise, sich zu verhalten, und die Unterbrechung ist derart, daß sie den Betroffenen eben auf dieses Verhalten fixiert. Das kann sich daran zeigen, daß er etwas unternimmt, um seine Verhaltensweise zu sichern, oder auch daran, daß er verwirrt und ein Bestimmter nur noch im Scheitern bestimmter Verhaltensweisen ist, die aber als scheiternde bestimmte Verhaltensweisen bleiben: oft ist die Reaktion auf Bedrohung ein fahriges und – aus der Beobachterperspektive gesehen – unvernünftiges, also »unumsichtiges« Verhalten, in dem man sich jedoch gerade um »Umsicht« bemüht; das Verhalten in der Furcht erscheint in seiner Hastigkeit oft als eine Karikatur der Umsicht. Von der so beschriebenen Furcht läßt sich nun eine Erfahrung unterscheiden, in der die Frage, wie man sich verhalten kann, überhaupt nicht auftaucht, weil es nichts gibt, was das Verhalten durcheinanderbringt. Das kann man sich wieder am Beispiel des Lampenfiebers deutlich machen. Hier ist das Verhalten durch nichts beeinträchtigt und in Konfusion gebracht, im Gegenteil, es besteht nach wie vor darin, etwa den Vortrag zu halten, und man ist auch nicht durch Zweifel an den eigenen intellektuellen Fähigkeiten oder der erforderlichen Sachkenntnis geplagt. Man wird hier nicht auf ein bestimmtes Verhalten dadurch fixiert, daß es bedroht ist, sondern von diesem, ohne irgendwelche Handlungsalternativen zu erwägen, in eigentümlicher Weise »getrennt«. Wollte man diese Erfahrung aussprechen, so könnte man sagen, es sei fraglich, ob man jetzt den Vortrag halten könne, und genau dies läßt sich als die Erfahrung des »Seinkönnens« interpretieren. Furcht und Angst würden sich demnach darin unterscheiden, daß in der Furcht ein bestimmtes und als solches unproblematisches Verhalten bedroht ist, während die Angst das bestimmte Verhalten fraglich macht, indem sie seinen Vollzug hemmt oder gar nicht erst in Gang kommen läßt. Der Einwand, das In-der-Welt-sein sei kein bestimmtes Verhalten, ist unplausibel, denn es ist ja gerade als die erfüllte Bedeutsamkeit immer bestimmt. Unbestimmt ist demgegenüber das bevorstehende Sein. In der für die Angst charakteristischen Hemmung des Verhaltens bedrängt dieses in seiner Unbestimmtheit, weil man es nun nicht mehr durch Projekte zu füllen vermag: Die Angst erschließt »das Dasein als Möglichsein und zwar als das, das es einzig von ihm selbst her als vereinzeltes in der Vereinzelung sein kann« (*SZ*, 188).

Mit der »Vereinzelung« ist nun ein weiteres Charakteristikum der Angst genannt, und es ist sicher nicht auf Anhieb deutlich, wie Heidegger diese Vereinzelung denken will. Zunächst ist unklar, was es heißt, Dasein könne »von ihm selbst her« sein Möglichsein in der Vereinzelung sein. Heidegger spricht hier auch von einem »existenzialen ›Solipsismus‹« (*SZ*, 188), und dieser soll nicht darin bestehen, daß »ein isoliertes Subjektding in die harmlose Leere eines weltlosen Vorkommens« (*SZ*, 188) versetzt werde; durch diese Abgrenzung erfährt man freilich noch nichts darüber, was ein existenzialer Solipsismus ist. Um hier weiterzukommen, kann man mit der Frage ansetzen, in welchem Sinne Heidegger den Ausdruck »selbst« hier gebraucht. Dabei ist leicht zu sehen, daß »selbst«, wo es um den existenzialen Solipsismus geht, nicht die umgangssprachliche Bedeutung haben kann, wie sie bei der Interpretation des »alltäglichen Selbstseins« erläutert wurde; die Rede vom »Dasein selbst« bezieht sich nicht auf einen Bestimmten, der sich mit anderen vergleicht und von ihnen absetzt. Vielmehr bezeichnet dieses »selbst« einen Kontrast gegenüber dem Zusammenhang des Sich-vergleichens und Sichabsetzens, und insofern könnte man von einer höherstufigen Verwendung dieses Ausdrucks sprechen. Wo Heidegger vom Dasein »selbst« spricht, denkt er jedoch auch an die Selbigkeit, die er für das »Wovor« und das »Worum« der Angst geltend machen will: »Das, worum die Angst sich ängstet, enthüllt sich als das, wovor sie sich ängstet: das In-der-Welt-sein«, so daß die Angst durch die »existenziale Selbigkeit des Erschließens mit dem Erschlossenen« (SZ, 188) charakterisiert ist. Es ist verwunderlich, daß dies ein Charakteristikum der Angst sein soll, denn das Erschließen fällt ja als Vernehmen immer unmittelbar mit dem Erschlossenen zusammen. Die Formulierung ist denn auch nur als eine Abgrenzung der Angst von der Furcht einsichtig, und genauer müßte Heidegger eigentlich sagen, daß in der Furcht anders als in der Angst das »Wovor« entdeckt und nicht erschlossen ist. Sofern Heidegger von der Selbigkeit des »Wovor« und des »Worum« der Angst spricht und daraus den Gedanken des »Daseins selbst« gewinnt, arbeitet er demnach mit dem Ausdruck »selbst« in seiner kontrastiven Bedeutung, indem er Dasein als »Wovor« der Angst vom in der Furcht entdeckten innerweltlichen Seienden absetzt. Aber damit ist noch nicht geklärt, was »Dasein selbst« heißt. Die Rede von der Selbigkeit des »Wovor« und des »Worum« ist im Hinblick auf eine Klärung der Bedeutung von »Dasein selbst« sogar problematisch, sofern sie suggeriert, für die Angst sei ein Bezug des Daseins auf sich selbst und nichts anderes charakteristisch. Wird der Gedanke so gefaßt, liegt darin ein Vergleich des Unvergleichbaren, und die Fallstricke der an Gegenstandserkenntnis orientierten Konzeption des Selbstbewußtseins scheinen auch hier wirksam. Die Weise, in der Heidegger die Angst darstellt, schließt einen solchen Verdacht jedoch aus, und sofern die Rede von der Selbigkeit des »Wovor« und des »Worum« ihn nahelegt, ist sie der Sache unangemessen. Das »Wovor« der Angst ist das In-der-Welt-sein schließlich nicht in gleicher Weise wie es ihr »Worum« ist: Angst ist Angst vor dem Seienden in seiner Offenheit, sofern diese unerfüllt bleibt, und Angst um das In-der-Welt-sein-können, sofern das bevorstehende Sein durch Projekte im Augenblick zunächst nicht bestimmbar ist. Die Zusammengehörigkeit beider Aspekte ist es, was die Offenheit des Seienden als Unbedeutsamkeit und damit auch als das »Sichaufdrängen« von Welt erfahrbar macht. Was in der Angst erfahren wird, ist die Verschiedenheit und die Selbigkeit der Offenheit des Seienden und des bevorstehenden Seins einer-

201

seits und des bestimmten möglichen Verhaltens andererseits, und zwar gerade darin, daß man in der Offenheit des Seienden zumindest für einen Moment nicht mehr in einer bestimmten Weise sein kann, durch die man zugleich sein bestimmtes und bevorstehendes Sein in einer Hinsicht bestimmt. Das Sein in der Offenheit des Seienden ist Sein zum Verhalten, und das zeigt sich, wenn es zu keinem Verhalten kommt; das unbestimmte und bevorstehende Sein ist im Verhalten bestimmbar, und das zeigt sich, wenn man außerstande zu einer Bestimmung ist. Die Erfahrung der Angst ist eine Erfahrung der Freiheit in ihrer Differenz, und »Dasein selbst« *ist diese Differenz.* Die Differenz wird nicht im einfachen besorgenden Verhalten verschlossen, sondern dadurch, daß man in der Orientierung an den ausgesprochenen Projekten eine durchgängige Wirklichkeit finden will. Dies wiederum ist durch die Erfahrung der Angst motiviert; indem man sich ans Gerede hält, will man die Angst nicht aufkommen lassen.

Von hier aus kann man auch verstehen, inwiefern die Interpretation der Angst für die Konzeption der Eigentlichkeit eine zentrale Rolle spielen kann und wieso sich die Uneigentlichkeit überhaupt als »Flucht« bestimmen läßt; deutlich werden kann außerdem, was mit der Rede von einem existenzialen Solipsismus gemeint ist. Was das erste angeht, so heißt es bei Heidegger: »Die Angst offenbart im Dasein das Sein zum eigensten Seinkönnen, das heißt das Freisein für die Freiheit des Sich-selbst-wählens und -ergreifens. Die Angst bringt das Dasein vor sein Freisein für ... (propensio in ...) die Eigentlichkeit seines Seins als Möglichkeit, die es immer schon ist. Dieses Sein aber ist es zugleich, dem das Dasein als In-der-Welt-sein überantwortet ist.« (*SZ*, 188) Indem das Möglichsein als Vernehmen der Offenheit des Seienden und des bevorstehenden Seins in der Hemmung des Verhaltens erfahren wird, zeigt sich Dasein in der Verschiedenheit vom Verhalten. Aber deswegen ist Dasein nicht etwa »weltlos«, denn das Verhalten und damit auch die Bestimmung des bevorstehenden Seins ist unumgänglich. Sofern jedoch in der Angst das alltägliche Verhalten unterbrochen ist, kann man auch sagen: sie ist *Anfang* von Verhalten, und zwar radikaler als andere Stimmungen, weil diese die Welt nicht in ihrer Unbedeutsamkeit offenbar machen; zwar zeichnet auch die Hochstimmung ebensowenig wie die Langeweile ein Verhalten vor, aber in ihnen ist doch das Verhalten als solches auch nicht bedroht. Weil der Anfangscharakter des Daseins in der Angst offenbar wird, erlaubt die Angst auch die Hinwendung zu einer Weise zu sein, in der das wirkliche Verhalten als Wirklichkeit des eigenen Möglichseins durchsichtig ist. Sie erlaubt, anders gesagt, die Hinwendung zu einer

Weise zu sein, in der die Selbigkeit in der Differenz der Freiheit nicht mehr verschließend ausgetragen wird und die Erscheinung des Möglichseins als das akzeptiert wird, was sie ist: Erscheinung. Die Alternative dazu ist dann die Flucht vor dem Möglichsein in die Position bloßer Wirklichkeit. Auch für diese Flucht bildet die Angst den Anfang, weil in ihr das Möglichsein in seiner Unbestimmtheit erfahren wird. Heidegger charakterisiert die Unbestimmtheit des Möglichseins, wie sie in der Angst offenbar wird, als »Unheimlichkeit«: »In der Angst ist einem ›unheimlich‹« (SZ, 188), und daran, daß die Unheimlichkeit auch »das Nicht-zuhause-sein« genannt wird, zeigt sich besonders deutlich, daß es sich hier um ein Phänomen handelt, das nur aus dem Differenzcharakter der Freiheit zu verstehen ist: »Unheimlichkeit« kann als Privation des »Zuhauseseins« in der Öffentlichkeit nur erfahren werden, sofern man zunächst in der Öffentlichkeit zuhause ist. Wenn das Zuhausesein jedoch im Möglichsein seinen Anfang hat, muß das »Un-zuhause ... existenzial-ontologisch als das ursprünglichere Phänomen begriffen werden«: »Das beruhigt-vertraute In-der-Welt-sein ist ein Modus der Unheimlichkeit des Daseins, nicht umgekehrt.« (SZ, 189) Dennoch kann Heidegger ebenso sagen, daß das »In-sein ... in den existenzialen ›Modus‹ des Un-zuhause« (SZ, 189) kommt, so daß mit der Angst auch erst ein eigentliches Verstehen und eine eigentliche Rede möglich wird. Daß die drei Weisen der Erschlossenheit überhaupt »In-Sein« genannt werden können, läßt sich allein daraus, daß Dasein auch als eigentliches »in der Welt« in ihrer Bedeutsamkeit ist, verständlich machen; darum nennt Heidegger »In-Sein« auch den »formalen« existenzialen Ausdruck für das Dasein (SZ, 54). Um die Zusammengehörigkeit der Unheimlichkeit und des beruhigt-vertrauten In-der-Welt-seins einsichtig zu machen, wird man auf den Anfangscharakter von Dasein rekurrieren und sagen müssen, daß Dasein, sofern es Anfang ist, *in der Welt neu anfängt, in der Welt zu sein*. Sonst müßte unverständlich bleiben, wieso im Dasein die Welt überhaupt problematisch werden kann und damit ebenso, was eigentliches In-der-Welt-sein ist. Wenn man Heideggers Bezeichnung der Erschlossenheit als »In-Sein« in dieser Weise deutet, hat man auch die Möglichkeit, die Rede vom »Dasein selbst« noch genauer als bisher zu interpretieren: »Dasein selbst« bezeichnet dann die Erfahrung der Freiheit in ihrer Differenz, bei der man sich als »dieser Bestimmte« gerade fraglich wird. Sofern man »dieser Bestimmte« ist, ist man kein Anfang, sondern bereits durch die Bedeutsamkeit und die Artikuliertheit der Bedeutsamkeit im Man geprägt. Das ist man zwar immer, aber die Bedeutsamkeit ist kein ein für allemal fixiertes System, sondern muß im

Verhalten vollzogen werden, indem man aus seinen Verhaltensmöglichkeiten ein Projekt gewinnt und realisiert. Das geschieht nun zunächst und zumeist, indem man sich an den Anderen orientiert und in der Angleichung an sie oder im Sichabsetzen von ihnen zu seinem Projekt kommt. Die eigentümliche Kontinuität des Alltags scheint es zwar unmöglich zu machen, hier einen Anfangspunkt zu fixieren, und damit, so könnte man denken, ergibt sich ein Problem, das sich in vergleichbarer Form im Zusammenhang der Freiheitstheorie Kants gezeigt hatte. Der Alltag scheint wie der Kausalzusammenhang der Kantischen »Natur« nichts als ein System von Abhängigkeiten zu sein, so daß Freiheit allein auf einen transzendentalen Faktor zurückzuführen wäre. Dasein, gedacht als Möglichsein, ist jedoch kein transzendentales Subjekt, und deshalb unterscheidet sich Heideggers Lösung des Problems auch von der Kantischen. Heidegger denkt keine transzendentale Ursache, die es dann erlaubt, überhaupt von Ursachen im Hinblick auf die Erscheinungswelt zu sprechen. Vielmehr macht er den Anfangscharakter von Dasein plausibel, indem er zeigt, daß es Brüche in der Bedeutsamkeit gibt, und wenn es diese gibt, muß es auch Anfänge in ihr geben. In der Angst muß man am Seienden erneut seine Bestimmtheit gewinnen, und dies kann man dann tun, indem man einfach an die Kontinuität des Alltags anknüpft und beschwichtigend sagt, es sei eigentlich »nichts« gewesen, oder sich die eigene Wirklichkeit als Wirklichkeit des Möglichseins durchsichtig hält. Wie das geschehen kann, ist bisher noch nicht gezeigt. Macht man sich jedoch den Anfangscharakter des Daseins, wie er in der Angst offenbar wird, klar, so kann man auch zumindest ansatzweise verstehen, inwiefern die Angst »vereinzelt«: anfangen kann man immer nur als einzelner; sofern man ein Bestimmter im Vergleich mit Anderen und im Sichabsetzen von ihnen ist, fängt man nicht an. Es wäre demnach unangemessen, die Einzelheit, von der Heidegger spricht, im Sinne der unverwechselbaren Eigenschaften und Verhaltensweisen einer Person zu deuten. Andererseits wird man sich auch mit der Bestimmung der Einzelheit, wie sie bisher entwickelt wurde, nicht zufriedengeben können. Damit, daß man »da« und »möglich« ist, sind ja lediglich ontologische Bestimmungen genannt, und wie diese »ontisch« einlösbar sein sollen, ist bisher unklar.

Um hier voranzukommen, liegt es nahe, Heidegger in ein Gespräch mit dem Denker zu bringen, von dem auch seine Konzeption der Angst am stärksten beeinflußt ist, nämlich mit Kierkegaard. Das Denken Kierkegaards wird oft und zu Recht als ein Denken der Einzelheit charakterisiert. Vergleicht man Heidegger mit Kierkegaard, so zeigt sich jedoch nicht nur, daß die Einzelheit bei Heidegger anders gefaßt werden muß; es zeigt sich außerdem, daß sich auch seine Konzeption der Angst radikal von der Kierkegaardschen unterscheidet. Zwar ist auch bei Kierkegaard die Angst Erfahrung des Anfangs und damit Erfahrung der Freiheit vor dem »Nichts« im Sinne von »nichts Bestimmtem«. Der wesentliche Unterschied zwischen Heidegger und Kierkegaard besteht jedoch darin, daß Kierkegaard die Angst als Vorwegnahme der Wirklichkeit entwickelt, zu welcher der Mensch als »Geist« bestimmt ist. Das wiederum ist von entscheidender Bedeutung für sein Verständnis von »Einzelheit«. Das »Nichts«, das der Geist »träumend hinspiegelt«, ist »seine eigene Wirklichkeit« (BA, 40), und die hingespiegelte und als solche bevorstehende Wirklichkeit »versucht« den Geist, der selbst im Hinblick auf diese Wirklichkeit nur Möglichkeit ist. Bis hierher läßt sich das, was Kierkegaard sein Pseudonym Vigilius Haufniensis sagen läßt, noch mit der Heideggerschen Konzeption zur Deckung bringen: Die Rede von der Versuchung des Geistes zur Wirklichkeit meint dann dasselbe wie die ontologische Bestimmung des Möglichseins als eines Möglichseins zum Verhalten. Weiterhin zeigt auch Kierkegaard bereits, daß die Wirklichkeit des Geistes, wenn sie denn ergriffen wird, immer unvollendet ist und als solche durchweg von der Angst begleitet wird. Der Gedanke dieser Unvollendetheit wird in der *Krankheit zum Tode* noch klarer entwickelt als in der Schrift über den *Begriff Angst*. Hier wird der Geist als »Selbst« bestimmt und als eine »Synthesis« von Endlichkeit und Unendlichkeit gedacht, in der man »notwendig« und »möglich« ist und ein an ihm selbst »ewiges« Bewußtsein von »Zeitlichem« hat. Die genannten Termini lassen sich als Bezeichnungen der »Kategorien des Selbst« verstehen und haben damit einen den Heideggerschen »Existenzialien« vergleichbaren Stellenwert. »Endlichkeit« meint nun genauer das, *was* man ist, und steht in Opposition zum »Unendlichen« als dem, was man nicht ist. Sofern man das, was man nicht ist, sein kann, ist es »möglich«, aber diese Möglichkeit ist eingeschränkt durch das, was man ist, welches so als das Notwendige gegenüber den Versuchen, anders zu werden, »darwider hält« (KT, 32). Die Bestimmung des Bewußtseins als des »Ewigen« schließlich ist in ihrer Opposition zum Zeitlichen die wichtigste, denn, weil das Bewußtsein ewig im Sinne einer anfangs- und endlosen Präsenz ist, geht das »Selbst« in keiner immer nur zeitlichen Wirklichkeit auf; »zeitlich« ist alles, was Anfang und Ende hat. Die Verschiedenheit von Ewigem und Zeitlichem tritt freilich nur hervor, weil der »träumende« Geist der Versuchung zur partikularen Wirklichkeit erliegt, und erst im Hinblick auf diese Verschiedenheit kann der »Geist« auch als ein »Selbst« bestimmt werden. Das Selbst nun, dem es um seine eigene und unvollendete Wirklichkeit geht, bleibt ein Selbst κατὰ δύναμιν (KT, 26; 32), denn die zeitlose Präsenz, die der Geist in Wahrheit ist, kann in der eigenen und unvollendeten Wirklichkeit immer nur als das ihr gegenüber privative Unbegrenzte im Sinne des Unendlichen bzw. als das Mögliche, das man noch nicht ist, erscheinen. Dieser Zustand ist »Verzweiflung« und wird von Kierkegaard in der Krankheit zum Tode in seinen verschiedenen Ausprägungen analysiert. Da nun das Selbst eine Synthese ist und die zeitlose Präsenz des Geistes immer nur als die Präsenz eines Zeitlichen realisiert werden kann, ist die Überwindung der Verzweiflung auch nicht als reine Selbstgegenwart möglich, sondern nur in der Aufmerksamkeit auf ein Zeitliches, das dann nicht auf eine Möglichkeit hin, die man noch nicht ist, relativiert werden kann. Dieses Zeitliche, das nun das Ziel der Bewegung des Geistes wird, ist Jesus Christus, der Mensch, der im Glauben als die zeitliche Wirklichkeit der zeitlosen Präsenz des Ewigen angenommen wird. Das Verhältnis zum Gott, der Mensch geworden ist, ist die Wirklichkeit des Selbst gerade darin, daß der Mensch in seiner Geistbestimmtheit keine eigene Wirklichkeit mehr behaupten will, die dann aufgrund der Dynamik des Wollens wiederum nur eine Wirklichkeit relativ zum Möglichen wäre. Kierkegaard drückt die Verschiedenheit zwischen dem für die Verzweiflung konstitutiven Wollen und dem Glauben auch aus, indem er jenes »eine Bewegung von der Stelle«, den Glauben aber »eine Bewegung an Ort« (KT, 32) nennt. Der Glaube ist ein »Sprung« vom Ort der eigenen Endlichkeit ins Unendliche, das nicht mehr nur relativ das ist, was man nicht ist, sondern das ganz andere gegenüber einem selbst. Sprung vom Ort der eigenen Endlichkeit ist der Glaube jedoch, um eben an diesem Ort wieder anzukommen, und zwar darin, daß man glaubt, in seiner Endlichkeit von Gott angenommen zu sein. Die eigene Wirklichkeit, die durch kein Wollen zu realisieren und nicht mehr relativ zu dem ist, was man nicht ist, ist »Einzelheit«: »Gott behilft sich nicht mit einer Abkürzung, er begreift (comprehendit) die Wirklichkeit selber, alles das Einzelne; für ihn liegt der Einzelne nicht unterhalb des Begriffs.« (KT, 123) Kierkegaard nimmt hier einen Gedanken auf, der für Kants Erörterung des »transzendentalen Ideals« konstitutiv ist. Gott wird von Kant als »das Ideal der reinen Vernunft« (KrV, B608/A580) gedacht, sofern er »durch den bloßen Begriff der höchsten Realität als einiges, einfaches, allgenugsames, ewiges« Wesen und damit »in seiner unbedingten Vollständigkeit durch alle Prädikamente« (KrV, B608/A580) bestimmt ist. Nur ein solches Wesen ist zur »durchgängigen

Bestimmung« eines Dings fähig, weil diese nicht allein bedeutet, »daß von jedem Paare einander entgegengesetzter gegebenen <Prädikate/ G. F.>, sondern von allen möglichen Prädikaten ihm <dem Ding/ G. F.> immer eines zukomme«; der Satz, daß alles Existierende durchgängig bestimmt sei, will deshalb »soviel besagen als: um ein Ding vollständig zu erkennen, muß man alles Mögliche erkennen, und es dadurch, es sei bejahend oder verneinend, bestimmen« (*KrV*, B601/ A573). Während Kant jedoch nur von einem Ideal der Vernunft und der Bestimmung von Dingen spricht, so daß er sich ganz in der Perspektive des propositionalen Wissens hält, geht es bei Kierkegaard um die Frage, wie man »existenziell« in seiner eigenen Unvollendetheit wirklich sein und d. h.: der zeitlosen Präsenz, die man in der Bestimmtheit als Geist wesentlich ist, entsprechen kann. Nur in dieser Entsprechung ist das Selbst als Synthese »in Gleichgewicht und Ruhe« (*KT*, 9). Gleichgewicht und Ruhe sind im Glauben jedoch nur zu erlangen, sofern der Mensch in seiner Geistbestimmtheit der Versuchung durch die eigene Wirklichkeit erlegen ist: die Verzweiflung ist so gesehen die Voraussetzung des Glaubens.[6] Der Anfang der Verzweiflung ist die Angst, und sobald man verzweifelt ist, ist es auch die Angst, die die Möglichkeit des Sprunges, also des Glaubens, offenhält, indem »sie alle Endlichkeiten verzehrt, alle Täuschungen an ihnen aufdeckt« (*BA*, 161). Aber die Möglichkeit des Sprungs ist doch wiederum die Möglichkeit zur eigenen, diesmal von Gott angenommenen und darin vollständigen Wirklichkeit, und nur weil das so ist, kann Kierkegaard die Angst nicht nur eine »sympathetische Antipathie«, sondern auch eine »antipathetische Sympathie« nennen. Was zunächst nur als ein Wortspiel erscheint, soll eben die genannten Aspekte der Angst unterscheiden: Antipathetische Sympathie ist die Angst, sofern in ihr die Versuchung zur eigenen Wirklichkeit liegt, die immer nur unvollendete sein kann; daß es die Wirklichkeit ist, zu der der Geist versucht wird, macht das Moment der Sympathie aus, und die Unvollendetheit dieser Wirklichkeit läßt die Sympathie zugleich antipathetisch sein. Umgekehrt ist es im Hinblick auf den Glauben, denn die Möglichkeit der Erlösung ist »wiederum ein Nichts, welches das Individuum ebenso liebt wie fürchtet« (*BA*, 52), und zwar, weil die Erlösung eine Erlösung zur Wirklichkeit des Selbst ist, ohne daß diese selbst gewollt werden könnte und so, vom Wollen aus betrachtet, »ein Nichts« ist. Will man den Unterschied zwischen Kierkegaards und Heideggers Konzep-

---

6 Vgl. dazu Theunissen (1981) sowie Figal (1981) und (1984).

tion der Angst von hier aus fassen, so kann man sagen, daß es eben das Moment der Sympathie ist, was in Heideggers Konzeption fehlt. Die Angst, wie Heidegger sie denkt, macht die Wirklichkeit nur in der Hemmung offenbar und stellt sie durch die Erfahrung der Offenheit des Seienden gleichsam in das Möglichsein zurück. Darin, daß diese Erfahrung nichts von einer Versuchung zur Wirklichkeit des Möglichseins hat, sondern nur dazu, dieses Möglichsein zu verschließen, ist sie eher der Aporie vergleichbar, in die Sokrates seine Gesprächspartner zuweilen führt; die Angst ist eine augenblickliche Erstarrung, ähnlich der, wie Menon sie nach dem Scheitern seiner ersten Bestimmungsversuche von ἀρετή erfährt (*Men.* 79e7−80b7). Demgegenüber nennt Kierkegaard die Angst »die Wirklichkeit der Freiheit als Möglichkeit für die Möglichkeit« (*BA,* 40), und das heißt eben: in der Angst erfährt der Geist, der nur Möglichkeit ist, seine Wirklichkeit als bevorstehende; die Angst ist Erfahrung der ersten Entelechie. Die Bewegung, in der diese Wirklichkeit besteht, kann dann aufgrund der Dynamik des Wollens unvollendet bleiben oder sich als Bewegung des Glaubens in Gott vollenden, durch den sie als durchgängig bestimmte Wirklichkeit ist, die nicht mehr in die Möglichkeit aufgelöst werden muß.

Daß sich der Kierkegaardsche Begriff von Einzelheit trotz aller Parallelen nicht einfach in den Gedankenzusammenhang Heideggers einsetzen läßt, liegt demnach nicht in der Hauptsache am religiösen Charakter von Kierkegaards Schriften. Es liegt vielmehr daran, daß Kierkegaards Begriff des Einzelnen der Begriff einer durchgängig bestimmten und vollendeten Wirklichkeit ist. Entsprechend ist auch »Möglichkeit« bei Kierkegaard nicht primär Unbestimmtheit, sondern noch nicht oder nicht aus eigener Kraft bestimmte Wirklichkeit; Kierkegaard hält an der Aristotelischen Fassung des Verhältnisses von Möglichkeit und Wirklichkeit fest. Gegen diese Interpretation könnte man nun einwenden, das Ziel der Bewegung des Glaubens sei als der Mensch gewordene Gott schließlich, wie Kierkegaard selbst nicht müde geworden ist zu betonen, ein Paradox und als solches ungeeignet, vollendete Wirklichkeit im Sinne einer Bewegung, die ihr Ziel erreicht, zu garantieren; der Sprung in den Glauben muß außerdem in jedem Augenblick gemacht werden, so daß es schwerfallen kann zu akzeptieren, es gäbe hier Gleichgewicht und Ruhe. Und, so könnte man fortfahren, was im Sprung des Glaubens gewonnen wird, ist deshalb auch nichts anderes als eine Wirklichkeit, die als Wirklichkeit der Möglichkeit durchsichtig ist, während der Verzweifelnde immer versucht, eine eigene Wirklichkeit zu behaupten, und zwar entweder, indem er so sein will, wie er ist, und damit andere Möglichkeiten zu sein ablehnen muß, oder, indem er anders sein will und und dadurch gezwungen ist, die dann erreichte Wirklichkeit wieder auf ein neues Projekt hin zu relativieren, in jedem Fall aber der Dynamik des Wollens ausgeliefert bleibt; das Wollen aber ist Wollen der eigenen Wirklichkeit. Wäre der Glaube die als solche durchsichtige Wirklichkeit der Möglichkeit, könnte man die Behauptung eines Unterschieds zwischen Kierkegaard und Heidegger nicht aufrechterhalten. Allein, Kierkegaards Konzept des Glaubens steht und fällt mit dem Gedanken der Einzelheit als durchgängiger Bestimmtheit; aus ihm allein läßt sich plausibel machen, wieso der Glaube eine Vernichtung der durch die Dynamik des Wollens bestimmten Verzweiflung und als solche erlösend sein kann. Die »Angst der Möglichkeit« hat am Menschen nur solange ihre Beute, »bis sie frei gemacht ihn abgeben muß an den Glauben; andernorts findet er nicht Ruhe, denn jeder andre Ruhepunkt ist lediglich Geschwätz, mag er auch in den Menschenaugen Gescheitheit sein« (BA, 164). Aus dieser paulinisch inspirierten Entgegensetzung des Glaubens zur Klugheit der Menschen läßt sich auch der Sinn des Paradoxons verständlich machen: paradox ist das Ziel der Glaubensbewegung nur für die Doxa, während im Glauben der Mensch Jesus von Nazareth als der Gott angenommen wird, so daß die Innenperspektive des Glaubens mit dem Gleichgewicht und der Ruhe einer vollendeten Wirklichkeit durchaus vergleichbar ist. Die Frage, wie die Vereinzelung im Sinne Heideggers, in der die Wirklichkeit als Wirklichkeit des Möglichseins durchsichtig sein soll, zu denken ist, bleibt also zunächst noch offen, und sie muß offen bleiben, solange das eigentliche Verstehen und die eigentliche Rede noch nicht erörtert sind. Erst dann läßt sich eine befriedigende Antwort auf die Frage geben, wie Einzelheit nicht von der Wirklichkeit, sondern von der Möglichkeit her zu denken ist.

Sorge

Die Angst, wie Heidegger sie bestimmt, ist Möglichkeitserfahrung in einem radikalen Sinne, und will man genauer sagen, was »Möglichkeit« hier heißt, wird man fünf Aspekte unterscheiden müssen: »möglich« ist Dasein einmal, sofern es als Möglichsein in der Offenheit des Seienden zu denken ist. Dieses Möglichsein ist Möglichsein zum Verhalten, und die Möglichkeiten des Verhaltens wiederum sind einerseits solche, die in der Auslegung oder im Gerede als wirklich oder vorgeblich realisierte bekannt sind und sich wirklich oder vorgeblich in einem

»Können« bestätigt haben; Möglichkeiten sind sie andererseits, sofern man in ihnen zur Bestimmtheit gelangen kann oder nicht, und daß man sich im Ergreifen einer solchen Möglichkeit bestimmen muß, setzt voraus, daß man in seinem bevorstehenden Sein möglich im Sinne der eigenen Unbestimmtheit ist. In der Differenz von unbestimmtem Möglichsein und den bestimmten Möglichkeiten des Verhaltens liegt schließlich die Möglichkeit, uneigentlich eine Position des Verhaltens einzunehmen oder die bestimmten Möglichkeiten als Erscheinungen des unbestimmten Möglichseins durchsichtig zu halten. In ihrer Zusammengehörigkeit bilden diese Aspekte das, was Heidegger die »Ganzheit« des Daseins nennt: Dasein ist ein Ganzes, eben weil es in jeder Hinsicht der Bestimmung der Möglichkeit unterliegt. Untersucht man diese Ganzheit daraufhin, wie das Möglichsein in ihr ausgetragen wird, also unter dem Aspekt der Möglichkeit von Eigentlichkeit und Uneigentlichkeit, und berücksichtigt, daß man in der Uneigentlichkeit zu einer vollständigen Bestimmtheit gelangen will, so ist klar, daß hierbei dem unbestimmten und bevorstehenden Sein eine besondere Stellung zukommt: in der Perspektive des Austrags der Freiheit in ihrer Differenz unterscheiden sich Eigentlichkeit und Uneigentlichkeit dadurch, ob die Unbestimmtheit des bevorstehenden Seins ausgehalten wird oder nicht. Sofern nun die Daseinsanalyse im Anschluß an die Erörterung der Angst der Frage nachgeht, wie Eigentlichkeit im Dasein zu denken sei, ist es auch verständlich, wenn Heidegger die Frage nach der Ganzheit des Daseins in diesem Zusammenhang entwickelt, indem er sich zunächst am unbestimmten und bevorstehenden Sein orientiert: »Dasein ist immer schon ›über sich hinaus‹, nicht als Verhalten zu anderem Seiendem, das es nicht ist, sondern als Sein zum Seinkönnen, das es selbst ist. Diese Seinsstruktur des wesenhaften ›es geht um ...‹ fassen wir als das Sich-vorweg-sein des Daseins.« (SZ, 192). In der Formulierung »Sein zum Seinkönnen« nimmt Heidegger den Gedanken, daß Dasein Möglichsein in der Offenheit des Seienden ist, noch einmal auf. Dieses Möglichsein wird allerdings jetzt nicht als Möglichsein zum Verhalten interpretiert, sondern der Anfangscharakter des Daseins ist direkt auf das unbestimmte und bevorstehende Sein bezogen. Nur so läßt sich auch die Differenz der Freiheit unter dem Aspekt der Selbigkeit in den Blick bringen, und sofern die Selbigkeit in der Uneigentlichkeit ausgeblendet bleibt, ist deutlich, daß das »Sein zum Seinkönnen« als eine Bestimmung der Eigentlichkeit zu begreifen ist. Sofern in der Angst das »Freisein für das eigenste Seinkönnen« (SZ, 191) erfahren wird, eröffnet sie die Möglichkeit, sich primär in seinem unbestimmten und bevorstehenden Sein zu verstehen, und zwar so, daß sich das Verstehen »in das Worumwillen« wirft (*SZ*, 146). Wie das zu denken ist, bleibt bisher allerdings noch unklar, denn schließlich hatte Heidegger auch gesagt, die Erschlossenheit des Verstehens beträfe Worumwillen und Bedeutsamkeit gleichermaßen (*SZ*, 143). Diese These wird auch durch die Analyse der Angst nicht widerrufen. Man darf sich den Primat des Worumwillen, also des unbestimmten und bevorstehenden Seins, nicht so vorstellen, als gäbe es nun keine als solche vernommenen Verhaltensmöglichkeiten mehr. Diese Verhaltensmöglichkeiten verlieren in der Angst lediglich ihre Selbstverständlichkeit, so daß sich nun die Frage, wie man sein wird, erst radikal stellt. Daß man in seinem »Seinkönnen« unbestimmt ist, soll nicht heißen, man sei nun davon suspendiert, sich ein bestimmtes Projekt zu machen; es heißt vielmehr, daß man aufgrund des Zusammenbruchs der Selbstverständlichkeit nun auch das jeweilige Projekt *als Antwort auf das bevorstehende und unbestimmte Sein verstehen kann*. Die vernommenen Verhaltensmöglichkeiten sind, sofern sie vernommen werden, nichts weiter als die noch gar nicht eigens erfaßten Möglichkeiten zur Bestimmung des bevorstehenden Seins, und es geht darum, eine dieser Möglichkeiten zu projektieren und zugleich zu wissen, daß man mit diesem Projekt das bevorstehende Sein nicht erschöpft. Damit ist sicherlich noch nicht gezeigt, wie ein solches eigentliches Projektieren genau zu denken ist; um das zu zeigen, muß man auch deutlich machen, wie es überhaupt möglich ist, die Unselbstverständlichkeit von Verhaltensmöglichkeiten nicht sofort wieder in einer Orientierung am Gerede zu verschließen. Die Angst, wie Heidegger sie begreift, ist nur der Anfang von Eigentlichkeit und ebenso freilich der Anfang von Uneigentlichkeit. Nachdem der Anfangscharakter des Daseins durch die Analyse der Angst deutlich gemacht und gezeigt ist, wie in der Angst das unbestimmte Sein bevorsteht, läßt sich jedoch immerhin die Struktur, in die die Erfahrung des bevorstehenden Seins gehört, genauer fassen. Diese Struktur, die »das Ganze der Daseinsverfassung« (*SZ*, 192) ausmacht, ist denn auch das, was mit der Erfahrung des unbestimmten und bevorstehenden Seins »eigentlich verstanden« werden soll. Obwohl die existenziale Interpretation ihre Berechtigung nur durch Nachweis eines solchen eigentlichen Verstehens einsichtig machen kann, hat die Bestimmung der Daseinsstruktur insofern für die Entwicklung des Gedankengangs einen Vorrang.

Selbst wenn die Struktur, wie Heidegger sie unter dem Titel »Sorge« erörtert, die »fundamentalen ontologischen Charaktere« (*SZ*, 192) des Daseins umfaßt, wird man doch kaum behaupten können, der Zusammenhang dieser Charaktere werde in Heideggers Darstellung hinreichend deutlich. So wird denn auch die These, bei dieser Struktur handle es sich um eine »Ganzheit«, mehr evoziert als argumentativ erwiesen. Heidegger setzt mit der Bestimmung des Sich-vorweg-seins an und leitet daraus, daß das Sich-vorweg-sein keine »isolierte Tendenz in einem weltlosen ›Subjekt‹« (*SZ*, 192) sei, sondern das In-der-Welt-sein charakterisiere, ab, das Sich-vorweg-sein müsse als »Sich-vorweg-im-schon-sein-in-einer-Welt« (*SZ*, 192) gefaßt werden. Weil Dasein »nicht nur überhaupt und indifferent ein geworfenes In-der-Welt-sein-können, sondern ... immer auch schon in der besorgten Welt aufgegangen« (*SZ*, 192) ist, wird die Formel für die Strukturganzheit des Daseins noch einmal erweitert und heißt nun: »Sich-vorweg-schon-sein-in-(der-Welt-) als Sein-bei (innerweltlich begegnendem Seienden)« (*SZ*, 192). Während die erste der beiden Formeln die Strukturganzheit des Daseins nur deshalb nicht ausdrücken kann, weil sie diese unterbestimmt läßt, leistet die zweite nicht, was sie leisten soll, weil sie das »Aufgehen in der Welt« unangemessen charakterisiert. Wäre das »Aufgehen in der Welt«, also das Verfallen, wirklich das Sein bei innerweltlich begegnendem Seienden, müßte man Heideggers Interpretation des Verfallens aus *SZ* streichen. Es fällt auf, daß keine der beiden Formeln die Bestimmung des Daseins als Mitsein und Mitdasein berücksichtigt, und so konnte denn auch gerade die Darstellung der »Sorge«-Struktur immer wieder zum Anlaß werden, die Daseinsanalyse als eine Variante der Subjektivitätsphilosophie oder gar als deren Vollendung zu lesen.[7] Aber »Dasein« ist nicht identisch mit »Subjektivität«, selbst wenn diese nicht mehr im Sinne von Vorhandensein, sondern »entsubstanzialisiert« als »Selbstbehauptungswille«[8] verstanden wird. Das schließt wiederum nicht aus, daß sich so etwas wie ein Selbstbehauptungswille aus der Daseinsstruktur einsichtig machen läßt, denn: »Im Phänomen des Wollens blickt die zugrundeliegende Ganzheit der Sorge durch« (*SZ*, 194). Daß dies so ist, macht allein die Identifikation von »Sorge« und »Wille« noch nicht erklärbar, denn immerhin wird ja hier ausdrücklich zwischen beiden unterschieden. Die Interpretation des Daseins als einer nur im Vollzug bestehenden Subjektivität impliziert vielmehr ein bestimmtes Verständnis des Sich-vorweg-seins. Weil das Sich-vorweg-sein als Sein zur bevorstehenden Unbestimmtheit durch bestimmte Projekte gefüllt werden kann, kann der Eindruck entstehen, es ginge hier nur um eine formale Fassung des

---

7 Schulz (1969); zuletzt Habermas (1985).
8 Schulz (1969), 116.

Projektierens und des Vollzugs der Realisierung von Projekten. Das wiederum legt es nahe, die Welt als den Möglichkeitsspielraum, der zum Vollzug der Subjektivität gehört[9], und das innerweltliche Seiende als die jeweilige Bestimmtheit eines ihm selbst unbestimmten Vollzugs zu begreifen. »Dasein« ist dann nahezu gleichbedeutend mit »Bewußtsein« im Kierkegaardschen Sinne, denn dieses Bewußtsein ist ja ein in sich anfangs- und endloser Vollzug, der sich gleichwohl immer nur in der Bezogenheit auf Zeitliches realisiert.

Dadurch, daß Heidegger in *SZ* das Sich-vorweg-sein nicht genau genug bestimmt, hat er eine solche Interpretation nicht ausschließen können. Wie unangemessen sie dennoch ist, läßt sich zeigen, wenn man eine Aufzeichnung Heideggers berücksichtigt, die in den Zusammenhang der Vorlesung aus dem Wintersemester 1920/21 gehört und mit *Sorgen – Warten* überschrieben ist. Sie lautet: »Sorgen – Warten; das ›Nicht‹. Faktizität. Bei der ausdrücklichen Wiederaufnahme des Ausgangs der interpretativen Abhebung des Bezugssinnes Sorgen ausdrücklich auf den Vollzugssinn eingehen: Wie des Vollzugs in einem Warten auf etwas; selbst im Sorgen als Bezug das Warten auf ...; ›ständig‹ in einem ›Warten auf‹, – ausdrücklich und unausdrücklich. Erwartung ist ein verschieden faktisch mögliches Ergreifen und ›Ausdrücken‹ des Wartens. Ruinanz als Nicht-warten-wollen und -können, sich verstürzen; aber gerade darin Warten und Warten als Darbung. Warten gibt den historischen Grundsinn der Faktizität; im ›auf‹ der spezifische Welt- und Gegenstandsbezug. Und zugleich Darbungscharakter: im Warten: noch nicht, und also festgelegt stehen, spezifisch gebunden, massiv, schwerfällig ›sein‹; das drückt die spezifische Widerständigkeit aus, in einem mit Bezugssinn; eine zentrale existenzielle Kategorie der Faktizität. Die beiden Momente nicht scheiden, sondern gerade Scheidung destruieren und die Kategorie rein existenziell ganz interpretieren. Das faktisch Eigentliche gerade das, woraus jene möglichen Abhebungen; Faktizität muß gerade darin radikal durchsichtig werden ... Der Bedeutsamkeitscharakter – als formale ›Bedrängnis‹! Welt das Andrängende, Be-drängende – Warten und Bedrängnis.« (*GA* 61,184f.) Es ist nicht schwer, in den hier als »Warten« und »Sorgen« unterschiedenen Aspekten die beiden Bestimmungen der ersten Formel für die »Sorge«-Struktur, »Sich-vorweg« und »In-der-Welt« wiederzuerkennen. »Sorgen« meint den »Bezugssinn« des Verhaltens, dies also, daß das Verhalten durch die »Bezüge« der Bedeutsamkeit als

9 Schulz (1969), 99.

ausdrückliches Verhalten im Zusammenhang des Selbstverständlichen charakterisiert ist; »Warten« meint demgegenüber die »Widerständigkeit« gegen das »Sorgen« in der Erfahrung des »noch nicht«, durch die man zugleich auch auf das, was man ist, festgelegt bleibt und darin »gebunden«, »massiv« und »schwerfällig« ist, so daß die Welt als das »Andrängende« und »Be-drängende« erscheint. Es ist deutlich, daß hier in groben Zügen die Angstanalyse vorweggenommen ist, und ebenso übrigens die Analyse der Langeweile, wie Heidegger sie dann in der Vorlesung über die *Grundbegriffe der Metaphysik* (GA 29/30) durchgeführt hat. Deutlich ist außerdem, worin sich die zitierte Aufzeichnung von den späteren Analysen unterscheidet: Hier glaubt Heidegger noch, das »Andrängende« der Welt an der Erfahrung des Wartens ablesen zu können, während er später sagen würde, daß die Angst und in anderer Weise auch die Langeweile die sich andrängende Welt als solche erschließt und ein Verstehen, das mit dem hier beschriebenen Warten vergleichbar wäre, erst möglich macht. Gerade jedoch, wenn man den Zusammenhang von »Warten« und »Sorgen« davon entlastet, daß in ihm die Welt in ihrer Weltlichkeit sich aufdrängen soll, kann man an ihm die Struktur der Sorge genauer herausarbeiten. Dabei ist zunächst zu beachten, daß die »Widerständigkeit«, wie sie das Warten charakterisiert, keine Beschränkung des Sorgens im Sinne einer äußeren Hemmung ist, sondern ein Moment des Sorgens sogar in seinem »Vollzugssinn«. Wenn man darauf »abzielt«, daß etwas der Fall und man selbst in einer bestimmten Weise sei, so ist das als Bewegung zu denkende Verhalten zu seinem Ziel und damit zugleich von ihm entfernt. Deshalb ist für Aristoteles die κίνησις eine ἐνέργεια ἀτελής, und so gesehen scheint der Zusammenhang, den Heidegger hier im Blick hat, in der Aristotelischen Konzeption der Bewegung bereits hinreichend gefaßt zu sein. Aber das ist nicht der Fall, denn bei Aristoteles sind Bewegungen immer nur als zielgerichtet und von ihrem Ziel her gedacht, während Heidegger zeigen will, daß jedes Verhalten nicht nur Vollzug auf ein im voraus gewußtes Ziel hin, sondern immer auch ein Offenlassen des Abstands zu dem jeweils Bevorstehenden ist. Das bestimmte Verhalten in der Bedeutsamkeit und das Offenlassen des Abstands sind zwei »Abhebungen« desselben. Daß dies als die »eigentliche« Struktur des Verhaltens behauptet wird, hat freilich nur einen Sinn, wenn es auch möglich ist, sich »uneigentlich« zu verhalten und darin die Struktur des Verhaltens zu verdecken. Die Uneigentlichkeit, die in der frühen Aufzeichnung noch »Ruinanz« heißt, ist ein »Nicht-warten-wollen«: uneigentlich will man den Abstand zum Bevorstehenden überspielen, indem man sich aufs Reden verlegt, denn geredet werden kann eben immer. Als »Nicht-warten-wollen« läßt sich die Uneigentlichkeit aus der Struktur des Verhaltens selbst verständlich machen, und umgekehrt führt eine Untersuchung der Uneigentlichkeit auf das Warten als ein wesentliches Charakteristikum des Verhaltens.

Obwohl sich an der Erläuterung des »Wartens« in Heideggers früher Aufzeichnung gezeigt hat, daß »Sorge« nicht als Subjektivität im Sinne eines Vollzugs interpretiert werden darf, weil das Verhalten durch das nichtvoluntative Offenhalten des Abstands charakterisiert ist, wird diese Erläuterung der »Sorge«-Struktur doch nicht wirklich gerecht. Zum einen nämlich kann der Ausdruck »Warten« noch zu sehr im Sinne der Erwartung eines bestimmten Ereignisses verstanden werden. Was das Warten von der »Erwartung« unterscheiden soll, ist vor allem dann unklar, wenn Heidegger das »Warten auf ...« als den »spezifischen Welt- und Gegenstandsbezug« begreifen will. Wenn man das sagt, läßt sich »Warten« eigentlich nicht mehr vom »Bezugssinn« des »Sorgens« abheben, und das mag auch der Grund dafür sein, daß Heidegger den Ausdruck »Warten« zunächst nicht mehr verwendet und erst später wieder, in der *Erörterung der Gelassenheit* (GA 13) aufnimmt, wo er das »Warten« ausdrücklich vom »Erwarten« unterscheidet; im Kontext der frühen Aufzeichnung hatte er die begrifflichen Mittel für eine solche Unterscheidung noch nicht. Aber auch in anderer Hinsicht bleibt in der frühen Aufzeichnung das Verhältnis von »Warten« und »Sorgen« unklar. Heidegger schwankt hier zwischen zwei Möglichkeiten, dieses Verhältnis zu bestimmen, indem er das Warten im »Sorgen als Bezug« lokalisiert und zugleich von zwei Abhebungen eines »faktisch Eigentlichen« spricht, so daß im zweiten Fall die Frage naheliegt, wie dieses »faktisch Eigentliche« denn seinerseits zu bestimmen sei. Diese Ambivalenz ist in der späteren Fassung der »Sorge«-Struktur überwunden, und allein daran, daß Heidegger sich hier für den Terminus »Sorge« entschieden hat, zeigt sich, daß er die erste der beiden Möglichkeiten für die plausiblere hielt. Interpretiert man die »Sorge«-Struktur, indem man von der frühen Aufzeichnung ausgeht, hat man jedoch einen Anhaltspunkt für das Verständnis dieser Struktur gewonnen, den der Text von *SZ* so nicht bietet. Denn nun ist deutlich, daß die beiden in der ersten Formel genannten Momente »Sich-vorweg« und »schon in der Welt« nicht in dem Sinne eine Ganzheit bilden, daß sie Momente eines noch einmal für sich bestimmbaren Dritten wären. Die Ganzheit der Sorge besteht auch nicht nur darin, daß alle Aspekte von Dasein unter der Bestimmung »Möglichkeit« zu fassen sind, sondern genauer darin, daß das In-der-Welt-sein in allen Aspekten durch das »Sich-vorweg« charakterisiert ist, so daß das Sich-

215

vorweg als das Zusammenhaltende (περιέχον) begriffen werden muß, das es überhaupt erst erlaubt, von verschiedenen Aspekten eines einheitlichen In-der-Welt-seins zu sprechen. Diese Interpretation schließt ein, daß auch das »schon« der Sorgeformeln nicht auf den trivialen Umstand hinweisen soll, daß man bereits in der Welt ist. Vielmehr ist das »schon« ein Charakteristikum des Sich-vorweg als der ontologischen Struktur von Dasein und bezieht sich auf das, was in der Wendung »Sich-vorweg« durch das »sich« ausgedrückt ist: Man ist sich, sofern man in der Offenheit des Seienden ist, vorweg, sofern es einem bevorsteht, in dieser Offenheit zu sein. Weil das immer so ist, liegt in jedem bestimmten Projektieren und Verhalten ein »Abstand« zu dieser Offenheit. Die aus der frühen Aufzeichnung übernommene Rede von einem »Abstand« ist freilich mißverständlich, und zwar nicht nur, weil dieser Ausdruck im Zusammenhang von *SZ* durch die Analyse des »Man« besetzt ist. Der Ausdruck ist vielmehr problematisch, weil er an das Modell des Abzielens auf ein Ziel gebunden bleibt, und damit hat man es nicht mehr zu tun, wo es um das »Sich-vorweg-sein« im Dasein geht. Hier ist nicht daran zu denken, daß jeweiligem Verhalten ein anderes Verhalten bevorsteht, und ebensowenig wird man sagen können, das bevorstehende und unbestimmte Sein *folge* auf ein Verhalten. Vielmehr kann dem Verhalten eine Unbestimmtheit nur »bevorstehen«, weil es in sich bereits auch unbestimmt ist. Die Unbestimmtheit im Verhalten führt zu weiterem Verhalten, und zwar auch dann, wenn man auf kein Ziel zustrebt. Die Unbestimmtheit im Verhalten und damit auch die Weise, in der das Verhalten bevorsteht, läßt sich genauer fassen, wenn man im Blick behält, daß Verhalten immer nur aufgrund der Freigegebenheit des Seienden möglich ist. Weil in jedem Verhalten ein Freigeben liegt, kann dem Verhalten das Freigegebene bevorstehen. Man ist sich vorweg, weil das Seiende freigegeben ist und man im Freigegebenen sein kann.

Heidegger behauptet demnach zurecht, das »Sich-vorweg« sei keine »isolierte Tendenz in einem weltlosen ›Subjekt‹«, sondern charakterisiere das In-der-Welt-sein selbst. Im Dasein ist man sich vorweg, weil aufgrund der Freigabe des Seienden die Welt selbst durch Unbestimmtheit charakterisiert ist und so in ihrer Bedeutsamkeit immer wieder bevorstehen kann. Das hatte Heidegger auch in seiner frühen Vorlesung gemeint, wenn er den Ausdruck »Abstand« gebrauchte. Das hier noch »Leben« genannte Dasein hat »seine Welt, jeweils konkrete Bedeutsamkeiten vor sich« (*GA* 61,103), und was hier bevorsteht, ist nicht, wie Heideggers Formulierung nahelegen könnte, eine bereits als solche erfaßte bestimmte Weise der Bedeutsamkeit, sondern die Bedeutsamkeit selbst. Eigentlich muß man sogar sagen: was bevorsteht, ist das Unbedeutsame, das bedeutsam wird, indem man sich immer aufs Neue aus ihm versteht. Dieses Sichverstehen wurde »Selbstverständlichkeit« genannt, und es wurde gezeigt, daß die Selbstverständlichkeit das Verhalten, sofern es ausdrücklich ist, erst möglich macht. Verhalten ist immer Verhalten im Zusammenhang des Selbstverständlichen, aber selbstverständlich sind die Verhaltensmöglichkeiten nicht bereits darin, daß man sie als solche vernimmt, sondern erst, sofern sie als Projekte erfaßt werden. Verhaltensmöglichkeiten sind keine Projekte, sofern sie vernommen sind, sondern nur, sofern sie durch das, was *man* sagt, bestimmt sind. Diesen Aspekt hat Heidegger nun im Sinn, wenn er die erste Formel für die »Sorge«-Struktur erweitert und auch das Verfallen berücksichtigt. Bestimmte Projekte gibt es nur, sofern sie von Anderen vorgegeben sind, *so daß es ein »Sein bei innerweltlich begegnendem Seienden« immer nur in der Bedeutsamkeit, sofern sie artikuliert und bereits ausgelegt ist, geben kann.* Indem man sich in der artikulierten und ausgelegten Bedeutsamkeit orientiert und bestimmte Projekte von Anderen übernimmt, vergleicht man sich mit ihnen und setzt sich von ihnen ab: »Das verstehende Sichentwerfen des Daseins ist als faktisches je schon bei einer entdeckten Welt. Aus dieser nimmt es – und zunächst gemäß der Ausgelegtheit des Man – seine Möglichkeiten. Diese Auslegung hat im vorhinein die wahlfreien Möglichkeiten auf den Umkreis des Bekannten, Erreichbaren, Tragbaren, dessen, was sich gehört und schickt, eingeschränkt. Diese Nivellierung der Daseinsmöglichkeiten auf das alltäglich zunächst Verfügbare vollzieht zugleich eine Abblendung des Möglichen als solchen. Die durchschnittliche Alltäglichkeit des Besorgens wird möglichkeitsblind und beruhigt sich bei dem nur ›Wirklichen‹.« (*SZ*, 194f.) Die »Möglichkeitsblindheit«, von der hier die Rede ist, kann natürlich nicht darin bestehen, daß nunmehr weder das unbestimmte und bevorstehende Sein noch die Verhaltensmöglichkeiten vernommen würden. Ohne ein solches Vernehmen würde man die Projekte als ausgesprochene Verhaltensmöglichkeiten überhaupt nicht verstehen können. Deshalb wäre es auch besser, statt von einer Möglichkeitsblindheit von einer Überbestimmung der Möglichkeiten zu sprechen, die darin besteht, daß sie als ausgesprochene immer in der einen oder anderen Weise bewertet sind. Um jedoch selbst zu einem Projekt und dann auch zur Realisierung desselben zu kommen, ist es andererseits unumgänglich, sich zunächst auch an diesen Wertungen zu orientieren und sich überhaupt als einen unter Anderen zu verstehen. Weil dies so ist, kann Heidegger das Verfallen als ein integrales Moment der »Sorge«-Struktur bestimmen. Das

»Sein bei innerweltlich begegnendem Seienden« ist als Verfallen in Wahrheit das Sein im »Man«.

Gegen diese Interpretation könnte man freilich einwenden, das »Man« sei vor allem unter dem Aspekt der »Zweideutigkeit« dadurch charakterisiert, das wirkliche Verhalten durch die bloße Propagierung von Projekten zu überspielen, so daß es unplausibel sei, den uneigentlichen Charakter des »Seins bei innerweltlich begegnendem Seienden« ausschließlich aus der Struktur des »Man« verstehen zu wollen. Bei diesem Bedenken könnte man sich außerdem darauf berufen, daß Heidegger das »Sein zu den Möglichkeiten« in der Uneigentlichkeit als ein »bloßes Wünschen« deutet: »Im Wunsch entwirft das Dasein sein Sein auf Möglichkeiten, die im Besorgen nicht nur unergriffen bleiben, sondern deren Erfüllung nicht einmal bedacht und erwartet wird. Im Gegenteil: die Vorherrschaft des Sich-vorweg-seins im Modus des bloßen Wünschens bringt ein Unverständnis der faktischen Möglichkeiten mit sich. Das In-der-Welt-sein, dessen Welt primär als Wunschwelt entworfen ist, hat sich haltlos an das Verfügbare verloren, so jedoch, daß dieses als das einzig Zuhandene im Lichte des Gewünschten doch nie genügt.« (SZ, 195) In die gleiche Richtung geht der Hinweis, daß Dasein, sofern es »selbst durch die Freiheit bestimmt wird«, sich »zu seinen Möglichkeiten auch unwillentlich verhalten« kann: »es kann uneigentlich sein und ist faktisch zunächst und zumeist in dieser Weise« (SZ, 193). Aus diesen Stellen läßt sich jedoch nicht, wie es den Anschein haben kann, ableiten, daß der Umgang mit Seiendem als solcher bereits uneigentlich ist. Um dies zu sehen, muß man sich klarmachen, in welchem Sinne Heidegger hier von »Wünschen« und »Wollen« spricht. Er will nicht sagen, in der Uneigentlichkeit, welche die Alltäglichkeit im »Man« ist, würde überhaupt nichts »besorgt« und es gäbe keine Projekte, die auch realisiert würden; gemeint ist vielmehr, daß die Uneigentlichkeit durch die Vorherrschaft des bloßen Wünschens charakterisiert ist, und anders wäre es auch nicht zu erklären, daß Heidegger hier nicht nur vom Wünschen, sondern auch von der Verlorenheit an das Verfügbare spricht. Man wünscht, wie Heidegger von Aristoteles weiß, nicht nur das Unmögliche, etwa die Unsterblichkeit, sondern auch das nur von Anderen zu Bewerkstelligende, etwa, daß ein Schauspieler oder ein Athlet im Wettkampf den Sieg erringt (EN, 1111b22−24). Letzteres muß nicht nur aus der Perspektive des Zuschauers gedacht sein, der für seinen Favoriten bangt, denn man kann schließlich auch wünschen, daß jemand Anderes etwas tut, indem man ihm sagt, was man von ihm erwartet. Die »Wunschwelt« wäre dann keine Traumwelt, die mit dem Alltag nichts mehr zu tun hat, sondern *eine Welt, die primär durch gegenseitige Erwartungen bestimmt ist*. Genau dies aber kennzeichnet die öffentliche Welt des »Man«. Sofern man in dieser Welt ist, stellt man immer auch Anforderungen, die von einem selbst nicht eingelöst werden und von einem selbst vielleicht auch nicht einlösbar sind, ebenso wie man selbst solchen Anforderungen untersteht. Projekte, die man realisiert, sind immer auch Projekte der Anderen gewesen oder sie sind es noch, und auch, was man von sich erwartet, wünscht »man selbst«. Als realisierte können sie dann uninteressant werden, weil es im Gerede darum geht, den Zusammenhang wechselseitiger Anforderungen aufrechtzuerhalten. Im Anschluß an diese Erläuterung des Wünschens ist es nun auch möglich, sich zumindest ansatzweise klarzumachen, was Heidegger unter »willentlichem Verhalten« versteht. Dabei kann man sich an seiner Bestimmung der »ontologischen Möglichkeit von Wollen« orientieren; für diese ist »konstitutiv«: »die vorgängige Erschlossenheit des Worumwillen überhaupt (Sich-vorweg-sein), die Erschlossenheit von Besorgbarem (Welt als das Worin des Schon-seins) und das verstehende Sichentwerfen des Daseins auf ein Seinkönnen zu einer Möglichkeit des ›gewollten‹ Seienden« (*SZ*, 194). Im Wollen selbst wird dann »ein verstandenes, das heißt auf seine Möglichkeit entworfenes Seiendes als zu besorgendes bzw. als durch Fürsorge in sein Sein zu bringendes ergriffen« (*SZ*, 194). Es ist klar, daß diese Bestimmung des Wollens eine Identifikation von »Wollen« und »Sorge« allein schon deshalb verbietet, weil die Sorge nicht als Festlegung auf ein bestimmtes Projekt zu denken ist: das Sich-vorweg-sein als Sein bei innerweltlich begegnendem Seienden ist immer Sein bei einer Pluralität von Projekten; das folgt aus der Identifikation des Seins bei innerweltlich begegnendem Seienden mit dem Verfallen. »Wollen« ist eine bestimmte Weise, in der in ihrer Bedeutsamkeit durch das »Sich-vorweg« als Ganzheit bestimmten Welt zu sein. Man müßte demnach, um die Charakterisierung des Wollens zu präzisieren, von einem verstehenden Sichentwerfen auf ein Seinkönnen zu *einer* Möglichkeit des Seienden sprechen. Aber auch das ist noch nicht hinreichend, um zwischen Wollen und Wünschen im Heideggerschen Sinne klar zu trennen. Denn zum einen kann das Projekt, auf das hin jemand sich »verstehend entwirft«, alltäglich nur als eines, das »man wünscht«, zugänglich sein; jedes Projekt ist in der einen oder anderen Weise öffentlich und deshalb bewertet. Zum anderen ist nicht ausgeschlossen, daß er bei der Realisierung einem solchen Wunsch entspricht, und außerdem selbst wünscht, wie Andere zu sein. Der Hinweis darauf, daß jemand auch gegen das, was »man wünscht«, etwas wollen kann, ist kein Einwand, denn auch im Sichabsetzen von den Anderen ist man ja, wie »man« ist. Daß Heideggers Unterscheidung von Wünschen und Wollen so klar nicht ist, wie man zunächst denken mag, zeigt sich auch an der in seiner Bestimmung berücksichtigten »willentlichen Fürsorge«. Fürsorge kann uneigentlich sein, und so ist sie zunächst und zumeist. Dann aber gibt es mit der uneigentlichen Fürsorge auch ein uneigentliches Wollen. Die Unterscheidung zwischen einem uneigentlichen Wünschen und einem eigentlichen Wollen greift, wie es scheint, zu kurz. Daraus jedoch, daß Heidegger das Wünschen eindeutig der Uneigentlichkeit zuordnet, läßt sich ein Anhaltspunkt für die Klärung des Problems gewinnen. Wenn nämlich die Uneigentlichkeit als solche durch das Wünschen charakterisiert ist und es in ihr auch ein Wollen gibt, so läßt sich dieses von einem Wollen unterscheiden, das nicht durch das Wünschen bestimmt ist. Dieses »eigentliche Wollen« bestünde dann darin, daß man sich bestimmte Projekte nicht mehr vornimmt und dann realisiert, um den Erwartungen im »Man« zu entsprechen und sich im bestimmten, vormals projizierten Verhalten ihnen anzugleichen oder von ihnen abzusetzen. Außerdem dürften die Projekte nicht im Zusammenhang eines Wünschens stehen, wodurch das jeweils Realisierte im Vergleich mit anderen Projekten wieder relativiert würde. »Unwillentlich« wäre ein Verhalten im strikten Sinne dann und nur dann, wenn es nicht auf ein bestimmtes Projekt ausgerichtet wäre, das durch eigenes Verhalten realisiert werden kann. Nun ist die Unterscheidung zwischen einem eigentlichen und einem uneigentlichen Wollen sicher nicht ohne weiteres plausibel, und der Hinweis darauf, daß Heidegger ja auch von einem eigentlichen und einem uneigentlichen »Selbst« spricht, hilft nicht weiter, da noch unklar ist, was man unter einem »eigentlichen Selbst« genau verstehen soll. Unzweifelhaft ist aber, daß Heidegger, wo er dem uneigentlichen Verhalten in seiner Unfreiheit das Wollen entgegensetzt, letzteres nicht nur im Sinne der Entscheidung für ein Projekt und seine Realisierung denkt. In der Uneigentlichkeit bleibt ja »das eigentliche Worumwillen ... unergriffen, der Entwurf des Seinkönnens seiner selbst ist der Verfügung des Man überlassen« (SZ, 193). Das Ergreifen des eigentlichen Worum-willen, also des bevorstehenden und unbestimmten Seins, ist sicherlich kein Wollen eines Projektes und doch ohne solche Projekte auch nicht zu denken. Es ist, wie sich zeigen wird, ein Wollen, das vom Wünschen als dem Zusammenhang wechselseitiger Erwartungen befreit und als die Wirklichkeit des Möglichseins durchsichtig wird, wo das bevorstehende und unbestimmte Sein als die Negation des Verhaltens heraustritt. Das aber geschieht gemäß dem Heideggerschen Konzept im »Vorlaufen zum Tode«.

220

Tod

Die Erörterung der Todesproblematik ist durchweg als eines der zentralen Stücke der Daseinsanalyse Heideggers wahrgenommen worden.[10] Die »existenzielle Betroffenheit«[11], die das Buch über »Sein und Zeit« auslöste, hat sicher vor allem hier ihren Grund, und ebenso entzündet sich an den Passagen über den Tod auch auf das Konzept der Existenzialontologie überhaupt zielende Kritik.[12] Demgegenüber wirkt die Frage H.-G. Gadamers, ob »die Einführung der Todesproblematik in die Gedankenführung von *Sein und Zeit* eigentlich zwingend und der Sache wirklich angemessen«[13] gewesen sei, auf den ersten Blick erstaunlich. Daß diese Frage dennoch ihre Berechtigung hat, läßt sich am Text von *SZ* zeigen und soll im folgenden gezeigt werden.

Obwohl mit der Erörterung der Eigentlichkeit deutlich gemacht werden soll, wie die Differenz der Freiheit existenziell erfahren werden kann und erfahren wird, kommt es nur zum *existenzialen* »Entwurf eines eigentlichen Seins zum Tode« (*SZ*, 260), und Heideggers Frage, ob das »existenzial ›mögliche‹ Sein zum Tode« nicht doch »existenziell eine phantastische Zumutung« (*SZ*, 266) sei, ist gewiß nicht rhetorisch. Denn bevor diese Frage beantwortet werden soll, will Heidegger klären, inwiefern Dasein »auch nur aus dem Grunde seines eigensten Seins ein eigentliches Seinkönnen, das durch das Vorlaufen bestimmt ist« (*SZ*, 266), fordert: es gilt, wie er sagt, nachzuforschen, »inwieweit überhaupt und in welcher Weise das Dasein aus seinem eigensten Seinkönnen her Zeugnis gibt von einer möglichen Eigentlichkeit seiner Existenz, so zwar, daß es diese nicht nur als existenziell mögliche bekundet, sondern von ihm selbst fordert« (*SZ*, 267). Während die existenzielle Möglichkeit des eigentlichen Seinkönnens bereits durch die Analyse der Angst gesichert ist, soll der Nachweis einer solchen existenziell erfahrenen Forderung durch die Erörterung des Gewissens erbracht werden. Aber selbst wenn man zunächst einmal einfach unterstellt, Heidegger habe das Gewissen als einen existenziellen Ruf in die Eigentlichkeit einsichtig gemacht, zeigt doch allein die Frage nach dem Zusammenhang von »Sein zum Tode« und »Gewissen«, daß im Gewissen Dasein nicht ohne weiteres als »Sein zum Tode« einsichtig ist.

10 Aus der umfangreichen Literatur vgl. vor allem: Ebeling (1967), (1979/1), (1979/2), Sternberger (1934).
11 Schulz (1969), 102.
12 Edwards (1979).
13 Gadamer (1983), 109.

Die Frage nun, wie »beide Phänomene zusammengebracht werden« sollen, wird wieder nur existenzial beantwortet: es gilt, wie Heidegger sagt, die »existenzialen Phänomene auf die in ihnen vorgezeichneten existenziellen Möglichkeiten zu entwerfen und diese existenzial ›zu Ende zu denken‹«, denn dadurch verliert die existenziale Interpretation »den Charakter einer willkürlichen Konstruktion«: »Sie wird zur interpretierenden Befreiung des Daseins für seine äußerste Existenzmöglichkeit« (SZ, 302f.). Damit kann nicht gemeint sein, die existenziale Interpretation sei ein Appell zur Eigentlichkeit, oder nur, wer sie gedanklich nachvollzogen hätte, sei auch imstande, eigentlich zu sein. Wollte Heidegger das sagen, müßte man die existenziale Interpretation für gescheitert ansehen. Sie ist schließlich nur dann keine »willkürliche Konstruktion«, wenn Eigentlichkeit auch existenziell erfahrbar ist, und das läßt sich nicht plausibel machen, indem man die existenziale Interpretation als den einzigen Beleg für die Erfahrung von Eigentlichkeit ausgibt. Aber Heidegger tut das schließlich auch nicht. Die existenziale Interpretation soll das, was in den existenziellen Möglichkeiten ohnehin schon erfahren wird, nur »zu Ende denken«. Es ist allein schon durch die von Heidegger gesetzten Anführungszeichen klar, daß er den Ausdruck »Ende« hier bewußt doppeldeutig verwendet. Die existenziellen Möglichkeiten »zu Ende denken« heißt dann einerseits, sub specie mortis zu denken, und dabei andererseits zu zeigen, wie diese Möglichkeiten konsequent gedacht »eigentlich« und ständig sind. In jedem Fall aber bleibt das »Sein zum Tode« existenzial entworfen, und das ist ebenso unumgänglich wie problematisch. Wenn der Tod »Nicht-da-sein« ist, dann gilt der Satz des Epikur, daß wenn wir sind, der Tod nicht ist, und wenn der Tod ist, wir nicht sind.[14] Der Tod läßt sich nicht erfahren, denn er ist eben der Entzug der Wahrnehmung[15], und, wie für den gegenwärtigen Zusammenhang zu ergänzen wäre, auch der Entzug des Begreifens und des Verstehens. Man kann deshalb mit Recht bezweifeln, ob die meditatio mortis, die Heidegger zumindest ein Stück weit betreibt, zum Ausdruck bringt, was er eigentlich zeigen will. Er will zeigen, daß das Vernehmen des unbestimmten und bevorstehenden Seins als »Vorlaufen zum Tode« zu denken ist.

Daß es darum geht, wird allein schon deutlich, wenn Heidegger, ohne das zunächst näher zu begründen, den Tod eine »Möglichkeit« nennt. Das ist als Domestizierung des Todes kritisiert[16] und zum An-

14 *Brief an Menoikeus*, 125.
15 *Brief an Menoikeus*, 124.
16 Lévinas (1982) 104f.; Sartre (1943), 589ff.

laß genommen worden, Heideggers Grundgedanken vom Vorrang der Möglichkeit vor der Wirklichkeit in Zweifel zu ziehen. Schließlich ist der Tod »Möglichkeit als die Unmöglichkeit der Existenz überhaupt« (SZ, 262), und weil diese Unmöglichkeit die Vernichtung aller jeweiligen Möglichkeiten, die Vernichtung von Möglichkeit aber Wirklichkeit ist, ist der Tod nichts anderes als reine Wirklichkeit.[17] Allein, diese These ist weniger plausibel, als man auf Anhieb denken mag. Einerseits ist nämlich unklar, in welchem Sinne man sagen kann, daß die Vernichtung der Möglichkeit Wirklichkeit ist; Heidegger hat dieses Problem diskutiert, und darauf wird noch zurückzukommen sein. Und andererseits ist der Tod zwar in dem Sinne »wirklich«, daß Menschen verstorben sind; dieses Verstorbensein aber ist nur wirklich für die Anderen, weil es ja eben die Vernichtung des betroffenen Daseins ist.

Um den Tod Anderer aber geht es Heidegger gerade nicht, denn: »Je angemessener das Nichtmehrdasein des Verstorbenen phänomenal gefaßt wird, um so deutlicher zeigt sich, daß solches Mitsein mit dem Toten gerade nicht das eigentliche Zuendegekommensein des Verstorbenen erfährt. Der Tod enthüllt sich zwar als Verlust, aber mehr als solcher, den die Verbleibenden erfahren. Im Erleiden des Verlustes wird jedoch nicht der Seinsverlust als solcher zugänglich, den der Sterbende ›erleidet‹. Wir erfahren nicht im genuinen Sinne das Sterben der Anderen, sondern sind höchstens immer nur ›dabei‹.« (SZ, 238f.) Indem für Heidegger der Tod »sofern er ›ist‹, je der meine« (SZ, 240) ist, teilt er eine wesentliche Voraussetzung der Position Epikurs. Der Rat an Menoikeus, sich um den Tod nicht zu kümmern, bezieht sich schließlich auch auf den je eigenen Tod, und nur von diesem läßt sich sagen, er sei nicht, wenn wir seien. Auch darin, daß Heidegger den Tod als »eine eigentümliche Seinsmöglichkeit« deutet, »darin es um das Sein des je eigenen Daseins geht« (SZ, 240), ist er noch nicht über Epikur hinaus. Epikur würde nicht bestreiten, daß die Möglichkeit des Todes »den Charakter von etwas« hat, »wozu das Dasein sich verhält (SZ, 250). Er bestreitet lediglich, daß es sinnvoll ist, sich vom bevorstehenden Tod bedrücken zu lassen, denn was uns nicht bedrückt, wenn es wirklich ist, bedrückt uns umsonst, wenn es erwartet wird (ὅ γὰρ παρὸν οὐκ ἐνοχλεῖ, προσδοκώμενον κενῶς λυπεῖ).[18] Heidegger will jedoch herausarbeiten, was Epikur als selbstverständlich voraussetzt, nämlich in welcher Hinsicht der eigene Tod überhaupt bevorste-

17 Müller-Lauter (1960), 45.
18 *Brief an Menoikeus*, 125.

hen kann, und weil es ihm darum geht, hält er die Orientierung am Tod Anderer im Rahmen der existenzialen Interpretation für unproduktiv. Ob diese Meinung berechtigt ist, kann man allerdings bezweifeln. Schließlich ist überhaupt nicht klar, was es heißt, der Tod sei das »äußerste Noch-nicht« und als solches ein »Bevorstand« des Daseins (*SZ*, 250). Woher weiß man vom eigenen bevorstehenden »Nichtmehrdasein«, wenn nicht durch den Tod Anderer? Wenn aber »ein Seinsverlust, wenn überhaupt, so doch gerade nur im ›Dabeisein‹ beim Tode eines anderen Menschen erfahren werden kann«[19], bekommt der Tod Anderer für das Todesverhältnis überhaupt konstitutive Bedeutung. Daß mit dem Tod Anderer ein »Verlust« erfahren wird, heißt für Heidegger zwar in erster Linie, daß die »Verbleibenden« etwas verlieren: sie verlieren bestimmte Möglichkeiten, mit jemandem zu sein. Wäre jedoch nur das gemeint, bliebe unplausibel, was die Rede von einem Verlust des Seins und davon, dieser werde von einem Sterbenden »erlitten«, überhaupt noch bedeutet. Weil dieses Erleiden nicht die Erfahrung des eigenen Nichtmehrdaseins sein kann, bleibt zwar die Möglichkeit, es als die Erfahrung des Abschieds vom Leben aufzufassen, aber dann würde nicht mehr einleuchten, daß Heidegger das »Erleiden« in Anführungszeichen setzt; der Abschied vom Leben ist schließlich nicht nur im übertragenen Sinne ein Erleiden. Versteht man das »Erleiden« hingegen im übertragenen Sinne, kann es nur als Perspektive der »Verbleibenden« gesagt werden, und dann sind sie es auch, für die es einen »Seinsverlust« gibt. Den eigenen bevorstehenden Seinsverlust zu erfahren, hieße dann, daran, daß Menschen gestorben sind und man auch ein Mensch und wie alle Menschen sterblich ist, sich darüber klar zu werden, daß man auch sterben wird: memento mori.

Diese Erfahrung läßt sich auch noch anders darstellen, wenn man berücksichtigt, daß vom wirklichen Nichtmehrdasein ohne Widerspruch nicht in der ersten Person gesprochen werden kann[20], sondern immer nur in der dritten und unter besonderen Bedingungen auch in der zweiten, nämlich dann, wenn man mit einem Toten ein imaginäres Gespräch führt. Die Gewißheit des Todes ist dann für jemanden gleichbedeutend mit der Gewißheit, daß mindestens ein Anderer A_1 von ihm irgendwann sagen wird, daß er tot ist, so wie er jetzt von mindestens einem Anderen A_2 sagt, daß er tot ist. Allein, in einer sol-

19 Sternberger (1934), 47.
20 Vgl. dazu Poteat (1967).

224

chen Darstellung bleibt unberücksichtigt, wie die Gewißheit, daß ein Anderer von einem selbst irgendwann als von einem Toten sprechen wird, ihrerseits zu denken ist, denn diese Gewißheit läßt sich aus der Erfahrung des Todes Anderer nicht ableiten. Auch der klassische Syllogismus, daß alle Menschen sterblich sind, ich ein Mensch und also sterblich bin, liefert diese Gewißheit nicht; er drückt sie lediglich aus, und das heißt, daß sie ihm vorausgesetzt ist. Auf die Gewißheit des bevorstehenden Nichtmehrdaseins aber kommt es Heidegger an, wenn er sagt, die entscheidende Frage sei die Frage nach »dem ontologischen Sinn des Sterbens des Sterbenden als einer Seinsmöglichkeit seines Seins und nicht nach der Weise des Mitdaseins und Nochdaseins des Verstorbenen mit den Gebliebenen« (SZ, 239). Was dabei in Frage steht, ist nicht etwa die letzte Zeit vor dem Eintritt des Todes, denn »selbst wenn es möglich und angängig wäre, das Sterben der Anderen im Dabeisein sich ›psychologisch‹ zu verdeutlichen, die damit gemeinte Weise zu sein, als Zu-Ende-kommen nämlich, wäre keineswegs erfaßt« (SZ, 239). Ontologisch faßbar ist für Heidegger das Zu-Ende-kommen vielmehr nur in der Struktur des Sich-vorweg-seins: »wenn die Existenz das Sein des Daseins bestimmt und ihr Wesen mitkonstituiert wird durch das Seinkönnen, dann muß Dasein, solange es existiert, seinkönnend je etwas noch nicht sein« (SZ, 233), und sofern Dasein, solange es ist, noch nicht zu Ende ist, ist es das Sich-vorweg, »was ein solches Sein zum Ende allererst möglich macht« (SZ, 259). Aber damit ist noch nicht klar, in welcher Hinsicht das Sich-vorweg-sein ein Sein zum Ende ist, denn schließlich *ist* man in der Weise des Sich-vorweg, und der Tod ist nur denkbar als das Ende des Sich-vorweg-seins. Heidegger behauptet jedoch auch gar nicht, das Sich-vorweg-sein sei als solches bereits ein »Sein zum Ende«, sondern nur, das Sich-vorweg-sein mache ein solches »allererst möglich«. Es ist lediglich die notwendige, nicht aber die hinreichende Bedingung eines Seins zum Ende. Als hinreichende Bedingung ist nun freilich nichts anderes denkbar als die Erfahrung des Todes Anderer. Nur vom Tod Anderer kann man wissen, und der Ausdruck »Tod« läßt sich jemandem im Grunde nur in der Bezugnahme auf wirkliche Todesfälle klarmachen. Diese aber sind wiederum nur als Todesfälle und nicht einfach als ein Aufhören des organischen Lebens erfahren, weil Dasein auch als Mitsein durch die Struktur des Sich-vorweg bestimmt ist. Wäre das nicht so, könnte man voneinander nichts erwarten, und es wäre sinnlos, bestimmte Erwartungen auszusprechen. Und was die Erfahrung des Todes Anderer betrifft, wäre es unmöglich, Trauer zu empfinden, die nicht bloß Trauer über den Verlust eigener Möglichkeiten und damit, wie Kant sagen würde, versteckte Selbstliebe ist, wenn man den Tod des Anderen nicht als Ende eines Sich-vorweg-seins verstünde, das durch bestimmte Möglichkeiten noch weiter hätte erfüllt werden können. Dies zu sagen, schließt wiederum ein, daß die bestimmten Verhaltensmöglichkeiten als solche ebensowenig wie das unbestimmte und bevorstehende Sein als definitiv begrenzt erfahren werden, so daß jedes Ende als abrupt und sinnlos erscheinen kann.[21] Die hier beschriebene Erfahrung ist freilich nicht die Erfahrung eines »Seins zum Ende«, sondern die Erfahrung eines Endes. Es ist allerdings ein Ansatzpunkt dafür gegeben, das unbestimmte und bevorstehende Sein als ein Sein zum Ende zu interpretieren, indem man die Erfahrung des Endes Anderer auf das eigene bevorstehende Sein abbildet. Genau dies ist das Verfahren von Heideggers existenzialem Entwurf eines eigentlichen Seins zum Tode. In diesem Entwurf zeigt sich allerdings, daß Bestimmungen, die nur in der dritten und unter besonderen Bedingungen auch in der zweiten Person sinnvoll sind, letztlich auf Bestimmungen, die auch in der ersten Person sinnvoll sind, gar nicht abgebildet werden können. Denkt man, anders gesagt, den als Tod Anderer wirklich erfahrenen Tod als das eigene bevorstehende Ende, so ergibt sich, daß der Tod nur noch als reine Möglichkeit erscheinen kann. Dann aber ist wiederum unklar, inwiefern diese reine Möglichkeit noch als »Tod« qualifizierbar ist.

Der Tod, wie Heidegger ihn in seinem existenzialen Entwurf charakterisiert, ist die eigenste, unbezügliche, unüberholbare, gewisse und unbestimmte Möglichkeit. »Eigenste« Möglichkeit ist der Tod, weil er unvertretbar durch Andere ist: »Keiner kann dem Anderen sein Sterben abnehmen« (SZ, 240). Seine »Unbezüglichkeit« besteht darin, daß im Tod »alle Bezüge zu anderem Dasein gelöst« (SZ, 250) sind; er ist eine Möglichkeit, die dann, wenn sie eingetreten ist, nicht mehr in der Bedeutsamkeit der artikulierten und ausgelegten Welt eine Wirklichkeit des eigenen Möglichseins ist. Weil jedes bestimmte Seinkönnen

21 In diesem Sinne heißt es bei Nagel (1979), 9f.: »Observed from without, human beings obviously have a natural lifespan and cannot live much longer than a hundred years. A man's sens of his own experience, on the other hand, does not embody this idea of a natural limit. His existence defines for him an essentially openended possible future, containing the usual mixture of goods and evils that he has found so tolerable in the past. Having been gratuitously introduced to the world by a collection of natural, historical, and social accidents, he finds himself the subject of a life, with an indeterminate and not essentially limited future.«

immer früher als der Tod ist, ist er »unüberholbar«, und schließlich ist der Tod gewiß »in jedem Augenblick möglich«; mit dieser »Gewißheit des Todes geht die Unbestimmtheit seines Wann zusammen (*SZ*, 258). Aus all dem geht jedoch nicht hervor, inwiefern hier spezifische Bestimmungen des Todes genannt sind. Vertretbar ist man nur im Besorgen von etwas bzw. in der Fürsorge, nicht aber darin, einer Stimmung oder einem Gefühl unterworfen zu sein; niemand kann sich für einen ängstigen oder fürchten. Und, was das Entscheidende ist: niemand anderem kann das eigene unbestimmte Sein bevorstehen, man ist es immer selbst, der nicht weiß, wie er sein wird. Dasselbe gilt hinsichtlich der Unbezüglichkeit. Das bevorstehende Sein ist in seiner Unbestimmtheit als solches nie in der Bedeutsamkeit der Welt zu verwirklichen; weil es durch kein bestimmtes Verhalten und kein Projekt je ausschöpfbar ist, steht es bevor, solange man ist. Als dieses bevorstehende ist es auch in seiner Unbestimmtheit gewiß, denn anders wäre nicht zu erklären, wieso man überhaupt imstande wäre, die bevorstehende Unbestimmtheit in Projekten wenigstens partiell zu bestimmen.

Daß Heideggers existenzialer Entwurf in Wahrheit der Entwurf des bevorstehenden und unbestimmten Seins ist, zeigt sich wohl am deutlichsten, wo Heidegger auf die Angst rekurriert, um die Erfahrung der eigensten, unbezüglichen und unüberholbaren Möglichkeit einsichtig zu machen: »Daß es seinem Tod überantwortet ist und dieser somit zum In-der-Welt-sein gehört, davon hat das Dasein zunächst und zumeist kein ausdrückliches oder gar theoretisches Wissen. Die Geworfenheit in den Tod enthüllt sich ihm ursprünglicher und eindringlicher in der Befindlichkeit der Angst. Die Angst vor dem Tode ist Angst ›vor‹ dem eigensten, unbezüglichen und unüberholbaren Seinkönnen... Mit einer Furcht vor dem Ableben darf die Angst vor dem Tode nicht zusammengeworfen werden. Sie ist keine beliebige und zufällige ›schwache‹ Stimmung des Einzelnen, sondern ... die Erschlossenheit davon, daß das Dasein als geworfenes Sein zu seinem Ende existiert.« (*SZ*, 251) Wenn Heidegger hier die Angst von der Furcht vor dem »Ableben« unterscheidet, will er das in der Angst erschlossene Sein zum Ende von einer Bezogenheit auf das wirkliche Ende des Daseins abgrenzen. Zuvor hatte er das »Ableben« als »Zwischenphänomen« bezeichnet und als das auch physiologisch faßbare Ende eines Seienden von der Seinsart des Daseins bestimmt. Demgegenüber soll »Sterben« der Titel »für die Seinsweise« sein, »in der das Dasein zu seinem Tode ist« (*SZ*, 247). Diese Unterscheidung konnte bisher unberücksichtigt bleiben, weil sie für die zitierte Stelle, an der vom Sterben die Rede war, keine Rolle spielte. Nun aber zeigt sich, daß Heidegger das Sterben gar nicht als »Seinsverlust« verstanden wissen will: »Ableben«, so heißt es, »kann das Dasein nur solange, als es stirbt« (*SZ*, 247). Dieser Satz ist überhaupt nur verständlich, wenn man berücksichtigt, daß Heidegger den Ausdruck »Leben« für das Lebendige, das nicht von der Seinsart des Daseins ist, reserviert; demgegenüber wird das »Leben« des Daseins als »Sterben« gefaßt, und dieses wiederum vom »Ableben« als dem wirklichen Enden des Daseins unterschieden. Wenn nun die Angst nicht Furcht vor dem Ableben ist, so ist auch klar, wieso sie kein »ausdrückliches Wissen« um den Tod einschließt, ja ein solches Wissen im Grunde gar nicht einschließen kann: was in der Angst erschlossen wird, ist die Endlichkeit des bestimmten Verhaltens im Vernehmen der Offenheit des Seienden, in der es einem bevorsteht zu sein, und was der existenziale Entwurf eines Seins zum Tode zeigen soll, ist vor allem, daß im Dasein, solange es ist, das unbestimmte Sein immer bevorsteht. Das läßt sich nicht nur belegen, indem man auf die ausdrückliche Unterscheidung von Angst und Todesfurcht, welche in einem »besorgten Erwarten« (*SZ*, 337) des Todes besteht, verweist. Klarer noch ist Heidegger, wo er im Anschluß an die Erörterung des Gewissens vom eigentlichen Verstehen sagt, es ermögliche sich »nur dergestalt, daß sich das Dasein das Seinkönnen ›bis zu seinem Ende‹ erschließt« (*SZ*, 305). »Bis zu seinem Ende« heißt aber: »solange es ist« − ἐν βίῳ τελείῳ (*EN*, 1098a18).

Die gegebene Interpretation des »Seins zum Ende« als eines »Seins bis zum Ende« scheint allerdings die wesentliche Kontingenz des Daseins nicht berücksichtigen zu können. Immerhin heißt es bei Heidegger, das »Sein zum eigensten, unbezüglichen und unüberholbaren Seinkönnen« bringe »sich vor die schlechthinnige Unmöglichkeit der Existenz« (*SZ*, 255), und nur wenn man diese Unmöglichkeit ernst nimmt, scheint auch erst verständlich, was Heidegger dann als »Freiheit zum Tode« bezeichnet. Aber wie kann man die Unmöglichkeit des eigenen Existierens ernst nehmen, und, zuvor noch, wie kann man von ihr wissen? Es wurde schließlich gezeigt, daß ein solches Wissen aus dem Tod Anderer nicht ableitbar ist, und auch die Struktur des Sichvorweg als solche kein Wissen des eigenen Todes einschließt. Sofern die Abbildung des Wissens vom Tod Anderer auf das bevorstehende und unbestimmte Sein auch nur auf den Gedanken einer reinen Möglichkeit führte, läßt sich aus allem, was bisher gesagt wurde, in der Tat nicht verstehen, was die Unmöglichkeit der eigenen Existenz ist. Man wird sogar sagen müssen, daß im Rahmen der ontologischen Bestimmungen von Dasein ein Verständnis der Unmöglichkeit des Daseins überhaupt nicht zu gewinnen ist. Ein angemessenes Verständnis des

Todes hat Heidegger erst sehr viel später entwickelt, und zwar in seinem 1950 gehaltenen Vortrag über »Das Ding«. Hier heißt es: »Die Sterblichen sind die Menschen. Sie heißen die Sterblichen, weil sie sterben können. Sterben heißt: den Tod als Tod vermögen ... Der Tod ist der Schrein des Nichts, dessen nämlich, was in aller Hinsicht niemals etwas bloß Seiendes ist, was aber gleichwohl west, sogar als das Geheimnis des Seins selbst. Der Tod ist als der Schrein des Nichts das Gebirg des Seins ... Die Sterblichen sind, die sie sind, als die Sterblichen wesend im Gebirg des Seins. Sie sind das wesende Verhältnis zum Sein als Sein.« (VA, 171) Was Heidegger hier in der unterminologischen Sprache seines Spätwerks sagt, läßt sich nicht ausführlich interpretieren, ohne den gegenwärtigen Gedankenzusammenhang zu sprengen. Wichtig ist nur zu sehen, daß mit der auf Anhieb rätselhaften Formulierung vom »Gebirg des Seins« die Offenheit des Seienden, wie sie in der Angst erschlossen ist, zugleich als Verbergung, als das Sichverschließen des Offenen benannt werden soll. Erst wenn man die Offenheit des Seienden zugleich auch als Verbergung denkt, kann auch das bevorstehende Sein als die Unmöglichkeit von Sein überhaupt und damit in seiner wesentlichen Kontingenz einsichtig sein. Die Unmöglichkeit des Seins ist dabei jedoch kein Abbruch eines in sich unbegrenzt möglichen Verhaltens, sondern eine Unmöglichkeit, die aufgrund der Zusammengehörigkeit von Sichöffnen und Sichverbergen zugleich Möglichkeit ist: das Sichverbergende ist ja als das Sichöffnende das, was ein Verhalten und Können überhaupt erst ermöglicht. Darauf bezieht sich auch Heideggers Formulierung »den Tod vermögen«. Dieses »Vermögen« besteht darin, das Dasein in seiner Möglichkeit in der Offenheit des Seienden zusammen mit seiner Unmöglichkeit im Sichverschließen dieses Offenen anzunehmen. Soweit müßte deutlich sein, daß Heidegger hier »Möglichkeit« in einem Sinne denkt, der in SZ wohl bereits intendiert war, aber nicht angemessen ausgearbeitet werden konnte, weil das Möglichsein des Daseins hier ausschließlich in der Struktur des Sich-vorweg konzipiert ist. Die Möglichkeit, um die es geht, wenn vom Vermögen des Todes die Rede ist, ist die Möglichkeit von Dasein überhaupt und nicht mehr das faktische Möglichsein zum Verhalten und das bevorstehende und unbestimmte Sein der Existenz. Von dem im Dasein bevorstehenden Sein läßt sich nicht sagen, es sei der Tod, denn solange Dasein ist, kommt der Tod nicht. Gegenüber Heideggers Versuch, den Tod in die Struktur des Daseins einzubinden, behält Epikur recht. Das heißt freilich nicht, im Dasein, wie es in SZ gedacht ist, müßte man sich für unsterblich halten. Erfahren wird ja schließlich der Tod Anderer und in der Angst die Endlichkeit des Verhaltens, und zwar so, daß das bevorstehende Sein in seiner Unbestimmtheit gewiß ist. Beide Erfahrungen zusammen können dann zu einem Wissen vom eigenen Tod führen, zu einem Wissen allerdings, das in sich paradox bleibt: Streng genommen ist die Gewißheit des unbestimmten und bevorstehenden Seins mit dem Wissen, daß irgendwann ein Anderer von einem sagen wird, man sei tot, inkompatibel.

Aus dem Gesagten läßt sich auch verständlich machen, wieso Heidegger auf den Gedanken, den Tod als Möglichkeit in die Struktur des Sich-vorweg einzubinden, überhaupt kommen kann. Es ist deutlich, daß diese Struktur, wenn man von der Erfahrung des Todes Anderer einmal absieht, eine Tendenz ins Unendliche hat, so daß Anlaß besteht, das bevorstehende Sein in seiner Unbestimmtheit immer wieder durch Projekte zu füllen. Nur aufgrund dieser tendenziellen Unendlichkeit läßt sich ja der Tod Anderer überhaupt als Unglück, als abruptes und sinnloses Ende verstehen. Man ist, solange man ist, umwillen des bevorstehenden Seins in der Offenheit des freigegebenen Seienden und könnte immer weiter so sein. Weil jedoch das eigentliche Existieren darin besteht, daß man sich in seinem Möglichsein durchsichtig wird, muß man, wie Heidegger denkt, nach einer Möglichkeit suchen, die nicht wieder in einem bestimmten Verhalten verwirklicht und nicht in der Projektierung von Verhaltensweisen als bevorstehende Wirklichkeit erscheinen kann. Diese Möglichkeit ist, wie es scheint, der Tod.

Daß dies Heideggers Denkmotiv ist, wird aus dem Text von *SZ* unmittelbar deutlich. Deutlich wird allerdings auch, wie schwierig es ist, den Tod als reine Möglichkeit zu begreifen. Schließlich ist der Tod eine Möglichkeit, die sowohl projektiert als auch ergriffen werden kann. Wenn diese Möglichkeit jedoch ergriffen würde, »entzöge sich ... das Dasein gerade den Boden für ein existierendes Sein zum Tode«, und das »Grübeln über den Tod nimmt ihm zwar nicht völlig seinen Möglichkeitscharakter, er wird immer noch begrübelt als kommender, wohl aber schwächt es ihn ab durch ein berechnendes Verfügenwollen über den Tod. Er soll als Mögliches möglichst wenig von seiner Möglichkeit zeigen.« (*SZ*, 261) Das Argument im Hinblick auf den Suizid ist jedoch nicht triftig. Wenn es auch unbestreitbar ist, daß die Realisierung des Suizids die letzte mögliche Handlung eines Menschen ist und er sich mit ihr den Boden entzieht, existierend »zum Tode« zu sein, ist der Verzicht auf den Suizid doch eine Erfahrung, in der man ausdrücklich mit dem Tod als einer eigenen Möglichkeit konfrontiert wird. Anders als der unbestimmt bevorstehende Tod verbürgt die Möglichkeit, sich das Leben zu nehmen, außerdem eine Gewißheit des Todes, die zwar auch nur durch die Erfahrung des Suizids Anderer oder im Kennenlernen betreffender Berichte und Darstellungen erworben wird, aber doch sehr viel unproblematischer als eine bevorstehende Möglichkeit gedacht werden kann. Unterstellt man, die Todesproblematik sei für Heideggers Konzeption zentral, muß man sich darüber wundern, daß Heidegger keine eingehende Analyse des Suizids ausgearbeitet hat, und dann ist es auch naheliegend, ein »Sein zum Tode« in der Orientierung an der Möglichkeit des Suizids zu entwickeln.[22] Warum Heidegger das selbst nicht tut, ist jedoch leicht zu verstehen: der Tod muß, wenn er reine Möglichkeit sein soll, auf jeden Fall unbestimmt bleiben. Im Sein zum Tode »muß die Möglichkeit ungeschwächt als Möglichkeit verstanden, als Möglichkeit ausgebildet und im Verhalten zu ihr als Möglichkeit ausgehalten werden« (SZ, 261). Das Erwarten aber »ist nicht nur gelegentlich ein Wegsehen vom Möglichen auf seine mögliche Verwirklichung, sondern wesentlich ein Warten auf diese. Auch im Erwarten liegt ein Abspringen vom Möglichen und Fußfassen im Wirklichen, dafür das Erwartete erwartet wird. Vom Wirklichen aus und auf es zu wird das Mögliche in das Wirkliche erwartungsmäßig hereingezogen.« (SZ, 262) Einmal davon abgesehen, ob das »Grübeln über den Tod« oder die Todeserwartung zutreffend beschrieben sind, wenn man sie als Versuch einer Beruhigung über den Möglichkeitscharakter des Todes darstellt, ergibt sich auch hier wieder die Frage, inwieweit die reine Möglichkeit überhaupt noch als »Tod« qualifizierbar ist. Hatte Heidegger zunächst die Unbestimmtheit des Todes nur im Hinblick auf sein »Wann« geltend gemacht, so behauptet er hier, daß jede Vorstellung einer möglichen Todesart und möglicher Todesumstände eine Nivellierung der reinen Möglichkeit auf etwas Wirkliches oder zumindest vom Wirklichen aus Gedachtes ist. Sofern aber der eigene Tod, wenn überhaupt, nur als etwas wie vage auch immer Bestimmtes vorgestellt werden kann und unverständlich ist, wie ein unmittelbares Vernehmen des Todes sein könnte, ist erwiesen, daß der existenziale Entwurf eines Seins zum Tode für die Konzeption Heideggers nicht leisten kann, was er leisten soll. Außerdem muß man fragen, ob der Gedanke einer reinen Möglichkeit überhaupt erforderlich ist, um ein eigentliches Existieren einsichtig zu machen. Schließlich sagt Heidegger selbst, daß »das besorgende Aus-sein auf ein Mögliches« zwar »die Tendenz« hat, »die Möglichkeit des Möglichen durch Verfügbarmachen zu vernichten«, aber es doch nie zu einer

---

22 Vgl. Ebeling (1967), Löwith, *Sämtl. Schr. I*, 418–425, sowie Tugendhat (1979), 235–243.

vollständigen Vernichtung des Möglichen kommen kann: »Die besorgende Verwirklichung von zuhandenem Zeug ... ist ... immer nur relativ, sofern auch das Verwirklichte noch und gerade den Seinscharakter der Bewandtnis hat. Es bleibt, wenngleich verwirklicht, als Wirkliches ein Mögliches für ..., charakterisiert durch ein Um-zu.« (SZ, 261) Und für das Miteinandersein wäre zu ergänzen, daß Mitdasein immer auch freigegeben ist und sein Möglichsein in der Uneigentlichkeit so wenig verliert, daß umgekehrt die »Bewegtheit« des Verfallens nur aus dem Möglichen erklärbar ist. Nun ist es freilich so, daß man im Besorgen »umsichtig von dem Möglichen wegsieht auf das Wofür-möglich« (SZ, 261), und auch die Position des Verhaltens im Gerede ist ja ein »Wegsehen« vom eigenen wie auch vom Möglichsein des Mitdaseins. Man hält sich in der scheinhaften Wirklichkeit dessen, was »man« sagt und gesagt hat, und dadurch sind die jeweiligen Projekte des Besorgens und der Fürsorge bestimmt. Allein, daran zeigt sich, daß das eigentliche Existieren keiner »ausgezeichneten« (SZ, 248), reinen Möglichkeit bedarf, sondern vielmehr einer Instanz, die in verbindlicher Weise die Diktatur des Geredes bricht und im Dasein das in der Angst eröffnete unbestimmte und bevorstehende Sein in der Offenheit des Seienden offen hält. Diese Instanz aber ist das Gewissen. Die Analyse und Interpretation des Gewissens hätte demnach die Aufgabe zu übernehmen, die Heidegger dem existenzialen Entwurf eines eigentlichen Seins zum Tode zutraut und die dieser nicht bewältigen kann, nämlich zu zeigen, wie man »von der Verlorenheit in die zufällig sich andrängenden Möglichkeiten« frei sein und damit »die faktischen Möglichkeiten ... allererst eigentlich verstehen und wählen« (SZ, 264) kann. Erst wenn man »frei für die eigensten ..., und das heißt als endliche verstandenen Möglichkeiten« ist, ist man auch nicht in der Gefahr, »aus seinem endlichen Existenzverständnis her die es überholenden Existenzmöglichkeiten der Anderen zu verkennen oder über sie mißdeutend auf die eigene zurückzuzwingen – um sich so der eigensten faktischen Existenz zu begeben« (SZ, 264). Selbst jedoch, wenn man zeigen kann, daß ein solches Endlichsein in der Freiheit sich in der Orientierung am Gewissen denken läßt, bleiben noch zwei Schwierigkeiten bestehen. Zum einen nämlich ist unklar, wie die drei Weisen der Erschlossenheit sich in einer Konzeption des eigentlichen Existierens wiederfinden lassen; schließlich ordnet Heidegger das Gewissen der Rede zu, und wenn das »Vorlaufen zum Tode« ausfällt, bleibt die Stelle des Verstehens unbesetzt. Man muß, um dieser Schwierigkeit zu begegnen, also einsichtig machen, daß Verstehen und Rede in der Analyse des Gewissens gleichermaßen berücksichtigt werden können. Zum anderen ist es fraglich, ob sich ohne den Gedanken eines »Vorlaufens zum Tode« plausibel machen läßt, daß im Dasein, solange man ist, Sein in seiner Unbestimmtheit bevorsteht und deshalb jedes bestimmte Verhalten und jedes Projekt endlich ist. Läßt sich, anders gesagt, von einem »Sein bis zum Ende« überhaupt sprechen, wenn man nicht auch das Ende bedenkt, und kann Dasein, wie es eigentlich ist, existenziell durchsichtig sein, wenn nicht der Tod als reine Möglichkeit »vorweggenommen« wird? Nur im »existenziellen Vorwegnehmen« der unüberholbaren Möglichkeit, so könnte man auf den Text von SZ rekurrierend einwenden, können doch auch alle bestimmten Möglichkeiten nur als Möglichkeiten erschlossen sein: radikal als Möglichkeiten kommen sie nur in den Blick, wenn man vollkommen ungewiß ist, ob man sie wird realisieren können, und vollkommen ungewiß ist das nur, wenn zugleich gewiß ist, daß man in jedem Augenblick nicht mehr da sein kann. Wenn sich jedoch der Tod als reine Möglichkeit nicht denken läßt, kann sich auch der Möglichkeitscharakter des Verhaltens und der Projekte nicht im »Vorlaufen zum Tode« eigentlich erschließen. Um die eigentliche Erschlossenheit des Möglichkeitscharakters alles Verhaltens und aller Projekte einsichtig zu machen, genügt es jedoch zunächst, auf die in der Angst eröffnete Unbestimmtheit des bevorstehenden Seins in der Offenheit des Seienden hinzuweisen und daran anschließend die Frage zu stellen, wie es zu denken ist, daß diese Unbestimmtheit nicht in jedem Fall in der Position des Verhaltens wieder verschlossen wird. Beantworten läßt sich diese Frage ebenfalls nur in der Analyse des Gewissens. Es kommt, um eigentlich zu existieren, nicht darauf an zu verstehen, daß man ein Projekt nicht realisieren kann, wenn man nicht ist. Das ist erstens trivial und macht zweitens nicht einsichtig, daß das bestimmte Verhalten immer nur die Wirklichkeit des eigenen Möglichseins ist. Dasein soll aber in der Eigentlichkeit in seinem Sein als Möglichsein durchsichtig werden. Für diese Durchsichtigkeit trägt das Wissen um das eigene Ende nichts aus, wohl aber die Gewißheit, daß man anders als möglich nicht sein kann: διὰ βίον τοιοῦτος (*EN*, 1100b18f.).

Gewissen

Heidegger nennt das Gewissen den »Ruf der Sorge«. Von diesem Ruf heißt es dann, er habe »den Charakter des Anrufs des Daseins auf sein eigenstes Selbstseinkönnen und das in der Weise des Aufrufs zum eigensten Schuldigsein« (*SZ*, 269). Selbst wenn der Gewissensruf keine wirklich ausgesprochene Verlautbarung sein kann, und das ergibt sich allein schon daraus, daß in ihm »die Sorge ruft«, entfernt sich Heidegger doch nicht so weit von der Umgangssprache, wie man zunächst vielleicht denkt. Auch umgangssprachlich meint »Ruf« ja nicht nur einen utterance act, sondern auch einen illocutionary act, der nicht unbedingt im Aussprechen eines Satzes oder einer Interjektion erfolgen muß: »Ruf« steht dann für eine Aufforderung, gleichviel in welcher Weise sie ergeht. Das Korrelat dieser Aufforderung ist dann auch kein sinnliches Hören, sondern ein Gehorchen, wenn man sich der Aufforderung nicht widersetzt, in jedem Fall aber ein Verstehen oder Nichtverstehen. Von hier aus ist auch klar, was gemeint ist, wenn Heidegger sagt, das »rechte Hören des Anrufs« sei gleich »einem Sichverstehen in seinem eigensten Seinkönnen« (SZ, 287). Unklar ist allerdings, woher und wie die Aufforderung zum »eigensten Selbstseinkönnen« erfolgt. Schließlich geht jede Aufforderung im alltäglichen Sinne von jemandem aus und erfolgt, wenn auch nicht unbedingt im Aussprechen eines Satzes oder einer Interjektion, so doch in einer bestimmten und meist auch verständlichen Weise. Erfährt man nun, es sei »die Sorge«, also die Seinsverfassung des Daseins, die im Dasein zu etwas auffordert, und damit letztlich »Dasein selbst«, so liegt es nahe, das doch wieder für eine Metapher zu halten, und dann muß man fragen, wofür es eine Metapher ist.

Um diese Frage zu beantworten, kann man zunächst einmal versuchen, einsichtig zu machen, wie Heidegger überhaupt dazu kommt, das Gewissen als einen Ruf zu interpretieren. Sicherlich hat diese Interpretation eine Quelle in der sowohl umgangssprachlich wie auch begriffsgeschichtlich belegten Vorstellung vom Gewissen als einer anklagenden oder warnenden Stimme.[23] Die Rede von einem inneren Ankläger oder einem inneren Richter führt freilich, wie Kant gesehen hat, in die Schwierigkeit, daß vor einem ins Innere verlegten Gerichtshof immer der Angeklagte gewinnen und also freigesprochen würde[24]; deshalb hat Kant die Konsequenz gezogen, die Stimme des Gewissens als eine zwar im Inneren wirksame, aber doch von einem selbst verschiedene Macht zu denken, eine Konsequenz übrigens, der auch noch Freud[25] mit seiner Deutung des Gewissens als einer Überich-Funktion verpflichtet ist. Damit ist zwar einsichtig, wofür die Metapher von der

23 Zur Begriffsgeschichte vgl. Reiner (1974), Sp. 574–592.
24 *Met. der Sitten,* Tugendlehre § 13, A100.
25 Vgl. Freud (1930).

inneren Stimme eine Metapher ist. Zugleich aber ist, wenn man Kant oder Freud folgt, der Heideggerschen Konzeption des Gewissens bereits im Ansatz der Boden entzogen: macht man den Sinn der Rede von einer inneren Stimme davon abhängig, daß diese Stimme einer von einem selbst verschiedenen Instanz zugeordnet wird, so muß unverständlich bleiben, wie das Dasein »im Gewissen sich selbst« (*SZ*, 275) rufen soll. Man hätte es mit einer Redeweise zu tun, die genau genommen nicht einmal metaphorisch und außerdem mit derjenigen Schwierigkeit beladen wäre, von der Kant glaubte, sie gelöst zu haben. Nun hat Heidegger die Interpretation des Gewissens als der Stimme einer vom Dasein verschiedenen Instanz ausdrücklich zurückgewiesen. Diese Interpretation überspringt ebenso wie der Versuch nachzuweisen, daß es eine solche Instanz und dann auch das Gewissen nicht gibt, »vorschnell den phänomenalen Befund« (*SZ*, 275). Dieser besteht darin, daß der Ruf »gerade nicht und nie von uns selbst weder geplant noch vorbereitet, noch willentlich vollzogen« wird: »›Es‹ ruft, wider Erwarten und gar wider Willen. Andererseits kommt der Ruf zweifellos nicht von einem Anderen, der mit mir in der Welt ist. Der Ruf kommt *aus* mir und doch *über* mich.« (*SZ*, 275) Das hier durch die Anführungszeichen noch hervorgehobene unpersönliche »es« spielt in Heideggers Sprache eine wichtige Rolle. »Es« begegnet bereits bei der Analyse der Angst, wenn gesagt wird, in ihr sei »es« einem unheimlich, und ebenso dann bei der Analyse der Langeweile in der Vorlesung über die »Grundbegriffe der Metaphysik« (GA 29/30). Zentral wird das »es« dann in Heideggers spätem Vortrag »Zeit und Sein«, wo die Formulierungen »Es gibt Sein« und »Es gibt Zeit« als Bezeugungen des »Ereignisses« verstanden werden. Im gegenwärtigen Zusammenhang hingegen kann man das »es« in den mit ihm gebildeten unpersönlichen verbalen Ausdrücken als gleichbedeutend mit »Dasein« interpretieren. Der Titel »Dasein«, so sagt Heidegger in seiner letzten Marburger Vorlesung, soll eine »eigentümliche Neutralität« (GA 26,171) bezeichnen, und eben diese wird man auch für den Gewissensruf anzunehmen haben.

Die Auskunft, der Gewissensruf sei »neutral« und deshalb keiner bestimmten Instanz oder Person zugeordnet, ist gleichwohl immer noch unbefriedigend und vielleicht sogar verwirrend. Schließlich wird in *SZ* gerade das »Man« als ein Neutrum bezeichnet (*SZ*, 126), so daß man nun den Eindruck gewinnen könnte, was als Gewissen »rufe«, sei das »Man«. Zwar ist klar, daß Heidegger das nicht sagen will; aber die Deutung hat doch eine gewisse Plausibilität und wird darum von Heidegger selbst auch diskutiert: »Die genannte Auslegung des Gewissens gibt sich aus als Anerkennung des Rufes im Sinne einer ›allgemein‹-verbindlichen Stimme, die ›nicht bloß subjektiv‹ spricht. Mehr noch, dieses ›allgemeine‹ Gewissen wird zum ›Weltgewissen‹ aufgesteigert, das seinem phänomenalen Charakter nach ein ›es‹ und ›Niemand‹ ist, also doch das, was da im einzelnen ›Subjekt‹ als dieses Unbestimmte spricht. Aber dieses ›öffentliche Gewissen‹ − was ist es anderes als die Stimme des Man?« (SZ, 278) Mit diesen Sätzen ist die Pointe der Heideggerschen Gewissenskonzeption bereits vorbereitet. Eine Deutung des Gewissens nämlich, die auf die Identifikation des Gewissens mit der »Stimme des Man« zuläuft, setzt voraus, daß im Gewissen eine bestimmte Aufforderung erfolgt. Ihre Plausibilität besteht darin, daß sie diese bestimmte Aufforderung keiner bestimmten Instanz oder Person zuschreibt. Nur dadurch, so könnte man denken, läßt sich die eigentümliche Verbindlichkeit des Gewissens erklären: wüßte man in dem Augenblick, wo man vor einem bestimmten Verhalten zurückschreckt oder im Hinblick auf ein bestimmtes Verhalten »ein schlechtes Gewissen« hat, daß es beispielsweise nur die Eltern sind, die dieses Verhalten nicht billigen würden, hätte man die Möglichkeit, sich von ihnen abzusetzen und damit zu beruhigen, nur diese bestimmten Personen hätten im Hinblick auf das fragliche Verhalten eine bestimmte Meinung; verbindlich ist die Bewertung eines Verhaltens demgegenüber gerade, wenn sie in der Gewißheit, das »man« so etwas nicht tut, erfahren wird. Will man dies nicht als eine angemessene Bestimmung des Gewissens akzeptieren und auch nicht auf eine theologische Interpretation des Gewissens zurückgreifen, so muß man die Voraussetzung der skizzierten Deutung bestreiten und sagen, daß man es beim Gewissen überhaupt nicht mit einer je bestimmten Aufforderung zum Handeln oder Unterlassen zu tun hat.

Das ist die Konsequenz, die Heidegger aus der Einsicht in die Plausibilität einer Identifikation des Gewissens mit der »Stimme des Man« in jeder nicht theologischen Gewissensdeutung zieht: »Was ruft das Gewissen dem Angerufenen zu? Streng genommen − nichts. . . Der Ruf entbehrt jeglicher Verlautbarung. Er bringt sich gar nicht erst zu Worten − und bleibt gleichwohl nichts weniger als dunkel und unbestimmt. Das Gewissen redet einzig und ständig im Modus des Schweigens.« (SZ, 273) Das heißt nun nicht, das Rufen des Gewissens sei die für jedes Sprechen konstitutive Offenheit, denn in ihr wird das Schweigen ja nicht ausdrücklich erfahren. Vielmehr ist der Gewissensruf die Unterbrechung des Geredes und das Hören dieses Rufes jeweils eine Unterbrechung »im Hinhören auf das Man« (SZ, 271); im Gewissensruf »sinkt das Man in sich zusammen« (SZ, 273). Diese Formulierung spielt deutlich auf die Interpretation der Angst an, und in der Tat ist die Erfahrung des Gewissensrufs ebenso wie die der Angst eine Aporie: wie in der Angst, so wird auch hier die Selbstverständlichkeit unterbrochen; aber erst der Gewissensruf in seiner Verbindlichkeit vermag eine Flucht vor dem unbestimmten und bevorstehenden Sein in der Offenheit des Seienden zu verhindern. Der Gewissensruf verbietet einem, beschwichtigend zu sagen, es sei »eigentlich nichts« gewesen. Wie dieses Verbot zu denken ist, ist freilich noch unklar, und ebenso unklar ist der genaue Zusammenhang zwischen Angst und Gewissensruf. Man wird das letztere allerdings nicht verstehen können, wenn man nicht zuvor versucht hat, sich einsichtig zu machen, wie ein Schweigen überhaupt ein Ruf und als solcher eine Unterbrechung des Geredes sein kann. Gerade wenn man »Ruf« nicht als sinnlich wahrnehmbaren Satz oder sinnlich wahrnehmbare Interjektion, sondern als Aufforderung versteht, ist doch auf Anhieb nicht klar, wie ausgerechnet im Schweigen eine solche Aufforderung ergehen soll.

Um hier weiterzukommen, ist es hilfreich, noch einmal beim »öffentlichen Gewissen« anzusetzen. Schließlich ist dies keine leere Konstruktion, sondern, entsprechend dem Verhältnis von eigentlichem und uneigentlichem Dasein überhaupt, nur eine Modifikation, eine Erscheinung des eigentlichen Gewissens, die in der Position des Verhaltens zustande kommt, und dann muß sich an Situationen, auf die eine am uneigentlichen Gewissen orientierte Konzeption rekurriert, auch zeigen lassen, inwieweit ein Schweigen Aufforderungscharakter haben kann.

Die Frage nach solchen Situationen hat dabei durchaus einen Rückhalt im Text von *SZ*. Heidegger gewinnt die Bestimmung dessen, was der Gewissensruf »zu verstehen gibt« (*SZ*, 280), indem er zunächst der alltäglichen Gewissensdeutung folgt. Diese besagt, »daß der Ruf das Dasein als ›schuldig‹ anspricht oder, wie im warnenden Gewissen, auf ein mögliches ›schuldig‹ verweist oder als ›gutes‹ Gewissen ein ›keiner Schuld bewußt‹ bestätigt« (*SZ*, 281). Nun nimmt Heidegger diese Beobachtung zwar sofort zum Anlaß, nach dem »existenziale<n> Begriff« (*SZ*, 281) des Schuldigseins zu fragen, aber er bestreitet keineswegs, »daß sich der Gewissensruf je auf eine bestimmte ›verwirklichte‹ oder gewollte Tat« (*SZ*, 293) beziehen kann. Deshalb wird man auch seine Intentionen nicht verfehlen, wenn man den von ihm nicht weiter aufgeklärten Rufcharakter des Gewissens im Rekurs auf die genannten Erfahrungen herausarbeitet. Die Erfahrung von »Schuld« wird von Heidegger analysiert, indem er vier verschiedene Aspekte der Bedeutung von »schuldig« zunächst unterscheidet und dann in einer formalen Bestimmung zusammenfaßt. »Schuldig sein« heißt einmal: »etwas schuldig sein«, also etwas Bestimmtes nicht besorgt oder erstattet zu haben. Es heißt außerdem: »schuld sein an etwas«, also »Ursache-, Urheber-sein von etwas« (*SZ*, 282). Diese beiden Bedeutungen implizieren einander nicht; man kann durchaus eine bestimmte Situation herbeiführen, ohne daß man in dieser jemandem etwas schuldig ist, und ebenso ist es möglich, Schulden zu haben, ohne durch das eigene Verhalten dafür »Ursache« gewesen zu sein. Von diesen beiden Bedeutungsaspekten kann deshalb auch als ein dritter die Verbindung von »Schuld bzw. Schulden haben« und »Ursache sein« unterschieden werden. In diesem Fall spricht Heidegger von einem »sich schuldig machen« (*SZ*, 282). Das wiederum kann rechtlich oder moralisch oder rechtlich und moralisch verstanden werden, so daß auch diese Aspekte grundsätzlich voneinander unabhängig sind: jemand kann beispielsweise gegen eine Verkehrsregel verstoßen, ohne an einem Anderen in dem Sinne schuldig geworden zu sein, »daß der Andere in seiner Existenz gefährdet, irregeleitet oder gar gebrochen wird« (*SZ*, 282), und ebenso ist dieses Schuldigwerden nicht notwendigerweise eine Rechtsverletzung. Der »formale Begriff des Schuldigseins«, der alle vier Bedeutungsaspekte umfaßt, lautet nun: »*Grundsein* für einen Mangel im Dasein eines Anderen, so zwar, daß dieses Grundsein selbst sich aus seinem Wofür als ›mangelhaft‹ bestimmt. Diese Mangelhaftigkeit ist das Ungenügen gegenüber einer Forderung, die an das existierende Mitsein mit Anderen ergeht.« (*SZ*, 282)

Was Heidegger hier sagt, ist nur verständlich, wenn es gelingt, die Bedeutung des von ihm selbst nicht näher erläuterten Ausdrucks »Grundsein« zu klären. Es liegt dabei nahe, »Grund« als eine Übersetzung von ἀρχή zu verstehen und entsprechend der Aristotelischen Bestimmung des Menschen als des Anfangs und Grundes von Handlungen (ἀρχή τῶν πράξεων/*EN*, 1112b32) zu sagen, daß das »Grundsein für einen Mangel im Dasein eines Anderen« eine Bestimmung ist, die nur das Mitsein bzw. Mitdasein betrifft. Das erscheint auf Anhieb vielleicht trivial. Aber ebensowenig wie Aristoteles sagen will, der Mensch sei die für sich bestimmbare Ursache einer Klasse von Bewegungen, die man »Handlungen« nennt, will Heidegger sagen, man sei, sofern man schuldig ist, Ursache für einen Mangel im Dasein eines Anderen, die anderen Ursachen, auf die ein Mangel zurückführbar ist, gleichzustellen wäre. Vielmehr ist der Mensch Anfang und Grund der Handlungen in dem Sinne, daß nur Bewegungen, die als ein Zusammenspiel von διάνοια und ὄρεξις erkennbar sind, »Handlungen« heißen können; dieses Zusammenspiel gibt es nur beim Menschen, so daß man in einer angemessenen Bestimmung von Handlungen zugleich dasjenige bestimmt, was Anfang und Grund der Handlungen ist.[26] Ebenso verhält es sich mit dem Schuldigsein: Der Mangel wird hier nicht einfach auf eine Ursache zurückgeführt, sondern immer schon als »Ungenügen gegenüber einer Forderung« verstanden, und Dasein als Mitsein und Mitdasein ist dann der Grund von Schuld in dem Sinne, daß nur an Mitdasein Forderungen gestellt werden, die unerfüllt bleiben können, und man sich im Mitsein immer zu den Forderungen Anderer verhält. »Grundsein von Schuld« und »Ursache sein von Schuld« sind nicht dasselbe. Sonst wäre auch unverständlich, wieso die formale Bestimmung, die Heidegger gibt, auch eine Schuld umfassen kann, die nicht von einem selbst »verursacht« war. Außerdem ist der Ausdruck »Ursache« hier nicht im Sinne einer kausalistischen Handlungstheorie gemeint, sondern selbst nur aus dem Phänomen der Schuld einsichtig zu machen: sieht man jemanden als »Ursache« eines bestimmten, einem betreffenden Sachverhaltes an, so fragt man nicht danach, inwiefern er Anfang einer Bewegung gewesen ist, die dann zu diesem Sachverhalt geführt hat; man macht ihn vielmehr unmittelbar für diesen Sachverhalt *verantwortlich*.

Heidegger selbst gebraucht den Ausdruck »Verantwortlichkeit« im gegenwärtigen Zusammenhang nicht und auch sonst in *SZ* nur einmal, nämlich bei der Analyse des Man (*SZ*, 127). Gerade das aber berechtigt dazu, das »Grundsein für ...« als Verantwortlichkeit zu interpretieren. Die Aufforderung des Gewissensrufes kann man dann als Aufforderung zur Verantwortlichkeit verstehen und deutlich machen, inwiefern diese Aufforderung als Schweigen zu begreifen ist. Zuvor ist es notwendig zu klären, wie der Ausdruck »Verantwortlichkeit« hier verwendet werden soll. Üblicherweise nennt man jemanden dann verantwortlich, wenn man unterstellt, daß er auch anders hätte handeln können. Von diesem »weiten« Begriff der Verantwortlichkeit läßt sich dann noch ein »enger« unterscheiden, demzufolge jemand »verantwortlich handelt oder lebt, wenn er für sein Handeln letzte Rechenschaft geben kann, d. h. es soweit begründen kann, wie es begründbar ist, und den Rest auf sich nimmt«.[27] Von Interesse ist hier zunächst nur der weite Begriff der Verantwortlichkeit, denn bereits dieser ist zu eng, wenn man Heideggers formalen Begriff des Schuldigseins als einen Begriff von Verantwortlichkeit interpretieren will. Im Anschluß an

---

26 Vgl. dazu auch Wieland (1970), 60ff.
27 Tugendhat (1979), 295.

Heidegger wird man nämlich sagen müssen, daß auch jemand dann als verantwortlich angesehen werden kann, wenn die Schuld, um die es geht, überhaupt nicht auf sein Verhalten zurückführbar ist. Man kann auch dann für das Verhalten Anderer verantwortlich gemacht werden und diese Verantwortung übernehmen oder sich, ohne daß eine bestimmte Forderung ergangen ist, verantwortlich fühlen, wenn man an diesem Verhalten nicht beteiligt war und auch nichts getan hat, um dieses Verhalten zu ermöglichen oder zu begünstigen. Ein einfaches Beispiel dafür ist die Möglichkeit, finanzielle Schulden eines Anderen zu begleichen, ein komplexeres die Übernahme von Verantwortung für eine Politik, an der man, etwa aus Altersgründen, nicht beteiligt war. Wenn das so ist, läßt sich der Begriff der Verantwortlichkeit nicht mehr im Rekurs auf das Bewußtsein von Handlungsalternativen entwickeln. Wo man so verfährt, denkt man aus der Perspektive einer Person, die sich über den Anderen und sein Verhalten ein Urteil zu bilden hat. Dabei ist jedoch nicht nur übersehen, daß das Recht, das dafür ein Paradigma bietet, zwar ein wichtiger, aber doch nur *ein* Zusammenhang ist, in dem Verantwortung und Schuld eine Rolle spielen. Übersehen ist außerdem, daß man, wo es um Verantwortlichkeit geht, dem Anderen gegenüber in den wenigsten Fällen die Stellung eines unbeteiligten Beobachters hat, der erst darüber befinden müßte, ob der Andere verantwortlich ist oder nicht, sondern daß man sich meist als fähig zur Verantwortung ansieht, indem man *sich gegenseitig auf seine Verantwortlichkeit anspricht.* Das heißt nicht, man sei nicht bereit, eventuelle Entschuldigungen zu akzeptieren. Im Gegenteil, nur jemand, der grundsätzlich ein Verantwortlicher sein kann und als solcher angesprochen ist, kommt in die Situation, sich entschuldigen oder seine Unschuld erweisen zu müssen und dazu gegebenenfalls auch imstande zu sein: »Sich entschuldigen« und »seine Unschuld erweisen« sind Redehandlungen, die in das Sprachspiel »Verantwortlichkeit« gehören. Wenn man nur das sagt, sagt man allerdings noch nicht genug, denn bisher ist noch unklar, was es überhaupt heißt, verantwortlich zu sein. Diese Frage ist nur aus der Perspektive der ersten Person zu beantworten, denn jemanden zur Verantwortung zu ziehen heißt, ihn als Mitdasein und damit als »einen wie ich« bereits vernommen zu haben; das setzt aber voraus, daß man selbst weiß, was Verantwortlichkeit ist. Zieht man jemanden zur Verantwortung, so ist dies außerdem nie frei von der Gefahr einer Täuschung. Man kann nicht wissen, ob das, was der Andere sagt, nicht gesagt ist, um bestimmten Erwartungen zu entsprechen, und auch nicht sicher sein, inwieweit man selbst von der Erwartung frei ist, den Anderen als »diesen Bestimm-

240

ten« sehen zu wollen. Diese Gefahr besteht nur dann nicht, wenn man sich selbst als verantwortlich erfährt und in dieser Verantwortlichkeit imstande ist, den Anderen so freizugeben, daß diese Freigabe auch erfahren wird. Was das heißt, ist sicherlich noch nicht klar. Zunächst kommt es jedoch darauf an zu sehen, daß Verantwortlichkeit nur dann glaubwürdig von Anderen erwartet werden kann, wenn man selbst auch bereit ist, Verantwortung zu übernehmen; dies wiederum setzt voraus, daß man selbst die Erfahrung von Verantwortlichkeit macht. Nach allem, was bisher gesagt wurde, ist klar, daß man im Anschluß an Heidegger die Erfahrung der Verantwortlichkeit als das Hören des Gewissensrufes verstehen muß. Das Hören des Gewissensrufes scheint jedoch mit der Schuld, wie sie bisher interpretiert wurde, unvereinbar zu sein. Wenn »Schuldigsein« bedeutet: »Grundsein für einen Mangel im Dasein eines Anderen«, so schließt dies ein, daß von Anderen immer schon bestimmte Erwartungen ausgesprochen wurden, und sofern diese es sind, hinter denen man in der Schuld zurückbleibt oder gegen die man verstößt, scheint die Erfahrung von Schuld nur eine Erfahrung im »Man« zu sein: man leistet nicht, was »man« erwartet, oder verstößt gegen das, was »man« für richtig hält. Das ist sicher unbestreitbar. Ebenso unbestreitbar aber ist, daß die Erfahrung von Schuld mit einer ungebrochenen Fortsetzung des Geredes unvereinbar ist. Wer sich schuldig fühlt, wird nämlich weder imstande sein, ohne weiteres Erwartungen an Andere auszusprechen, noch sofort gängige Erklärungen für den in Frage stehenden Mangel im Dasein eines Anderen sowie für das eigene Verhalten oder das Verhalten dessen, für den man Verantwortung übernimmt, bei der Hand zu haben. Was das erste betrifft, so ist er ja gerade dadurch im Zusammenhang der wechselseitigen Erwartungen isoliert, daß er einer solchen Erwartung nicht entspricht oder für das schuldhafte Verhalten Anderer einsteht. Und im Hinblick auf das zweite liefert der ungebrochene Rekurs auf gängige Erklärungen gerade einen Anhaltspunkt dafür, daß jemand sich nicht schuldig fühlt oder dabei ist, seine Schuld zu überspielen. Von hier aus wird nun auch deutlich, wieso der Gewissensruf im Modus des Schweigens erfolgt und nur in diesem erfolgen kann: Was Heidegger den Gewissensruf nennt, ist diejenige Unterbrechung des Redens, die als Unfähigkeit erfahren wird, zu gängigen Erklärungen und Beschwichtigungen zu greifen; wer sich schuldig fühlt, kann wenigstens zunächst einmal nichts mehr sagen.

Aber selbst wenn das als Beschreibung einleuchtend ist, könnte man einwenden, daß der Aufforderungscharakter des Gewissensrufes hier nicht angemessen berücksichtigt wird. Es wäre, anders gesagt, zwar gezeigt, daß die Erfahrung des Schuldigseins ohne ein spezifisches Schweigen nicht zu denken ist, nicht aber, in welcher Weise man »in die Verschwiegenheit seiner selbst« (*SZ, 273*) gerufen wird. Allein, es ist zu beachten, daß die Rede von einem Gewissensruf immer die Annahme eines vom Gerufenen verschiedenen Rufers nahelegt und insofern der Heideggerschen Konzeption des Gewissens nicht angemessen ist. Nimmt man die Bestimmung ernst, derzufolge der Ruf »aus mir und über mich« kommt, so muß man den Ruf und das Gerufensein strikt gleichzeitig denken, und dann kann mit dem Rufcharakter des Gewissens zunächst nur gemeint sein, daß das für die Erfahrung von Schuld spezifische Schweigen nicht gewollt ist und eine Verbindlichkeit hat, der man sich zumindest nicht ohne weiteres zu entziehen vermag. Eine Verschiedenheit von Gerufenem und Ruf besteht nur insofern, als der Gerufene aus dem »Man« zurückgerufen wird. Das »Man« ist von dem unwillentlichen und verbindlichen Schweigen in der Erfahrung des Schuldigseins verschieden, sofern die möglichen Beschwichtigungen und Erklärungen ebenso wie die Projekte, die man vor der Isolierung durch die Schuld hatte, aus dem geschöpft sind, was »man« sagt.

Wenn man so argumentiert, hat man die Bedeutung des »es ruft« sicher noch nicht hinreichend erfaßt. Aber schließlich wurde bisher auch nur das »öffentliche Gewissen« interpretiert. Für dieses ist jedoch gezeigt, daß es als »Stimme des Man« allein nicht zu begreifen ist. Selbst wenn die Erwartungen, im Hinblick auf die man schuldig wird, Erwartungen sind, die »man« hat, und die jeweilige Schuld erläutert werden kann, indem gesagt wird, »man tue so etwas nicht«, ist doch die Erfahrung der *Schuld selbst* ohne das Schweigen, das einen im Gerede unterbricht, nicht zu begreifen. Man kann lediglich zu bedenken geben, ob »diese Ruferfahrung den Ruf sich völlig ›ausrufen‹ läßt« (*SZ, 293*). Dazu aber ist man, wie Heidegger denkt, durch jede Erfahrung von Schuld aufgefordert, und erst, wenn klar ist, was diese Aufforderung bedeutet, ist auch verständlich, wieso das Gewissen der »Ruf der Sorge« ist.

Wenn »Sorge« die Seinsverfassung des Daseins und das Gewissen der Ruf der Sorge ist, der in die Schuld ruft, so reicht es nicht aus zu zeigen, daß man im Dasein schuldig sein kann; es muß vielmehr erwiesen werden, daß man in jedem Augenblick, solange man »da« ist, auch schuldig ist, und dann wiederum darf die Erfahrung des Schuldigseins ebensowenig an die Konstatierung von Schuld durch Andere wie an die Betroffenheit durch einen bestimmten Mangel im Dasein eines Anderen gebunden bleiben. Die »Idee von ›schuldig‹ « muß, wie Heideg-

ger sagt, »soweit formalisiert werden, daß die auf das besorgende Mitsein mit Anderen bezogenen vulgären Schuldphänomene ausfallen«.
Und er fährt fort: »Die Idee von Schuld muß nicht nur über den Bezirk
des verrechnenden Besorgens hinausgehoben, sondern auch abgelöst
werden von dem Bezug auf ein Sollen und Gesetz, wogegen sich ver-
fehlend jemand Schuld auf sich lädt. Denn auch hier wird die Schuld
notwendig noch als Mangel bestimmt, als Fehlen von etwas, was sein
soll und kann. Fehlen besagt aber Nichtvorhandensein. Mangel als
Nichtvorhandensein eines Gesollten ist eine Seinsbestimmung des Vorhandenen. In diesem Sinne kann an der Existenz wesenhaft nichts
mangeln, nicht weil sie vollkommen wäre, sondern weil ihr Seinscharakter von aller Vorhandenheit unterschieden bleibt.« (SZ, 283) Es
fällt schwer, Heidegger bei dieser Argumentation bedenkenlos zu folgen. Zunächst einmal ist überhaupt nicht klar, wieso »Mangel« ausschließlich eine »Seinsbestimmung des Vorhandenen« sein soll. Immerhin ist die »Aufdringlichkeit« von Zeug nur dadurch möglich, daß
man im besorgenden Umgang auf das Fehlen von etwas für die jeweilige Tätigkeit Erforderlichem aufmerksam wird. Diese Aufmerksamkeit bezeichnet Heidegger als »Bemerken von Unzuhandenem«
(SZ, 73), und in vergleichbarer Weise ist jede Entdeckung von beschä-
digtem, zerstörtem oder auch nur störendem Zeug die Erfahrung eines
Mangels an Zuhandenheit. Erst recht wird man dann einen »Mangel
im Dasein eines Anderen« nicht als ein Nichtvorhandensein begreifen
dürfen, ohne die unhaltbare Behauptung, Gesundheit, Wohlbefinden
etc. seien etwas Vorhandenes, in Kauf nehmen zu müssen. Selbst wenn
man den Ausdruck »Vorhandenheit« als Bezeichnung für die Seinsweise des im bloßen Hinsehen und im Aussagen Entdeckten versteht und
in Rechnung stellt, daß auch die eigene Gesundheit oder das eigene
Wohlbefinden in Aussagen konstatiert werden können, wäre es doch
unplausibel zu sagen, Gesundheit und Wohlbefinden, ebenso wie der
Mangel an ihnen, würden primär in der Weise einer konstatierenden
Selbstbetrachtung erfahren. Problematisch ist deshalb auch Heideggers
Bemerkung zu »Sollen und Gesetz«. Sagt man von jemandem, daß er
eine an ihn ergangene Forderung nicht erfüllt hat, so stellt man keinen
Mangel an einem Vorhandenen fest, sondern sagt etwas über sein
Handeln aus. Man stellt, genauer gesagt, fest, daß er nicht in der Wei-
se wirklich ist, wie er sein soll und auch sein kann. Damit ist auch der
Punkt bezeichnet, auf den es Heidegger in Wahrheit ankommt, wenn
er eine Bestimmung des Schuldigseins in der Orientierung am Begriff
des Mangels für unzureichend erklärt. Faßt man Schuld als einen
Mangel, so unterstellt man in einer dem Dasein unangemessenen Wei-

se den Vorrang der Wirklichkeit vor der Möglichkeit. Man hält sich an die Konzeption des Aristoteles, der ja nach einer für den Menschen spezifischen und verbindlichen Wirklichkeit (ἔργον τοῦ ἀνθρώπου/ *EN*, 1097b24f. fragen und dann das Verfehlen als Zurückbleiben hinter dieser fassen konnte. In gewisser Weise ist diese Auffassung auch noch für Kant maßgeblich. Wenn man dem Sittengesetz entspricht und die Vernunft allein Ursache bei der Bestimmung zum Handeln ist, ist man im Sinne seines intelligiblen Charakters wirklich. Gleichwohl ist Kant Heidegger in einer Hinsicht näher als Aristoteles. Sofern Kant nämlich davon überzeugt ist, daß uns »die eigentliche Moralität ... selbst unseres eigenen Handelns gänzlich verborgen« (*KrV*, B579/ A551) bleibt, denkt er die dem Menschen angemessene Wirklichkeit als eine in der Welt der Erscheinungen unzugängliche, und damit ist bereits fraglich, ob Handlungen, denen nicht anzusehen ist, ob sie allein durch Vernunft bestimmt sind, überhaupt als »mangelhaft« verstanden werden können. Demgegenüber ist für Aristoteles die verständige Wirklichkeit der Seele (ψυχῆς ἐνέργεια κατὰ λόγον/*EN*, 1098a7) durch jeden in der entsprechenden Weise Gebildeten auch beurteilbar, und nur deshalb ist es auch möglich, Andere zu dieser Wirklichkeit zu erziehen. Sofern Kant daran festhält, daß der intelligible Charakter Ursache sein kann, hält er freilich auch daran fest, daß aus dem Mangel im Dasein eines Betroffenen auf einen Mangel im Dasein der handelnden Person geschlossen werden kann, und täte er das nicht, müßte er zugleich seine Konzeption der Zurechnung von Handlungen aufgeben: Jeder, der sich unmoralisch verhält, untersteht doch der unabweisbaren Forderung des Sittengesetzes, und weil das so ist, hätte er prinzipiell auch anders und moralisch handeln können. Selbst wenn die eigentliche Moralität unserer Handlungen gänzlich verborgen ist, ist doch deren Immoralität durchaus offenbar, weil man von einer Handlung, die nicht ungefährdet von allen gewollt werden kann, immer imstande ist zu sagen, daß sie dem Sittengesetz nicht entspricht. Entscheidend aber ist, daß wir das nur sagen, sofern einer von uns »in seiner Existenz gefährdet, irregeleitet oder gar gebrochen wird«. Der eigene erlittene Mangel an Wirklichkeit erscheint dabei so, als ob er hätte vermieden werden können, wenn der Andere nur in der für ihn spezifischen und verbindlichen Weise wirklich gewesen wäre. Die Frage ist allerdings, inwieweit ein solches Argument dem Phänomen der Verantwortlichkeit gerecht wird. Man muß, um einen Zweifel daran plausibel zu machen und Heideggers Bedenken gegenüber einer Orientierung an »Sollen und Gesetz« zu stärken, nicht einmal in Erinnerung rufen, daß es auch möglich ist, Verantwortung für Andere zu übernehmen.

Es genügt darauf hinzuweisen, daß die Übernahme von Verantwortung nicht an die Möglichkeit einer im Vergleich zum vollzogenen Handeln »richtigen« Handlungsalternative gebunden ist. Selbst wenn man nach eingehender Prüfung zu dem Ergebnis kommt, man hätte nicht anders handeln wollen und die Maxime des eigenen Handelns könne als allgemeines Gesetz gedacht werden, ist es möglich, sich schuldig zu fühlen und diese Schuld in Verantwortung zu übernehmen. So kann es etwa sein, wenn man jemandem eine wahre, aber ihn bestürzende Mitteilung macht und dies dennoch als die einzige Möglichkeit ansieht, sich ihm gegenüber zu verhalten. Die Erfahrung einer solchen Schuld läßt sich auch nicht auf den Zweifel zurückführen, ob man nicht am Ende doch aus versteckter Selbstliebe oder anderen nicht moralischen Motiven gehandelt hat, denn sie bestünde auch dann, wenn dies nicht der Fall wäre. Daran zeigt sich, daß Schuld noch nicht einmal moralische Verfehlung einschließt und deshalb auch nicht in der Orientierung an der spezifischen und verbindlichen Wirklichkeit eines angemessenen Wollens und Handelns als Mangel angesehen werden kann. Wenn Schuld aber selbst von moralischen Verfehlungen unabhängig ist, so ist sie ebenso unabhängig davon, daß Andere überhaupt einen Mangel in ihrem Dasein erfahren und einen dafür zur Verantwortung ziehen: »Das Schuldigsein resultiert nicht erst aus einer Verschuldung, sondern umgekehrt: diese wird erst möglich ›auf Grund‹ eines ursprünglichen Schuldigseins.« (SZ, 284)

Zum Begriff des »ursprünglichen Schuldigseins« gelangt Heidegger, indem er die formale Bestimmung von Schuld genauer analysiert. »In der Idee von ›schuldig‹« liegt nämlich »der Charakter des Nicht« (SZ, 283), und dies zusammen mit dem bereits zuvor an der Schuld herausgearbeiteten Charakteristikum des »Grundseins« führt dann zu der Bestimmung: »Grundsein für ein durch ein Nicht bestimmtes Sein — das heißt Grundsein einer Nichtigkeit« (SZ, 283). Diese Nichtigkeit läßt sich zunächst als Negativität des bestimmten Verhaltens begreifen. Wer sich in einer bestimmten Weise verhält, sieht, ob ausdrücklich oder nicht, von Handgriffen und Bewegungen ab, die nicht zu der Sache gehören, mit der er es zu tun hat. Aber nicht nur die Momente des Verhaltens, die in ihrer Koordiniertheit das Verhalten ausmachen, sondern auch das einheitliche Verhalten selbst ist durch Negativität charakterisiert: »seinkönnend steht« man »je in der einen oder anderen Möglichkeit, ständig ist« man »eine andere nicht«, und dies gehört zum Freisein des Daseins für seine existenziellen Möglichkeiten«: »Die Freiheit ... ist nur in der Wahl der einen, das heißt im Tragen des Nichtgewähltabens und Nichtauchwählenkönnens der anderen.«

(*SZ*, 285) Möglichkeiten sind als solche dadurch charakterisiert, niemals vollständig ergriffen werden zu können. Aber die Freiheit im Dasein besteht nicht nur und nicht wesentlich darin, die Wahl zwischen vernommenen Möglichkeiten zu haben. Eine ergriffene Möglichkeit ist ein Projekt, und jedes Projekt ist eine Antwort auf das bevorstehende und unbestimmte Sein. Alle Projekte, die man machen und sich von anderen nahebringen lassen kann, sind verschieden vom »Nicht« des bevorstehenden Seins in seiner Unbestimmtheit.

Daß das bevorstehende Sein in seiner Unbestimmtheit selbst »nicht«, d. h. nicht wirklich ist, verbietet es letztlich auch, die »existenziale Nichtigkeit« des Daseins als Mangel zu denken. Im Dasein ist man »*vor* allem«, was man »entwerfen kann und meist auch erreicht, *als Entwerfen* schon nichtig« (*SZ*, 285). Dieser Satz und das hervorgehobene »als Entwerfen« in ihm wäre unverständlich, wenn man das Verb »entwerfen« nicht als »projektieren« lesen und vom »Entwerfen« als einer Weise der Erschlossenheit unterscheiden würde. Projekte sind immer nur möglich, weil *vor* allen Projekten im Entwurf das bevorstehende und unbestimmte Sein als ein bevorstehendes »Nicht« vernommen ist, so daß die »Nichtigkeit« des Sich-vorweg-seins nicht nur kein Mangel ist, sondern Dasein überhaupt erst konstituiert. Damit ist die »existenziale Nichtigkeit« des Daseins jedoch noch nicht vollständig bestimmt. Dasein ist nämlich nicht nur »als Entwurf ... wesenhaft nichtig« (*SZ*, 285), sondern auch als Grund durch Nichtigkeit charakterisiert; »Seiend ist es als Seinkönnen bestimmt, das sich selbst gehört und doch nicht als es selbst sich zu eigen gegeben hat. Existierend kommt es nie hinter seine Geworfenheit zurück, so daß es dieses ›daß es ist und zu sein hat‹ je eigens erst aus seinem Selbstsein entlassen und in das Da führen könnte.« (*SZ*, 284). Dasein steht, anders gesagt, niemals als Möglichsein in der Offenheit des Seienden, sondern immer nur als Existieren bevor. Allein deshalb läßt sich Dasein auch nicht als Vollzug im Sinne des Fichteschen »Ich« begreifen, das sich immer aufs Neue als ein sich zur Wirklichkeit bringendes zur Wirklichkeit bringt. Man wird allerdings auch nicht im Anschluß an Kierkegaard sagen können, Dasein habe sich nicht selbst »gesetzt« (*KT*, 31); damit würde man Dasein immer noch als wirklichen Vollzug denken, wenn auch als Vollzug, der nicht durch sich selbst wirklich ist. Dasein ist aber vor jedem wirklichen Verhalten schon möglich gewesen, so daß jeder Vollzug des Verhaltens im Möglichsein begründet ist und als Antwort auf das bevorstehende Sein nur aus der Möglichkeit dieses Seins in der Offenheit des Seienden begriffen werden kann. »Da« ist man sich vorweg in der Offenheit des Seienden; die in der

Angst vernommene Offenheit des Seienden, das »Nichts« ist es, was man im Entwurf, der »nicht« ein Projekt ist, zu sein hat. Nimmt man die beiden Aspekte von Geworfenheit und Entwurf zusammen, so ist deutlich, daß die »Nichtheit« oder »Nichtigkeit«, wie Heidegger sie bei der Analyse des Schuldphänomens herausarbeitet, gleichbedeutend mit dem Möglichkeitscharakter des Daseins und also letztlich gleichbedeutend mit der Erschlossenheit ist. In diese Erschlossenheit kann man deshalb auch nur durch die Verlautbarung von »nichts« gerufen werden.

Selbst jedoch wenn man bereit ist, diesen Gedanken im Anschluß an die voraufgegangenen Analysen plausibel zu finden, läßt sich bezweifeln, ob Heidegger die Nichtigkeit des Daseins zu Recht als »ursprüngliches Schuldigsein« deutet und deshalb auch im Zusammenhang seiner Analyse des Gewissens erörtert. Immerhin scheint die Nichtigkeit von Dasein, die das »ursprüngliche Schuldigsein« ausmachen soll, denkbar ohne eine Berücksichtigung der existenzialen Bestimmungen des Mitseins und Mitdaseins. Ohne diese aber hätte der formale Begriff des Schuldigseins nicht gewonnen werden können, und entsprechend uneinsichtig wäre es, wenn Heidegger, um den Begriff eines ursprünglichen Schuldigseins zu entwickeln, meinte, die formale Bestimmung des Schuldigseins einfach aufgeben zu können. Gerade wenn unbestritten ist, daß »in der Idee von ›schuldig‹ der Charakter des Nicht« liegt, wäre es problematisch, wenn sich das »Nicht« denken ließe, ohne daß das »schuldig« überhaupt berücksichtigt würde. Der Ausdruck »Schuld« hätte im Begriff des ursprünglichen Schuldigseins seine spezifische Bedeutung verloren. Daß Dasein das »(nichtige) Grundsein einer Nichtigkeit« (*SZ*, 285) ist, wäre nur gleichbedeutend mit seiner Schuldigkeit, wenn »die formale existenziale Bestimmung der Schuld als Grundsein einer Nichtigkeit« (*SZ*, 285) den Ausdruck »Schuld« definierte, und das ist angesichts der bereits diskutierten Bedeutung dieses Ausdrucks wenig überzeugend. Nun legt Heidegger zwar den Eindruck nahe, »Schuld« sei letztlich nichts anderes als das »ursprüngliche Schuldigsein«; will man sich deutlich machen, weshalb er dies tut, so ist wohl die plausibelste Erklärung, daß es ihm darum geht, die Bestimmung des Schuldigseins als eines Mangels an Wirklichkeit zu vermeiden. Um jedoch nicht zu vernachlässigen, daß »Schuld« zunächst eine Bestimmung des Mitseins und Mitdaseins ist, muß man versuchen, den Aspekt des Mitseins und Mitdaseins in den Begriff des »ursprünglichen Schuldigseins« zu integrieren, d. h., man muß sagen können, wie eine Schuld zu denken ist, die den Anderen gegenüber immer besteht und in alltäglichen Verhaltenszusammenhängen trotzdem nicht konstatiert werden kann, weil sie nichts mit einem »Mangel im Dasein Anderer« zu tun hat.

Auf die Frage, »welche Erfahrung« denn für das ursprüngliche Schuldigsein im Dasein spreche, gibt Heidegger zu bedenken, ob es Schuld nur gäbe, »wenn ein Schuldbewußtsein wach wird« oder »sich darin, daß die Schuld ›schläft‹, nicht gerade das ursprüngliche Schuldigsein« bekunde; und er fährt fort: »Daß dieses zunächst und zumeist unverschlossen bleibt, durch das verfallende Sein des Daseins verschlossen gehalten wird, enthüllt nur die besagte Nichtigkeit. Ursprünglicher als jedes Wissen darum ist das Schuldig*sein*.« (*SZ*, 286) Wie bereits bei der Interpretation der Angst könnte man auch hier denken, Heidegger wolle die Sachhaltigkeit seiner Analyse erweisen, indem er die alltägliche Erfahrung, die von der Sache, um die es geht, nichts weiß, als Verdeckung dieser Sache deutet. Allein, damit wäre nichts gewonnen, wenn die alltägliche Erfahrung nicht auch einen Anhaltspunkt für das in ihr Verschlossene bieten würde. Dieser Anhaltspunkt nun ist der Umstand, daß die alltägliche Erfahrung durch das Gerede dominiert ist und unter anderem im Aussprechen, Propagieren und Bewerten von Projekten besteht, die von Anderen übernommen und gegen Andere gewendet oder um der Gemeinsamkeit mit ihnen willen gemacht werden. Diese Projekte haben nur Sinn als Antworten auf das unbestimmte und bevorstehende Sein, und deshalb muß dieses, gerade wo es durch das Bereden von Projekten verschlossen wird, immer auch erschlossen sein. Durch die Projekte, die »man« macht und für die »man« sich stark macht, wird man aneinander schuldig und ist es immer schon geworden, weil man sich wechselseitig das je eigene bevorstehende Sein in seiner Unbestimmtheit verschließt. Im Gerede muß diese Schuld freilich unverständlich bleiben, weil sie das Gerede als solche betrifft und man, in ihm befangen, nur die Schuld als einen Mangel, sei es im eigenen, sei es im Dasein Anderer kennt. Andererseits bietet jede Situation einer solchen uneigentlichen Verschuldung die Möglichkeit, den Ruf des Gewissens »sich völlig ›ausrufen‹« (*SZ*, 293) zu lassen, indem man die Unterbrechung des Geredes nicht auf bestimmte Umstände und Handlungszusammenhänge zurückführt, sondern als Aufruf zum eigentlichen Existieren hört und versteht. Das eigentliche Existieren besteht dann darin, *jedes Projekt als Antwort auf das bevorstehende und unbestimmte Sein zu durchschauen und zu sehen, daß dieses durch die Projekte, die »man« hat, niemals bewältigt werden kann.* Wenn es Schuld ist, den Anderen durch eigenes Verhalten und Reden das Gegenteil zu suggerieren, so zeigt sich wiederum, wieso das ursprüngliche Schuldigsein nicht als Grundsein für einen

Mangel im Dasein Anderer und ebensowenig als mangelhaftes Verhalten gefaßt werden kann. Orientiert man sich bei der Deutung von Schuld am Begriff des Mangels, verfehlt man nicht nur den für Dasein charakteristischen Vorrang der Möglichkeit vor der Wirklichkeit; man hat außerdem keine Chance, eine Schuld zu beschreiben, die im Angebot einer scheinhaften Wirklichkeit besteht und damit den Anderen die Verantwortung abnimmt.

Wie die eigentliche und nicht nur alltäglich verstandene Verantwortlichkeit genau gefaßt werden muß, ist damit zwar noch nicht gesagt. Es dürfte allerdings einsichtig sein, daß allein aufgrund der Unvermeidlichkeit bestimmten Verhaltens und bestimmter Projekte so etwas wie eine eigentliche Unschuld im Dasein unmöglich ist. Anders könnte Heidegger gar nicht von einem *ursprünglichen* Schuldigsein sprechen und außerdem sagen, durch den Gewissensruf werde man zum eigentlichen Dasein, also dazu, so zu sein, wie man eigentlich ist, aufgerufen. Es geht, wenn man auf diesen Ruf hört, gerade nicht um eine »Befreiung von der Schuld im Sinne des wesenhaften ›schuldig‹« (*SZ*, 288), sondern darum, »das ›schuldig‹ . . . eigentlich <zu/G. F.> sein«: »Das rechte Hören des Anrufs kommt dann gleich einem Sichverstehen in seinem eigensten Seinkönnen, das heißt dem Sichentwerfen auf das eigenste eigentliche Schuldigwerdenkönnen. Das verstehende Sichvorrufenlassen auf diese Möglichkeit schließt in sich das *Freiwerden* des Daseins für den Ruf: die Bereitschaft für das Angerufenwerdenkönnen. Dasein ist rufverstehend hörig seiner eigensten Existenzmöglichkeit.« (*SZ*, 287) Hier wird nicht nur deutlich, daß Heidegger mit der Interpretation des Gewissens versucht, die eigentliche Rede wie auch das eigentliche Verstehen zu berücksichtigen, sodaß also das »Vorlaufen zum Tode« für die Konzeption der Eigentlichkeit in der Tat obsolet ist. Es zeigt sich, was für den gegenwärtigen Zusammenhang wichtiger ist, außerdem, daß im eigentlichen Verstehen die Orientierung an bestimmten Projekten, deren Verbindlichkeit für Andere man unterstellt oder die man in Konkurrenz zu ihnen vertritt, überhaupt erst als schuldhaft durchschaubar wird. Das wiederum ist nur möglich, sofern das bevorstehende Sein durch die Unterbrechung des Geredes und des Projektierens in ihm *frei* wird, und ebenso die zum bevorstehenden Sein gehörige Offenheit des Seienden, wie sie durch die Angst erschlossen ist. Die Angst ist die das gewissenhafte Verstehen eröffnende Stimmung, und nur weil das so ist, kann der Gewissensruf dazu aufrufen, das faktische Möglichsein in der Offenheit des Seienden existierend als bevorstehendes Sein zu übernehmen. Sofern beide Aspekte in der Unterbrechung des Geredes erfahren werden, ist im Gewissensruf mit dem bevorstehenden Sein in der Offenheit des Seienden auch das Verfallen als solches offenbar geworden, und damit ist auch klar, inwiefern das Gewissen der »Ruf der Sorge« sein kann: der Gewissensruf ist die Aufforderung dazu, eigentlich in der Sorge zu sein, und als diese Aufforderung, die ja nicht »von außen« kommt, die Modifikation der Sorge in ihre Eigentlichkeit.

Nun ist, wenn man berücksichtigt, daß Heidegger »Sorge« als die Ganzheit der Offenheit des Seienden, des bevorstehenden Seins und des Verfallens in der Struktur des Sich-vorweg denkt, die Rede von einer »eigentlichen Sorge« freilich nicht ganz unproblematisch. Man könnte zu bedenken geben, ob dabei nicht der eindeutig uneigentliche Charakter des Verfallens vernachlässigt wird und man nicht gezwungen sei, nun auch von einem »eigentlichen Verfallen« zu sprechen[28] oder aber das, was in der Bestimmung der »Sorge«-Struktur mit dem Terminus »Verfallen« bezeichnet wird, neutral zu denken und von seiner, sei es eigentlichen, sei es uneigentlichen Konkretion zu unterscheiden. Letzteres ist unmöglich, weil bestimmte Verhaltensweisen und bestimmte Projekte immer in die Ausgelegtheit und Artikuliertheit des »Man« gehören. Was das erstere angeht, so ist zunächst zu beachten, daß »Eigentlichkeit« zunächst heißt: im gewissenhaften, durch die Angst gestimmten Verstehen zu erfahren, wie man ist, und man ist unter anderem so, daß man bestimmtes Verhalten und bestimmte Projekte nicht umgehen kann. Wenn jedoch durch den Gewissensruf das bevorstehende Sein frei von bestimmten Projekten wird, können diese nun als Antworten auf das bevorstehende Sein erfahren werden; *in dieser Hinsicht* hat das »Man« keine entlastende Funktion mehr, sondern das Angebot einer solchen Entlastung wird ja gerade als Schuld erfahren. Damit kommt auch zum ersten Mal in den Blick, wie gemäß der Heideggerschen Konzeption die *Einzelheit* im Dasein zu denken ist: »Einzelheit« heißt nicht, dieser Bestimmte zu sein und sich in vollständiger Bestimmtheit zumindest idealiter zu denken oder im Glauben als durch Gott so gedacht anzunehmen, sondern vielmehr, seine Projekte als Antworten auf das bevorstehende Sein zu verstehen und sich nicht mehr nur als ein Bestimmter im Zusammenhang des »Man« zu halten, indem man seine Projekte durch das, was »man« tut und wünscht, rechtfertigt. Es heißt zu erfahren, daß man durch solche Rechtfertigungen an den Anderen schuldig wird, und dies erfährt man, indem man durch die Unterbrechung des Geredes außerstand gesetzt

28 Tugendhat (1970/1), 316.

wird, überhaupt noch Rechtfertigungen für das eigene Verhalten zu finden. So gesehen kann es ein »eigentliches Verfallen« nicht geben, sondern nur eine *Einsicht* in das Verfallen. Wenn der Gewissensruf die Unterbrechung des Geredes und das Verfallen das »Aufgehen im Gerede« ist, schließen gewissenhaftes Verstehen und Verfallen einander aus. Dadurch aber wird die zuvor gegebene Bestimmung der »Sorge«-Struktur nicht etwa unangemessen. Schließlich setzt eine Unterbrechung des Geredes das Gerede voraus, und als schuldig kann man sich nur erfahren, sofern man zuvor verfallen ist. Außerdem wird durch das Vernehmen des Gewissensrufes die Möglichkeit des Verfallens nicht ein für allemal ausgeschlossen. Daß man sich jetzt als schuldig erfährt, ist kein hinreichender Grund dafür, es auch zukünftig zu tun, denn man kommt nicht umhin, sich am Gerede zu beteiligen. Könnte man sicher sein, in Zukunft nicht mehr zu verfallen, würde dem Entwurf auf das eigene Schuldigwerdenkönnen die Voraussetzung entzogen, und würde man diesen Entwurf als Gewähr für die Unmöglichkeit eines zukünftigen Verfallens auffassen, hätte man ihn zu einem Projekt gemacht. Der Entwurf auf das Schuldigwerdenkönnen ist aber nicht der Wunsch, sich in einer bestimmten Weise zu verhalten, »sondern einzig Bereitschaft für das Angerufenwerden« (*SZ*, 288).

Wenn man sagt, diese Bereitschaft sei keine bestimmte Weise, sich zu verhalten, wird man allerdings klären müssen, wieso Heidegger hier von einem »Gewissen-haben-wollen« (*SZ*, 288) sprechen kann. Die Schwierigkeit, die darin liegt, wird noch dadurch verstärkt, daß Heidegger das Sichentwerfen auf das eigene Schuldigwerdenkönnen im Anschluß an Kierkegaard als »Selbstwahl« begreift. Sofern »mit der Verlorenheit in das Man ... über das nächste faktische Seinkönnen des Daseins — die Aufgaben, Regeln, Maßstäbe, die Dringlichkeit und Reichweite des besorgend-fürsorgenden In-der-Welt-seins — je schon entschieden« ist und das Man »das Ergreifen dieser Seinsmöglichkeiten ... immer schon abgenommen« hat, »bleibt unbestimmt, wer ›eigentlich‹ wählt«: »Dieses wahllose Mitgenommenwerden von Niemand, wodurch sich das Dasein in die Uneigentlichkeit verstrickt, kann nur dergestalt rückgängig gemacht werden, daß sich das Dasein eigens aus der Verlorenheit in das Man zurückholt zu ihm selbst. Dieses Zurückholen muß jedoch *die* Seinsart haben, *durch deren Versäumnis* das Dasein in die Uneigentlichkeit sich verlor. Das Sichzurückholen aus dem Man, das heißt die existenzielle Modifikation des Man-selbst zum *eigentlichen* Selbstsein muß sich als das *Nachholen einer Wahl* vollziehen. Nachholen der Wahl bedeutet aber *Wählen* dieser Wahl.« (*SZ*, 268) Heidegger meint damit nicht, der Gewissensruf selbst werde gewählt; damit würde er seiner These widersprechen, dieser erfolge »wider Erwarten und gar wider Willen« (SZ, 275). »Wählen« ist vielmehr »Rufverstehen« und nicht Wählen »des Gewissens, das als solches nicht gewählt werden kann«: »Gewählt wird das Gewissen-haben als Freisein für das eigenste Schuldigsein.« (SZ, 288) Was es allerdings heißt, daß das Gewissen-haben »gewählt« wird, läßt Heidegger im Unklaren.

Überhaupt ist der Rekurs auf Kierkegaards Terminus der Wahl im Zusammenhang der Heideggerschen Konzeption des Gewissens nicht wirklich überzeugend. Damit das deutlich werden kann, muß man zunächst einmal sehen, daß die von Kierkegaard in *Entweder − Oder* dargestellten Lebensformen des Ethischen und des Ästhetischen, zwischen denen gewählt werden soll, sich asymmetrisch zueinander verhalten. Wer sich für das Ethische entscheidet, d. h. dafür, seine Handlungen als »gut« und »böse« zu qualifizieren, qualifiziert auch das Ästhetische: »Wer da, nachdem das Ethische sich ihm gezeigt hat, das Aesthetische wählt, der lebt nicht aesthetisch, denn er sündigt und ist ethischen Bestimmungen unterstellt, ob sein Leben auch als unethisch bezeichnet werden muß« (EO II, 179). Umgekehrt besteht die durch Unmittelbarkeit und Unverbindlichkeit charakterisierte Lebensform des Ästhetischen darin, die für das Ethische spezifischen Ausdrücke »gut« und »böse« entweder nicht zu kennen oder wenigstens keinen Sinn in ihrer Verwendung zu sehen. Nun läßt Kierkegaard seinen Autor, den Gerichtsrat Wilhelm, zwar auch sagen, nach der Wahl des Ethischen kehre »alles Aesthetische wieder«, und dadurch erst werde »das Dasein schön« (EO II, 188). Aber zum einen ist klar, daß der Begriff des Ästhetischen hier nicht mehr die dem Ethischen entgegengesetzte Lebensform meint, sondern den unmittelbaren und sinnlich bestimmten Aspekt menschlicher Existenz; und zum anderen richtet sich die Kritik der späteren Pseudonyme Kierkegaards gerade gegen diese These des Gerichtsrates[29]: bestritten wird dabei, und zwar wohl am entschiedensten in der *Krankheit zum Tode*, daß die Wahl des Ethischen zugleich eine Selbstwahl in dem Sinne ist, daß in der Entscheidung für das Allgemeine zugleich das Ästhetische als das Unmittelbare »aufgehoben« sein kann.

Sicherlich wird man zugestehen können, daß Heidegger sich in diese Schwierigkeit des Kierkegaardschen Gerichtsrates nicht verwickelt. Heidegger behauptet nicht, die Uneigentlichkeit kehre im Gewissen-

---

29 Vgl. Theunissen/Greve (1979), 28.

haben wieder und sei ein integrales Moment desselben. Es ist ja im Gegenteil notwendig, immer aufs Neue die Zäsur im Gerede zu erfahren, um »eigentlich« existieren zu können. Heidegger orientiert sich vielmehr nur an der Fassung des Ethischen und des Ästhetischen als zweier, was die Qualifizierbarkeit der einen durch die andere angeht, asymmetrischer Lebenformen und denkt das Aufgehen im »Man« als Schuld, sofern es mit dem Vernehmen des Gewissensrufes als solche verstanden wird. Der entscheidende Unterschied zwischen der Konzeption Heideggers und der von *Entweder — Oder* ist jedoch, daß die Uneigentlichkeit überhaupt nur möglich ist, weil ihr die Erschlossenheit zugrundeliegt. Was die Eigentlichkeit von der Uneigentlichkeit unterscheidet, ist lediglich die Weise, in der man die Differenz der Freiheit austrägt. Auch im uneigentlichen Dasein ist erschlossen, wie man eigentlich ist, denn sonst könnte man nicht versuchen, von der Erschlossenheit in der Position des Verhaltens »wegzusehen«. Demgegenüber ist das Ästhetische bei Kierkegaard keine Flucht vor dem Ethischen. Obwohl das Ethische und das Ästhetische sich hinsichtlich ihrer Qualifizierbarkeit asymmetrisch zueinander verhalten, besteht auch andererseits zwischen ihnen eine Symmetrie. Auch vom Ästhetischen wird man sagen müssen, daß es gewählt werden kann und, solange man sich für das Ethische noch nicht entschieden hat, auch gewählt worden ist: »Die Persönlichkeit ist schon, bevor man wählt, an der Wahl interessiert, und wenn man die Wahl aussetzt, so wählt die Persönlichkeit unbewußt, oder die dunklen Gewalten in ihr tun es.« (*EO* II, 175) Diese dunklen Gewalten sind entsprechend der Tradition die Begierden und Neigungen. Deshalb kann man zu Recht daran zweifeln, ob hier von einer Wahl im strengen Sinne die Rede sein kann. Aber Kierkegaards Gerichtsrat geht noch einen Schritt weiter, wenn er den Sinn der Rede von einer ästhetischen Wahl überhaupt anzweifelt. »Deine Wahl«, so schreibt er dem »Ästhetiker« A, »ist eine aesthetische Wahl, aber eine aesthetische Wahl ist keine Wahl. Überhaupt ist ›wählen‹ ein eigentlicher und strenger Ausdruck für das Ethische.« (*EO* II, 177) Allein, das Argument, mit dem der Gerichtsrat diese Behauptung begründen will, ist nicht zwingend. »Die aesthetische Wahl«, so schreibt er, »ist entweder ganz und gar unmittelbar und insofern keine Wahl, oder sie verliert sich ins Mannigfaltige.« (*EO* II, 177) Mit dem ersteren hat der Kierkegaardsche Gerichtsrat sicherlich Recht: sagt man von jemandem, er folge der »Wahl seines Herzens« (*EO* II, 177), so ist diese Rede metaphorisch. Was jedoch das zweite betrifft, so spricht der Gerichtsrat der ästhetischen Wahl einen Stellenwert ab, den er ihr nicht absprechen darf, wenn das Ästhetische und

253

das Ethische als zwei verschiedene Lebensformen miteinander vergleichbar sein sollen, und ohne diese Vergleichbarkeit wäre die Korrespondenz zwischen den Herren A und B in *Entweder − Oder* unmöglich. Der Gerichtsrat versucht, die ästhetische Wahl auf eine Mannigfaltigkeit von Lebensentscheidungen zu reduzieren: »Wenn ein Mensch aesthetisch eine Menge von Lebensaufgaben erwägt . . ., so erhält er nicht leicht ein Entweder/Oder, sondern eine ganze Mannigfaltigkeit, weil das Moment der Selbstbestimmung in der Wahl hier nicht ethisch betont ist, und weil man, wenn man nicht unbedingt wählt, nur für den Augenblick wählt und deshalb im nächsten Augenblick etwas andres wählen kann.« (*EO* II, 177) Die Wahl eines ästhetischen Lebens aber besteht ja nicht darin, eine Fülle von Entscheidungen zu treffen, die allesamt dafür, wie man ist, keine Verbindlichkeit haben, sondern darin, sich gegen eine solche Verbindlichkeit überhaupt zu entscheiden. So gesehen wählt der »Ästhetiker« durchaus eine Weise zu sein. Auch die ethische Wahl besteht ja nicht in jeweiligen Entscheidungen, sondern darin, die Qualifizierung dieser Entscheidungen als »gut« und »böse« vornehmen zu wollen.

Wenn die Korrespondenz zwischen A und B in *Entweder − Oder* nur unter der Voraussetzung möglich ist, daß beide es mit vergleichbaren Lebensformen zu tun haben, so ist auch die Rede von einer ethischen Wahl nur sinnvoll, wenn man ebenso von einer ästhetischen Wahl sprechen kann. Versteht man jedoch das ethische und das ästhetische Leben als echte Alternativen, ergibt sich eine andere Schwierigkeit. Nun ist nämlich nicht mehr einzusehen, inwiefern die Qualifikation von Verhaltensweisen als »gut« und »böse« die Verbindlichkeit haben kann, die sie doch haben muß, wenn vom Ethischen überhaupt die Rede sein soll.[30] Die Position des Gerichtsrates scheitert an ihrer Inkonsistenz: Entweder ist das Ethische verbindlich und kann in dieser Verbindlichkeit lediglich eingesehen oder überspielt werden; oder das Ethische wird als Alternative zum Ästhetischen gewählt, und dann kann es nicht verbindlich sein. Die Frage, ob und wie das Ästhetische im Ethischen wiederkehren kann, ist von diesem Problem zwar grundsätzlich unabhängig; aber wenn es so wäre, daß im Ethischen das »Selbst« des Menschen vollständig zur Geltung käme, wäre das nur ein weiterer Beleg für die Unangemessenheit des Ausdrucks »Wahl« in diesem Zusammenhang. Die Rede von einer »Selbstwahl« ist paradox, und Kierkegaard hat dem Rechnung getragen, indem er später diesen

30 Vgl. dazu MacIntyre (1981), 38ff.

Ausdruck aufgegeben und in der *Krankheit zum Tode* das »Selbstsein-wollen« sogar als ein Charakteristikum der Verzweiflung, also dessen, nicht »Selbst« zu sein, interpretiert hat.

Selbst wenn man sich für die Eigentlichkeit, wie Heidegger sie denkt, nicht wie für »das Ethische« ein für allemal entscheiden kann, läßt sich verständlich machen, wieso es für Heidegger naheliegen konnte, bei der Ausarbeitung der Gewissensproblematik auf die Terminologie Kierkegaards zurückzugreifen. Schließlich werden im uneigentlichen Dasein die jeweiligen Projekte nicht »gewählt«, wenn man sich an das hält, was »man« tut und für richtig hält. Demgegenüber soll die Eigentlichkeit darin bestehen, daß die »faktischen« Möglichkeiten als solche, d. h. als endliche, verstanden und ergriffen werden. Man soll sich für bestimmte Möglichkeiten so entscheiden, daß man diese nicht ergreift, weil sie von Anderen propagiert oder abgelehnt werden, und ebensowenig soll man versuchen, seine Entscheidungen zu nivellieren, indem man sie in den Zusammenhang von Wünschen stellt, deren Erfüllung zwar ungewiß ist, aber durch die es leichter fällt, die letztlich unübersehbaren Konsequenzen einer Entscheidung zu tragen. Nur wenn man versteht, daß jede Entscheidung für ein Projekt eine Reihe von Möglichkeiten definitiv ausschließt und sich über die Einmaligkeit jeder Entscheidung im Klaren ist, kann von einer Entscheidung im strikten Sinne die Rede sein. Wenn der Ausdruck »wählen« das so charakterisierte »eigentliche« Entscheiden bezeichnet, ist die Parallele zu Kierkegaard deutlich: die Uneigentlichkeit ist dem Ästhetischen in ihrer Unverbindlichkeit vergleichbar, während die Eigentlichkeit analog zum Ethischen der Daseinsmodus ist, in dem im strikten Sinne Entscheidungen getroffen werden: man »wählt« ein Projekt als Antwort auf das unbestimmte und bevorstehende Sein, indem man sich dem Kontext der Wünsche nicht als letzter Instanz unterstellt, ohne ihn doch vermeiden oder »aufheben« zu können.

Bis hierher ist freilich nur gezeigt, wieso Heidegger von Kierkegaard den Ausdruck »Wählen« übernehmen kann, nicht jedoch, was ihn dazu bringt, von einem »Wählen der Wahl« zu sprechen. Was dies angeht, so scheint er die These zu vertreten, ebenso wie die »Wahl der Wahl« in der Konzeption von *Entweder — Oder* habe auch das »Gewissen-haben-wollen« eine metaethische, die Ethik erst konstituierende Funktion. So heißt es, das ursprüngliche Schuldigsein, zu dem durch den Gewissensruf aufgerufen wird, sei die Bedingung dafür, »daß das Dasein faktisch existierend schuldig werden kann«: »Dieses wesenhafte Schuldigsein ist gleichursprünglich die existenziale Bedingung der Möglichkeit für das ›moralisch‹ Gute und Böse, das heißt für die Moralität überhaupt und deren faktisch mögliche Ausformungen. Durch die Moralität kann das ursprüngliche Schuldigsein nicht bestimmt werden, weil sie es für sich selbst schon voraussetzt.« (SZ, 286) Daß dies jedoch nicht heißen soll, die Erfahrung des ursprünglichen Schuldigseins führe dazu, nun das Verhalten als »gut« und »böse« qualifizieren zu wollen, zeigt sich allein schon an Heideggers Bemerkung über den ontologischen Status des »Guten« und »Bösen«. Weil das ursprüngliche Schuldigsein nicht als Mangel zu begreifen ist, ist »am allerwenigsten ... dem existenzialen Phänomen der Schuld näherzukommen durch die Orientierung an der Idee des Bösen, des malum als privatio boni. Wie denn das bonum und die privatio dieselbe ontologische Herkunft aus der Ontologie des Vorhandenen«, also aus der Ontologie der Wirklichkeit, »haben« (SZ, 286). Wenn aber nur das Wirkliche »gut« sein kann und das Böse entsprechend ein Mangel an Wirklichkeit ist, gleichviel ob dieser Mangel als bloße Negativität oder, wie bei Schelling[31] und im Anschluß an ihn bei Kierkegaard, als eine immer nur partikular bleibende Position gegen die vollkommene Wirklichkeit aufgefaßt wird, dann läßt sich das im Gedankenzusammenhang Heideggers nur als eine unangemessene Interpretation der für Dasein charakteristischen Nichtigkeit begreifen. Die moralisch verstandene Schuld ist nicht ursprünglich, weil sie die Position der Wirklichkeit voraussetzt; sie kann zwar Anlaß für die Erfahrung des ursprünglichen Schuldigseins sein, aber die Erfahrung des ursprünglichen Schuldigseins kann nicht umgekehrt als die Entscheidung zur moralischen Schuld interpretiert werden. Das heißt freilich nicht, die Eigentlichkeit, wie Heidegger sie denkt, sei amoralisch, jenseits von Gut und Böse, und deshalb der fragwürdige Dezisionismus, als welchen viele Interpreten sie glauben verstehen zu müssen. Es heißt nur, daß sich aus den existenzialontologischen Grundbestimmungen Heideggers keine Ethik, deren Voraussetzungen in der traditionellen Ontologie der Wirklichkeit liegen, als »Ethik der Eigentlichkeit« ableiten läßt. Sofern ethische Bestimmungen auf der Voraussetzung der Wirklichkeit aufbauen und alles »schlechte« oder »böse« Verhalten dementsprechend als ein Mangel erscheint, bleiben sie auf die Uneigentlichkeit verwiesen. Die Frage nach einer »eigentlichen Verbindlichkeit«, der man im Dasein untersteht, ist damit noch gar nicht berührt. Allerdings ist jetzt bereits klar, daß die Konzeption einer solchen Verbindlichkeit ohne

---

31 Vgl. Schellings Abhandlung *Über das Wesen der menschlichen Freiheit und die damit zusammenhängenden Gegenstände* (1809).

den Gedanken einer Wahl auskommen muß, wenn sie nicht in die gleiche Schwierigkeit kommen will wie Kierkegaards Gerichtsrat. Dasselbe gilt von der Bestimmung des Gewissen-haben-wollens, die ja zumindest der Exposition einer solchen Verbindlichkeit dienen soll. Es ist nun auch freilich nicht mehr schwer zu sehen, daß beim Gewissen-haben-wollen von einer Wahl als einer Entscheidung zwischen zwei Alternativen nicht die Rede sein kann. Heidegger rekurriert schließlich nur auf diejenige Verwendung des Ausdrucks »Wahl« bei Kierkegaard, die dieser selbst in den Schriften nach *Entweder — Oder* aufgibt.

Die »Selbstwahl« im Dasein nun soll darin bestehen, »hörig seiner eigensten Existenzmöglichkeit« (*SZ*, 287) zu sein, und das kann nur heißen: sich das bevorstehende und unbestimmte Sein, das durch die Unterbrechung des Geredes frei geworden ist, nicht wieder zu verschließen. Das wiederum läßt sich nicht als ein bestimmtes Verhalten, sondern nur als Negation bestimmten Verhaltens denken. Bei Heidegger selbst bleibt das zunächst freilich unklar, und zwar unter anderem, weil er versucht, was nicht Verhalten und Projektieren ist, in einer auf das Verhalten und Projektieren bezogenen Redeweise zu fassen. So heißt es: »Rufverstehend läßt das Dasein das eigenste Selbst aus seinem gewählten Seinkönnen in sich handeln. Nur so kann es verantwortlich sein.« (*SZ*, 288) Das »eigenste Selbst« ist Dasein in der Differenz der Freiheit, also als bevorstehendes Sein in der Offenheit des Seienden zum Verhalten, und allein daran zeigt sich schon, daß hier von einem Handeln im strikten Sinn nicht die Rede sein kann. Ebenso zeigt sich aufs Neue die Unangemessenheit des Ausdrucks »Wählen«. Wenn Heidegger sagt, das »Seinkönnen« sei gewählt, so ist das in jedem Fall unhaltbar. »Gewählt« sein könnte höchstens die Unverschlossenheit des bevorstehenden Seins, und was das wiederum heißen soll, ist nicht zu verstehen: Könnte man sich dafür entscheiden, das bevorstehende Sein in seiner Unbestimmtheit zu eröffnen, so ließe sich das als »Wahl« bezeichnen, weil man es dann mit einer Alternative von Öffnen und Verschließen zu tun hätte. Das aber ist eine unsinnige Vorstellung, denn dann hätte man Gewissen aufgrund eines Handelns, und es bliebe unverständlich, wie das Gewissen der »Ruf der Sorge« sein kann. Daß Dasein als »Sorge« und »Handeln« nicht dasselbe sind, zeigt sich auch, wenn Heidegger »jedes Handeln« als »faktisch notwendig ›gewissenlos‹« bezeichnet, und zwar »nicht nur weil es faktische moralische Verschuldung nicht vermeidet, sondern weil es auf dem nichtigen Grunde seines nichtigen Entwerfens je schon im Mitsein mit Anderen an ihnen schuldig geworden ist« (*SZ*, 288). Natürlich hat diese Gewissenlosigkeit nichts mit einem alltäglich bekannten rücksichtslosen Egoismus zu tun. Sie besteht darin, daß jede vollzogene Handlung den Anderen Vergleichs- und Absetzungsmöglichkeiten anbietet. Dies wird erfahren, sofern man Gewissen hat, und deshalb kann Heidegger auch sagen, das Gewissen-haben-wollen werde »zur Übernahme der wesenhaften Gewissenlosigkeit, innerhalb der allein die existenzielle Möglichkeit besteht, ›gut‹ zu sein« (SZ, 288). Dafür, daß der Ausdruck »gut« hier nicht im Sinne des moralisch Guten zu verstehen ist, sprechen allein schon die Heideggerschen Anführungszeichen. Außerdem ist »gut sein« offensichtlich etwas anderes als »gut handeln«. Liest man dies jedoch zusammen mit der Wendung »Gewissen-haben-wollen«, so könnte man vermuten, die Bereitschaft, auf den Gewissensruf zu hören, werde von Heidegger analog zum »guten Willen« gedacht, wie Kant ihn konzipiert hat. Auch dieser ist schließlich als ein inneres Handeln zu begreifen und dadurch charakterisiert, am äußeren Verhalten nicht abgelesen werden zu können. Sollte sich diese Vermutung als zutreffend erweisen, hätte man immerhin die Chance, eine Schwierigkeit der Heideggerschen Gewissenskonzeption aufzulösen. Man könnte nämlich zeigen, wieso man im Dasein überhaupt imstande ist, das bevorstehende Sein in seiner Unbestimmtheit nicht zu verschließen und hätte die Möglichkeit, einsichtig zu machen, warum es in der Eigentlichkeit zu echten Entscheidungen kommen kann. Außerdem wäre die Frage, was es heißt, Gewissen haben zu »wollen«, von der problematischen Konzeption einer Selbstwahl im Wählen einer bestimmten Lebensform endgültig abgekoppelt: der gute Wille ist nichts, für das man sich entscheiden kann, sondern das Prinzip aller echten Entscheidungen. Und ein solches Prinzip scheint Heidegger auch im Sinn zu haben, wo er das »Gewissen-haben-wollen« als »Entschlossenheit« genauer bestimmt.

Entschlossenheit

Mit dem Terminus »Entschlossenheit« will Heidegger die Einheit der drei Weisen der Erschlossenheit im Modus der Eigentlichkeit bezeichnen. »Entschlossenheit« ist die Weise, »da« zu sein, die durch die Befindlichkeit der Angst und die in ihr vernommene Offenheit des Seienden, den Entwurf des unbestimmten und bevorstehenden Seins und die Unterbrechung des Geredes im Gewissensruf charakterisiert ist. Ihr Gegenteil, die »Unentschlossenheit«, besteht dementsprechend in der sich beschwichtigenden Abkehr von der Angst, im Propagieren und

Bewerten bestimmter Projekte und im Sichvergleichen mit Anderen sowie im Sichabsetzen von ihnen – mit einem Wort: im Gerede. Die Dominanz des Geredes macht die Unentschlossenheit, die Uneigentlichkeit also, erst aus. Deshalb ist die Angst zwar eine notwendige Bedingung der Entschlossenheit, aber doch für diese nicht spezifisch; schließlich ist auch das Verfallen ohne die Angst unmöglich. Die spezifische notwendige Bedingung für die Entschlossenheit ist vielmehr erst der Gewissensruf, durch den eine Abkehr von der Angst verhindert wird. Die hinreichende Bedingung für die Entschlossenheit ist aber erst der Entwurf des freien bevorstehenden Seins. Damit ist auch klar, wie die Entschlossenheit als Einheit der drei Weisen von Erschlossenheit zu begreifen ist: Entschlossenheit ist durch die Angst bestimmtes und durch den Gewissensruf vom Gerede frei gewordenes Verstehen. Da es nun unmöglich ist, auf das bevorstehende Sein anders als mit Projekten zu antworten, die durch das Gerede vorgegeben und darin favorisiert oder verworfen sind, und man immer auch durch das eigene Verhalten Anderen bestimmte Weisen zu sein vorgibt; da man außerdem in der Regel nicht umhin kann, sein Verhalten redend zu rechtfertigen, scheint dieses Verstehen nur so möglich, daß man seine grundsätzlich unvermeidbare Teilnahme am Gerede als Schuld erfährt. »Entschlossenheit« ist so gesehen »das verschwiegene, angstbereite Sichentwerfen auf das eigenste Schuldigsein« (SZ, 296f.). Dieses Ergebnis ist allerdings befremdlich genug. Zum einen ist nämlich völlig unklar, was eine so bestimmte »Entschlossenheit« mit echten Entscheidungen zu tun haben soll; Heidegger scheint schließlich nur von einer Einsicht in die eigene Bestimmtheit durch das Gerede zu sprechen und den Schritt zu einem eigentlichen Handeln überhaupt nicht zu berücksichtigen. Und zum anderen scheint diese Einsicht noch nicht einmal zu einer Absage ans Gerede führen zu können, wenn dieses unvermeidlich und als Verschuldung gegenüber Anderen nur zu akzeptieren ist. Dazu ist zunächst zu sagen, daß eine Einsicht in den schuldhaften Charakter des Geredes die weitere Teilnahme an diesem zwar nicht grundsätzlich, aber doch zumindest für den Augenblick, in dem sie erfolgt, ausschließt. Die Frage ist dann allerdings, ob und wenn wie die Unterbrechung des Geredes im Gewissensruf für das notwendigerweise durch das Gerede bestimmte alltägliche Verhalten maßgeblich sein und bleiben kann. Nun vermag sicherlich niemand eine Dauer des eigentlichen Verstehens zu garantieren: »Das Dasein ist je schon und demnächst vielleicht wieder in der Unentschlossenheit.« (SZ, 299) Andererseits aber schließt eine Unterbrechung des Geredes nicht ein, daß von dem, was gesagt wird, für einen selbst nun nichts mehr gilt. Die Unterbrechung des Geredes hindert einen nur daran, das Gesagte in der Unverbindlichkeit und Vergleichbarkeit des »Man« einfach zu übernehmen. Damit aber verändert sich der Status der Projekte selbst: »Die zuhandene ›Welt‹ wird nicht ›inhaltlich‹ eine andere, der Kreis der Anderen wird nicht ausgewechselt, und doch ist das verstehende besorgende Sein zum Zuhandenen und das fürsorgende Mitsein mit den Anderen jetzt aus *deren* eigenstem Selbsteinkönnen heraus bestimmt. . . . Die Entschlossenheit zu sich selbst bringt das Dasein erst in die Möglichkeit, die mitseienden Anderen ›sein‹ *zu lassen* in ihrem eigensten Seinkönnen und dieses in der vorspringend-befreienden Fürsorge mitzuerschließen. Das entschlossene Dasein kann zum ›Gewissen‹ der Anderen werden. Aus dem eigentlichen Selbstsein der Entschlossenheit entspringt allererst das eigentliche Miteinander, nicht aber aus den zweideutigen und eifersüchtigen Verabredungen und den redseligen Verbrüderungen im Man und dem, was man unternehmen will.« (SZ, 297f.)[32] Die jeweiligen Projekte und deren Bewertungen werden demnach in der Entschlossenheit nicht mehr in der diffusen Verbindlichkeit des »Man« genommen, sondern als die Projekte und Bewertungen derer, die sie jeweils aussprechen. Dabei ist es durchaus gleichgültig, ob die Anderen diese Projekte vertreten, weil »man« sie vertritt oder nicht. Jeder, der solche Projekte nicht einfach übernimmt, propagiert oder bewertet, versteht das Gesagte aus dem »eigensten Selbsteinkönnen« der Anderen, d. h., er versteht die Projekte als Antworten der Anderen auf ihr bevorstehendes Sein, und *in dieser Hinsicht* sind sie für ihn nicht übernehmbar. Dies zu verstehen und dem Anderen durch einen Verzicht auf das Gerede zu verstehen zu geben, kann für ihn Anlaß sein, sich zu fragen, ob er dieses Projekt ernsthaft vertritt oder nur, weil »man« es tut. Der zumindest momentane Verzicht auf das Gerede zeigt das Vernehmen des Anderen als Mitdasein und ist ein Freigeben in dem Sinne, daß man die Grenzen der Vergleichbarkeit akzeptiert. Erst in einer solchen Freigabe kann man dann auch selbst das Seinige tun.

Damit ist auch ansatzweise bereits gesagt, was die Entschlossenheit für das Handeln bedeutet. Vom eigentlichen Handeln kann erst die Rede sein, wenn jemand etwas nicht mehr tut, weil »man« es tut, sondern versteht, daß seine Handlungen Antworten auf das bevorstehende und unbestimmte Sein sind. Welche Projekte man jeweils macht und welche zu realisieren sind, läßt sich natürlich allgemein nicht sagen.

32 Hervorhebungen G. F.

Die Antwort auf die Frage, wozu man sich entschließen soll, »vermag nur der Entschluß selbst zu geben« (SZ, 298). Wäre der Gewissensruf als die spezifische notwendige Bedingung der Entschlossenheit eine »praktische Anweisung«, a zu tun und b zu lassen, und damit die Aufforderung, »erwarteten, eindeutig verrechenbaren Maximen« zu folgen, so »würde das Gewissen der Existenz nichts Geringeres versagen als — die Möglichkeit zu handeln« (SZ, 294). Die jeweiligen Projekte und die Umstände, die ihrer Realisierung förderlich sind oder dieser entgegenstehen, erschließen sich als solche erst in der »Situation« der Entschlossenheit. »Situation« ist dabei kein »Gemisch der begegnenden Umstände und Zufälle« (SZ, 300), sondern »das je in der Entschlossenheit erschlossene Da, als welches das existierende Seiende da ist« (SZ, 299), also die Erfahrung eines bestimmten Verhaltens und bestimmter Projekte unter bestimmten Umständen im Hinblick auf das bevorstehende und unbestimmte Sein, welches nicht durch das Gerede verschlossen ist. Demgegenüber kennt »man« nur »die ›allgemeine Lage‹, verliert sich an die nächsten ›Gelegenheiten‹ und bestreitet das Dasein aus der Verrechnung der ›Zufälle‹, die es, sie verkennend, für die eigene Leistung hält und ausgibt« (SZ, 300). Es macht die »Situation« der Entschlossenheit geradezu aus, daß sie von solchen gängigen und die Zufälle berechnenden Deutungen frei ist. Entschlossen unternimmt man nicht den Versuch, die wesentliche Kontingenz des Handelns in seinen niemals vollständig überschaubaren Konsequenzen und Umständen zu überspielen. Sofern man sein Verhalten und seine Projekte als Antworten auf das bevorstehende Sein in seiner Unbestimmtheit versteht, hält man auch den Zusammenhang des Verhaltens und der Projekte in seiner Unberechenbarkeit offen. Damit werden die Projekte als solche negiert und wieder zu den Möglichkeiten, die sie »eigentlich« sind.

Eine solche Interpretation der Entschlossenheit scheint nun freilich die bereits einmal bestrittene These, hier handle es sich um einen letztlich irrationalen Dezisionismus, nur zu bestätigen. Schließlich, so könnte man denken, wird hier alles, was als Kriterium für die Rationalität von Verhalten gelten kann, also etwa eine Begründung in einer zumindest relativen Verallgemeinerung von Verhaltensmaximen und die Fähigkeit, Konsequenzen seines Vorhabens abzuschätzen und beim Verhalten zu berücksichtigen, der uneigentlichen Verständigkeit des »Man« zugeschlagen. Dieser Eindruck täuscht jedoch, und Heidegger hätte sich gegen die einschlägigen Vorwürfe wohl besser absichern können, wenn er die »existenziale Anthropologie«, die für die Darstellung und Interpretation der »faktischen existenziellen Möglichkeiten in ihren Hauptzügen und Zusammenhängen« (*SZ*, 301) zuständig sein soll, in SZ wenigstens ein Stück weiter ausgearbeitet hätte. Es mag zwar sein, daß für »die fundamentalontologische Absicht der vorliegenden Untersuchung ... die existenziale Umgrenzung des im Gewissen aus dem Dasein selbst für es selbst bezeugten eigentlichen Seinkönnens« (*SZ*, 301) genügt, aber gerade die fundamentalontologische Absicht wird um so plausibler, je besser die ihren Ausgangspunkt bildende Daseinsanalyse argumentativ und deskriptiv begründet ist.

Im Sinne einer solchen Begründung kann man nun sagen, daß die Entschlossenheit, wie Heidegger sie denkt, eine rationale Rechtfertigung von Verhaltensweisen ebensowenig ausschließt wie eine Berücksichtigung ihrer möglichen Konsequenzen, andererseits aber von einer so oder noch in anderen Bestimmungen gefaßten Rationalität des Verhaltens nicht abhängig ist. Gegen die Irrationalität des in der Entschlossenheit vollzogenen Verhaltens spricht allein schon, daß dieses Verhalten alltäglich durch »Umsicht« und, was das Miteinandersein angeht, durch »Rücksicht« und »Nachsicht« charakterisiert ist. Aber selbst wenn man zugesteht, daß diese Charakteristika sachhaltig sind, kann man immer noch einwenden, sie beträfen auch und vielleicht sogar in erster Linie das Verhalten in der Unentschlossenheit des »Man«: rücksichtsvoll und nachsichtig kann man ja durchaus sein, weil »man« so ist oder zumindest propagiert, man solle so sein. Die echte Wahl eines Projekts scheint demgegenüber ohne eine rationale Begründung undenkbar. Von einem Entschluß kann man, wie E. Tugendhat gegen Heidegger zu bedenken gibt, nur reden, sofern das jeweilige Projekt »als Ergebnis einer Überlegung zu verstehen ist«, und das heißt zwar nicht, »daß einem Entschluß ein tatsächlicher Prozeß der Überlegung vorangegangen sein muß, es heißt aber, daß ein Entschluß eine Überlegung impliziert«: »Eine Wahl, die sich auch nachträglich nicht begründen läßt, ist kein Entschluß.«[33] Zunächst einmal ist nicht zu sehen, inwiefern die Behauptung, ein Entschluß müsse das *Ergebnis* einer Überlegung sein, dasselbe meint wie die Behauptung, ein Entschluß *impliziere* eine Überlegung, die überdies noch nachträglich angestellt werden kann. Selbst aber, wenn man nur die schwächere, also die zweite Behauptung aufnimmt und ihr zufolge von jemandem nur sagen will, er habe sich entschlossen, wenn er imstande ist, sein Verhalten zu erklären und zu rechtfertigen, hat man damit kein Kriterium für die Heideggersche Unterscheidung von Entschlossenheit und Unentschlos-

33 Tugendhat (1979), 241.

senheit gewonnen. Alle Verhaltensweisen, die durch das »Man« bestimmt sind, sind schließlich durch Überlegungen geleitet, die man sich, weil sie im Gerede vertraut sind, zu eigen machen kann. Außerdem ist es durchaus möglich, daß jemand zu der von ihm geforderten Rechtfertigung imstande, aber trotzdem unentschlossen im Heideggerschen Sinne ist. Dann ist die Fähigkeit, Verhaltensweisen rechtfertigen zu können, für die Entschlossenheit zwar eine notwendige, aber triviale Bedingung. Worauf es hier ankommt, ist vielmehr die Frage, ob jemand für sein Verhalten *eigentlich* verantwortlich ist oder nicht. Nun wird sich im Anschluß an das, was über den Begriff der eigentlichen Schuld gesagt wurde, auch die eigentliche Verantwortlichkeit nicht von einem konstatierbaren Mangel im Dasein eines Anderen abhängig machen lassen. Vielmehr wird man die eigentliche Verantwortlichkeit von der Entschlossenheit her zu verstehen haben, wie sie bisher bestimmt worden ist. Dann besteht die eigentliche Verantwortlichkeit darin, sein Verhalten als Antwort auf das bevorstehende Sein in seiner Unbestimmtheit zu verstehen, und *als eine solche Antwort* ist kein Verhalten und kein Projekt rational zu rechtfertigen. Ein Entschluß im Sinne Heideggers wäre dann dadurch gekennzeichnet, daß jede Überlegung und jede Rechtfertigung in ihrer Begrenztheit durch die Seinsstruktur des Daseins eingesehen wird. Rechtfertigungen und Überlegungen gehören immer zur Thematisierung von Projekten, und Projekte sind bereits thematische Möglichkeiten. So gesehen gehören Überlegungen und Rechtfertigungen zur *Erscheinung* dieser Möglichkeiten, und es kommt nicht darauf an, auf die Erscheinungen zu verzichten, sondern darauf, zu verstehen, daß sie Erscheinungen sind.

Nimmt man Tugendhats Definition von Verantwortlichkeit noch einmal auf, der zufolge man verantwortlich sein Handeln zu begründen hat, soweit man es begründen kann, und dann »den Rest auf sich nimmt«[34], so müßte man mit Heidegger sagen, daß der »Rest« die eigentliche Verantwortlichkeit ausmacht und zugleich jeden Anspruch auf eine »letzte Rechenschaft« fragwürdig erscheinen läßt. Und was den Vorwurf des Dezisionismus betrifft, so hat Tugendhats Konzeption der rationalen Selbstbestimmung eher dezisionistische Züge als Heideggers Konzeption der Entschlossenheit. Schließlich verhält sich jemand Tugendhat zufolge nicht nur dann unverantwortlich, »wenn er auf Begründbarkeit verzichtet«, sondern ebenso dann, »wenn er aufs Handeln verzichtet, weil er es nicht zu Ende begründen kann«.[35] Die

34 Tugendhat (1979), 235; vgl. dazu auch Pothast (1981).
35 Tugendhat (1979), 295.

Pointe bei Heidegger ist jedoch nicht, daß in jedem Fall gehandelt werden muß, und deshalb erst recht nicht »das Pathos der Entscheidung für die nackte Entschiedenheit«[36] und die Souveränität eines Subjekts, die sich in dieser Entschiedenheit manifestiert, sondern die Einsicht, daß sich in keiner Handlung und keinem Projekt manifestieren kann, wie man »eigentlich« ist.

Deshalb kann Heidegger die Frage nach der der »Entschlossenheit zugehörigen Gewißheit« auch beantworten, indem er diese als Gewißheit der »offenen Situation« charakterisiert: Die Gewißheit »kann sich gerade nicht auf die Situation versteifen, sondern muß verstehen, daß der Entschluß seinem eigenen Erschließungssinn nach frei und *offen gehalten* werden muß für die jeweilige faktische Möglichkeit. Die Gewißheit des Entschlusses bedeutet: *Sichfreihalten* für seine mögliche und je faktisch notwendige Zurücknahme.« (*SZ*, 307f.) Was Heidegger hier sagt, mutet zunächst trivial an. Wofür, so könnte man fragen, hält man sich in einem Entschluß denn anders offen als für die »jeweilige faktische Möglichkeit«, die zu ergreifen man sich eben entschlossen hat? Der Eindruck der Trivialität entsteht allerdings nur, wenn man »Möglichkeit« und »Projekt« verwechselt. Zwar ist ein Projekt in dem Sinne eine Möglichkeit, daß man sich in der projektierten Weise jetzt noch nicht verhält und doch annimmt, daß man sich so verhalten kann. Weil jedoch ein Projekt eine bereits erfaßte und ergriffene Möglichkeit ist, wird es immer als bevorstehende Wirklichkeit erfahren. Wenn es anders wäre, ließe sich die Enttäuschung oder der Ärger darüber, daß die Verwirklichung des Projekts durch bestimmte Umstände verhindert worden ist, überhaupt nicht erklären. Um den Möglichkeitscharakter des Projekts offen zu halten, muß man es als bevorstehende Wirklichkeit »zurücknehmen«. Das gilt natürlich erst recht, wenn das Projekt realisiert ist. Weil ein realisiertes Projekt keine im Entschluß gegebene Antwort auf das bevorstehende Sein mehr ist, muß es zurückgenommen werden, damit es als Antwort wieder durchsichtig ist, und eine solche Zurücknahme besteht darin, daß man nicht auf einer bestimmten Verhaltensweise beharrt, indem man sie rechtfertigt, um sich den Anderen anzugleichen oder von ihnen abzusetzen. Sich einzugestehen, daß das bestimmte Verhalten zuvor eine Möglichkeit war, heißt, die Wirklichkeit auf die Möglichkeit zurückzuführen und sich damit für die Unumgänglichkeit neuer Antworten auf das bevorstehende Sein in seiner Unbestimmtheit frei zu halten. Die Zurücknah-

---

36 Vgl. Löwith, *Ges. Abhandlungen* (1960), 93ff.

me eines bevorstehenden oder realisierten Projekts in seiner Wirklichkeit läßt »keineswegs in die Unentschlossenheit zurückfallen«, sondern ist im Gegenteil »die eigentliche Entschlossenheit zur Wiederholung ihrer selbst« (*SZ*, 308). Erst durch die Zurücknahme wird es, anders gesagt, möglich, ein Projekt eigentlich zu wollen, denn »wollen« heißt mit Heidegger gedacht nichts anderes als: bereit zu sein, eine Antwort auf das bevorstehende Sein in seiner Unbestimmtheit zu geben, die als solche ihr Motiv nicht im Zusammenhang wechselseitiger Erwartungen haben kann und nicht im Zusammenhang von jetzt nur gewünschten Projekten steht. Die mit der Unterbrechung des Geredes möglich gewordene Einsicht in den Antwortcharakter von Projekten und Verhaltensweisen ist die Negation dieser Projekte und Verhaltensweisen in ihrer Wirklichkeit. Negiert wird das Projekt in seiner bevorstehenden Wirklichkeit, sofern es als faktische Möglichkeit erfahren wird, und negiert wird das wirkliche Verhalten, sofern man es als vormalige Antwort versteht. »Entschlossen« ist man offen für die einfach vernommenen Möglichkeiten, so daß man aus ihnen überhaupt eine als Projekt ergreifen kann; man ist außerdem offen für das bevorstehende Sein in seiner Unbestimmtheit, so daß das ergriffene Projekt als Antwort auf dieses Sein durchsichtig ist. Erst so wird es eigentlich *verstanden*, während die »Wunschwelt« des Geredes nur der Schein des Verstehens ist.

Erst dann, wenn die »Sorge«-Struktur in der Entschlossenheit eigentlich erfahren wird, kann demnach von einem Wollen die Rede sein. Das Wollen kann »frei« genannt werden, weil die Entschlossenheit selbst nichts anderes ist als die wiederholte, in der Negation der Verschlossenheit scheinhafter Wirklichkeit wiederholte Freiheit von Dasein selbst. »Frei« ist ein Prädikat, das primär die Offenheit des Seienden charakterisiert, in der es einem bevorsteht zu sein, wodurch das bevorstehende Sein selbst »frei« ist. Verhaltensweisen und Projekte sind dann »frei«, wenn sie als Antworten auf das bevorstehende Sein verstanden sind. In der Negation von Projekten als bevorstehender Wirklichkeit und von wirklichem Verhalten wird die Differenz der Freiheit offenbar, und zwar sowohl unter dem Aspekt der Selbigkeit wie auch unter dem der Verschiedenheit: Dasein ist Möglichsein zum Verhalten als einer Antwort auf das bevorstehende Sein, und sofern das Verhalten als eine solche Antwort eingesehen ist, ist es als Erscheinung der Erschlossenheit durchsichtig. Erscheinung und Phänomen sind so gesehen dasselbe. Als Erscheinung ist das Verhalten zugleich von der Offenheit des Daseins verschieden, und diese Verschiedenheit wird in der Eigentlichkeit ebenso durch die Negation ausgetragen, weil das Verhalten ja zunächst und zumeist als vollzogene und bevorstehende Wirklichkeit erfahren wird.

Selbst jedoch, wenn gezeigt ist, daß die Entschlossenheit nicht im Wollen eines bestimmten Projektes besteht, sondern ein solches Wollen durch die »entschlossene« Zurücknahme erst frei wird, bleibt immer noch die Frage offen, ob die Negation der Wirklichkeit nicht ihrerseits als ein Wollen begriffen werden muß. Heideggers Rede vom »Gewissen-haben-wollen« legt schließlich genau das nahe, und in diesem Fall würde man zwischen zwei Verwendungsweisen von »wollen« zu unterscheiden haben. Aber eine solche Unterscheidung ist nicht so unproblematisch, wie es den Anschein haben kann. Zwar könnte man sagen, »wollen« sei einerseits die Absicht, ein Projekt zu realisieren, und andererseits die Absicht, gegenüber möglichen und oft durch Andere nahegelegten Projekten standhaft zu bleiben. Dementsprechend wäre die Freiheit des Wollens einmal als »Freiheit zu etwas« und zum anderen als »Freiheit von etwas« zu begreifen. So wäre der Satz »Ich will diesen Brief jetzt noch zu Ende schreiben« ein Beispiel für die erste Verwendungsweise von »wollen«, der Satz »Ich will nicht mehr rauchen« ein Beispiel für die zweite. Und im Hinblick auf das Problem bei Heidegger würde man sagen müssen, daß durch das Wollen vom zweiten Typ das Wollen vom ersten Typ erst möglich wird: mit einem Projekt auf das bevorstehende Sein in seiner Unbestimmtheit zu antworten und somit etwas zu wollen, wäre nur möglich, sofern man an den Zusammenhang von Erwartungen und Wünschen nicht verfallen, oder positiv ausgedrückt: Gewissen haben will. Die Schwierigkeit einer solchen Argumentation besteht jedoch darin, daß ein Wollen vom zweiten Typ immer ein Wollen vom ersten Typ einschließt. Niemand kann ernsthaft ankündigen, nicht mehr rauchen zu wollen, ohne auch die Absicht zu haben, am nächsten Tabakladen vorbeizugehen bzw. eine angebotene Zigarette abzulehnen – mit einem Wort: sich in bestimmter Weise zu verhalten. Derart aber ist die Entschlossenheit nicht zu denken. Die Negation der Wirklichkeit ist kein bestimmtes Verhalten und deshalb auch kein ausdrücklicher Verzicht, der immer nur im Hinblick auf etwas Bestimmtes möglich wäre, sondern eine unwillentliche, durch Angst und Gewissensruf eröffnete ἐποχή, in der man sich verstehen, also ein Projekt in seiner Zurückgenommenheit wollen kann. Der Begriff der ἐποχή kommt in Heideggers Erörterung der Entschlossenheit zwar selbst nicht vor; bereits in der Vorlesung *Prolegomena zur Geschichte des Zeitbegriffs* deutet Heidegger den Begriff gegenüber Husserl jedoch in einer Weise um, die es erlaubt, ihn für eine Interpretation der Entschlossenheit fruchtbar zu machen. Hier heißt es: »Wenn ich ... den konkreten Erlebniszusammenhang meines Lebens selbst reduziere, habe ich nach der Reduktion immer noch denselben konkreten Erlebniszusammenhang, der der meine ist, aber nicht so, *daß ich nun in der Welt aufgehe,* der natürlichen Richtung der Akte selbst folge, sondern die Akte in ihrer vollen Struktur präsent habe.« (GA20, 137)[37] Sicherlich ist die Entschlossenheit keine methodisch begründete Einklammerung der natürlichen Einstellung, durch die es dann möglich wird, die intentionalen Akte zum Gegenstand einer phänomenologischen Betrachtung zu machen, und ebensowenig hätte Husserl die natürliche Einstellung des Bewußtseins als ein »Aufgehen in der Welt« im Sinne Heideggers charakterisieren können. Gerade indem Heidegger hier von einem »Aufgehen in der Welt« spricht, bereitet er seine eigene Konzeption vor. Für ihn ist die ἐποχή nicht mehr der erste Schritt einer wissenschaftlichen Methode, und die Präsenz der Akte selbst in ihrer vollen Struktur deshalb auch nicht mehr nur die Bedingung der phänomenologischen Analyse. Die »volle Struktur der Akte« ist vielmehr bereits dann eingesehen, wenn sie im Dasein »vorphänomenologisch« als Antworten auf das bevorstehende Sein in seiner Unbestimmtheit verstanden werden. In diesem Sinne kann Heidegger auch sagen, mit der Entschlossenheit sei »die ursprünglichste, weil eigentliche Wahrheit des Daseins gewonnen« (SZ, 297). Diese eigentliche Wahrheit ist die Durchsichtigkeit des Verhaltens in seinem Antwortcharakter, die durch ein Wiederaufschließen, ein Ent-schließen, der in der Position des Verhaltens verschlossenen Erschlossenheit bedingt ist. Im Anschluß an den Gedanken dieser Wahrheit ist auch noch besser einzusehen, wieso die Negation des Verhaltens in der Entschlossenheit kein Wollen sein kann. Zwar ist es sinnvoll, von der Uneigentlichkeit zu sagen, in ihr wolle man den Antwortcharakter des Verhaltens nicht wahrhaben und verfalle deshalb im Gerede. Was aber soll es demgegenüber heißen, daß man sich in seinem Dasein wahrhaben »will«? Dies zu sagen wäre doch nur sinnvoll, wenn man gerade nicht in der eigentlichen Wahrheit des Daseins ist. Nun könnte man zwar noch einwenden, mit einem solchen »wahrhaben wollen« sei gemeint, die eigentliche Wahrheit des Daseins nicht verdecken zu wollen. Dann aber käme man in die Schwierigkeit, zugestehen zu müssen, daß dieses »nicht verdecken wollen« bedeutet, nicht zu wünschen. Das wiederum ist kein Willensakt, denn es besagt positiv ausgedrückt: das in der Offenheit des Seienden bevorstehende Sein einfach zu verneh-

37 Hervorhebung G. F.

men. Das Vernehmen aber ist weder ein aktives noch ein passives Verhalten, sondern das »aufgeschlossen sein«, welches das Wollen und Wünschen erst möglich macht; es ist das »da sein« in seinem Möglichkeitscharakter selbst, verschieden vom jeweils bestimmten Verhalten.

Von hier aus läßt sich nun auch die Frage nach dem Verhältnis von Entschlossenheit und gutem Willen beantworten. Die Entschlossenheit ist dem guten Willen gerade in der Hinsicht vergleichbar, in der dieser, um es einmal paradox zu sagen, nicht Wille ist, nämlich in seiner Bestimmtheit durch die Achtung. Diesen Begriff hat Heidegger selbst positiv aufgenommen (GA9, 88), und vielleicht kann man sogar sagen, daß seine Konzeption des »Seinlassens«, wie sie in dem Vortrag Vom Wesen der Wahrheit und dem Gespräch über die »Gelassenheit« (GA 13) ausführlich erörtert wird, ein Versuch ist, das bei Kant Angesprochene in einer angemessenen Weise zu formulieren. Schließlich gelingt es Kant nicht, eine plausible Charakteristik der Achtung zu entwickeln, weil er in der Orientierung an den Affekten befangen bleibt und die Achtung von diesen nur unterscheiden kann, indem er sagt, sie sei ein »selbstgewirktes Gefühl« im Sinne einer »Wirkung des Gesetzes aufs Subjekt«; die Bestimmung des Willens durch die Vernunft wird hier analog der Bestimmung durch die sinnlichen Reize einer Außenwelt gedacht und darin offensichtlich verfehlt. Wenn Kant außerdem sagt, der »Gegenstand der Achtung«, also das Sittengesetz, sei »als uns von uns selbst auferlegt ... doch eine Folge des Willens«[38], so ist nicht mehr zu sehen, wie es den Willen überhaupt noch verbindlich und nicht nur unter pragmatischen Gesichtspunkten bestimmen kann. Hier ergibt sich dieselbe Schwierigkeit wie in Kierkegaards Konzeption der ethischen Selbstwahl: eine Verbindlichkeit, die gewollt wird, ist keine mehr. Die Verbindlichkeit des Vernehmens, wie sie mit Heidegger zu denken ist, besteht demgegenüber darin, daß das bevorstehende Sein in der Offenheit des Seienden unableitbar und also ein Letztes ist; anders wäre es auch unangemessen, hier überhaupt von einem Vernehmen zu sprechen. Indem man Heidegger so interpretiert, rückt man ihn wieder ein Stück weit von Kant weg und hin zu Aristoteles, ohne deshalb eine schlichte Gleichsinnigkeit seiner Konzeption mit der Aristotelischen behaupten zu müssen. Einer Mitteilung H.-G. Gadamers zufolge[39] hat

---

38 Grundlegung zur Metaphysik der Sitten, BA 17.
39 Gadamer (1983), 32. Ausführlich hat Heidegger seine Abbildung der Gewissensproblematik auf Aristoteles in der noch unveröffentlichten Vorlesung über den Sophistes vorgetragen. E. Tugenthat gewährte mir freundlicherweise Einsicht in die von Helene Weiß angefertigte Nachschrift.

sich Heidegger für seine Ausarbeitung der Gewissensproblematik auf die Erörterung der φρόνησις in der *Nikomachischen Ethik* berufen. Aus einer Anmerkung in *SZ*, die die Stelle aus der *Nikomachischen Ethik* zusammen mit dem zehnten Kapitel des Buches Θ der *Metaphysik* nennt (*SZ*, 225), läßt sich nun schließen, daß es Heidegger nicht auf die für die φρόνησις auch konstitutiven praktischen Syllogismen, sondern auf das noetische Moment in ihr angekommen ist. Dieses wird von Aristoteles in einem Vergleich mit der Geometrie erläutert: wie mit dem Dreieck, das als letztmögliche Figur bei der Zerlegung einer Fläche nur noch vernommen werden kann, verhält es sich auch mit dem, was zu tun ist (τὸ πρακτόν/*EN*, 1142a25). Dabei wird man das πρακτόν nicht im Sinne eines jeweils Erforderlichen verstehen dürfen; was jeweils unter bestimmten Umständen das Erforderliche und Richtige ist, lehrt die Erfahrung (ἐμπειρία/*EN*, 1142a14f.), während einfachhin nur »gesehen« wird, daß das überlegende Suchen auf die Handlung überhaupt als sein Letztes geht.[40] Dieses Letzte ist für Heidegger allerdings nicht die Handlung, sondern das bevorstehende Sein in der Offenheit des Seienden, auf welches das Handlungsprojekt dann eine Antwort ist. Trotz dieser Verschiedenheit aber ist die Abbildung der Entschlossenheit auf die φρόνησις plausibler als ihre Abbildung auf den guten Willen. Mit Aristoteles kommt Heidegger nämlich darin überein, daß es ihm auch um eine Weise der Durchsichtigkeit des eigenen Seins geht, die nicht von der Art eines ausformulierten Begreifens ist, sondern lediglich eine Vorstufe dieses Begreifens, eine Vorstufe freilich, die ebenso die Voraussetzung der begrifflichen Analyse bildet, wie sie durch diese an Durchsichtigkeit gewinnen kann. Wollte man im Hinblick auf die Entschlossenheit das Prädikat »gut« verwenden, so müßte man sagen: »gut sein« heißt auch hier, wie bei Aristoteles, das, was man ist, möglichst unverstellt sein. Im Dasein aber ist man in der Differenz der Freiheit, und so gilt es denn, diese möglichst unverstellt auszutragen.

40 Vgl. dazu auch Gadamer (1930), *Ges. Werke V*, 244.

VIERTES KAPITEL

Freiheit und Zeit

§ 9 Sein und Zeit

In den bisherigen Diskussionen über Heidegger hat das Problem der Zeit nicht eben im Zentrum der Aufmerksamkeit gestanden. Heideggers Analysen der Zeit sind auf eine eigentümliche Weise selbstverständlich geblieben, und das ist umso erstaunlicher, als entsprechend seinem eigenen Programm nicht nur die Daseinsanalyse, sondern auch die Frage nach dem Sein überhaupt, zu deren Exposition die Daseinsanalyse dient, mit der Erörterung der Zeit auf ihren eigentlichen Punkt gebracht wird. Außerdem ist, wie vor allem an der Vorlesung *Grundprobleme der Phänomenologie* und dem späten Vortrag *Zeit und Sein* zu belegen sein wird, die »Kehre« in Heideggers Gedankenentwicklung nur zu begreifen, wenn man sich seine Konzeption der Zeit in ihren wichtigsten Aspekten verdeutlicht. Daß dies bisher nicht mit der notwendigen Ausführlichkeit und Genauigkeit geschehen ist, ist andererseits auch nicht ganz unverständlich. Mit einigem Recht läßt sich Heideggers Verzicht auf die Veröffentlichung des dritten Abschnitts von *SZ* als ein Scheitern seiner frühen Zeitphilosophie interpretieren: die Konzeption von »Zeitlichkeit«, wie sie in *SZ* entfaltet wird, ist, wie es scheint, nicht tragfähig genug, um eine Ausarbeitung der ihr zugemuteten Probleme zu gewährleisten und die für den zweiten Teil des Werkes anvisierte Begründung der philosophischen Tradition von Kant über Descartes bis zu Aristoteles zu garantieren. Vielmehr scheint Heidegger ab irgendwann nach 1927 der Meinung gewesen zu sein, die philosophische Tradition lasse sich nicht in einem Konzept ursprünglicher Zeitlichkeit begründen, sondern lediglich als »Seinsgeschichte«, und das heißt vor allem: als Geschichte der »Seinsvergessenheit« verstehen. Das wiederum scheint dafür zu sprechen, Heideggers Interesse an der Zeit von vornherein als ein Interesse an der Geschichte und der Geschichtlichkeit des Daseins zu interpretieren[1]: nachdem der transzendentalphilosophische oder transzendentalphilosophisch geprägte Begründungsanspruch der Zeitphilosophie einmal aufgegeben ist, wäre so gesehen für Heidegger der Weg frei, seine ursprüngliche Intention umso unbelasteter zu entwickeln. Selbst jedoch, wenn man die Probleme, die im Konzept einer Seinsgeschichte als Geschichte der Seinsvergessenheit stecken, zunächst einmal beiseite läßt, ist eine sol-

---

1 Gadamer, *Wahrheit und Methode (Ges. Werke I)*, 258 ff.

che Geschichte und Geschichtlichkeit ins Zentrum stellende Interpretation Heideggers nicht ohne weiteres einleuchtend. Schließlich wird die Geschichtlichkeit des Daseins in *SZ* aus der Struktur der Zeitlichkeit verständlich gemacht, und wenn sich auch die Konzeption der Seinsgeschichte von der in *SZ* entwickelten Geschichtlichkeit in vielem unterscheidet, wird man doch im Hinblick auf sie ebenso erwarten dürfen, daß eine entsprechende Aufklärung ihrer zeitlichen Struktur gegeben werden kann. Damit ist freilich nicht gesagt, diese Aufklärung sei im Rekurs auf die Zeitlichkeit zu leisten, wie Heidegger sie in *SZ* entwickelt. Im Gegenteil, es wird zu zeigen sein, daß Heidegger mit den Problemen des Abschnittes über »Zeit und Sein« nicht weiterkam, weil er an der Konzeption der Zeitlichkeit zunächst festhielt und versuchte, den für diese Konzeption zentralen Gedanken zeitlicher Schemata in einer Weise umzudeuten, in der er sich nicht umdeuten läßt. Der Rückgriff Heideggers auf die Schematismus-Lehre Kants kann deshalb auch zum Anlaß werden, die Konzeption des Buches über »Sein und Zeit« insgesamt in Frage zu stellen. Entweder, so scheint es, ist »die Einbildungskraft mit ihrem Zeitbezug eine letzte Wurzel, die Zeit mit ihren Schemata ein Prinzipiengefüge zur Unterscheidung unterschiedlicher Seinsbereiche«, oder aber die Zeit ist »Charakteristikum eines Mediums, in dem es erst Prinzipiengefüge geben kann, und ... die Einbildungskraft <baut .G. F.> sich geschichtlich so auf, daß phantasiegeschaffene Universalien in ihrer lebensweltlichen Verwurzelung ... den abstrakten Begriffen vorausgehen«.[2] Wenn das die für den Ansatz von *SZ* charakteristische Alternative ist, so kommt die Heideggersche Fundamentalontologie »von der Zeit als Prinzipiengefüge nicht zur Zeit als dem Medium für jedes Ansetzen von Prinzipien; sie vermag von der Geschichtlichkeit des Mediums für den Aufbau von Ontologien her nicht zu fassen, was die Rede von Prinzipien oder leitenden Schemata eigentlich sagt.«[3] Es gelingt, anders gesagt, nicht der Schritt von einer Philosophie der Zeit zur Zeit der Philosophie. Allein, man muß daraus nicht folgern, das Konzept einer schematisch gedachten Zeitlichkeit sei *in sich* aporetisch. In eine Aporie gelangt Heidegger nur, sofern er dieses Konzept überstrapaziert, und weil Heidegger das selbst gesehen hat, wurde für ihn bei dem Versuch, die Zeit der Philosophie zu denken, eine Umorientierung notwendig. Diese Umorientierung muß jedoch nicht gleichbedeutend mit einer Distanzierung von der Konzep-

---

2 Pöggeler (1982), 479.
3 Pöggeler (1982), 480.

tion der Zeitlichkeit sein, und wenn eine solche Distanzierung der Sache nach nicht erforderlich ist, kann man auch das, was Heidegger die »Kehre« in seinem Denken genannt hat, nicht einfach als eine Veränderung seines philosophischen Ansatzes bewerten. Die »Kehre«, so soll sich zeigen, ist nichts anderes als die Wendung zu einer Erörterung der Freiheit, die die Freiheit, wie sie bisher dargestellt wurde, nicht dementiert, sondern mit ihrer Darstellung in *SZ* kohärent ist. Das Denken Heideggers ist bis zum Schluß ein Denken der Freiheit geblieben, und ebenso ein Denken der Zeit. Damit deutlich werden kann, wie das zu verstehen ist, muß man sich zunächst auf die Konzeption der Zeitlichkeit einlassen; erst im Anschluß daran läßt sich begreifen, was die Unterscheidung von »Zeitlichkeit« und »Zeit« besagt. Die Frage nach »Zeit und Sein« setzt die Frage nach »Sein und Zeit« voraus.

Zeitlichkeit

Die Probleme, die in den zeitphilosophischen Passagen von *SZ* diskutiert werden, gehören in den Zusammenhang der Analyse des vorontologischen Daseins. Daß die »Sorge«-Struktur zeitlichen Charakter hat, liegt bereits nach den bisher ausgearbeiteten Interpretationen auf der Hand. Dies allein rechtfertigt und fordert zwar eine »ursprüngliche Wiederholung der existenzialen Analyse« (*SZ*, 331), in der die impliziten zeitlichen Aspekte der Daseinsstruktur nun ausdrücklich entwikkelt werden sollen. Aber mit einer solchen Aufklärung zeitlicher Implikate der daseinsanalytischen Bestimmungen ist der systematische Anspruch, wie Heidegger ihn selbst an seine Erörterung der Zeitlichkeit stellt, noch nicht erschöpft. Vielmehr ist es Heidegger darum zu tun, die »Sorge«-Struktur nicht nur in ihrer »Ganzheit«, sondern darüber hinaus in ihrer »Einheit« zu erweisen. Denn, so sein Gedanke, die Ganzheit der Sorge, dies also, sich als Möglichsein zum Verhalten und im Antworten auf das bevorstehende Sein vorweg zu sein, ist immer noch »gegliedert« (*SZ*, 317), nämlich in die verschiedenen Aspekte des Möglichseins in der Offenheit des Seienden, des bevorstehenden und unbestimmten Seins und des Verhaltens selbst.

Diese Gliederung der »Sorge«-Struktur ist nun »das phänomenale Anzeichen dafür, daß die ontologische Frage noch weiter vorgetrieben werden muß zur Herausstellung eines noch ursprünglicheren Phänomens, das die Einheit und Ganzheit der Strukturmannigfaltigkeit der Sorge ontologisch trägt« (*SZ*, 196). Sicherlich erzeugt diese Rede von

einem »noch ursprünglicheren Phänomen« zunächst einmal eine gewisse Ratlosigkeit. Heidegger scheint hier in den Regreß der Annahme immer »ursprünglicherer« Phänomene zu kommen und damit zu einer genauen Bestimmung dessen, was ein ursprüngliches Phänomen denn nun ist, gar nicht mehr imstande zu sein. Allein, die sprachliche Härte erlaubt, wie oft in der Philosophie, nicht ohne weiteres den Schluß auf eine Konfusion der Gedanken. Mit einer solchen hätte man es nur zu tun, wenn die Frage nach dem »noch ursprünglicheren Phänomen«, das die Einheit und Ganzheit der »Sorge«-Struktur »tragen« soll, eine ontologische Frage im selben Sinne wäre wie die Frage nach dieser Struktur selbst. Daß dies nicht der Fall ist, zeigt sich an einer anderen, das Problem der Ursprünglichkeit betreffenden Bemerkung Heideggers. »Die ursprüngliche Ganzheit der Daseinsverfassung«, so heißt es hier, »schließt als gegliederte eine ... Mannigfaltigkeit <von Phänomenen/G. F.> so wenig aus, daß sie dergleichen fordert. Ursprünglichkeit der Seinsverfassung deckt sich nicht mit der Einfachheit und Einzigkeit eines letzten Aufbauelements. Der ontologische Ursprung des Seins des Daseins ist nicht ›geringer‹ als das, was ihm entspringt, sondern er überragt es vorgängig an Mächtigkeit, und alles ›Entspringen‹ im ontologischen Felde ist Degeneration.« (SZ, 334) Gemäß diesen Sätzen wird man zunächst zwischen der »Ursprünglichkeit der Seinsverfassung des Daseins« und dem »Ursprung des Seins des Daseins« zu unterscheiden haben. Bezieht man nun die Bemerkung, alles Entspringen im ontologischen Felde sei Degeneration, auf das erstere, so kann man Heidegger interpretierend sagen: Alles, was als einzelnes Charakteristikum des Daseins und des Seienden von dieser Seinsart zum Thema gemacht werden kann, bleibt letztlich unbegriffen, wenn es nicht im Zusammenhang der »Sorge«-Struktur gesehen wird; so erweist sich diese gegenüber allen partikularen Charakteristiken gegenüber als ursprünglich. Demgegenüber zielt die Frage nach dem »Ursprung des Seins des Daseins« auf den Anfang und die Möglichkeit von Dasein selbst, nicht auf das Verhältnis einzelner Charakteristika zu seiner Struktur, und daß dieser Ursprung nicht von der Seinsart des Daseins und in den Bestimmungen dieser Seinsart letztlich nicht faßbar ist, erhellt aus der Anspielung an Platons Bestimmung der »Idee des Guten«, von der es ja heißt, sie sei nicht das Seiende in seinem Wesen, sondern über dieses Wesen hinaus, es an Würde und Mächtigkeit überragend (οὐκ οὐσίας ὄντος τοῦ ἀγαθοῦ, ἀλλ' ἔτι ἐπέκεινα τῆς οὐσίας πρεσβείᾳ καὶ δυνάμει ὑπερέχοντος/Resp. 509b).
Nun scheint die Zusammenstellung der Platonischen »Idee des Guten« mit Heideggers Konzeption der Zeitlichkeit allerdings eher dazu

angetan, eine Reihe von neuen Problemen zu schaffen, als dazu, das angesprochene Problem, wie der Ursprung des Daseins gedacht werden kann, zu lösen. Dieser Verdacht liegt nicht nur nahe, weil τὸ Πλάτωνος ἀγαθόν bereits in der Antike ein Synonym für notorisch dunkle Fragen ist.[4] Außerdem hat Heidegger die in seinem Aufsatz über das »Wesen des Grundes« und in der Vorlesung zu den »Grundproblemen der Phänomenologie« wiederholte Berufung auf Platon späterhin zurückgenommen. Das ist durch seine Randbemerkung zu dem genannten Aufsatz in der Gesamtausgabe (GA 9) und vor allem durch seine Platon-Kritik in Platons Lehre von der Wahrheit ausführlich belegt. Es könnte sogar naheliegen, die auf SZ bezogenen selbstkritischen Bemerkungen des Briefes über den Humanismus direkt auf die Platon-Nähe der früheren Abhandlung zu beziehen und als Argument für ihren aporetischen Ansatz zu werden. Wenn Heidegger sagt, er habe den dritten Abschnitt des ersten Teils von SZ über »Zeit und Sein zurückgehalten, »weil das Denken im zureichenden Sagen dieser Kehre versagte und so mit der Sprache der Metaphysik nicht durchkam« (GA 9,328), so wird allein schon durch den Umstand, daß Platons Lehre von der Wahrheit und der Brief über den Humanismus inhaltlich eng zusammengehören und ja auch zusammen publiziert wurden, suggeriert, daß mit der »Sprache der Metaphysik« hier zunächst die Sprache Platons und genauer seine Rede von der Idee des Guten gemeint ist. Es ist jedoch durchaus fraglich, ob Heidegger mit seiner Interpretation Platons recht hat, wenn er gerade aus den Passagen über die Idee des Guten glaubt, den die Metaphysik konstituierenden Wandel im Wesen der Wahrheit herauslesen zu können. Sofern diese Frage in den Zusammenhang der Wahrheitsproblematik gehört und Heideggers Verständnis von »Metaphysik« sowie seine Konzeption der Seinsgeschichte betrifft, kann sie zunächst ausgeblendet werden. Demgegenüber ist festzuhalten, daß Heidegger bei der Ausarbeitung von SZ die entsprechenden Passagen nicht nur als unproblematisch empfand, sondern sogar glaubte, für die Frage nach der die »Sorge«-Struktur »tragenden« Einheit auf sie zurückgreifen zu können. Und wenn er damit recht hat, so muß es auch möglich sein, sich den ontologischen Status der Zeitlichkeit im Anschluß an Platon klar zu machen.

Die Frage nach der Idee des Guten wird bei Platon im Rahmen einer Bestimmung von Philosophie eingeführt und in der berühmten Se-

---

4 Vgl. Adam (1963), Kommentar zu Resp. 505a.

quenz von Sonnengleichnis, Liniengleichnis und Höhlengleichnis erläutert. Diese Erläuterung setzt ein, indem von den Kandidaten für die Philosophie gefordert wird, sie müßten auch dem Größten, was gewußt werden kann (τὰ μέγιστα μαθήματα/*Resp.* 503e4), gewachsen sein. Dieser Gedanke schließt ein, daß es die Philosophie als solche direkt und ausdrücklich mit dem zu Wissenden, den μαθήματα, zu tun haben. Die μαθήματα aber sind im Gegensatz zu dem, was nur vermeint werden kann, im Gegensatz zu den in Raum und Zeit erscheinenden Gegenständen im weitesten Sinne, die Ideen. Nun ist es sicher nicht möglich und auch nicht ratsam, im gegenwärtigen Kontext eine ausführliche Interpretation der Platonischen Ideen zu versuchen. Es müssen einige Hinweise genügen, die außerdem nur auf die schmale Basis des für die Frage nach der Idee des Guten relevanten Textes der *Politeia* gestellt sein sollen. Platon-Interpreten, die kein Interesse an einer Wiederholung der Aristotelischen Platon-Kritik haben, teilen in der Regel die Überzeugung, die Ideen seien keine Gegenstände einer metaphysischen Welt, die von der Erscheinungswelt zu unterscheiden wäre. Aber »mit der bloßen Versicherung, die Ideen seien nun einmal nichts Gegenständliches, ist offenbar noch sehr wenig getan«[5]. Um hier weiterzukommen, kann man sich an dem Umstand orientieren, daß jeder Idee »im Bereich der Sprache ein Prädikat korrespondiert«[6], und dann den Unterschied zwischen der Verwendung eines Prädikats und seiner Thematisierung für eine Interpretation der Ideen fruchtbar machen. Gemäß einer solchen Interpretation sind die Ideen das bei der Verwendung des Prädikats und überhaupt in jedem nichtpropositionalen Wissen Gewußte, und was Platon mit »Idee« meint, läßt sich dann am ehesten in einer Analyse verschiedener »Formen des Wissens« deutlich machen. Versteht man die Ideen derart von ihrer Funktion her, so verdient eines ihrer Charakteristika, das auch in den Platonischen Texten immer wieder betont wird[7], besondere Aufmerksamkeit, dies nämlich, daß sie anders als die in Raum und Zeit erscheinenden Gegenstände einheitlich sind; jede Idee ist Eines und erscheint nur durch ihre Gemeinschaft mit Handlungen und Körpern sowie durch die Gemeinschaft der Ideen miteinander überall und als Vieles (αὐτὸ μὲν ἓν ἕκαστον εἶναι, τῇ δὲ τῶν πράξεων καὶ σωμάτων καὶ ἀλλήλων κοινωνίᾳ πανταχοῦ φανταζόμενα πολλὰ φαίνεσθαι ἕκαστον/

---

5 Wieland (1982), 100.
6 Wieland (1982), 101.
7 Vgl. die Stellenangaben bei Wieland (1982), 141.

Resp. 476a5–7). Die Intuition, die dieser Bestimmung zugrunde liegt, ist leicht deutlich zu machen: Wenn es beispielsweise die Idee des Gerechten ist, aufgrund derer man eine Vielzahl ansonsten verschiedener Verhaltensweisen »gerecht« nennen kann, so deshalb, weil diese Idee ein unthematisch verstandener Einheitsgesichtspunkt ist, der es erst erlaubt, Verhaltensweisen in einer jeweiligen Beschaffenheit zu intendieren. Daß man es Platon zufolge in der Philosophie mit einem Wissen der Ideen selbst zu tun hat, heißt denn auch nicht, man intendierte eine besondere Klasse von Gegenständen, sondern vielmehr, daß man sich die Einheitsgesichtspunkte, ohne welche das Intendieren von Gegenständen unmöglich ist, eigens klarmacht.

Für die Einführung der Idee des Guten sind nun zwei Probleme entscheidend. Zum einen ist zwar jede Idee ein Einheitsgesichtspunkt und für das unthematische Wissen als solcher konstitutiv; bei einer Thematisierung des Wissens zeigt sich jedoch, daß es eine Vielzahl solcher Einheitsgesichtspunkte gibt, so daß sich die Frage nach ihrer Einheitlichkeit stellt. Zum anderen spielen im Gedankenzusammenhang der *Politeia* solche Einheitsgesichtspunkte eine besondere Rolle, die die Einheitlichkeit der Seele betreffen. Es sind die μέγιστα μαθήματα, die genauer durch die Tugendprädikate »weise«, »tapfer«, »besonnen« und »gerecht« bezeichnet sind. Dem Prädikat »gerecht« kommt dabei wiederum eine besondere Stellung zu, weil es die Seele nicht unter einem bestimmten Aspekt, sondern als Ganze bezeichnet. »Gerecht« auf der einen Seite und »weise«, »tapfer« und »besonnen« auf der anderen stehen dabei in einem wechselseitigen Bedingungsverhältnis; nur wenn die Seele in ihren unterschiedlichen Aspekten weise, tapfer und besonnen ist, kann sie als ganze »gerecht« genannt werden, und umgekehrt läßt sie sich nur unter dem Einheitsgesichtspunkt des Gerechten in ihren verschiedenen Aspekten »weise«, »tapfer« und »besonnen« nennen. Nun ist es allerdings allen genannten Tugendprädikaten eigentümlich, daß sie in der Regel aus der Beobachterperspektive verwendet werden, und zwar auch dann, wenn man sein eigenes Verhalten mit ihnen charakterisiert: man spricht über das eigene Verhalten im Prinzip nicht anders als über das Verhalten der Anderen. Sofern diese Prädikate einen Zustand der Seele, also der Lebendigkeit, charakterisieren, ist nicht ohne weiteres zu sehen, wie ihnen ein intuitives Wissen korrespondieren soll, kraft dessen man selbst gerecht ist.

Um zu zeigen, wieso die Erörterung der Idee des Guten für beide Probleme eine Lösung bieten kann, empfiehlt es sich, hier anzusetzen. Die Idee des Guten wird nämlich, als ob dieser Ausdruck nicht vorher im Plural gebraucht worden wäre, einfachhin als μέγιστον μάθημα bezeichnet und gegenüber der Gerechtigkeit und »dem, was wir noch durchgegangen sind«, also den anderen Tugenden, noch »größer« genannt (ἔτι τι μεῖζον δικαιοσύνης τε καὶ ὧν διήλθομεν/ *Resp.* 504d4f.), weil das Gerechte und das andere erst durch die Idee des Guten brauchbar und nützlich wird (ἡ τοῦ ἀγαθοῦ ἰδέα μέγιστον μάθημα ... ᾗ δὴ δίκαια καὶ τἄλλα προσχρησάμενα χρήσιμα καὶ ὠφέλιμα γίγνεται/*Resp.* 505a2—4). Dem unthematischen Wissen, kraft dessen man gerecht ist, korrespondiert nicht etwa die Idee des Gerechten, sondern die Idee des Guten. Diese auf den ersten Blick vielleicht noch unplausible Interpretation läßt sich durch eine andere Stelle aus dem Text stützen. Im Hinblick auf das Gerechte geht es, wie Sokrates ausführt, vielen nur darum, gerecht zu erscheinen, also vor Anderen den Eindruck gerechten Verhaltens zu erwecken, während niemandem im Hinblick auf das Gute der Schein genügt; hier sucht man vielmehr immer, was auch wirklich gut ist (ἀγαθὰ δὲ οὐδενὶ ἔτι ἀρκεῖ τὰ δοκοῦντα κτᾶσθαι, ἀλλὰ τὰ ὄντα ζητοῦσιν/*Resp.* 505d7f.). Ferner heißt es vom Guten, es sei das, was jede Seele erstrebe und um dessentwillen sie alles tue (ὃ δὴ διώκει μὲν ἅπασα ψυχὴ καὶ τούτου ἕνεκα πάντα πράττει/*Resp.* 505d11—e1). Beide Bemerkungen lassen sich in einer kurzen Überlegung zur Verwendung des Ausdrucks »gut« in Absichtserklärungen und ähnlichen Sätzen verständlich machen: Wer vorhat, sich in einer bestimmten Weise zu verhalten, kann nicht umhin, diese Verhaltensweise selbst zu akzeptieren; er muß sie, anders gesagt, als »gut« ansehen, und deshalb ist es für ihn auch unmöglich, in seinem Verhalten nur als gut erscheinen zu wollen. »Gut« ist in dieser Verwendungsweise ein *leeres Prädikat,* das immer nur das Gewollte als solches charakterisiert und deshalb ergänzungsbedürftig durch Informationen darüber ist, in welcher Hinsicht man ein Verhalten als »gut« verstehen will. Ob eine Verhaltensweise »gut« genannt wird, weil sie mit Annehmlichkeiten verbunden, für einen selbst nützlich oder mit den Absichten und Wünschen Anderer vereinbar ist, ist für die Bedeutung von »gut« jedoch selbst nicht entscheidend. Nur über die jeweiligen Erläuterungen von »gut« kann man außerdem sowohl sich selbst als auch andere täuschen, und allein, weil es im Hinblick auf diese Erläuterungen Unsicherheit geben kann, sind Diskussionen über gutes Verhalten oder insgesamt über das gute Leben möglich.

Entscheidend für den Gedankengang der *Politeia* ist es nun, daß der Ausdruck »gut« nicht nur zur Bezeichnung des Erstrebten als eines solchen, sondern auch und vor allem zur Bezeichnung dessen, was zu wissen ist, verwendet wird. Das ist allein schon durch den intentionalen Charakter des Wissens, an dem Platon sich hier orientiert, begründet:

abgesehen davon, *was* jeweils gewußt wird, gibt es Wissen immer nur in der Bezogenheit auf ein Wißbares, und dieses kann, sofern es überhaupt ein Wißbares ist, als »gut« bezeichnet werden; es ist gut, sofern es als wahrhaft, d. h. beständiges, Seiendes tauglich ist zum Gewußtwerden. Genau darum geht es, wenn gesagt wird, das Wißbare sei in seiner Wahrheit (ἀλήθεια) von der Art des Guten (ἀγαθοειδής/ *Resp. 509a3*). Während der Ausdruck ἀλήθεια für die Präsenz des Seienden in dem, was es ist, steht, ist es von der Art des Guten allein durch *seine Präsenz als solche,* darin also, daß es diese als οὐσία gibt und das Wissen konstitutiv auf sie bezogen ist. Die Präsenz als solche ist allem Wißbaren, allen Ideen also, gemeinsam, und insofern bildet das Gute den Einheitsgesichtspunkt der vielen Ideen. Es ist der Einheitsgesichtspunkt der vielen Ideen, sofern diese in ihrer Zusammengehörigkeit mit dem Wissen gedacht sind; das Gute ist, mit der Metapher Platons gesagt, das Joch (ζυγόν/*Resp. 508a1*), in dem Wissen und Wißbares zusammengespannt sind. Damit ist auch klar, wieso das Gute einerseits ἰδέα genannt werden kann und dennoch allen anderen Ideen gegenüber eine Sonderstellung hat: Es ist zwar wie alle anderen Ideen ein Einheitsgesichtspunkt, aber das diesem Einheitsgesichtspunkt in der Sprache korrespondierende Prädikat ist nicht derart, daß man mit ihm die in Raum und Zeit erscheinenden Gegenstände in einer bestimmten Beschaffenheit charakterisieren oder in dem, was sie sind, spezifizieren könnte. Mit der Bezeichnung des Guten als einer Idee kommt man nur in Schwierigkeiten, wenn man unterstellt, daß ausschließlich solche Prädikate einer Idee korrespondieren können, und nicht berücksichtigt, daß der einheitsbildende Charakter einer Idee nicht darin bestehen muß, einen Gegenstand in seiner Gestalt zugänglich zu machen oder eine Mannigfaltigkeit von Gegenständen unter dem Gesichtspunkt einer bestimmten Beschaffenheit zusammenzufassen. Daran, daß der Idee des Guten in der Sprache ein leeres Prädikat korrespondiert, zeigt sich eine weitere ihrer Eigentümlichkeiten. Mit Platon wird man nämlich nicht sagen können, sie werde erkannt. Die Idee des Guten ist im Bereich des Wißbaren vielmehr das Letzte und wird als solches kaum gesehen (ἐν τῷ γνωστῷ τελευταία ἡ τοῦ ἀγαθοῦ ἰδέα καὶ μόγις ὁρᾶσθαι/*Resp. 517b8−c1*). Um ihre Sonderstellung auszudrücken, sagt Sokrates auch, sie werde »berührt« (ἅπτεται/ *Resp. 511b4*), und dieses Berühren ist vom Wissen klar unterschieden. Dieser Unterschied wird in der Interpretation des Liniengleichnisses von Sokrates deutlich gemacht. Der Philosoph, so führt er hier aus, unterscheidet sich vom Mathematiker und vergleichbaren Wissenschaftlern nicht allein dadurch, daß er sich die Ideen als solche ausdrücklich macht, während die Wissenschaftler mit den Ideen umgehen, ohne über sie eigens Rechenschaft zu geben; für den Philosophen bildet das ausdrückliche Wissen von den Ideen außerdem nur den Ausgangspunkt für den Aufstieg (ἐπίβασις/*Resp.* 511b6) zur Idee des Guten. Für ihn sind die Ideen wahrhafte Voraussetzungen (τῷ ὄντι ὑποθέσεις/*Resp.* 511b6), weil er sie nicht einfach als selbstverständlichen Anfang seines Tuns auffaßt und dieses Tun durch sie bestimmt sein läßt, sondern mit ihnen anfangend sich darum bemüht, zum voraussetzungslosen Anfang und Grund des Ganzen zu gehen (ἵνα μέχρι τοῦ ἀνυποθέτου ἐπὶ τὴν τοῦ παντὸς ἀρχὴν ἰών/*Resp.* 511b6f). Nur indem der Philosoph diesen Schritt ἐπέκεινα τῆς οὐσίας tut, ist er imstande, den Bereich der οὐσία — die Ideen — in seiner Einheitlichkeit zu sehen.

Nach dieser Charakterisierung der Idee des Guten läßt sich das wesentliche Motiv für Heideggers Anknüpfung an den Platonischen Gedanken einsehen: Es geht auch ihm darum, ἡ τοῦ παντὸς ἀρχή, den Anfang des Ganzen als das, was dieses Ganze durchherrscht, zu denken, und ebenso wie für Platon kann auch für Heidegger der Anfang und Grund des Ganzen nichts Zeitliches sein. Daß der Anfang und Grund nichts Zeitliches ist, heißt nun allerdings, er sei die Zeit selbst. Mit Platon verbindet Heidegger freilich nicht nur die Frage nach einem letzten, voraussetzungslosen Anfang und Grund jenseits des Seins. Er folgt Platon auch noch in der Exposition und Durchführung dieser Frage, wie sie im Liniengleichnis dargestellt ist. Dabei nimmt die Daseinsanalyse eine der philosophischen Thematisierung der Ideen vergleichbare Stellung ein. In ihr wird die »Sorge«-Struktur, die in der vorontologischen Perspektive des Daseins zwar eigentlich, aber doch unbegrifflich erschlossen sein kann, erst herausgearbeitet. Herausgearbeitet wird, anders gesagt, die in der Entschlossenheit nur unbegrifflich durchsichtige Differenz der Freiheit. Der unbegriffliche Charakter der Entschlossenheit besteht aber nicht nur darin, daß die in der Daseinsanalyse zum Thema gemachten Strukturelemente des Daseins nicht als solche erfaßt werden; unbegriffen bleibt außerdem der zeitliche Charakter des Daseins selbst. Was man alltäglich »Zeit« nennt, ist, wie Heidegger zeigen will, nicht bereits die Zeitlichkeit des Daseins. In der Entschlossenheit versteht man sich zwar zeitlich, und zwar in einer der zeitlichen Verfaßtheit des Daseins angemesseneren Weise als in der Uneigentlichkeit; man versteht jedoch nicht die zeitliche Verfaßtheit des Daseins selbst. In dieser Hinsicht ist die Entschlossenheit der Perspektive des Mathematikers im Liniengleichnis ähnlich, der sich über die Ideen, welche doch die Voraussetzungen seines Tuns bilden, nicht eigens im klaren ist, und erst recht nicht über den Einheitsgesichtspunkt der Ideen. Dieser Vergleich betrifft zunächst nur die sowohl für die Entschlossenheit wie auch für den Platonischen Mathematiker charakteristische Beschränktheit der Perspektive. Selbst wenn man die Frage, ob das in der Entschlossenheit Gewußte auch als Idee gefaßt werden kann, zunächst abblendet, so ist doch bereits deutlich, daß es sich hier nicht im selben Sinne um Ideen handeln kann wie bei Platon. Weil Heidegger die Zeit als Anfang und Grund des Ganzen denkt, ist die gegenüber der alltäglichen Selbstverständlichkeit ausgezeichnete Entschlossenheit keine von der Zeit ein Stück weit unabhängige und am Beständigen, sich dauerhaft Gleichbleibenden orientierte Verstehensweise. Sie ist vielmehr, wie sich zeigen wird, dadurch charakterisiert, daß sie geschichtlich ist, während es in der alltäglichen Selbstverständlichkeit um das zumindest relativ Beständige und Selbige geht. Die alltägliche Selbstverständlichkeit orientiert sich zwar ebenso wie die πίστις bei Platon an der Empirie; es handelt sich jedoch nicht um eine Orientierung an den unmittelbar begegnenden Dingen, sondern an der Bedeutsamkeit. Allein weil die Bedeutsamkeit immer artikuliert ist, muß man deshalb auch ihr Verhältnis zum Schein anders bestimmen als das Verhältnis der πίστις zur εἰκασία. Versteht man nämlich die der εἰκασία korrespondierenden Abbilder (εἰκόνες) als die in der Sprache formulierten Meinungen über die Dinge, so ist die πίστις der εἰκασία darin überlegen, daß in ihr zwischen den geäußerten Meinungen und den Dingen selbst unterschieden und deshalb der im Prinzip täuschende Charakter der Meinungen durchschaut wird. Demgegenüber ist die alltägliche Selbstverständlichkeit gerade wegen ihrer Orientierung am Beständigen, an der Beständigkeit des Verhaltens, immer auch bereits eine Orientierung am Gerede. Das Gerede vermag die durchgängige Beständigkeit, auf die man alltäglich aus ist, nicht zu gewährleisten und wird in dieser Scheinhaftigkeit auch dann erfahren, wenn man sich am Schein orientiert. Diese Erfahrung des Scheins hat jedoch nicht den Charakter einer befreienden Einsicht, sondern setzt im Gegenteil immer aufs Neue die Bewegtheit des Verfallens in Gang.

Die Abbildbarkeit der Heideggerschen Konzeption in ihrem systematischen Aufbau auf Platon wird noch deutlicher hervortreten, wenn die Zeitlichkeit selbst eingehend interpretiert wird. Zunächst kam es vor allem darauf an zu zeigen, wieso Heidegger für seine Erörterung der Zeitlichkeit überhaupt den Anspruch erheben kann, in ihr würde die »Sorge«-Struktur in ihrer Einheit erwiesen. In der Erörterung der Zeitlichkeit geht es darum, die drei Aspekte der »Sorge«-Struktur, also das Möglichsein in der Offenheit des Seienden, das bevorstehende und unbestimmte Sein sowie das bestimmte Verhalten, in ihrem Zusammenspiel einsichtig zu machen. Sofern die genannten Aspekte solche der Freiheit in ihrer Differenz sind, kommt demnach auch Heideggers Phänomenologie der Freiheit in ihrer Differenz erst mit der Erörterung der Zeitlichkeit ins Ziel. Sowohl die Freiheit als auch die Unfreiheit im Dasein müssen in ihrer zeitlichen Verfassung begriffen werden, damit ihre Zusammengehörigkeit, wie sie in der zweiten Formel für die »Sorge«-Struktur berücksichtigt ist, wirklich einsichtig sein kann.

Sofern die Zeitlichkeit den Einheitsgesichtspunkt für diese Zusammengehörigkeit bildet, spricht Heidegger von ihr als dem »Sinn der Sorge« (*SZ*, 323), und »Sinn« ist das, »worin sich die Verstehbarkeit von etwas hält, ohne daß es selbst ausdrücklich und thematisch in den Blick kommt« (*SZ*, 324). Die Zeitlichkeit ist demnach das, wodurch die »Sorge«-Struktur erst ist, wie sie ist, ebenso wie eine sprachliche Äußerung nur durch ihren »Sinn« mehr ist als ein akustisches Ereignis. Am selben Beispiel kann man sich auch plausibel machen, wieso der Sinn nicht »ausdrücklich und thematisch in den Blick kommt«. Der Sinn einer Mitteilung besteht darin, jemandem eine Information gleich welcher Art zu geben, und genau dies bleibt im jeweiligen aktualen Sprechen außer Betracht; man macht einfach eine Mitteilung und überlegt normalerweise nicht, in welchem Zusammenhang sie ihren Stellenwert hat und als solche überhaupt möglich ist. Das Aussprechen eines Satzes und ebenso sein Verständnis »hält« sich immer schon in einem Zusammenhang, der den Satz erst »sinnvoll« sein läßt. So gesehen ist es streng genommen nicht der Satz, sondern der Sinn des Satzes, der verstanden wird. Überträgt man das auf den Zusammenhang der Daseinsanalyse, so ist »Sinn« das Korrelat des existenzial gefaßten Verstehens, also das unbestimmte und bevorstehende Sein sowie die einfach vernommenen Möglichkeiten des Verhaltens. Wollte Heidegger jedoch das sagen, hätte er auf die Einführung des Ausdrucks »Sinn« auch verzichten können, und erst recht könnte er nicht behaupten, die Zeitlichkeit sei der »Sinn der Sorge«. »Sinn« kann nicht einfach das Korrelat des existenzial gefaßten Verstehens sein, ohne daß auf Anhieb zu sehen wäre, wie man »Sinn« von diesem Korrelat noch einmal unterscheiden könnte.

Heidegger hat diese Schwierigkeit gesehen und deshalb eine Differenzierung eingeführt, die ihrerseits allerdings auch wieder mißverständlich ist. Um die spezifische Bedeutung von »Sinn« zu fassen, unterscheidet er nun nämlich zwischen »Entwurf« und »primärem Entwurf«: »Sinn bedeutet das Woraufhin des primären Entwurfs, aus dem

284

her etwas als das, was es ist, in seiner Möglichkeit begriffen werden kann. Das Entwerfen erschließt Möglichkeiten, das heißt solches, das ermöglicht.« (SZ, 324) Hier sieht es so aus, als läge dem existenzial gefaßten Verstehen noch ein Entwerfen zugrunde, in dem erschlossen ist, was das existenzial gefaßte Verstehen erst ermöglicht, und es ist leicht zu sehen, daß dies ein unhaltbarer Gedanke wäre: als eine Weise der Erschlossenheit ist das existenzial gefaßte Verstehen unhintergehbar und in diesem Sinne auch »primär«. Aber das will Heidegger auch nicht bestreiten. Wenn er sagt, daß aus dem »Woraufhin« des primären Entwurfs etwas »begriffen« werden könne, so scheint er vielmehr die existenziale Interpretation selbst in einem Entwerfen begründen zu wollen; ein solcher Gedanke ist ja bereits aus aus dem Zusammenhang des existenzial »entworfenen« Seins zum Tode vertraut. Auch dies ist freilich kein unproblematischer Gedanke. Würde man nämlich sagen, in der existenzialen Interpretation sei etwas anderes vernommen als im vorontologischen Dasein, nämlich nicht nur das mögliche bevorstehende Sein, sondern »solches, das ermöglicht«, hätte man der existenzialen Interpretation selbst den Boden entzogen. Als Interpretation des vorontologischen Daseins kann sie ja nur darin bestehen, das zur Sprache zu bringen, was im vorontologischen Dasein ohnehin vernommen wird, und nur weil das so ist, ist sie überhaupt ausweisbar. So gesehen schließt zwar die existenziale Interpretation den Entwurf im Sinne des existenzial gefaßten Verstehens ein, aber es ist eben dieser Entwurf, der in ihr begrifflich gefaßt wird; die Unterscheidung zwischen »Entwurf« und »primärem Entwurf« ist also auch in dieser Hinsicht wenig plausibel: »Das Woraufhin eines Entwurfs« freizulegen, besagt dann, anders als Heidegger meint, gerade nicht, »das erschließen, was das Entworfene ermöglicht« (SZ, 324); nichts läßt sich »erschließen«, was nicht auch schon vorontologisch erschlossen ist. Es besagt lediglich, den vorontologischen Entwurf zum Thema zu machen und sich nicht mehr nur einfach in ihm zu verhalten, indem man eine Möglichkeit als Antwort auf das bevorstehende Sein projektiert. So kommt das bevorstehende Sein nicht mehr nur unter dem Aspekt seiner Beantwortbarkeit in den Blick, sondern es kann auf seinen spezifischen Möglichkeitscharakter hin befragt werden. Bevorstehendes Sein aber ist nur so möglich, »daß das Dasein *überhaupt* in seiner eigensten Möglichkeit auf sich zukommen *kann* und die Möglichkeit in diesem Sich-auf-sich-zukommenlassen als Möglichkeit aushält, das heißt existiert. Das die ausgezeichnete Möglichkeit aushaltende, in ihr sich auf sich Zukommen-lassen ist das ursprüngliche Phänomen der Zukunft.« (SZ, 325) Wenn Heidegger hier sagt, daß man im Dasein auf sich zukommen

»kann«, so ist mit diesem »können« gemeint, daß es im Dasein das bevorstehende Sein überhaupt gibt. Will man sich die Rede von einem »primären Entwurf« verständlich machen, so kann man hier ansetzen: »Primär« ist nicht etwa ein Entwurf der Zukunft, der von einem Entwurf des bevorstehenden Seins noch einmal zu unterscheiden wäre; »primär« ist vielmehr der Entwurf des bevorstehenden Seins selbst, sofern er vom Ermöglichenden, also aus der Zukunft, erschließt. »Zukunft« ist dabei nicht etwas, in dem es das bevorstehende Sein gibt, sondern lediglich die Zugänglichkeit des bevorstehenden Seins selbst.

Das Verhältnis von »Entwurf« und »primärem Entwurf« entspricht demnach der doppelten Rolle der Ideen, wie Platon sie im Liniengleichnis denkt. Auch hier wäre ja die Meinung abwegig, die Mathematiker und die Philosophen hätten es mit verschiedenen Ideen zu tun. Es sind, wenn der Philosoph seine Arbeit mit einer Charakterisierung des mathematischen Wissens beginnt, dieselben, und der Unterschied zwischen Mathematik und Philosophie liegt nur in der jeweils verschiedenen Funktion der Ideen als Hypothesen. Wie für den Mathematiker sein intuitives Wissen von den idealen Zahlen und den geometrischen Figuren Ausgangspunkt für seine Berechnungen ist, so ist der Entwurf des bevorstehenden Seins Ausgangspunkt für die eigentliche Existenz. Und ebenso wie der Platonische Dialektiker dieses intuitive Wissen und das in ihm Gewußte als wahrhafte Hypothese für den Aufstieg zur Idee des Guten nimmt, denkt der Existenzialontologe den Entwurf des bevorstehenden Seins daraufhin, daß es ihn gibt. Das Wissen des Mathematikers ist »primär« ein Vernehmen, und als solches kann es philosophisch interpretiert, nicht aber in der mathematischen Tätigkeit erfahren werden; in dieser wird das νοεῖν zu einem διανοεῖν modifiziert. Ebenso bleibt der existenzielle Entwurf des bevorstehenden Seins — und sei es auch in der Negation — an das Verhalten gebunden. In dieser Negation ist freilich die Differenz zwischen den Projekten und dem Verhalten einerseits und dem bevorstehenden Sein andererseits nicht verschlossen. Auch hierin liegt wieder eine Analogie zum Mathematiker, wie Platon ihn denkt: der Mathematiker kann nämlich die intuitiv gewußten idealen Zahlen und Figuren von den Anzahlen und den anschaulichen Figuren unterscheiden.

Die Frage nach der Möglichkeit des Daseins, danach also, was es heißt, daß es Dasein gibt, ist freilich in einer Hinsicht komplexer als die Frage des Platonischen Dialektikers nach der Idee des Guten als dem Einheitsgesichtspunkt der Ideen in ihrer Zugänglichkeit. Während nämlich die Idee des Guten als dieser Einheitsgesichtspunkt einfachhin »berührt« werden kann, ist der zeitlich gedachte »Sinn« des Daseins noch gegliedert. Diese Gliederung gilt es auf ihre Einheitlichkeit hin zu befragen, wenn denn die Zeitlichkeit die Einheit der »Sorge«-Struktur ausmachen soll. Zuvor aber muß der Sinn des Daseins in seiner Gliederung diskutiert werden, damit der ontologische Anspruch, den Heidegger mit seiner Konzeption stellt, in seiner Berechtigung oder in seinem problematischen Charakter deutlich werden kann. Selbstverständlich ist die Berechtigung dieses Anspruchs schließlich nicht, denn man wird nicht ernsthaft behaupten können, Heideggers bereits einmal genannte These, daß die Zeitlichkeit nicht existenziell verstanden, sondern nur in einer existenzialen Interpretation begriffen werden könne, sei auf Anhieb einleuchtend. Zukunftserfahrung etwa, so könnte man einwenden, sei immerhin etwas durchaus Alltägliches. Wohl ist dieser Einwand mit dem Versuch vergleichbar, die ontologische Bedeutung der Platonischen Idee des Guten mit dem Hinweis darauf zu relativieren, man könne doch auch umgangssprachlich ohne Probleme den Ausdruck »gut« gebrauchen. Unbestreitbar ist aber auch, daß sich weder Platons Gebrauch von »gut« noch Heideggers Gebrauch von »Zukunft« mit der alltäglichen Verwendungsweise dieser Ausdrücke deckt. Deshalb bedarf es, was Heidegger angeht, einer Klärung des philosophischen Gebrauchs zeitlicher Ausdrücke im Unterschied zum alltäglichen. Daß es Heidegger selbst auf eine solche Klärung ankommt, wird bereits bei der Exposition von »Zukunft« deutlich. »Zukunft«, so sagt er, »meint hier nicht ein Jetzt, das, noch nicht ›wirklich‹ geworden, einmal erst sein wird« (SZ, 325). Außerdem wird ja die Zukunft im Rekurs auf die Entschlossenheit exponiert. Die alltägliche Zeiterfahrung soll als »abkünftig« von der »ursprünglichen Zeit« (SZ, 329) erwiesen werden, und wenn die Alltäglichkeit primär durch das Gerede bestimmt ist, so kann man vermuten, daß diese Abkünftigkeit auch etwas damit zu tun hat, wie man alltäglich Zeitausdrücke gebraucht.

Ebensowenig wie Heidegger in einem alltäglichen Sinn von Zukunft spricht, spricht er in alltäglicher Weise von Vergangenheit und Gegenwart. Den Ausdruck »Vergangenheit« vermeidet er, wo es um die Zeitlichkeit des Daseins geht, sogar ganz und führt stattdessen den Terminus »Gewesenheit« ein. Die Gewesenheit wird im Anschluß an die »Übernahme der Geworfenheit« (SZ, 325) erörtert, und dabei sind die Anklänge an das »apriorische Perfekt« der Freigabe des Seienden unüberhörbar. »Übernahme der Geworfenheit« soll nämlich bedeuten: »das Dasein in dem, *wie es je schon war*, eigentlich sein« (SZ, 325), und »da« war man je schon in der Offenheit des Seienden. Dafür, daß es bei der Gewesenheit um die Offenheit des Seienden geht, spricht auch Heideggers Formulierung »wie es je schon war«. Dieses auf die Struktur des Daseins bezogene »wie« ist von der Bestimmtheit dessen, *was* man je schon war, zu unterscheiden. Entsprechend der Bestimmung, wie sie von der Zukunft gegeben wurde, kann man deshalb sagen: So wie »Zukunft« die Zugänglichkeit des bevorstehenden Seins meint, meint »Gewesenheit« die Zugänglichkeit des faktischen Seins in der Offenheit des Seienden, dies also, *daß* einem das Seiende immer schon offen ist.

Wie Zukunft und Gewesenheit, so wird auch die Gegenwart im Rekurs auf die Entschlossenheit exponiert: »Das entschlossene Sein bei dem Zuhandenen der Situation, das heißt das handelnde Begegnenlassen des umweltlich *Anwesenden* ist nur möglich in einem *Gegenwärtigen* dieses Seienden. Nur als *Gegenwart* im Sinne des Gegenwärtigens kann die Entschlossenheit sein, was sie ist: das unverstellte Begegnenlassen dessen, was sie handelnd ergreift.«(*SZ*, 326) Wichtig ist hier zunächst die Unterscheidung von »Gegenwart« und »Anwesenheit«. Während man »Anwesenheit« als Charakteristikum des Begegnenden verstehen kann, ist »Gegenwart«, wie Heidegger ausdrücklich sagt, ein »Gegenwärtigen«, und dieses Gegenwärtigen wiederum ist spezifisch für das »handelnde Ergreifen«. Demnach »gegenwärtigt« man etwas gerade dann nicht, wenn man feststellt, in welcher Weise es jeweils anwesend ist. Eine solche Bezugnahme auf etwas setzt vielmehr voraus, daß man es »gegenwärtigt« hat. »Gegenwärtigt« wird etwas in dem Moment, wo es gerade begegnet und zuvor noch nicht begegnet ist. Man wird »Gegenwart« im Anschluß an Heidegger deshalb nicht im Sinne einer wie auch immer zu denkenden dauerhaften Anwesenheit von etwas interpretieren können, sondern als den Anfang eines bestimmten Verhaltens. »Gegenwart« ist die Zugänglichkeit des Bestimmten im Verhalten, sofern es »im Augenblick« entdeckt wird.

Die drei zeitlichen Termini »Zukunft«, »Gewesenheit« und »Gegenwart« kommen gemäß der bisher entwickelten Interpretation darin überein, daß sie jeweils unter einem Aspekt »Zugänglichkeit« zu verstehen geben. Dies allein ist bereits ein Grund dafür, hier von einem »einheitlichen Phänomen« zu sprechen, das dann in seiner Einheitlichkeit als »Zeitlichkeit« bezeichnet werden kann (*SZ*, 326). Die Zeitlichkeit, so läßt sich das Gesagte zusammenfassen, ist das Licht in der Lichtung des Daseins; sie ist der Ursprung der Erschlossenheit und das, was diese durchherrscht. Um sich noch deutlicher zu machen, wie dies zu denken ist, kann man wiederum auf Platon und zwar speziell auf das Sonnengleichnis in der *Politeia* zurückgreifen. Wie die Sonne das Joch (ζυγόν/*Resp.* 509a1) zwischen Sehen und Sichtbarem und entsprechend die Idee des Guten das Joch ist, das Wissen und Wahrheit zusammenfügt, so wären dann auch Zukunft, Gewesenheit und Gegenwart jeweils als ein Joch, eine Zusammenfügung, zu interpretieren. Mit diesem Abbildungsversuch stößt man jedoch auf Schwierigkeiten. Zwar geht es auch in der *Politeia* nicht um die Zusammenfügung zweier auch selbständig denkbarer Momente: Wenn Sehen und Sichtbares »sonnenartig« (ἡλιοειδής/*Resp.* 509a1) und Wissen und Wahrheit »von der Art des Guten« (ἀγαθοειδής/*Resp.* 509a3) genannt werden, so besteht die Pointe eben darin, daß Sehen und Sichtbares ebensowenig wie Wissen und Wahrheit ohne ihre Zusammenfügung sind, was sie sind. Das Wissen intendiert als solches Wahrheit, und »Wahrheit« meint die Präsenz des Seienden für das Wissen. Nur wegen dieser konstitutiven Zusammengehörigkeit ist es ja überhaupt möglich, den Ausdruck »gut« zur Bezeichnung ihrer Einheit einzuführen: wie jedes Streben notwendigerweise etwas als »gut« intendiert, so ist eben Wissen ohne die Präsenz undenkbar, und wie das Intendierte im Streben als wie auch immer »tauglich« gilt, so ist das Seiende in seiner Präsenz tauglich zum Gewußtwerden. Allerdings hat man es bei Platon doch mit zwei Aspekten eines Zusammenhangs zu tun, die jeweils mit einer aktiven bzw. passiven Verbform ausgedrückt werden können. Das Zusammengehörige ist die Wahrnehmung in der Weise des Sehens (ἡ τοῦ ὁρᾶν αἴσθησις/*Resp.* 507e6) und das Vermögen, gesehen zu werden (ἡ τοῦ ὁρᾶσθαι δύναμις/*Resp.* 507e6-508e1), sowie entsprechend der Wissende (ὁ γιγνώσκων/*Resp.* 508e1) und das Gewußtwerdende (τὰ γιγνώσκομενα/*Resp.* 508e1f.). Eine solche Unterscheidung zweier Aspekte ist bei Heidegger bestenfalls für die Gegenwart zu erwägen, aber auch hier im Grunde unplausibel: Würde man die Gegenwart als Zusammenfügung des Entdeckens und des Entdeckten verstehen, so hätte man unterschlagen, daß das Entdeckte als solches gar nicht gewärtigt wird, sondern anwesend ist. Das von der Entschlossenheit her gedachte Entdecken ist das Ergreifen einer Möglichkeit, und mit seinen Möglichkeiten, das Seiende auszulegen, ist man nicht »zusammengefügt«; sofern etwas auf seine Dispositionen hin entdeckt wird, gehört es so unmittelbar in das Verhalten, daß man es nur in einer Abstraktion von diesem unterscheiden kann, und diese Abstraktion darf man nicht machen, wenn man dem Heideggerschen Begriff des Gegenwärtigens gerecht werden will. Erst recht ist es unmöglich, in der Gewesenheit und der Zukunft zwei verschiedene Aspekte zu unterscheiden. Bei der Gewesenheit geht es ja nicht um die Zugänglichkeit eines so und so bestimmten Faktums für einen bestimmten Menschen, sondern um ein Strukturmoment von Dasein selbst. Dasein und die Offenheit des Seienden lassen sich ebensowenig unterscheiden wie Dasein und das bevorstehende und unbestimmte Sein. Diesen Versuch zu machen heißt, der Gefahr einer Vergegenständlichung bereits erlegen zu sein.

Genau dies aber, so könnte man denken, ist Heidegger widerfahren, wenn er sagt: »Zukunft, Gewesenheit, Gegenwart zeigen die phänomenalen Charaktere des ›Auf-sich-zu‹, des ›Zurück auf‹, des ›Begegnenlassens von‹. Die Phänomene des zu . . ., auf . . ., bei . . . offenbaren die Zeitlichkeit als das ἐϰστατιϰόν schlechthin. Zeitlichkeit ist das ursprüngliche ›Außer-sich‹ an und für sich selbst. Wir nennen daher die charakterisierten Phänomene Zukunft, Gewesenheit, Gegenwart die *Ekstasen* der Zeitlichkeit. Sie ist nicht vordem ein Seiendes, das erst aus sich heraustrat, sondern ihr Wesen ist Zeitigung in der Einheit der Ekstasen.« (*SZ*, 328f.) Worauf, so liegt es doch nahe zu fragen, bezieht sich das »sich« in der Formel vom »Außer-sich«? Ist hier nicht doch Dasein unfreiwilligerweise jeweils als eine Substanz gedacht, zu der es dann ein »außen« geben kann, und zwar im Sinne der Offenheit des Seienden, des bevorstehenden Seins und des Begegnenden? Diese Fragen werden jedoch obsolet, wenn man sich nicht an Heideggers unglücklicher Wendung »Außer-sich«, sondern an dem Ausdruck ἐϰστατιϰόν orientiert, für den das »Außer-sich« eine Übersetzung sein soll. Heidegger hat diesen Ausdruck wohl von Aristoteles übernommen. Aristoteles sagt in der *Physik* von jeder Veränderung, sie sei ἐϰστατιϰόν (*Phys.* 222b16), und damit ist gemeint, daß in jeder Veränderung etwas seinen früheren Zustand verliert. Ähnlich gebraucht er den Ausdruck in der *Nikomachischen Ethik*, wo es vom Unbeherrschten heißt, er sei vom Überlegen — bei dem der Beherrschte bleibt — abgekommen (ἐϰστατιϰὸς τοῦ λογισμοῦ/*EN*, 1145b11f.). ἐϰστατιϰόν ist demnach ein negativer Bewegungsbegriff, bei dem es anders als beim Begriff der ϰίνησις darum geht, das *Ende* eines bestimmten Zustands und nicht eine zielgerichtete Veränderung auf einen neuen und in der Bewegung bereits angelegten neuen Zustand hin auszudrücken. Die nur negativ gefaßte Veränderung ist deshalb außerdem dadurch charakterisiert, daß sie *unvermittelt* geschieht; die zitierte Formulierung aus der Aristotelischen *Physik* steht im Zusammenhang einer Bemerkung zum Plötzlichen (τὸ ἐξαίφνης/*Phys.* 222b15). Versucht man nun, Heideggers Rede vom ekstatischen Charakter der Zeitlichkeit im Anschluß an die Aristotelische Verwendung des Ausdrucks ἐϰστατιϰόν zu verstehen, so ergibt sich, daß die Zeitlichkeit ein unvermittelter Umschlag des Daseins ist. Dem widerspricht allerdings, daß Heidegger selbst die Ekstasen jeweils durch eine Richtung charakterisiert. Jedenfalls könnte man die Bestimmungen »zu . . .«, »auf . . .« und »bei . . .« so lesen. Ein solcher Richtungssinn ergibt sich jedoch nur, wenn man an dem »sich« orientiert bleibt. Dann kommt Dasein »auf sich zu«, »auf sich zurück« und ist »von sich weg« im bestimmten Verhalten beim Seienden. Allein daran jedoch, daß Heidegger von einem *ursprünglichen* »Außer-sich« spricht, wird deutlich, wie wenig es ihm darum geht, Dasein als ein Substrat von Veränderungen zu denken. Die Ekstasen der Zeitlichkeit sind nicht dem Zustand des Unbeherrschten vergleichbar, der doch, selbst wenn er rast und tobt, in seinem Wesen durch Überlegung bestimmt und auch nur deshalb in seiner Unbeherrschtheit »außer sich« ist. Wenn es jedoch kein solches Substrat gibt, so läßt sich der ekstatische Charakter der Zeitlichkeit nur begreifen, wenn man die Zusammengehörigkeit der Ekstasen berücksichtigt; die Zeitigung geschieht »in der Einheit der Ekstasen«. Selbst wenn noch unklar ist, was der Terminus »Ekstase« im Hinblick auf die Zeitlichkeit genau besagt, ist doch die Zusammengehörigkeit von Zukunft, Gewesenheit und Gegenwart offensichtlich: Sofern im Dasein das bevorstehende Sein zugänglich ist, ist auch die Faktizität zugänglich, und zwar als ein Möglichsein zum Verhalten im Umgang mit Seiendem; mit dem Möglichsein zum Verhalten aber ist notwendigerweise auch das bevorstehende Sein zugänglich, und Verhalten ist immer Verhalten aus dem Möglichsein als Antwort auf das bevorstehende Sein. Weil die Ekstasen der Zeitlichkeit die Zugänglichkeit der »Sorge«-Struktur in ihrer Gliederung sind, kann man die Glieder der »Sorge«-Struktur auch nicht beliebig den Ekstasen zuordnen. Es ist unangemessen zu sagen, daß das unbestimmte Sein immer schon bevorstehend gewesen ist, ebenso unangemessen wie der Versuch, die Faktizität als das Zukommende im Sinne des Zukünftigen zu denken. Wer so etwas sagt, sagt im Grunde nur, daß man »da« ist, solange man »da« ist, und ordnet die Strukturmomente des Daseins einem Zeitpunkt seiner Lebensgeschichte zu. Damit orientiert er sich aber bereits an einer Zeitstruktur, die nicht mehr die Struktur der »ursprünglichen Zeitlichkeit« ist, sondern nach der Überzeugung Heideggers aus dieser verständlich gemacht werden muß.

Will man nun diese Zugänglichkeit der »Sorge«-Struktur selbst genauer fassen, so muß man als erstes beachten, daß ein Aspekt der Zugänglichkeit nicht aus einem anderen abgeleitet werden kann: Von der Zukunft ist kein Übergang in die Gewesenheit möglich, und ebensowenig umgekehrt ein Übergang von der Gewesenheit in die Zukunft. Die Zugänglichkeit eines Strukturmoments der Sorge ist immer »außerhalb« der anderen, und insofern ist es durchaus einleuchtend, wenn

Heidegger hier auf den Aristotelischen Gedanken eines plötzlichen und ziellosen Umschlags zurückgreift. Selbstverständlich, um es noch einmal zu sagen, hat die Zeitlichkeit nichts mit dem Verlust eines Zustandes zu tun; die Rede vom ekstatischen Charakter der Zeitlichkeit ist metaphorisch. Aber immerhin gibt diese Metapher zu verstehen, wie die Sorge in ihren Momenten zugänglich ist. Trifft diese Interpretation zu, so muß man allerdings auch den »Richtungssinn« der Ekstasen, den Heidegger mit den Ausdrücken »zu«, »auf« und »bei« bezeichnet, im Sinne eines plötzlichen Umschlags begreifen können. Das Zukommen, die Zukunft also, wäre dann ein in die Gewesenheit umschlagendes Zukommen *auf diese,* und die Gewesenheit wiederum schlüge in das Gegenwärtigen um. Versucht man, sich dies in der Orientierung an dem, was in der Zeitlichkeit jeweils zugänglich ist, noch deutlicher zu machen, so kann man sagen: Das für die Zukunft stehende »zu« meint als die Zugänglichkeit des bevorstehenden Seins, daß dieses eigentlich oder uneigentlich übernommen werden muß, und übernommen werden kann es nur aus dem faktischen Möglichsein in der Offenheit des Seienden als einer Offenheit zum Verhalten »bei« dem Seienden. Obwohl also das bevorstehende Sein »außerhalb« der Gewesenheit zugänglich ist, führt doch sein Zukommen auf die Gewesenheit, und zwar so, daß das bevorstehende Sein in die Faktizität umschlägt. Durch diesen Umschlag wird mit der Zugänglichkeit der Faktizität das bevorstehende Sein unzugänglich, und dies bliebe auch so, wenn die Zugänglichkeit der Faktizität nicht wiederum in die Zugänglichkeit des bevorstehenden Seins umschlagen würde: in seinem Möglichsein ist Dasein »zum« bevorstehenden Sein; dieses steht in seiner Unbestimmtheit bevor, weil in den Stimmungen kein bestimmtes Verhalten vorgezeichnet ist, und man sich doch aus den einfach vernommenen zukommenden Möglichkeiten in einer bestimmten Weise zu verhalten hat. Daß man sich in einer bestimmten Weise verhält, ist nur möglich als Umschlag von Gewesenheit in Zukunft und der Zukunft in Gegenwart.

Was in der sprachlichen Darstellung wie eine Abfolge aussieht, ist in Wahrheit natürlich keine Abfolge. Die Ekstasen der Zeitlichkeit sind vielmehr als solche durch den Umschlag ineinander charakterisiert, und sprachlich könnte man dem nur Rechnung tragen, wenn man auf eine Bestimmung der einzelnen Momente verzichtete und sich wie Heidegger selbst auf eine Formulierung wie die vom »ursprünglichen ›Außer-sich‹ an und für sich selbst« beschränkte. Diese Formulierung wiederum läßt sich jedoch nur verstehen, wenn man auf eine Bestimmung der einzelnen Momente nicht verzichtet. An solchen sprachlichen

Grenzen wird aufs neue der metaphorische Charakter der Rede vom ekstatischen Charakter der Zeitlichkeit deutlich: Wenn jede Veränderung »in der Zeit« ist, so kann die Zeit selbst keine Veränderung sein, und trotzdem ist es zum Teil wenigstens unvermeidlich, der Zeit Veränderungscharakter zuzusprechen, wenn man überhaupt Aussagen über sie machen will.

Nimmt man die Bestimmungen der Zeitlichkeit, wie sie bisher entwickelt wurden, noch einmal zusammen, so kann man sagen: Es ist charakteristisch für die Zeitlichkeit, daß ihre Ekstasen die Zugänglichkeit des Daseins *unter verschiedenen Aspekten* sind. Sofern eine Weise der Zugänglichkeit in eine andere umschlägt, ist mit dieser anderen die erste verloren, und sie bliebe verloren, wenn die andere Weise der Zugänglichkeit nicht ihrerseits ekstatisch wäre. In ihrem ekstatischen Charakter ist jede Weise der Zugänglichkeit ebenso auch der *Entzug von Zugänglichkeit*. Zeitlichkeit ist, anders und wiederum metaphorisch gesagt, ein Wechselspiel von Zugänglichkeit und Unzugänglichkeit, von Offenheit und Verschlossenheit, die man von der — uneigentlichen — Verschlossenheit im Dasein freilich unterscheiden muß. Die Zeitlichkeit ist als dieses Öffnen und Verschließen selbst einheitlich. Doch dieser Gedanke gehört nicht mehr in den Problembereich von »Sein und Zeit«, sondern in denjenigen von »Zeit und Sein«, und deshalb ist er jetzt noch nicht weiter zu entwickeln.

Interpretiert man den ekstatischen Charakter der Zeitlichkeit im Rekurs auf den Aristotelischen Gedanken eines plötzlichen Umschlags, so liegt darin eine Schwierigkeit, die bisher noch nicht berücksichtigt worden ist. Sagt man nämlich, die Zukunft schlage in die Gewesenheit um, diese in die Zukunft und die Zukunft wiederum in die Gegenwart, sofern sie die Zugänglichkeit des Anfangs eines bestimmten Verhaltens ist, so muß man hinzufügen, daß diese Gegenwart ja unmittelbar wieder in die Zukunft umschlägt, sofern man gegenwärtigend nur anfängt, sich zu verhalten. Die Gegenwart scheint damit aber zum bloßen Umschlagspunkt von Zukunft und Gewesenheit zu werden, denn die Zukunft als die Zugänglichkeit des bevorstehenden Seins ist ja wiederum als Umschlag in die Gewesenheit zu denken. Damit scheint der ekstatische Charakter der Zeitlichkeit etwas zu sein, was doch wiederum nur als eine Ekstase der Zeitlichkeit eingeführt wird. Aus dieser Schwierigkeit könnte man herauskommen, indem man die Gegenwart selbst unzeitlich denkt. Was Heidegger die »Gegenwart« nennt, wäre dann im Anschluß an den Platonischen *Parmenides*-Dialog als das Plötzliche zu bestimmen, das selbst nicht die Zeit ist, sondern das Ortlose und darin Wunderliche (τὸ ἄτοπον/*Parm.* 156d1) des Umschlags selbst. Diese Deutung des Plötzlichen macht sich Heidegger jedoch nicht zu eigen, weil er an der Gegenwart auch deutlich machen will, inwiefern auch das Verfallen in der Zeitlichkeit gründet, ohne daß er deshalb die Gegenwart nur als die Zugänglichkeit des Verfallens verstehen will. Um diese eigentümliche Stellung der Gegenwart zu kennzeichnen, geht Heidegger noch einmal auf die »Sorge«-Struktur in ihrer Gliederung zurück: »Die Formulierung der Sorgestruktur zeigt mit den Ausdrücken ›Vor‹ und ›Schon‹ den zeitlichen Sinn von Existenzialität und Faktizität an. Dagegen fehlt eine solche Anzeige für das dritte konstitutive Moment der Sorge: das verfallende Sein-bei ... Das soll nicht bedeuten, das Verfallen gründe nicht auch in der Zeitlichkeit, sondern andeuten, daß das Gegenwärtigen, in dem das Verfallen an das besorgte Zuhandene und Vorhandene primär gründet, im Modus der ursprünglichen Zeitlichkeit *eingeschlossen* bleibt in Zukunft und Gewesenheit. Entschlossen hat sich das Dasein gerade zurückgeholt aus dem Verfallen, um desto eigentlicher im ›Augenblick‹ auf die erschlossene Situation ›da‹ zu sein.« (*SZ*, 328) Diesen doppelten Charakter der Gegenwart erläutert Heidegger wenig später auch noch, indem er sagt: »Im Unterschied vom Augenblick als eigentlicher Gegenwart nennen wir die uneigentliche das Gegenwärtigen. Formal verstanden ist jede Gegenwart gegenwärtigend, aber nicht jede ›augenblicklich‹.« (*SZ*, 338) Aufgrund der Fassung des Verhältnisses von Eigentlichkeit und Uneigentlichkeit, wie Heidegger sie selbst entwickelt, müßte jedoch das Umgekehrte zutreffen: Was in der Entschlossenheit durchsichtig ist, muß auch dann für das Sein des Daseins gelten, wenn man existenziell nur uneigentlich ›da‹ ist; die Gegenwart darf, anders gesagt, nicht nur bisweilen, sie muß immer in Zukunft und Gewesenheit »eingeschlossen« sein, und diese Eingeschlossenheit ist es dann, was in der Uneigentlichkeit überspielt wird. Wie ein solches Überspielen zeitlich zu denken ist, kann man sich plausibel machen, wenn man sich daran erinnert, daß das bestimmte Verhalten im Dasein ontologisch den Charakter der Bewegung hat. In ihrem Anfang ist die Bewegung nur zugänglich durch den Umschlag der Zukunft in die Gewesenheit und dieser in die Zukunft, welche in das gegenwärtigen eines bestimmten Verhaltens im Umgang mit Seiendem umschlägt. Das Gegenwärtigen des bestimmten Verhaltens ist als Antwort auf das bevorstehende Sein zwar wieder in Zukunft umgeschlagen; was mit dem Verhalten bevorsteht, kann aber zugleich als *Wirklichkeit* gedeutet werden, und es muß so gedeutet werden, wenn es zu einem bestimmten Projekt überhaupt kommen soll. Diese beiden Aspekte lassen sich noch genauer unterscheiden, indem man sagt: jedes bestimmte Verhalten fängt zwar als das Ergreifen eines Projekts »augenblicklich« an; aber ein Projekt gewinnt man nur, indem man eine Möglichkeit als bevorstehende Wirklichkeit antizipiert, die dann in der Entschlossenheit negiert werden kann, wobei der augenblickliche Charakter des Verhaltens wieder zum Tragen kommt. Hätte das Verhalten diese Augenblicklichkeit nicht, so wäre es unmöglich, und außerdem könnte Heidegger auch nicht sagen, der Augenblick lasse begegnen, »was als Zuhandenes oder Vorhandenes ›in einer Zeit‹ sein kann« (SZ, 338). Die Bewegung des Verhaltens entspringt, anders gesagt, immer im Augenblick, ohne daß sie als solche nur augenblicklich zugänglich wäre. Sofern sie nicht augenblicklich zugänglich ist, ist sie »innerzeitig«. Als Entspringen des dann »Innerzeitigen« und als die augenblickliche Negation seiner aber ist die Gegenwart als der Umschlag von Zukunft in Gewesenheit und Gewesenheit in Zukunft doch eine eigene Ekstase der Zeitlichkeit. An ihr wird als dem Umschlag des bevorstehenden Seins und seiner bloßen Bestimmbarkeit im Rahmen einfach vernommener Möglichkeiten in die Bestimmtheit eines Projekts, das dann entschlossen negiert werden kann, die *Differenz* der Freiheit zeitlich zugänglich.

Weltzeit und Uhrzeit

Um sich den Zusammenhang von Zeitlichkeit und »Innerzeitigkeit« klarzumachen, kann man noch einmal bei der Bestimmung der Gegenwart als Augenblick ansetzen. Bestimmtes Verhalten ist nur zugänglich, weil das bevorstehende Sein auf einen zukommt und augenblicklich in die Gewesenheit der Faktizität umschlägt. Das Möglichsein in der Offenheit des Seienden ermöglicht den Anfang des bestimmten Verhaltens. Welches Verhalten man wählt, ist durch den Spielraum der bereits ausgelegten und artikulierten Bedeutsamkeit vorgezeichnet: aus den einfach nur vernommenen Möglichkeiten kommt man zu einem Projekt in der Orientierung an dem, was »man« sagt und tut. Was jedoch den Vollzug des Verhaltens selbst angeht, so ist klar, daß er als Umgang mit Zeug immer auf ein »Dazu« verwiesen ist. Das »Dazu« ist, vom Zeug aus gedacht, zunächst das Verhalten selbst, aber dieses steht im Zusammenhang eines Projekts, das realisiert werden soll. Sofern man ein bestimmtes Projekt hat, steht dieses bevor, und was man bei der Realisierung des Projektes »gewesen« ist, ist nicht das Möglichsein als solches, sondern man ist einer, der sich an Zeug verwiesen hat, mit dem es schon seine Bewandtnis hatte. Der jeweilige Zusammenhang von Zeug ist jedoch immer noch eine Erscheinung der Offenheit des Seienden, und sofern man mit der Realisierung seines Projekts beschäftigt ist, steht das Projekt bevor. Deshalb wird man die Zeitstruktur des Besorgens immer noch als »Zeitlichkeit« bezeichnen müssen. Selbst wenn man zu einem Projekt nur kommt, indem man eine Möglichkeit als bevorstehende Wirklichkeit antizipiert, kommt doch beim Besorgen selbst das, was man erreichen will, nicht als bevorstehende Wirklichkeit in den Blick, und wenn das so ist, wird man auch Heideggers Analyse der »Zeitlichkeit des Besorgens« nicht ohne weiteres folgen können.

Die bestimmte Zukunft wird gemäß der Heideggerschen Terminologie »gewärtigt«, die bestimmte Gewesenheit »behalten«, und wenn Heidegger nun die Zeitstruktur des Besorgens als »gewärtigend-behaltendes Gegenwärtigen« (SZ, 354) bestimmt, so erweckt er den Eindruck, als seien Zukunft und Gewesenheit unter die Dominanz der Gegenwart geraten. Die Gewesenheit erschiene so als eine behaltene, die Zukunft als eine gewärtigte Wirklichkeit. Wäre dies der Fall, könnte man jedoch nicht mehr von der Zeitlichkeit des Besorgens sprechen, wenn antizipierte und behaltene Wirklichkeit nicht mehr zeitlich im prägnanten Sinne sind. Heideggers eigene Erläuterungen dementieren freilich auch die in der Formel vom »gewärtigend-behaltenden Gegenwärtigen« versteckte These von der Dominanz einer uneigentlich zu begreifenden Gegenwart: »Der hantierende Umgang«, so heißt es, »verhält sich ebensowenig nur zum Wobei wie zum Womit des Bewendenlassens. Dieses konstituiert sich vielmehr in der Einheit des gewärtigenden Behaltens, so zwar, daß das hieraus entspringende Gegenwärtigen das charakteristische Aufgehen des Besorgens in seiner Zeugwelt ermöglicht. Das ›eigentliche‹, ganz hingegebene Sichbeschäftigen mit ... ist weder nur beim Werk, noch beim Werkzeug, noch bei beiden ›zusammen‹. Das in der Zeitlichkeit gründende Bewendenlassen hat schon die Einheit der Bezüge gestiftet, in denen das Besorgen sich umsichtig ›bewegt‹.« (SZ, 353f.) Die Gegenwart des Verhaltens ist demnach in der Weise von Behaltenem und Gewärtigtem »eingeschlossen«, wie es für die zeitliche Ekstase des Augenblicks gefordert war. In jedem Augenblick schlägt im Verhalten selbst das »Womit« der Bewandtnis in ein »Wobei« um, und dies wiederum setzt voraus, daß Zeug überhaupt erst auf seine mit dem »Wobei« bezeichnete Disposition hin entdeckt ist. Die Disposition aber ist nichts anderes als eine Tätigkeit, die im Umgang mit Zeug nicht als Wirklichkeit thematisch wird, sondern in jedem Handgriff neu bevorstehen kann, weil das Zeug in seiner Unausdrücklichkeit bereits offen gewesen ist.

296

Aber selbst wenn das Zeug im Besorgen nicht als ein Wirkliches behalten wird, sondern man es mit ihm in seiner Möglichkeit bewenden läßt, könnte man immer noch denken, im Sinne einer bevorstehenden Wirklichkeit antizipiert sei auf jeden Fall das Werk. Wäre die Aufmerksamkeit eines Herstellers nicht beim herzustellenden Werk, könnte das herstellende Verhalten überhaupt nicht »umsichtig« sein. Für das Besorgen im Heideggerschen Sinne ist es jedoch charakteristisch, daß auch das Werk als »in Arbeit befindliches« unausdrücklich bleibt. Der Hersteller stellt sich das Werk nicht als Fertiges vor, indem er an seinen irgendwann einmal wirklichen Gebrauch durch Andere denkt, sondern diese Vorstellung ist selbst nur in der Art einer Verweisung zu denken, sofern sie im Herstellungsvorgang zu einer bestimmten Anordnung der Materialien führt. In seiner Vorlesung über die »Grundprobleme der Phänomenologie« sagt Heidegger auch selbst, beim Besorgen sei man nicht »auf das Werk selbst gerichtet« (*GA* 24, 416). Das ist man erst, wenn man etwa mit dem Auftraggeber über das noch unfertige Werk spricht, und als Hersteller vielleicht zugeben muß, daß das Werk noch nicht fertig, d. h. noch nicht wirklich ist. Erst jetzt hat man es mit etwas zu tun, das »in der Zeit« ist.

»Innerzeitigkeit« läßt sich demnach mit Heidegger nur denken, wenn man sich am »Ansprechen und Besprechen des Besorgten« (*SZ*, 406) orientiert. Im »Verrechnen, Planen, Vorsorgen und Verhüten« benutzt man die für die Innerzeitigkeit charakteristischen zeitlichen Ausdrücke; man sagt »immer schon, ob lautlich vernehmbar oder nicht: ›dann‹ – soll das geschehen, ›zuvor‹ – jenes seine Erledigung finden, ›jetzt‹ – das nachgeholt werden, was ›damals‹ mißlang und entging« (*SZ*, 406). Daran, daß Heidegger die Ausdrücke »dann«, »zuvor«, »jetzt« und »damals« im Zusammenhang mit bestimmten Verhaltensweisen einführt, läßt sich bereits etwas über ihre Verwendungsweise lernen: Diese Ausdrücke sind, wenn man sie allein verwendet, nicht geeignet, auf einen bestimmten »Zeitabschnitt« oder »Zeitpunkt« zu referieren. Das unterscheidet sie von deiktischen Ausdrücken wie »dies« und »jenes« ebenso wie von »hier« und »dort«. Die zuletzt genannten Ausdrücke können nämlich als Subjekte von singulären Aussagen fungieren und die Referenz auf einen bestimmten Gegenstand im weitesten Sinne ausdrücken, der im Handlungskontext des Sprechers durch eine Handlung identifizierbar ist. Wer »Dieses ist rot« sagt, oder »Hier ist es kalt, während es dort warm ist«, ist in alltäglichen Handlungssituationen imstande, auf dieses Rote und das Haus dort, in dem es warm ist, zu zeigen. Wer demgegenüber sagt »Damals war es kalt«, ist gezwungen, weitere Aussagen über die von ihm gemeinte Zeit zu machen, wenn der Hörer nicht schon ohnehin weiß, worauf sich seine Aussage bezieht. Eine gewisse Sonderstellung kommt dabei dem Ausdruck »jetzt« zu. Zwar ist auch bei einer isolierten Verwendung von »jetzt« nicht sichergestellt, welche »Zeit« der Sprecher genau meint; aber in einer bestimmten Handlungssituation ist doch immerhin für jeden Hörer klar, daß die Zeit, zu der die Aussage gemacht wird, von der jeweiligen Aussage mitbetroffen ist. Das muß natürlich nicht für die Handlungssituation als solche gelten; daß diese von dem in der Aussage mitgeteilten Sachverhalt nicht betroffen sein muß, läßt sich leicht an einem Satz wie »am Nordpol ist es jetzt kalt« sehen, wenn er im Sommer in Griechenland ausgesprochen wird. Auf jeden Fall aber hat man Anlaß zu dem Bedenken, ob die genannten zeitlichen Ausdrücke mit Recht »deiktisch« genannt werden, und dann ebenso Anlaß zu der Frage, ob es richtig ist, räumliche Ausdrücke wie »hier« und »dort« als mit ihnen gleichwertig zu behandeln, wie es allgemein üblich ist.[8]

Wichtiger als eine eingehende Diskussion dieses Problems ist im gegenwärtigen Zusammenhang jedoch die Frage, wie man die angestellten Überlegungen zur Verwendung zeitlicher Ausdrücke für die Interpretation des Heideggerschen Gedankengangs fruchtbar machen kann. Die Ergänzungsbedürftigkeit dieser Ausdrücke ist bei Heidegger berücksichtigt, wo er von der »Datierbarkeit« spricht. Damit ist zunächst nicht die Fixierbarkeit von Zeitangaben in einer kalendarischen Ordnung gemeint, sondern die »Bezugsstruktur der ›jetzt‹, ›damals‹ und ›dann‹« (SZ, 407). Der Terminus »Datierbarkeit« ist von seiner Etymologie her zu lesen und von »datum« im Sinne des »Gegebenen« her zu verstehen; das »Gegebene« aber ist das in einem Satz zusammen mit zeitlichen Ausdrücken Thematisierte.

Damit ist sowohl klar, wieso Heidegger die genannten zeitlichen Ausdrücke im Zusammenhang der Ausgesprochenheit exponiert, wie auch, daß sie sich nicht auf die »ursprüngliche Zeitlichkeit« des Daseins beziehen können. Das Ausgesprochene ist lediglich eine Erscheinung des Daseins und auch des bestimmten Verhaltens in ihm. Daß die Innerzeitigkeit von der Ausgesprochenheit her zu denken ist, heißt jedoch nicht, Sätze mit zeitlichen Ausdrücken seien in jedem Fall Aussagen. Der Satz »Jetzt soll nachgeholt werden, was damals versäumt wurde« etwa gehört als Absichtserklärung oder Befehl in den Zusam-

---

8 Vgl. so unterschiedliche Konzepte wie Hegels Erörterung der »sinnlichen Gewißheit« in der *Phänomenologie des Geistes* und Strawson (1959), 216.

menhang des alltäglichen Besorgens. Trotzdem wird man Heidegger nicht folgen können, wenn er der mit »jetzt«, »damals« und »dann« ausgesprochenen Zeit selbst »den Charakter der Bedeutsamkeit« (SZ 414) zuspricht. Das »jetzt«, »damals« und »dann« ist nicht selbst »durch die Struktur der Geeignetheit bzw. Ungeeignetheit« (SZ 414) bestimmt, und insofern ist auch Heideggers Rede von einem »Besorgen von Zeit« strenggenommen unangemessen. Vielmehr wird man sagen müssen, daß in der mit »jetzt«, »dann« und »damals« ausgesprochenen Zeit die Bedeutsamkeit in einer bestimmten Hinsicht *zugänglich* ist. Heidegger meint ja nicht, die mit »jetzt«, »dann« und »damals« ausgesprochene Zeit sei »als innerweltliches Seiendes vorhanden ...«, was sie nie sein kann«, sondern daß sie »zur Welt in dem existenzial-ontologisch interpretierten Sinn gehört« (SZ, 414). Deshalb soll diese Zeit auch »Weltzeit« genannt werden; von der Weltzeit sagt Heidegger, sie konstituiere die Weltlichkeit der Welt (SZ, 414). Genau das aber läßt sich ohne Einschränkung nicht behaupten, denn wie gezeigt wurde, ist das für die Bedeutsamkeit charakteristische Sichverweisen an das Zeug durch das bevorstehende Sein motiviert, und selbst wenn man es im Besorgen immer mit einer bestimmten Zukunft zu tun hat, wird diese ja, wenn man ungestört am Werk ist, gerade nicht zum Thema gemacht. Der Ausdruck »dann« kann sich auf das Bevorstehende nur beziehen, sofern es ein »Datum« ist, und das ist es erst, wenn das Besorgen aufgehört hat, ein völlig hingegebenes Sichbeschäftigen mit ... zu sein. Demnach kann man zwar die mit »jetzt«, »dann« und »damals« ausgesprochene Zeit als Zugänglichkeit der Welt denken, sofern sie artikuliert und ausgesprochen ist, nicht aber als die Zugänglichkeit von Auslegung im Sinne des Besorgens. Erst das »sich auslegende Gegenwärtigen, das heißt das im ›jetzt‹ angesprochene Ausgelegte« (SZ, 408) ist in der von der Zeitlichkeit unterschiedenen Weltzeit zugänglich. Sofern »jetzt«, »dann« und »damals« immer eines »Datums« bedürfen und als sprachliche Ausdrücke so gesehen »datierbar« sind, wird auch deutlich, daß die Weltzeit von der Zeitlichkeit abhängig ist: »Die Datierbarkeit der ›jetzt‹, ›dann‹ und ›damals‹ ist der Widerschein der ekstatischen Verfassung der Zeitlichkeit« (SZ, 408).

Mit der Datierung von »jetzt«, »dann« und »damals«, wie sie bisher entwickelt wurde, ist die Weltzeit jedoch noch nicht vollständig bestimmt: »Wenngleich sich das Besorgen der Zeit in der charakterisierten Weise der Datierung aus umweltlichen Begebenheiten vollziehen kann, so geschieht das doch im Grunde schon immer im Horizont eines Besorgens der Zeit, das wir als astronomische und kalendarische *Zeitrechnung* kennen. Sie kommt nicht zufällig vor, sondern hat ihre existenzial-ontologische Notwendigkeit in der Grundverfassung des Daseins als Sorge. Weil das Dasein wesensmäßig als ein geworfenes verfallend existiert, legt es seine Zeit in der Weise einer Zeitrechnung besorgend aus. In ihr zeitigt sich die ›eigentliche‹ Veröffentlichung der Zeit, so daß gesagt werden muß: die Geworfenheit des Daseins ist der Grund dafür, daß es öffentlich Zeit gibt.« (SZ, 411f.) Zunächst ist wohl nicht zu sehen, weshalb Heidegger hier die Notwendigkeit der Zeitrechnung glaubt aus der »Geworfenheit«, daraus also, daß man in der Welt ist, und dem Verfallen ableiten zu können. Verständlich wird dies nur, wenn man sich daran erinnert, daß die Uneigentlichkeit durch den *Vergleich* des Verhaltens charakterisiert ist. Zwar gehören auch bereits Datierungen von »jetzt«, »dann« und »damals« zur Weltzeit, die nicht kalendarisch oder astronomisch fixiert sind; aber welchen Nachteil solche einfachen Datierungen haben, ist leicht zu sehen. Sagt beispielsweise jemand: »Ich werde diese Sache *dann* erledigen, wenn ich mit dem, was ich *jetzt* tue, fertig bin«, so ist es schwierig, sich darauf in seinem eigenen Verhalten und Planen einzustellen; das kann jeder nachvollziehen, der bereits einmal etwa von einem Handwerker in der entsprechenden Weise vertröstet worden ist. Die »eigentlich« öffentliche Zeit ist nun von der nur einfach datierten Zeit darin unterschieden, daß sie eine »im Miteinandersein ... für ›Jedermann‹ jederzeit und in gleicher Weise, in gewissen Grenzen zunächst einstimmig vollziehbare Zeitangabe« (SZ, 413) ermöglicht. Auf die »öffentliche Datierung, in der jedermann sich seine Zeit angibt, kann jedermann zugleich ›rechnen‹, sie gebraucht ein öffentlich verfügbares Maß« (SZ, 413). Dieses Maß aber ist für Heidegger der Umlauf der Sonne.

Nun ist zwar die besondere Rolle der Himmelsbewegung für die Zeit in der klassischen Zeitphilosophie immer berücksichtigt worden. Aber weder im Platonischen *Timaios* noch in der Zeitabhandlung der Aristotelischen *Physik* ist die Sonne von anderen Himmelskörpern eigens abgehoben. Warum dies bei Heidegger der Fall ist, wird recht bald deutlich, wenn man die entsprechenden Textpassagen heranzieht. »Das alltägliche umsichtige In-der-Welt-sein«, so heißt es, »bedarf der Sichtmöglichkeit, das heißt der Helle, um mit dem Zuhandenen innerhalb des Vorhandenen besorgend umgehen zu können. Mit der faktischen Erschlossenheit seiner Welt ist für das Dasein die Natur entdeckt. In seiner Geworfenheit ist es dem Wechsel von Tag und Nacht ausgeliefert. Jener gibt mit seiner Helle die mögliche Sicht, diese nimmt sie.« (SZ, 412) Wenn nicht in diesen Sätzen, so ist doch die Anspielung auf das Sonnengleichnis der *Politeia* unübersehbar, wenn Heidegger –

was für die Frage der Zeitrechnung und Zeitmessung ganz unerheblich ist — von der Sonne als dem »Licht und Wärme spendenden Gestirn« (*SZ*, 413) spricht. Zwischen dem Sonnengleichnis und der Heideggerschen Anspielung besteht freilich ein Unterschied. Während die Sonne bei Platon zur Veranschaulichung der Idee des Guten eingeführt und außerdem als »Joch« zwischen dem sinnlich verstandenen Sehen und dem Sichtbaren gedeutet wird, ist die Sonne bei Heidegger einerseits das ausgezeichnete Datum der Weltzeit und andererseits ein Bild für die Weltzeit selbst. Indem man etwa ein »dann« nicht nur einfach durch eine »umweltliche Begebenheit« datiert, sondern als zusätzliches Datum einen bestimmten Sonnenstand angibt, hat man den fraglichen Zeitpunkt in einer Weise fixiert, die es allen erlaubt, mit ihm zu »rechnen«; außerdem macht die Weltzeit das alltägliche Besorgen, sofern es ausgesprochen wird, ebenso allgemein zugänglich, wie die Sonne alles erst erhellt. Aber Heidegger nimmt ebenso das bei Platon gedachte Verhältnis der Sonne zur Idee des Guten auf. Schließlich ist »die Geworfenheit des Daseins der Grund dafür, daß es öffentlich Zeit ›gibt‹«, und weil die Geworfenheit ihrerseits ursprünglich in der Gewesenheit zugänglich ist, heißt das: die Weltzeit ist ein Abkömmling (ἔκγονος/ *Resp.* 508b13) der Zeitlichkeit.

Doch auch damit sind die Entsprechungen zwischen Heidegger und Platon an dieser Stelle noch nicht erschöpft. Die Gleichnisse im Zentrum der *Politeia* können nur angemessen verstanden werden, wenn man sie als Gleichnissequenz liest. Das bedeutet nicht nur, daß in ihnen je verschiedene Aspekte eines einheitlichen Gedankenzusammenhangs veranschaulicht werden; außerdem ergänzen und korrigieren die Gleichnisse sich in ihrer Sequenz dadurch, daß verschiedene Bilder für dieselbe Sache stehen. Was das genau heißt, könnte nur in einer ausführlichen Interpretation der Gleichnissequenz gezeigt werden. Hier genügt es, sich klarzumachen, wie das Sonnengleichnis durch das Höhlengleichnis modifiziert wird: Während die Sonne einmal das Gestirn ist, an dem in einer Analogie die Bedeutung der Idee des Guten aufgezeigt wird, steht die Sonne im Höhlengleichnis direkt für die Idee des Guten, die als solche nicht thematisiert wird. Dafür wird die Sonne des Sonnengleichnisses im Höhlengleichnis durch das Feuer veranschaulicht, das als Lichtquelle die Projektion der Schatten von Standbildern und Gerätschaften auf die Höhlenwand ermöglicht. Dieser Verschiebung der Bilder entspricht bei Heidegger die Ersetzung des Sonnenumlaufs durch die Uhr.

Dazu heißt es: »Wenn wir das ›primitive‹ Dasein, das wir der Analyse der ›natürlichen‹ Zeitrechnung zugrunde legten, mit dem ›fortgeschrittenen‹ vergleichen, dann zeigt sich, daß für dieses der Tag und die Anwesenheit des Sonnenlichts keine vorzügliche Funktion mehr besitzen, weil dieses Dasein den ›Vorzug‹ hat, auch die Nacht zum Tag machen zu können. Imgleichen bedarf es für die Zeitfeststellung nicht mehr eines ausdrücklichen, unmittelbaren Blickes auf die Sonne und ihren Stand. Verfertigung und Gebrauch von eigenem Meßzeug erlaubt, die Zeit an der eigens dazu hergestellten Uhr direkt abzulesen.« (*SZ* 415) Diese Passage ist über den gegenwärtigen Zusammenhang hinaus interessant, weil sie dokumentiert, daß Heidegger das Problem der Technik auch bereits in *SZ* sieht; die »Zeitfeststellung«, von der hier die Rede ist, ist ein Vorklang des »Gestells«, wie das Wesen der Technik dann später genannt wird. Aber auch ohne auf Heideggers Vortrag zur *Frage nach der Technik* bereits jetzt Bezug zu nehmen, läßt sich deutlich machen, inwiefern die technische Zeitmessung mit der Uhr gegenüber der Weltzeit eine Modifikation ist. Dazu ist es notwendig, den für die Zeitbestimmung notwendigen Maßstab genauer zu bestimmen.

Dieser Maßstab ist, beim Umlauf der Sonne wie bei der Uhr gleichermaßen, eine Standardbewegung, die in ihrer Regelmäßigkeit in bestimmte Abschnitte unterteilt und gezählt werden kann. Ihr können dann bestimmte Vorhaben und Ereignisse zugeordnet werden, und in diesem Sinne hat man es mit einer *doppelten Datierung* zu tun. Ein Satz wie »Wenn die Sonne untergeht, werde ich zurückkommen« drückt eine solche doppelte Datierung aus. Nun ist klar, daß jede Uhr eine genauere Fixierung von Vorhaben und Ereignissen erlaubt als die Orientierung am Umlauf der Sonne. Dies allein würde jedoch nicht dazu berechtigen, hier von einer Modifikation der Weltzeit zu sprechen. Diese besteht erst darin, daß sich jede Zeitmessung mit der Uhr »in einem betonten Sinne mit dem Jetzt« ausspricht: »In der Zeitmessung vollzieht sich ... eine Veröffentlichung der Zeit, dergemäß diese jeweils und jederzeit für jedermann als ›jetzt und jetzt und jetzt‹ begegnet. Diese ›allgemein‹ an den Uhren zugängliche Zeit wird so gleichsam wie eine *vorhandene Jetztmannigfaltigkeit* vorgefunden, ohne daß die Zeitmessung thematisch auf die Zeit als solche gerichtet ist.« (*SZ*, 417) Damit ist auch das Stadium der von Heidegger so genannten »vulgären Zeitauffassung« erst eigentlich erreicht. Es besteht den zitierten Sätzen zufolge darin, daß die Weltzeit unter den Primat des »jetzt« gerät, weil man sich jeweils an den einzelnen Abschnitten der Standardbewegung orientiert. Erst für die Uhrzeit gilt demnach auch der Primat der Gegenwart, den Heidegger bereits für die »Zeitlichkeit des Besorgens« geltend machen wollte, und es ist eine andere Gegen-

302

wart als die des Gegenwärtigens, der dieser Primat zukommt. Wie diese Gegenwart zu denken ist, kann man sich deutlicher machen, wenn man berücksichtigt, daß Heideggers Beschreibung der Zeitmessung mit der Uhr weniger auf vorneuzeitliche Uhrenmodelle zutrifft, sondern vor allem auf die moderne Zeigeruhr und mehr noch auf die Digitaluhr. Letztere gibt schließlich mit ihren Ziffern nur noch den »jetzigen« Zeitpunkt an, während selbst der Lauf des Sekundenzeigers noch anschaulich ist, so daß man sagen kann: »Jetzt zeigt der Zeiger auf die Fünf und dann wird er auf die Sechs zeigen.« Aber auch hier ist bereits zu sehen, wie schwierig es ist, bei kleineren Abständen mit dem Verlauf des Zeigers in der Beschreibung seiner Stationen noch mitzuhalten. Die Datierung der Standardbewegung, durch die die Zeitmessung konstituiert wird, ist im Grunde nur noch mit »jetzt« möglich, je kleiner die Abstände zwischen den Abschnitten der Standardbewegung sind. Die Verwendung des Ausdrucks »jetzt« erfolgt dabei auch nicht mehr in einem als solchem deutlichen Datierungsbezug, und deshalb kann Heideggers Deutung zufolge der Eindruck entstehen, man habe es in der Zeit mit einer »vorhandenen Jetztmannigfaltigkeit« zu tun. Während die einfach datierte Zeit und auch die noch nicht chronometrisch gemessene Zeit auch mit den Ausdrücken »dann« und »damals« ausgesprochen werden kann, fallen solche Bezüge bei einer genauen chronometrischen Datierung weg: Man sagt zwar »Dann, wenn die Sonne aufgeht«, aber nicht »Dann, um 18.45«. Ein anderer Aspekt der Modifikation der Weltzeit durch die Uhrzeit besteht darin, daß die Uhrzeit mit ihren genauen Datierungen auch die genaue Planung von Projekten ermöglicht. Verhaltensweisen werden dadurch leichter disponierbar: sie können aufgrund der genau zu datierenden Standardbewegung der Uhr selbst standardisiert werden, so daß »man« leichter sagen kann, was man zu tun hat. Ein einfaches Beispiel für die Standardisierung von Verhaltensweisen sind die Regeln für die Benutzung von öffentlichen Einrichtungen und Verkehrsmitteln, die ja immer auch bestimmte Benutzungszeiten festlegen. Ebenso kann sich nun die »Diktatur« des »Man« in der Weise einer effizienten Kontrolle entfalten, wie in einer Beschreibung moderner Verwaltungs- und Industriearbeit leicht zu zeigen wäre. Dabei wird das Verhalten aus den für die »Umsicht« charakteristischen Zusammenhängen der Bedeutsamkeit gelöst. Die Uhrzeit ist in letzter Konsequenz die Zeit eines »weltlosen«, beliebig segmentierbaren und nur wirklichen Verhaltens. In ihr radikalisiert sich damit, was für die Weltzeit charakteristisch ist, nämlich die Modifikation des Möglichen zum Wirklichen. Erst in der Weltzeit und in der Uhrzeit wird das Verhalten in seiner Wirklichkeit zugänglich.

Diese Bemerkungen könnten nun freilich doch wieder den Eindruck erwecken, die Heideggersche Konzeption des »Man« sei in erster Linie zivilisationskritisch gemeint. Aber wenn man das behauptet, übersieht man, daß die Uneigentlichkeit nicht nur in der Uhrzeit zugänglich ist, sondern in der Weltzeit als der Zeit des ausgesprochenen Verhaltens generell. »Neugier« und »Zweideutigkeit« sind sicherlich eher von den vagen Zeitangaben, wie sie mit »damals«, »dann« und »jetzt« möglich sind, her zu verstehen, selbst wenn man die Messung von Zeit immer schon als möglich und bekannt voraussetzt. Sie sind als Formen der Uneigentlichkeit von der Entwicklung einer genauen Uhrzeit unabhängig. Man übersieht außerdem, daß Heideggers Bestimmung der uneigentlichen Zeit gar nicht mit dem Hinweis auf die genannten Konsequenzen der Zeitmessung begründet ist. Entscheidend ist vielmehr der gegenüber der Zeitlichkeit abgeleitete Charakter der Weltzeit und der Uhrzeit, denn an diesem zeigt sich wieder die für die Uneigentlichkeit charakteristische »Unwahrheit« des Daseins: Wer sich an der Weltzeit orientiert, ist dadurch in einer Selbsttäuschung befangen, daß er den Datierungsbezug als notwendige Bedingung für jede Zeitstruktur ansieht und sich darin an eine Erscheinung der Zeitlichkeit hält.

Nur von hier aus läßt sich auch Heideggers Unterscheidung zwischen dem »primitiven« und dem »fortgeschrittenen» Dasein verständlich machen. Sicherlich bekundet das, was Heidegger hierzu sagt, eine deutliche Skepsis gegenüber jeder optimistisch vertretenen Fortschrittlichkeit und ihren − vermeintlichen − Vorteilen. Trotzdem will Heidegger nicht dafür plädieren, alle Uhren zu zerschlagen, alle Kalender zu verbieten und die Stunden und Monden, nur nach der Blumenuhr, nach Blüte und Frucht zu zählen.[9] Der Fortschritt in der Entwicklung genauer Uhren und die Vorteile, die dadurch entstehen, sind unter pragmatischen Gesichtspunkten ganz und gar nicht vermeintlich. Vermeintlich ist allerdings die Überzeugung, man hätte nun einen besseren Zugang zur Zeit, denn unter der Voraussetzung, daß die Orientierung am Umlauf der Sonne für die Zeitmessung die »natürliche« ist, ist die Orientierung an der Uhr schließlich Orientierung an einem Abbild dieses Umlaufs. Die Zeitmessung am Umlauf der Sonne verhält sich so gesehen zur Zeitmessung mit der Uhr wie die πίστις zur εἰκασία im Liniengleichnis der *Politeia*. Man kann die Einführung der Uhrzeit im Text von *SZ* durchaus als eine Anspielung auf dieses Verhältnis lesen. Immerhin ist die Uhr, die Heidegger als erste erwähnt,

9 Büchner, *Leonce und Lena*, 3. Akt, 3. Szene.

die Sonnenuhr, und diese gebraucht man, indem man »nicht den Sonnenstand am Himmel feststellt, sondern den *Schatten* mißt, den ein jederzeit verfügbares Seiendes wirft« (*SZ*, 415).[10] Zwar folgt man bei der Ablesung der Sonnenuhr dem Schattenstrich, den das Sonnenlicht als Schatten des Zeigers auf die Skala der Uhr wirft. Aber dabei ist die Datierung immer noch als eine letztlich auf den Umlauf der Sonne bezogene durchsichtig. Beim Ablesen der Sonnenuhr befindet man sich demnach in einer Situation, die im Höhlengleichnis der Erfahrung dessen vergleichbar ist, der mit dem Blick auf die Statuen und Gerätschaften sowie auf das Feuer erkennt, daß die Schatten nur Schatten sind. Der Betreffende weiß freilich noch nicht, daß auch die Lichtquelle, die er nun sieht, nicht die ursprüngliche ist. Vergleicht man derart die Sonne am Himmel mit dem Feuer, so zeigt sich, daß man es bei der Abbildung des Heideggerschen Gedankenzusammenhangs auf die Platonische Gleichnissprache ebenso wie bei Platon selbst mit einer wechselnden Funktion der Bilder zu tun hat: Sofern die Zeitlichkeit in ihrer ontologischen Stellung mit der Idee des Guten vergleichbar ist, ist die Weltzeit durch die Sonne am Himmel zu veranschaulichen. Die Uhrzeit ist dann das künstlich entzündete Feuer. Auf die Stationen des Höhlengleichnisses bezogen aber ist die Weltzeit selbst nur das Feuer, sofern es ein Abkömmling der Sonne ist, die hier für die Idee des Guten bzw. für die Zeitlichkeit steht. Diese Abbildung der Heideggerschen Konzeption der Zeitlichkeit, der Weltzeit und der Uhrzeit vermag noch einmal deutlich werden zu lassen, wie wenig diese Konzeption von zivilisationskritischen Impulsen geleitet ist. »Die vulgäre Zeitvorstellung«, so sagt Heidegger, »hat ihr natürliches Recht. Sie gehört zur alltäglichen Seinsart des Daseins und zu dem zunächst herrschenden Seinsverständnis. ... Diese Zeitauslegung verliert nur ihr ausschließliches und vorzügliches Recht, wenn sie beansprucht, den ›wahren‹Begriff der Zeit zu vermitteln und der Zeitinterpretation den einzig möglichen Horizont vorzeichnen zu können.« (*SZ*, 426) Noch einmal in die Gleichnissprache Platons übersetzt, heißt das: Es kann nicht darauf ankommen, die Abbilder abschaffen zu wollen. Es kommt vielmehr darauf an, sie als Abbilder zu erkennen und dadurch ein freies Verhältnis zu ihnen zu gewinnen.

Versteht man mit Heidegger die Uhrzeit und die Weltzeit als Abbilder, als Erscheinungen also, so können sie gemäß der Bestimmung des Verhältnisses von Phänomen und Erscheinung *nicht nur* verdeckend

10 Hervorhegung G. F.

sein; die Erscheinung ist zwar nicht das Phänomen selbst, aber doch auch eine Weise des Phänomens, sich zu zeigen, und dies muß sich in einer phänomenologischen Untersuchung aufweisen lassen. Eine solche Untersuchung hat damit eine doppelte Aufgabe: sie muß einerseits in einem Abbau der Erscheinung das Phänomen in seiner vollen Struktur sichtbar machen und darin erweisen, daß die Erscheinung nur eine Erscheinung ist; andererseits aber gewinnt sie durch das so erreichte freie Verhältnis zur Erscheinung auch die Möglichkeit, die spezifische Weise deutlich zu machen, in der das Phänomen sich in der Erscheinung zeigt, und der Erscheinung damit ihr begrenztes Recht zu lassen. Was Weltzeit und Uhrzeit angeht, so ist dieses Verhältnis bisher freilich nur im Hinblick auf die Zeitmessung deutlich geworden: die Uhrzeit ist ein Abbild der Weltzeit, sofern diese nicht an einer technisch hergestellten Standardbewegung gemessen wird, sondern am natürlichen Umlauf der Sonne. Aber die Weltzeit ist ja nicht nur gemessene Zeit, sondern in erster Linie die Zeit des bestimmten und ausgesprochenen Verhaltens; wie nun das Verhalten in der Uhrzeit oder überhaupt in einer gemessenen Zeit erscheinen kann, blieb bisher unberücksichtigt, und außerdem kam der weltzeitliche Charakter des Verhaltens auch nur in einer Hinsicht in den Blick: Heidegger orientiert sich in seinen Analysen der zeitlichen Ausdrücke »damals«, »jetzt« und »dann« an *praktischen* Sätzen wie Absichtserklärungen. In welcher Hinsicht diese Analysen darum ergänzungsbedürftig sind, ist nicht schwer zu sehen: schließlich spricht man in Sätzen, die Ausdrücke wie »damals«, »jetzt« und »dann« enthalten, nicht nur eigenes Verhalten oder eigene Projekte aus, sondern spricht auch *über* das Verhalten und die Projekte Anderer. Sätze über das Verhalten und die Projekte Anderer, die zeitliche Ausdrücke enthalten, lassen sich jedoch nicht mehr ausschließlich verständlich machen, indem man auf die Struktur der Zeitlichkeit rekurriert. Vor allem, wenn diese Sätze im Zusammenhang mit anderen Sätzen stehen, geben sie häufig Informationen über das Verhalten Anderer *in seiner Dauer;* in ihnen spricht man anders gesagt *die Wirklichkeit dieses Verhaltens in der Zeit* aus, und wie die Wirklichkeit des Verhaltens in der Zeit zugänglich wird, ist bisher noch nicht gezeigt. Bei den von Heidegger untersuchten Absichtserklärungen hat man es ja mit Sätzen zu tun, in denen die Wirklichkeit bevorstehende Wirklichkeit im Sinne eines Projekts oder gewesene Wirklichkeit im Sinne eines vormaligen Umgangs mit Zeug ist; in beiden Fällen kann die Wirklichkeit auf die Möglichkeit zurückgeführt werden, weil es sich um Sätze handelt, die nur in der ersten Person ausgesprochen werden können. Das ist bei Sätzen in der dritten Person oder solchen der ersten Person, die in die dritte Person übersetzbar sind, ohne daß sich ihr Sinn verändert, nicht mehr ohne weiteres möglich, denn auch sie werden durch das »jetzt« dominiert, ohne deshalb chronometrische Zeitangaben enthalten zu müssen. Es gibt, in der Terminologie Heideggers gesagt, Sätze über bestimmtes Verhalten, denen das »vulgäre Zeitverständnis« zugrunde liegt, so daß sie nicht mehr aus der Weltzeit verständlich gemacht werden können, sofern sie nicht Uhrzeit ist, ohne daß man sie deshalb im Rekurs auf die Uhrzeit analysieren könnte. Solche Sätze kann man im weitesten Sinne als *historische Aussagen* bezeichnen. Heidegger selbst hat die Chance zu einer Analyse historischer Aussagen so gut wie gar nicht wahrgenommen, und zwar, weil er die durch das »jetzt« dominierte Zeit von vornherein unter dem Aspekt der Zeitmessung begreift. Daß dies unangemessen ist, läßt sich besonders gut an Heideggers Interpretation desjenigen Textes zeigen, der seiner Meinung nach das »vulgäre Zeitverständnis« auf den Begriff bringt; dieser Text ist die Zeitabhandlung in der Aristotelischen *Physik*. Nimmt man im Anschluß an die Diskussion von Heideggers Aristoteles-Deutung den Aristotelischen Gedankengang anders auf als Heidegger selbst, so läßt sich auch im Rahmen des Heideggerschen Konzeptes der Status historischer Aussagen plausibel machen.

Die Zeit und das »Jetzt«

Heideggers Interpretation der Aristotelischen Zeitabhandlung ist im ganzen der Versuch zu zeigen, daß das »vulgäre Zeitverständnis« nur die Erscheinung der Weltzeit ist. Bereits mit seiner Bestimmung der Zeit als ἀριθμὸς κινήσεως κατὰ τὸ πρότερον καὶ ὕστερον (*Phys./* 219b2) dokumentiert Aristoteles, wie Heidegger meint, die Annahme zweier Zeitstrukturen. Heidegger übersetzt deshalb die zitierte Formel auch folgendermaßen: »Das nämlich ist die Zeit, das Gezählte an der im Horizont des Früher und Später begegnenden Bewegung.« (*SZ*, 421) An der Parallelstelle in den *Grundproblemen der Phänomenologie* wird das »im Horizont des Früher und Später« noch erläutert, indem es heißt, die Bewegung begegne »für den Hinblick auf das Vor und Nach« (*GA* 24, 337). Beides aber, was Heidegger hier behauptet, ergibt sich aus dem Aristotelischen Text selbst nicht. Weder ist hier von einem »Begegnen« der Bewegung die Rede, noch spricht zunächst irgendetwas dafür, das κατὰ mit »im Horizont« wiederzugeben. Um zu sehen, inwieweit Heideggers interpretierende Übersetzung unangemessen und andererseits in Grenzen doch berechtigt ist, muß man sich die Aristotelische Konzeption der Zeit in ihren Grundzügen präsent machen.

Dabei ist zunächst zu beachten, daß der für diese Konzeption zentrale Ausdruck ἀριθμός von Aristoteles in zwei verschiedenen Bedeutungen verwendet wird. ἀριθμός ist einmal das Gezählte und Zählbare, zum anderen das, womit wir zählen (καὶ γὰρ τὸ ἀριθμούμενον καὶ τὸ ἀριθμητὸν ἀριθμὸν λέγομεν, καὶ ᾧ ἀριθμοῦμεν/ Phys.219b6f.). Nun wird der Zeit zwar eindeutig die erste dieser beiden Bedeutungen zugewiesen: sie ist das Gezählte und nicht das, womit wir zählen (ὁ δὴ χρόνος ἐστὶν τὸ ἀριθμούμενον καὶ οὐχ ᾧ ἀριθμοῦμεν/Phys. 219b7f.); aber damit ist nicht gesagt, es gäbe die Zeit ohne die Zahl im Sinne dessen, womit wir zählen. Die Zahl, mit der wir zählen, ist nämlich das »Jetzt« (τὸ νῦν), sofern es die Einheit des jeweils Gezählten (μονὰς ἀριθμοῦ/Phys. 220a4) ausmacht. Die Charakterisierung des Jetzt als einer Zahl mag auf Anhieb überraschen. Allein, man muß beachten, daß gemäß der Aristotelischen Vorstellung die Eins zwar keine Anzahl sein kann, weil mit »Anzahl« grundsätzlich eine Menge gemeint ist. Das schließt jedoch nicht aus, von ihr als von dem zu sprechen, womit wir zählen. Das, womit wir zählen, sind keine mathematischen Entitäten, sondern die Dinge in ihrer Bestimmtheit, die dann jeweils in einer Menge gegeben sein können. Was das genauer heißt, wird deutlich, wenn Aristoteles sagt, mit der Anzahl wüßten wir die Menge der – hier als Beispiel gewählten – Pferde, während wir wiederum mit dem einen Pferd die Anzahl der Pferde wüßten (τῷ μὲν γὰρ ἀριθμῷ τὸ τῶν ἵππων πλῆθος γνωρίζομεν, πάλιν δὲ τῷ ἑνὶ ἵππῳ τὸν τῶν ἵππων ἀριθμὸν αὐτόν/Phys. 220b20-22). Das heißt: wenn wir die Anzahl kennen, wissen wir, mit wievielen Pferden wir es zu tun haben, aber die Anzahl läßt sich immer nur denken als Anzahl von etwas, das als »ein a« angesprochen werden kann. Dieses »etwas« bildet als das, was im Hinblick auf seine Anzahl gezählt wird, das »Einheitsmaß«.[11] Überträgt man dies auf die Bestimmung der Zeit als dem Gezählten bzw. Zählbaren der Bewegung, so entspricht das »etwas« hier dem »Jetzt«, und warum das so ist, kann man sich leicht klarmachen. Es ist nämlich unmöglich, überhaupt von einer Bewegung zu sprechen, wenn man nicht weiß, *was* sich bewegt oder bewegt wird. Das Bewegte ist, wie Aristoteles sagt, das am meisten Bekannte (γνώριμον δὲ μάλιστα τοῦτ᾽ ἔστιν/Phys. 219b29), weil

---

11 Wieland (1970), 317.

es anders als die Bewegung ein bestimmtes Vorliegendes ist (τόδε γάϱ τι τὸ φεϱόμενον, ἡ δὲ κίνησις οὖ/*Phys.* 219b30f.). Das Vorliegende aber ist immer, wenn es zugänglich ist, »jetzt« zugänglich, sodaß der substantivierte Ausdruck τὸ νῦν die Zugänglichkeit des bestimmten Vorliegenden bezeichnen kann. Für die Erfahrung von Zeit ist es allerdings notwendig, daß das bestimmte Vorliegende nicht einfach bleibt, wie es ist. Die Zeit ist nicht ohne Umschlag zu denken (οὐδ᾽ ἄνευ γε μεταβολῆς/*Phys.* 218b21), aber, wie man ergänzen muß, auch nicht, ohne daß in diesem Umschlag etwas dasselbe bleibt. Daß die zweite Bedingung für Aristoteles gleich wichtig wie die erste ist, zeigt sich nicht nur daran, daß die Kenntnis der Bewegung in erster Linie die Kenntnis des Bewegten ist; es zeigt sich ebenso an der Selbstverständlichkeit, mit der Aristoteles nur am Anfang der Zeitabhandlung von μεταβολή und dann durchgängig von κίνησις und φοϱά, Ortsbewegung, spricht. Während nämlich auch die Vernichtung von etwas als μεταβολή bezeichnet werden kann, ist eine κίνησις immer derart, daß das Sichbewegende oder Bewegte erhalten bleibt (ἀνάγκη τὴν ἐξ ὑποκειμένου εἰς ὑποκείμενον μεταβολὴν κίνησιν εἶναι μόνην/*Phys.* 225b1−3), und das gilt natürlich auch von der Ortsbewegung, die so gesehen lediglich ein Spezialfall der κίνησις ist.

Denkt man nun die beiden genannten Bedingungen für die Erfahrung von Zeit zusammen, so zeigt sich, daß das Modell, an dem Aristoteles seine Zeitkonzeption entwickelt, denkbar einfach ist. Dieses Modell ist eine Bewegung, die sich in Sätzen vom Typ »Fa wird Ga« ausdrücken läßt, wobei Fa und Ga sich zueinander konträr verhalten. Deshalb muß auch die Zugänglichkeit des mit Fa Ausgesagten von der Zugänglichkeit des mit Ga Ausgesagten verschieden sein. Diese Verschiedenheit läßt sich berücksichtigen, indem man das die Zugänglichkeit ausdrückende »Jetzt« einmal als »früher« und einmal als »später« faßt. Will man dies in einem Satz ausdrücken, so erhält man: »Jetzt (früher) Fa wird zu jetzt (später) Ga«. Wenn das »Jetzt« die Zugänglichkeit eines bestimmten Vorliegenden zu verstehen gibt, so geben die zwei »Jetzt«, von denen das eine als »früher«, das andere als »später« gefaßt wird, die Zugänglichkeit eines bestimmten, in zwei verschiedenen Zuständen Vorliegenden zu verstehen, und nur, wenn man etwas Bestimmtes in zwei verschiedenen Zuständen erfährt, erfährt man Zeit. Daß die Zeit ἀϱιθμὸς κινήσεως κατὰ τὰ πϱότεϱον καὶ ὕστεϱον ist, heißt demnach: Zeit ist die Zugänglichkeit von Einem, das aufgrund einer Bewegung in zwei verschiedenen Zuständen vorliegt, die, weil man das Eine kennt, als Menge seiner Zustände bekannt sind. Nur wenn es eine gezählte Menge von Zuständen gibt, gibt es Zeit.

Aristoteles kann demnach zu Recht behaupten, seine Bestimmung von Zeit einsichtig gemacht zu haben (*Phys.*/220a24−26), ohne daß von der Zeitmessung überhaupt die Rede gewesen wäre. Der Zahlcharakter von Zeit im Aristotelischen Sinne hat zunächst mit dem Problem der Zeitmessung nichts zu tun.

Wenn Heidegger nun die Aristotelische Zeitdefinition übersetzt, indem er vom *Horizont* des Früher und Später spricht, so läßt er zunächst unberücksichtigt, daß bei Aristoteles die Ausdrücke »früher« und »später« immer mit zwei »Jetzt« belegt sind, oder anders gesagt, daß es zwei »Jetzt« sind, die als »früher« bzw. als »später« gefaßt werden. Das wird besonders deutlich, wo Heidegger die Ausdrücke πρότερον und ὕστερον in der räumlichen Bedeutung »vor« und »dahinter«, die sie auch haben, interpretiert, indem er sie auf die Ortsbewegung bezieht: »Das Dort ist nicht ein beliebiges, sondern das Dort-her <πρότερον / G. F.> ist ein Voriges, und das Hier-hin <ὕστερον / G. F.> ist ebenfalls kein beliebiges Hier, sondern als Hierher für das nächste ein Nachheriges. Wenn wir so die Ortmannigfaltigkeit im Horizont des ›von dort her − hier hin‹ sehen und in diesem Horizont die einzelnen Orte durchlaufen, indem wir die Bewegung, den Übergang, sehen, behalten wir den erst durchlaufenen Ort als das Von-dort-her und sind des nächsten Ortes gewärtig als des Dort-hin. Behaltend das Vorige und gewärtigend das Nachherige sehen wir den Übergang als solchen.« (*GA* 24, 347) πρότερον und ὕστερον werden hier im Sinne einer bestimmten Gewesenheit und einer bestimmten Zukunft verstanden, und das hat zur Folge, daß die Gegenwart wieder nur als Umschlag, oder wie Heidegger hier abschwächend sagt, als »Übergang« in den Blick kommt. Das »Jetzt« bezeichnet denn auch für Heidegger nicht mehr die Zugänglichkeit eines bestimmten Vorliegenden, sondern nur noch die in einer Bewegung durchlaufenen Orte: »Um das eigentümliche Behalten des Vorigen und Gewärtigen des Kommenden zu fassen, sagen wir: jetzt hier, vormals dort, nachmals dort, d. h. jedes Dort im Zusammenhang des ›von etwas her − zu etwas hin‹ ist Jetzt-dort, Jetzt-dort, Jetzt-dort.« (*GA* 24, 347) Heideggers »das heißt« ist allerdings ungerechtfertigt, denn das »damals« und das »dann« sind ja gerade vom »jetzt« unterschieden. Zu einer Folge von »jetzt«, wie Heidegger sie hier einführt, kommt es erst, wenn das »damals« und das »dann« gar nicht mehr gesagt werden, sondern man sich im Vollzug einer Bewegung nur noch auf die einzelnen Schritte oder bestimmte Abschnitte des Weges konzentriert. Wäre man imstande, einen solchen Weg mit gleichbleibender Geschwindigkeit zurückzulegen, könnte der Vollzug der eigenen Bewegung als Uhr fungieren, und macht man sich das klar, ist es auch nicht erstaunlich, daß Heidegger seine Interpretation beginnt, in dem er die Aristotelische Bestimmung der Zeit sofort an der Uhr veranschaulicht. Nur weil man sich selbst wie eine Uhr verhalten kann, kann man an der Uhr auch die Zeit ablesen, und es ist klar, daß das Verhalten im Sinne einer Uhr lediglich eine Erscheinung der Zeitlichkeit ist. Im »Jetzt«, wie Heidegger es interpretiert, liegt deshalb auch »schon die Verweisung auf das Nicht-mehr und Noch-nicht. Es hat in sich selbst die Dimension, die Erstreckung nach« einem Noch-nicht und Nicht-mehr.« (*GA* 24, 351) In dieser Deutung aber geht der Sinn des Aristotelischen νῦν verloren, weil Heidegger aufgrund seiner Fassung von πρότερον und ὕστερον als »Horizont« die für Aristoteles zentrale Zweiheit der νῦν nicht mehr sieht.

Gleichwohl ist die Deutung Heideggers von seiner Intention her verständlich und der Sache nach nicht ganz unberechtigt. Heideggers Intention ist es, die Aristotelische Konzeption der Zeit auf die in ihr versteckte Struktur der Zeitlichkeit hin zu untersuchen, um Aristoteles besser zu verstehen als er sich selbst verstanden hat. Insofern ist Heideggers Interpretation ein Musterbeispiel für das, was er »phänomenologische Destruktion« nennt. Eine solche Destruktion soll die ontologische Tradition »in ihren Grenzen abstecken, die mit der jeweiligen Fragestellung und der aus dieser vorgezeichneten Umgrenzung des möglichen Feldes der Untersuchung faktisch gegeben sind« (*SZ*, 22). Die Grenzen der Aristotelischen Zeitabhandlung bestehen für Heidegger darin, daß Aristoteles den Zeitcharakter der Bestimmungen πρότερον und ὕστερον nicht entwickeln kann. Oberflächlich gesehen ist die Aristotelische Bestimmung der Zeit deshalb auch, wie Heidegger meint, »tautologisch«, und das Ziel der phänomenologischen Destruktion ist es, diese Tautologie als eine vermeintliche zu erweisen: »Vielleicht ist die Aristotelische Zeitdefinition keine Tautologie, sondern verrät nur den inneren Zusammenhang des Aristotelischen Zeitphänomens, d. h. der vulgär verstandenen Zeit, mit der ursprünglichen Zeit, die wir Zeitlichkeit nennen.« (*GA* 24, 341) Um diese These plausibel zu machen, reißt Heidegger die Aristotelische Bestimmung der Zeit jedoch auseinander und versucht, den ἀριθμὸς κινήσεως als Indiz für die Folge der »Jetzt« und das κατὰ τὸ πρότερον καὶ ὕστερον als Indiz für das Behalten und Gewärtigen zu verstehen. Sicher ist es unbezweifelbar, daß der vorige Zustand von etwas, den man mit »Fa« bezeichnet, »behalten« werden muß, damit man ihn in seiner Unterschiedenheit von einem späteren Zustand Ga konstatieren kann. Man wird jedoch nicht behaupten können, jedes Wissen von einem früheren Zustand von etwas sei ein »Behalten« im Sinne der Struktur der Zeitlichkeit, und das wiederum heißt, daß zeitliche Aussagen nicht allein aus der Zeitlichkeit verständlich gemacht werden können.

Um die zeitlichen Aussagen in ihrem Status bestimmen zu können, die sich auf Verhaltensweisen in einer grundsätzlich in die dritte Person übersetzbaren Weise beziehen, wird man demnach zunächst an der Aristotelischen Ontologie des »Vorhandenen« festzuhalten haben. Diese Aussagen sind nur möglich, wenn sie in ihrem Zeitcharakter zumindest auch gemäß der Aristotelischen Bestimmung von Zeit gefaßt werden, so daß man es bei ihnen mit Aussagen über verschiedene Zustände eines Bestimmten zu tun hat. Die konstatierbare Wirklichkeit des Verhaltens besteht in der Bewegung von etwas, bei der es seinen Zutand wechselt und doch dasselbe bleibt. Weil Heidegger verkürzend die Struktur der Zeitlichkeit in die Aristotelische Konzeption hineininterpretiert, gelingt es ihm nicht, das »natürliche Recht« der von Aristoteles herausgearbeiteten Struktur zu wahren. Die Zeit, sofern sie die Wirklichkeit des bestimmten Verhaltens zugänglich macht, kommt durch die »phänomenologische Destruktion« nicht in den Blick. Ohne eine solche Zeit aber läßt sich, wie nun zu zeigen ist, Heideggers Konzept von Geschichte und Geschichtlichkeit nicht verständlich machen.

Geschichte und Geschichtlichkeit

Die These, »Geschichte« sei im Anschluß an Heidegger als die Zugänglichkeit des Verhaltens in seiner Wirklichkeit zu denken, ist wahrscheinlich nicht auf Anhieb einleuchtend. Man kann das Bedenken haben, hier werde eine von Heidegger selbst nicht vertretene Interpretation der Aristotelischen Bestimmung von Zeit einfach auf Heidegger übertragen. Unterstellt man außerdem, »Geschichte« sei im Anschluß an Heidegger als der Bereich historischer Aussagen zu verstehen, und sagt, diese Aussagen bezögen sich auf ein wirkliches Verhalten wie zeitliche Aussagen über eine Bewegung und das Bewegte sonst auch, scheint man zu vernachlässigen, daß Heidegger »Geschichte« sehr viel reicher und nicht im Rekurs auf ein in der Ontologie des »Vorhandenen« verwurzeltes Konzept von Zeit bestimmt. »Geschichte« bedeutet immerhin soviel wie »geschichtliche Wirklichkeit« (*SZ*, 378). Geschichtliche Wirklichkeit haben einerseits »historische Gegenstände« (*SZ*, 380) und »damalige Ereignisse« (*SZ*, 378), und so gesehen ist die geschichtliche Wirklichkeit »das Vergangene« (*SZ*, 378). Geschichtliche Wirklichkeit ist aber auch die »Herkunft« (SZ, 378) aus der Vergangenheit und die Fortwirkung des Vergangenen, das » ›gegenwärtig‹ eine ›Zukunft‹ « (SZ, 378) bestimmt. So gesehen ist Geschichte ein »Ereignis- und ›Wirkungszusammenhang‹, der sich durch ›Vergangenheit‹, ›Gegenwart‹ und ›Zukunft‹ hindurchzieht« (SZ, 378f.) und als solcher das »Geschehen« in der »Region des Seienden, die man mit Rücksicht auf die wesentliche Bestimmung der Existenz des Menschen durch ›Geist‹ und ›Kultur‹ von der Natur unterscheidet, wenngleich auch diese in gewisser Weise zu der so verstandenen Geschichte gehört« (SZ, 379). Diese verschiedenen Aspekte faßt Heidegger zu einer ersten und vorläufigen Bestimmung zusammen: »Geschichte ist das in der Zeit sich begebende spezifische Geschehen des existierenden Daseins, so zwar, daß das im Miteinandersein ›vergangene‹ und zugleich ›überlieferte‹ und fortwirkende Geschehen im betonten Sinne als Geschichte gilt.« (SZ, 379) Allein die vielen in den zitierten Bestimmungen gesetzten Anführungszeichen geben zu verstehen, daß hier aufgeführt werden soll, »was in der vulgären Daseinsauslegung mit den Ausdrücken ›Geschichte‹ und ›geschichtlich‹ gemeint ist« (SZ, 378). Diesem »vulgären« Geschichtsverständnis kann Heidegger freilich nicht einfach die eigentliche »Geschichtlichkeit« des Daseins entgegensetzen. Wenn die »vulgär« verstandene Geschichte die Geschichte ist, wie »man« sie kennt, so muß sich entsprechend dem Verhältnis von Phänomen und Erscheinung auch an ihr aufweisen lassen, was in ihr verdeckt wird; diese »Verdeckung« muß außerdem als eine »Flucht« vor der eigentlichen »Geschichtlichkeit« einsichtig gemacht werden können. Der Verschiedenheit von uneigentlicher Geschichte und eigentlicher Geschichtlichkeit entspricht ihre verschiedene Zugänglichkeit in der Zeit. Wenn die Geschichtlichkeit in der Zeitlichkeit zugänglich ist, so ist es die Geschichte in einer ihrer Erscheinungen. Weil Heidegger Geschichte und Geschichtlichkeit jedoch erörtert, bevor er seine Konzeption der Zeit vollständig entwickelt hat, gelingt es ihm auch nicht, die spezifische Zugänglichkeit der Geschichte zu klären, denn wo die Geschichte diskutiert wird, steht die Klärung der Weltzeit und des vulgären Zeitverständnisses noch aus. Das ganze Kapitel über »Zeitlichkeit und Geschichtlichkeit« ist unglücklich plaziert, und Heidegger hat das auch selbst gesehen. Sein Argument für diese Plazierung ist denn auch nicht sehr überzeugend. Wenn es nämlich darum gehen soll, »der vulgären Charakteristik des Geschichtlichen mit Hilfe der Zeit der Innerzeitigkeit die scheinbare Selbstverständlichkeit und Ausschließlichkeit zu nehmen« (SZ, 377), indem die Geschichtlichkeit von der ursprünglichen Zeitlichkeit her gedacht wird, so ist es zumindest ungeschickt, die Geschichtlichkeit dann doch im Ausgang von der Geschichte zu entwickeln. Auf diese Weise bleibt nämlich unklar, wieso die »vulgäre Auslegung des zeitlichen Charakters der Geschichte ... in ihren Grenzen ihr Recht« (*SZ*, 377) behalten kann, denn das ist erst einzusehen, wenn man das beschränkte Recht der vulgären Zeitauslegung bereits verstanden hat. Vielleicht deshalb ist dieses Kapitel in der Durchführung auch eines der schwächsten des ganzen Buches.

Heidegger bietet freilich wenigstens einen Anhaltspunkt dafür, die spezifische Zugänglichkeit der Geschichte und des Geschichtlichen genauer aufzuklären. Wenn das Geschichtliche auch »vergangen« ist, so ist es doch ebenso »gegenwärtig«. »Hausgerät zum Beispiel«, das in Museen oder auch in der eigenen Wohnung aufbewahrt wird, gehört »einer ›vergangenen‹ Zeit‹ an« und ist zugleich »noch in der ›Gegenwart‹ vorhanden« (*SZ*, 380). Sein geschichtlicher Charakter kann, wie Heidegger ausführt, weder darin bestehen, daß es »Gegenstand historischen Interesses« (*SZ*, 380) ist, noch darin, daß es nicht mehr benutzt wird. Damit es so etwas wie ein wissenschaftliches historisches Interesse geben kann, muß das betreffende Ding »an ihm selbst irgendwie geschichtlich« (*SZ*, 380) sein: wüßte der Historiker das nicht im voraus, würde er das Ding gar nicht als einen möglichen Gegenstand seiner Forschungen ansehen können. Außerdem ist das historische Interesse ebensowenig eine notwendige Bedingung für den geschichtlichen Charakter eines Dinges wie der Umstand, daß es nicht mehr in Gebrauch ist. Sofern es sich überhaupt um Zeug handelt, kann auch etwas Nichtgeschichtliches außer Gebrauch sein, etwa weil es beschädigt ist, und umgekehrt kann auch geschichtliches Zeug noch benutzt werden, wie sich an jedem antiquarischen Möbelstück oder einer ererbten Taschenuhr zeigt. Seine Betrachtungen über den geschichtlichen Charakter von Dingen resümierend, sagt Heidegger nun: »Ob im Gebrauch oder außer Gebrauch, sind sie <die historischen Dinge / G. F.> gleichwohl nicht mehr, was sie waren. Was ist ›vergangen‹? Nichts anderes als die Welt, innerhalb deren sie, zu einem Zeugzusammenhang gehörig, als Zuhandenes begegneten und von einem besorgenden, in-der-Welt-seienden Dasein gebraucht wurden.« (*SZ*, 380) Diese Erklärung löst jedoch das Problem, wie es zuvor exponiert worden ist, nicht. Es ist schließlich nicht einzusehen, wieso etwa ein Biedermeierschrank sich in seinem Zeugcharakter von einem beliebigen nichtgeschichtlichen Möbel unterscheiden soll. Außerdem ist unklar, in welchen Sinne eine Welt überhaupt »vergangen« sein kann. »Welt« ist ja ein existenzial-ontologischer Strukturbegriff, und das wird von Heidegger auch berücksichtigt, wenn er, seine Formulierung von der

314

Vergangenheit der Welt korrigierend, kurz darauf von der Gewesenheit der Welt spricht: »Die noch vorhandenen Altertümer haben einen ›Vergangenheits‹- und Geschichtscharakter auf Grund ihrer zeughaften Zugehörigkeit zu und Herkunft aus einer gewesenen Welt eines dagewesenen Daseins.« (SZ, 380f.) Mit dieser Auskunft aber wird die Sache vollends unklar, denn schließlich ist »Gewesenheit« als die Zugänglichkeit des Daseins in seiner Faktizität immer nur die je eigene Gewesenheit, und dann ist die »gewesene Welt« die Welt, sofern man je immer schon in ihr ist. Damit soll nun nicht bestritten werden, daß Welt auch entzogen sein kann; aber was das heißt, läßt sich nicht im Zusammenhang der Frage nach dem geschichtlichen Charakter von Zeug erörtern, sondern, wie Heidegger dann auch gesehen hat, nur im Zusammenhang der Frage, was ein Kunstwerk ist. Den geschichtlichen Charakter von Zeug aufzuklären, bedeutet demgegenüber, genauer zu sagen, in welcher Hinsicht die historischen Gegenstände selbst dann, wenn sie noch gebraucht werden, nicht mehr sind, »was sie waren«. Dazu kann man Heideggers Hinweis auf den Zusammenhang von Welt und Geschichte aufnehmen und mit der Bestimmung der Welt in ihrer Struktur ansetzen. Historisches Zeug ist offenbar nicht nur in der Weise bedeutsam wie nichthistorisches: man geht mit ihm in anderer Weise um und gibt sich aus ihm in anderer Weise zu verstehen, sofern man weiß, daß dieses Zeug auch für Andere bereits bedeutsam war. Das wiederum kann man nur wissen, wenn man entsprechende zeitliche Aussagen über dieses Zeug kennt. Historisches Zeug ist, selbst wenn man es noch benutzt, immer auch Gegenstand von historischen Aussagen, und diese sind doppelt datierte Aussagen über bestimmtes Verhalten. Man weiß etwa von der ererbten Taschenuhr, daß sie in einer bestimmten Zeit von einem Vorfahren gebraucht wurde. Natürlich sind historische Aussagen ebensowenig auf historische Gegenstände im genannten Sinne beschränkt wie auf besorgendes Verhalten. In jedem Fall aber handelt es sich bei ihnen um doppelt datierte Aussagen über bestimmtes Verhalten, bei denen die zweite Datierung keine exakte Zeitangabe zu sein braucht. Formulierungen wie »in den siebziger Jahren des neunzehnten Jahrhunderts« sind ja durchaus geläufig und reichen für die zweite Datierung oft hin. Historische Sätze können dann auch im Unterschied zu anderen Sätzen speziell auf ihre eigentümliche Verifizierbarkeit in einer »Analytischen Philosophie der Geschichte«[12] untersucht werden. Aber das ist ein Problem, dem jetzt nicht weiter nachzugehen ist.

12 Vgl. Danto (1965).

Wichtig ist vielmehr zu sehen, daß auch historische Aussagen, gleichviel ob sie ausgesprochen werden oder nicht, eine Möglichkeit bieten, bestimmte Verhaltensweisen miteinander zu vergleichen und voneinander abzugrenzen. Die vorrangige Orientierung an ihnen ist dann auch ein spezifischer Aspekt der Unfreiheit. Hat man dies einmal gesehen, kann auch deutlich werden, inwiefern Heidegger mit seiner Erörterung der Geschichte die Analyse des alltäglichen Daseins ergänzt. Bei dieser war zwar nicht unberücksichtigt geblieben, daß die Projekte, die als Antworten auf das bevorstehende Sein in seiner Unbestimmtheit durchsichtig sein können, nur in der Orientierung am Verhalten Anderer gewonnen werden. Was man wollen und wünschen kann, ist einem bekannt, weil Andere es wollen und wünschen, und die jeweilige Verbindlichkeit solcher Projekte wird oft gerade nicht in historischen Sätzen formuliert. Zu dem Zusammenhang, in dem Projekte stehen, gehören jedoch auch immer andere Projekte, die bereits vor der eigenen Lebenszeit realisiert worden sind, und wenn dies so ist, läßt sich *der Zusammenhang von Projekten* nicht ohne historische Aussagen und immer nur in zeitlichen Aussagen präsentieren. Bestimmte Verhaltensweisen haben so gesehen grundsätzlich historischen Charakter, selbst wenn sie noch nicht vergangen sind. Die Erzählung von »Geschichten« ist notwendig, damit der Zusammenhang von Verhaltensweisen und des in ihnen begegnenden Seienden tradiert und partiell auch neu erfunden werden kann.[13] Das »Geschehen«, als welches Heidegger die Geschichte bezeichnet, ist nichts anderes als die immer schon erfolgte Überlieferung von Verhaltenszusammenhängen, die, wenn man von der Geschichtsschreibung und dem Genre des historischen Romans absieht, keinen bestimmten Autor hat und von niemandem als solche abgewiesen werden kann: es »geschieht« einem, in der Überlieferung von Verhaltenszusammenhängen zu sein. Aber nicht nur das. Sowenig es möglich ist, die bereits erfolgte Überlieferung abzuweisen – denn wer sich gegen eine bestimmte Version der Überlieferung wendet, hat die Überlieferung als solche bereits akzeptiert –, genausowenig kommt man umhin, selbst am »Geschehen« der Überlieferung teilzunehmen. Das ist allein schon so, weil sich weder eigenes Verhalten noch das Verhalten Anderer letztlich ohne den Rekurs auf vergangene Verhaltenszusammenhänge thematisieren läßt. Ohne eine solche Thematisierung aber gäbe es weder politische Auseinandersetzungen noch eine Lebensgeschichte.

13 Vgl. dazu auch MacIntyre (1982), 190–209.

Die Lebensgeschichte macht auch Heidegger selbst bereits zum Thema, wenn er das Problem der Geschichte mit der Frage nach der »Erstreckung des Daseins zwischen Geburt und Tod« exponiert und sagt, diese Erstreckung ließe sich nicht als »Summe der Momentanwirklichkeiten von nacheinanderkommenden und verschwindenden Erlebnissen« (SZ, 374) denken. Wenn es nun weiter heißt, die Erstreckung des Daseins sei keine »irgendwie vorhandene Bahn oder Strecke ›des Lebens‹«, sondern Dasein erstrecke »*sich selbst* dergestalt, daß im vorhinein sein eigenes Sein als Erstreckung konstituiert ist« (SZ, 374), so ist damit ein Ansatzpunkt gewonnen, um das »Geschehen« der Geschichte in seinem Zeitcharakter zu bestimmen. Sofern Dasein »sich selbst« erstreckt, ist seine Erstreckung als Bewegtheit zu denken, und die Bewegtheit der Existenz ist nicht die »Bewegung eines Vorhandenen«: »Sie bestimmt sich aus der Erstreckung des Daseins. Die spezifische Bewegtheit des erstreckten Sicherstreckens nennen wir das Geschehen des Daseins.« (SZ, 375) Das »Geschehen«, von dem Heidegger hier spricht, ist nicht das spezifische Geschehen der *Geschichte*, sondern das zunächst nur formal bestimmte Geschehen der *Geschichtlichkeit*, aus dem dann das Geschehen der Geschichte erst verständlich gemacht werden soll. Wie entschieden sich Heidegger nun mit seiner Bemerkung, die Erstrecktheit des Daseins sei keine Bewegung eines »Vorhandenen«, gegen die Aristotelische Konzeption der Zeit absetzen will, allein daß er hier mit »Erstreckung« denselben Ausdruck verwendet, den er auch zur Charakterisierung der χίνησις in ihrer Größe gebraucht, legt doch den Gedanken an eine Verwandtschaft beider Konzeptionen nahe. Nimmt man noch hinzu, daß Heidegger im Kontext der zitierten Sätze nicht nur von der Bewegtheit des Daseins, sondern auch von seiner »Beharrlichkeit« sprechen kann, so ist die Nähe zu Aristoteles offensichtlich: »Beharrlichkeit« tritt an die Stelle des Bewegten, sofern es dasselbe bleibt, die »Bewegtheit« ersetzt die χίνησις, und die »Erstrecktheit« ist eben nicht mehr die Spanne einer Bewegung etwa von einem Ort zum anderen, sondern die Spanne des Daseins »zwischen Geburt und Tod«. Diese Spanne aber läßt sich nur im Anschluß an die Aristotelische Konzeption der Zeit und nicht »zeitlich« im Heidergerschen Sinne denken.

Warum dies so ist, kann man sich allein schon daran klarmachen, daß man mit Geburt und Tod die Lebensdaten eines Menschen angibt und die Lebensgeschichte, die »zwischen« diesen Daten liegt, als eine Bewegung in der Zeit versteht. Das Besondere an dieser Bewegung ist allerdings, daß man ihren Anfang und ihr Ende mit dem Anfang und Ende des Sichbewegenden identifiziert: das eine und sich gleichbleibende, das Beharrliche also, gibt es nur in dieser Bewegung. Daraus folgt, daß sie als Ganze nicht aus der Perspektive der Person beobachtet und gemessen werden kann, deren Lebensbewegung sie ist. Unbestreitbar ist aber auch, daß man ab einem bestimmten Alter von der meßbaren »Erstrecktheit« des eigenen Lebens in der Zeit weiß. Diesen Umstand nun nimmt Heidegger zum Anlaß, den Zeitcharakter des eigenen Lebens aus der Perspektive der ersten Person zu modifizieren: »Im Sein des Daseins liegt schon das ›Zwischen‹ mit Bezug auf Geburt und Tod. Keineswegs dagegen ›ist‹ das Dasein in einem Zeitpunkt wirklich und außerdem noch von dem Nichtwirklichen seiner Geburt und seines Todes ›umgeben‹. Existenzial verstanden ist die Geburt nicht und nie ein Vergangenes im Sinne des Nichtmehrvorhandenen, so wenig wie dem Tod die Seinsart des noch nicht vorhandenen, aber ankommenden Ausstandes eignet. Das faktische Dasein existiert gebürtig, und gebürtig stirbt es auch schon im Sinne des Seins zum Tode. Beide ›Enden‹ und ihr ›Zwischen‹ sind, solange Dasein faktisch existiert, und sie *sind*, wie es auf dem Grunde des Seins des Daseins als Sorge einzig möglich ist.« (*SZ*, 374) Daß die eigene Geburt kein »Nichtwirkliches« ist, wird man ohne weiteres zugestehen können, und mit einer Einschränkung gilt das auch vom eigenen Tod. Das nötigt jedoch überhaupt nicht dazu, die Geburt auf die Gewesenheit und den Tod auf die Zukunft zurückzuführen, wie Heidegger es hier tut. Im Gegenteil, daß der Tod nicht als Möglichkeit im Sinne des bevorstehenden Seins verstanden werden kann, wurde bereits eingehend gezeigt, und ähnliches gilt im Hinblick auf das Verhältnis von Geburt und Faktizität: »geboren zu sein« heißt ja nicht, in der Offenheit des Seienden zum Verhalten möglich zu sein, sondern ist der Anfang des Lebens als »dieser Bestimmte«, der schließlich auch erst nach der Geburt seinen Namen bekommt. Die Geburt ist zwar der Anfang des Daseins *für ihn*, aber nicht der Anfang *des Daseins*; sie ist, anders gesagt, der Anfang des Verhaltens eines Bestimmten, nicht aber, wie die Faktizität, der Anfang *zum* Verhalten. Als der Anfang dieses bestimmten Lebens aber ist die Geburt in einer zeitlichen Aussage fixierbar, und die Lebenszeit wird von ihr aus datiert. Selbst wenn einem die eigene Geburt unzugänglich ist, pflegt man doch im Laufe seines Lebens eine Reihe von lebensgeschichtlichen Aussagen zu machen, die man im Rekurs auf die Geburt datiert. Anders wären doppelt datierte zeitliche Aussagen wie Altersangaben gar nicht möglich. Zeitliche Aussagen über den eigenen Tod sind demgegenüber nur als einfach datierte möglich. In beiden Fällen aber operiert man mit zwei »Jetzt«, und zwar einem früher und einem später zu datierenden, die beide die Eigentümlichkeit haben, nur im Rekurs auf die faktische oder mögliche Beobachtung Anderer ausgesprochen werden zu können. Weil Aussagen über den eigenen Tod nur als einfach datierende möglich sind, ist es für einen selbst auch unmöglich, die eigene Lebenszeit zu messen. Das aber heißt nicht, man könnte diese Zeit anders denn als meßbare begreifen, und das wiederum ist so, weil es so etwas wie »Erstrecktheit« nur »in der Zeit«, also gemäß dem »vulgären« Zeitverständnis gibt. Heidegger macht hier den umgekehrten Fehler wie in seiner Aristoteles-Interpretation: Während er dort die Struktur der Zeitlichkeit in die »Zeit« hineininterpretiert, interpretiert er hier die Struktur der »Zeit« in die Zeitlichkeit hinein. Blendet man hingegen die Struktur der Zeitlichkeit ab, ergibt sich nicht nur ein stimmiges Konzept von Lebensgeschichte; es zeigt sich außerdem, in welcher Hinsicht jede Lebensgeschichte in eine Reihe von anderen Geschichten, die alle in zeitlichen Aussagen überliefert sind, eingebettet ist: man kann etwa über seine Geburt nicht reden, ohne Geschichten zu erzählen, die nicht in die eigene Lebenszeit gehören; nicht nur jede bestimmte Verhaltensweise, auch das eigene Leben überhaupt steht in einem Zusammenhang, der nur durch Überlieferung in der Zeit zugänglich ist.

Nach dieser Interpretation ist unklar, in welcher Hinsicht von »Geschichtlichkeit« überhaupt noch die Rede sein kann. Zum einen wird ja die Geschichtlichkeit formal durch die Bestimmug der »Erstrecktheit« exponiert, und von dieser wurde gezeigt, daß sie eindeutig der »vulgär« verstandenen Zeit zuzurechnen ist. Wenn umgekehrt Geschichte nur sprachlich in der Zeit zugänglich ist, scheint es deshalb auch unmöglich, so etwas wie eine geschichtliche Gewesenheit zu denken, und genau das ist erforderlich, wenn man Heidegger in seiner These folgen will, die Interpretation der Geschichtlichkeit sei eine konkretere Ausarbeitung der Zeitlichkeit. Man muß jedoch beachten, in welchem Verhältnis die für die Geschichte konstitutive Vergangenheit zur Gewesenheit steht. Wenn die Vergangenheit die uneigentliche Modifikation der Gewesenheit ist, so muß das in ihr Zugängliche negiert werden, damit das Möglichsein zum Verhalten in der Gewesenheit zugänglich sein kann. »Gewesen« ist man dann nicht nur in der Offenheit des Seienden, *sondern auch in der Offenheit sprachlicher Überlieferung.* Weil die Entschlossenheit in ihrem Negieren die Durchsichtigkeit von Projekten in ihrem Antwortcharakter ist, kann in ihr mit der Einsicht in den Möglichkeitscharakter des bestimmten Verhaltens *auch der Möglichkeitscharakter des ganzen Verhaltenszusammenhangs* offenbar werden.

Eben darum geht es in der Geschichtlichkeit als der eigentlichen Geschichte: »Die Entschlossenheit, in der das Dasein auf sich selbst zu-rückkommt, erschließt die jeweiligen faktischen Möglichkeiten eigent-lichen Existierens *aus dem Erbe*, das sie als geworfene *übernimmt*.« (*SZ*, 383) Entscheidend ist hier der Zusatz »als geworfene«. Weil die Geworfenheit des Daseins das Möglichsein in der Welt ist, fängt das Verhalten in ihr immer neu an, und dieser Anfang ist, wie gezeigt wur-de, erschlossen in der Angst, sofern diese die Welt in ihrer Unbedeut-samkeit offenbar macht. Das neu anfangende Verhalten ist so gesehen aus jedem Zusammenhang gelöst, und doch steht es als bestimmtes Verhalten zugleich in seinem Zusammenhang; in diesem ist es bekannt und hat seinen jeweils erzählbaren Stellenwert. Eine solche zwiefache Charakterisierung des Verhaltens ist natürlich auf Anhieb paradox. Sie ist es jedoch nur, sofern der Zusammenhang des Verhaltens *in seiner Wirklichkeit*, und das heißt: als in zeitlichen Aussagen überlieferter verstanden wird. Wenn es hingegen heißt, die Übernahme faktischer Möglichkeiten geschehe »aus dem Erbe«, so ist das Erbe selbst von der »Übernahme« her gedacht, und damit ist der Zusammenhang des Ver-haltens *enthistorisiert*. Was »Enthistorisierung« hier heißen soll, ist si-cher nicht unmittelbar deutlich. Um dies klarer zu machen, kann man zunächst sagen, die Enthistorisierung sei *eine veränderte Einstellung* zu historischen Aussagen, in der eine Aussage primär unter dem Gesichts-punkt der überlieferten Verhaltensweise interessiert, und nicht mehr unter dem Gesichtspunkt, daß das Verhalten in der Zeit t^1 bis t^2 erfolgte. Weiter ist es nun auch nicht mehr wichtig, daß die Verhal-tensweise einer bestimmten Person zugesprochen oder zugeschrieben wird, denn die Verhaltensweise ist ja nur interessant, weil sie über-nommen werden kann. Für eine solche Übernahme reicht es jedoch nicht aus, daß die Verhaltensweise durch historische Berichte bekannt ist. Gerade wenn diese Berichte genau sind, berücksichtigen sie den Zusammenhang der Verhaltensweise, und es dürfte unmöglich sein, mit ihr auch den Zusammenhang zu übernehmen. Eine Verhaltenswei-se ist nur dann übernehmbar, wenn sie sich *als Verhaltensweise* über-liefert und nicht nur in Aussagen überliefert ist. In diesem Sinne heißt es bei Heidegger: »Das entschlossene Zurückkommen auf die Gewor-fenheit birgt ein *Sichüberliefern* überkommener Möglichkeiten in sich, obzwar nicht notwendig *als* überkommener.« (*SZ*, 383) Daß diese Möglichkeiten sich nicht notwendig *als* überkommene überliefern, heißt, daß sie nicht notwendig kalendarisch datiert sind. Das Sichüber-liefern selbst aber, von dem Heidegger hier spricht, geschieht am ehe-sten in Texten, und zwar genauer in Texten, sofern sie keine Berichte über irgendwelche Vorkommnisse oder Beschreibungen von etwas sind – was sie durchaus *auch* sein können, sondern *Manifestationen bestimmten Verhaltens*. Solche Texte sind in ausgezeichneter Weise die Texte der Philosophie. Deshalb ist es auch nicht weiter erstaunlich, wenn Heidegger den Terminus »Wiederholung« einführt, um die Übernahme der Möglichkeiten aus dem Erbe genauer zu charakterisieren. »Wiederholung« konnte der Schlüsselbegriff zu Heideggers philosophischem Projekt sein, weil dieses Projekt wesentlich »geschichtlich« ist und sich in der Erörterung der Geschichtlichkeit gleichsam selbst einholt. An Heideggers Selbstverständnis läßt sich deshalb auch erläutern, wie die wiederholende Übernahme der Möglichkeiten aus dem Erbe zu denken ist: In ihr sind die überlieferten Texte Quellen für das eigene philosophische Fragen und keine Dokumente für ein bestimmtes sprachliches Verhalten, das in zeitlichen Aussagen so und so charakterisiert werden kann. Diese Texte haben als Quellen für eigenes philosophisches Fragen *Möglichkeitscharakter*, und nur deshalb kann ihre erneute Lektüre »Wiederholung« im Kierkegaardschen Sinne einer »Erinnerung in Richtung nach vorn«[14] sein. Sie überliefern sich einer neuen, ihre Fragen aufnehmenden und neu stellenden Lektüre und werden dann auch nur in einer solchen Lektüre, die das in ihnen manifestierte Verhalten als Verhalten wiederholt, adäquat verstanden. In der Orientierung am Verhältnis der sich überliefernden Texte zu ihrer erneuten Lektüre läßt sich auch besonders gut deutlich machen, wie der Zusammenhang des Verhaltens in der Geschichtlichkeit zu begreifen ist. Es handelt sich hier nicht um einen Zusammenhang, der in zeitlichen Aussagen mitgeteilt wird, sondern um den Zusammenhang von Überlieferung und Wiederholung selbst. Auch dieser Zusammenhang ist sprachlich, und nur deshalb kann man die Geschichtlichkeit auch die »eigentliche Geschichte« nennen: weil im Dasein sprachliches Verhalten überliefert wird, ist auch der Rekurs auf zeitliche Aussagen, die von Anderen gemacht wurden, erst möglich. In der Orientierung an zeitlichen Aussagen wird jedoch übersehen, daß diese selbst in einen Überlieferungszusammenhang gehören; man sieht nicht, daß man in einem solchen Zusammenhang mit jeder Äußerung, die man tut, bereits gewesen ist, wenn es einem in erster Linie um die in zeitlichen Aussagen ausgesprochene Wirklichkeit des Verhaltens geht. Texte, die demgegenüber primär Manifestationen sprachlichen Verhaltens sind,

---

14 So die Übersetzung von G. Jungbluth in: Kierkeggard (1968). In der Übersetzung von *Die Wiederholung* durch E. Hirsch heißt es, daß man sich bei der Wiederholung »der Sache vorlings erinnert« (*Die Wiederholung*, 3).

können nur adäquat gelesen werden, indem man mit ihnen immer wieder neu anfängt, sich in entsprechender Weise zu verhalten; man liest philosophische Texte nur richtig, wenn man selbst philosophiert. Deshalb kann in der Beschäftigung mit ihnen auch erfahren werden, daß das Verhalten seinen Anfang im Möglichsein hat. *Gewesen* ist man eigentlich das Möglichsein, und *eigentlich* gewesen ist man deshalb auch in einer Bewegung, die als Wirklichkeit dieses Möglichseins durchsichtig ist.

Die Interpretation der Geschichtlichkeit, wie sie bisher entwickelt wurde, ist sicher nicht unbezweifelbar. Selbst wenn man nicht bestreiten will, daß mit ihr Heideggers Hermeneutik philosophischer Texte getroffen ist, kann man doch Bedenken haben, ob der Überlieferungszusammenhang, der man im Dasein ist, nur in der Philosophie, oder genauer, im Philosophieren durchsichtig sein kann. Heidegger selbst bindet die »Wiederholung einer gewesenen Existenzmöglichkeit« noch nicht einmal an den Umgang mit Texten, sondern sagt, daß man sich in ihr »seinen Helden wählt« (*SZ*, 385). Dieser Gedanke ist jedoch wenig überzeugend. Mit der Wahl eines Helden wäre schließlich der Wunsch verbunden, so wie ein Anderer zu sein, und damit bliebe man in der Struktur des »Man« gerade befangen: im Vergleich von Verhaltensweisen wird die eigentümliche Distanziertheit historischer Aussagen nicht aufgehoben, und das wird deutlich, wenn man der Anspielung einmal nachgeht, die Heidegger hier auf Nietzsches Schrift *Vom Nutzen und Nachteil der Historie für das Leben* macht. Die Wahl eines Helden in der »monumentalischen« Auffassung der Historie hat zwar einen Nutzen, weil sie zeigt, »daß das Große, das einmal da war, jedenfalls einmal *möglich* war und deshalb wohl auch wieder einmal möglich sein wird«.[15] Das heißt jedoch gerade nicht, daß dieses »Große« auch wiederholt werden kann. Wie Nietzsche sehr klar sieht, täuscht die monumentale Historie »durch Analogien« und »reizt mit verführerischen Ähnlichkeiten«[16]; wenn die Historie als »nachahmbar und zum zweiten Male möglich« beschrieben wird, ist sie »in der Gefahr, ins Schöne umgedeutet und damit der freien Erdichtung angenähert zu werden.«[17] Man sieht also, daß Heideggers Berufung auf Nietzsche in seiner Rede von den »›monumentalen‹ Möglichkeiten menschlicher Existenz« (*SZ*, 396) hinter die Einsicht Nietzsches zu-

15 *Werke I*, 221.
16 *Werke I*, 223.
17 *Werke I*, 223.

rückfällt, und ebenso hinter seine eigene Entgegensetzung des »eigentlich Geschichtlichen« und des »Ästhetischen« (*SZ*, 396). Er fällt damit letztlich auch hinter seine Konzeption der geschichtlichen Entschlossenheit als Wiederholung zurück. Wiederholbar sind nur sich überliefernde Verhaltensweisen, mit denen man selbst wieder anfangen kann. Diese manifestieren sich in Texten, deren Fragestellungen übernehmbar sind; auch das Verhalten zu Kunstwerken ist nur eine Wiederholung für den Künstler, der das Werk wie einen Text auf seine Fragestellung und als Manifestation einer Verhaltensweise liest. Die Frage, ob Möglichkeiten sich nur in philosophischen Texten überliefern können, wird man denn auch nicht bejahen können. Auch wissenschaftliche Texte oder Traktate sind wiederholbar, wenn sie selbst Möglichkeitscharakter haben und sich nicht darin erschöpfen, in einen bestimmten historischen Zusammenhang zu gehören. An philosophischen Texten läßt sich allerdings wohl am besten deutlich machen, wie eine wiederholende Lektüre zu verstehen ist.

Wenn die Wiederholung demnach an sich überliefernde Texte oder an Werke, die wie Texte gelesen werden können, gebunden ist, kann die Entschlossenheit nicht in jedem Fall geschichtlich sein. Das aber wird von Heidegger behauptet, wenn er die Geschichtlichkeit mit einem Hinweis auf die »öffentliche Ausgelegtheit des Daseins« exponiert und vom »eigentlichen existenziellen Verstehen« sagt, es entzöge »sich der überkommenen Ausgelegtheit so wenig, daß es je aus ihr und gegen sie und doch wieder für sie die gewählte Möglichkeit im Entschluß ergreift« (*SZ*, 383). »Geschichtlich« wäre demnach jeder Entschluß, in dem eine bekannte Verhaltensweise als Möglichkeit ergriffen, und das heißt, als Bewegung aus dem Möglichsein in der Negation des Verhaltens erfahren würde. Sicherlich wird man mit Heidegger sagen müssen, daß jede Verhaltensweise in ihrer öffentlichen Ausgelegtheit bekannt ist; das aber schließt nicht ein, daß die so bekannte Verhaltensweise eine sich überliefernde ist, denn sie kann bekannt sein, weil ein Anderer sie bereits ergriffen hat. Dann aber muß sie nicht erst »in Richtung nach vorn« erinnert, also wiederholt werden. Sich überliefernd ist allerdings die Sprache selbst, die ja das öffentliche Miteinandersein wesentlich mit ausmacht. Nur wenn man den sprachlichen Charakter der Öffentlichkeit und den Überlieferungscharakter der Sprache berücksichtigt, kann man verstehen, wieso Heidegger das − geschichtliche − Geschehen des Daseins als »Schicksal« und dieses, sofern es ein »Mitgeschehen« ist, als »Geschick« bezeichnet. »Geschick« ist nämlich »das Geschehen der Gemeinschaft, des Volkes« (*SZ*, 384).

Diese Begriffe werden zwar von Heidegger nicht weiter erläutert.

Erinnert man sich jedoch, daß auch bereits die Erörterung von »Rede« und »Sprache« unter dem Eindruck Humboldts geschrieben ist, dann ist es naheliegend, Heideggers Begriff des Volkes mit Humboldts Begriff der Nation zu identifizieren. Nation und Sprache fallen, wie Humboldt sagt, »gänzlich« zusammen[18], so daß eine Nation geradezu als »eine durch eine bestimmte Sprache charakterisierte geistige Form der Menschheit«[19] definierbar ist. Nur weil Nation und Sprache identisch sind, hat eine Nation auch Geschichte: Die Sprache »heftet durch Überlieferung und Schrift das sonst unwiederbringlich Verhallende, und hält der Nation, ohne dass sie sich dessen bewußt wird, in jedem Augenblick ihre ganze Denk- und Empfindungsweise, die ganze Masse des geistig Errungenen, wie einen Boden gegenwärtig, von dem sich der auftretend beflügelte Fuss zu neuen Aufschwüngen erheben kann, als eine Bahn, die, ohne zwängend einzuengen, gerade durch Begrenzung die Stärke begeisternd vermehrt«.[20] In der Sprache, wie Humboldt sie denkt, sind bestimmte Denkweisen gleichsam inkorporiert, und deshalb liegt auch »in jeder Sprache eine eigentümliche Weltansicht«.[21] Eine solche »Weltansicht« wäre jedoch, mit Heidegger gedacht, jenen eingangs genannten Bindungen und Perspektiven gleich, von denen es sich im Denken gerade zu befreien gilt, und entsprechend unwesentlich ist sie für die Entschlossenheit. »Geschichtlich« ist demnach nur der Versuch, diese Bindungen und Perspektiven als solche durchsichtig zu machen, und das wiederum ist nur möglich, indem man bestimmte sprachliche Manifestationen wiederholt.

Es ist gleichwohl erklärbar, wieso Heidegger glaubt, die Entschlossenheit in jedem Fall als Wiederholung interpretieren zu können. Bereits in der Erörterung der Entschlossenheit bestimmt er nämlich das »Sich-frei-halten für die Zurücknahme« eines Entschlusses, indem er sagt, dieses »Sich-frei-halten« sei »die eigentliche Entschlossenheit zur Wiederholung ihrer selbst« (SZ, 308). Ebenso wird auch das »eigentliche Gewesensein« als »Wiederholung« bezeichnet (SZ, 339). Was diese Verwendung des Ausdrucks »Wiederholung« besagt, ist nicht schwer zu sehen: Sofern in der Entschlossenheit die in der Uneigentlichkeit verschlossene »Sorge«-Struktur wieder aufgeschlossen wird, »holt sich das Dasein wieder« (SZ, 339) zurück aus der Verfallenheit

---

18 *Werke III*, 251.
19 *Werke III*, 160.
20 *Werke III*, 159.
21 *Werke III*, 224.

»zu sich«, wie es eigentlich ist. Diese Wiederholung hat jedoch nur insofern etwas mit der Wiederholung einer sich überliefernden Möglichkeit zu tun, als die letztere zwar immer die erstere einschließt, aber nicht umgekehrt. Sonst wäre eigentliches Existieren schließlich nur in der Beschäftigung mit sich überliefernden Texten möglich. Heidegger verwischt den Unterschied zwischen beiden Bedeutungen von »Wiederholung«, weil er Zeitlichkeit und Geschichtlichkeit nicht genau genug voneinander unterscheidet. Demgegenüber ist jedoch festzuhalten, daß der Überlieferungszusammenhang der Geschichtlichkeit zwar immer zeitlich zugänglich ist, aber nicht er allein. Die Entschlossenheit ist auch dann zeitlich zugänglich, wenn sie, was den Aspekt der Sprache betrifft, nur durch die Unterbrechung des Geredes charakterisiert und also keine Wiederholung im geschichtlichen Sinne ist. Diese Unterbrechung ist eine Zäsur im Überlieferungszusammenhang der öffentlichen Ausgelegtheit, welcher verschlossen bleibt, daß sie geschichtlich und darin zeitlich ist. Wäre man in der Uneigentlichkeit nicht zeitlich, könnte sie kein Modus des Daseins sein. Uneigentlich bleibt die Geschichtlichkeit jedoch verschlossen, weil man sich nur an historischen Aussagen orientiert, und das Verschließen der Zeitlichkeit besteht darin, daß sie in diesen Aussagen als »Zeit« ausgesprochen wird.

Geschichtliche Philosophie

Heideggers Konzeption der Geschichtlichkeit ist jedoch auch noch in anderer Hinsicht problematisch, und zwar, um es paradox zu sagen, in ihrem einsichtigsten Punkt. Wenn nämlich das Philosophieren als geschichtliche Entschlossenheit gedacht wird, so ist zunächst nicht zu verstehen, wieso die Zeitlichkeit selbst in der Philosophie überhaupt thematisierbar ist. Von der Entschlossenheit wurde schließlich gesagt, in ihr bliebe der zeitliche Charakter des Daseins unbegriffen, und nur deshalb konnte sie in ihrer systematischen Stellung mit der des Platonischen Mathematikers verglichen werden. Die Auffassung des Philosophierens als geschichtlicher Entschlossenheit führt damit in die von O. Pöggeler konstatierte Aporie: Wie soll das Philosophieren, wenn es geschichtlich ist, imstande sein, die Zeitlichkeit ontologisch als die Zugänglichkeit des Daseins zu erweisen? Hier ist jedoch zunächst zu beachten, daß die Philosophie allein in ihrer Geschichtlichkeit auch mehr als nur geschichtlich ist. Wenn Geschichtlichkeit die − neu anfangende − Wiederholung einer sich überliefernden Möglichkeit ist, so dokumentiert allein schon ihr Vollzug, daß das sich Überliefernde Anfangscharakter hat. Zugleich aber ist das sich Überliefernde die bestimmte Manifestation eines Verhaltens, nämlich des Philosophierens. Als diese bestimmte Manifestation aber kann es in seinem Anfang nicht vorgezeichnet sein. Das sich Überliefernde ist eine im Text fixierte Bewegung aus dem Möglichsein. Weil die Wiederholung nichts anderes als eine erneut anfangende Bewegung ist, ist sie gleichsam die Verflüssigung des fixierten Textes und damit »augenblicklich«. Augenblicklich ist sie als neu anfangende Bewegung durchsichtig, und zwar in der Stimmung der Angst. Die Angst aber ist nichts Geschichtliches; vielmehr ermöglicht sie, wie man sieht, die geschichtliche Entschlossenheit erst. Bisher ist der entscheidende Schritt jedoch noch nicht getan. Denn daß die Philosophie nicht nur geschichtlich ist, wurde gezeigt, indem sie aus der Struktur des Daseins begriffen wurde, und das entspricht der Auffassung Heideggers: »Alle Forschung — und nicht zuletzt die im Umkreis der zentralen Seinsfrage sich bewegende — ist eine ontische Möglichkeit des Daseins« (SZ, 19), und deshalb kann sie »nur aus dem rechtverstandenen Begriff des Daseins exponiert werden« (GA 24, 455). Dann aber ist unklar, wie die Philosophie zu diesem »rechtverstandenen Begriff des Daseins« überhaupt kommt und vor allem über das Dasein hinaus nach seinem Ursprung fragen kann. Würde man die Philosophie entsprechend der Daseinsstruktur weiter interpretieren und dabei zunächst einmal die Frage abblenden, wie diese Struktur überhaupt begriffen werden kann, so müßte man sagen: Die sich überliefernde Möglichkeit des Philosophierens wird in der Wiederholung zu einem Projekt, das dann als Antwort auf das bevorstehende Sein durchsichtig ist; als geschichtliche Entschlossenheit ist die Philosophie ein Austrag der Differenz der Freiheit. Diese Interpretation ist jedoch nicht hinreichend, denn in ihr bleibt schließlich unklar, worin sich das Philosophieren von anderen Projekten unterscheidet.

Auf diesen Unterschied zielt Heideggers zunächst nicht nur auf die Philosophie allein bezogene Bestimmung der »Wissenschaft« als »Erkennen umwillen der Enthülltheit als solcher« (GA 24, 455). Was aber enthüllt werden kann, darf nicht vollständig unzugänglich sein; es ist vielmehr in unthematischer Weise schon erschlossen. Das immer unthematische Vernehmen des Möglichseins in der Stimmung und des bevorstehenden Seins im Entwurf ist das für Dasein charakteristische »vorontologische« Seinsverständnis. In diesem Seinsverständnis »verhält sich das Dasein als existierendes nicht zum Sein als solchem direkt, auch nicht zu seinem eigenen Sein als solchem in dem Sinne, daß es dieses etwa ontologisch verstünde, sondern sofern es dem Dasein um sein eigenes Seinkönnen geht, ist dieses Seinkönnen primär verstanden als das Seinkönnen des Seienden, das ich je selbst bin« (*GA 24*, 456f.). Demzufolge wird das »Verhalten zum Sein als solchem direkt« gerade durch das Vernehmen des bevorstehenden Seins, auf das mit einem Projekt zu antworten ist, verhindert. Das Philosophieren kann dann auch nur ein »Verhalten zum Sein als solchem direkt« sein, wenn es zumindest *nicht nur* Antwort auf das bevorstehende Sein ist. Solche Antworten sind Projekte von Verhaltensweisen, und daß das Philosophieren eine bestimmte, von anderen unterscheidbare Verhaltensweise ist, wird wohl niemand bestreiten können. Seine Bestimmtheit hat es im Sprechen und Schreiben. Aus der Vergleichbarkeit mit anderen Verhaltensweisen fällt das Philosophieren jedoch auch in eigentümlicher Weise heraus: Die Fragen und Lösungsvorschläge, die Philosophen entwickeln, haben zumindest keine unmittelbaren Konsequenzen für alltägliches Verhalten, und das ist ein Indiz dafür, daß das Philosophieren letztlich auch nicht in den Kontext des alltäglichen Verhaltens gehört. Das Philosophieren hat keinen Nutzen, weil es nichts zu einer genaueren Kenntnis des Seienden beiträgt und damit auch keine Möglichkeiten entwickelt, anders und vielleicht besser mit diesem umzugehen. Das ist jedoch nur deshalb so, weil im Philosophieren das ansonsten unthematisch Vernommene zum Thema gemacht wird. Sofern man Aussagen über Ideen macht, die den Mathematiker bei seinen Operationen leiten, weil er sie unthematisch weiß, kann man keine Mathematik treiben. Und entsprechend entwickelt man kein Projekt als Antwort auf das bevorstehende Sein, sofern man das bevorstehende Sein thematisiert. In der Thematisierung sieht man vielmehr auf eigentümliche Weise vom eigenen bevorstehenden Sein ab, und in diesem Sinne läßt sich Heideggers Satz interpretieren, demzufolge die Wissenschaft ein Erkennen »umwillen der Enthülltheit als solcher« ist. Philosophierend erfährt man das bevorstehende Sein nicht mehr im Zusammenhang von Projekten, die als Antworten durchsichtig sein können oder nicht. Aber diese Projekte werden auch nicht thematisiert, um das bevorstehende Sein in seiner Unbestimmtheit zu überspielen. Während das Gerede bestimmte Verhaltensweisen thematisiert, thematisiert die − als Daseinsanalyse konzipierte − Philosophie das Verhalten als solches und mit ihm das in verschiedener Weise erschlossene Dasein. Während das Gerede den Antwortcharakter des bestimmten Verhaltens verdeckt, deckt ihn das Philosphieren gerade auf, wenn es »Dasein« in seiner Struktur thematisiert.

Auf die Frage, wie diese Thematisierung im einzelnen möglich ist, muß man sich jetzt nicht mehr einlassen. Sie zu beantworten hieße, die

Genese der Daseinsanalyse systematisch zu beschreiben, und das ist ja wenigstens zum Teil in dieser Untersuchung geschehen. Was die grundsätzliche Möglichkeit dieser Thematisierung angeht, so genügt es, an Heideggers Nachweis eines »vorontologischen« Seinsverständnisses zu erinnern. Wichtiger als dies ist die Frage, wie sich die Thematisierung des Daseins zur Zeitlichkeit verhält, und um sie zu beantworten, muß man wieder den simplen Umstand beachten, daß das Philosophieren sich in Sätzen artikuliert. Dabei ist unübersehbar, daß die wenigsten dieser Sätze datierende Aussagen sind. In der Mehrzahl handelt es sich um präsentische Sätze, deren Zeitcharakter zumeist nicht betont ist. In ihnen spricht sich demnach auch nicht Dasein in seiner Zeitlichkeit aus, denn das geschieht in den einfach und doppelt datierenden Aussagen. Philosophierend muß man gerade davon absehen, daß man in der bisher dargestellten Weise ein Seiendes von der Seinsart des Daseins ist, wenn man die Struktur des Daseins in seiner zeitlichen Zugänglichkeit beschreiben will. Diese methodische Abstraktion wird durch den vergegenständlichenden Charakter der Sprache ermöglicht. Daß das philosophische Reden eine solche Vergegenständlichung vornimmt, hat Heidegger selbst klar gesehen. So sagt er in den *Grundproblemen der Phänomenologie* von der Ontologie, in ihr gehe es um die »Vergegenständlichung des Seins als solchen« (*GA* 24, 458), und auch bereits auf der letzten Seite von *SZ* ist vom Problem der »Verdinglichung« (*SZ*, 437) die Rede. Zwar wird auf Anhieb nicht deutlich, welchen Stellenwert dieses Problem genau hat; aber wenn man berücksichtigt, daß die Überlegungen, die Heidegger hier anstellt, als Überleitung zum dritten Abschnitt über »Zeit und Sein« geplant waren, ist nicht schwer zu sehen, daß es bereits um den Zeitcharakter des Philosophierens geht. Über diesen heißt es dann in den *Grundproblemen*: »Alle Sätze der Ontologie sind *temporale Sätze*. Ihre Wahrheiten enthüllen Strukturen und Möglichkeiten des Seins im Lichte der Temporalität. Alle ontologischen Sätze haben den Charakter der *veritas temporalis*.« (*GA* 24, 460) Um diese Sätze zu verstehen, muß man zunächst beachten, daß für Heidegger die Ausdrücke »Zeitlichkeit« und »Temporalität« nicht gleichbedeutend sind, und was er genau unter »Temporalität« versteht, wird noch zu klären sein. Von den Schwierigkeiten, mit denen man es dabei zu tun bekommt, liegt jedoch mindestens eine bereits auf der Hand. Wenn Heidegger nämlich sagt, bei temporalen Sätzen gehe es um Strukturen und Möglichkeiten des Seins »im Lichte« der Temporalität, so scheint er für das in diesen Sätzen Aufgewiesene eine Zugänglichkeit denken zu wollen, die »noch ursprünglicher« ist als die Zeitlichkeit. Dieser Verdacht wird durch einen anderen Satz aus den *Grundproblemen* bestätigt und doch zugleich auch relativiert. »Temporalität«, so heißt es hier, »ist die ursprüglichste Zeitigung der Zeitlichkeit als solcher« (*GA 24, 429*). Damit ist einerseits gesagt, die Temporalität sei nicht in dem Sinne von der Zeitlichkeit zu unterscheiden, daß man sie noch einmal als eine der Zeitlichkeit zugrundeliegende Zeitstruktur interpretieren könnte. Die Zeitlichkeit ist kein Derivat der Temporalität. Wenn sie das wäre, könnte die Temporalität nicht die »Zeitigung der Zeitlichkeit *als solcher*« sein. Und daran, daß der Genitiv hier ein genitivus subiectivus ist, läßt Heidegger keinen Zweifel, wenn er sagt, der Ausdruck »Temporalität« meine »die Zeitlichkeit, sofern sie selbst zum Thema gemacht ist als Bedingung der Möglichkeit des Seinsverständnisses und der Ontologie als solcher« (*GA 24, 324*). Andererseits aber kann die »Temporalität« genannte Zeitigung doch auch nicht mit der Zeitlichkeit identisch sein, wie es diese Formulierung nahelegt. Dann hätte nämlich die superlativische Rede von der »ursprünglichsten« Zeitigung keinen Sinn, und die Einführung der Temporalität würde nicht leisten, was sie doch leisten soll: mit ihr ließe sich der Status ontologischer Sätze nicht erklären.

Schematismus

Natürlich kann die Verschiedenheit von Zeitlichkeit und Temporalität erst vollständig im Zusammenhang einer ausführlichen Erörterung der Temporalität entwickelt werden. Mit dieser ist jedoch der Problembereich von »Sein und Zeit« bereits verlassen. In den Problembereich von »Zeit und Sein« kommt man andererseits nur hinein, wenn man sich an der Zeitlichkeit, wie sie bisher interpretiert wurde, orientiert. Man kann, um die Verschiedenheit von Zeitlichkeit und Temporalität zu exponieren, noch einmal auf die Entsprechung zwischen Heideggers Konzeption und dem Platonischen Liniengleichnis zurückgreifen. Der Mathematiker, wie Platon ihn denkt, ist ja dadurch charakterisiert, daß ihm die Idee des Guten als solche unzugänglich ist und er sich die von ihm intuitiv gewußten Ideen immer an den Dingen veranschaulichen muß. Dem entspricht, wie gezeigt wurde, die Entschlossenheit, sofern in ihr die Zeitlichkeit nicht begriffen wird und auch das bevorstehende Sein in der Offenheit des Seienden immer nur in seiner Differenz mit dem Verhalten erschlossen ist. Das kann jedoch nicht heißen, das bevorstehende Sein in der Offenheit des Seienden werde nicht in irgendeiner Weise zeitlich erfahren. Wenn dies so wäre, könnte man weder den zeitlichen Charakter des Besorgens erklären noch die Möglichkeit datierender Aussagen plausibel machen. Es bleibt zwar unbegriffen, daß die Zeitlichkeit die Zugänglichkeit der Sorge in ihrer Gliederung ist, aber dennoch ist die Sorge von der Zeitlichkeit als ihrer ἀρχή durchherrscht. Ebenso wie Platon von den Ideen und dem intuitiven Wissen als ihrem Korrelat sagen kann, sie seien »von der Art des Guten«, muß man im Hinblick auf Heideggers Konzeption sagen, daß die Sorge, auch wenn sie in ihrem Ursprung nicht begriffen wird, »zeitlichkeitsartig« ist. Heidegger selbst berücksichtigt diesen Aspekt, wo er von den »horizontalen Schemata« der Zeitlichkeit spricht. Wie diese zu denken sind, ist freilich nicht auf Anhieb klar. Zunächst nämlich sieht es so aus, als wolle Heidegger die Ekstasen der Zeitlichkeit im Verhältnis zu ihren Schemata als zielgerichtete Bewegungen denken, und das wäre nach allem, was zum ekstatischen Charakter der Zeitlichkeit gesagt wurde, unangemessen. Zeitlichkeit hat, wie es heißt, »so etwas wie einen Horizont«, weil die Ekstasen »nicht einfach Entrückungen zu ...« sind, sondern »zur Ekstase ein ›Wohin‹ der Entrückung« gehört: »Dieses Wohin der Ekstase nennen wir das horizontale Schema.« (SZ, 365) Das Verständnis dieses Gedankens wird noch dadurch erschwert, daß Heidegger die Ausdrücke »Horizont« und »Schema« einmal verwendet, als seien sie gleichbedeutend, und zum anderen doch von einem Horizont und drei verschiedenen Schemata spricht. Nur wenn »Horizont« und »Schema« gleichbedeutend sind, kann man Horizonte der Zukunft, der Gewesenheit und der Gegenwart unterscheiden, wie Heidegger es auch tut. Dann aber ist unklar, wieso »Horizont« wiederum der Zeitlichkeit in ihrer ekstatischen Einheit zugeordnet werden kann (SZ, 365). Um hier voranzukommen, ist es deshalb empfehlenswert, die Frage nach der Einheit der Zeitlichkeit und die ihr zugehörige Rede von einem Horizont zunächst einmal abzublenden und sich auf die Frage nach den Schemata der Zeitlichkeit zu konzentrieren.

Aus Heideggers Erläuterung dieser Schemata wird nun ersichtlich, daß sie nichts anderes als die drei Momente der »Sorge«-Struktur sind: »Das Schema, in dem das Dasein zukünftig, ob eigentlich oder uneigentlich, auf sich zukommt, ist das *Umwillen seiner*. Das Schema, in dem das Dasein ihm selbst als geworfenes in der Befindlichkeit erschlossen ist, fassen wir als das *Wovor* der Geworfenheit bzw. als Woran der Überlassenheit... Das horizontale Schema der Gegenwart wird bestimmt durch das *Um-zu*.« (SZ, 365) Gemeint ist also, daß die Zukunft nur im jeweils zu beantwortenden bevorstehenden Sein, die Gewesenheit nur in der Befindlichkeit als dem Vernehmen des Mög-

lichseins zum Verhalten und schließlich die Gegenwart nur als Sichverweisen an das Zeug, mithin als Anfang eines Verhaltens erfahren wird.
Nicht erfahren wird demgegenüber der ekstatische Charakter der Zeitlichkeit selbst, dies also, daß die Zukunft augenblicklich in Gewesenheit umschlägt, und diese wiederum in die Zukunft, aus der man
augenblicklich anfängt, sich zu verhalten. Die Schemata sind, anders
gesagt, die drei Ekstasen der Zeitlichkeit, sofern sie im Dasein *vernommen* und nicht als der Ursprung des Daseins *gedacht* werden.

Um diesen Gedanken noch weiter zu verdeutlichen, kann man wieder auf Platon zurückgreifen und sagen: Die Erschlossenheit ist letztlich ein Vernehmen der *Ideen* des Umwillen, der Geworfenheit und des
Sichverweisens, die man auf der Ebene des vorontologischen Seinsverständnisses nicht zum Thema macht, so daß auch die Zugänglichkeit
des Vernommenen, also die Offenheit des Daseins selbst, nicht in den
Blick kommen kann. Eine solche Interpretation der Schemata wird
zwar, was den Wortgebrauch angeht, durch Platon selbst nicht nahegelegt, denn Platon gebraucht den Ausdruck σχῆμα gerade im Sinne
eines anschaubaren Abbildes.[22] Nahegelegt wird sie allerdings durch
die Schematismus-Lehre Kants, auf die Heidegger hier zurückgreift.
Unter einem Schema versteht Kant das sinnliche Korrelat eines Begriffs
und unterscheidet damit bereits Schemata von »Bildern«. Ein Bild ist
das in einer bestimmten Anschauung als Bestimmtes gegebene Korrelat
eines Begriffs. Damit aber erreicht es die Allgemeinheit nicht, die das
Korrelat eines Begriffs als solches haben muß, um den Begriff in seiner
vollen Extension vorzustellen. So läßt sich etwa der Begriff von einem
Dreieck, oder wie Kant sagt, von einem »Triangel«, nicht an einem
bestimmten Dreieck veranschaulichen, denn dieser Begriff gilt »für alle
<Dreiecke/G. F.>, recht- oder schiefwinklichte etc.« und darf nicht
»auf einen Teil dieser Sphäre« eingeschränkt werden (*KrV*, B180/
A141). Entsprechend lassen sich die als »reine Verstandesbegriffe« gefaßten Kategorie nur vorstellen, wenn sie auf »Zeitbestimmungen«
(*KrV*, B184/A145) bezogen werden; die Zeitbestimmung, die etwa der
Kategorie der Kausalität entspricht, ist die »Sukzession des Mannigfaltigen, in so fern sie einer Regel unterworfen ist« (*KrV*, B183/A144).
Ein solches Schema erlaubt es dann erst, eine einzelne Erscheinung unter eine Kategorie zu »subsumieren«; es ist »ein Drittes . . ., was einerseits mit der Kategorie, andererseits mit der Erscheinung in Gleichar-
tigkeit« steht und dadurch »die Anwendung der ersteren auf die letzte
möglich macht« (*KrV*, B177/A138).

22 Vgl. *Resp.* 365c, 601a.

Sieht man von der Zwischenstellung der Schemata zwischen Begriffen und Erscheinungen einmal ab, sind sie mit den Platonischen Ideen durchaus vergleichbar, wie allein schon das zitierte Beispiel Kants belegt. Die Schemata der Kategorien unterscheiden sich zwar von den Platonischen Ideen darin, daß es sich bei ihnen um »Zeitbestimmungen« handelt; aber auch sie sind intuitiv gewußt. Sie sind, wie Heidegger in seinem ersten Kant-Buch sagt, »reiner Anblick« (*KPM*, 99), wobei »Anblick« nicht so sehr vom Blicken her verstanden ist, sondern vielmehr als das, was sich im Blicken darbietet. Dieser Anblick wird nun von Heidegger ausdrücklich von der Platonischen Idee her gedacht (*KPM*, 90), und dies kann man als Indiz dafür nehmen, daß die Kantische Schematismus-Lehre für Heidegger gleichsam eine Brücke ist, über die er vom Platonischen Gedanken der Idee zu seiner Konzeption von Zeitlichkeit kommt. Deshalb ist die Schematismus-Lehre Kants auch nur in sehr engen Grenzen auf die Konzeption der Zeitlichkeit übertragbar. Die Momente der »Sorge«-Struktur sind ja keine Korrelate reiner Begriffe, sondern Begriffe lassen sich von ihnen nur entwickeln, weil sie selbst schon immer vernommen sind. Heideggers Bestimmung der Schemata als dem »Wohin« der Ekstasen ist darum im Grunde auch unverständlich. Sie suggeriert, Dasein sei einerseits »rein zeitlich«, was immer das heißen soll, und »produziere« zugleich die Schemata des Umwillen, der Geworfenheit und des Sichverweisens, um an diesen seine reine Zeitlichkeit vorzustellen. Falls das Heideggers Meinung wäre, müßte er die »reine Zeitlichkeit« in ihren Ekstasen analog zu den Kantischen »reinen Verstandesbegriffen« behandeln und dann auch in einer transzendentalen Deduktion ihre Möglichkeit erweisen. Bereits in der »Logik-Vorlesung« aus dem Wintersemester 1925/26 hat Heidegger jedoch alles darangesetzt, dieser Konsequenz auszuweichen. Zwar finden sich hier durchaus Formulierungen, denen zufolge man die Zeit als Synthesis von »reinem Hinblicknehmen« und dem »Worauf der Hinblicknahme« (*GA 21*, 345) verstehen müßte. Die Kantische Antwort auf die Frage, wie diese Synthesis in ihrer Möglichkeit zu denken sei, weist Heidegger jedoch allein dadurch ab, daß er das »Ich denke« als einen »Modus« der Zeit interpretiert. »Das Ich denke«, so sagt er, »ist nicht in der Zeit (in dieser Abwehr ist Kant vollständig im Recht), sondern ist die Zeit selbst, genauer: ein Modus ihrer und zwar der Modus reinen Gegenwärtigens« (*GA 21*, 405). Mit diesem Gedanken ist, wie Heidegger meint, »der dogmatische Ansatz der Cartesianischen Position ... von Anfang an vermieden«: »Nicht ist zunächst gegeben ein Ich denke als das reinste Apriori und dann eine Zeit und diese Zeit als Vermittlungsstation für ein Hinauskommen zu einer Welt, sondern das Sein des Subjekts selbst qua Dasein ist In-der-Welt-sein, und dieses In-der-Welt-sein ist nur möglich, weil die Grundstruktur seines Seins die Zeit selbst ist, und zwar hier im Modus des Gegenwärtigens.« (*GA* 21, 406) Ein »Ich denke« aber, das vom Gegenwärtigen her verstanden wird, kann nicht mehr die Begründungsfunktion haben, die Kant ihm zumutet. Indem Heidegger das »Ich denke« aus der Zeitlichkeit verständlich macht, setzt er seine Platonisch inspirierte Auffassung der Zeit vom Ursprung des Daseins wieder in ihr Recht, und diese ist mit der Kantischen Auffassung der Zeit als einem Schema reiner Verstandesbegriffe unverträglich. Würde Heidegger an dieser Auffassung festhalten, so wäre die Zeit in der Tat nur eine »Vermittlungsstation« zur Welt und dem Dasein, sofern es als In-der-Welt-sein zu denken ist. An dieser Auffassung nicht festzuhalten, heißt nun nicht, auf den Gedanken zeitlicher Schemata überhaupt verzichten zu müssen. Es heißt nur, auf den Kantischen Kontext zu verzichten und unter dem schematischen Charakter der Zeitlichkeit die Weise zu verstehen, in der die Zeitlichkeit vorontologisch vernommen wird. Damit aber bietet dieser Gedanke zugleich auch die Möglichkeit einer ersten Bestimmung des Verhältnisses von Zeitlichkeit und Temporalität: Temporalität ist keine von der Zeitlichkeit verschiedene Zeit; *sie ist vielmehr dieselbe, aber ohne die zeitlichen Schemata.* Nur wenn dies so ist, kann sie auch die Zeit der ontologischen Sätze sein.

Zwei wichtige Aspekte des sich in ontologischen Sätzen aussprechenden Philosophierens lassen sich noch herausheben. Zum einen nämlich kann man den zeitlichen Charakter philosophischer Geschichtlichkeit nun klarer fassen. Bei der Wiederholung sich überliefernder Möglichkeiten geht es nicht wesentlich darum, sich ein Projekt im Zusammenhang alltäglichen Besorgens zu machen; darum geht es in der Benutzung von Seminarräumen, Schreibgerät und Bibliotheken zwar auch. Wichtiger als dies ist aber natürlich die Gedankenarbeit im neu anfangenden Lesen der überlieferten Texte selbst, um das, was in ihnen gedacht ist, anders oder in der Sprache der Texte etwas anderes zu sagen. Die hier genannten Aspekte der Geschichtlichkeit, nämlich die Überlieferung, die immer neu bevorstehende und nicht festgelegte Auseinandersetzung mit ihr und das neu anfangende Lesen lassen sich durchaus als Schemata der Zeitlichkeit verstehen, die mit den Schemata des alltäglichen In-der-Welt-seins nicht identisch sind, wenn sie diese auch zum Teil überlagern. Eine so verstandene Geschichtlichkeit hätte dann allerdings ebenso wie die herausgearbeitete Daseinsanalyse den Status einer »wahrhaften Hypothese« im Platonischen Sinne: Wie das Ziel über die Daseinsanalyse hinaus die Zeitlichkeit ist, so ist die

Wiederholung sich überliefernder Philosophie auch eine Voraussetzung für die Frage nach dem Grund des Daseins und dann auch des Seins überhaupt.

Zum anderen macht die Erörterung der zeitlichen Schemata deutlich, daß die Freiheit, wie sie bisher untersucht worden ist, auch nur schematisch begriffen wurde. Die Freiheit in ihrer Differenz läßt sich nur im Zusammenhang von Umwillen, Geworfenheit und dem Anfang des Verhaltens, das dann als Wirkliches zu negieren ist, denken. Dies aber heißt, daß sich mit der Erörterung der Temporalität auch die Freiheit anders in den Blick bringen läßt als bisher. Sofern das Philosophieren eine Befreiung aus den Bindungen des Geredes ist, gehört es zwar auch in die Freiheit in ihrer Differenz. Durch diese Differenz ist aber weder die Freiheit noch das Philosophieren in seiner Freiheit vollständig bestimmt. Bei der Erörterung des Problembereichs von »Zeit und Sein« kommt es deshalb darauf an, noch in anderer Hinsicht zu klären, was Freiheit ist.

§ 10 Zeit und Sein

In den Problembereich von »Zeit und Sein« gehört zunächst die Frage, wie die von der Zeitlichkeit unterschiedene Temporalität genauer zu bestimmen sei. Diese Frage hat Heidegger in der »Grundprobleme«-Vorlesung erörtert, und insofern konnte er auch der Überzeugung sein, hier eine »neue Ausarbeitung des 3. Abschnittes des I. Teiles von *Sein und Zeit*« (GA 24, 1) vorgelegt zu haben. Gleichwohl bleibt die Vorlesung hinter dem für diesen dritten Abschnitt formulierten Programm einer »Explikation der Zeit als des transzendentalen Horizontes der Frage nach dem Sein« (*SZ*, 41) doch auch zurück. Heidegger gelangt nur bis zu einigen recht vagen Hinweisen auf den Zusammenhang von Temporalität und Apriorität, so daß der temporale Charakter ontologischer Sätze, um den es hier ja geht, nicht entwickelt wird. Dementsprechend ist auch die Wiederaufnahme der Frage nach »Zeit und Sein« in einem späten, 1960 gehaltenen Vortrag zugleich ein Eingeständnis des unzureichenden Charakters nicht nur der − nach Heideggers Auskunft vernichteten − ersten Fortsetzung von SZ, sondern ebenso der »Grundprobleme«-Vorlesung. Wäre diese Vorlesung wirklich die »Ausführung der Thematik von ›Zeit und Sein‹«[1], so bliebe unverständlich, wieso sich Heidegger in seinem späten Vortrag ausdrücklich von der für die Vorlesung maßgeblichen Struktur der Differenz absetzt. In der Vorlesung hatte es noch geheißen, nur durch die Einsicht in die »ursprüngliche Zusammengehörigkeit von Verhalten zu Seiendem und Verstehen von Sein ... aus der Zeitlichkeit« lasse sich der »doppelten Gefahr« begegnen, der die Philosophie »in ihrer bisherigen Geschichte immer wieder anheimfiel«, der Gefahr nämlich, daß entweder »alles Ontische in das Ontologische aufgelöst« werde, »ohne Einblick in den Grund der Möglichkeit der Ontologie selbst«, oder aber »das Ontologische ... überhaupt verkannt und ontisch wegerklärt« werde, »ohne Verständnis der ontologischen Voraussetzungen, die jede ontische Erklärung als solche schon in sich birgt« (*GA 24*, 466). Demgegenüber sagt Heidegger in seinem Vortrag, es gelte, »Sein im Durchblick durch die eigentliche Zeit in sein Eigenes zu denken ... ohne Rücksicht auf die Beziehung des Seins zum Seienden« und »die Metaphysik sich selbst zu überlassen« (*SD*, 25). Was das heißen soll, ist gewiß nicht ohne weiteres klar. Mißverständlich ist allein schon die Bedeutung des − in *SZ* noch distanziert gebrauchten − Ausdrucks »Metaphysik«. »Metaphysik« ist nämlich nicht nur und nicht in erster Linie die Bezeichnung für die Philosophie von Platon bis Nietzsche, sondern, wie bereits Heideggers Freiburger Antrittsvorlesung belegt, ein Ausdruck für »das Grundgeschehen im Dasein« (*GA 9*, 122), und das wiederum heißt: für den Austrag der Freiheit in ihrer Differenz. Sofern dann auch die Philosophie als »Metaphysik« bezeichnet wird, ist sie immer als eine Möglichkeit im Dasein verstanden, die als eine solche durchsichtig sein kann oder nicht. Daß Heidegger genau dies meint, läßt sich allein schon an seiner Rede von der »doppelten Gefahr« in der bisherigen Philosophie einsichtig machen. Die »Auflösung alles Ontischen in Ontologie« ist nach seiner Überzeugung charakteristisch für die Philosophie Hegels; in ihr bleibt die Differenz der Freiheit verdeckt, sofern das jeweils Bestimmte nicht in seiner Zusammengehörigkeit mit dem Unbestimmten gelassen und als Bestimmtes negiert, sondern gerade in die konkrete Allgemeinheit des Begriffs aufgehoben wird. Diese Aufhebung ist freilich nur möglich aufgrund der Verschiedenheit des jeweiligen Bestimmten und des über dieses hinaus erschlossenen Unbestimmten. Von Heidegger aus gesehen wäre dann

1 V. Herrmann in: *GA 2*, 583.

die konkrete Allgemeinheit des Begriffs vermutlich als eine Kombination aus der Aufweisung des jeweils Bestimmten und der Vergegenständlichung des Unbestimmten zu interpretieren, so daß der positive Sinn der Aufhebung bei Hegel einer *Position* des Unbestimmten entspringt. Die Verkennung des Ontologischen soll demgegenüber für die Wissenschaft und eine sich an der Wissenschaft orientierende Philosophie charakteristisch sein. Die Wissenschaft verhält sich »in einer ausgezeichneten Weise zum Seienden selbst ... und einzig zu ihm« (*GA 9*, 121). In beiden Fällen handelt es sich um Vergegenständlichungen verschiedener Aspekte der Daseinsstruktur, in denen diese selbst unbegriffen bleibt.

Inwieweit diese Auffassung Heideggers und insbesondere seine Kritik an Hegel plausibel ist oder nicht, kann man hier jedoch unberücksichtigt lassen. Allgemeine Urteile und Thesen über einen Autor und die traditionelle Philosophie überhaupt sind zwar bei Heidegger ebenso üblich wie bei vielen seiner Interpreten. Zum Verständnis der Sache, um die es Heidegger geht, tragen sie allerdings wenig bei, und in ihrer Allgemeinheit bleiben sie außerdem steril und oft schief. Was Heidegger zur philosophischen Tradition zu sagen hat, kann man nur fruchtbar machen, indem man seine Thesen als Hypothesen für die Interpretation philosophischer Texte nimmt, auf die man sich dann freilich im Detail einzulassen hat. Im gegenwärtigen Zusammenhang genügt es zu sehen, daß Heidegger den Titel »Metaphysik« primär auf die Differenz der Freiheit bezieht und dann auch für eine philosophische Befangenheit in dieser Differenz verwendet — für die Befangenheit also, das Unbestimmte, das selbst »nicht etwas« und in diesem Sinne »Nichts« ist, immer nur vom Bestimmten aus zu denken und zu thematisieren. Sobald der Titel »Metaphysik« für diese Befangenheit steht, kann Heidegger sein eigenes Philosophieren nicht mehr als »Metaphysik« und, sofern »Metaphysik« dann für »Philosophie« steht, auch nicht mehr als »Philosophie« bezeichnen. Im *Brief über den Humanismus* etwa spricht er darum statt vom »Philosophieren« vom »Denken« und behält diese Redeweise in den späteren Schriften durchweg bei.

Gewiß haben diese Schriften und unter ihnen auch der Vortrag über »Zeit und Sein« deshalb den Status einer »immanenten Kritik« (*SD*, 61), ja, Heidegger hat, wie der dritte Text in *Zur Sache des Denkens* belegt, seine gesamte Produktion seit 1930 als eine solche immanente Kritik verstanden. Worauf diese Kritik zielt, läßt sich eher als in philosophiegeschichtlichen Überlegungen, ob Heideggers Denken selbst noch der als »metaphysisch« begriffenen Tradition zuzurechnen sei oder nicht, verstehen, wenn man sich an der genannten Grundbedeutung des Ausdrucks »Metaphysik« bei Heidegger orientiert und diese mit den Sätzen zusammenliest, denen zufolge es gilt, das Sein ohne das Seiende zu denken und die Metaphysik sich selbst zu überlassen. Dann wird nämlich klar, daß es darum geht, die Freiheit in ihrer Differenz sich selbst zu überlassen und so dem in der Thematisierung der Zeitlichkeit bereits erreichten Stand des Denkens zu entsprechen. Die »immanente Kritik« Heideggers an seiner frühen Konzeption gilt dann der Sache nach der Befangenheit in der Struktur der Differenz. Die Bemerkung aus dem »Humanismus«-Brief, daß das Denken »mit Hilfe der Sprache der Metaphysik nicht durchkam« (GA 9, 328), besagt dann, daß der Problembereich von »Zeit und Sein« nicht in einer Sprache zu entwickeln ist, die das Sein im Ausgang vom Seienden thematisiert. Inwieweit Heideggers frühe Konzeption der Temporalität davon betroffen ist, wird zu zeigen sein. Allein, wenn es zutreffend war zu sagen, daß die Temporalität sich auch bereits in Heideggers früher Konzeption darin von der Zeitlichkeit unterscheidet, daß sie keinen schematischen Charakter hat, so kann auch diese frühe Konzeption nicht ausschließlich in der Struktur der Differenz befangen sein. Wenn man deutlich machen will, inwieweit auch bereits die »Grundprobleme«-Vorlesung ein wenigstens zum Teil angemessener Beitrag zum Problem von »Zeit und Sein« ist, wird man demnach zeigen müssen, an welchem Punkt Heidegger hier über die Struktur der Differenz hinausgelangt. Und dann läßt sich auch verstehen, daß der späte Vortrag *Zeit und Sein* nicht etwa eine neue Konzeption entwickelt, sondern einen Gedanken der »Grundprobleme«-Vorlesung lediglich radikalisiert.

Aus dem Konzept der »Grundprobleme«-Vorlesung selbst wird freilich nicht verständlich, wie Heidegger diese Radikalisierung gelingen konnte. Selbst wenn es naheliegt, so zu denken, muß man diese Frage nicht beantworten, indem man eine Entwicklungsgeschichte des Heideggerschen Denkens von 1927 bis 1962 schreibt. Eine solche Entwicklungsgeschichte hätte überdies den Nachteil, daß sie den Zusammenhang der einzelnen Gedankenschritte über der Vielzahl der Texte und ihrer verschiedenen Terminologien aus dem Blick verlieren oder diese Gedankenschritte bestenfalls nur als Stationen einer Denkbiographie präsentieren würde. Dazu kommt, daß allein aufgrund der unzulänglichen Textbasis eine solche Entwicklungsgeschichte noch gar nicht geschrieben werden kann. Deshalb muß man jedoch nicht auf eine Auseinandersetzung mit den betreffenden Fragen verzichten. Man kann vielmehr am Konzept der Freiheit in *SZ* ansetzen und zeigen, wie Heidegger in den Schriften, die den Gedankengang des späten Vortrags vorbereiten, einen Aspekt der Freiheit entfaltet, der ihn darauf geführt hat, die Zeit eines nicht mehr in der Differenz begriffenen Seins zu denken. Weil die Freiheit *nicht nur* Freiheit in der Differenz ist, ist es in der Erörterung der Freiheit auch möglich, über die Struktur der Differenz hinauszugelangen. Dann erweist sich auch all das, was Heidegger nach *SZ* zum Problem der Freiheit und in den für seine Freiheitskonzeption relevanten Begriffen zu sagen hat, als ein Beitrag zum Problembereich von »Zeit und Sein«. Die Frage nach der Freiheit ist nicht nur die Schlüsselfrage von *SZ*, sondern auch die Frage, von der aus sich die »Kehre« von »Sein und Zeit« zu »Zeit und Sein« einsichtig machen läßt. Wenn Heidegger mit seiner Erörterung der Freiheit nach *SZ* auf den Problembereich von »Zeit und Sein« hinarbeitet, ist es jedoch sinnvoll, diese Erörterung, zu der auch der Gedanke einer »Seinsgeschichte« gehört, aus dem Konzept von »Zeit und Sein« in seinem späten Vortrag zu entwickeln.

Temporalität

Studiert man in der »Grundprobleme«-Vorlesung die Passagen, in denen Heidegger näher bestimmt, was er unter »Temporalität« verstehen will, so scheint man es auf den ersten Blick mit einer Modifikation seiner These vom schematischen Charakter der Zeitlichkeit zu tun zu haben. Würde sich die Bestimmung der Temporalität darin erschöpfen, könnte man nicht mehr behaupten, Temporalität sei Zeitlichkeit ohne die zeitlichen Schemata. Um diese Behauptung aufrechtzuerhalten, muß man also zeigen, daß die Kombination des zeitlichen Schematismus aus *SZ* mit der Temporalität einem angemessenen Begriff von Temporalität widerspricht, und zugleich erklären, wieso Heidegger dennoch glauben konnte, es sei möglich, das Problem der Temporalität in der Orientierung an diesem Schematismus zu entwickeln. Dabei ist es naheliegend, mit dem letzteren zu beginnen, weil man so dem Gedankengang Heideggers folgen kann.

Die Bestimmung der Temporalität wird mit einer erneuten Erörterung der Zuhandenheit des Zeugs exponiert. Diese ist, wie Heidegger sagt, von Interesse »mit Rücksicht auf seine <des Zeugs/G. F.> temporale Möglichkeit, d. h. mit Rücksicht darauf, wie wir Zuhandenheit als solche zeitlich verstehen« (*GA* 24, 433). Zunächst ist freilich überhaupt nicht zu sehen, inwieweit es hier ein Problem gibt, das mit der Erörterung der Zeitlichkeit nicht gelöst wäre. »Verstanden« wird den Analysen von *SZ* zufolge schließlich das bevorstehende Sein zusammen mit den Möglichkeiten zu seiner Bestimmung, die dann als Projekt ergriffen und im Umgang mit Zeug, das für diesen Umgang immer schon offen ist, in einer bestimmten Weise ausgelegt werden können. Sofern das Zeug Verweisungscharakter hat, ist seine Zugänglichkeit aus der Zeitlichkeit, wie sie bisher erörtert wurde, einsichtig zu machen. Aber auf den Verweisungscharakter des Zuhandenen kommt es Heidegger im gegenwärtigen Zusammenhang gar nicht an. Er will vielmehr die Zuhandenheit und ebenso ihre Modifikation in der »Abhandenheit« als »Abwandlungen eines Grundphänomens« begreifen, das er »formal mit Anwesenheit und Abwesenheit und allgemein als Praesenz« (GA 24, 433) bezeichnet. Das wiederum soll heißen, in jedem Sichverweisen an Zeug und jedem Entdecken eines Vorhandenen, das auch als Vermißtes entdeckt werden kann, müsse dieses »im vorhinein auf Praesenz hin verstanden« (GA 24, 436) sein. »Praesenz« wäre dann der immer schon vernommene Einheitsgesichtspunkt, unter dem die Anwesenheit ebenso wie die Abwesenheit von etwas allein erfahren werden kann und insofern ein Schema oder eine Idee. Von der Idee der Praesenz müßte man weiterhin sagen, daß sie das Seinsverständnis, sofern es Verständnis von Anwesenheit und Abwesenheit ist, erst ermöglicht, und genau darauf will Heidegger hinaus: »Sein selbst muß, wenn anders wir es verstehen, irgendwie auf etwas hin entworfen sein. Damit ist nicht gesagt, daß im Entwurf das Sein gegenständlich erfaßt oder als gegenständlich Erfaßtes ausgelegt und bestimmt, d. h. begriffen sein müßte. Sein ist auf etwas hin entworfen, von woher es verständlich wird, aber ungegenständlich. Es ist noch vorbegrifflich verstanden, ohne einen Logos; wir bezeichnen es daher als das vorontologische Seinsverständnis.« (GA 24, 398) Es ist freilich die Frage, ob sich dieses vorontologische Seinsverständnis adäquat fassen läßt, wenn man, wie Heidegger es in der »Grundprobleme«-Vorlesung durchweg tut, auf den Terminus des »Entwurfs« zurückgreift. Wenn Heidegger nämlich für das »Verstehen« von Anwesenheit und Abwesenheit einen eigenen Entwurf geltend machen will, so ist nicht mehr zu sehen, wie das mit dem in SZ herausgestellten zukünftigen Charakter des Entwurfs vereinbar sein soll. Zwar hatte Heidegger ja auch in SZ schon von einem »primären Entwurf« gesprochen, und zwar im Zusammenhang seiner Bestimmung der Zeitlichkeit als des »Sinnes« der Sorge; dies hatte jedoch durchaus seine Berechtigung, weil die Sorge als »Sich-vorweg« in der Tat im Ausgang von der Zukunft charakterisiert werden kann. Spricht man hingegen auch von einem Entwurf auf Praesenz hin, so erfährt der Terminus »Entwurf« eine letztlich nicht mehr kontrollierbare Bedeutungserweiterung. Dennoch ist das, was Heidegger hier sagen will, nicht unsinnig. In welcher Hinsicht es sinnvoll ist, läßt sich allerdings nur verständlich machen, wenn man eine Einschränkung in Kauf nimmt, die Heidegger selbst zumindest in den zitierten Sätzen nicht akzeptiert, die Einschränkung nämlich, daß die Rede vom Schema der Praesenz nur das *ontologische* Seinsverständnis, oder besser: das *Begreifen* von Sein, betrifft. Praesenz ist dann dasjenige Schema, unter dem das Sein von wie auch immer Entdecktem thematisiert werden kann. Daß die Praesenz etwas mit einer solchen Thematisierung zu tun hat, scheint in der »Grundprobleme«-Vorlesung immerhin auf, und zwar wohl nicht zufällig im Zusammenhang einer Bestimmung von Temporalität. »Die Schemata der Ekstasen«, so heißt es hier, »sind von diesen struktural nicht abzulösen, wohl aber kann die verstehende Orientierung dem Schema als solchem primär zugewendet werden. Die so primär auf die horizontalen Schemata der Zeitlichkeit als Bedingungen der Möglichkeit des Seinsverständnisses hin genommene Zeitlichkeit macht den Gehalt des allgemeinen Begriffes der Temporalität aus.« (*GA* 24, 436) Zwar klärt Heidegger nicht, wie er die »primäre Zuwendung der verstehenden Orientierung« genauer fassen will. Aber es ist doch ausgeschlossen, daß sie vorontologisch ist, denn vorontologisch wird das Entdeckte schließlich als Zuhandenes bzw. Abhandenes und Vorhandenes bzw. Fehlendes erfahren, so daß man Zuhandenheit und Abhandenheit ebenso wie die Vorhandenheit und die Privation von Vorhandenheit als vorontologische Schemata von Gegenwart bezeichnen müßte. Bereits »Anwesenheit« und »Abwesenheit« sind, wie Heidegger selbst sagt, *formale* Bestimmungen und setzen als solche die Thematisierung der verschiedenen Weisen des Entdeckens voraus. Die Rede von der Praesenz stellt demgegenüber eine noch weitergehende Formalisierung dar. Das heißt nicht, die Praesenz sei eine begriffliche Konstruktion, sondern nur, daß mit dem Ausdruck »Praesenz« etwas benannt ist, das vorontologisch nicht erfahren wird. Gleichwohl kann von allem Entdeckten gesagt werden, es sei praesent. Praesenz ist dann nichts anderes als die zeitlich gedachte Einheit von Entdecken und Entdecktem, und spätestens damit ist die Analogie zur Platonischen Idee des Guten wieder evident.

Dieses Ergebnis fällt jedoch hinter die Interpretation der Zeitlichkeit und sogar hinter die noch ohne Rücksicht auf die Zeitlichkeit durchgeführte Daseinsanalyse zurück. Es hätte der Herausarbeitung der »Sorge«-Struktur und ihrer Zeitlichkeit nicht bedurft, wenn es möglich wäre, die Einheit von Entdecken und Entdecktem allein aus einer als Praesenz schematisch gedachten Gegenwart einsichtig zu machen. Wenn jedes Entdecken nur im Zusammenhang der »Sorge«-Struktur begriffen werden kann, so muß auch die Frage nach der Einheit von Entdecken und Entdecktem unter Berücksichtigung der vollen Zeitlichkeit und demnach als Frage nach dem Einheitscharakter der Zeitlichkeit selbst gestellt werden. Daß es beim Problem der Temporalität letztlich darum geht, wird deutlich, wenn Heidegger von ihr sagt, sie sei »Zeitlichkeit mit Rücksicht auf die Einheit der ihr zugehörigen horizontalen Schemata« (GA 24, 436). An dieser Bestimmung wird freilich auch der problematische Charakter seines Ansatzes deutlich. Es ist von vornherein verfehlt, die Temporalität analog zum zeitlichen Schematismus des vorontologischen Daseins zu konzipieren; so wäre man nämlich genötigt, die den drei Ekstasen zugeordneten Schemata wiederum auf ihre Einheit hin zu befragen, und das ist allein schon problematisch, weil man dann einen Einheitsgesichtspunkt suchen müßte, der nicht mehr temporal ist. Dieses Problem hat Heidegger zwar selbst gesehen, aber in der »Grundprobleme«-Vorlesung nur indirekt kenntlich gemacht. Gemäß seinem Konzept muß er drei temporale Schemata voneinander unterscheiden und in ihrer Verschiedenheit erläutern. Nachdem er die Unterscheidung dreier Schemata auch wirklich macht, beschränkt er seine Erläuterung allerdings auf eines, nämlich die Praesenz und rechtfertigt diese Beschränkung mit einem didaktischen Argument: »Um den Blick auf die ohnehin schon schwer zu fassenden Phänomene der Zeitlichkeit nicht zu sehr zu verwirren, beschränken wir uns auf die Explikation der Gegenwart und ihres ekstatischen Horizontes, der Praesenz.« (GA 24, 435) Aus einer solchen didaktischen Beschränkung läßt sich jedoch nicht erklären, daß Heidegger wenig später von *einem* »Horizont der ekstatischen Einheit der Zeitlichkeit« spricht und hinzufügt: »An diesem Horizont hat jede Ekstase der Zeit, d. h. die Zeitlichkeit selbst ihr Ende. Aber dieses Ende ist nichts anderes als der Anfang und Ausgang für die Möglichkeit alles Entwerfens« (GA 24, 437) und, wie man hinzufügen muß, nicht nur des Entwerfens, sondern des zeitlichen Daseins überhaupt. Mit diesem Gedanken des *einen* Horizontes ist sachlich die Position des späten Vortrags über »Zeit und Sein« bereits erreicht. Die zitierten Bestimmungen dokumentieren außerdem eine Umakzentuierung der Einheitsproblematik: Spricht Heidegger zunächst noch wie in *SZ* von der »ekstatischen Einheit der Zeitlichkeit«[2], so denkt er in der zweiten Formulierung *den einen Horizont als diese Einheit.* Was »Horizont« dabei heißt, kann man sich an der alltäglichen Verwendung dieses Ausdrucks klarma-

2 Vgl. *SZ*, 365.

chen. Der Horizont in der Landschaft ist ihre begrenzte Offenheit, und inwiefern die als Zeit gedachte Offenheit begrenzt ist, hat sich bereits bei der Interpretation der zeitlichen Ekstasen gezeigt: die Zeitlichkeit ist in ihrem ekstatischen Charakter ein Zusammenspiel von Zugänglichkeit und Unzugänglichkeit, von Offenheit und Verschlossenheit. Nennt man den Horizont der Zeitlichkeit ein »Schema« oder eine »Idee«, so ist das Zusammenspiel von Offenheit und Verschlossenheit die Idee der Zeit selbst. Wie dieses Zusammenspiel genauer zu denken ist, läßt sich in der Interpretation von Heideggers Vortrag über *Zeit und Sein* zeigen.

Zeit als Zeit-Raum

Wie eng die Erörterungen des Vortrags über »Zeit und Sein« mit dem Gedanken des einen Horizontes in der »Grundprobleme«-Vorlesung verknüpft sind, wird schon allein daran deutlich, daß Heidegger auch hier die Frage nach der Zeit ansetzt, indem er sich zunächst an der Gegenwart orientiert. Den Begriff der Gegenwart wiederum gewinnt er, indem er in einer Umkehrung der durch den Titel des Vortrags bezeichneten Fragerichtung mit einer Bestimmung von »Sein« beginnt: »Was gibt den Anlaß, Zeit und Sein zusammen zu nennen? Sein besagt seit der Frühe des abendländisch-europäischen Denkens bis heute dasselbe wie Anwesen. Aus Anwesen, Anwesenheit spricht Gegenwart.« (*SD*, 2) Die Bestimmung von Sein als »Anwesen« bildet freilich nur den Anfang des Gedankenganges, in dem gezeigt werden soll, daß dieses »Anwesen« letztlich nur als Zeit zu denken ist. Insofern gelangt der Titel des Vortrags erst im Vollzug des Vortrags zu seinem Recht. Ein erster Gedankenschritt auf das Problem von »Zeit und Sein« zu ist bereits die scheinbar nur erläuternde Hinzufügung des Ausdrucks »Anwesenheit«. Aber »Anwesen« und »Anwesenheit« bedeuten nicht dasselbe. Wie so oft in den späteren Texten Heideggers soll auch hier die grammatikalische Form bereits einen Gedanken zum Ausdruck bringen. »Anwesenheit« wäre dann resultativ, »Anwesen« hingegen verbal zu lesen und würde ein Geschehen zu verstehen geben. Diese Erläuterung hilft jedoch nicht viel weiter, wenn sich der Sinn von »Anwesen« und »Anwesenheit« erst in der Erörterung der Zeit klären soll. Darum ist es wichtig zu sehen, daß Heidegger die Gegenwart als Anwesenheit, und zunächst nur als solche charakterisiert. Diese Charakterisierung gewinnt er durch einen Hinweis auf den Sprachgebrauch:

»Wir lesen z. B. irgendwo die Mitteilung: ›In Anwesenheit zahlreicher Gäste wurde das Fest gefeiert.‹ Der Satz könnte auch lauten: ›Im Beisein‹ oder ›in Gegenwart‹ zahlreicher Gäste.« (*SD*, 10) Es ist wohl nicht unangemessen, hierin eine Anspielung auf die Verwendung des »bei« in *SZ* zu sehen. Dann meint das »Beisein« nicht nur, daß es auf dem Fest viele Gäste gab, sondern vor allem, daß diese sich von den Ereignissen des Festes einnehmen ließen und darin ihre Wirklichkeit hatten. Daß Heidegger hier das in *SZ* als »bei der Welt sein« analysierte Phänomen im Sinn hat, ohne sich allerdings noch der Terminologie von *SZ* zu bedienen, wird noch wahrscheinlicher, wenn er die Anwesenheit als »das stete, den Menschen angehende ... Verweilen« charakterisiert und hinzufügt, der Mensch bliebe »immer vom Anwesen eines jeweils Anwesenden angegangen, ohne daß er dabei auf das Anwesen selbst eigens achtet« (*SD*, 13). Heidegger spricht zwar von einem »Angegangensein« durch das Anwesen, aber daß man auf dieses selbst nicht eigens achtet, heißt doch wohl, daß es als ein Angegangensein durch das Anwesende erfahren wird. Weil hier wie in der Bestimmung der Anwesenheit von einem »Angehen« die Rede ist, ist es naheliegend, beide Formulierungen zusammenzulesen. Dann kann man das Angegangensein von Anwesendem als das die Anwesenheit ausmachende Verweilen verstehen, so daß »Anwesenheit« zumindest in einer Hinsicht dasselbe bedeutet wie die »Praesenz« in der »Grundprobleme«-Vorlesung: »Anwesenheit« ist die Einheit des den Menschen angehenden, begegnenden Seienden und des Entdeckens, um das es dem Menschen geht, weil er in ihm seine Wirklichkeit hat. Eine solche Interpretation trägt auch dem Doppelsinn des Verbs »angehen« Rechnung, das hier sowohl als gleichbedeutend mit »begegnen« zu lesen ist als auch ausdrückt, daß einen etwas betrifft. Man könnte zwar einwenden, daß Heideggers Formulierungen viel zu neutral gehalten sind, als daß sie im Rekurs auf die Daseinsanalyse von *SZ*, die für die »Grundprobleme«-Vorlesung noch bestimmend ist, zu interpretieren wären. Aus den weiteren Gedankenschritten Heideggers geht jedoch hervor, daß es ihm zunächst nicht, wie die Einführung des Ausdrucks »Sein« zu Anfang des Vortrags nahelegt, um eine Klärung des zeitlichen Charakters der Philosophie geht. Es ist nämlich weiterhin vom Angegangensein durch Seiendes die Rede, wenngleich dieses immer schon im Hinblick auf das »Angehen« des Anwesens verstanden wird. Um den Gedankengang zu klären, empfiehlt es sich jedoch, diese beiden Aspekte auseinanderzuhalten.

Wenn nun im nächsten Schritt vom »Abwesen« die Rede ist, soll deshalb auch nur berücksichtigt werden, wie es zunächst erfahren wird. Das Angehen des Abwesens besteht dann darin, daß »mancherlei nicht mehr in der Weise anwest, wie wir es vom Anwesen im Sinne der Gegenwart kennen« ohne dadurch nichtig zu sein: »auch dieses nicht-mehr-Gegenwärtige west in seinem Abwesen unmittelbar an, nämlich nach der Art des uns angehenden Gewesen« (*SD*, 13). Im Zusammenhang von *SZ* hatte sich das nicht mehr Gegenwärtige, aber gleichwohl noch Angehende als das Geschichtliche gezeigt. Aber das Abwesen ist nicht nur im Sinne der Gewesenheit bestimmt: »Das Abwesen geht uns ... auch an im Sinne des noch nicht Gegenwärtigen nach der Art des Anwesens im Sinne des Auf-uns-zukommens.« (*SD*, 13) Sofern Heidegger hier vom »noch nicht Gegenwärtigen« spricht, wird man das, was »auf uns zukommt«, nicht als das hervorstehende Sein interpretieren dürfen. Das noch nicht Gegenwärtige ist vielmehr ein jeweils Bestimmtes und demnach als ein Projekt oder etwas Erwartetes oder Befürchtetes aufzufassen.

Wenn sich auch Gegenwart, Gewesen und Zukunft im gegenwärtigen Zusammenhang durchaus im Rekurs auf die früheren Zeitanalysen erläutern lassen, so ist es doch diesen gegenüber neu, daß nun Gegenwart, Gewesen und Zukunft gleichermaßen durch das Anwesen charakterisiert sind. Wir finden, wie Heidegger sagt, »im Abwesen, sei es das Gewesen, sei es die Zukunft, eine Weise von Anwesen und Angang, die sich keineswegs mit dem Anwesen im Sinne der unmittelbaren Gegenwart deckt.« (*SD*, 14) Gewesen und Zukunft sind anders gesagt zwar durch ein Anwesen, nicht aber durch Anwesenheit charakterisiert, und es ist leicht zu sehen, wie hier der Gedanke der »Praesenz« aus der »Grundprobleme«-Vorlesung modifiziert worden ist. Wollte Heidegger früher die Anwesenheit und Abwesenheit umfassende Praesenz als Schema der Gegenwart denken, so begreift er nun, den Gedanken des einen Horizontes der Zeitlichkeit aufnehmend, diesen als Anwesen, das in Gewesen und Zukunft das Anwesen eines Abwesens ist. Was das heißen soll, ist sicher noch nicht klar. Um hier voranzukommen, muß man berücksichtigen, wie Heidegger das Verhältnis von Zukunft, Gewesen und Gegenwart zueinander bestimmt: »Ankommen, als noch nicht Gegenwart, reicht und erbringt zugleich nicht mehr Gegenwart, das Gewesen, und umgekehrt reicht dieses, das Gewesen, sich Zukunft zu. Der Wechselbezug beider reicht und erbringt zugleich Gegenwart.« (*SD*, 14) Ebenso wie die Zeitlichkeitsanalyse von *SZ* ist auch dies im Ausgang von der Zukunft gedacht, von der gesagt wurde, daß sie in Gewesenheit augenblicklich umschlägt, ebenso wie diese in die Zukunft, und die Zukunft wiederum in die Gegenwart im Anfang eines Verhaltens. Daß Heidegger hier nicht mehr vom ekstatischen Charakter der Zeitlichkeit spricht, sondern von einem »Reichen« und »Erbringen«, macht allerdings einen Unterschied. Zwar ist es wohl unmöglich, direkt zu sagen, was »Reichen« und »Erbringen« heißen sollen. Es handelt sich hier, wie so oft in Heideggers Spätwerk, um Metaphern, die kaum noch übersetzbar sind. Soviel dürfte freilich klar sein, daß Heidegger mit ihnen das Zusammenspiel von Zukunft, Gewesen und Gegenwart betonen will. Damit entsprechen die Metaphern auch dem Gedanken des für die Zeit insgesamt charakteristischen Anwesens. Was nun dieses Anwesen selbst betrifft, so konnte man bisher den Eindruck gewinnen, es sei immer nur das Anwesen von etwas Bestimmtem, und zwar im Hinblick auf die Gegenwart das Anwesen des Entdeckten und im Hinblick auf Zukunft und Gewesen das Anwesen eines noch nicht bzw. nicht mehr Gegenwärtigen und darin Abwesenden: Das Zukünftige west an, indem es erwartet, befürchtet oder angestrebt wird, und das Gewesene, indem man sich an es erinnert, von ihm durch historische Aussagen weiß oder es als eine geschichtliche Möglichkeit wiederholt. Würde man nur dies sagen, hätte man noch nicht geklärt, was es heißen soll, daß in der Gegenwart wie auch in Zukunft und Gewesen Anwesen und nicht nur Anwesendes bzw. Abwesendes gereicht wird. Man hätte außerdem unberücksichtigt gelassen, daß Heidegger das Gewesen und die Zukunft selbst als »Abwesen« charakterisiert und so zu dem auf Anhieb paradoxen Gedanken kommt, Zukunft und Gewesen seien das Anwesen eines Abwesens. »Anwesen« und »Abwesen« sind jedoch keine Charakteristika eines Bestimmten, sondern Charakteristika der Zeit selbst, die nur aus dem Zusammenspiel von Zukunft, Gewesen und Gegenwart verständlich werden können. Deshalb gilt es, dieses Zusammenspiel noch genauer zu fassen.

Das »Einander-sich-zureichen« (SD, 14) von Zukunft, Gewesen und Gegenwart faßt Heidegger auch als das »Lichten« des »Zeit-Raumes« (SD, 14), und die metaphorische Rede von einem Zeit-Raum läßt sich ein Stück weit klären, wenn man sich auf das Wortfeld einläßt, zu dem dieser Ausdruck gehört. Spricht man von einem Zeit-Raum, so liegt es nahe, entsprechend den Dimensionen des Raumes nun auch Zukunft, Gewesen und Gegenwart als »Dimensionen« zu bezeichnen. Diese Redeweise ist nicht neu. Heidegger orientiert sich hier ausdrücklich an der Bestimmung Kants, derzufolge die Zeit nur eine Dimension hat (KrV, B47/A31), und setzt seinen Gedanken des Zeit-Raumes gegen die Vorstellung einer eindimensionalen Zeit ab: »Der gewöhnlich verstandene Zeitraum im Sinne des gemessenen Abstandes zweier Zeitpunkte ist das Resultat der Zeitrechnung. Durch sie wird die als Linie und Parameter vorgestellte und sonach eindimensionale Zeit zahlenmäßig abgelesen. Das so gedachte Dimensionale der Zeit als das Nacheinander der Jetztfolge ist der Vorstellung des dreidimensionalen Raumes entlehnt.« (SD, 15) Berücksichtigt man zudem, daß Zeitrechnung immer die einfache Datierung voraussetzt, so kann man sich die eindimensional gedachte Zeit als die Zeit einer Reihe von Ereignissen verständlich machen. Zeit ist dabei allerdings nicht die Reihe der Ereignisse selbst, sondern die Zugänglichkeit ihrer Aufeinanderfolge, oder anders ausgedrückt: Zeit ist eben dies, daß die Reihe der Ereignisse »durchmessen« werden kann. Weil sie durchmessen werden kann, ist die Zeit »dimensional«.

Die Dreidimensionalität der Zeit, wie Heidegger sie denken will, besteht nun nicht etwa darin, daß die Ereignisse in ihrer Reihe nicht nur mit den relationalen Ausdrücken »früher« und »später« geordnet, sondern auch als »vergangen«, »zukünftig« und »gegenwärtig« bestimmt werden können. Würde man dies sagen und sich also an der seit McTaggart[3] üblichen Unterscheidung einer B-Reihe und einer A-Reihe der Zeit orientieren, hätte man Zukunft, Gewesen und Gegenwart wieder nur vom in der Zeit Begegnenden aus charakterisiert, und dabei bliebe ungeklärt, was der spezifisch zeitliche Sinn der Ausdrücke »früher« und »später« sowie »vergangen«, »zukünftig« und »gegenwärtig« ist. Ereignisse, so läßt sich Heideggers Gedanke interpretieren, können mit den genannten Ausdrücken überhaupt nur geordnet und bestimmt werden, weil die Zeit in ihrer Dreidimensionalität durchmessen werden kann. Die Dreidimensionalität der Zeit ist die Zugänglichkeit jedes Ereignisses, gleichviel, ob es selbst »vergangen«, »gegenwärtig« oder »zukünftig« genannt wird, und das gilt auch im Hinblick auf die scheinbar von der Zugänglichkeit der Ereignisse unabhängigen Ausdrücke »früher« und »später«. Auch nämlich, wenn man ein Ereignis »früher« oder »später« als ein anderes nennt, kommt man nicht umhin, seine Zugänglichkeit vorauszusetzen; von einem Ereignis läßt sich überhaupt nur reden, wenn man seine »Praesenz« bereits unterstellt[4], und Heideggers Versuch geht darauf, diese Praesenz als eine dreidimensionale einsichtig zu machen. Die Dimension der Zeit beruht, wie er sagt, »in dem gekennzeichneten lichtenden Reichen, als welches Ankunft die Gewesenheit, diese jene und beider Wechselbezug

3 Vgl. McTaggart (1908).
4 Dieser Einwand gegen die Auffassung der B-Reihe als einer »realen« Zeit ist auch von W. Sellars (1962) entwickelt worden.

die Lichtung des Offenen erbringt« (SD, 15). Auffällig ist hier, daß der Stelle, an der man die Gegenwart erwarten würde, eine Bedeutung zukommt, die sie in der ekstatisch gedachten Zeitlichkeit nicht haben konnte. Wenn Heidegger von der »Lichtung des Offenen« an einer anderen Stelle sagt, sie sei »das Offene für alles An- und Abwesende« (SD, 72), so könnte man daraus schließen, daß sie Gewesen und Zukunft mit umfaßt. Aber das ist nicht gemeint. Gemeint ist vielmehr, daß die Gegenwart »das Offene für alles An- und Abwesende« nur sein kann, weil die Zeit auch die Dimensionen der Zukunft und des Gewesen hat. Das »alles bestimmende Reichen«, so sagt Heidegger, »erbringt in der Ankunft, im Gewesen, in der Gegenwart das ihnen jeweils eigene Anwesen, hält sie lichtend auseinander und hält sie so zueinander in der Nähe, aus der die drei Dimensionen einander genaht bleiben.« (SD, 16) Die Nähe aber »nähert Ankunft, Gewesenheit, Gegenwart einander, indem sie entfernt. Denn sie hält das Gewesen offen, indem sie seine Ankunft als Gegenwart verweigert. Dies Nähern der Nähe hält das Ankommen der Zukunft offen, indem es im Kommen die Gegenwart vorenthält. Die nähernde Nähe hat den Charakter der Verweigerung und des Vorenthalts. Sie hält im voraus die Weisen des Reichens von Gewesenheit, Ankunft und Gegenwart zueinander in ihre Einheit.« (SD, 16) Mit »Nähe« ist hier gemeint, daß die Dimensionen der Zeit zueinandergehören ohne jedoch zusammenzufallen; auch bei der alltäglichen Verwendung dieses Ausdrucks ist ja immer ein gewisser Abstand zwischen dem, was einander nahe ist, zu verstehen gegeben. Wenn Heidegger nun in den zitierten Sätzen die Nähe der drei Dimensionen genauer fassen will, so geht es ihm demzufolge darum, ihre Zusammengehörigkeit und ihren Abstand gleichermaßen auszudrücken. Dabei orientiert er sich, wie man sieht, wieder an der Gegenwart: Zukunft ist »Vorenthalt« von Gegenwart, und die Gewesenheit ihre »Verweigerung«. Mit diesen Ausdrücken aber werden Zukunft und Gewesenheit nicht nur von der Gegenwart abgegrenzt, sondern zumindest indirekt wird die Gegenwart selbst erst durch Verweigerung und Vorenthalt bestimmt; Gegenwart ist als solche erst durch ihren Vorenthalt und ihre Verweigerung »offen« und »das Offene für alles An- und Abwesende«: Nichts kann begegnen, erinnert und wiederholt, erwartet, befürchtet und erstrebt werden, ohne als ein Bestimmtes gegenwärtig zu sein; aber diese Gegenwärtigkeit ist in jedem Fall durch die beiden Weisen ihres Entzugs charakterisiert. Versucht man sich klarzumachen, was das heißen soll, so kann man sagen: Was im Augenblick begegnet oder erinnert oder erwartet wird, kommt augenblicklich im Entdecken, in der Erinnerung oder der Erwartung auf einen zu, und ebenso ist es gewesen, so daß man auf es aufmerksam werden konnte. Versteht man das jeweils Gegenwärtige in diesem Zusammenhang, so denkt man es nicht mehr in seiner Anwesenheit, sondern in seinem Anwesen. »Anwesen« meint das »Angehen« von etwas, daß kein Gegenstand sein muß, sondern auch ein Gedanke, eine Erwartung, eine Erinnerung sein kann, und zwar so, daß im Augenblick seines Begegnens, Erwartens und Erinnerns ebenso seine Verweigerung und sein Vorenthalt liegt. Ohne den Vorenthalt könnte es nicht augenblicklich begegnen, erinnert oder erwartet werden, sondern wäre einfach nur und immer in einem unzeitlichen Sinne gegenwärtig; begegnen oder erinnert und erwartet werden kann es genausowenig ohne die Verweigerung, denn wäre es nicht verweigert gewesen, könnte es nicht »ankommen« und als Ankommendes augenblicklich begegnen, erinnert und erwartet werden. Die Anwesenheit eines Bestimmten ist immer nur in einer Offenheit zu denken, die als solche ein durch Vorenthalt und Verweigerung charakterisiertes Anwesen ist. Sie läßt sich immer nur in einer dreidimensionalen Zeit denken, und damit ist der Titel des Heideggerschen Vortrags zu seinem Recht gekommen.

Der Gedanke des Anwesens, das in sich durch Verweigerung und Vorenthalt charakterisiert ist, läßt freilich immer noch die Gliederung der Zeit erkennen, und deshalb ist zu fragen, wie die Einheit der drei Dimensionen selbst zu fassen ist. Diese Frage beantwortet Heidegger, indem er nun noch eine vierte Dimension der Zeit einführt: »Wir hörten bereits: Sowohl im Ankommen des noch-nicht-Gegenwärtigen als auch im Gewesen des nicht-mehr-Gegenwärtigen und sogar in der Gegenwart selbst spielt jeweils eine Art von Angang und Anbringen, d. h. Anwesen. Dieses so zu denkende Anwesen können wir nicht der einen der drei Dimensionen der Zeit zuweisen nämlich, was nahe liegt der Gegenwart. Vielmehr beruht die Einheit der drei Zeitdimensionen in dem Zuspiel jeder für jede. Dieses Zuspiel erweist sich als das eigentliche, im Eigenen der Zeit spielende Reichen, also gleichsam als die vierte Dimension – nicht nur gleichsam, sondern aus der Sache. Die eigentliche Zeit ist vierdimensional.« (SD, 15f.) Aus diesen Sätzen geht klar hervor, daß die vierte Dimension der Zeit als das »Zuspiel« der drei anderen gedacht werden soll, und dieses Zuspiel wiederum ist nichts anderes als ihre »Nähe«. In einer späteren Anmerkung zur Einleitung von Was ist Metaphysik? kann Heidegger deshalb auch sagen: »Zeit ist vierdimensional: Die erste, alles versammelnde Dimension ist die Nähe.« (GA 9, 377) Wieso aber ist die Zusammengehörigkeit von Gegenwart, Vorenthalt und Verweigerung selbst eine Dimension? Das kann, wie es scheint, nur heißen, es sei eine Offenheit zu denken, in

348

der die drei Dimensionen der Zeit einander genähert und damit auch voneinander entfernt sind, und so etwas will Heidegger, wie es scheint, auch sagen. Die Nähe, so heißt es, ist »das erste, anfängliche, im wörtlichen Sinne an-fangende Reichen« (SD, 16), und die vierte Dimension demzufolge wohl die Zugänglichkeit der drei Dimensionen füreinander. Eine solche Interpretation führt jedoch zu einer unhaltbaren Iteration von »Zugänglichkeit«: Wenn die Zeit selbst als »Zugänglichkeit« bestimmt ist, ist es offensichtlich Unsinn, von ihr zu sagen, ihre Dimensionen seien zugänglich füreinander. Will man verstehen, was die Rede von einer vierten Dimension der Zeit besagen soll, kann man sich jedoch daran halten, daß Heidegger hier das »Einander-sich-reichen« der drei Dimensionen als »anfänglich« bestimmt, und dies wiederum verweist auf zwei Formulierungen, die in seinem Vortrag immer wiederkehren, auf die Formulierungen nämlich: »Es gibt Sein« und »Es gibt Zeit«. Läßt man die Formulierung »Es gibt Sein« zunächst einmal beiseite und konzentriert sich auf die zweite, so scheint es ja auch hier um den Anfangscharakter der vierten Zeitdimension zu gehen. Wie Heidegger in einer Überlegung zur Bedeutung des »Es« nun deutlich macht, heißt das gerade nicht, »etwas«, und sei es eine wie auch immer zu denkende, den drei Dimensionen noch einmal vorausgesetzte Offenheit, »gäbe« Zeit in dem Sinne, daß sie hier ihren Anfang hätte. Das »Es« erscheint Heidegger zufolge vielmehr nur dann als etwas Selbständiges, wenn man die Formulierung »Es gibt Zeit« als eine Aussage versteht, »die stets in den Satzbau der Subjekt-Prädikat-Beziehung verfestigt« (SD, 19) ist. Diese Auskunft ist zwar unbefriedigend, denn wohl kaum jemand würde ernsthaft die These vertreten wollen, das »Es« sei logisch oder grammatisch als Subjekt einer Aussage zu fassen, ohne daß man deshalb darauf verzichten müßte, Sätze wie »Es regnet« logisch als Aussagen zu begreifen.[5] Immerhin ist klar, daß Heidegger, selbst wenn er die Zeit als »die Gabe eines Es« (SD, 18) bezeichnet, keinen Geber dieser Gabe denken will. Vielmehr will er »das Es, das gibt, aus dem bereits gekennzeichneten Geben her ... bestimmen«, und »dieses zeigte sich ... als Zeit im Sinne des lichtenden Reichens« (SD,18). Nun sieht es freilich so aus, als sei die Rede von einer vierten Dimension der Zeit überflüssig geworden: wenn das »Es gibt Zeit« nur das Zuspiel der drei Dimensionen, also das »Anwesen« in der interpretierten Weise zu verstehen gibt, so »gibt es« nichts außerdem. Würde man sich damit zufriedengeben, müßte man aller-

5 Vgl. dazu Strawson (1959), 214 ff.

dings darauf verzichten, das »Reichen« der drei Dimensionen noch in irgendeiner Weise als »anfänglich« zu denken, und mehr noch: man hätte keine Möglichkeit, genauer zu sagen, was man eigentlich meint, wenn man von der »Einheit« der Zeit spricht.

Bisher wurde allerdings noch nicht berücksichtigt, daß Heidegger nicht einfach von einem Anfang der Zeit spricht, sondern von einem »im wörtlichen Sinne an-fangenden Reichen«. Der Bindestrich soll hier wie oft bei Heidegger die Aufmerksamkeit auf die einzelnen Momente eines Wortes lenken und so ein Hinweis sein, es anders zu lesen. Das so in den Blick kommende »fangen« soll heißen, daß man vom »Einander-sich-reichen« der dreidimensionalen Zeit selbst »gefangen«, »eingefangen« und also in Anspruch genommen sein kann. Das dreidimensional zu denkende Anwesen, und nicht nur das Anwesende, kann »angehen«. »Angegangen« von diesem Anwesen ist gemäß der Sprache des späteren Heidegger »der Mensch«, so daß nun die vierte Dimension der Zeit als die Offenheit der Zeit, sofern sie uns selbst »angeht«, zu fassen ist. Berücksichtigt man, daß Heidegger zu Beginn seines Vortrags »Anwesen« als Ausdruck für das Sein in seiner zeitlichen Zugänglichkeit exponiert, so ist leicht zu belegen, daß er genau dies meint. Im »Humanismus-Brief« etwa wird das »Verhältnis« von Mensch und Sein bestimmt, indem der auch für das Zuspiel der drei Dimensionen charakteristische Ausdruck »Nähe« verwendet wird: »Das ›Sein‹«, so heißt es hier, »das ist nicht Gott und nicht ein Weltgrund. Das Sein ist wesenhaft weiter als alles Seiende und ist gleichwohl dem Menschen näher als jedes Seiende, sei dies ein Fels, ein Tier, ein Kunstwerk, eine Maschine, sei es ein Engel oder Gott. Das Sein ist das Nächste. Doch diese Nähe bleibt dem Menschen am fernsten.« (GA 9, 331) Und in seinem Vortrag über den *Satz der Identität* sagt Heidegger: »Sein west und währt nur, indem es durch seinen Anspruch den Menschen an-geht. Denn erst der Mensch, offen für das Sein, läßt dieses als Anwesen ankommen. Solches Anwesen braucht das Offene einer Lichtung und bleibt so für dieses Brauchen dem Menschenwesen übereignet.« (*ID*, 19) Diese Formulierungen sind in einem hohen Maße mißverständlich. »Sein« und »Mensch« scheinen hier selbst wieder im »Offenen einer Lichtung« »einander übereignet« (*ID*, 19) zu sein, und ähnlich läßt sich, wie es scheint, auch die Rede des »Humanismus-Briefes« von einem »Verhältnis« lesen. Dieses durch die Sätze Heideggers freilich provozierte Mißverständnis hat viele Heidegger-Interpretationen geprägt.[6] Es ist vielleicht auch unmöglich, ein

6 Vgl. etwa Gründer (1962).

solches Mißverständnis zu vermeiden, wenn man den Versuch macht, »Sein« und »Mensch« in ihrem »Zueinandergehören« (*ID*, 19) zu thematisieren. Andererseits ist auch wenig mit der Versicherung getan, »Sein« sei hier nichts Gegenständliches oder doch zumindest dem Menschen gegenüber Selbständiges, solange es nicht gelingt zu klären, was denn die Rede von einem »Verhältnis« oder einem »Zueinandergehören« besagen soll, wenn nicht die Relation zweier auch für sich faßbarer Momente. Um hier voranzukommen, muß man zunächst beachten, daß Heidegger den »Menschen« nicht etwa unabhängig vom »Sein« bestimmen will, so daß es streng genommen unangemessen ist, hier von einem »Verhältnis«zu sprechen. In dem Vortrag über »Zeit und Sein« wird der Mensch geradezu durch »Sein« bestimmt und damit den Analysen von *SZ* Rechnung getragen. Über diese Analysen geht Heidegger mit der Bestimmung des Menschen durch »Sein« jedoch auch hinaus: »Die eigentliche Zeit ist die ihr dreifältig lichtendes Reichen einigende Nähe von Anwesen aus Gegenwart, Gewesenheit und Zukunft. Sie hat den Menschen als solchen schon so erreicht, daß er nur Mensch sein kann, indem er innesteht im dreifachen Reichen und aussteht die es bestimmende verweigernd-vorenthaltende Nähe.« (*SD*, 17) Daß der Mensch »innesteht im dreifachen Reichen« heißt der Sache nach nichts anderes, als daß er in der in *SZ* untersuchten Weise »da« ist, wobei dieses »da sein« allerdings ohne Berücksichtigung der zeitlichen Schemata gefaßt wird. Deshalb kommen die drei Aspekte der Zeit nun auch nicht mehr in ihrem ekstatischen Charakter, sondern als die Dimensionen der Zugänglichkeit von Dasein in den Blick. Neu gegenüber *SZ* ist jedoch vor allem die Rede vom »Ausstehen« der das dreifache Reichen bestimmenden Nähe. Der Ausdruck »Ausstehen« ist dabei als die deutsche Fassung des wohl zum ersten Mal in *Vom Wesen der Wahrheit* gebrauchten Ausdrucks »Ek-sistenz« zu lesen, und was »Ek-sistenz« wiederum heißt, würde man mißverstehen, wenn man hier an den Terminus »Existenz« aus *SZ* denken würde. Was in *SZ* »Existenz« genannt wird, ist zusammen mit »Faktizität« und »Verfallen«, also den beiden anderen Momenten der »Sorge«-Struktur, dem »Innestehen« zuzuordnen. Demgegenüber ist das *Ausstehen* der die drei Dimensionen bestimmenden verweigernd-vorenthaltenden Nähe das Ausstehen der eigens erblickten und angehenden Einheit der Zeit. Zwar ist überhaupt noch nicht klar, wie dieses »Angehen« genauer zu fassen ist. Unterstellt man jedoch einmal, daß die Zeit selbst angehen und in Anspruch nehmen kann, so ist es den zitierten Sätzen zufolge immer noch die dreidimensionale Zeit, die angeht. Faßt man dieses »Angehen« als die vierte Dimension der Zeit, so ist freilich auch nicht klar, wieso Heidegger diese vierte Dimension als Einheit der Zeit begreifen kann. Allein durch eine Interpretation des »Angehens« läßt sich deshalb auch die Rede von dieser vierten Dimension nicht rechtfertigen.

Den Gedanken einer Einheit der Zeit bereitet Heidegger vor, indem er die für die Gewesenheit charakteristische Verweigerung und den für die Zukunft charakteristischen Vorenthalt auf einen gemeinsamen Grundzug hin bestimmt: »Verweigerung und Vorenthalt bekunden denselben Zug ...: nämlich das Sich-entziehen.« (SD, 23) Mit dem Aufweis desselben Grundzugs in Gewesenheit und Zukunft abstrahiert Heidegger gerade von ihren Eigentümlichkeiten, sodaß sie nun ununterscheidbar sind. Berücksichtigt man außerdem, daß auch die Gegenwart nur zusammen mit den anderen beiden Dimensionen gedacht werden kann und so in sich durch Verweigerung und Vorenthalt charakterisiert ist, läßt sich die Zeit jetzt nurmehr noch *als Anwesen denken, das ebenso ein Sich-entziehen ist.* Damit ist ein Gedanke der Zeit gewonnen, in dem von allen bekannten zeitlichen Ausdrücken abgesehen wird, und man kann deshalb mit Recht fragen, ob man es hier überhaupt noch mit Zeit zu tun hat. Man muß jedoch bedenken, daß der Sinn zeitlicher Ausdrücke sich nur angeben läßt, wenn man auf den Gedanken des Zusammenspiels von Anwesen und Entzug rekurriert, denn alles in der Zeit Anwesende ist in sich nicht nur durch Präsenz, sondern auch durch Absenz charakterisiert: wäre es nur präsent, wäre es unzeitlich, und nur Absentes ist überhaupt nicht. Zeit in ihrer Einheit ist *Präsenz, die in sich Absenz,* oder *Absenz, die in sich Präsenz ist.* Charakterisiert man die Zeit derart, so bleibt der Gedanke des Umschlags, der bei der Erörterung der Dimensionen vernachlässigt wurde, andererseits doch erhalten. Die Rede von einer vierten Dimension der Zeit besagt dann, daß die Zeit in ihrer Einheit darin erfahren wird, daß sie sich entzieht. Nur aus dieser Erfahrung der Zeit läßt sich, wie Heidegger denkt, verständlich machen, daß es Philosophie gibt. Philosophie ist das »Ausstehen« der als Präsenz und Absenz in einem zu denkenden »Nähe«, also eine Erfahrung von Zeit, die sich nicht notwendig in Zeitbestimmungen artikuliert, aber doch in allen ihren Artikulationen durch den eigentümlichen Entzugscharakter der Zeit geprägt ist. Dies wiederum heißt Heidegger zufolge gerade nicht, daß dieser Entzugscharakter auch zur Sprache kommt. Seine These ist vielmehr, daß die Zeit in ihrer Einheit traditionell unberücksichtigt geblieben ist, weil man sich immer nur am Seienden orientiert hat und so lediglich zum Gedanken der Anwesenheit, nicht aber des Anwesens im Sinne der durch Absenz bestimmten Präsenz gekommen ist. Der Ent-

352

zugscharakter der Zeit prägt sich somit auch in ihrer Erfahrung und Artikulation aus, und dies versucht Heidegger zu zeigen, indem er die Philosophie als »Seinsgeschichte« zum Thema macht.

Seinsgeschichte

Wenn man bedenkt, daß Heidegger unter dem Titel der »Seinsge-schichte« die traditionelle Philosophie insgesamt von dem her verste-hen will, was in ihr *nicht* zur Sprache kommt, so ist nicht schwer zu sehen, daß hier eine Reihe von Bedenken angebracht sind. Man kann etwa auf die Aporie hinweisen, die darin liegt, daß Heidegger das in der Tradition aufgrund seines Entzugscharakters »Ungedachte« nun doch seinerseits zum Thema machen will.[7] Ebenso ist es möglich, die Heideggersche These zu bestreiten, daß es ein solches »Ungedachtes« gibt, und darauf hinzuweisen, daß das sich Entziehende in den tradi-tionellen Texten gerade in dem, was ausgeschlossen ist, gedacht wird, wie etwa im Nichtseienden des Parmenideischen Lehrgedichts.[8] Je nachdem, auf welches von Heidegger interpretierte philosophische Konzept man sich einläßt, werden die Bedenken gegen die »Seinsge-schichte« gewiß verschieden ausfallen. Man muß sich jedoch, um Hei-deggers Gedanken einer Seinsgeschichte zu diskutieren, nicht unbe-dingt auf die von ihm interpretierten Texte einlassen. Genausowenig muß man, um an diesem Gedanken etwas plausibel zu finden, die Hei-deggerschen Interpretationen traditioneller Texte von Platon bis Nietz-sche übernehmen und ebenso wie er davon reden, was in der »Meta-physik« gedacht ist und was nicht. Es ist vielmehr auch möglich zu fragen, ob Heideggers Konzept der »Seinsgeschichte«, so wie es von ihm selbst formuliert ist, nicht einen Gedanken enthält und zugleich verstellt, der im Zusammenhang der Frage nach »Zeit und Sein« durchaus einsichtig ist. Um diesen Gedanken herauszuarbeiten, muß man sich freilich zunächst an Heideggers Bestimmungen der »Seinsge-schichte« orientieren.

Unter dem Titel der »Seinsgeschichte« wollte Heidegger keine philo-sophische Geschichte der Philosophie im Sinne Hegels ausarbeiten. »Seinsgeschichte« ist kein »System in der Entwicklung«[9] und ebenso-

---

7 Wiehl (1984).
8 Gadamer (1983), 74f.
9 Hegel, *Werke* 18, 47.

wenig allerdings dasselbe wie die in *SZ* erörterte »Geschichtlichkeit«. »Seinsgeschichte« ist vielmehr von der Formulierung »Es gibt Sein« her zu denken, und berücksichtigt man, daß »Sein« als »Anwesen« und als solches von der Zeit her bestimmt wird, so ist klar, wieso auch hier ein Sich-entziehen im Spiel sein kann: »Im Beginn des abendländischen Denkens wird das Sein gedacht, aber nicht das ›Es gibt‹ als solches. Dieses entzieht sich zugunsten der Gabe, die Es gibt, welche Gabe künftighin ausschließlich als Sein im Hinblick auf das Seiende gedacht und in einen Begriff gebracht wird.« (*SD*, 8) Nachdem Heidegger ein Geben, »das nur seine Gabe gibt, sich selbst jedoch dabei zurückhält und entzieht«, als »Schicken« gefaßt hat (*SD*, 8), kann er die Seinsgeschichte als »Geschick von Sein« bestimmen, »in welchen Schickungen sowohl das Schicken als auch das Es, das schickt, an sich halten mit der Bekundung ihrer selbst« (*SD*, 9). Wie bei der Formulierung »Es gibt Zeit« fällt auch hier wieder das eigentümliche Spiel Heideggers mit der Bedeutung von »geben« auf. Während die alltägliche Verwendung von »es gibt« das Vorliegen und damit die existentia von etwas meint, macht sich Heidegger die Bedeutung von »geben« als »schenken« und »überreichen« zunutze, um das »es gibt« anders denn als Existenzaussage zu interpretieren. Das »Es gibt« steht nun für ein Angehen, das auszustehen und für dieses Ausstehen »gegeben«, vielleicht sogar »aufgegeben« ist. Versteht man das »Es gibt« in diesem Sinne, so ist klar, daß nur von *einer* »Gabe« die Rede sein kann, nämlich dem Zeit-Raum, der in seinem sich entziehenden Angehen ausgestanden werden muß. Umso befremdlicher ist es deshalb auch, wenn Heidegger nun plötzlich von »Schickungen« spricht und diese im folgenden als »Epochen des Seinsgeschicks« (*SD*, 9) bezeichnet. Zwar will er den Ausdruck »Epoche« nicht im geläufigen Sinn verwenden, sondern als ἐποχή denken und also mit dem Sich-entziehen identifizieren: »Epoche meint hier nicht einen Zeitabschnitt im Geschehen, sondern den Grundzug des Schickens, das jeweilige An-sich-halten seiner selbst zugunsten der Vernehmbarkeit der Gabe, d. h. des Seins im Hinblick auf die Ergründung des Seienden.« (*SD*, 9) Wenn aber »Epoche« dieses »An-sich-halten« und nur es meint, ist nicht zu sehen, wieso von »Epochen des Seinsgeschicks« überhaupt die Rede sein kann: Spricht man nämlich in der Mehrzahl von »Epochen«, so kann dieser Ausdruck noch nicht einmal die wie das An-sich-halten in der Einzahl zu denkende »Gabe« bezeichnen, sondern nur die verschiedenen Weisen, in denen diese »Gabe« jeweils artikuliert wird. Daran, daß Heidegger unter dem Titel der »Seinsgeschichte« an den Zusammenhang der verschiedenen Artikulationen denkt, oder in der Sprache seines Vortrags gesagt: an den Zusammenhang der verschiedenen Weisen des Ausstehens von sichtentziehendem Anwesen, kann es nun keinen Zweifel geben: »Wenn Platon das Sein als ἰδέα und als κοινωνία der Ideen vorstellt, Aristoteles als ἐνέργεια, Kant als Position, Hegel als den absoluten Begriff, Nietzsche als Willen zur Macht, dann sind dies nicht zufällig vorgebrachte Lehren, sondern Worte des Seins als Antworten auf einen Zuspruch, der in dem sich selber verbergenden Schicken, im ›Es gibt Sein‹ spricht.« (SD, 9) Die Analogie dieses Gedankens zur Interpretation der entsprechenden Passagen von SZ ist leicht zu zeigen: Ließ sich im Hinblick auf SZ sagen, daß alle Projekte Antworten auf das bevorstehende Sein sind, so ist hier von Antworten auf einen »Zuspruch« die Rede. Aber auch der Unterschied gegenüber der daseinsanalytischen Konzeption ist nicht zu übersehen: Das, worauf geantwortet wird, ist im einen Fall das unbestimmte und als solches in der Zukunft zugängliche Sein, das in gewisser Weise auch durch ein Angehen charakterisiert ist; allein schon die immer wiederholte Formel, derzufolge es im Dasein um dieses selbst geht, weist darauf hin, und ebenso Heideggers Verständnis von Zukunft als von dem, was auf einen »zukommt«. Im anderen Fall, also in der »Seinsgeschichte«, sind die Antworten philosophische Grundeinsichten, die in Theorien oder doch zumindest in zusammenhängenden Konzeptionen artikuliert werden. Diese antworten nicht mehr auf das unbestimmte und darin fragliche Sein, sondern auf einen »Zuspruch«, dem sie nicht vollständig entsprechen können, weil der Zuspruch »in dem sich selber verbergenden Schicken« spricht. Indem Heidegger die Konzepte der philosophischen Tradition als »Antworten« denkt, kann er damit auch ansatzweise den Gedanken einer vierten Dimension der Zeit einsichtig machen. Wenn »Anwesen« nur als die Offenheit eines Zeit-Raums gedacht werden kann, so ist klar, daß philosophische Theorien nicht nur Durchmessungen dieses Zeit-Raums in seinen drei Dimensionen sind; wären sie nur dies, könnte man das philosophische Denken nicht von den Seinsweisen des »vorontologischen« Daseins unterscheiden. Andererseits soll alles, was im philosophischen Denken vernommen und dann auch artikuliert wird, aus der Zeit begriffen werden können; darauf zielt die Arbeit Heideggers bereits im Zusammenhang der Konzeption von SZ. Daß es Heidegger auch, wo er von der »Seinsgeschichte« spricht, genau darum geht, wird deutlich, wenn er die »Seinsgeschichte« ausdrücklich auf die früher so genannte »Destruktion« der philosophischen Tradition bezieht. Der »einzig mögliche Weg, schon von ›Sein und Zeit‹ her den späteren Gedanken über das Seins-Geschick vorzudenken«, bleibt, wie er sagt, »das Durchdenken dessen, was in

›Sein und Zeit‹ über die Destruktion der ontologischen Lehre vom Sein des Seienden dargelegt wird« (*SD*, 9). Wo diese Destruktion durchgeführt wird, rekurriert Heidegger jedoch durchweg auf die Zeitlichkeit und ihre Schemata[10] und kommt so über den Versuch nicht hinaus, den Zeitcharakter des Philosophierens gemäß der Struktur des vorontologischen Daseins zu konzipieren. Demgegenüber läßt sich der Zeitcharakter des Philosophierens durchaus einsichtig machen, wenn es gelingt, alle Artikulationen von Anwesenheit *als Artikulationen einer Präsenz zu verstehen, die in sich auch Absenz ist und als solche das Denken in Gang setzt, ohne selbst je vollständig artikulierbar zu sein.* Wo der Gedanke einer »Seinsgeschichte« über diesen Versuch hinausgeht, wird er allerdings problematisch. Wie sich gezeigt hat, ist die »Seinsgeschichte« in Wahrheit die Geschichte der Artikulationen des philosophischen Denkens, und anders wäre sie auch gar nicht möglich. Wie sollte dieses Denken anders faßbar sein als in seinen Artikulationen, und wie sollte man anders von seinen »Epochen« oder gar einer »Folge der Epochen« sprechen können? Die Artikulationen des philosophischen Denkens kommen jetzt allerdings nicht mehr als wiederholbare Möglichkeiten in den Blick, und deshalb fragt sich, ob sie anders als nach dem Modell der in *SZ* erörterten *Geschichte* verstanden werden können. So sehr sich Heidegger auch bemüht, die »Seinsgeschichte« von der datierten Geschichte abzusetzen,[11] bleibt doch unklar, an welchem anderen Modell er sich hier orientieren soll.

Wie der »Zuspruch«, auf den das philosophische Denken eine Antwort ist, selbst begriffen werden soll, ist bisher noch nicht hinreichend entwickelt. Heidegger will den eigentümlichen Entzugscharakter dieses Zuspruchs in seiner Zusammengehörigkeit mit der vierten Dimension der Zeit benennen, indem er den Ausdruck »Ereignis« einführt. Damit erst kommt auch der Vortrag über »Zeit und Sein« ins Ziel, denn »die einzige Absicht dieses Vortrags geht dahin, das Sein selbst als Ereignis in den Blick zu bringen« (*SD*, 22). »Ereignis« ist, wie Heidegger an anderer Stelle sagt, »seit 1936 das Leitwort« (*GA* 9, 316) seines Denkens. Diesem »Leitwort« sind die bislang noch unveröffentlichen Abhandlungen aus den dreißiger und vierziger Jahren gewidmet. Solange diese Abhandlungen nicht zugänglich sind, wird man natürlich auf eine detaillierte Interpretation der Zusammenhänge, die mit diesem Ausdruck angesprochen sind, verzichten müssen. Auf eine solche Inter-

---

10 Vgl. etwa *GA* 24, 448.
11 Vgl. etwa *N II*, 399.

pretation kommt es jedoch im Rahmen dieser Untersuchung auch gar nicht an. Es genügt, sich die Grundzüge der mit dem Ausdruck »Ereignis« bezeichneten Problematik klarzumachen, und dafür sind die entsprechenden publizierten Texte eine hinreichende Basis; es ist kaum zu erwarten, daß die unveröffentlichten Texte, was diese Grundzüge angeht, große Überraschungen bieten werden, zumal gerade der späte Vortrag über »Zeit und Sein« durch sie nicht revidiert werden kann. Selbst jedoch, wenn man sich an den publizierten Texten Heideggers orientiert, um zu sehen, in welcher Weise er vom »Ereignis« spricht, ist diesen Texten nicht ohne weiteres zu entnehmen, was dieser Ausdruck bedeutet. Das wiederum liegt weniger daran, daß diese Texte nur knappe Hinweise bieten; entscheidend ist vielmehr die von Heidegger selbst betonte Schwierigkeit, daß allein schon durch die Verwendung des Ausdrucks in Sätzen der Sinn von »Ereignis« verstellt wird. Man kann noch nicht einmal fragen, »was das Ereignis ist«, ohne bereits den durch den Ausdruck angezeigten Gedanken zu verfehlen (SD, 20f.). Will man dennoch vom »Ereignis« nicht nur sagen, daß von ihm nicht zu reden und also nur zu schweigen sei, muß man versuchen, die knappen Hinweise Heideggers zu interpretieren, indem man auch den verfehlenden Charakter jeder Bestimmung von »Ereignis« so gut es geht deutlich macht.

Mit dem Ausdruck »Ereignis« soll, wie bereits gesagt, die Zusammengehörigkeit des philosophischen Denkens mit der vierten Dimension der Zeit benannt werden. Sagt man dies, so bringt man zwar zum Ausdruck, daß das philosophische Denken als das Ausstehen des Anwesens nur aus der vierten Dimension der Zeit begriffen werden kann; dieses Denken ist nichts anderes als das Durchmessen dieser Dimension und steht nicht etwa in einem Verhältnis zu ihr, so daß man auch isoliert von ihr reden könnte. Die vierte Dimension der Zeit ist selbst *die Zugänglichkeit des philosophischen Denkens*. Mit solchen Sätzen hat man jedoch bereits das philosophische Denken und die vierte Dimension der Zeit zum Gegenstand gemacht, und wo Heidegger vom »Ereignis« spricht, geht es ihm darum, eine solche Vergegenständlichung verschiedener Aspekte eines einheitlichen Zusammenhangs zu vermeiden. Insofern ist die Rede vom »Ereignis« zugleich eine Absage an die frühe Konzeption, in der ja, wie man gesehen hat, geradezu programmatisch von einer Vergegenständlichung des Seins gesprochen werden konnte.

Nun hat es freilich den Anschein, als ob Heidegger bei dem Versuch einer Überwindung der Vergegenständlichung dieser um so haltloser verfiele. In seinem Vortrag bezeichnet er »Sein« und »Zeit« als »Sachen« und will, wenn er das Ereignis als »Sach-Verhalt« charakterisiert, das »und« in der Rede von »Sein und Zeit« eigens hervorheben: »Was beide Sachen zueinander gehören läßt, was beide Sachen nicht nur in ihr Eigenes bringt, sondern ihr Zusammengehören verwahrt und darin hält, ist das Ereignis. Der Sach-Verhalt kommt nicht nachträglich als aufgestocktes Verhältnis zu Sein und Zeit hinzu. Der Sach-Verhalt ereignet erst Sein und Zeit aus ihrem Verhältnis in ihr Eigenes und zwar durch das im Geschick und im lichtenden Reichen sich verbergende Ereignen.« (SD, 20) Um diese Sätze zu verstehen, muß man zunächst berücksichtigen, daß der Ausdruck »Sache« hier nicht gleichbedeutend mit »Ding« oder »Gegenstand« ist, sondern wie πρᾶγμα und auch res dasjenige bezeichnet, womit man es zu tun hat, und zwar ohne bereits eine in der Störung des Tuns begründete Distanz zu ihm genommen zu haben. Das philosophische Denken hat es dann mit dem angehenden Anwesen in der vierten Dimension der Zeit zu tun, ohne daß dies im Denken selbst klar sein müßte. Die Tradition der »Metaphysik« soll ja gerade dadurch charakterisiert sein, daß der »Sach-Verhalt« von ›Sein und Zeit‹ in ihr nicht klar wird, und erst recht gilt das natürlich für den »Sach-Verhalt« von »Zeit und Sein«. Auch dieser Aspekt ist in Heideggers Ausdruck »Sach-Verhalt« noch mitzuhören. Die Zusammengehörigkeit von »Sein« und »Zeit« ist im Ereignis, wie Heidegger sagt, »verwahrt«, und was »verwahrt« ist, ist auch gemäß der Umgangssprache nicht unmittelbar zugänglich. Nun kann man von der Zeit, wenn man sie als Zugänglichkeit bestimmt, sowieso nicht sagen, daß sie zugänglich ist, und berücksichtigt man dies, so scheint die Aporie der Rede vom »Ereignis« offenkundig. Schließlich wird in ihr die Zeit zum Thema gemacht und von ihr mit einer sich im Wortfeld von »Ereignis« haltenden Formulierung gesagt, daß sie aus ihrem Verhältnis zum »Sein« in ihr Eigenes »vereignet« werde. Das »Eigene« der Zeit ist dabei ihre Vierdimensionalität; nur wenn man die Zeit vierdimensional denkt, denkt man sie in ihrem »Eigenen«, nämlich als Zeit des Seins. Von diesem Denken der Zeit müßte man jedoch sagen, daß es sich in seiner Artikulation zugleich dementiert: Der »Sach-Verhalt«, also das Ereignen eines Seinsdenkens in der vierten Dimension der Zeit, »verbirgt sich« gerade darin, daß über »Sein und Zeit« geredet wird. Diese Aporie ist Heidegger zufolge unvermeidbar, und zwar, weil in jeder Rede vom »Ereignis« dieses »als etwas Anwesendes vorgestellt <wird / G. F.>, während wir doch versuchen, die Anwesenheit als solche zu denken« (SD, 20). Im Denken des Ereignisses liegt der Versuch zu denken, worin doch jedes Denken als solches schon »eingelassen« ist. Auch wieder in der Orientierung am

358

Wortfeld von »Ereignis« sagt Heidegger: »Sofern es Sein und Zeit nur gibt im Ereignen, gehört zu diesem das Eigentümliche, daß es den Menschen als den, der das Sein vernimmt, in sein Eigenes bringt. So ereignet gehört der Mensch in das Ereignis. Dieses Gehören beruht in der das Ereignis auszeichnenden Vereignung. Durch sie ist der Mensch in das Ereignis eingelassen. Daran liegt es, daß wir das Ereignis nie vor uns stellen können, weder als ein Gegenüber, noch als das alles Umfassende. Darum entspricht das vorstellend-begründende Denken so wenig dem Ereignis wie das nur aussagende Sagen.« (SD, 24) Wenn der Mensch dadurch charakterisiert ist, in das Ereignis »eingelassen« zu sein, so scheint es in der Tat unangemessen, dieses »vorstellen« und durch Aussagen charakterisieren zu wollen. Man kann allerdings trotzdem bezweifeln, ob die Rede vom Ereignis deshalb grundsätzlich so aporetisch ist, wie Heidegger nahelegt. Schließlich bezeichnen sprachliche Ausdrücke nicht nur »etwas Anwesendes«, sondern etwa auch Verhaltensweisen, die wesentlich nicht dadurch bekannt sind, daß man von ihnen redet oder reden hört, sondern dadurch, daß man sie beherrscht; das gilt von allen Verhaltensweisen, die in den Bereich des umsichtigen Besorgens gehören. Von diesen Verhaltensweisen war es möglich gewesen zu zeigen, daß sie als Antworten auf das bevorstehende Sein begriffen werden müssen, und analog dazu versteht Heidegger die Konzepte der philosophischen Tradition als Antworten. Nun kann alles, was Heidegger über das Ereignis sagt, selbst keine solche Antwort sein. Die Rede vom Ereignis ist keine »abgewandelte Auslegung des Seins«; sie bezeichnet »keine Art des Seins, untergeordnet unter dem Sein, das den festgehaltenen Leitbegriff bildet«, und genausowenig ist »Ereignis« der »umgreifende Leitbegriff, unter den sich Sein und Zeit einordnen ließen« (SD, 22). Genau deshalb aber stellt man auch, wenn man vom Ereignis spricht, nichts vor, *sondern macht lediglich den Status des Denkens selbst deutlich.* Versteht man das Denken als Antwort, so zeigt man, daß es im Denken niemals ein Gedachtes gibt, das als Gegenstand zu fixieren wäre, und es ist ganz und gar nicht aporetisch, dies zu sagen. Aporetisch wäre nur der Versuch, das Ereignis nicht als Ereignis des Denkens, sondern als etwas aufzufassen, das ohne eine Thematisierung des Denkens selbst gedacht werden kann.

Damit man im Dasein Antworten auf das bevorstehende Sein geben kann, muß dieses – im Verstehen – erschlossen sein. Nun wird man im Zusammenhang der Rede vom Ereignis zwar nicht gut auf den Terminus »Erschlossenheit« zurückgreifen können, weil dieser bereits für den noetischen Charakter des als »Sorge« gedachten Daseins reserviert ist. Sehr wohl aber wird man auch hier von einem *Vernehmen* sprechen müssen, wenn man verständlich machen will, wieso das philosophische Denken überhaupt Antwort sein kann. Der »Zuspruch«, von dem bei Heidegger die Rede war, muß anders gesagt als ein Vernommener zu begreifen sein. Das Vernehmen, um das es hier geht, läßt sich dabei nicht als ein »Vernehmen des Ereignisses« fassen, genausowenig wie man sagen kann, das bevorstehende Sein sei Korrelat des Verstehens. Ebenso wie bevorstehendes Sein nichts anderes als Verstehen ist, ist das Vernehmen, um das es hier geht, selbst Ereignis: »Das Wort Ereignis ist der gewachsenen Sprache entnommen. Er-eignen heißt ursprünglich: er-äugen, d. h. erblicken, im Blicken zu sich rufen, an-eignen.« (*ID*, 24f.) Dieser − übrigens zutreffenden − etymologischen Deutung nach ist »Ereignis« selbst ein Blicken, und zwar in unmittelbarer Einheit mit dem in ihm »Erblickten«. Wenn Heidegger dieses Blicken ein »an-eignen« nennt, wird er dieser unmittelbaren Einheit nicht gerecht, weil diese Formulierung wieder nahelegt, das Erblickte sei etwas, das es auch außerhalb des Blickens gibt. Von einem solchen als »Akt des Vor-stellens« (*GA* 54, 153) begriffenen »Erfassen von etwas« ist das Blicken, um das es hier geht, jedoch darin unterschieden, daß es vom »Sichzeigen«des Erblickten her zu fassen ist (*GA* 54, 152). Es ist reiner »Anblick«, und wenn Heidegger dies sagt, nimmt er einen Gedanken auf, den er in seinem ersten Kant-Buch bei der Interpretation von »Schema« bereits vorgetragen hatte. Man darf jedoch den Unterschied zwischen dem Gedanken aus der Vorlesung über Parmenides, der die zitierten Formulierungen entstammen, und der Erörterung des Schematismus nicht übersehen. Selbst wenn der als Schema gedachte Anblick nichts Bestimmtes im Sinne eines wahrgenommenen Gegenstandes ist, ist er doch eine Form, die sich jeweils, wenn auch nie vollständig, durch Bestimmtes füllen läßt; das Schema des »Umwillen« etwa, also des bevorstehenden Seins, ist die Form bestimmter Projekte, die als bestimmte von dieser Form immer verschieden sind. Demgegenüber ist das im Ereignis Erblickte die in sich durch Absenz charakterisierte Präsenz und als solche das *vollständig Unbestimmte*. Dies vollständig Unbestimmte ist deshalb auch von der Unbestimmtheit des Seienden in seiner Offenheit zu unterscheiden. Die Unbestimmtheit oder Offenheit des Seienden, wie sie in der Angst offenbar wird, hat schließlich auch schematischen Charakter, weil sie eine Offenheit zum Verhalten ist und als solche in der Bedeutsamkeit immer wieder so gefüllt wird, daß man am Seienden seine Wirklichkeit findet. Eine derartige Unbestimmtheit ist die durch Absenz charakterisierte Präsenz nicht; sie ist keine Unbestimmtheit im Sinne eines Bestimmbaren, und deshalb können auch die Antworten des Denkens auf sie nicht im Sinne einer Erscheinung verstanden werden, die durch ihre Negation als Erscheinung durchsichtig würde. Anders wäre das philosophische Denken, um das es hier geht, noch in der Struktur der Differenz gedacht. Wie jedoch die Antworten auf eine vollständige Unbestimmtheit dann verstanden werden können, ist bisher noch unklar. Sicher ist nur, daß man aus Heideggers Konzeption der Seinsgeschichte hierüber keine Aufklärung erwarten kann. Dieser Konzeption entsprechend könnte man zwar sagen, was im Ereignis »zugeeignet« werde, sei das »Sein« als das »Geschickte«; aber durch einen Hinweis auf einige prominente Konzeptionen der philosophischen Tradition und ihre Grundbegriffe allein ist noch nicht gesagt, was das heißt. Um hier voranzukommen, muß man versuchen, den zentralen Gedanken im Konzept der Seinsgeschichte noch genauer zu fassen und dabei aufzuklären, wieso Heidegger überhaupt glauben konnte, es sei notwendig, diesen Gedanken im Konzept einer Geschichte zu entwickeln. Im Anschluß daran läßt sich auch besser verstehen, was es mit dem Antwortcharakter des philosophischen Denkens auf sich hat. Der zentrale Gedanke im Konzept der Seinsgeschichte aber ist der Gedanke einer als Freiheit verstandenen Un-verborgenheit, die der Anfang des Denkens ist. Heidegger hat diesen Gedanken vielleicht am deutlichsten in der bereits einmal zitierten Vorlesung über Parmenides entwickelt.

Der Anfang des Denkens

Heideggers Vorlesung über Parmenides ist im wesentlichen eine Erörterung der Ἀλήθεια. Auch in seinem Vortrag über »Zeit und Sein« nennt er Ἀλήθεια noch das »Anfängliche aller Leitmotive des Denkens« (SD, 25) und führt dieses Wort am Schluß erst ein, um darauf hinzuweisen, daß es in der Rede vom Ereignis nicht um »etwas Neues« geht, sondern um »das Älteste des Alten im abendländischen Denken«, um »das Uralte« (SD, 25). Dieser Hinweis wurde bisher nicht nur im Interesse einer möglichst übersichtlichen Darstellung des Heideggerschen Gedankengangs übergangen; es sollte außerdem das hier von Heidegger selbst artikulierte Mißverständnis vermieden werden, Ἀλήθεια und »Ereignis« seien dasselbe. Wenn aber Ἀλήθεια und »Ereignis« nicht dasselbe sind, so ist auch Heideggers Verwendung des Ausdrucks »Wahrheit« immer da problematisch, wo es um den Gedanken des Ereignisses geht. Heidegger hat sich zu seinem Gebrauch des Ausdrucks »Wahrheit« und zu seiner Interpretation der ᾿Αλήθεια, wie sie in dem Vortrag über »Zeit und Sein« noch vorgetragen wird, mit Recht selbstkritisch geäußert. Wenn nämlich »die ᾿Αλήθεια ... am Beginn der Philosophie <bei Parmenides / G. F.> zwar genannt, aber ... in der Folgezeit von der Philosophie nicht eigens als solche gedacht« (SD, 76) ist, so kann Heidegger bestenfalls auf ein Wort, nicht aber auf einen Gedankenzusammenhang zurückgreifen, und dann ist auch nicht einzusehen, weshalb das Denken des Ereignisses dadurch erläutert werden kann, daß es ein Denken der ᾿Αλήθεια sei. Der Bezugspunkt für die Rede vom Ereignis als dem Denken in der vierten Dimension der Zeit ist der Sache nach nicht die ᾿Αλήθεια, sondern die Platonische Idee des Guten. Umso dringlicher ist deshalb freilich die Frage, weshalb Heidegger glauben konnte, auf die ᾿Αλήθεια rekurrieren zu müssen, und um diese Frage zu beantworten, muß man zunächst seine Interpretation dieses Wortes entwickeln. Es ist aufschlußreich, daß Heidegger gerade im Hinblick auf den für ihn relevanten Bedeutungsaspekt von ᾿Αλήθεια zugestehen muß, dieser sei im griechischen Denken nicht entfaltet worden. Deshalb verstärkt sich, wie er sagt, »auch notwendig der Anschein, als werde hier in das griechische Wesen der <nun klein geschrieben / G. F.> ἀλήθεια solches hinein- und zurückgedeutet, was nicht in ihm liegt« (GA 54, 200). Und nachdem Heidegger das »Wesen« der mit »Unverborgenheit« übersetzten ἀλήθεια als »Weisung auf das Offene und die Offenheit« interpretiert und gefragt hat, was dieses Offene sei, fährt er fort: »Hier schweigt das griechische Sagen. Wir bleiben ohne Anhalt und Hilfe, wenn die Not kommt, dem Wesen des in der ἀλήθεια waltenden Offenen nachzudenken.« (GA 54, 212f.) Ein solches Eingeständnis provoziert die Frage, wieso Heidegger dann überhaupt den Gedanken dieses Offenen in einer Interpretation von ἀλήθεια gewinnen will. Und eine Antwort auf diese Frage gibt Heidegger selbst bereits in der Einführung zu seiner Vorlesung: Parmenides und Heraklit sind »die beiden Denker, die in einer einzigen Zusammengehörigkeit am Beginn des abendländischen Denkens das Wahre denken«; »das Gedachte« ihres Denkens ist »das eigentlich Geschichtliche, was aller nachfolgenden Geschichte vorauf- und d. h. vorausgeht« und: »Das also Voraufgehende und alle Geschichte Bestimmende nennen wir das Anfängliche.« (GA 54, 1) Weil das Denken von Parmenides und Heraklit »das Anfängliche« ist, gelten für die Interpretation dieses Denkens die »Zollschranken des Horizonts der Historie und des historisch Feststellbaren« nicht: »Wenn wir ... der Geschichte nicht historische Horizonte aufzwingen und sie damit zudecken, wenn wir vielmehr den Anfang den Anfang sein lassen, der er ist, dann gilt ein anderes Gesetz. Diesem gemäß können wir gar nicht genug in das Anfängliche hinein, besser aus ihm heraus deuten, wenn wir nur dieses Anfängliche in der Strenge seines Wesens achten und nicht an einer unserigen Willkür hängen bleiben.« (GA 54, 200) Die Orientierung Heideggers am Anfang des Denkens ist nicht neu, sondern bereits charakteristisch für die Phase der Ausarbeitung von SZ. Nur waren es dort Platon und Aristoteles, die als Anfang »unserer wissenschaftlichen Philosophie« (GA 20, 184) galten. Die Rede war außerdem von einer Wiederholung dieses Anfangs. Wie sich inzwischen gezeigt hat, gelten für die Wiederholung die »Zollschranken des Horizonts der Historie und des historisch Feststellbaren« nicht, und von daher ist es auch gleichgültig, ob die Behauptung, Platon und Aristoteles seien der Anfang der wissenschaftlichen Philosophie, historisch richtig ist oder nicht. Im gegenwärtigen Zusammenhang liegt die Sache allerdings anders. Weil Heidegger nun nicht mehr von »Wiederholung« spricht, ist zunächst nicht zu sehen, welchen Stellenwert die Rede vom »Beginn des abendländischen Denkens« hat, wenn sie nicht historisch gemeint ist. Ist sie aber historisch gemeint, muß Heidegger sich auch die ihm von den klassischen Philologen reichlich gespendete Kritik an seinen Vorsokratiker-Interpretationen gefallen lassen. Andererseits verkürzt man Heideggers Rede vom »Anfänglichen« in unangemessener Weise, wenn man sie nur historisch versteht. Wenn man »den Anfang den Anfang sein läßt«, so gilt in der Tat »ein anderes Gesetz«, und die Zweideutigkeit der Heideggerschen Interpretationen läßt sich nur daraus erklären, daß er sich nicht streng an dieses Gesetz gehalten hat. Mit dem Gedanken des »Offenen« soll schließlich gar nicht entwickelt werden, was »am Beginn des abendländischen Denkens« gedacht wurde, sondern der Anfang des Denkens überhaupt, und dies wird durch den historisierenden Aspekt der Heideggerschen Interpretationen verstellt. Heidegger hat, anders gesagt, geglaubt, den historischen Anfang des abendländischen Denkens mit dem systematisch zu fassenden Anfang des Denkens überhaupt identifizieren zu können, und das ist allein schon unplausibel, weil dadurch der Gedanke des Offenen auf einen Kulturkreis und einen Zeitraum beschränkt wird. Nur wenn diese Beschränkung gerechtfertigt wäre, könnte man mit Recht bezweifeln, ob es überhaupt sinnvoll ist, von dem Offenen oder der Lichtung zu reden.[12] Hätte Heidegger sich diesen Zweifel zu eigen gemacht, hätte er damit seinem Denken den Bo-

12 Vgl. Pöggeler (1983), 170.

den entzogen. Hält man sich demgegenüber an den systematischen Aspekt des Heideggerschen Denkens, ohne damit freilich zu sagen, es sei ein System im Sinne des spekulativen Idealismus, so werden die geschichtlichen Aspekte dieses Denkens, wie Heidegger sie in den Phasen nach *SZ* entwickelt hat, fragwürdig. Es wäre dann auch geboten, von einer »Eschatologie des Seins«, dergemäß das »Einst der Frühe des Geschickes ... als das Einst der Letze (ἔσχατον), d. h. zum Abschied des bislang verhüllten Geschickes des Seins« (*GA* 5, 327) käme, ihrerseits Abschied zu nehmen. Auf den Gedanken eines Endes der Seinsgeschichte zu verzichten, heißt dann gerade, ernst zu nehmen, was Heidegger Neues gegenüber der Tradition zu sagen hat. Dieses Neue ist eine Konzeption von Freiheit, in der Freiheit auch als der Anfang und das Ereignis des Denkens verstanden werden kann.

»Freiheit« als der Anfang des Denkens meint die erblickte Offenheit des Zeit-Raums in seiner vierten Dimension, die dadurch angeht, daß sie sich dem Begreifen entzieht, und doch die Möglichkeit alles Begreifens, weil alles Denkens ist; sie bringt das Denken nicht hervor, sondern ist die sich dem Denken entziehende Offenheit des Denkens selbst. Das Denken ist das durch seine Offenheit Angegangene, und denkend versucht man, dieses Angegangensein zu sagen. Es ist nun wohl nicht auf Anhieb zu sehen, was die Einführung des Ausdrucks »Freiheit« hier nützt, wenn man zu seiner Erläuterung doch wieder auf bereits bekannte Formulierungen zurückgreifen muß. Hier von Freiheit zu sprechen, ist allerdings allein schon deshalb hilfreich, weil man so die Möglichkeit gewinnt, an bereits aus der Interpretation von *SZ* bekannte Bestimmungen anzuknüpfen und so das Ereignis des Denkens, wie Heidegger es zu fassen versucht, genauer zu charakterisieren. Heidegger selbst erläutert nämlich den Gedanken der Offenheit des Zeit-Raums, indem er sich an bereits vertrauten Beispielen orientiert: »Einen Weg, der offen ist, nennen wir frei. Der Durchgang und Durchlaß ist gewährt. Das Durchlassende und Durchlässige zeigt sich hier als das Räumliche. Das Durchmeßbare ist uns bekannt als das Raumhafte von Räumen, als ihr dimensionales Wesen, das wir auch der ›Zeit‹ zusprechen in der Rede vom ›Zeitraum‹. Damit stellen wir uns das vor, was vermutlich zuerst bei der Nennung des ›Offenen‹ entgegenkommt: das Unverschlossene und Unbesetzte einer Ausbreitung zur Aufnahme und Verteilung von Gegenständen.« (*GA* 54, 221). Dennoch ist die Offenheit des Denkens nicht dasselbe wie die Offenheit des Seienden, von der hier die Rede ist. Das Seiende, ja auch der Raum und die »gewöhnlich gemeinte ›Zeit‹« haben ihre »Offenheit zu Lehen ... aus demjenigen Offenen, das im Wesen der Entbergung waltet« (*GA* 54,

221). »Entbergung« ist hier lediglich ein anderes Wort für »Ereignis«, und die Offenheit, die »im Wesen der Entbergung waltet« (*GA 54*, 221), meint Offenheit überhaupt, also eine Offenheit, die ohne jede weitere Bestimmung zu denken ist und darin den *Grundzug* jeder in verschiedener Weise beschreibbaren Offenheit ausmacht. Weil nun die Offenheit des Seienden, in der man zu sein hat, gemäß dem Konzept von *SZ* primär in der Stimmung der Angst erfahren wird, liegt es nahe, auch das Vernehmen der Offenheit des Denkens als Stimmung aufzufassen. Im Anschluß daran läßt sich auch besser verstehen, wie die Antworten des Denkens auf seine Offenheit zu begreifen sind.

Daß Projekte, die man sich alltäglich macht, Antworten auf das bevorstehende Sein sind, ließ sich nur einsichtig machen, indem ihr diskontinuierlicher Charakter in den Blick gebracht wurde. Gäbe es nicht den in der Angst erfahrenen Bruch der Bedeutsamkeit, könnte man überhaupt nicht neu anfangen, sich in bestimmter Weise zu verhalten. Eine vergleichbare Erfahrung für das Denken hat Heidegger bereits in *Was ist Metaphysik?* geltend gemacht, und es ist nicht ganz unplausibel, daß er diese Erfahrung hier auch noch als Angst interpretiert: das »Nichts«, das in der Angst offenbar wird, ist schließlich das »Nichts von Seiendem«, »nicht Etwas«, so daß durch sie das Denken zu einem Denken vollständiger Offenheit werden kann. Die Erfahrung der Angst wird nun allerdings nicht im Zusammenhang des besorgenden Umgangs, sondern nur im Zusammenhang des Sprechens gemacht: »Die Angst verschlägt uns das Wort. Weil das Seiende im Ganzen entgleitet und so gerade das Nichts andrängt, schweigt im Angesicht seiner jedes ›Ist‹-Sagen.« (*GA 9*, 112) Allein, in einer Interpretation der Angst läßt sich nicht einsichtig machen, wie es zu der für die »Metaphysik« charakteristischen Frage »Warum ist überhaupt Seiendes und nicht vielmehr Nichts?« kommt und nicht nur zu einer — im Falle der Eigentlichkeit — modifizierten Weise des Verhaltens. Indem Heidegger versucht, den Anfang des Philosophierens aus der Angst einsichtig zu machen, entfernt er sich andererseits zu weit von beschreibbaren alltäglichen Erscheinungsweisen dieser Stimmung, als daß seine Interpretation letztlich überzeugend sein könnte. In der Vorlesung über »die Grundbegriffe der Metaphysik« wird dann auch die »Grundstimmung« des Philosophierens als »Langeweile« gedeutet und in der noch späteren Vorlesung über »Grundfragen der Philosophie« im Anschluß an Platon und Aristoteles als »Erstaunen« (*GA 45*, 155). Aus den Berichten O. Pöggelers geht schließlich hervor, daß Heidegger in seinen *Beiträgen zur Philosophie* die Stimmung geschichtlich faßt: »Die Grundstimmung im Anfang des Denkens war das Staunen; nun, im

Zeitalter des Nihilismus, ist die Grundstimmung bezeichnet durch den Schrecken und das Entsetzen, zugleich durch jene Scheu und Verhaltenheit, die dem Sein die Unverfügbarkeit seiner Wahrheit wahren.«[13] Es darf nicht weiter verwundern, daß Heidegger die Grundstimmung des Denkens in immer neuen Anläufen zu fassen versucht. Man weiß von Stimmungen nur durch die Weisen, in denen sie artikuliert und beschrieben werden, ohne daß eine solche Beschreibung doch vollständig die Erfahrung vermitteln könnte, wie es ist, in einer Stimmung zu sein. Die Beschreibung greift, auch wenn man sich eigene Stimmungen klarzumachen versucht, immer zu kurz. Außerdem muß jeder, der versucht, eine Stimmung zu beschreiben, sich an bestimmten Verhaltenskontexten orientieren und ein bestimmtes, diesen Verhaltenskontexten angemessenes Vokabular verwenden; Stimmungen werden unterschieden, indem man nicht nur darüber spricht, »wie einem ist«, sondern immer auch über die Kontexte, in denen man »sich befindet«. Der Versuch, die Grundstimmung des Denkens zu beschreiben, kann deshalb immer nur eine Annäherung sein, die von bestimmten alltäglichen Zusammenhängen ihren Ausgang nimmt, um dann schrittweise von diesen zu abstrahieren. Dieses Verfahren läßt sich wohl am besten in Heideggers ausführlicher Interpretation der Langeweile verfolgen. Macht man sich die genannten Schwierigkeiten klar, so muß man auch die Kritik an Heideggers Deutung der Angst in *Was ist Metaphysik?* relativieren. Ebenso aber muß man dann aber wohl letztlich darauf verzichten, überhaupt eine Grundstimmung des Denkens definitiv auszeichnen und von anderen unterscheiden zu wollen. Abgesehen davon, daß Heidegger in den *Beiträgen* wohl eine »Geschichte« der Stimmungen konstruieren will und damit eine fragwürdige Typisierung einführt, erscheint deshalb die hier angenommene Pluralität von Beschreibungsweisen am einsichtigsten, soweit sich das ohne Kenntnis des Textes beurteilen läßt.

Verzichtet man darauf, eine Grundstimmung des Denkens auszuzeichnen und von anderen Stimmungen zu unterscheiden, scheint allerdings die Rede von einer Gestimmtheit des Denkens leer zu werden. Aber das ist nicht der Fall. Schließlich kann man immer noch sagen, daß jede Stimmung dadurch charakterisiert ist, keine bestimmten Verhaltensweisen vorzuzeichnen und ebensowenig, wenn sie erfahren wird, ohne weiteres artikulierbar zu sein. Es ist alltäglich bekannt, daß Stimmungen, wenn man sich in ihnen befindet, sich in eigentümlicher

13 Pöggeler (1982), 483.

Weise der Beschreibung entziehen und einem oft auch, wie Heidegger von der Angst sagt, das Wort verschlagen; nicht nur die Angst, auch Melancholie und Hochstimmung sind hierfür Beispiele, und ebenso das Erstaunen. Würde man nicht eine solche wie auch immer beschreibbare Erfahrung für das Denken annehmen, bliebe unverständlich, wieso man überhaupt mit dem alltäglichen Reden innehält, um dann – mit einer Formulierung Wittgensteins gesagt – »gegen die Grenzen der Sprache anzurennen«.[14]

Wittgensteins Versuch zu erläutern, »was Heidegger mit Sein und Angst meint«, ist auch hilfreich, wenn man sich aus der Gestimmtheit des Denkens seinen eigentümlichen Antwortcharakter einsichtig machen will. Bei Wittgenstein heißt es dazu: »Denken Sie z. B. an das Erstaunen, daß etwas existiert. Das Erstaunen kann nicht in Form einer Frage ausgedrückt werden, und es gibt auch gar keine Antwort.«[15] Vermutlich bezieht sich diese Bemerkung nicht, wie der Herausgeber[16] meint, auf *SZ*, sondern auf *Was ist Metaphysik?* Daß das Erstaunen nicht in einer Frage ausgedrückt werden kann, heißt nicht, man könnte nicht fragen, wieso es etwa die Menschen gibt. Auf diese Frage ist sogar eine Antwort möglich. Die Frage bringt gleichwohl nicht ohne weiteres das Erstaunen zum Ausdruck, was man daran sieht, daß eine Antwort etwa im Hinweis auf evolutionstheoretische Erkenntnisse, das Erstaunen nicht beruhigt. So, daß die Frage durch einen Hinweis auf die Evolutionstheorie zu beantworten wäre, war die Frage nicht gemeint, und dennoch läßt sie sich als Frage nur so stellen, daß eine evolutionstheoretische Antwort nicht als unangemessen abgewiesen werden kann. Der eigentümlich mißverständliche Charakter der Frage, auf den Wittgenstein verweist, ist nun ein Indiz für den Status, den sie in Wahrheit hat. Die Frage selbst ist bereits eine Antwort auf das Erstaunen, eine Weise, in der sich das Erstaunen artikuliert. Als ausgesprochener Satz ist die Frage zwar zweideutig; aber Antwort ist ja auch nicht der ausgesprochene Satz, sondern *das Fragen,* und dieses ist derart, daß es selbst durch keine Antworten zu beruhigen ist. Man kann deshalb auch nicht sagen, das Fragen müsse erst negiert werden, um als Antwort auf das Erstaunen durchsichtig zu sein. Es gibt hier keine Differenz zwischen der im Erstaunen erfahrenen Offenheit und der Artikulation dieser Erfahrung, sondern die Offenheit zeigt

---

14 *Schriften 3*, 68.
15 *Schriften 3*, 68.
16 Vgl. *Schriften 3*, 68, Anmerkung 17.

sich in der Frage unmittelbar und erscheint nicht nur in ihr, so daß sie das Phänomen, dessen Erscheinung sie dann wäre, auch verdeckte. Deshalb ist es auch unangemessen zu glauben, das Erstaunen, als welches die Grundstimmung des Denkens interpretiert werden kann, sei ein Grund, aus dem man das Denken erklären könne. Glaubt man dies, so bedenkt man nicht, »wie endgültig durch den Hinweis auf das ϑαυμάζειν als den Ursprung der Philosophie sich gerade die Unerklärbarkeit der Philosophie anzeigt, die Unerklärbarkeit in dem Sinne, daß hier überhaupt das Erklären und Erklärenwollen zu einem Fehlgriff wird« (GA 45, 156). Das Erklären und Erklärenwollen nämlich trägt dem ursprünglichen Fragecharakter des Denkens schon nicht mehr Rechnung. Das Fragen entspricht einer Freiheit, die sich im Begreifen gerade nicht fassen läßt, und daß sie sich nicht fassen läßt, heißt nicht, diese Freiheit sei als Urgrund oder was auch immer nur in einer Art mystischer Schau zu erfahren. Es bedarf hier »nicht absonderlicher und ausnahmehafter Zustände nach der Art mystischer Versenkung und Schwelgereien in einem Tiefsinn« (GA 54, 222), und das wird klar, wenn man berücksichtigt, daß das Denken ein Fragen und die Ausarbeitung dieses Fragens nicht die Ausarbeitung von definitiven Antworten ist, sondern eben nur ein Versuch, die Frage zu artikulieren. Man versteht philosophische Texte deshalb auch nur an der Oberfläche, wenn man Ergebnisse aus ihnen herauslesen will, und läßt sich auf sie nur ein, wo man mit ihnen neu beginnt zu fragen. Nun hat Heidegger die Philosophie, wie sein Konzept der »Seinsgeschichte« belegt, nicht nur als ein immer wieder neu beginnendes Fragen begriffen. Zwar sind die Konzeptionen von Platon bis Nietzsche für ihn auch keine wissenschaftlichen Theorien in dem Sinne, daß Platons Ideenannahme durch den Aristotelischen Gedanken der ἐνέργεια etwa widerlegt werden könnte. Es war ihm durchaus klar, daß die Beschäftigung mit Platon nach Aristoteles nicht nurmehr von einem antiquarischen Interesse geleitet ist; aber andererseits hat sein Gedanke einer »Seinsgeschichte« als einer Geschichte der »Metaphysik« doch nur Sinn, wenn man zu Recht behaupten kann, in der philosophischen Tradition sei der Fragecharakter des Denkens zumindest letztlich verborgen geblieben. Diese Behauptung will Heidegger einsichtig machen, indem er zu zeigen versucht, daß die »Metaphysik« zwar auch nur in der eigentümlichen Offenheit des Denkens, als Freiheit mithin, möglich war, aber außerdem unter dem Bann der *Richtigkeit* steht.

Richtigkeit

»Metaphysik« ist entsprechend den Texten Heideggers aus den späten zwanziger und den dreißiger Jahren eine Bezeichnung für die Erfahrung der Freiheit in ihrer Differenz. Sofern diese Erfahrung nicht einfach im vorontologischen Dasein gemacht, sondern philosophisch artikuliert wird, bleibt diese Artikulation deshalb auch am Bestimmten, am Seienden, orientiert. »Metaphysisch« fragt man, wie Heidegger nicht müde geworden ist zu betonen, nicht nach dem »Sein selbst«, sondern nach dem »Sein des Seienden«. Die klassische Frage der »Metaphysik« ist demnach die Frage des Aristoteles, wie das Seiende zu verstehen sei, sofern es ein Seiendes ist. Aber auch die Platonische Entwicklung der Ideenannahme wird, wie das Konzept der »Seinsgeschichte« belegt, von Heidegger bereits als eine Ausarbeitung der »metaphysischen« Frage gelesen, und zwar nicht ohne ein gewisses Recht: Der Handwerker, der ein Bett herstellen will, orientiert sich nicht an der Vielzahl der bereits vorliegenden Betten, sondern an der Idee des Bettes; diese Idee ist es, aufgrund derer er − wie übrigens jeder − erst imstande ist, die vorliegenden Betten als solche zu identifizieren, und so gesehen ist sie es, was das »Sein« des seienden Bettes ausmacht. Die entscheidende Pointe der Heideggerschen Rede von der »Metaphysik« ist damit jedoch noch nicht getroffen. Entscheidend ist nämlich, daß Heidegger meint, entsprechend dem »metaphysischen« Denken werde das »Sein selbst« gemäß dem Sein des Seienden vorgestellt, und obwohl Heidegger in *Zur Sache des Denkens* die These wieder zurücknimmt, das sei erst seit Platon so[17], behält doch seine Auseinandersetzung mit Platon, was diese Frage angeht, einen ausgezeichneten Stellenwert, denn in ihr ist die These über die »Metaphysik« wohl am deutlichsten ausgearbeitet. Es spielt für die systematische Bedeutung dieser These außerdem keine Rolle, wo Heidegger den Beginn der »Metaphysik« historisch festmacht.

Heideggers Kritik an Platon ist in erster Linie eine Kritik am Gedanken der Idee des Guten, und das spezifisch »metaphysische« an diesem Gedanken soll sein, daß überhaupt von der *Idee* des Guten gesprochen wird. Unter der Voraussetzung, daß das Höhlengleichnis »Platons Lehre von der Wahrheit« zu verstehen gibt, formuliert Heidegger die für sein Konzept von »Metaphysik« insgesamt zentrale These: »Die ἀλήθεια kommt unter das Joch der ἰδέα. Indem Platon von der ἰδέα

17 Vgl. *SD*, 78.

sagt, sie sei die Herrin, die Unverborgenheit zulasse, verweist er in ein Ungesagtes, daß nämlich fortan sich das Wesen der Wahrheit nicht als das Wesen der Unverborgenheit aus eigener Wesensfülle entfaltet, sondern sich auf das Wesen der ἰδέα verlagert. Das Wesen der Wahrheit gibt den Grundzug der Unverborgenheit preis.« (GA 9, 230) Nun kann man sicher nur schwer bestreiten, daß die ἀλήθεια, von der im Höhlengleichnis die Rede ist, nicht »Unverborgenheit« im Sinne der in sich durch Absenz charakterisierten Präsenz, sondern nur »Präsenz«[18], und zwar letztlich die Präsenz des Seienden im prägnanten Sinne, der Ideen, ist. Auf den verschiedenen Stationen des Aufenthaltes in der Höhle und des Wegs aus ihr heraus zeigt sich jeweils etwas anderes als Präsentes, so daß das zuvor Gesehene zugleich als ein »Abbild« dessen einsichtig werden kann, was nun in den Blick gekommen ist. »Abbild« ist es dabei nicht nur in dem, was es ist, sondern in seiner Präsenz selbst: die Schatten auf der Höhlenwand etwa zeigen sich nur, weil es etwas gibt, als dessen Schatten sie an die Wand geworfen sind. Sofern die Abbilder, wenn man sie nicht als solche durchschaut, die Präsenz dessen, was ihnen gegenüber »das Präsentere« ist, verbergen, läßt sich auch verstehen, daß Heidegger im Höhlengleichnis einen Aspekt von Präsenz finden kann, der konstitutiv für sein ganzes Denken ist. Für die Erfahrung der Präsenz ist es wesentlich, daß das Unverborgene im Sinne des Präsenten »stets eine Verborgenheit des Verborgenen überwindet«, d. h.: »Das Unverborgene muß einer Verborgenheit entrissen, dieser im gewissen Sinne geraubt werden.« (GA 9, 223) Dieser »Raub«, auf den Heidegger zufolge auch das α-privativum des Ausdrucks ἀλήθεια hindeutet[19], besteht in der Überwindung des Scheins, gegen den man »das auch schon Entdeckte ... sich ausdrücklich zueignen« muß und der die »Basis« und den »Ausgang« für »alle Neuentdeckung« (SZ, 222) bildet. Eine ausdrückliche Erfahrung der als Präsenz verstandenen Unverborgenheit gibt es demzufolge nur in der Differenz zum Schein. Von den in der Höhle Gefesselten wird man demzufolge auch sagen müssen, daß sie vor ihrer Befreiung von der Unverborgenheit der Schatten nichts wissen; diese wird ihnen, wie der Platonische Text zeigt, erst ausdrücklich, nachdem sie gezwungen worden sind, sich umzuwenden. Nun sind sie zwar dem Seienden viel näher (μᾶλλόν τι ἐγγυτέρω τοῦ ὄντος / Resp. 515d2f.); weil sie jedoch an das zuvor Gesehene gewöhnt waren, kommt ihnen dieses doch »prä-

18 Vgl. dazu auch Tugendhat (1958), 9.
19 Vgl. GA 9, 223; SZ, 222.

senter« vor als das, was ihnen nun in ungewohnter Helle gezeigt wird.[20] Den Befreiten erfüllt sich jedoch erst ihre Freiheit, wenn sie die Bindung an den Schein überwinden und das von ihm selbst her Präsente als solches erfahren; ihre Freiheit erfüllt sich in der Gewöhnung des Blicks an das von ihm selbst her Präsentere und letztlich »Präsenteste«, die Ideen, welche im Gleichnis als die im Tageslicht erscheinenden natürlichen Dinge veranschaulicht werden. Genau an diesen Punkt setzt Heideggers Platon-Kritik ein, und obwohl bei Heidegger selbst von einem »Wandel des Wesens der Wahrheit« (GA 9, 237) die Rede ist, läßt sich doch leicht sehen, daß »Wahrheit« hier ebenso wie der im prägnanten Heideggerschen Sinn gebrauchte Ausdruck »Unverborgenheit« für »Freiheit« steht. Das »Ungedachte« bei Platon ist die Freiheit, obwohl im Höhlengleichnis doch zumindest indirekt von ihr gesprochen wird. Die »wirkliche Freiheit« (GA 9, 221) besteht, wie Heidegger sagt, dem Höhlengleichnis zufolge noch nicht in der Abnahme der Fesseln; sie wird vielmehr erst erreicht, wenn der von seinen Fesseln Befreite »in das Außerhalb der Höhle, ›ins Freie‹, versetzt« ist. Dieses Freie aber »meint nicht das Unbegrenzte einer bloßen Weite, sondern die begrenzende Bindung des Hellen, das im Licht der miterblickten Sonne erstrahlt« (GA 9, 221). Sofern es auf dieses »Helle« als die Ideen ankommt, bleibt bei Platon, wie Heidegger meint, unberücksichtigt, was im Gleichnis doch zur Sprache gebracht ist: »Im ›Höhlengleichnis‹ entspringt die Kraft der Veranschaulichung nicht aus dem Bilde der Verschlossenheit des unterirdischen Gewölbes und der Verhaftung in das Verschlossene, auch nicht aus dem Anblick des Offenen im Außerhalb der Höhle. Die bildgebende Deutungskraft des ›Gleichnisses‹ sammelt sich für Platon vielmehr in der Rolle des Feuers, des Feuerscheins und der Schatten, der Tageshelle, des Sonnenlichtes und der Sonne. Alles liegt am Scheinen des Erscheinenden und an der Ermöglichung seiner Sichtbarkeit. Die Unverborgenheit wird zwar in ihren verschiedenen Stufen genannt, aber sie wird nur daraufhin bedacht, wie sie das Erscheinende in seinem Aussehen (εἶδος) zugänglich und dieses Sichzeigende (ἰδέα) sichtbar macht. Die eigentliche Besinnung geht auf das in der Helle des Scheins gewährte Erscheinen des Aussehens. Dieses gibt die Aussicht auf das, als was jegliches Seiende anwest. Die eigentliche Besinnung gilt der ἰδέα.« (GA 9, 225) Es ist zwar unbestreitbar, daß bei Platon nicht eigens von einem »Offenen«

20 Vgl. *Resp.* 515d5ff.

oder »Freien« außerhalb der Höhle die Rede ist, von dem die Höhle ihrerseits ein Abbild wäre; die zentrale Metapher der ganzen von Sokrates erzählten Geschichte wird im Text nicht interpretiert, und so gesehen gelingt es Heidegger durchaus, in einer subtilen Deutung auf etwas bei Platon selbst Unthematisches aufmerksam zu machen. Es ist weiterhin unbestreitbar, daß von dem Offenen außerhalb der Höhle wie auch von der Höhle selbst nur in den Metaphern des Lichtes und des im Licht Erscheinenden die Rede ist. Man muß jedoch bezweifeln, ob die Akzentuierung des Verhältnisses von Ermöglichtem und Ermöglichendem, wie Heidegger sie hier vornimmt, mit dem Platonischen Text und dem Gedankengang dieses Textes vereinbar ist. Das Ermöglichende wird, wenn man Heidegger glaubt, bei Platon nur im Hinblick auf das Ermöglichte bedacht, und es ist nicht schwer, hier seine These wiederzufinden, in der »Metaphysik« gehe es nur um das Sein des Seienden. Bei diesem Seienden handelt es sich Heidegger zufolge außerdem gar nicht um das Seiende im prägnanten Sinn, die Ideen; diese werden gemäß der Heideggerschen Deutung nur zum Thema gemacht, um die Zugänglichkeit des Erscheinenden in seinem Aussehen plausibel zu machen. Nur wenn man sich diese These Heideggers klarmacht, kann man auch verstehen, wieso er glaubt, aus dem Höhlengleichnis einen Wandel im Wesen der Wahrheit herauslesen zu können, nämlich den Wandel von der ἀλήθεια zur ὀρθότης, der »Richtigkeit«. Im »Sichrichten« auf etwas »gleicht sich das Vernehmen dem an, was gesichtet sein soll«, und das »ist das ›Aussehen‹ des Seienden«: »Zufolge dieser Angleichung des Vernehmens als eines ἰδεῖν an die ἰδέα besteht eine ὁμοίωσις, eine Übereinstimmung des Erkennens mit der Sache selbst. So entspringt aus dem Vorrang der ἰδέα und des ἰδεῖν vor der ἀλήθεια eine Wandlung des Wesens der Wahrheit. Wahrheit wird zur ὀρθότης, zur Richtigkeit des Vernehmens und Aussagens.« (GA 9, 230f.) Spätestens an dieser Verschleifung des Unterschiedes zwischen »Vernehmen« und »Aussage« wird die Fragwürdigkeit der Heideggerschen Platon-Interpretation evident. Wäre die Zusammengehörigkeit des Vernehmens und des Vernommenen wirklich eine »Übereinstimmung des Erkennens mit der Sache selbst«, so fiele das Vernehmen nicht unmittelbar mit dem Vernommenen zusammen, sondern könnte auch »unrichtig« sein. Das aber ist bei Platon ausschließlich ein Charakteristikum der δόξα und nicht des intuitiven Wissens der Ideen. Heideggers Interpretation läuft darauf hinaus, alle von Platon untersuchten Formen des Wissens nach dem Modell der δόξα zu denken, und sein Fehler liegt bereits in der Übersetzung von ὀρθῶς mit »richtig«: Wenn es im Höhlengleichnis heißt, daß der mehr zum Seienden hin Gewendete nun wohl auch ὀϱϑότεϱον blicke (*Resp.* 515d3f.), so ist nicht gemeint, er blicke nun »richtiger«, sondern er blicke »direkter«, weil er statt auf die Abbilder auf das in ihnen Abgebildete selbst schaut.

Im Höhlengleichnis geht es nicht, wie Heidegger meint, um die Herausbildung einer immer »richtigeren« intentionalen Erkenntnis, sondern um einen immer freieren Umgang mit den Abbildern und letztlich mit den Ideen selbst. Wer in das »Außerhalb« der Höhle gelangt und sich dort zunächst an den Schatten und Spiegelbildern orientiert, weiß bereits, daß es so etwas wie Schatten und Spiegelbilder gibt; selbst wenn er noch unfähig ist, die Dinge selbst anzuschauen, bleibt er deshalb auf die Schatten und Spiegelbilder nicht fixiert. Erst recht ist der Blick zur Sonne selbst, also der philosophische Blick auf die Idee des Guten, nicht die Vollendung intentionaler Erkenntnis, sondern die Erfahrung, daß auch die Ideen als das Seiende im prägnanten Sinn nicht das Letzte sind; wenn beim »Berühren« der Idee des Guten erfahren wird, daß es die Ideen gibt, so ist dieses Berühren durchaus eine Möglichkeitserfahrung im Heideggerschen Sinne, und wenn auch die Möglichkeit des Wissens und des Wißbaren in ihrer Zusammengespanntheit nicht im Sinne eines Offenen und Freien interpretiert werden, so ist doch mit ihr eine Freiheit zumindest angedeutet, die dann als solche bei Heidegger erst zum Thema gemacht wird. In der Antwort auf die Frage, was es heißt, in dieser Freiheit zu sein, unterscheiden sich Platon und Heidegger jedoch nicht wesentlich: Dem freien philosophischen Umgang mit den Ideen entspricht die Freiheit von der Befangenheit in der Differenz. Wäre die Idee des Guten selbst ein Wirkliches im Sinne der anderen Ideen, bliebe auch unverständlich, wieso es von ihr überhaupt heißen kann, sie sei über das Seiende in seiner Wesensbestimmtheit hinaus (ἐπέκεινα τῆς οὐσίας / *Resp.* 509b). Es ist bezeichnend für Heideggers Interpretation, daß er in seinem »Platon«-Aufsatz gerade diese Bestimmung nicht zitiert und ebenso nicht darauf eingeht, daß die Idee des Guten auch nur so gedacht werden kann, daß sie sich dem Denken zugleich entzieht; immerhin heißt es von ihr, sie sei kaum zu sehen (μόγις ὁρᾶσϑαι / *Resp.* 517c1).[21] Stattdessen orientiert sich

---

21 Auf diese Parallele hat auch H.-G. Gadamer hingewiesen. Vgl. Gadamer (1983), 75. Demgegenüber tut S. Rosen Platon keinen Gefallen, wenn er die »Transzendenz« der Idee des Guten mit dem Hinweis auf die Heideggersche Unterscheidung von Sein und Seiendem interpretiert. Diese Interpretation, die gegen Heideggers Deutung gerichtet sein soll, gibt Heidegger gerade recht, indem sie die Idee des Guten in der Differenz versteht. Vgl. Rosen (1969), 196.

Heidegger nur an der Bestimmung des Guten als der Ursache alles Rechten und Schönen (πάντων ... ὀρθῶν τε καὶ καλῶν αἰτία / *Resp.* 517c2). Er erläutert diese Stelle, indem er sagt: »Für alle ›Sachen‹ und ihre Sachheit ist die höchste Idee der Ursprung, d. h. die Ursache.« (*GA* 9, 229) Wenn diese Deutung auch den Sinn des Platonischen Gedankens verfehlt, weil Platon nicht an eine selbständige Ursache, sondern an die Zugänglichkeit der Ideen für das Vernehmen denkt, wenn er von αἰτία spricht, führt sie doch direkt ins Zentrum des Heideggerschen Verständnisses von »Metaphysik«.

»Metaphysik« ist dadurch charakterisiert, *daß in ihr die Freiheit als Wirklichkeit gedacht wird.* »Metaphysik« ist, anders gesagt, der Versuch, die unbegreifliche, weil vollständig unbestimmte Offenheit überhaupt begreifen zu wollen und auf diese Weise die Beständigkeit im Dasein nicht in der Flucht vor dem bevorstehenden Sein in seiner Unbestimmtheit, sondern *ontologisch* zu sichern. Macht man sich das klar, so ist es nicht mehr schwer, die verschiedenen, von Heidegger geltend gemachten Aspekte der »Metaphysik« in ihrer Einheitlichkeit zu verstehen. Für die christliche Theologie, die verschiedenen Spielarten des Humanismus und ebenso für die moderne Technik ist es eigentümlich, daß es in ihnen in je verschiedener Weise um Beständigkeit geht. Die »Metaphysik« ist wesentlich »theologisch«, wenn man mit Heidegger unter »Theologie« »die Auslegung der ›Ursache‹ des Seienden als Gott und die Verlegung des Seins in diese Ursache« (*GA* 9, 236) versteht. »Humanismus« meint demgegenüber, »daß der Mensch nach je verschiedenen Hinsichten, jedesmal aber wissentlich in eine Mitte des Seienden rückt« und den Versuch unternimmt, sich »zur Befreiung seiner Möglichkeiten und in die Gewißheit seiner Bestimmung und in die Sicherung seines ›Lebens‹ zu bringen« (*GA* 9, 236). In der Technik schließlich geht es darum, durch die Funktionalisierung alles Seienden und sogar des Menschen selbst zu einer durchgängigen Wirklichkeit zu gelangen, die planbar und berechenbar ist. Ohne daß man sich auf Heideggers Interpretationen der Theologie, des Humanismus und der Technik im einzelnen einlassen muß, ist deutlich, daß allen drei Formationen eine bestimmte Akzentuierung des Verhältnisses von Möglichkeit und Wirklichkeit zugrunde liegt. Denkt man Gott als das »Seiendste des Seienden«, als summum ens, das »das Sein in sich enthält und aus sich entläßt« (*GA* 9, 236), so denkt man ebenso alles Mögliche von einem Wirklichen her wie bei dem Versuch, das eigene Möglichsein auf seine Verwirklichung hin zu verstehen, welche, damit sie überhaupt vollzogen werden kann, auf ein Modell von Wirklichkeit bezogen sein muß. Auch die Funktionalisierung alles dessen, was ist, wird durch die Auffassung getragen, der aktuale Vollzug von Herstellung und Vertrieb sei die allem angemessene Weise zu sein. Diese Orientierung an der Wirklichkeit hat Heidegger auch im Sinn, wenn er von der »Richtigkeit« spricht, und daran zeigt sich, wie mißverständlich seine Fixierung auf die Problematik von Wahrheit und Unverborgenheit gewesen ist. Es geht Heidegger der Sache nach gar nicht darum, an Platon den Wandel von der Unverborgenheit zur Aussagewahrheit aufzuzeigen, sondern darum, die Richtigkeit, das Gerichtetsein auf das Wirkliche als ein Verschließen des Offenen zu denken. Daß dies so ist, geht aus einer etymologischen Erörterung des »verum« in der »Parmenides«-Vorlesung hervor, wobei es auch hier wieder nicht interessieren muß, inwieweit Heideggers Ableitung sprachgeschichtlich zutreffend ist oder nicht. Der Ausdruck »verum« wird hier mit dem deutschen Wort »Wehr« zusammengelesen und soll dadurch in seiner »verschütteten oder nie eigens und rein freigewordenen Grundbedeutung des zuschließenden Deckens, Abschließens« (GA 54, 70) einsichtig werden. Auch den Gegensatz zu diesem Abschließen, das Öffnen, liest Heidegger aus einem lateinischen Wort heraus: » ›Gegen‹ das Verschließen, gegen das ›ver‹ sein heißt op-verio oder ap-verio, lateinisch aperio, d. h. ich öffne.« (GA 54, 70) Wenn das zutreffend ist, müßte das lateinische »verum« »mit dem griechischen ψεῦδος gleichgesetzt werden, wenn anders dieses das Gegenwort zu ἀληθές ist« (GA 54, 71). Genau so muß man das »verum« mit Heidegger auch lesen, wenn man verstehen will, was mit »Richtigkeit« eigentlich gemeint ist: »Weil ... das verum als Gegenwort zum falsum gesagt wird, ... erhält die Bedeutung von ver-, nämlich die Verschließung und Bedeckung, den Grundzug der Deckung zur Sicherung gegen; ›ver‹ ist jetzt das Sich-behaupten, das Obenbleiben« (GA 54, 71). Also ist jedes Sichrichten nach was auch immer die Orientierung am Wirklichen zur Sicherung des eigenen Bestehens gegenüber der mit dem »falsum« angezeigten Unfähigkeit, sich zu behaupten.

Der Gedanke einer Orientierung am Wirklichen ist aus der Interpretation der Uneigentlichkeit vertraut. Man darf allerdings den Unterschied zwischen der Position des Verhaltens im Gerede und der Position der »Metaphysik« nicht übersehen. Während die Uneigentlichkeit des vorontologischen Daseins darin besteht, vor dem schematisch verstandenen bevorstehenden Sein in der Offenheit des Seienden zu fliehen, wird *die Offenheit überhaupt* »metaphysisch« in der Orientierung am Seienden als Wirklichkeit gedeutet und thematisisert. »Metaphysisch« ist man, anders gesagt, in der Differenz der Freiheit befangen, ohne noch imstande zu sein, diese Befangenheit auszutragen. Darum lassen sich die verschiedenen theologischen, humanistischen und technischen Positionen der »Metaphysik« auch nicht wie alltägliche Verhaltensweisen und Projekte negieren: das Unbestimmte, welches eine solche Negation ermöglichen müßte, ist in ihnen schließlich in einer je verschiedenen Verbindlichkeit gedeutet und bestimmt. Wenn aber »der Vorrang des Wirklichen ... die Vergessenheit des Seins« (N II, 487) betreibt, so scheint das »metaphysische« Denken anders als die Bedeutsamkeit des vorontologischen Daseins in sich bruchlos, und vieles von dem, was Heidegger in immer wieder neuen Anläufen über die »Metaphysik« sagt, deutet darauf hin, daß er dieser Meinung ist. Darauf hin deutet auch der bereits einmal genannte Gedanke einer »Eschatologie des Seins«, demzufolge »das Einstige der Frühe im Einstigen des Kommenden« zu »erwarten« (GA 5, 327) und, wie zu ergänzen wäre, heute nicht zu realisieren ist. Allein, an den Schwierigkeiten, die in Heideggers Konzept der Seinsgeschichte stecken, hatte sich gezeigt, daß man gut daran tut, gegenüber solchen »epochalen« und chiliastischen Konstruktionen vorsichtig zu sein; mit ihnen wird der Gedanke einer Freiheit, die Offenheit überhaupt ist, in unangemessener Weise historisiert. Unter der Voraussetzung einer solchen Skepsis muß man freilich die Möglichkeit eines nichtmetaphysischen Denkens nicht bestreiten. Man muß lediglich versuchen, dieses Denken so zu interpretieren, daß die von Heidegger selbst immer wieder herangetragenen historischen Aspekte ausgeblendet bleiben, und das ist durchaus möglich, ohne Heideggers Gedanken im Kern zu verfälschen. Dabei muß man zeigen, in welchem Verhältnis ein nicht mehr »metaphysisches« Denken überhaupt zum »metaphysischen« Denken steht, und das wiederum bedeutet zweierlei: zunächst ist einsichtig zu machen, wieso sich im Rahmen der durch »Seinsvergessenheit« charakterisierten »Metaphysik« ein Denken des Seins überhaupt entwickeln kann; im Anschluß daran läßt sich dann erst die Frage beantworten, wie dieses Denken die »Metaphysik« im einzelnen faßt und welche Einstellung und Aufgabe ihm gegenüber der »Metaphysik« zukommt.

Was das Verhältnis eines nicht mehr »metaphysischen« Denkens zur »Seinsvergessenheit« angeht, so will Heidegger zeigen, daß mit dieser Vergessenheit keine pure Absenz des mit dem Ausdruck »Sein« bezeichneten Offenen gemeint ist. Wo man die Vergessenheit als pure Absenz denkt, bleibt man, wie Heidegger sagt, »von einer Bestimmung des Wesens der Vergessenheit ... noch weit entfernt«: nur »für das geläufige Vorstellen gerät das Vergessen leicht in den Anschein des bloßen Versäumens, des Mangels und des Mißlichen. Nach der Gewohnheit nehmen wir Vergessen und Vergeßlichkeit ausschließlich als eine Unterlassung, die man häufig genug als einen Zustand des für sich vorgestellten Menschen antreffen kann.« (*GA 9*, 415) Aber das »Sein« ist kein Schirm, »den die Vergeßlichkeit eines Philosophieprofessors irgendwo hat stehen lassen« (*GA 9*, 415), und überhaupt nicht das Korrelat eines menschlichen Versäumnisses. Erfährt man nun allerdings, die Vergessenheit gehöre »zur Sache des Seins selbst« und walte »als Geschick seines Wesens« (*GA 9*, 415), so kann man sich daraus zwar verständlich machen, wieso in den durch den Vorrang des Wirklichen charakterisierten »metaphysischen« Positionen das Sein, also die als Offenheit überhaupt gedachte Freiheit, ungedacht bleibt; es ist der Entzug dieser Offenheit, das ihr eigene Moment der Absenz, wodurch verhindert ist, daß sie eigens gedacht wird. Man versteht jedoch nicht, wieso man von diesem Sichentziehen überhaupt wissen und es in einem nicht mehr »metaphysischen« Denken zur Sprache bringen kann. Heideggers Antwort auf diese Frage ist wohl kaum auf Anhieb plausibel und erscheint lediglich als eine Beteuerung. Diese Antwort findet sich in der Vorlesung *Was heißt Denken?*, wo es heißt: »Das zu-Denkende <das Sein / G. F.> wendet sich vom Menschen ab. Es entzieht sich ihm. Doch wie können wir von Solchem, das sich einsther entzieht, überhaupt das Geringste wissen oder es auch nur nennen? ... Allein – das Sichentziehen ist nicht nichts. Entzug ist Ereignis. Was sich entzieht, kann sogar den Menschen wesentlicher angehen und in Anspruch nehmen als alles Anwesende, das ihn trifft und betrifft... Was sich uns entzieht, zieht uns dabei gerade mit, ob wir es sogleich und überhaupt merken oder nicht. Wenn wir in den Zug des Entziehens gelangen, sind wir ... auf dem Zug zu dem, was uns anzieht, indem es sich entzieht.« (*WhD*, 5) Zunächst sieht es hier so aus, als sei der Gedankenschritt von dem für das Vergessen charakteristische »Entziehen« zum »Anziehen«, das dasselbe meint wie das »Angehen« in dem Vortrag über »Zeit und Sein«, lediglich aus dem Spiel der Sprache gewonnen. Wie das Angehen der Offenheit überhaupt gerade in ihrer Vergessenheit erfahren wird, bleibt unklar.

Aufschlußreich dafür ist nun eine Bemerkung, die Heidegger in derselben Vorlesung seiner Auslegung eines Parmenides-Satzes voranschickt: »Jede Auslegung ist ein Gespräch mit dem Werk und dem Spruch. Jedes Gespräch kommt indessen sogleich ins Stocken und ins Fruchtlose, wenn es sich nur im unmittelbar Gesprochenen einrichtet und sich darin versteift, statt daß die Sprechenden durch das Gespräch sich wechselweise erst in den Aufenthaltsort einlassen und sich zu ihm hinbringen, von dem her sie jeweils sprechen. Dieses Sicheinlassen ist die Seele des Gesprächs. Es führt die Sprechenden ins Ungesprochene.

Der Name ›Konversation‹ nennt zwar die wechselweise Zuwendung der Sprechenden. Jede Konversation ist eine Art von Gespräch. Aber das eigentliche Gespräch ist niemals Konversation. Diese besteht darin, daß man sich am jeweils Gesprochenen entlang schlängelt und sich auf das Ungesprochene gerade nicht einläßt. Die meisten Interpretationen von Texten, nicht nur von philosophischen, bleiben im Bezirk der Konversation, oft einer vielseitigen und aufschlußreichen.« (*WhD*, 110) Die Frage, wie es möglich ist, über die »Konversation« hinaus zum »eigentlichen Gespräch« zu kommen, wird von Heidegger selbst zwar nicht mehr beantwortet. Aber es ist nicht schwer, sich klarzumachen, daß beim Umgang mit Texten die Erfahrung ihrer Komplexität und Fremdheit die Lektüre auf der Ebene der Konversation wenn nicht unmöglich macht, so doch beträchtlich erschwert. Und sobald Texte als interpretationsbedürftig erfahren werden, ist es unmöglich, sich einfach an das Gesagte zu halten. Fragt man jedoch, wovon in ihnen eigentlich die Rede ist, so ist man mit dieser Frage allein schon ins »Ungesprochene« geführt. Nun erst, nachdem er einem fragwürdig geworden ist, kann man den Text in seiner Fraglichkeit als Antwort lesen. Man wird vielleicht einwenden, die Fraglichkeit eines Textes, und selbst eines philosophischen, sei doch zumindest nicht ohne weiteres mit dem Heideggerschen Gedanken der Offenheit überhaupt in Verbindung zu bringen. Es sind schließlich bestimmte, oft in den Texten selbst genannte oder rekonstruierbare Fragen, mit denen man es zu tun hat, und die Erfahrung der Fraglichkeit des Textes besteht nur, solange man diese Fragen noch nicht kennt oder noch nicht versteht. Sicherlich läßt sich nicht bestreiten, daß grundsätzlich jede Lektüre eines Textes in Konversation überführbar ist, indem man einen Text nur unter dem Aspekt seines bestimmten Themas untersucht. Aber der Gedanke, philosophische Texte seien Antworten auf die Offenheit überhaupt, besagt ja nicht, sie hätten diese Offenheit zum heimlichen Thema. In Heideggers Bemerkung über das »eigentliche Gespräch« und die »Konversation« geht es überhaupt nicht um das Problem, welche unausgesprochenen und rekonstruierbaren Fragen einem Text zugrunde liegen könnten, sondern um die Weise, in der Texte wenigstens manchmal erfahren werden. Es geht darum, daß Texte fraglich und befremdlich sein müssen, damit man sich überhaupt auf sie einläßt und sie nicht nur zur Kenntnis nimmt. Läßt man sich jedoch auf sie ein und versucht sie »wiederholend« von neuem zu lesen, so ist man bereits in eine Offenheit »eingelassen«, die in der Fraglichkeit und Befremdlichkeit des Textes zwar erfahren wird, ebenso wie darin, daß der Text wiederholt werden kann. Aber als solche ist diese Offenheit doch der »Aufenthaltsort«, an dem der Text einzig in einem prägnanten Sinne sprechen kann. Nun läßt sich auch deutlich machen, wie die Heideggersche Rede von der »Vergessenheit« zu verstehen ist. »Vergessenheit« meint nicht, alle Philosophen der Tradition hätten es versäumt, die allein entscheidende Frage nach der Offenheit überhaupt zu stellen, sondern vielmehr das in jedem Text »Ungesagte«, welches allein eine erneute Lektüre motiviert und so das Gespräch der Philosophie erst ermöglicht. Wenn dies so ist, dann hat auch die Thematisierung dieser Offenheit nichts mit der längst fälligen Einlösung eines philosophischen Programms und dem Vorrechnen von Versäumnissen zu tun. Bereits die in *SZ* erörterte »Destruktion« kennt, wie Heidegger sagt, »kein anderes Anliegen ... als im Abbau geläufig und leer gewordener Vorstellungen die ursprünglichen Seinserfahrungen der Metaphysik zurückzugewinnen« (*GA* 9, 417). Ein solches Zurückgewinnen ist eine »Rückkehr«, und »das Zurück nennt hier die Richtung auf jene Ortschaft (die Seinsvergessenheit), aus der schon die Metaphysik ihre Herkunft empfing und behält« (*GA* 9, 422). Daran, daß Heidegger die Seinsvergessenheit selbst als »Ortschaft« bezeichnen kann, wird vollends deutlich, daß das Vergessen im Sinne eines unabsichtlichen Verschweigens einen als Freiheit zu begreifenden Gesprächsraum bildet. Dieser Gedanke ist ja in den Erörterungen von »Rede« und »Sprache« in *SZ* bereits vorbereitet. Handelte es sich dort freilich um den Erweis der Möglichkeit, durch Andere angesprochen werden zu können, so geht es hier um die Frage nach der Freiheit, aus welcher philosophische Texte überhaupt sprechen. Und während das Gespräch mit einem Anderen gerade dann am besten gelingt, wenn der Gesprächsraum des »Ungesagten«, also die Freiheit der Gesprächspartner nicht zum Thema gemacht wird, bedarf es einer solchen Thematisierung im Umgang mit Texten, damit deutlich werden kann, wie diese sprechen, ja, damit sie sprechen können und nicht immer nur dasselbe sagen, welches man dann »richtig« finden kann oder nicht.

Was den Umgang mit Texten anbelangt, so geht es Heidegger demnach darum, in einer Besinnung auf die Möglichkeit interpretierender Lektüre vorzuführen, wie sinnvollerweise von einem in den Texten Ungesagten die Rede sein kann, ohne daß dieses nun in einer gegenüber der Tradition alternativen Philosophie entwickelt werden sollte; vom Ungesagten läßt sich nur reden, indem man die eigentümliche Erfahrung mit dem Gesagten beschreibt. Indem man dies tut, gelingt es, zu dem in den Texten Gesagten ein freies Verhältnis zu finden. Dieses freie Verhältnis wiederum hat einen exemplarischen Charakter für das Verhalten zur Richtigkeit überhaupt.

Richtigkeit und Freiheit

»Richtigkeit« ist nicht nur und nicht primär als ein mögliches Charakteristikum von Aussagen zu verstehen, sondern meint die Orientierung an einem »Richtung weisenden« *Modell von Wirklichkeit*, dem man im Denken wie im Verhalten entsprechen kann, um so eine Beständigung dessen zu finden, was und wie man ist. Was und wie man ist, ist dabei nicht einfach vorgegeben, sondern kommt je nachdem, an welchem Modell der Wirklichkeit man sich orientiert, anders in den Blick. Solche Modelle, die sich durchaus überschneiden können, sind das »technisch Machbare« und das »naturwissenschaftlich Berechenbare«, ebenso aber, wie die Parmenides-Vorlesung dokumentiert, jede Art politischer Herrschaft und kirchlicher Autorität und Dogmatik. »Richtigkeit« ist mit einem Wort *die Struktur von Macht*, und damit bekommt auch Heideggers Auseinandersetzung mit der »Richtigkeit« erst ihr volles Gewicht. Sagt man dies, und zwar in der Absicht, Heidegger auch in diesem Punkt noch zu folgen, scheint es wiederum unvermeidlich, auch die »epochalen« und »eschatologischen« Aspekte seines Denkens zu akzeptieren. Heidegger entfaltet seine Konzeption von Macht immerhin vor allem als eine Diagnose des gegenwärtigen Zeitalters, und entsprechend scheint man die »Rettung« aus der »Gefahr« dieses Zeitalters nur als das nun auch im historischen Sinn epochale Ergebnis eines nicht mehr »metaphysischen« Denkens verstehen zu können. Dieser Gedanke ist freilich nur unter der Voraussetzung plausibel, daß es sich bei dem, was Heidegger zum Problem der Macht zu sagen hat, in erster Linie um eine Diagnose des gegenwärtigen Zeitalters handelt und außerdem mit dem Ereignis eines nicht mehr »metaphysischen« Denkens die Abschaffung von Macht verbunden wäre. Beides läßt sich bestreiten, indem man zeigt, daß »Macht« und »Richtigkeit« systematische Begriffe sind, die der Sache nach in die Phänomenologie der Freiheit gehören.

Für eine solche Interpretation spricht zunächst einmal, daß Macht keineswegs erst ein Thema des Heideggerschen Denkens nach *SZ* ist. Bereits in der Analyse des »Man« ist ja ein machtförmiger und durch Richtigkeit bestimmter Zusammenhang herausgearbeitet: »man« sagt, wie es »richtig« ist, sich zu verhalten, und diese Richtigkeit wird dadurch bestätigt, daß »man« sich in einer bestimmten Weise verhält. In dieser Analyse ist allerdings unberücksichtigt, wie der Maßstab für das zu denken ist, was »man« für richtig hält. Nur soviel ist klar geworden, daß die Orientierung am »Richtigen« als Flucht vor dem im Dasein vernommenen bevorstehenden Sein in seiner Unbestimmtheit verstanden werden muß. Erinnert man sich nun, daß dieses Vernehmen in seinem schematischen Charakter analog zu den Platonischen Ideen begriffen werden konnte, so ist zu vermuten, daß auch das, was bisher »Modell der Wirklichkeit« genannt wurde, im Rekurs auf Platon besser verstanden werden kann. Einen Hinweis in dieser Richtung liefert bereits Heideggers Erörterung des vulgären Zeitverständnisses: Schließlich ist die Uhr nicht nur Zeug, als welches sie auch bezeichnet wird (SZ, 71), sondern wesentlich ein Abbild der Weltzeit und als solches gegenüber der Weltzeit eine Abstraktion. Verallgemeinert man diese Beobachtung, so liegt es nahe, die »Modelle der Wirklichkeit« insgesamt als *Darstellungen* des Daseins sowie des im Dasein begegnenden Seienden zu verstehen.

Eine solche Darstellung hat Heidegger als »Weltbild« bezeichnet. Ein Weltbild ist kein »Gemälde des Seienden im Ganzen«, sondern »die Welt selbst, sie, das Seiende im Ganzen, so wie es für uns maßgebend und verbindlich ist« (GA 5, 89). Was er hier meint, versucht Heidegger zu verdeutlichen, indem er den Ausdruck »Bild« von der Redewendung »über etwas im Bilde sein« her liest. Das heißt nicht nur, »daß das Seiende uns überhaupt vorgestellt ist, sondern daß es in all dem, was zu ihm gehört und in ihm zusammensteht, als System vor uns steht«: »Wo die Welt zum Bilde wird, ist das Seiende im Ganzen angesetzt als jenes, worauf der Mensch sich einrichtet, was er deshalb entsprechend vor sich bringen und vor sich haben und somit in einem entschiedenen Sinne vor sich stellen will.« (GA 5, 89) Nur sofern »die Welt als Bild« (GA 5, 89) erscheint, kann überhaupt von der Welt als »dem Seienden im Ganzen« im Sinne einer vergegenständlichenden Vorstellung die Rede sein. Als Bild ist die Welt nicht durch Bedeutsamkeit strukturiert, denn das Weltbild ist als Darstellung des Seienden im Ganzen auch eine Darstellung des Menschen, des Seienden von der Seinsart des Daseins, wie es in SZ noch hieß. Das Weltbild ist auch ein Bild der »Werte«, und »Wert ist die Vergegenständlichung der Bedürfnisziele des vorstellenden Sicheinrichtens in der Welt als dem Bild« (GA 5, 101f.). Bei der Orientierung an den Werten geht es wesentlich darum, über das Wünschenswerte und Erstrebenswerte »im Bilde zu sein«, und so gesehen sind die Werte die abstrakten Darstellungen des Menschen in seiner Vergleichbarkeit. Sie geben die Maßstäbe für das Gerede ab. Auch das Verhalten ist im Weltbild anders als in der Bedeutsamkeit bestimmt. Während man in der Struktur der Bedeutsamkeit immer aufs Neue anfangen muß, am Seienden in der Auslegung seiner Dispositionen die eigene Wirklichkeit zu finden, ist man im Weltbild des Seienden hinsichtlich seiner Eigenschaften, in denen es entdeckt werden kann, bereits ausdrücklich gewiß; im Verhalten läßt man sich so nicht auf etwas verweisen, sondern entnimmt, wie es bereits in *SZ* heißt, »dem begegnenden Seienden im Vorhinein einen ›Gesichtspunkt‹« (*SZ*, 61), und dies wiederum heißt, daß das Seiende bereits in einer bestimmten Weise entworfen ist. In einem solchen »Entwurf wird dasjenige gesetzt, wofür die Dinge eigentlich gehalten werden« (*GA* 41, 92), und es ist klar, daß »Entwurf« hier nicht mehr dasselbe bedeutet wie bei der Interpretation des Verstehens. Man hat es vielmehr mit der Bedeutung von »Entwurf« zu tun, die im Anschluß an Kant herausgearbeitet wurde. Der Entwurf des Seienden, durch den dieses »im Gesichtskreis von Regel und Gesetz« (*GA* 5, 80) in den Blick kommt, ist nicht mehr einfach das Vernehmen der Möglichkeiten zu sein, sondern eine durch die abstrakte Darstellung erreichte Beständigung des vergegenständlichten Seienden. Der Umgang selbst ist ebenfalls abstrakt als ein Komplex regelgeleiteter Verfahren und Methoden dargestellt.

Allein aus diesen Charakterisierungen des Weltbildes geht hervor, daß es Heidegger hier in erster Linie um eine Bestimmung von Wissenschaft und Forschung, auf jeden Fall aber um eine Bestimmung der Neuzeit geht: »Die Redewendungen ›Weltbild der Neuzeit‹ und ›neuzeitliches Weltbild‹ sagen zweimal dasselbe und unterstellen etwas, was es zuvor nie geben konnte, nämlich ein mittelalterliches und ein antikes Weltbild. Das Weltbild wird nicht von einem vormals mittelalterlichen zu einem neuzeitlichen, sondern dies, daß überhaupt die Welt zum Bild wird, zeichnet das Wesen der Neuzeit aus.« (*GA* 5, 90) Würde man dieser These zustimmen, müßte man darauf verzichten, die mit dem Ausdruck »Richtigkeit« bezeichnete und von Heidegger selbst an spätantiken und mittelalterlichen Beispielen erläuterte Struktur durch eine Erörterung des »Weltbildes« genauer fassen zu wollen. Man wird zwar zugeben können, daß die Neuzeit in besonders ausgeprägter Weise durch Weltbilder charakterisiert ist. Aber wenn Heidegger in die Bedeutung von »Weltbild« das »im Bilde sein« hineinliest, so legt er doch auch nahe, den Entwurf von Weltbildern analog zu den Hervorbringungen der Sophisten zu begreifen, wie Platon sie charakterisiert hat. Schließlich versteht sich der Sophist scheinbar darauf, schlechthin alles in einer Kunst zu bewerkstelligen (ποιεῖν καὶ δρᾶν μιᾷ τέχνῃ συνάπαντα ἐπίστασθαι πράγματα/*Soph.* 233d9f.), und zwar zu dem Ziel, daß man mit allem umgehen kann (ἱκανοὺς ποιοῦσι τοῦτο δρᾶν/*Soph.* 232c2). Die sophistischen Darstellungen sind freilich nur Schein, weil es unmöglich ist, alles zu wissen. Ihr Scheincharakter selbst zeigt sich in einer eigentümlichen perspektivischen Verkürzung:

die sophistischen Entwürfe des »Seienden im Ganzen« geben nicht die wahren Proportionen des in seiner Ordnung erscheinenden Ganzen wieder, sondern das Obere erscheint in ihnen kleiner und des Untere größer als es in Wahrheit ist, weil man jenes von Ferne und dieses aus der Nähe sieht (*Soph.* 235e); die Dinge erscheinen, anders gesagt, nur in Modellen der Wirklichkeit, und zwar als das, wofür sie, wie Heidegger sagt, »eigentlich gehalten werden«. So gesehen sind die Modelle der Wirklichkeit, wie man denken könnte, eine δόξα des Seienden im Ganzen.

Wie wenig diese Analogie zwischen den sophistischen Darstellungen und den Weltbildern an den Gedankenzusammenhang Heideggers von außen herangetragen ist, zeigt sich allein schon daran, daß Heidegger in seinem Text über die »Zeit des Weltbildes« selbst auf die Sophistik, und zwar genauer auf den Satz des Protagoras zu sprechen kommt. Auch hier bestreitet Heidegger zwar entschieden die Möglichkeit einer Gleichsetzung des griechischen Denkens mit den Konzepten der Neuzeit und plädiert dafür, dem griechischen Denken »das Eigene und Befremdliche« (*GA* 5, 105) zu lassen. Sein Versuch aber, den Satz des Protagoras als »Bewahrung der Grundstellung des Heraklit und Parmenides« (*GA* 5, 105) und demnach als Ausdruck der Erfahrung von ἀλήθεια zu lesen, ist nicht recht überzeugend. Daß der Mensch das Maß aller Dinge ist, und zwar der seienden, daß sie sind, und der nicht seienden, daß sie nicht sind, soll heißen, der Mensch verweile »im Umkreis des ihm je als diesem zugeteilten Unverborgenen« und vernehme »alles in diesem Umkreis Anwesende als seiend«: Ein solches »Zugehören zum offenen Anwesenden grenzt dieses gegen das Abwesende ab«, und »aus dieser Grenze empfängt und wahrt der Mensch das Maß für das, was an- und abwest« (*GA* 5, 104). Indem Heidegger den Maßcharakter des Menschen als »Mäßigung auf den ichhaft beschränkten Umkreis der Unverborgenheit« (*GA* 5, 105) interpretiert, vernachlässigt er jedoch den Zusammenhang zwischen dem Protagoräischen Relativismus und der Eristik: Wenn alles so ist, wie es mir erscheint, und für einen anderen so, wie es ihm erscheint (*Theait.* 152a), dann kann man im Gespräch nur noch versuchen, die anderen von dem, was man glaubt, zu überzeugen, oder sich selbst von ihnen überzeugen zu lassen, wenn man auf ein Gespräch nicht von vorn herein verzichten will. Der Sophist kann als Hersteller von Überzeugung (πειθοῦς δημιουργός/*Gorg.* 453a2) nur erfolgreich sein, wenn seine Hörer annehmen, dasjenige, was sich ihnen als so und so Beschaffenes zeigt, sei auch so, wie es sich zeigt — wenn, anders gesagt, die Hörer des in der Rede Aufgewiesenen allein kraft der Rede gewiß sind. Die

Überzeugungskraft der Rede entscheidet darüber, was ist und was nicht. Unter dem Gesichtspunkt des Streitgesprächs ist das Erscheinende, das jeweils in der Rede aufgewiesen wird, das »Richtige«.

Gleichwohl ist Heideggers Versuch, die Sophistik nur als eine Position zu interpretieren, die sich an die Erfahrung des Anwesenden hält, nicht unverständlich. Von »Richtigkeit« kann, wie er denkt, erst die Rede sein, wenn das schlichte Erscheinen nicht mehr den »Umkreis« des Menschen ausmacht, sondern zwischen dem »wahrhaft Seienden« und dem bloßen Erscheinen unterschieden wird. Ein »Wandel der Auslegung des Seienden und des Menschen« (GA 5, 103) vollzieht sich erst bei Platon. Die Platonische Auslegung »ist gerade als Kampf gegen die Sophistik und damit in der Abhängigkeit von ihr so entscheidend, daß sie zum Ende des Griechentums wird, welches Ende mittelbar die Möglichkeit der Neuzeit mitvorbereitet« (GA 5, 103): Das »Vorgehen in den entschränkten Bezirk der möglichen Vergegenständlichung durch das Errechnen des jedermann zugänglichen und für alle verbindlichen Vorstellbaren« (GA 5, 106) setzt, anders gesagt, die Unterscheidung zwischen einem Richtigen und einem nur scheinbar Richtigen voraus, und das wahrhaft Richtige ist seit Platon »das Mathematische«. In der Tat spricht Platon, wie man weiß, von den Ideen als den μαθήματα, und es ist leicht zu sehen, daß Heidegger bei seiner Bestimmung des Mathematischen an die Platonischen Ideen denkt: »Die μαθήματα, das sind die Dinge, sofern wir sie in die Kenntnis nehmen, als das in die Kenntnis nehmen, als was wir sie im voraus schon kennen, den Körper als das Körperhafte, an der Pflanze das Pflanzliche, am Tier das Tierische, am Ding die Dingheit usw.« (GA 41, 73)

Allein, bereits die Erläuterung, die dieser Bestimmung vorausgeht, macht deutlich, wie wenig die hier genannten Beispiele in Wahrheit Beispiele für μαθήματα sind. Heidegger erläutert nämlich die Kenntnis, die man »im voraus« von etwas hat, im Rekurs auf das Gebrauchswissen, und für dieses ist die Kenntnis der »Dingheit am Ding« nicht relevant; im Gebrauchswissen begegnen überhaupt keine »Dinge«, sondern es begegnet Zeug, mit dem es jeweils eine bestimmte Bewandtnis hat. In der Orientierung an der Perspektive des Gebrauchswissens läßt sich demnach die spezifische Konzeption des »Mathematischen«, um die es Heidegger hier geht, nicht gewinnen. Es ist deshalb auch nicht verwunderlich, daß er die Benutzerperspektive, an der er sich zunächst orientiert, dann zugunsten der Herstellerperspektive vernachlässigt; an ihr soll sich das Wesen des Mathematischen deutlicher zeigen. Gegenüber dem Erlernen des Gebrauchs gibt es, wie Heidegger sagt, ein »noch ursprünglicheres Kennenlernen« (GA 41, 72), und dies soll ein Lernen sein, »worin wir dieses, was je ein Ding überhaupt ist, in die Kenntnis nehmen« (GA 41, 73): Nur »wenn wir uns dies eigens und in bestimmter Weise zur Kenntnis bringen, dann nehmen wir etwas in die Kenntnis, was wir eigentlich schon haben. Gerade dies ›zur Kenntnis Nehmen‹ ist das eigentliche Wesen des Lernens, der μάθησις.« (GA 41, 73) Diese Interpretation verfehlt die Platonische Deutung des Herstellens zumindest in einer Hinsicht. Gemäß dem zehnten Buch der »Politeia« bleibt das Gebrauchswissen die allein gültige Instanz für die Herstellung, und eine Thematisierung des Gebrauchs kann nur den Sinn haben, den Hersteller um so entschiedener an diese Instanz zu binden. Allein die Fähigkeit, etwas zu gebrauchen, verdient es, Wissen (ἐπιστήμη) genannt zu werden, während der Hersteller in seinem Hinblick auf das, was er herstellt, durch ein angemessenes Vertrauen (πίστις ὀρθή/Resp. 601e7) charakterisiert ist. Aber das »ursprünglichere Kennenlernen«, von dem Heidegger spricht, besteht gerade darin, daß es sich aus dem Kontext des Gebrauchswissens löst und auch davon abstrahiert, daß die Herstellung von etwas selbst ein Gebrauchswissen ist. Sobald die intuitiven Voraussetzungen eines sich dann bewährenden Wissens *thematisiert* werden, ermöglichen sie dieses Wissen nicht mehr bloß, sondern sie werden zu Bildern des Seienden, die vorgeben, als was das Seiende nun einzig in den Blick kommt. Diese eigentümliche Umkehrung ist bereits in der Platonischen Erörterung der Mathematik, die auch nur ein Beispiel für das »Mathematische« im weiteren Sinne ist, im Ansatz gesehen: Die Mathematiker setzen ihr Wissen ermöglichende Ideen voraus, jedoch so, als ob sie etwas wüßten (ὑποθέμενοι ... ταῦτα ὡς εἰδότες/Resp. 510c); in Wahrheit aber sind sie außerstande, darüber Rechenschaft zu geben, und halten dies auch gar nicht für nötig. Nur weil sie Ideen voraussetzen, können sie zwar die erscheinenden Dinge als Abbilder dieser Ideen begreifen; in ihrem Wissensanspruch aber liegt die Tendenz, ihren »Zustand einer strukturellen Selbsttäuschung«[22] anderen gegenüber als das Richtige zu behaupten. Auf diese Ambivalenz des Mathematischen weist Heidegger eigens hin, indem er zwei Aspekte des Mathematischen unterscheidet: »Das Mathematische ist jenes Offenbare an den Dingen, darin wir uns immer schon bewegen, demgemäß wir sie überhaupt als Dinge und als solche Dinge erfahren. Das Mathematische ist jene Grundstellung zu den Dingen, in der wir die Dinge uns vor-nehmen auf das hin, als was sie uns schon gegeben sind, gegeben sein müssen

22 Wieland (1982), 214.

und sollen. Das Mathematische ist deshalb die Grundvoraussetzung des Wissens von den Dingen.« (*GA* 41, 76) »Mathematisch« im Sinne der hier an erster Stelle genannten Bedeutung des Ausdrucks sind auch die Schemata des vorontologischen Daseins und alle Aspekte des Zeugs in seiner Zuhandenheit. *Diese* μαϑήματα sind jedoch nicht zu einem Bild des Seienden objektivierbar, weil sie nur im Austrag der Differenz der Freiheit und im Umgang mit den Seienden zugänglich sind. Ein Weltbild läßt sich nur mit solchen μαϑήματα entwerfen, die, wenn sie thematisiert werden, auch als Maßstäbe für den Umgang mit Seiendem fungieren können. Dies sind in erster Linie die μαϑήματα der Mathematik, aber auch die als »Werte« vergegenständlichten Haltungen und Handlungsziele. Spricht man etwa von einem mathematisch-naturwissenschaftlichen Weltbild, so heißt das dann, daß »das Seiende im Ganzen« in einem Zusammenhang von nun maßgeblichen mathematischen und physikalischen Ideen in den Blick kommt und dieser Zusammenhang selbst mit dem Anspruch auf Verbindlichkeit vertreten wird. Ein solcher Zusammenhang bleibt unbeeinträchtigt in seiner Geltung durch die Negation eigener Projekte und Verhaltensweisen, die durch ihn präformiert sind; weil der mathematisch-naturwissenschaftliche Entwurf bereits von der Struktur des Daseins abstrahiert hat, kann er auch in dieser Struktur nicht ausgetragen werden. Andererseits ist es auch unmöglich, die Verbindlichkeit eines solchen Entwurfes einzusehen. Weil er darauf beruht, daß Hypothesen im Platonischen Sinne zu Maßstäben stilisiert werden, kann man nur von ihm überzeugt sein oder nicht, und wenn man von ihm überzeugt ist, die eigene Überzeugung im »Kampf der Weltanschauungen« (*GA* 5, 94) vertreten. Spätestens damit dürfte das sophistische Moment im Entwurf von Weltbildern deutlich geworden sein.

Natürlich ist damit nicht gesagt, die mathematischen Naturwissenschaften seien in sich sophistisch. Sophistisch wäre vielmehr nur der Versuch, einen mathematisch-naturwissenschaftlichen Entwurf selbst als richtig und maßgebend *zu vertreten*. Sophistisch ist jeder Versuch, ein bestimmtes Modell der Wirklichkeit als verbindlich zu behaupten. Ein solches Modell verdankt sich nämlich nicht nur einem durch Selbsttäuschung charakterisierten Umgang mit Ideen, sofern das in Wahrheit Vorausgesetzte nun als Maßgebliches gesetzt wird. Wichtiger als dies noch ist der Umstand, daß die Verbindlichkeit des Modells selbst weder erwiesen noch widerlegt werden kann[23], und wenn eine

23 Vgl. dazu auch Rorty (1984), 7ff.

δόξα dadurch charakterisiert ist, richtig oder falsch sein zu können, so läßt sich im Hinblick auf die Weltbilder noch nicht einmal von einer δόξα über das Seiende im Ganzen sprechen. Es ist nicht zu sehen, nach welchen Kriterien man die Richtigkeit oder die Falschheit von Weltbildern überprüfen sollte, da sie ja den Bezugsrahmen für die Richtigkeit und Falschheit von Meinungen bilden.

Nicht die Richtigkeit und Falschheit von Meinungen ist also letztlich das Problem, um das es Heidegger geht, sondern die Möglichkeit, Weltbilder *als richtige zu behaupten*. Hat man sich diese Struktur der Weltbilder und den Sinn von »Richtigkeit« einmal klargemacht, ist die Frage nicht mehr so wichtig, ob die Neuzeit »die Zeit des Weltbildes« ist oder nicht. Allein daraus, daß die Neuzeit durch die mathematische Naturwissenschaft geprägt ist, wird man dies, wie deutlich geworden sein müßte, jedenfalls nicht ableiten können. Ebenso sekundär ist die Frage, welche gegenwärtigen oder historischen Formationen plausiblerweise als Weltbilder beschrieben werden können, denn eine Antwort auf diese Frage verhält sich zu einer Strukturanalyse des Weltbildes wie eine psychologische oder soziologische Untersuchung zur Analyse des »Man«. Daß Heidegger selbst die beiden Ebenen einer Gegenwarts- und Geschichtsdiagnose einerseits und einer Strukturanalyse andererseits nicht auseinanderhält, spricht nicht gegen den Sinn einer solchen Unterscheidung. Im Gegenteil, wenn man sich auf die Strukturanalyse konzentriert, hat man die Chance, besser zu verstehen, welchen Stellenwert Heideggers Gedanke einer nicht mehr schematisch gedachten Freiheit hat, weil nun deutlich ist, wie die einer solchen Freiheit kontrastierende Unfreiheit gedacht werden kann. »Unfreiheit« ist nicht etwa ein Charakteristikum philosophischer Konzepte, die zum Gedanken der Freiheit als Offenheit überhaupt nicht vordringen. »Unfreiheit« ist hier vielmehr nur das Charakteristikum einer Position der Richtigkeit im dargestellten Sinne, und man könnte höchstens versuchen zu zeigen, daß es in keiner philosophischen Konzeption, die eine dem Weltbild entsprechende Bestimmung des Menschen in einem »Menschenbild« zu entwickeln versucht, gelingen kann, eine »freie Beziehung« (*VA, 9*) zur Richtigkeit zu finden. Wichtiger als dies ist jedoch die Frage, wie eine solche »freie Beziehung« selbst genauer zu fassen ist.

Dabei ist zunächst zu beachten, daß eine freie Beziehung zur Richtigkeit nicht in einer Kritik oder Ablehnung von bestimmten Weltbildern bestehen kann, denn damit würde die Position der Richtigkeit nur indirekt bestätigt. Aber auch eine Negation der Richtigkeit ist unmöglich; negierbar sind immer nur Projekte und Verhaltensweisen, nicht aber die Maßstäbe, denen diese unterstehen: man kann sich nicht an einem Maßstab orientieren und es zugleich nicht tun, wie man ein Projekt als bevorstehende Wirklichkeit verfolgen und als Antwort auf das bevorstehende Sein zurücknehmen kann. Sehr wohl aber ist es möglich, nach dem Wesen der Weltbilder *zu fragen* und damit ihren sophistischen Anspruch zu unterlaufen. Eine solche Frage allein hat gegenüber der Sophistik der Weltbilder eine Chance,[24] und deshalb ist es auch nicht sinnvoll, das Fragen selbst wieder als eine mehr oder weniger deutliche Antwort im Sinne einer Verhaltensanweisung umzudeuten. Das Denken Heideggers ist als Versuch, die Sophistik der Weltbilder aufzudecken, weder im Anschluß an Dewey zu einem christlichen »Aufruf zur Gemeinschaft«[25] noch im Anschluß an Derrida als Aufforderung zur Teilnahme an einem nicht mehr unter einem bestimmten Prinzip verbindlichen Spiel des Kontingenten[26] zu modifizieren. Die einzige Anweisung über das Fragen hinaus, die sich diesem Denken entnehmen läßt, ist der Hinweis auf eine Darstellung von Welt, die kein Weltbild und doch durch eine Weise der Richtigkeit charakterisiert ist. Diese Darstellung von Welt ist die Kunst.

Spätestens seit seiner Abhandlung über den »Ursprung des Kunstwerkes« räumt Heidegger der Kunst einen zentralen Stellenwert ein, und seine späteren Erörterungen über die Technik sind ohne die Berücksichtigung seiner Konzeption von Kunst unverständlich. Es ist jedoch nicht ohne weiteres klar, wieso es sinnvoll ist, der Kunst einen solchen Stellenwert einzuräumen. Indem er dies tut, bleibt Heidegger, wie man denken könnte, letztlich in der Tradition diverser Programme zur »ästhetischen Erziehung« oder zu einer »Philosophie der Kunst« befangen, in denen sich die Philosophie letztlich selbst verabschiedet: Ein Denken, das sich in einer zumindest mit der Poesie verwechselbaren Sprache artikuliert und »den Wandel unseres Bezugs zur Sprache vorbereiten« will, so daß deutlich wird, wie »alles sinnende Denken ... ein Dichten, alle Dichtung aber ein Denken« (*GA* 12, 256) ist, scheint doch ähnlich wie die Konzeption Schellings durch die Erwartung geprägt zu sein, »daß die Philosophie, so wie sie in der Kindheit

24 R. Maurer hat dieses Verhältnis Heideggers zur Sophistik sehr deutlich gesehen, aber doch mißverständlicherweise von einem »Angriff« auf die Sophistik gesprochen; ein Angriff aber wäre der Versuch, die Sophistik mit ihren eigenen Mitteln zu schlagen, und das ist unmöglich. Vgl. Maurer (1972), 450.
25 Rorty (1984), 21.
26 Vgl. Schürmann (1982).

der Wissenschaften von der Poesie geboren und genährt worden ist, ... in den allgemeinen Ozean der Poesie zurückfließen« könne, indem sie in eine »neue Mythologie« überführt wird.[27] Aber Heideggers spätes Denken führt nicht, wie das immer wieder behauptet wird, zum Programm einer »neuen Mythologie«. Wenn man die eschatologischen Aspekte vor allem der Heideggerschen Hölderlin-Deutung auch nicht einfach leugnen oder wegerklären kann, ist man doch andererseits nicht gezwungen, Heideggers späteres Denken von diesem Aspekt her zu verstehen oder gar auf diesen Aspekt zu reduzieren. Hätte Heidegger wirklich sagen wollen, es gäbe nichts »für den Menschen zu erreichen außer, ein Dichter zu sein«[28], so wäre er zumindest inkonsequent gewesen, wo er, wie in seinem letzten von ihm selbst publizierten Text, von einer »Aufgabe« und einer »Sache« des Denkens gesprochen hat (SD, 61ff.). Auch hier ist zwar vom »vorbereitenden« Charakter des Denkens die Rede. Aber vorbereitend soll das Denken nicht im Hinblick auf eine neue Mythologie sein, sondern im Hinblick auf die Möglichkeit, »daß die erst jetzt beginnende Weltzivilisation einst das technisch-wissenschaftlich-industrielle Gepräge als die einzige Maßgabe für den Weltaufenthalt des Menschen überwindet« (SD, 67). Entscheidend ist hier die sehr vorsichtige Rede von der »einzigen« Maßgabe: es geht offenbar nicht um eine Abschaffung der Richtigkeit, sondern, so paradox das auch zunächst klingt, um ihre Relativierung, und dazu bedarf es des Denkens, um immer wieder aufs Neue die verschiedenen »Maßgaben« in ihrem Verhältnis zueinander zu klären. Um zu verstehen, wie die »freie Beziehung« zur Richtigkeit mit Heidegger hinreichend zu bestimmen ist, wird man das Verhältnis von Richtigkeit, Kunst und Denken klären müssen. Und wenn es hier ein Verhältnis gibt, dessen Momente nicht aufeinander reduzierbar sind, kann die »freie Beziehung« zur Richtigkeit nicht darin bestehen, daß man, ermutigt durch ein sich der Poesie annäherndes Denken, nun ebenfalls die Weltbilder als Poesie auffaßt und ihre Richtigkeit durch die pragmatische Einsicht entschärft, man spiele in der Orientierung an ihnen ein Spiel, das anders oder ein anderes sein könnte.

In seiner Abhandlung über den »Ursprung des Kunstwerkes« hat Heidegger die Kunst als das »Ins-Werk-Setzen der Wahrheit« charakterisiert. Unterstellt man nun, daß »Wahrheit« hier die sich im Ange-

27 *System des transzendentalen Idealismus* (= *Sämtliche Werke*, Abt. 1, Bd. 3), 629.
28 Rorty (1984), 17.

hen entziehende Offenheit überhaupt meint, und läßt zunächst die Frage beiseite, wie diese im Hinblick auf die Kunst von Heidegger im einzelnen bestimmt wird, tritt das entscheidende Problem der Abhandlung umso deutlicher hervor: Was heißt es, daß Wahrheit im genannten Sinne ins Werk »gesetzt« ist? Nicht zufällig hat Heidegger sich genötigt gesehen, die Bedeutung dieses »Setzens« in einem Zusatz zu seiner Abhandlung noch einmal zu verdeutlichen, ohne daß es ihm freilich gelungen wäre, eine befriedigende Antwort zu geben. Zwar wird man zur Kenntnis nehmen können, daß »Setzen ... aus dem griechischen Sinn der θέσις gedacht« (GA 5, 48; 70) werden soll und nicht »im Sinne des unmittelbaren Setzens eines Gegenstandes« (GA 5, 71), also nicht im Sinne »der Dialektik Kants und des deutschen Idealismus« (GA 5, 71). Aber gerade wenn das »griechische ›Setzen‹ besagt: Stellen als Erstehenlassen z. B. ein Standbild« (GA 5, 70), ist doch unklar, was man sich unter einem »Erstehenlassen der Wahrheit« denken soll. Man kann diese Schwierigkeit auch nicht ausräumen, indem man die Formulierung vom »Ins-Werk-Setzen der Wahrheit« nur als einen genitivus subiectivus liest. Das meint Heidegger zwar auch, aber ebenso meint er, daß die Wahrheit ins Werk gesetzt wird: »Ist die Wahrheit das ›Subjekt‹, dann sagt die Bestimmung ›Ins-Werk-Setzen der Wahrheit‹: ›Sich-ins-Werk-Setzen der Wahrheit‹ ... Kunst ist so aus dem Ereignis gedacht. Sein aber ist Zuspruch an den Menschen und nicht ohne diesen. Demnach ist die Kunst zugleich bestimmt als Ins-Werk-Setzen der Wahrheit, wobei jetzt Wahrheit ›Objekt‹ und die Kunst das menschliche Schaffen und Bewahren ist.« (GA 5, 73f.) Nun ist klar, daß Heidegger in seiner Rede von der Wahrheit als einem »Objekt« diese nicht als einen Gegenstand ausgeben will, aber man würde seine Bestimmung dennoch zu oberflächlich lesen, wenn man sie nur als Zeugnis der Sprachnot verstünde. Berücksichtigt man nämlich, daß obiectum ursprünglich das »Vorgestellte« (GA 41, 106) heißt, so wird man die Rede von der Wahrheit als einem Objekt interpretieren dürfen, indem man das Ins-Werk-Setzen der Wahrheit als ein Vorstellen der Wahrheit versteht. Wie wenig diese Interpretation an die Kunstwerk-Abhandlung herangetragen ist, zeigt sich auch daran, daß Heidegger von der »Festgestelltheit der Wahrheit in die Gestalt« sprechen kann. Und zur Erläuterung dieser Bestimmung fügt er hinzu: »Was hier Gestalt heißt, ist stets aus jenem Stellen und Gestell zu denken, als welches das Werk west, insofern es sich auf- und herstellt.« (GA 5, 51) »Ge-stell« aber ist Heideggers Ausdruck für das Wesen der Technik, und er läßt keinen Zweifel daran, daß er das »Stellen« der Kunst und dasjenige der Technik zumindest grundsätzlich als dasselbe versteht: »Das Ge-stell als das Wesen der modernen Technik kommt vom griechisch erfahrenen Vorliegenlassen, λόγος, her, von der griechischen ποίησις und θέσις.« (GA 5, 72) Dann aber ist Kunst ebenso wie die Technik durch Richtigkeit bestimmt: das Kunstwerk gibt einen Maßstab, nach dem man sich richten kann. Daß auch diese Interpretation dem Heideggerschen Text gegenüber nicht unangemessen ist, zeigt sich an der Formulierung von der »Einrichtung« (GA 5, 49) der Wahrheit ins Werk und außerdem daran, daß auf die Frage, wie sich die »Bestimmung des Wesens des Menschen« (GA 53, 102) vollzieht, im Zusammenhang einer Sophokles-Deutung gesagt werden kann: »Wir vernehmen es als Chorgesang der Tragödie, die Dichtung ist« (GA 53, 103); die Dichtung aber ist »das Maßgebende Wort« (GA 53, 102). Zwar will Heidegger es vermeiden, »einrichten« im modernen Sinne »nach der Weise des »Technikvortrags als ›organisieren‹ und fertigmachen zu verstehen«: »Vielmehr denkt das ›Einrichten‹ an den ... ›Zug der Wahrheit zum Werk‹, daß die Wahrheit inmitten des Seienden, selber werkhaft seiend, seiend werde« (GA 5, 73). Aber auch diese Erläuterung bestätigt nur, daß man es bei der Kunst, wie Heidegger sie denkt, mit einer Vorstellung, mit einer »Objektivierung« der Wahrheit zu tun hat, und berücksichtigt man, daß Wahrheit das vollständig Unbestimmte und damit Unvorstellbare ist, ist dieses Ergebnis befremdlich genug. Sicher wird man letztlich nicht sagen können, jedes Kunstwerk sei wie ein Weltbild ein maßgebliches Modell der Wirklichkeit; aber zunächst ist es wichtig, sich die Paradoxie der Heideggerschen Formulierung vom »Ins-Werk-Setzen der Wahrheit« einmal klarzumachen. Der Gedanke, Wahrheit, also das Ermöglichende selbst, manifestiere sich im Werk als einem Wirklichen, das vollständig Unbestimmte werde in eine bestimmte Gestalt gebildet, ist eine Zumutung.

Würde man jedoch dieser Zumutung ausweichen und den maßgeblichen Charakter der Kunstwerke bestreiten wollen, könnte man nicht mehr verständlich machen, was doch jeder erfährt, der sich auf ein Kunstwerk einläßt. Schließlich gibt jedes Kunstwerk nicht nur einen je bestimmten Spielraum des Verhaltens vor, sondern ist selbst auch Maßstab für dieses Verhalten. Ein Verhalten zum Kunstwerk kann angemessen oder unangemessen sein. Diese Angemessenheit oder Unangemessenheit ist weder nur eine Frage des guten oder schlechten Geschmacks noch eine Frage des rechten oder falschen Gebrauchs. Würde man das erstere sagen, hätte man vernachlässigt, daß der Umgang mit Kunstwerken immer mehr als die Abgabe von Geschmacksurteilen ist, und was das zweite angeht, so ist evident, daß Kunstwerke nicht gebraucht werden wie Zeug, das in einen bestimmten Zusammenhang der Bedeutsamkeit gehört. Am besten läßt sich die eigentümliche Verbindlichkeit der Kunstwerke wohl verdeutlichen, indem man auf den Begriff des Spiels zurückgreift[29]: Werke stehen nicht in einem Zusammenhang, sofern sie als solche erfahren werden, sondern geben einen Zusammenhang vor und binden das Verhalten an bestimmte Regeln, die Spielregeln durchaus vergleichbar sind. Jedes Bild etwa gibt durch seinen Aufbau, durch die Verteilung der Farben und die Führung der Linien vor, wie es gesehen sein will, und man sieht ein Bild erst und nimmt es nicht nur zur Kenntnis, wenn man seinen immanenten Spielregeln folgt.

Im gegenwärtigen Zusammenhang kommt es freilich nicht darauf an, diese Phänomene genauer zu beschreiben. Wichtiger als dies ist es, sich den Unterschied zwischen dem maßgeblichen Charakter eines Kunstwerks und dem eines Weltbildes klarzumachen. Dieser kann nicht darin bestehen, daß ein durch das Kunstwerk geprägtes Verhalten zweckfrei oder nicht erfolgsorientiert wäre. »Zweck« und »Erfolg« als Maßstäbe des Verhaltens werden ja in den Weltbildern erst vorgegeben, so daß die Rede von einem »zweckfreien« oder »nicht erfolgsorientieren« Verhalten noch in die Sprache der Weltbilder gehört. Die Verbindlichkeit des Verhaltens im Spielraum des Kunstwerks kann jedoch Anderen gegenüber nicht *behauptet* werden. Das Kunstwerk ist anders als das Weltbild nicht positionell. Zwar ist das Werk für das Verhalten im Spielraum des Werkes maßgebend, aber diese Maßgeblichkeit wird im Verhalten zum Werk immer wieder als eine neue erfahren: »Je wesentlicher das Werk sich öffnet, umso leuchtender wird die Einzigkeit dessen, daß es ist und nicht vielmehr nicht ist.« (GA 5, 53) Die Maßgeblichkeit des Kunstwerks hat, anders gesagt, nie den Charakter der Selbstverständlichkeit. Wo die Kunstwerke selbstverständlich werden, verlieren sie zugleich die für sie eigentümliche Maßgeblichkeit, denn maßgeblich ist das Werk nur in einem mit der Erfahrung, daß es, wie man in einer Abwandlung der Formulierung Heideggers sagen könnte, ein Maß gibt und nicht vielmehr nicht gibt. Anders als die Weltbilder ermöglichen die Kunstwerke keine *beständige* Orientierung im Verhalten, und daran zeigt sich, daß sie keine Modelle der Wirklichkeit sind. In ihnen werden nicht das Seiende und das Verhalten unter einem bestimmten Gesichtspunkt objektiviert, sondern objektiviert wird die Wahrheit.

---

29 Vgl. Gadamer, *Wahrheit und Methode* (*Ges. Werke* I), 107ff.

Diese Formulierung hat durch die bisherigen Erläuterungen allerdings nichts von ihrem paradoxalen Charakter verloren. Gezeigt wurde schließlich nur, wie sich die Kunstwerke in ihrer Maßgeblichkeit von den Weltbildern unterscheiden. Was es nun mit der Objektivierung der Wahrheit auf sich hat, kann man sich wohl am besten im Ausgang von Heideggers Erörterung des Kunstwerks als eines Geschaffenen plausibel machen. Diese Erörterung wiederum setzt an mit der Frage, in welcher Hinsicht das Schaffen eines Kunstwerks mit dem Hervorbringen der τέχνη vergleichbar sei, und die Antwort auf diese Frage lautet, »daß sowohl das Her-stellen von Werken als auch das Her-stellen von Zeug in jenem Hervor-bringen geschieht, das im vorhinein das Seiende von seinem Aussehen her in sein Anwesen vorkommen läßt.« (GA 5, 47) Allein, was hier »Aussehen« heißen soll, ist nicht klar. Liest man nämlich diesen Ausdruck als Übersetzung des Platonischen εἶδος, so wäre der Künstler am Gebrauchswissen orientiert, das er sich, um bei seiner Herstellung erfolgreich zu sein, vorstellen muß. Sein ἔργον wäre aber dann in Wahrheit ein Zeug. Liest man hingegen »Aussehen« als Ausdruck für das Aussehen des Seienden, wie es sich unmittelbar zeigt, als Übersetzung von φαινόμενον also[30], so ist die Kunst im Sinne des zehnten Buches der Politeia gedacht, und weil sie dann weitab von der Wahrheit wäre, kann es auch das nicht sein, was Heidegger meint. Daß beide Lesarten dem, was Heidegger im Sinn hat, nicht entsprechen, wird im Ansatz bereits aus seiner Auslegung des Gemäldes von van Gogh deutlich, das ein Paar Schuhe darstellt. Heideggers Auslegung dieses Gemäldes darf man nicht mit einer ikonographisch korrekten Beschreibung verwechseln, so daß die Frage, ob es sich bei den gemalten Schuhen tatsächlich um Bauernschuhe handelt oder nicht, irrelevant ist.

Heideggers »Beschreibung« (GA 5, 18) der Schuhe dokumentiert zunächst nur den Versuch, sich die Schuhe, »ein gewöhnliches Zeug« (GA 5, 18), in ihrem Gebrauch vorzustellen. Die Artikulation dieser Vorstellung hat jedoch nicht den Sinn, über den Unterschied zwischen gemalten und brauchbaren Schuhen nachzudenken, sondern mit ihr soll der für Heideggers weiteren Gedankengang zentrale Begriff der »Erde« eingeführt werden. Man darf »Erde« hier nicht mit »Acker« oder »Feld« verwechseln, wenn Heidegger selbst auch eine solche Verwechslung nahelegt. Es geht nicht darum, sich bei der Betrachtung des Gemäldes die Erde, auf der man geht, so vorzustellen wie den Ge-

30 Vgl. *Resp.* 598b

brauch der Schuhe. Um einiges später in der Abhandlung zeigt sich vielmehr, daß Heidegger »Erde« nennt, was man sonst als den »Stoff« oder das »Material« der Kunstwerke bezeichnet: »Erde« ist das, »wohin das Werk sich zurückstellt und was es in diesem Sich-Zurückstellen hervorkommen läßt«; es stellt sich zurück »in das Massige und Schwere des Steins, in das Feste und Biegsame des Holzes, in die Härte und den Glanz des Erzes, in das Leuchten und Dunkeln der Farbe, in den Klang des Tones und in die Nennkraft des Wortes« (GA 5, 32). Indem man sagt, was die Rede vom »Zurückstellen« hier bedeutet, erklärt man zugleich, weshalb Heidegger nicht von »Stoff« oder »Material«, sondern – wohl im Anschluß an Hölderlin – von »Erde« spricht. »Stoff« und »Material« sind Ausdrücke, die bereits von der Verwendung von etwas für ein Werk im Sinne der τέχνη oder ein Produkt im Sinne der Technik gedacht sind. Demgegenüber sieht das »Brauchen der Erde« nur so aus »wie das handwerkliche Verwenden von Stoff« (GA 5, 52); in Wahrheit aber ist die künstlerische Herstellung dadurch charakterisiert, daß sie sich »dem Sichverschließenden, das im Offenen ragt, anvertraut« (GA 5, 51), und das wiederum ist möglich, weil der Künstler nicht an die Instanz des Gebrauchs gebunden ist: er stellt nichts Brauchbares her, und deshalb kann er sich auf das einlassen, womit er umgeht. Allein aus Heideggers Rede von der »Erde« als dem »Sichverschließenden, das im Offenen ragt«, dürfte deutlich sein, daß die Wahrheit des Kunstwerks von der »Erde« her zu denken ist. »Erde« ist durch die beiden Momente der Offenheit und des Entzugs von Offenheit, durch Un-verborgenheit also, charakterisiert. Zwar ist noch nicht klar, wie diese beiden Momente im Hinblick auf die »Erde« genau zu fassen sind. Immerhin aber kann man bereits den Gedanken einer Vorstellung und Objektivierung von Wahrheit besser verstehen als bisher. Wäre nämlich »Erde« nicht vorstellbar, ließe sich gar nicht begreifen, wie es eine künstlerische Herstellung, die sich dem, womit sie umgeht, »anvertraut«, überhaupt geben kann. Auch die Herstellung eines Kunstwerks setzt, anders gesagt, einen Entwurf voraus; keinen Entwurf freilich, in dem gesetzt wird, wofür die Dinge eigentlich gehalten werden sollen, sondern einen Entwurf, *in dem als »Erde« vorgestellt wird, was sonst »Stoff« oder »Material« heißt.* Von der Herstellung im Sinne der τέχνη unterscheidet sich die künstlerische Herstellung dadurch, daß in ihr eigens vorgestellt wird, was ansonsten unausdrücklich bleibt oder nur bei einer Störung des Herstellungsvorgangs in den Blick kommt. Mit der Voraussetzung einer Vorstellung von »Erde« allein läßt sich freilich die Herstellung eines Kunstwerks nicht begreifen. Vorstellen muß der Künstler außerdem das »Aussehen« dessen, was er herstellen will. Diese Vorstellung untersteht jedoch der Vorstellung von »Erde«, gleichgültig, ob es das unmittelbar sich zeigende Seiende oder, wie in der Baukunst, ein εἶδος ist, woran sich der Künstler orientiert, sein Werk wird nicht dadurch zum Kunstwerk, daß er etwas abbildet oder für den Gebrauch zustande bringt, sondern allein dadurch, daß er etwas darstellt, *indem* er sich seinem »Material« anvertraut; weil er dies tut, ist das Werk in die Erde »zurückgestellt«. Der eigentümliche Charakter von »Erde« ist es, wodurch etwas ein Kunstwerk und nicht nur ein Abbild oder Zeug ist.

Versucht man die Herstellung des Kunstwerks derart aus der Perspektive des Künstlers zu verstehen, scheint man allerdings Heideggers Intention in einem wesentlichen Punkt zu verfehlen. Heidegger sagt gleich zu Beginn seiner Abhandlung, daß es unmöglich sei, das Wesen des Kunstwerks in der Orientierung am Künstler zu fassen. Nur »nach der gewöhnlichen Vorstellung« entspringt das Werk »aus der und durch die Tätigkeit des Künstlers«; dieser ist nämlich »der, der er ist«, erst durch das Werk, denn dieses »erst läßt den Künstler als einen Meister der Kunst hervorgehen« (*GA* 5, 1). Künstler und Werk stehen so in einem »Wechselbezug durch ein Drittes, welches das erste ist, durch jenes nämlich, von woher Künstler und Kunstwerk ihren Namen haben, durch die Kunst« (*GA* 5, 1). Was aber Kunst ist, läßt sich, wenn Kunst das »Ins-Werk-Setzen der Wahrheit« ist, nur aus der Orientierung am Werk sagen. Erinnert man sich nun an die Doppeldeutigkeit der Bestimmung »Ins-Werk-Setzen der Wahrheit«, so ist klar, daß das Ins-Werk-Setzen, sofern die Wahrheit »Objekt« ist, auf keinen Fall ohne den Künstler gedacht werden kann. Außerdem ist die Vorstellung von »Erde« ja keine Tätigkeit des Künstlers, sondern macht diese erst möglich. Sagt man also, das Ins-Werk-Setzen der Wahrheit sei nicht ohne den Künstler zu denken, macht man nicht den Versuch, das Kunstwerk aus der »Subjektivität« des Künstlers im Rahmen einer Konzeption des Genies zu begreifen. Vielmehr hält man sich die Möglichkeit offen, die Wahrheit des Kunstwerks auch noch anders zu interpretieren. Wenn diese Wahrheit nämlich von der »Erde« her zu denken ist, muß man auch die Weise, in der Kunst erfahren wird, als eine Erfahrung von »Erde« verstehen. Mit »Erde« muß dann angezeigt sein, was die eigentümliche Verbindlichkeit des Kunstwerks ausmacht, und wenn das so ist, wäre es Heidegger mit seinem Ansatz gelungen, die verbreitete Alternative einer Orientierung an der Rezeption oder an der Produktion in seinem Konzept von Kunst zu unterlaufen.

Daß das Kunstwerk einen Spielraum des Verhaltens eröffnet und für dieses maßgeblich ist, faßt Heidegger als das Eröffnen einer Welt. »Welt« ist dabei grundsätzlich noch so verstanden wie in *SZ*, nämlich als Offenheit des Seienden, sofern man in ihr sein kann. Gegenüber der Interpretation der Welt im Zusammenhang von *SZ* muß man allerdings im Sinn behalten, daß es nun um eine Verbindlichkeit für das Verhalten geht, die nicht die Verbindlichkeit von Weltbildern ist. Bei dem Versuch nun, diese Verbindlichkeit von der »Erde« her zu denken, kann man sich auf eine Bestimmung Heideggers stützen, derzufolge »Erde« in keinem Verhalten verfügbar und in keinem als Weltbild verstandenen Entwurf vorstellbar ist: »Der Stein lastet und bekundet seine Schwere. Aber während diese uns entgegenlastet, versagt sie sich zugleich jedem Eindringen in sie. Versuchen wir solches, indem wir den Fels zerschlagen, dann zeigt er in seinen Stücken doch nie ein Inneres und Geöffnetes. Sogleich hat sich der Stein wieder in dasselbe Dumpfe des Lastens und des Massigen seiner Stücke zurückgezogen. ... Die Farbe leuchtet auf und will nur leuchten. Wenn wir sie verständig messend in Schwingungszahlen zerlegen, ist sie fort. Sie zeigt sich nur, wenn sie unentborgen und unerklärt bleibt. Die Erde läßt so jedes Eindringen in sie an ihr selbst zerschellen. Sie läßt jede nur rechnerische Zudringlichkeit in eine Zerstörung umschlagen.« (*GA 5*, 33) Sobald etwas gemessen und verfügbar gemacht wird, ist es nicht mehr »Erde«, sondern »Stoff« oder »Material«. »Erde« erscheint nur im Kunstwerk, »wo sie als die wesenhaft Unerschließbare gewahrt und bewahrt wird, die vor jeder Erschließung zurückweicht, d. h. sich ständig verschlossen hält« (*GA 5*, 33).

Dennoch würde man das Verhältnis von Welt und Kunstwerk mißverstehen, wenn man das Verhalten im Spielraum des Kunstwerks als ein Verhalten sui generis auffassen würde. Die Betrachtung eines Bildes oder eines Gebäudes, das Hören von Musik oder eines Gedichtes ist schließlich nicht frei von dem Versuch, das Erfahrene zu deuten und zu erklären. Bestünde die Erfahrung von Kunstwerken nur darin, das wesentlich Unerschließbare zu gewahren und zu bewahren, wäre sie nicht einmal mehr kontemplativ, sondern das Werk verkäme bald zu dem »Erlebniserreger« (*GA 5*, 55), der es doch wesentlich nicht ist. Ja mehr noch: Was Heidegger »Erde« nennt, könnte überhaupt nicht als das »wesenhaft Unerschließbare« erfahren werden, wenn man im Verhalten zu Kunstwerken nicht den Versuch des Deutens und Erklärens, mit einem Wort: des Entdeckens machen würde. Versteht man »Welt« als den Zusammenhang entdeckenden Verhaltens, so gibt die »Erde« im Kunstwerk dem entdeckenden Verhalten in seinem Zusammenhang gerade dadurch ein Maß, daß sie eine *Grenze* dieses Verhaltens, eine

Grenze von Welt erfahren läßt. Nur wenn man sich dies klarmacht, kann man auch verstehen, wieso Heidegger im Hinblick auf das Kunstwerk von einem »Streit« von Welt und Erde spricht. In einer zentralen, aber dunklen und interpretationsbedürftigen Passage seiner Abhandlung hat Heidegger zu sagen versucht, wie er diesen Streit verstehen will: »Die aufgehende Welt bringt das noch Unentschiedene und Maßlose zum Vorschein und eröffnet so die verborgene Notwendigkeit von Maß und Entschiedenheit. Indem aber eine Welt sich öffnet, kommt die Erde zum Ragen. Sie zeigt sich als das alles Tragende, als das in sein Gesetz Geborgene und ständig Sichverschließende. Welt verlangt ihre Entschiedenheit und ihr Maß und läßt das Seiende in das Offene ihrer Bahnen gelangen. Erde trachtet, tragend aufragend sich verschlossen zu halten und alles ihrem Gesetz anzuvertrauen. Der Streit ist kein Riß als das Aufreißen einer bloßen Kluft, sondern der Streit ist die Innigkeit des Sichzugehörens der Streitenden. Dieser Riß reißt die Gegenwendigen in die Herkunft ihrer Einheit aus dem einigen Grunde zusammen. Er ist Grundriß. Er ist Auf-riß, der die Grundzüge des Aufgehens der Lichtung des Seienden zeichnet. Dieser Riß läßt die Gegenwendigen nicht auseinanderbersten, er bringt das Gegenwertige von Maß und Grenze in den einigen Umriß.« (GA 5, 50f.) Dunkel ist diese Passage nicht nur, weil Heidegger wie so oft eine Fülle von Ausdrücken gebraucht, ohne sie eigens zu erläutern; dunkel ist sie auch, weil »Welt« und »Erde« hier vergegenständlicht werden und als Subjekte von Sätzen fungieren, die in einer nicht ohne weiteres auflösbaren Weise metaphorisch sind. Zwar ist klar, daß es Heidegger darum geht, eine Struktur zu charakterisieren, die bestimmte Erfahrungen erst ermöglichen soll, sodaß sie nicht, ohne leicht mißverstanden zu werden, in einer Beschreibung von Erfahrungen thematisiert werden kann. Aber um hier überhaupt etwas zu verstehen, muß man den Versuch machen, sich an solchen Erfahrungen zu orientieren. Tut man dies, so wird man die »aufgehende Welt« als Spielraum des Verhaltens fassen können, wie es erfahren wird, sobald man sich auf ein Kunstwerk einläßt. In einer solchen Erfahrung ist »das Ungeheure aufgestoßen und das bislang geheuer scheinende umgestoßen« (GA 5, 54), denn gegenüber dem Kunstwerk versagen zunächst alle geläufigen Weisen des Entdeckens und die Maßstäbe derselben. Weder läßt sich das Werk ohne weiteres bestimmen und berechnen, so daß man Bescheid über es weiß, noch kann man motiviert durch irgendeinen Wert mit ihm umgehen. Man weiß nicht, wie man sich verhalten und woran man sich orientieren soll. So gesehen ist die Erfahrung von Kunst eine Aporie, und diese Aporie ist auch durch die Unumgänglichkeit von Verhalten und Orientierung charakterisiert: Die vor der Erfahrung des Kunstwerks verborgene Notwendigkeit von Maß und Entschiedenheit kommt zum Vorschein. Der aporetische Charakter der Kunsterfahrung selbst hat seinen Ursprung in dem, was Heidegger »Erde« nennt. Das »Gesetz« der Erde ist die Verschlossenheit im Sinne des Unentdeckbaren, wie sie im Kunstwerk »zugeteilt« wird.[31] Von diesem Gesetz heißt es also, es stehe im Streit mit dem, was, von der Welt aus gedacht, als Weltbild ein Maß genannt werden kann. Die »Gegenwendigkeit« von Welt und Erde ist so gesehen die Gegenwendigkeit von Maß und Gesetz. Wenn Heidegger nun sagt, der »Riß«, der das Kunstwerk charakterisierende Streit von Maß und Gesetz, reiße die Gegenwendigen in die Herkunft ihrer Einheit aus dem einigen Grunde zusammen, so ist damit auf ein Charakteristikum der Un-verborgenheit angespielt, das Heidegger in seinem Vortrag *Vom Wesen der Wahrheit* erörtert hat. Hier wird »Wahrheit« zunächst im Anschluß an das traditionelle Konzept als adaequatio intellectus ad rem eingeführt und gezeigt, daß ein Sichrichten des Aussagens nach dem, was sich zeigt, nur möglich ist, wenn man das Aussagen als Verhalten denkt, als Entdecken also, und das Sichrichten nach dem sich Zeigenden in der »Offenständigkeit« (*GA* 9, 185) des Verhaltens begründet. Diese Offenständigkeit aber beruht ihrerseits in der Freiheit als dem Seinlassen des Seienden. In diesem Seinlassen hat, wie bei der Interpretation des »Welt«-Kapitels von *SZ* gezeigt wurde, das Seiende den Charakter der Möglichkeit. Die »Offenbarkeit des Seienden im Ganzen« (*GA* 9, 193) läßt sich als solche nie fassen, sondern bleibt »das Unbestimmte, Unbestimmbare« (*GA* 9, 193). Wo immer es mit dem Seienden bei einem Verhalten sein Bewenden hat und wo immer das Seiende nur Mögliches im Sinne eines Entdeckbaren ist, so bleibt seine Offenheit überhaupt unerfahren. Das gilt auch von der Erfahrung der Angst, wie sie im Zusammenhang von *SZ* erörtert wurde; in der Angstanalyse von *SZ* wird lediglich gezeigt, wie die Offenbarkeit des Seienden im Ganzen in den zeitlichen Schemata erfahren wird. Nun wurde bereits gesagt, daß die als Maße zu verstehenden Weltbilder der Differenz der Freiheit nicht unterliegen, und deshalb unterliegen sie auch nicht den zeitlichen Schemata. Sie können nicht wie das Verhalten selbst negiert werden. Das »Richtige«, das »Maßgebende« im Sinne eines Weltbildes ist eine abstrahierende Vergegenständlichung dessen, was zunächst in den Zusammenhang des vorontologischen In-der-Welt-seins gehört.

31 Vgl. *GA* 4, 167.

»Des Seienden im Ganzen vergessend«, entnimmt der Mensch, wie Heidegger in *Vom Wesen der Wahrheit* sagt, die Maße »seinen Vorhaben und Planungen« (*GA* 9, 195), und, wie zu ergänzen wäre, dem Seienden, das ihm innerweltlich begegnet. Wenn dies so ist, dann ist klar, daß die Maße im Sinne der Weltbilder ihren Grund letztlich in der als Freiheit zu denkenden Offenheit des Seienden im Ganzen haben, und genau das ist gemeint, wenn Heidegger in der »Kunstwerk«-Abhandlung von dem »einigen Grund« spricht, der die Herkunft von Maß und Gesetz in ihrer Einheit ist. Dieser einige Grund ist, in der Sprache des Vortrags *Vom Wesen der Wahrheit* gesagt, die Offenbarkeit des Seienden im Ganzen, die in jedem Verhalten und innerhalb der zeitlichen Schemata überhaupt als solche unerfahren bleibt. Erfahren wird dieser Grund, der in seiner vollständigen Unbestimmtheit ein Abgrund ist[32], an der »Erde« des Kunstwerks, sofern »Erde« das Sichverschließende ist. Weil dieses Sichverschließende aber nur in der »Gegenwendigkeit« zum Entdecken erfahren wird, ist der »Riß« des Kunstwerks ein »Aufriß«, der mit der Aporie des Entdeckens die Offenheit, in der das Entdecken immer nur möglich ist, offenbar werden läßt. Weil im »Offenen der Welt des Werkes« (*GA* 5, 32) die »Erde«, wie Heidegger sagt, »hervorkommt« (*GA* 5, 32), ist die Erfahrung der Kunst die Erfahrung abgründiger, weil letztlich unbestimmbarer Offenheit an dem, was nicht Entdeckbares ist, aber doch nur mit dem Versuch des Entdeckens erfahren wird. Entscheidend ist jedoch, daß dadurch im Kunstwerk »Maß und Grenze in den einigen Umriß« gebracht werden, d. h.: *die Grenze wird im Kunstwerk selbst zum Maß.* Weil das Werk »die Erde eine Erde sein« (*GA* 5, 32) läßt, ist das Kunstwerk maßgebend für das Entdecken, indem es dem Entdecken eine Grenze zumißt und erfahrbar macht, wie jedes Entdecken in ein Seinlassen gehört: Je reiner nämlich »das Werk in die durch es selbst eröffnete Offenheit des Seienden entrückt ist, umso einfacher rückt es uns in diese Offenheit ein und so zugleich aus dem Gewöhnlichen heraus. Dieser Verrückung folgen, heißt: die gewohnten Bezüge zur Welt und zur Erde verwandeln und fortan mit allem geläufigen Tun und Schätzen, Kennen und Blicken ansichzuhalten, um in der im Werk geschehenden Wahrheit zu verweilen. Die Verhaltenheit dieses Verweilens läßt das Geschaffene erst das Werk sein, das es ist.« (*GA* 5, 54)

Die entscheidende Pointe der Heideggerschen Konzeption von Kunst besteht also darin, daß die Offenheit der Freiheit zum Maß für

---

32 Vgl. dazu *SG*, besonders 184ff.

das Verhalten wird. »Richtig« ist im Spielraum des Kunstwerks das »verhaltene Verweilen«, und weil das Werk ein *solches* Richtmaß gibt, läßt es sich als Alternative zu den Weltbildern verstehen. Da die Maßgeblichkeit der Kunstwerke immer nur in einem mit ihrer Erfahrung besteht und man sich auf Werke auch nicht einlassen kann, ist sie nie ein für allemal gesichert; die durch die Werke eröffnete Welt kann so auch entzogen sein. Der Gedanke einer Maßgeblichkeit der Kunst ist freilich nicht unmißverständlich. So scheint doch, wenn man das »verhaltene Verweilen« als das richtige Verhalten denkt, jede Aktivität im Sinne eines »Tuns und Schätzens« unrichtig zu sein, und das wiederum würde nicht nur heißen, daß die Kunst selbst in den Bereich der Weltbilder und Weltanschauungen gehört, sondern für den Alltag schlicht absurde Konsequenzen haben. Anders als im Zusammenhang der Entschlossenheit ginge es nicht mehr nur darum, das Verhalten zu negieren, damit es als Antwort auf das bevorstehende Sein in seiner Unbestimmtheit durchsichtig sein kann und so ein Anfang des Verhaltens überhaupt möglich ist, sondern darum, sich »fortan« in einer bestimmten, von anderen Verhaltensweisen unterschiedenen Weise zu verhalten. Akzeptiert man den Gedanken vom maßgebenden Charakter der Kunst, so ist man, wie es scheint, auch genötigt, das fragwürdige, weil allgemein uneinlösbare Ideal einer ästhetischen vita contemplativa zu vertreten. Aber so ist der Gedanke vom maßgeblichen Charakter der Kunst bei Heidegger nicht gemeint, wie man sich mit einem kurzen und abschließenden Blick auf das Verhältnis von Kunst und Technik klarmachen kann.

Heideggers Erörterungen der Technik haben nicht den Charakter einer Kulturkritik und wollen erst recht nicht das Ideal einer untechnischen und unwissenschaftlichen Denk- und Lebensweise propagieren. Das durch »Steuerung und Sicherung« charakterisierte »herausfordernde Entbergen« ist zwar »Gefahr«, weil es das »Scheinen und Walten der Wahrheit« (*VA,* 31) verstellt. Die Technik verstellt also die Kunst, in der die ins Werk gesetzte Wahrheit als das Schöne »scheint« (*GA 5,* 43). Andererseits aber läßt sich die Kunst doch auch nicht als etwas Technisches erfahren, und wo es Kunstwerke gibt, ist die Erfahrung der Kunst immer auch möglich. Sofern die Kunst nun mit der Technik darin verwandten Wesens (*VA,* 8) ist, daß sie ebenfalls ein Hervorbringen ist, läßt sich an der Kunst etwas über den Umgang mit der Technik lernen: »Weil das Wesen der Technik nichts Technisches ist, darum muß die wesentliche Besinnung auf die Technik und die entscheidende Auseinandersetzung mit ihr in einem Bereich geschehen, der einerseits mit dem Wesen der Technik verwandt und andererseits von ihm doch grundverschieden ist. Ein solcher Bereich ist die Kunst.« (*VA, 39*) Was die Technik angeht, so besteht ihre enge Verwandtschaft mit der Kunst darin, daß in ihr ebenso wie in der Kunst das Material eigens vorgestellt wird, und zwar als Rohstoffquelle und Energielieferant. Weil das so ist, leuchtet der ihr gegenüber korrektive Charakter eines Hervorbringens, das das Material zur »Erde« befreit, sofort ein. Entscheidend aber ist, daß die Kunst wie auch die Technik in ihrem Wesen vorstellendes und maßgebliches Denken sind. Sofern sich an der Kunst die *Offenheit selbst* als Maßstab erfahren läßt, fordert sie nicht ein spezifisches und von anderem unterschiedenes Verhalten, sondern läßt ein für jedes Verhalten verbindliches Maß zum Vorschein kommen. Ohne daß sie künstlerisch im engen Sinne werden müßten, können alle Verhaltensweisen auf diesen Maßstab hin orientiert werden und so durch eine »Gelassenheit« charakterisiert sein, die keine Kontemplation ist, sondern »Eingelassenheit« in die Offenheit überhaupt: das Verhalten ist als gelassenes an seine uneinholbare Offenheit als Maß gebunden, und sofern man dies erfährt, kann man das technische Denken bestehen lassen, ohne es noch in seiner Richtigkeit behaupten zu müssen. Diese Richtigkeit verliert durch die Erfahrung der Kunst ihre Gewalt, indem nun der Maßstab des Machbaren und Berechenbaren dem Korrektiv des Offenen untersteht. Kunst ist die Bedingung für die Erfahrung von Offenheit überhaupt im Bereich des vorstellenden Denkens, sodaß sich in ihr, analog zum Gedanken des Platonischen »Philebos«, die Offenheit überhaupt in das Aufgehen des Schönen geflüchtet hat (*Phil.* 64e). Das Aufgehen des Schönen ist kein Schein, der etwas in ihm Erscheinendes verdeckt, sondern das Sichzeigen der in sich durch Verschlossenheit charakterisierten Offenheit überhaupt in je verschiedener Weise. Deshalb eröffnet die Kunst auch Möglichkeiten, über diese Offenheit zu reden, die im philosophischen Denken selbst nicht ohne weiteres liegen. Heidegger hat das in vielen seiner späteren Texte versucht und, um nur eines zu nennen, im Anschluß an die Werke der Kunst auch von den »Göttern« sprechen können, ohne Denken und Religion zu verwechseln. Hier soll jedoch nur noch darauf hingewiesen werden, daß auch diese Texte in den Zusammenhang einer Phänomenologie der Freiheit gehören und interpretiert werden können, wenn man die verschiedenen Ebenen des Redens in ihnen auseinanderhält und ihren Stellenwert berücksichtigt.

Anhang

Verzeichnis der zitierten Schriften

Zitierweise:

Die Schriften Heideggers werden wenn möglich nach der Gesamtausgabe (GA) zitiert. Das gilt auch für »Sein und Zeit«; hier werden jedoch um der leichteren Auffindbarkeit der Stellen willen die Seitenzahlen der Originalausgabe angegeben. Sperrungen sind immer dann getilgt, wenn sie im Kontext der Zitate unangemessen oder verwirrend wirken können. Aristoteles wird wie üblich nach der Paginierung der Bekkerschen Ausgabe und Platon nach der Stephanus-Paginierung zitiert. Soweit im Literaturverzeichnis einzelne Ausgaben Aristotelischer Schriften genannt sind, liegt auch der Text dieser Ausgaben den Zitaten zugrunde. Bei Stellen aus Kants Schriften sind die Seitenzahlen der Originalausgabe genannt.

Schriften Heideggers:

SZ: Sein und Zeit (= Gesamtausgabe 1. Abt., Bd. 2), hrsg. v. F.-W. von Herrmann, Frankfurt/M 1977.

GA 4:   Erläuterungen zu Hölderlins Dichtung, hrsg. v. F.-W. von Herrmann, Frankfurt/M 1981.

GA 5:   Holzwege, hrsg. v. F.-W. von Herrmann, Frankfurt/M 1977.

GA 9:   Wegmarken, hrsg. v. F.-W. von Herrmann, Frankfurt/M 1976.

GA 13:   Aus der Erfahrung des Denkens, hrsg. v. H. Heidegger, Frankfurt/M 1983.

GA 20:   Prolegomena zur Geschichte des Zeitbegriffs, hrsg. v. P. Jaeger, Frankfurt/M 1979.

GA 21:   Logik. Die Frage nach der Wahrheit, hrsg. v. W. Biemel, Frankfurt/M 1976.

GA 24:   Die Grundprobleme der Phänomenologie, hrsg. v. F.-W. von Herrmann, Frankfurt/M 1975.

GA 26:   Metaphysische Anfangsgründe der Logik im Ausgang von Leibniz, hrsg. v. K. Held, Frankfurt/M 1978.

GA 29/30: Die Grundbegriffe der Metaphysik. Welt – Endlichkeit – Einsamkeit, hrsg. v. F.-W. von Herrmann, Frankfurt/M 1983.

GA 31:   Vom Wesen der menschlichen Freiheit. Einleitung in die Philosophie, hrsg. v. H. Tietjen, Frankfurt/M 1982.

GA 41:   Die Frage nach dem Ding. Zu Kants Lehre von den transzendentalen Grundsätzen, hrsg. v. P. Jaeger, Frankfurt/M 1984.

GA 45: Grundfragen der Philosophie. Ausgewählte »Probleme« der »Logik«, hrsg. v. F.-W. von Herrmann, Frankfurt/M 1984.

GA 53: Hölderlins Hymne »Der Ister«, hrsg. v. W. Biemel, Frankfurt/M 1984.

GA 54: Parmenides, hrsg. v. M. S. Frings, Frankfurt/M 1982.

GA 61: Phänomenologische Interpretationen zu Aristoteles. Einführung in die phänomenologische Forschung, hrsg. v. W. Bröcker u. K. Bröcker-Oltmanns, Frankfurt/M 1985.

ID: Identität und Differenz, Pfullingen 1957.

KPM: Kant und das Problem der Metaphysik, Frankfurt/M ⁴1973.

N II: Nietzsche, Zweiter Band, Pfullingen 1961.

SD: Zur Sache des Denkens, Tübingen 1969.

SG: Der Satz vom Grund, Pfullingen 1954.

VA: Vorträge und Aufsätze, Pfullingen 1954.

WhD: Was heißt Denken?, Tübingen 1971.

Abkürzungen für andere Schriften:

BA: Der Begriff Angst
De an.: De Anima
De interpr.: De Interpretatione
EN: Ethica Nicomachea
EO: Entweder − Oder
Gorg.: Gorgias
KpV: Kritik der praktischen Vernunft
KrV: Kritik der reinen Vernunft
KT: Die Krankheit zum Tode
Men.: Menon
Met.: Metaphysica
Parm.: Parmenides
Phaidr.: Phaidros
Phil.: Philebos
Phys.: Physica
Resp.: Res Publica (Politeia)
Rhet.: Ars Rhetorica
Soph.: Sophistes
Theait.: Theaitetos

Verzeichnis der anderen zitierten Schriften:

Adam, J.: *The Republic of Plato*, ed. with Critical Notes, Commentary and Appendices, Second Edition with an Introduction by D. A. Rees, Cambridge 1963.

Anscombe, G. E. M.: *The first Person*, in: Mind and Language, hrsg. v. S. D. Guttenplan, Oxford 1975, 45-65 (deutsch in: *Analytische Philosophie des Geistes*, hrsg. v. P. Bieri, Königstein 1981, 222-242).

Anz, W.: Die *Stellung der Sprache bei Heidegger*, in: Heidegger. *Perspektiven zur Deutung seines Werks*, hrsg. v. O. Pöggeler, Köln 1969, 305-320.

Aristotelis opera, ex rec. I. Bekkeri, Berlin 1831-1870; Nachdruck Berlin 1960—1963.

Aristotelis categoriae et liber de interpretatione, rec. L. Minio-Paluello, Oxford 1949.

Aristotle's Physics, A Revised Text with Introduction and Commentary by W. D. Ross, Oxford 1936.

Aristotelis de anima, rec. W. D. Ross, Oxford 1956.

Aristotelis metaphysica, rec. W. Jaeger, Oxford 1957.

Aristotelis ethica nicomachea, rec. I. Bywater, Oxford 1894.

Aristotelis ars rhetorica, rec. W. D. Ross, Oxford 1959.

Bartels, M.: *Selbstbewußtsein und Unbewußtes. Studien zu Freud und Heidegger*, Berlin/New York 1976.

Bast, R. A., Delfosse, H. P.: *Handbuch zum Textstudium von Martin Heideggers »Sein und Zeit«*, Band 1, Stuttgart — Bad Cannstatt 1979.

Bast, R. A.: *Der Wissenschaftsbegriff Martin Heideggers im Zusammenhang seiner Philosophie*, Stuttgart — Bad Cannstatt 1986.

Beck, L. W.: *A Commentary on Kant's Critique of Practical Reason*, Chicago/London 1960.

Becker, O.: *Von der Hinfälligkeit des Schönen und der Abenteuerlichkeit des Künstlers* (1929), in: *Dasein und Dawesen. Gesammelte philosophische Aufsätze*, Pfullingen 1963, 11—40.

Beierwaltes, W.: Artikel »*Lumen naturale*«, in: *Historisches Wörterbuch der Philosophie*, Bd. V, hrsg. v. J. Ritter u. K. Gründer, Basel 1980, Sp. 547-549.

Bretschneider, W.: *Sein und Wahrheit. Über die Zusammengehörigkeit von Sein und Wahrheit im Denken Martin Heideggers*, Meisenheim/Glan 1965.

Büchner, G.: *Sämtliche Werke und Briefe*, auf Grund des handschriftlichen Nachlasses hrsg. v. F. Bergemann, Leipzig [7]1956.

Dante, A. C.: *Analytical Philosophy of History*, Cambridge 1965.

Davidson, D.: *Essays on Actions and Events*, Oxford [2]1982.

Descartes, R.: *Meditationes de prima philosophia* (=Œuvres, publiées par C. Adam et P. Tannery, Band VII), Paris 1904.

Diels, H., Kranz, W.: *Die Fragmente der Vorsokratiker*, [17]1974.

Dilthey, W.: *Der Aufbau der geschichtlichen Welt in den Geisteswissenschaften*, hrsg. v. B. Groethuysen (= Gesammelte Schriften, Band VII), Stuttgart/Göttingen [7]1979.

Duden-Grammatik der deutschen Gegenwartssprache (= Der große Duden, Bd. 4), hrsg. v. der Duden-Redaktion unter Leitung von P. Grebe, Mannheim 1959.

Ebeling, H.: *Über Freiheit zum Tode*, Freiburg 1967.

Ebeling, H.: *Selbsterhaltung und Selbstbewußtsein. Zur Analytik von Freiheit und Tod*, Freiburg/München 1979.

Ebeling, H. (Hrsg.): *Der Tod in der Moderne*, Königstein 1979.

Edwards, P.: *Heidegger on Death*, La Salle Illinois 1979.

Epicuro, *Opere a cura di G. Arrigetti*, Turin ^{2}1973.

Figal, G.: *Verzweiflung und Uneigentlichkeit. Zum Problem von Selbstbegründung und mißlingender Existenz bei Søren Kierkegaard und Martin Heidegger*, in: *Die Rezeption Søren Kierkegaards in der deutschen und dänischen Philosophie und Theologie* (= Text und Kontext, Sonderreihe Bd. 15), hrsg. v. H. Anz, P. Lübcke u. F. Schmöe, Kopenhagen/München 1981, 135–151.

Figal, G.: *Recht und Moral als Handlungsspielräume*, in: Zeitschr. f. philos. Forschung 36 (1982), 361-377 (Neudruck in: Materialien zur Neukantianismus-Diskussion, hrsg. v. H.-L. Ollig, Darmstadt 1987, 163–183).

Figal, G.: *Die Freiheit der Verzweiflung und die Freiheit im Glauben*, in: Kierkegaardiana XIII (1984), 11-23.

Freud, S.: *Das Unbehagen in der Kultur* (1930), in: *Studienausgabe*, hrsg. v. A. Mitscherlich, A. Richards u. J. Strachey, Band IX, Frankfurt/M 1974, 191-270.

Friedländer, P.: *Platon*, drei Bände, Berlin 1954 ff.

Fulda, H. F., Henrich, D.: *Vorwort zu: Materialien zu Hegels Phänomenologie des Geistes*, hrsg. v. H. F. Fulda u. D. Henrich, Frankfurt/M 1973.

Gadamer, H.-G.: *Heideggers Wege. Studien zum Spätwerk*, Tübingen 1983 (auch in: Gesammelte Werke, Band 3, Tübingen 1987, 175–332).

Gadamer, H.-G.: *Praktisches Wissen* (1930), in: Gesammelte Werke, Band 5, Tübingen 1985, 230-248.

Gadamer, H.-G.: *Wahrheit und Methode, Grundzüge einer philosophischen Hermeneutik* (1960) (= Gesammelte Werke, Band 1), Tübingen 1986.

Gethmann, C. F.: *Verstehen und Auslegung. Das Methodenproblem in der Philosophie Martin Heideggers*, Bonn 1974.

Gethmann-Siefert, A.: *Das Verhältnis von Philosophie und Theologie bei Martin Heidegger*, Freiburg/München 1974.

Guiléad, R.: *Etre et Liberté. Une étude sur le dernier Heidegger*, Paris 1965.

Görland, I.: *Transzendenz und Selbst. Eine Phase in Heideggers Denken*, Frankfurt/M 1981.

Gründer K.: *Martin Heideggers Wissenschaftskritik in ihren geschichtlichen Zusammenhängen*, in: Archiv für Philosophie 11 (1962), 313-335.

Habermas, J.: *Der philosophische Diskurs der Moderne*. Zwölf Vorlesungen, Frankfurt/M 1985.

Haeffner, G.: *Martin Heidegger*, in: *Klassiker der Philosophie*, hrsg. v. O. Höffe, München 1981, Bd. II, 361-384.

408

Hampshire, S., Hart, H. L. A.: *Decision, Intention and Certainty*, in: Mind 67 (1958), 1-12 (deutsch in: *Analytische Handlungstheorie*, hrsg. v. G. Meggle, Band 1, Frankfurt/M 1977, 169-185).

Hartman, E.: *Substance, Body and Soul*, Princeton 1977.

Hartmann, K.: *The Logic of Deficient and Eminent Modes in Heidegger*, in: Journal of the British Society for Phenomenology 5 (1974).

Hegel, G. W. F.: *Werke in zwanzig Bänden*. Auf der Grundlage der Werke von 1832-1845 neu edierte Ausgabe, Frankfurt/M 1969 ff.

Herrmann, F.-W. v.: *Die Selbstinterpretation Martin Heideggers*, Meisenheim/ Glan 1964.

Herrmann, F.-W. v.: *Der Begriff der Phänomenologie bei Heidegger und Husserl*, Frankfurt/M 1981.

Herrmann, F.-W. v.: *Subjekt und Dasein. Interpretationen zu Sein und Zeit*, Frankfurt/M ²1985.

Herrmann, F.-W. v.: *Hermeneutische Phänomenologie des Daseins. Eine Erläuterung von »Sein und Zeit«*. Band 1 »Einleitung. Die Exposition der Frage nach dem Sinn von Sein«, Frankfurt/M 1987.

Hölscher, U.: *Der Sinn von Sein in der älteren griechischen Philosophie* (= Sitzungsberichte der Heidelberger Akademie der Wissenschaften, Phil.-hist. Klasse, Jahrgang 1976, Abh. 3), Heidelberg 1976.

Humboldt, W. v.: *Schriften zur Anthropologie und Geschichte* (= Werke in fünf Bänden, hrsg. v. A. Flitner u. K. Giel, Band I), Darmstadt 1960.

Humboldt, W. v.: *Schriften zur Sprachphilosophie* (= Werke in fünf Bänden, hrsg. v. A. Flitner u. K. Giel, Band III), Darmstadt 1963.

Hume, D.: *A Treatise of Human Nature*, in two volumes, London/New York 1911.

Husserl, E.: *Logische Untersuchungen*, Tübingen ⁵1968.

Husserl, E.: *Cartesianische Meditationen und Pariser Vorträge*, hrsg. u. eingel. v. S. Strasser (= Husserliana Bd. I), The Hague ²1963.

Husserl, E.: *Ideen zu einer reinen Phänomenologie und phänomenologischen Philosophie, Erstes Buch*, hrsg. v. W. Biemel (= Husserliana Bd. III), The Hague 1950.

Husserl, E.: *Ideen zu einer reinen Phänomenologie und phänomenologischen Philosophie, Drittes Buch*, hrsg. v. W. Biemel (= Husserliana Bd. V), The Hague 1952.

Jäger, A.: *Gott. Nochmals Martin Heidegger*, Tübingen 1978.

Kahn, C.: *The Verb »Be« in Ancient Greek* (= The Verb »Be« and its Synonyms. Philosophical and Grammatical Studies, edited by J. W. M. Verhaar, 6) Dordrecht 1973.

Kamlah, W., Lorenzen, P.: *Logische Propädeutik, Vorschule des vernünftigen Redens*, Mannheim 1967.

Kant, I.: *Werke*, hrsg. v. W. Weischedel, Wiesbaden 1960 ff.

Kant, I.: *Reflexionen zur Metaphysik* (= Gesammelte Schriften, hrsg. v. d. Preußischen Akademie der Wissenschaften, Bd. 18), Berlin/Leipzig 1928.

Kenny, A.: *Will, Freedom and Power*, Oxford 1975.

Kierkegaard, S.: *Entweder – Oder*, zwei Teile, übers. v. E. Hirsch, Düsseldorf 1957.

Kierkegaard, S.: *Die Wiederholung*, übers. v. E. Hirsch, Düsseldorf 1955.

Kierkegaard, S.: *Philosophische Brocken*, übers. v. E. Hirsch, Düsseldorf 1952.

Kierkegaard, S.: *Der Begriff Angst*, übers. v. E. Hirsch, Düsseldorf 1952.

Kierkegaard, S.: *Die Krankheit zum Tode*, übers. v. E. Hirsch, Düsseldorf 1954.

Kierkegaard, S.: *Die Krankheit zum Tode. Furcht und Zittern. Die Wiederholung. Der Begriff Angst*, unter Mitwirkung von N. Thulstrup und der Kopenhagener Kierkegaard-Gesellschaft hrsg. v. H. Diem und W. Rest, Köln ²1968.

Kuhn, N.: *Der Begriff der Prohairesis in der Nikomachischen Ethik*, in: *Die Gegenwart der Griechen im neueren Denken. Festschrift für Hans-Georg Gadamer zum 60. Geburtstag*, hrsg. v. D. Henrich, W. Schulz u. K.-H. Volkmann-Schluck, Tübingen 1960, 123-140.

Lévinas, E.: *Die Zeit und der Andere*, übers. u. mit einem Nachwort versehen von L. Wenzler, Hamburg 1984.

Lévinas, E.: *En Découvrant l'Existence avec Husserl et Heidegger*, Paris ⁴1982.

Löwith, K.: *Gesammelte Abhandlungen*, Stuttgart 1960.

Löwith, K.: *Mensch und Menschenwelt. Beiträge zur Anthropologie* (= Sämtliche Schriften, hrsg. v. K. Stichweh u. M. B. de Launay, Band 1), Stuttgart 1981.

MacIntyre, A.: *After Virtue. A Study in Moral Theory*, London 1981.

MacKay, D. M.: *Freedom of Action in a Mechanistic Universe*, Cambridge 1967.

McTaggart, J. E.: *The Unreality of Time*, in: Mind XVII (1908), 457–474.

Marx, W.: *Heidegger und die Tradition*, Stuttgart 1961.

Maurer, R.: *Von Heidegger zur praktischen Philosophie*, in: *Rehabilitierung der praktischen Philosophie*, hrsg. v. M. Riedel, Band I, Freiburg 1972, 415–456.

Mead, G. H.: *Mind, Self and Society*, Chicago 1934 (deutsch: Geist, Identität und Gesellschaft, Frankfurt/M 1968).

Müller, M.: *Existenzphilosophie im geistigen Leben der Gegenwart*, Heidelberg ³1964.

Müller-Lauter, W.: *Möglichkeit und Wirklichkeit bei Martin Heidegger*, Berlin 1970.

Nagel, T.: *Mortal Questions*, Cambridge 1979.

Nagel, T.: *The View from Nowhere*, Oxford 1986.

Nietzsche, F.: *Von Nutzen und Nachteil der Historie für das Leben*, in: *Werke in drei Bänden*, hrsg. v. K. Schlechta, Band 1, München 1954.

Picht, G.: *Der Begriff der Energeia bei Aristoteles*, in: *Hier und jetzt. Philosophieren nach Auschwitz und Hiroshima*, Band I, Stuttgart 1980.

Platonis opera, ed. I Burnet, Oxford 1900 ff.

410

Pöggeler, O.: *Der Denkweg Martin Heideggers*, Pfullingen 1963.
Pöggeler, O.: *Heidegger und die hermeneutische Theologie*, in: *Verifikationen. Festschrift für Gerhard Ebeling zum 70. Geburtstag*, hrsg. v. E. Jüngel, J. Wallmann u. W. Werbeck, Tübingen 1982, 475-498.
Pöggeler, O.: *Heidegger und die hermeneutische Philosophie*, Freiburg 1983.
Polanyi, M.: *Personal Knowledge. Towards a post-critical Philosophy*, London 1973.
Popper, K. R.: *Of Clouds and Clocks. An Approach to the Problem of Rationality and the Freedom of Man*, St. Louis, Missouri 1966 (deutsch: *Über Wolken und Uhren*, in: Popper, K. R.: *Objektive Erkenntnis*, Hamburg 1973).
Poteat, W.: *I will die. An Analysis*, in: *Religion and Understanding*, ed. D. Z. Phillips, Oxford 1967, 199-213.
Pothast, U. (Hrsg.): *Seminar: Freies Handeln und Determinismus*, Frankfurt/M 1978.
Pothast, U.: *Die Unzulänglichkeit der Freiheitsbeweise. Zu einigen Lehrstücken aus der neueren Geschichte von Philosophie und Recht*, Frankfurt/M 1980.
Pothast, U.: *In assertorischen Sätzen wahrnehmen und in praktischen Sätzen überlegen, wie zu reagieren ist*, in: Philos. Rundschau 28 (1981), 26-43.
Prauss, G.: *Erkennen und Handeln in Heideggers »Sein und Zeit«*, Freiburg/München 1977.
Pugliese, O.: *Vermittlung und Kehre. Grundzüge des Geschichtsdenkens bei Martin Heidegger*, Freiburg/München 1965.
Reimer, L.: *Die Wiederholung als Problem der Erlösung bei Kierkegaard*, in: *Materialien zur Philosophie Søren Kierkegaards*, hrsg. u. eingel. v. M. Theunissen u. W. Greve, Frankfurt/M 1979, 302-346. Zuerst in: Kierkegaardiana 7 (1968), 18-63.
Reiner, H.: Artikel »*Gewissen*«, in: *Historisches Wörterbuch der Philosophie*, Band III, hrsg. v. J. Ritter, Basel 1974, Sp. 574-592.
Richardson, W. J.: *Through Phenomenology to Thought*, The Hague 1963.
Rorty, R.: *Philosophy and the Mirror of Nature*, Princeton 1979 (deutsch: *Der Spiegel der Natur. Eine Kritik der Philosophie*, Frankfurt/M 1981).
Rorty, R.: *Heidegger wider die Pragmatisten*, in: *Wirkungen Heideggers* (= Neue Hefte für Philosophie 23), Göttingen 1984, 1-22.
Rosales, A.: *Transzendenz und Differenz. Ein Beitrag zum Problem der ontologischen Differenz beim frühen Heidegger*, The Hague 1970.
Rosen, S.: *Nihilism. A Philosophical Essay*, New Haven and London 1969.
Ryle, G.: *The Concept of Mind*, London 1949 (deutsch: *Der Begriff des Geistes*, Stuttgart 1969).
Sartre, J.-P.: *L'Etre et le Néant. Essai d'ontologie phénoménologique*, Paris 1943 (deutsch: *Das Sein und das Nichts*, Hamburg 1962).
Schadewaldt, W.: *Die Anfänge der Philosophie bei den Griechen* (= Tübinger Vorlesungen Band 1), unter Mitwirkung von M. Schadewaldt hrsg. v. I. Schudoma, Frankfurt/M 1978.

Schelling, F. W. J.: *System des transzendentalen Idealismus (1800)*, in: *Sämtliche Werke,* Abt. 1/Band 3, Stuttgart/Augsburg 1858, 327–634.

Schelling, F. W. J.: *Philosophische Untersuchungen über das Wesen der menschlichen Freiheit und die damit zusammenhängenden Gegenstände* (1809), in: *Sämtliche Werke,* Abt. 1/Band 7, Stuttgart/Augsburg 1860, 331–416.

Schürmann, R.: *Le Principe d'Anarchie. Heidegger et la Question de l'Agir,* Paris 1982.

Schulz, W.: *Über den philosophiegeschichtlichen Ort Martin Heideggers,* in: *Heidegger, Perspektiven zur Deutung seines Werks,* hrsg. v. O. Pöggeler, Köln 1969, 95-139 (Zuerst in: Philos. Rundschau 1 (1953/54), 65-93 u. 211-232).

Searle, J. R.: *Speech Acts. An Essay in the Philosophy of Language,* Cambridge 1969.

Sellars, W.: *Time and the World Order,* in: Minnesota Studies in the Philosophy of Science, Vol. III, Minneapolis 1962, 527-616.

Shoemaker, S.: *Self-reference and Self-awareness,* in: The Journal of Philosophy 65 (1968), 555-567 (deutsch in: *Analytische Philosophie des Geistes,* hrsg. v. P. Bieri, Königstein 1981, 209-221).

Simon, J.: *Freiheit und Erkenntnis,* in: *Freiheit. Theoretische und praktische Aspekte des Problems,* hrsg. v. J. Simon, Freiburg/München 1977, 11-36.

Simon, J.: *Wahrheit als Freiheit. Ein Versuch zur Entwicklung der Wahrheitsfrage in der neueren Philosophie,* Berlin 1978.

Sinn, D.: *Heideggers Spätphilosophie,* in: Philos. Rundschau 15 (1967), 81 ff.

Snell, B.: *Der Weg zum Denken und zur Wahrheit. Studien zur frühgriechischen Sprache* (= Hypomnemata, Untersuchungen zur Antike und zu ihrem Nachleben, Heft 57), Göttingen 1978.

Sternberger, A.: *Der verstandene Tod. Eine Untersuchung zu Heideggers Existenzial-Ontologie,* Leibzig 1934 (Neudruck in: Schriften I, Frankfurt/M 1977, 69–264).

Strawson, P. F.: *Individuals. An Essay in Descriptive Metaphysics,* London 1959.

Strawson, P. F.: *The Bounds of Sense. An Essay on Kant's Critique of Pure Reason,* London 1966.

Taubes, J.: *Vom Adverb »nichts« zum Substantiv »das Nichts«. Überlegungen zu Heideggers Frage nach dem Nichts,* in: *Positionen der Negativität* (= Poetik und Hermeneutik VI), hrsg. v. H. Weinrich, München 1975, 141-153.

Theunissen, M.: *Intentionaler Gegenstand und ontologische Differenz. Ansätze zur Fragestellung Heideggers in der Phänomenologie Husserls,* in: Philos. Jahrbuch 70 (1963), 344-362.

Theunissen, M.: *Der Andere. Studien zur Sozialontologie der Gegenwart,* Berlin ²1977.

Theunissen, M.: *Kierkegaard's Negativistic Method,* in: *Kierkegaard's Truth: The Disclosure of the Self* (= Psychiatry and the Humanities Vol. 5), New Haven and London 1981, 381-423.

412

Tugendhat, E.: TI KATA TINOΣ. *Eine Untersuchung zu Struktur und Ursprung Aristotelischer Grundbegriffe*, Freiburg/München 1958.
Tugendhat, E.: *Der Wahrheitsbegriff bei Husserl und Heidegger*, Berlin ²1970.
Tugendhat, E.: *Das Sein und das Nichts*, in: *Durchblicke. Festschrift für Martin Heidegger zum 80. Geburtstag*, Frankfurt/M 1970, 132-161.
Tugendhat, E.: Artikel »*Erschlossenheit*«, in: *Historisches Wörterbuch der Philosophie*, hrsg. v. J. Ritter, Band II, Basel 1972, Sp. 726.
Tugendhat, E.: *Vorlesungen zur Einführung in die sprachanalytische Philosophie*, Frankfurt/M 1976.
Tugendhat, E.: *Die Seinsfrage und ihre sprachliche Grundlage*, Philos. Rundschau 24 (1977), 161-176.
Tugendhat, E.: *Selbstbewußtsein und Selbstbestimmung. Sprachanalytische Interpretationen*, Frankfurt/M 1979.
Waelhens, A. de: *Phénoménologie et Vérité*, Louvain/Paris ²1965.
Waismann, F.: *Wittgenstein und der Wiener Kreis*, hrsg. v. B. F. McGuinness (= L. Wittgenstein, Schriften 3), Frankfurt/M 1967.
Warnach, W.: Artikel »*Freiheit*«, in: *Historisches Wörterbuch der Philosophie*, hrsg. v. J. Ritter, Band 2, Basel 1972, Sp. 1064−1083.
Wiehl, R.: *Heideggers ontologische Frage und die Möglichkeit einer Ontologie*, in: *Wirkungen Heideggers* (= Neue Hefte für Philosophie 23), Göttingen 1984, 23−45.
Wieland, W.: *Die aristotelische Physik. Untersuchungen über die Grundlegung der Naturwissenschaft und die sprachlichen Bedingungen der Prinzipienforschung bei Aristoteles*, Göttingen ²1970.
Wieland, W.: *Platon und die Formen des Wissens*, Göttingen 1982.
Williams, B.: *Descartes. The Project of Pure Enquiry*, Hassocks 1978.
Wittgenstein, L.: *Tractatus logico-philosophicus*, in: Schriften 1, Frankfurt/M 1969.
Wittgenstein, L.: *Philosophische Untersuchungen*, in: Schriften 1, Frankfurt/M 1969.

Personenregister

Sachregister

418

425

426